"十四五"职业教育国家规划教材

四川省"十四五"职业教育省级规划教材

"十四五"卫生高等职业教育专科校院合作"双元"规划教材

供护理、助产及相关专业用

正常人体结构

第 2 版

主　编

董　博　冯晓灵　倪秀芹

副主编

尹史帝　王纯尧　陈开润　路素丽　潘开昌　骆小利

编　者（按姓名汉语拼音排序）

陈开润（四川护理职业学院）　　　　王纯尧（毕节医学高等专科学校）
崔　娟（南阳医学高等专科学校）　　许明珠（四川护理职业学院）
董　博（四川护理职业学院）　　　　严蜀君（四川护理职业学院附属医院）
冯晓灵（重庆三峡医药高等专科学校）杨　妮（渭南职业技术学院）
路素丽（湖南环境生物职业技术学院）尹史帝（宜春职业技术学院）
骆秋宏（四川大学华西天府医院）　　张争辉（菏泽医学专科学校）
骆小利（四川护理职业学院附属医院）赵　永（毕节医学高等专科学校）
倪秀芹（江苏食品药品职业技术学院）周绪文（遵义医药高等专科学校）
潘开昌（黔南民族医学高等专科学校）

北京大学医学出版社

ZHENGCHANG RENTI JIEGOU

图书在版编目（CIP）数据

正常人体结构 / 董博，冯晓灵，倪秀芹主编 . —2 版 . —北京：北京大学医学出版社，2024.9（2025.9 重印）
ISBN 978-7-5659-3131-4

Ⅰ.①正… Ⅱ.①董… ②冯… ③倪… Ⅲ.①人体结构 – 高等职业教育 – 教材 Ⅳ.① Q983

中国国家版本馆 CIP 数据核字（2024）第 081571 号

正常人体结构（第 2 版）

| 主　　编：董　博　冯晓灵　倪秀芹
| 出版发行：北京大学医学出版社
| 地　　址：（100191）北京市海淀区学院路 38 号　北京大学医学部院内
| 电　　话：发行部 010-82802230；图书邮购 010-82802495
| 网　　址：http://www.pumpress.com.cn
| E-mail：booksale@bjmu.edu.cn
| 印　　刷：北京金康利印刷有限公司
| 经　　销：新华书店
| 责任编辑：崔玲和　　　责任校对：靳新强　　　责任印制：李　啸
| 开　　本：850 mm × 1168 mm　1/16　印张：22.75　字数：648 千字
| 版　　次：2019 年 7 月第 1 版　2024 年 9 月第 2 版　2025 年 9 月第 3 次印刷
| 书　　号：ISBN 978-7-5659-3131-4
| 定　　价：85.00 元

版权所有，违者必究

（凡属质量问题请与本社发行部联系退换）

第 2 轮修订说明

党和国家高度重视职业教育发展,《国家职业教育改革实施方案》《职业院校教材管理办法》《高等学校课程思政建设指导纲要》《习近平新时代中国特色社会主义思想进课程教材指南》《关于推动现代职业教育高质量发展的意见》《全国护理事业发展规划（2021—2025年）》等重要文件陆续发布，对卫生健康职业教育、高职专科护理人才培养及教材建设提出了更高的要求。

本套高职专科护理专业教材第1轮于2018年启动，北京大学医学出版社组织全国具有代表性的骨干院校共同建设。在教育部、国家卫生健康委员会相关机构和职业教育教学指导委员会的指导下，共编写出版教材28种，其中入选教育部"十三五"职业教育国家规划教材11种（教职成厅函〔2020〕20号文）、"十四五"职业教育国家规划教材15种（教职成厅函〔2023〕19号文）。

高质量的教材是实施教育改革、提升人才培养质量的重要支撑。为全面贯彻党的教育方针，深入贯彻党的二十大精神，落实立德树人的根本任务，更好地支持新时代卫生健康职业教育事业发展、服务于我国高职专科护理专业人才培养，北京大学医学出版社启动了高职专科护理专业教材第2轮修订编写工作。本轮教材共包含27种。全套教材均为北京大学医学出版社"十四五"规划教材。

第2轮教材修订编写工作"以学生为中心"，对标教育部高职专科护理专业教学标准、护士执业资格考试大纲，以技术技能教育为根本，满足3个需要（学科需要、教学需要、行业需要），注重基本理论、基本知识和基本技能，内容以"必需、够用"为度，遵循学生认知规律，注重教学适用性，优化编写体例，深化产教融合，优化数字融合，强化思政融合，围绕"岗课赛证"综合育人机制建设，力争打造一套既满足多数院校教学实际，又适度引领教学，培根铸魂、启智增慧，适应新时代要求的精品高职专科护理专业教材。

本轮教材的修订编写得到了多方面的大力支持，参编院校教学管理部门提出了宝贵建议，职教专家精心指导、把关，临床护理学专家认真编写、审稿。他们为锤炼精品教材、服务教学改革、提高人才培养质量做出了贡献，在此一并表示感谢！

最后，希望广大师生多提宝贵意见，反馈使用信息，以使教材内容日臻完善。让我们共同为新时代高职专科护理教育发展和人才培养做出贡献！

前 言

为贯彻党的二十大精神，为党育人，为国育才；突出职业教育特色，产教融合，校院结合，从工作任务出发，培养学生的职业能力；更好地配合我国高职护理教育教学改革，打造更加实用、好用的高职护理教材，北京大学医学出版社在教育部、国家卫健委的大力支持下，启动了"十四五"职业教育国家规划教材第2版的修订工作，并于2023年7月在北京召开了本套教材的主编人会议。会议指出，高职护理"十四五"职业教育国家级规划教材建设应以专业培养目标为导向，以职业技能教育为根本，满足三个需要（学科需要、教学需要和行业需要），力求体现高职教育特色，注重基本理论与基础知识，教材内容以"必需、够用、实用"为度。在此背景下，我们启动了《正常人体结构》第2版的编写工作。

本教材为护理专业基础课程教材，对标高等职业学校专业教学标准和护士执业资格考试大纲，满足护理工作任务与护理专业课程要求，根据学情与院校教学条件制定课程标准，体现"思想性、科学性、先进性、启发性和实用性"。本教材有以下特点：一是在章节"学习目标"模块，结合章节知识点，精心编写思政园地。二是突出"案例教学"特点。每章都精选了案例分析和知识链接等内容，以激发学生的学习兴趣，锻炼学生分析问题和解决问题的能力。三是课后自测题创新性地引入了"绘图题"，激发学生学习兴趣，有利于学生综合素质的培养，同时也为学生参加各类绘图比赛作准备。四是内容精炼、重点突出、图文并茂、通俗易懂。本书提供全套高质量彩图，从而增加了可读性和广泛的适用性。五是数字资源丰富，打造了新形态融媒体教材。将纸质教材与二维码技术相结合，融PPT、图片、微课、考点解析音频、案例分析和自测题参考答案等于一体，实现了以纸质教材为核心、配套数字教学资源的融媒体教材建设。六是考点提示等与护士执业资格考试大纲紧密结合，服务学生临床技能大赛和职业证书获得。七是创新性地加入了护理应用解剖学的内容。八是产教融合特征明显。吸纳医院临床教师参与教材的编写、审稿。本书编写团队的所有成员均与相关医院合作，学校教师与行业专家"双元"共建，以保证教材内容符合行业发展、符合多数医院实际和人才培养需求。九是教材中的专业名词均按全国科学技术名词审定委员会公布的名词为准，规范使用正常人体结构名词。

本教材内容包括绪论、基本组织、运动系统、消化系统、呼吸系统、泌尿系统、生殖系统、循环系统、感觉器、神经系统、内分泌系统和人体胚胎早期发育及实验指导。

本教材的编写工作由部分学校推荐的多年从事正常人体结构课程教学工作且具有丰富教学经验的教师担任，同时吸纳附属医院和相关教学医院等临床教师参与教材的编写、审稿。因此本教材除可作为医学高等职业教育护理、助产等相关专业的教材外，还可供在职医护人员自学参考。

本教材的编写参考了本专业的相关教材内容，在此向作者表示诚挚的感谢！并对各参编学校和医院的大力支持表示深深的谢意！

由于编写水平有限，书中疏漏之处在所难免，敬请使用本教材的同仁提出宝贵意见，以便今后进一步修订提高。

主　编

目 录

绪论 ··· 1
    一、正常人体结构的概念及其在医学中的地位 ··· 1
    二、人体细胞、组织、器官与系统的概念 ·· 2
    三、正常人体结构的学习观点 ·· 2
    四、人体解剖学的常用术语 ·· 3
    五、组织学的常用研究技术 ·· 4

第一章 基本组织 ·· 8
第一节 上皮组织 ·· 8
    一、被覆上皮 ·· 8
    二、腺上皮与腺 ··· 12
    三、上皮组织的特殊结构 ·· 12
第二节 结缔组织 ·· 14
    一、固有结缔组织 ··· 14
    二、软骨组织与软骨 ·· 17
    三、骨组织与骨 ·· 19
    四、血液 ·· 20
第三节 肌组织 ··· 24
    一、骨骼肌 ·· 24
    二、心肌 ·· 26
    三、平滑肌 ·· 27
第四节 神经组织 ·· 28
    一、神经元与突触 ··· 28
    二、神经胶质细胞 ··· 32
    三、神经纤维与神经 ·· 34
    四、神经末梢 ··· 35

第二章 运动系统 ··· 39
第一节 骨与骨连结 ··· 40
    一、概述 ·· 40
    二、躯干骨及其连结 ·· 43
    三、颅骨及其连结 ··· 49
    四、上肢骨及其连结 ·· 54
    五、下肢骨及其连结 ·· 58

第二节 骨骼肌

一、概述 ... 65
二、头颈肌 ... 67
三、躯干肌 ... 69
四、上肢肌 ... 74
五、下肢肌 ... 77

第三章 消化系统 ... 84

第一节 概述 ... 84
一、消化系统的组成 ... 84
二、胸部标志线与腹部分区 ... 85

第二节 消化管 ... 87
一、消化管壁的一般结构 ... 87
二、口腔 ... 88
三、咽 ... 92
四、食管 ... 93
五、胃 ... 94
六、小肠 ... 97
七、大肠 ... 99

第三节 消化腺 ... 102
一、肝 ... 102
二、胰 ... 106

第四节 腹膜 ... 108
一、腹膜、腹膜腔与腹腔的概念 ... 108
二、腹膜与腹腔、盆腔器官的关系 ... 109
三、腹膜形成的结构 ... 109

第四章 呼吸系统 ... 115

第一节 呼吸道 ... 116
一、鼻 ... 116
二、咽 ... 117
三、喉 ... 117
四、气管与支气管 ... 119

第二节 肺 ... 121
一、肺的位置与形态 ... 121
二、肺内支气管与支气管肺段 ... 122
三、肺的微细结构 ... 122
四、肺的血管 ... 125

第三节 胸膜 ... 125
一、胸膜、胸膜腔与胸腔的概念 ... 125
二、胸膜隐窝 ... 126
三、胸膜与肺的体表投影 ... 126

第四节　纵隔	**127**
一、纵隔的概念与境界	127
二、纵隔的分部与内容	127

第五章　泌尿系统 … 131

第一节　肾	**132**
一、肾的形态	132
二、肾的位置与毗邻	132
三、肾的剖面结构	133
四、肾的被膜	133
五、肾的微细结构	134
六、肾的血液循环	137
第二节　输尿管	**138**
一、输尿管的位置与分部	138
二、输尿管的生理性狭窄	138
第三节　膀胱	**138**
一、膀胱的形态与分部	138
二、膀胱的位置与毗邻	139
三、膀胱壁的结构	140
第四节　尿道	**140**

第六章　生殖系统 … 143

第一节　男性生殖系统	**144**
一、男性内生殖器	144
二、男性外生殖器	147
三、男性尿道	148
第二节　女性生殖系统	**149**
一、女性内生殖器	150
二、女性外生殖器	156
三、乳房与会阴	156

第七章　循环系统 … 161

第一节　心血管系统	**162**
一、概述	162
二、心	164
三、血管壁的微细结构	171
四、肺循环的血管	173
五、体循环的动脉	174
六、体循环的静脉	183
第二节　淋巴系统	**189**
一、淋巴管道	190
二、淋巴器官	191

第八章 感觉器 ... 200

第一节 视器 ... 201
- 一、眼球 ... 201
- 二、眼副器 ... 204
- 三、眼的血管与神经 ... 205

第二节 前庭蜗器 ... 206
- 一、外耳 ... 206
- 二、中耳 ... 207
- 三、内耳 ... 208
- 四、声波的传导途径 ... 210

第三节 皮肤 ... 210
- 一、皮肤的微细结构 ... 210
- 二、皮肤的附属器 ... 212

第九章 神经系统 ... 215

第一节 概述 ... 215
- 一、神经系统的组成 ... 215
- 二、神经系统的活动方式 ... 216
- 三、神经系统的常用术语 ... 217

第二节 中枢神经系统 ... 217
- 一、脊髓 ... 217
- 二、脑 ... 221

第三节 脑和脊髓的被膜、血管与脑脊液及其循环 ... 232
- 一、脑和脊髓的被膜 ... 232
- 二、脑和脊髓的血管 ... 235
- 三、脑脊液及其循环 ... 238

第四节 周围神经系统 ... 239
- 一、脊神经 ... 239
- 二、脑神经 ... 246
- 三、内脏神经 ... 252

第五节 神经系统的传导通路 ... 255
- 一、感觉（上行）传导通路 ... 255
- 二、运动（下行）传导通路 ... 258

第十章 内分泌系统 ... 264

第一节 甲状腺 ... 265
- 一、甲状腺的形态与位置 ... 265
- 二、甲状腺的微细结构 ... 265

第二节 甲状旁腺 ... 266

第三节 肾上腺 ... 267
- 一、肾上腺的形态与位置 ... 267

二、肾上腺的微细结构 ……………………………………………………… 267
第四节　垂体 …………………………………………………………………… 268
　　一、垂体的位置 …………………………………………………………… 268
　　二、垂体的形态与分部 …………………………………………………… 268
　　三、垂体的微细结构 ……………………………………………………… 269
第五节　松果体 ………………………………………………………………… 270

第十一章　人体胚胎早期发育 … 272

第一节　生殖细胞的发育与成熟 ……………………………………………… 272
　　一、精子的发育与成熟 …………………………………………………… 272
　　二、卵子的发育与成熟 …………………………………………………… 273
第二节　受精 …………………………………………………………………… 273
　　一、受精的过程 …………………………………………………………… 273
　　二、受精的条件 …………………………………………………………… 274
　　三、受精的意义 …………………………………………………………… 274
第三节　卵裂与胚泡形成 ……………………………………………………… 275
　　一、卵裂 …………………………………………………………………… 275
　　二、胚泡形成 ……………………………………………………………… 275
第四节　植入与蜕膜 …………………………………………………………… 276
　　一、植入 …………………………………………………………………… 276
　　二、蜕膜 …………………………………………………………………… 278
第五节　三胚层的形成与分化 ………………………………………………… 278
　　一、三胚层的形成 ………………………………………………………… 278
　　二、三胚层的分化 ………………………………………………………… 280
第六节　胎膜与胎盘 …………………………………………………………… 281
　　一、胎膜 …………………………………………………………………… 281
　　二、胎盘 …………………………………………………………………… 283
第七节　胎儿血液循环 ………………………………………………………… 284
　　一、胎儿心血管系统的结构特点 ………………………………………… 284
　　二、胎儿出生后心血管系统的变化 ……………………………………… 285
第八节　双胎、多胎与联体儿 ………………………………………………… 286
　　一、双胎 …………………………………………………………………… 286
　　二、多胎 …………………………………………………………………… 287
　　三、联体儿 ………………………………………………………………… 287
第九节　先天畸形 ……………………………………………………………… 287
　　一、先天畸形的发生原因 ………………………………………………… 287
　　二、致畸敏感期 …………………………………………………………… 287

实验指导 … 290

实验一　普通光学显微镜的构造与使用 ……………………………………… 290
实验二　基本组织 ……………………………………………………………… 292
实验三　运动系统 ……………………………………………………………… 297

实验四　消化系统的大体结构 …… 301
实验五　消化系统的微细结构 …… 303
实验六　呼吸系统的大体结构 …… 305
实验七　呼吸系统的微细结构 …… 306
实验八　泌尿系统的大体结构 …… 307
实验九　泌尿系统的微细结构 …… 308
实验十　生殖系统的大体结构 …… 308
实验十一　生殖系统的微细结构 …… 309
实验十二　循环系统的大体结构 …… 311
实验十三　循环系统的微细结构 …… 313
实验十四　感觉器 …… 315
实验十五　神经系统 …… 317
实验十六　内分泌系统的大体结构 …… 319
实验十七　内分泌系统的微细结构 …… 320
实验十八　人体胚胎早期发育 …… 321

附录　护理应用解剖学简介 …… 323

主要参考文献 …… 338

中英文专业词汇索引 …… 339

绪 论

绪论数字资源

学习目标

1. 解释细胞、组织、器官、系统与内脏的概念。
2. 能正确理解人体解剖学的常用术语，组织学的常用研究技术；运用正常人体结构的相关知识进行关爱生命、重视人体健康的科普宣传。
3. 通过正常人体结构相关知识的学习，深刻理解"敬畏生命、救死扶伤、甘于奉献、大爱无疆"的医者精神，做"爱党、爱国、爱人民，仁医、仁心、仁术"的健康卫士。

一、正常人体结构的概念及其在医学中的地位

（一）正常人体结构的概念与分科

正常人体结构（normal human structure）是研究正常人体的形态结构及其发生发育规律的科学。本科学常被广义地称为**解剖学**，依据不同的研究方法和目的，又可分为人体解剖学、组织学和胚胎学三门学科。

1. **人体解剖学**（human anatomy） 又称为大体解剖学，是用肉眼观察的方法，研究正常人体的形态结构、各器官位置及其毗邻关系的科学。随着学科的发展，人体解剖学又逐渐细分出许多新的分支学科，其中应用比较广泛的有：**系统解剖学**（systematic anatomy）是按系统顺序逐一研究和描述人体各器官形态结构的科学；**局部解剖学**（regional anatomy）是在系统解剖学的基础上，研究人体各局部由浅入深的结构、层次及其毗邻关系的科学；**断层解剖学**（sectional anatomy）是为适应计算机体层成像（computed tomograph，CT）、超声诊断（ultrasonic diagnosis，USG）和磁共振成像（magnetic resonance imaging，MRI）等的应用，以断层的方法研究和描述人体各器官形态结构及其毗邻关系的科学；**临床解剖学**（clinical anatomy）是根据临床实际需要，以临床各学科应用为目的进行人体解剖学研究的科学。

2. **组织学**（histology） 又称为显微解剖学，是借助显微镜技术研究人体微细结构的科学。其研究内容包括细胞、基本组织及各器官内的细胞与组织构成等。

3. **胚胎学**（embryology） 是用显微镜观察和实验的方法，研究个体发生、发育及其生长变化规律的科学。其研究内容包括生殖细胞的发育与成熟、受精、胚胎发育、胚胎与母体的关系及先天畸形等。

知识链接

世界解剖日与解剖学之父——维萨里

2019年8月，国际解剖学工作者协会联合会（IFAA）第19届大会隆重纪念了现代解剖学之父——比利时人"安德烈·维萨里"（1514—1564）逝世455周年，大会决定将每年的10月15日（维萨里逝世日）确定为"**世界解剖日**"。维萨里尽管不是最早开展人

体解剖的人，但他于1543年出版的《人体构造》一书纠正了200余处前人的错误认识。哥白尼的《天体运行论》于同一年出版，所以维萨里与哥白尼常被认为是科学革命的两大代表人物。遗憾的是，他们都受到了当时保守势力的迫害。维萨里曾被异端裁判所判处死刑，后改判为朝圣流刑（被迫去耶路撒冷朝圣），历经苦难后在归途的一座小岛上因穷困而死。在中国解剖学会的倡导下，2019年以来我国许多医药院校都会开展世界解剖日系列活动以纪念维萨里，以表达对遗体捐献者的敬意。

（二）正常人体结构在医学中的地位

正常人体结构是所有医学相关专业较重要的基础课程之一，与其他医学各课程间均有极为密切的关系。只有掌握正常人体结构的基础知识，才能正确理解各种组织与器官的生理功能与病理变化，分辨人体的正常与异常，从而对疾病做出正确的诊断、预防和治疗。所以，恩格斯曾说过"没有解剖学就没有医学"。通过本课程获得的知识必将为医学专业其他课程的学习，以及临床医疗工作打下坚实的基础。

二、人体细胞、组织、器官与系统的概念

细胞（cell）是人体结构和功能的基本单位。其数量众多，形态多种多样，每种细胞具有各自的形态结构特征、代谢特点和功能活动。许多形态与功能相同或相似的细胞连同它们分泌的细胞外基质共同构成**组织**（tissue）。细胞外基质又称为细胞间质，由细胞产生，构成细胞生存的微环境，对细胞起支持、保护、联络和营养等作用；对细胞增殖、分化、运动和信息传递有重大影响。人体有4种基本组织，即上皮组织、结缔组织、肌组织和神经组织。由不同组织按特定方式组合，构成具有一定形态并能完成一定功能的**器官**（organ），如心、脑、肺和肾。在功能上有密切联系的若干个器官通过特定方式结合在一起，并能完成一系列生理功能，构成**系统**（system）。人体有9大系统，包括运动系统、消化系统、呼吸系统、泌尿系统、生殖系统、循环系统、感觉器、神经系统和内分泌系统。各系统在神经系统和内分泌系统的调节下，互相联系，密切配合，共同构成一个协调统一的完整人体。值得注意的是，人体的各器官和系统并不能绝对区分，常常是你中有我，我中有你。如绝大部分器官内均有血管、神经和淋巴管，在消化系统的舌与呼吸系统的鼻腔中有特殊感受器。也有些器官同时服务于不同的系统，如咽是消化系统和呼吸系统的共同通道，男性尿道是泌尿系统和生殖系统的共同通道。另外，不同学科有时会对系统有不同的提法，如循环系统也可称为脉管系统，在解剖学的概念中包括了心血管系统和淋巴系统。还包括大量分布于人体各器官中的淋巴细胞和淋巴组织，以及它们分泌的细胞因子。其中，消化系统、呼吸系统、泌尿系统、生殖系统的大部分器官位于胸腔、腹腔和盆腔内，并借一定的管道直接或间接与外界相通，故称为**内脏**（viscera）。

 考点提示

细胞、组织、器官、系统与内脏的概念。

人体从外形上可分为头、颈、躯干和四肢四部分。躯干包括胸部、腹部、背部、盆部和会阴部。四肢分为上肢和下肢。上肢包括肩、臂、前臂和手；下肢包括臀、大腿、小腿和足。

三、正常人体结构的学习观点

正常人体结构是医学相关专业学生进入大学后较早学习的专业基础课程之一，其中需要记

忆的名词概念特别多。很多学生会感到人体中各种细胞、组织和器官的形态特征、位置分布、相互关系等难以理解、记忆和掌握。如果同学们能把握以下几种观点，会对学好本门课程有很大的帮助。

（一）进化发展的观点

正常人体的形态结构是由长期系统进化发展而来的，人体的结构与低等动物有很大的区别，但是高等动物与人体有许多相似之处，所以我们要善于利用一些动物标本来学习正常人体结构的知识。另外，从受精卵、胚胎、新生儿到人体的不断老化，人体所有的细胞、组织、器官和系统也一直处于动态变化过程中。因此，只有用进化发展的观点来学习正常人体结构的知识，才能正确、全面地认识人体，理解人体出现的变异与畸形。

（二）理论与实践相结合的观点

正常人体结构是一门实践性很强的课程，结构复杂、名词繁多、不易记忆。如果靠死记硬背，将事倍功半。希望同学们重视加强直观学习与实践，充分利用大体老师标本、模型、切片等实物进行观察与辨别。在同学之间，甚至自行进行活体观察、触摸体表结构与标志。可以利用一些动物标本进行解剖与观察。也可以充分利用数字化教学资源中的视频、动画、3D图片、数字切片，甚至人工智能技术等加强对形态结构的理解与记忆。所谓百闻不如一见，实践出真知就是这个道理。

（三）形态与功能相联系的观点

因进化的原因，人体所有结构都是为了某种具体的功能而存在，即形态结构与生理功能相互依存又相互影响。在学习过程中，同学们要始终把形态与功能相对应，结合功能加强对形态结构的记忆和理解。如可从如何保障视觉功能的实现来理解眼的所有结构。又如，因人实现了直立行走，下肢与上肢出现了明显的分工，所以它们相对应的骨、肌，甚至血管等都有了较大的差异。

（四）局部与整体相统一的观点

人体每个器官或系统虽然都有独特的形态和功能，但它们又是整体的一部分，任何结构都不能离开整体而单独存在。所以，在学习某个具体的结构时，要尽可能地把相关的其他结构联系起来，能从局部联想到整体，也能从整体的角度来理解局部的形态与功能。

（五）平面与立体相联系的观点

这一点对于组织学和断层解剖学的学习尤为重要。同一个细胞、组织、器官，由于切割的方向和部位不同，在切片和断层上所显示的形态结构就不相同。如从细胞周边部切割，切面上无细胞核；从细胞中央部切断，则可见细胞核。一个中空性器官，由于切割的方位不同，可以呈现出完全不同的形态。因此，在观察二维结构和图像时需要有空间思维的习惯，如在显微镜下所见的各种形态结构与其整体三维结构相联系，这样才能正确地判断出细胞、组织、器官的形态结构。

四、人体解剖学的常用术语

为了正确地描述人体各器官的形态结构、位置及其相互关系，以便统一认识，便于交流，避免混乱，国际上规定了统一的人体解剖学姿势、轴、切面和方位术语。

（一）人体解剖学姿势

人体解剖学姿势是指身体直立，两眼平视正前方，上肢自然下垂于身体两侧，下肢并拢，手掌和足尖向前（图绪-1）。这是为了说明人体局部或器官及其结构的位置关系而规定的一种标准姿势。

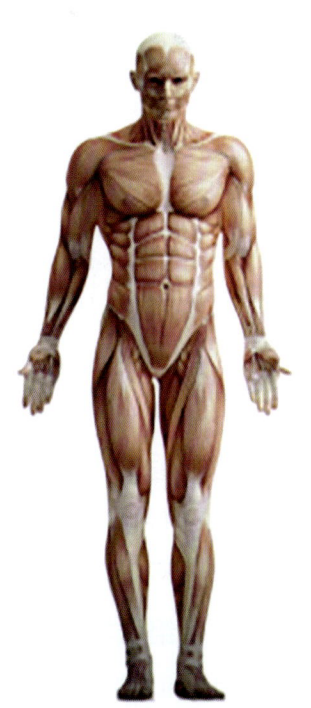

图绪-1 人体解剖学姿势

在描述人体某一部位或器官的位置关系时，无论人体处于何种体位，均以人体解剖学姿势为准进行描述。

（二）轴

在人体解剖学姿势的基础上，假想出来通过人体某个部位或结构3条相互垂直的轴线（图绪-2）。这在描述某些结构的形态，特别是在分析关节的运动时特别重要。

1. **垂直轴**　为上下方向的垂直线。垂直轴与身体长轴平行，与地平面垂直。

2. **矢状轴**　为前后方向的水平线。矢状轴与垂直轴和冠状轴相互垂直。

3. **冠状轴**　为左右方向的水平线。冠状轴与垂直轴和矢状轴相互垂直。

（三）切面

人体以及任何一个局部均可在人体解剖学姿势下作3个相互垂直的切面（图绪-2）。

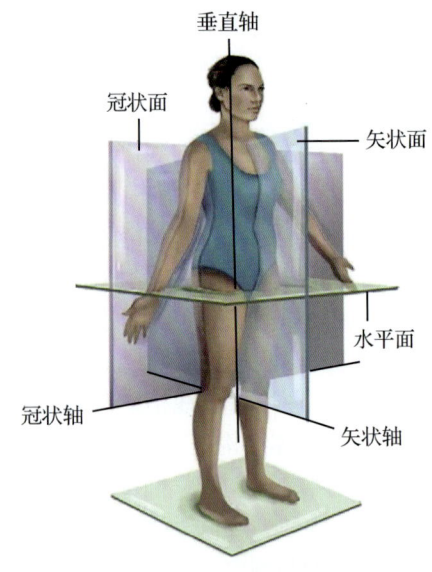

图绪-2　人体的轴和切面

1. **矢状面**　是沿前后方向将人体垂直纵切为左、右两部分的切面。其中，通过人体正中，将人体分为左、右对称两半的矢状面，称为**正中矢状面**。

2. **冠状面**　是沿左右方向将人体垂直纵切为前、后两部分的切面。

3. **水平面**　是沿水平方向将人体横切为上、下两部分的切面。

此外，在描述器官的切面时，一般以器官本身的长轴为准，与器官长轴平行的切面，称为**纵切面**；与器官长轴垂直的切面，称为**横切面**。

（四）方位术语

方位术语是指在人体解剖学姿势的基础上，用于表示人体结构相互位置关系的专业术语。这些名词均有对应关系，也是相对而言的。

1. **上和下**　近头顶者为上，近足底者为下。如眼位于鼻的左、右上方，而口则位于鼻的下方。

2. **前和后**　近胸腹面者为前，又称为腹侧；近背腰面者为后，又称为背侧。

3. **内侧和外侧**　距正中矢状面较近者为内侧，较远者为外侧。如鼻位于眼的内侧，而耳则位于眼的外侧。在描述四肢时，前臂内侧又称为尺侧，外侧又称为桡侧；小腿内侧又称为胫侧，外侧又称为腓侧。

4. **内和外**　常用于描述某些空腔器官的内腔位置关系。近内腔者为内，远内腔者为外。

5. **浅和深**　是以身体表面或器官表面为准的相对距离关系。离表面近者为浅，离表面远而距离人体中心近者为深。

6. **近侧和远侧**　在四肢，距肢体根部近者为近侧；距肢体根部远者为远侧。

 考点提示

人体解剖学姿势、轴、切面和方位术语。

五、组织学的常用研究技术

因为组织学是研究人体微细结构的科学，需要观察的结构已经超出了人的肉眼分辨率，所以必须依赖显微镜的放大功能。又因为显微镜下光线或电子束的穿透力有限，在应用显微镜技术观察人体微细结构之前，一般都要将组织制备成薄片并加以染色。常见的显微镜及制片技术简介如下。

（一）普通光学显微镜术

普通光学显微镜简称光镜，是以普通光为光源的显微镜，受光波波长的限制，其分辨率最高为 0.2 μm，最终放大倍数可达 1000 倍左右，可观察到组织、细胞的一般微细结构。借助光学显微镜能观察到的组织细胞结构，称为**微细结构**或光镜结构。普通光学显微镜可用于观察各种染色后的组织薄片，其中最常用的是石蜡切片及苏木精-伊红（HE）染色，其大致制作过程如下。

1. **固定**　将小块新鲜组织浸入固定液固定 6～24 小时。其目的是保证组织、细胞的原有形态结构不发生变化。

2. **脱水**　是指将固定后的组织依次经过浓度递增的乙醇中，用乙醇替代组织内的水分。由于乙醇可溶解脂肪，所以这一步会导致脂肪细胞中的脂滴溶解呈空泡状。

3. **透明**　是用二甲苯置换出组织中乙醇的过程，这个过程会导致组织变成透明状。

4. **包埋**　二甲苯透明后的标本需要经过 3 次浸泡 56 ℃熔化的石蜡，使其充分渗入组织、细胞内，最后把组织块包埋在石蜡中冷却形成蜡块。

5. **切片**　蜡块经修理后用石蜡切片机切成 6～8 μm 厚的薄片，于温水中使蜡片张开，裱贴于载玻片上，即成为石蜡切片。切片经烤干、二甲苯脱蜡，以及从高浓度到低浓度乙醇处理复水后才能用于染色。

6. **染色**　其目的是使组织、细胞内各微细结构染上不同的颜色，以利于观察。组织学最常用的染色法是**苏木精-伊红染色**（hematoxylin-eosin staining），简称 HE 染色（图绪-3）。苏木精为碱性染料，可使酸性物质染成紫蓝色，如细胞核内的染色质和细胞质内的核糖体；伊红为酸性染料，能使碱性物质染成红色，如细胞质和细胞外基质。凡组织结构与碱性染料（苏木精）亲和力强，易被染成紫蓝色的特性，称为**嗜碱性**；凡组织结构与酸性染料（伊红）亲和力强，易被染成红色的特性，称为**嗜酸性**；若与碱性和酸性染料的亲和力都不强，则称为**中性**。

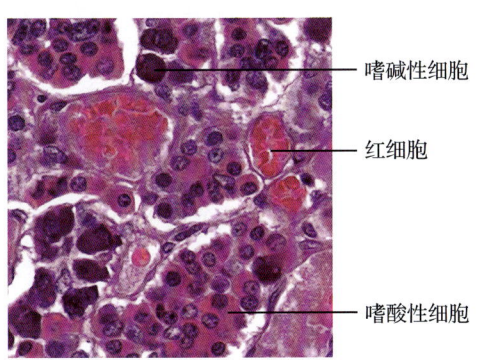

图绪-3　人垂体切片（苏木精-伊红染色）

除苏木精-伊红染色法外，还有多种特殊的染色方法，用于特异性地显示某些组织结构。如用硝酸银将神经元染成黑色（镀银染色法），此性质称为**嗜银性**。用蓝色染料甲苯胺蓝将弹性纤维和肥大细胞的分泌颗粒染成紫红色，这种染色特性称为**异染性**。

（二）几种特殊的制片技术

石蜡切片是组织学研究中应用最广泛的制片技术，但有些组织不宜采用石蜡切片，而常采用一些特殊的制片技术，主要有如下几种。

1. **涂片**　血液等液体标本可直接涂抹于玻片上，干燥后再进行固定和染色。

2. **铺片** 疏松结缔组织或肠系膜等可撕成极薄的铺片后铺在玻片上，待干燥后进行固定和染色。

3. **磨片** 骨和牙齿等坚硬组织可直接磨成极薄的磨片后进行染色观察。

4. **冰冻切片** 当临床上需要快速出结果时，可将从患者体内取出的组织经液氮冷冻后立刻用恒冷箱切片机进行切片，这样可大大缩短制片时间。另外，在免疫组织化学研究中也常常采用冰冻切片的方法代替石蜡切片。

（三）电子显微镜术

电子显微镜简称电镜，是以电子束代替光线，以电磁透镜代替光学透镜，使组织中的超微结构能在极高的放大倍数下成像。电子显微镜下观察到的结构，称为**超微结构**或电镜结构。目前最常用的是透射电镜和扫描电镜。

1. **透射电镜** 在进行透射电镜观察之前，需进行非常复杂和严格的制片和染色处理。大致过程包括取材、戊二醛和锇酸固定、丙酮脱水、环氧树脂包埋、用超薄切片机切片（厚50～80 nm）、醋酸铀和柠檬酸铅染色等步骤。透射电镜的分辨率最高可达0.2 nm，能将物体放大几千倍、几万倍，甚至百万倍。透射电镜常用于观察细胞内部和细胞外基质的超微结构。

2. **扫描电镜** 是将电子束在组织、细胞表面进行扫描，故不需对组织、细胞进行超薄切片。这些组织和细胞经固定、脱水、干燥和喷镀金属后即可在扫描电镜下观察，故其分辨率较透射电镜低。扫描电镜主要用于观察细胞、组织或器官的表面立体结构。

另外，还有数字显微镜技术、荧光显微镜技术、相差显微镜技术、组织化学技术、免疫组织化学技术、原位杂交技术、放射自显影技术、图像分析技术、细胞培养技术和组织工程等研究方法。

> **思政园地**
>
> **医学界的无语良师**
>
> 正常人体结构是一门实践性很强的科学，开展研究和教学都需要大量遗体作为标本，这些标本都来源于遗体捐献者。他们用躯体供医学生们解剖实践，教会医学生宝贵的人体知识，他们不说话，却是最耐心的师长，被医学界称为"**无语良师**"，被医学生们叫作"**大体老师**"。每一位"无语良师"的背后都有一段感人的故事。他们中有正常人体结构的教授等医学专家，有红军老战士等革命先辈，有意外身故的在校医学生，也有大量平凡而伟大的普通群众。他们带着"宁可在自己身上划错千万刀，不在病人身上划错一刀"的精神，在死后仍然为医学教育奉献着自己的价值。每一位医学生都应该心怀尊重和感恩之心，认真向"无语良师"学习，不负良师所托，掌握扎实的医学知识，培养有责任心和感恩心的道德情操，努力使自己成为合格的医学工作者，为祖国的医学事业做出贡献。

（董　博）

自 测 题

一、单项选择题

1. 以人体正中矢状面为准的方位术语是
   A. 头侧和尾侧　　　　B. 内侧和外侧　　　　C. 腹侧和背侧
   D. 内和外　　　　　　E. 近侧和远侧

2. 组成人体的基本结构和功能单位是
   A. 分子　　　　　　　　B. 细胞　　　　　　　　C. 组织
   D. 器官　　　　　　　　E. 系统
3. 关于细胞外基质的叙述，错误的是
   A. 是细胞产生的基质和纤维
   B. 血浆、组织液等体液不属于细胞外基质
   C. 不同组织的细胞外基质成分和含量不同
   D. 细胞外基质具有支持、联系、保护和营养细胞的作用
   E. 细胞外基质对细胞的增殖、分化、运动和信息传递有重大影响
4. 组织标本常用的制作方法是
   A. 石蜡切片　　　　　　B. 火棉胶切片　　　　　C. 冰冻切片
   D. 组织压片　　　　　　E. 超薄切片
5. 对苏木精亲和力强，被染成蓝色的结构是
   A. 细胞膜　　　　　　　B. 细胞质　　　　　　　C. 细胞核
   D. 脂滴　　　　　　　　E. 细胞器
6. 细胞内的物质被伊红染成红色，称其具有
   A. 嗜银性　　　　　　　B. 中性　　　　　　　　C. 嗜酸性
   D. 嗜碱性　　　　　　　E. 异染性
7. 血细胞、分离细胞或脱落细胞直接涂在玻片上，制成的是
   A. 磨片　　　　　　　　B. 涂片　　　　　　　　C. 超薄切片
   D. 铺片　　　　　　　　E. 冷冻切片
8. 普通光学显微镜的最高分辨率可达
   A. 0.2 nm　　　　　　　B. 2 nm　　　　　　　　C. 0.2 μm
   D. 2 μm　　　　　　　　E. 5 μm
9. 组织异染性是指
   A. 染色快速
   B. 染色困难
   C. 染色鲜明
   D. 染色需加还原剂
   E. 结构染色后其呈现的颜色与所用染料的颜色不同
10. 观察细胞器的形态结构可用
    A. 光镜技术　　　　　　B. 扫描电镜技术　　　　C. 透射电镜技术
    D. 组织化学技术　　　　E. 细胞培养技术

二、名词解释

1. 组织　2. 器官　3. 系统　4. 内脏

第一章数字资源

第一章　基本组织

学习目标

1. 说出各种被覆上皮的结构特点及分布；疏松结缔组织中各主要细胞的功能；各种血细胞的正常值、形态及功能。
2. 描述三种肌组织的光镜结构特点，骨骼肌的超微结构；神经元的形态结构特点，神经纤维和神经末梢的概念与分类。
3. 能在光学显微镜下辨认各种上皮组织、疏松结缔组织、各种血细胞、三种肌组织和神经纤维的微细结构。
4. 通过基本组织相关知识的学习，具有忠于职守、克己奉公的新时代中国特色社会主义职业精神。

案例 1-1

患者，女性，30岁，反复上腹部疼痛6个月，伴恶心、呕吐、返酸。半年前患者感觉饭后上腹不适，未经治疗也能缓解，未引起重视，近3个月疼痛加重，并出现恶心、返酸，1天前出现呕吐，呕吐物呈咖啡色而就诊。胃镜检查：胃黏膜糜烂、溃疡。临床诊断：胃溃疡并发出血。

问题与思考：
1. 基本组织有哪几类？
2. 被覆上皮分为哪几类，各分布于何处？
3. 结缔组织分为哪几类，血液由哪几部分组成，血细胞分为哪几种？

基本组织（fundamental tissue）是构成人体器官的基本成分。根据形态结构和功能不同，将其分为上皮组织、结缔组织、肌组织和神经组织。

第一节　上皮组织

上皮组织（epithelial tissue）简称上皮，由大量紧密排列的细胞和少量细胞外基质构成。根据结构和功能不同，可分为被覆上皮和腺上皮。上皮组织具有保护、吸收、分泌和排泄等功能。人体不同部位的上皮组织其功能有所差别，如分布在体表的上皮组织以保护功能为主，而消化管腔面的上皮组织除具有保护作用外，还有吸收和分泌功能。腺上皮的主要功能是分泌。

一、被覆上皮

被覆上皮（covering epithelium）覆盖于身体表面，或衬贴于体内各空腔器官的腔面，具有保护和吸收等功能。

（一）被覆上皮的结构特点

被覆上皮有以下共同特点：①细胞数量多，排列紧密，细胞外基质少；②上皮细胞呈现明显的极性，即一端朝向身体表面或有腔器官的腔面，称为游离面；与游离面相对的另一面朝向深部结缔组织，称为基底面，游离面和基底面的结构有明显区别，细胞侧面与相邻细胞之间形成细胞连接；③上皮组织内一般没有血管，细胞所需营养依靠结缔组织内的血管透过基膜供给；④上皮组织内有丰富的神经末梢。

（二）被覆上皮的分类

根据构成上皮组织的细胞层数，被覆上皮分为单层上皮和复层上皮。单层上皮由一层细胞组成，所有细胞的基底端都附着于基膜上，游离端伸到上皮表面；复层上皮由多层细胞组成，只有最深层的细胞附着于基膜上。根据表层细胞垂直切面的形态不同，单层上皮可进一步分为单层扁平上皮、单层立方上皮、单层柱状上皮和假复层纤毛柱状上皮；复层上皮可分为复层扁平上皮和变移上皮（表 1-1）。

表 1-1　被覆上皮的类型与分布

被覆上皮	类型	分布
单层上皮	单层扁平上皮	内皮：心、血管和淋巴管腔面
		间皮：胸膜、腹膜和心包表面
		其他：肺泡和肾小囊壁层等
	单层立方上皮	肾小管和甲状腺滤泡等
	单层柱状上皮	胃、肠、胆囊和子宫等腔面
	假复层纤毛柱状上皮	呼吸管道等腔面
复层上皮	复层扁平上皮	未角化：口腔、食管和阴道等腔面
		角化：皮肤表皮
	变移上皮	肾盏、肾盂、输尿管和膀胱等腔面

1. **单层扁平上皮**（simple squamous epithelium）　又称为单层鳞状上皮，由一层扁平状细胞组成（图 1-1）。从表面观察，细胞呈多边形，边缘呈锯齿状或波纹状，相互嵌合，细胞核呈椭圆形，位于细胞中央；从侧切面观察，胞质很薄，含核部分略厚，细胞核呈扁平状，位于细胞中央。

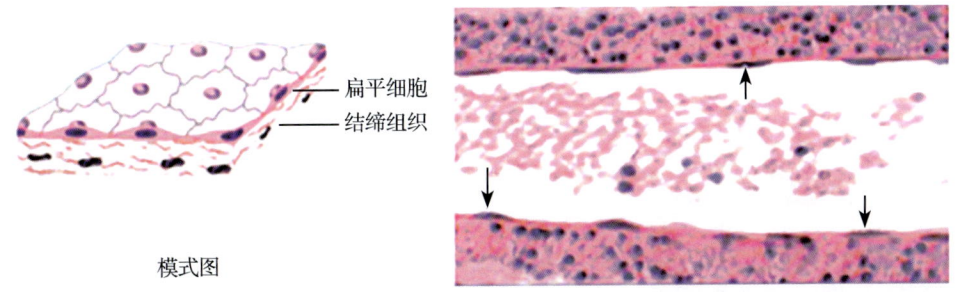

图 1-1　单层扁平上皮

分布于心、血管和淋巴管腔面的单层扁平上皮，称为**内皮**（endothelium），其游离面光滑，有利于血液和淋巴流动，内皮还能分泌多种生物活性物质；分布于胸膜、腹膜和心包表面的单层扁平上皮，称为**间皮**（mesothelium），能分泌少量浆液，使游离面润滑，便于内脏器官活动。

2. **单层立方上皮**（simple cuboidal epithelium） 由一层近似立方形的细胞组成（图 1-2）。从表面观察，细胞呈多边形；从侧切面观察，细胞呈立方形，细胞核呈圆形，位于细胞中央。单层立方上皮主要分布于肾小管和甲状腺滤泡等处，具有分泌和吸收等功能。

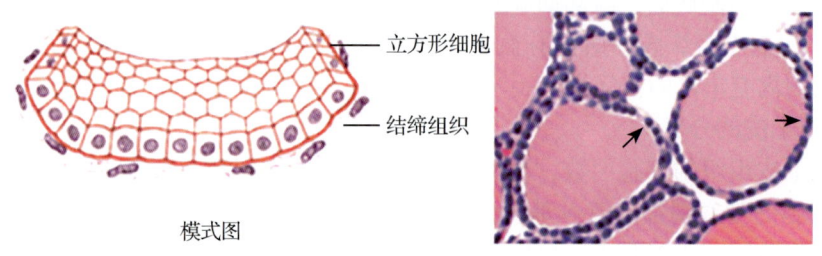

图 1-2　单层立方上皮

3. **单层柱状上皮**（simple columnar epithelium） 由一层棱柱状细胞组成（图 1-3）。从表面观察，细胞呈多边形；从侧切面观察，细胞呈长方形，细胞核呈椭圆形，常位于细胞近基底部。单层柱状上皮主要分布于胃、肠、子宫和胆囊等腔面，大多有吸收和分泌功能。其中，分布于肠腔面的柱状细胞之间还散在有杯状细胞。杯状细胞形似高脚酒杯，底部狭窄，细胞核呈扁形或三角形，位于杯底，顶部膨大，充满分泌颗粒。杯状细胞能分泌黏液，具有润滑和保护等功能。

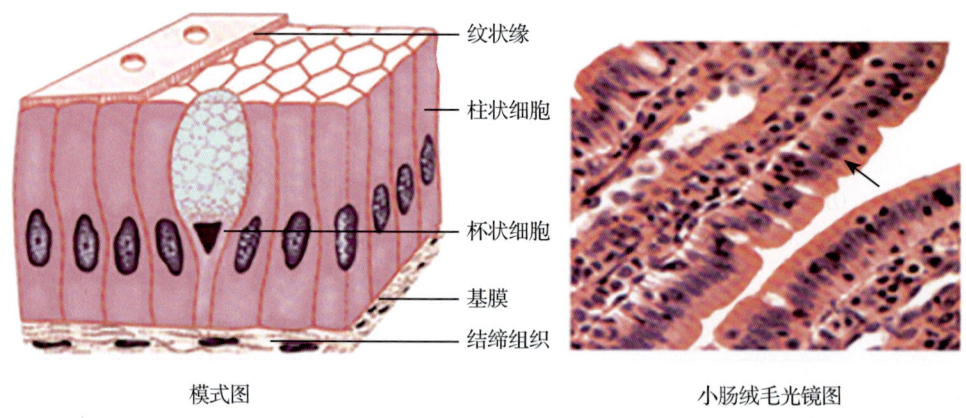

图 1-3　单层柱状上皮

4. **假复层纤毛柱状上皮**（pseudostratified ciliated columnar epithelium） 由柱状细胞、梭形细胞、锥形细胞和杯状细胞组成（图 1-4）。柱状细胞最多，游离面有大量纤毛。虽然上述几种

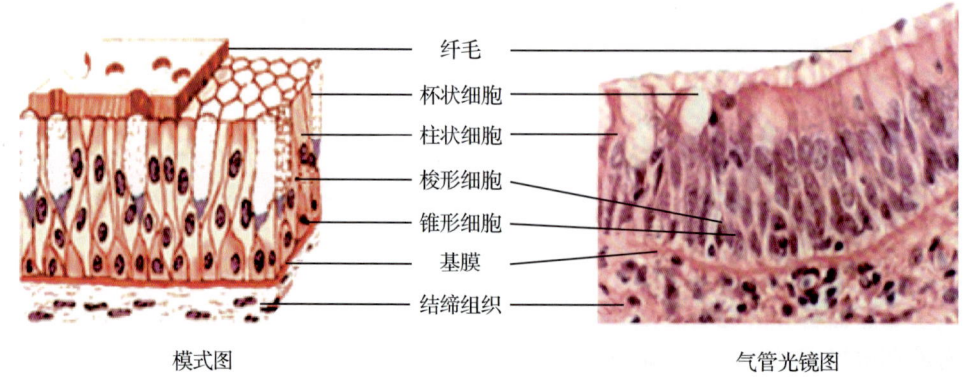

图 1-4　假复层纤毛柱状上皮

细胞形态不同、高低不一、细胞核大小不等、位置排列也不在同一平面，但每个细胞的基底部都附于基膜上，所以在垂直切面观察，貌似有多层，但实为一层，上皮内杯状细胞较多。假复层纤毛柱状上皮主要分布于呼吸管道等腔面。纤毛的定向节律性摆动可将含有灰尘和细菌等病原体的黏液推向咽部，从而起到清洁和保护呼吸道的作用。

5. **复层扁平上皮**（stratified squamous epithelium） 由多层细胞组成（图1-5）。从垂直切面观察，表层为数层扁平鳞片状细胞，故又称为复层鳞状上皮；中间层由浅至深为梭形细胞和多边形细胞；基底层为一层矮柱状或立方形的基底细胞，较幼稚，具有旺盛的分裂和增殖能力，不断补充表层衰老脱落的细胞。上皮基底面借基膜与深部结缔组织连接面凹凸不平，呈现出较大的接触面积，既使上皮组织得到充分的营养供给，又使二者的连接更加稳固。

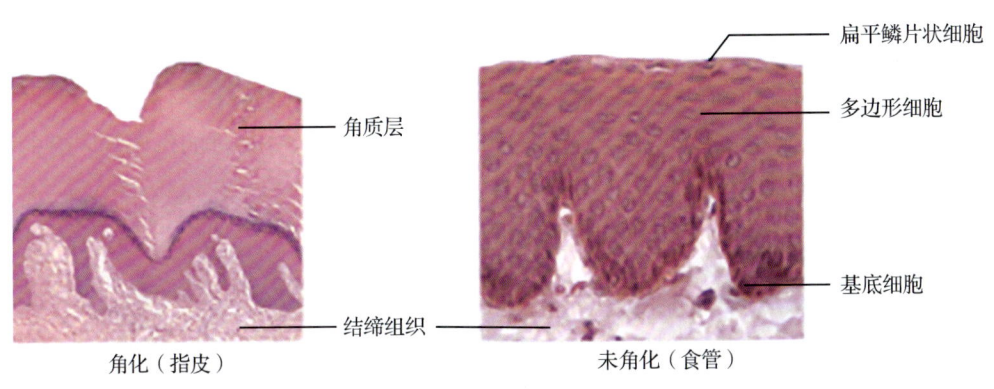

图1-5 复层扁平上皮

复层扁平上皮分布于皮肤表皮、口腔、食管和阴道等腔面，具有耐摩擦和阻止异物侵入等保护作用。受损伤后，上皮有很强的修复能力。其中，分布于皮肤表皮的复层扁平上皮，浅层细胞的胞质内充满角质蛋白，故称为**角化的复层扁平上皮**；分布于口腔、食管和阴道等黏膜的复层扁平上皮，其浅层细胞的胞质内含角质蛋白少，故称为**未角化的复层扁平上皮**。

6. **变移上皮**（transitional epithelium） 又称移行上皮，由多层细胞组成（图1-6）。从垂直切面观察，表层为盖细胞，大而肥厚，部分细胞有双核，中间层为梭形细胞，基底层为锥形细胞。变移上皮的细胞形状和层数可随该器官的容积改变而改变。如膀胱空虚时，上皮变厚，细胞层数增多，细胞呈大的立方形；膀胱充盈时，上皮变薄，细胞层数减少，细胞呈扁梭形。变移上皮主要分布于肾盏、肾盂、输尿管和膀胱等处，具有保护功能。

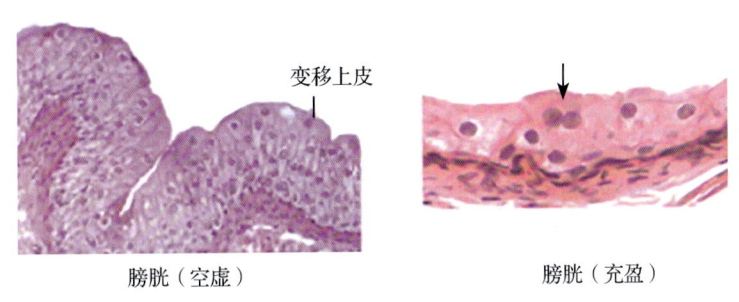

图1-6 变移上皮

> **考点提示**
>
> 被覆上皮的分类与分布。

二、腺上皮与腺

机体主要行使分泌功能的上皮,称为**腺上皮**(glandular epithelium)。以腺上皮为主要成分构成的器官,称为**腺**(gland)。腺细胞的分泌物含有酶、糖蛋白(也称为黏蛋白)或激素等,各有特定的作用。根据分泌物的排出方式不同,腺可分为外分泌腺和内分泌腺。

(一)外分泌腺

外分泌腺(exocrine gland)又称有管腺。其分泌物经导管排至体表或器官腔内,如汗腺和唾液腺。外分泌腺按腺细胞的数目分为单细胞腺(如杯状细胞)和多细胞腺。人体绝大多数外分泌腺属于多细胞腺,多细胞腺一般由分泌部和导管两部分组成(图1-7)。

1. **分泌部** 也称腺泡,一般由单层腺细胞围成,中央为腺泡腔,与导管相通,具有分泌功能。根据分泌部的形态,外分泌腺可分为管状腺、泡状腺和管泡状腺;根据分泌物的性质,外分泌腺又可分为黏液性腺、浆液性腺和混合性腺。

2. **导管** 与腺泡连通,由单层或复层上皮构成,除具有输送分泌物的作用外,有的导管上皮兼有分泌和吸收等功能。

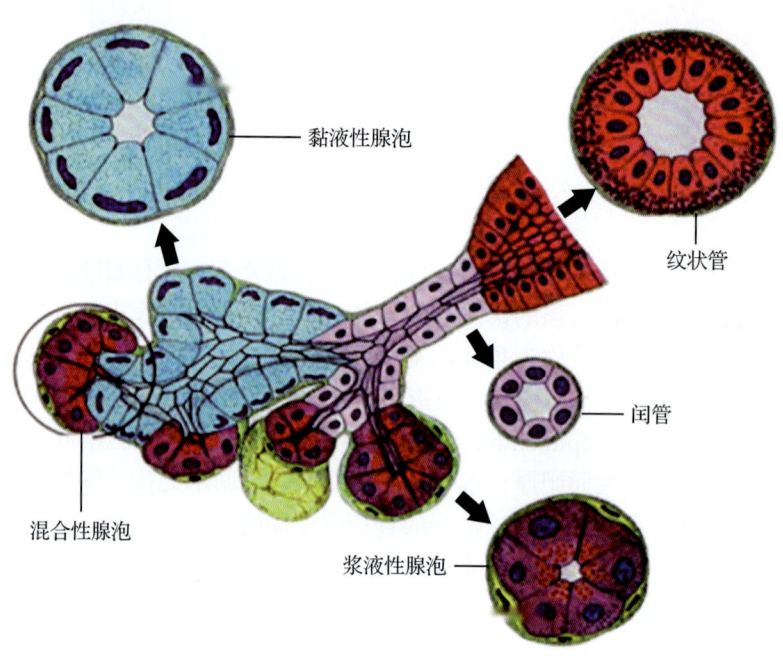

图1-7 外分泌腺

(二)内分泌腺

内分泌腺(endocrine gland)也称无管腺。其分泌物(主要是激素)直接释放入周围的血管或淋巴管中,由血液或淋巴输送到全身,作用于相应的靶器官或靶细胞,如甲状腺和肾上腺。

三、上皮组织的特殊结构

由于上皮细胞呈现明显的极性,故上皮细胞具有游离面、基底面和侧面3种功能表面(图1-8)。在各个不同的功能表面常形成不同的特殊结构,以与其功能相适应。这些特殊结构也可见于其他组织的细胞。

第一章 基本组织

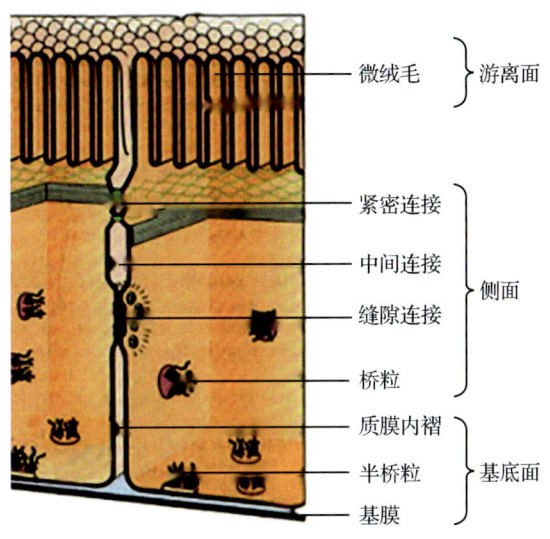

图1-8 上皮组织特殊结构模式图

（一）游离面

1. **微绒毛**（microvillus） 是上皮细胞的细胞膜和部分细胞质向游离面伸出的细小指状突起，其内含有纵行排列的微丝，一般在电镜下才能清楚辨认。微绒毛的作用是扩大细胞的表面积，有利于细胞对物质的吸收。在吸收功能活跃的上皮细胞，游离面有密集排列的微绒毛，在高倍镜下呈纵纹状，故又称为纹状缘或刷状缘。微绒毛主要分布于小肠和肾近曲小管等处。

2. **纤毛**（cilium） 是上皮细胞的细胞膜和部分细胞质向游离面伸出的粗长指状突起，光镜下清晰可见。其内含有纵行排列的微管。纤毛具有节律性定向摆动的能力，把上皮表面的黏液及其黏附的物质定向推送。呼吸道的假复层纤毛柱状上皮即以此方式把吸入的灰尘或细菌等异物推送至咽部形成痰液排出体外，输卵管上皮细胞表面的纤毛定向摆动有助于卵子和受精卵的运输。

（二）侧面

在相邻上皮细胞侧面，由局部特化的细胞膜、细胞质或细胞间隙形成特殊构造的细胞连接。主要有如下几种。

1. **紧密连接**（tight junction） 又称为闭锁小带，呈箍状，环绕于相邻细胞间隙的顶端侧面，细胞间隙消失。紧密连接除有机械连接作用外，更重要的是封闭细胞顶部的细胞间隙，阻挡细胞外大分子物质经细胞间隙进入组织内，从而保持机体内环境的稳定。紧密连接常见于单层柱状上皮和单层立方上皮的连接。

2. **中间连接**（intermediate junction） 又称为黏着小带，多为长短不等的带状，位于紧密连接下方，环绕于上皮细胞顶部。相邻细胞的间隙中有较致密的丝状物，连接相邻细胞膜。胞质面附着有薄层致密物质和细丝。此种连接具有黏着、保持细胞形态和传递细胞收缩力的功能。中间连接常见于上皮细胞间和心肌细胞间的连接。

3. **桥粒**（desmosome） 又称为黏着斑，主要存在于上皮细胞间，呈斑状连接，大小不等，位于中间连接深部。连接区的细胞间隙内含有低密度丝状物，在中央有一条致密的中间线。胞质面有较厚的致密物质构成附着板，有角蛋白丝（张力丝）附着于板上，并常折成袢状返回胞质。桥粒是一种很牢固的细胞连接，起固定和支持作用，在易受机械性刺激和摩擦的复层扁平上皮中多见。

4. **缝隙连接**（gap junction） 又称通讯连接，呈斑状，位于柱状上皮深部。相邻细胞的细胞膜中有许多配布规律的柱状颗粒，颗粒中央有直径约为 2 nm 的管腔。相邻细胞的间隙很窄，其内有相邻细胞膜中的颗粒彼此相接，管腔也通连，成为细胞间直接相通的管道，借以传递化学信息。缝隙连接广泛存在于胚胎和成体的多种细胞间。在心肌细胞之间、平滑肌细胞之间和神经细胞之间，可经此处传递电冲动。

以上 4 种细胞连接，只要有 2 种或 2 种以上紧邻存在，则称为**连接复合体**。

（三）基底面

1. **基膜**（basement membrane） 是上皮细胞基底面与深部结缔组织间的薄膜，又称为基底膜。基膜为特殊的细胞外基质，厚薄不一，除具有支持和连接作用外，还具有半透膜性质，有利于上皮细胞与深部结缔组织间进行物质交换。基膜还能引导上皮细胞移动并影响其分化。

2. **质膜内褶**（plasma membrane infolding） 是上皮细胞基底面的细胞膜折向胞质所形成的皱褶。质膜内褶扩大了细胞基底部的表面积，有利于水和电解质迅速转运。由于转运过程中需要消耗能量，故在质膜内褶附近的胞质内含有许多纵行排列的线粒体。

3. **半桥粒** 在某些上皮细胞的基底面形成桥粒一半的结构，将上皮细胞固着在基膜上。

第二节　结缔组织

结缔组织（connective tissue）是人体内分布最广泛、形式最多样的一种组织，由少量细胞和大量细胞外基质构成。与上皮组织比较，其结构特点有：①细胞少，种类多，功能复杂，细胞无极性；②细胞外基质多，包括细丝状的纤维、无定形基质和不断循环更新的组织液等，构成细胞生存的微环境；③结缔组织内有丰富的血管、淋巴管和神经分布；④分布广泛，且形式多样。结缔组织具有支持、连接、防御、保护、营养和修复等作用。

根据细胞和纤维的种类以及基质的状态不同，广义的结缔组织分为固有结缔组织、软骨组织、骨组织和血液。一般所说的结缔组织是指固有结缔组织。所有结缔组织均来源于胚胎时期的间充质。**间充质**（mesenchyme）是胚胎时期填充在内胚层与外胚层之间的散在中胚层组织，由间充质细胞和无定形基质组成，无纤维成分。间充质细胞是分化程度较低的干细胞，有很强的增殖分化能力，除分化成各种结缔组织的细胞外，还能分化成内皮细胞和平滑肌细胞等。

一、固有结缔组织

根据结构和功能不同，**固有结缔组织**（connective tissue proper）又可分为疏松结缔组织、致密结缔组织、脂肪组织和网状组织。

（一）疏松结缔组织

疏松结缔组织（loose connective tissue）又称蜂窝组织。其特点是细胞种类多，细胞和纤维散在分布于大量基质内，血管丰富。分布广泛，位于器官之间、组织之间以及细胞之间，具有连接、支持、保护、营养和修复等功能。

1. **细胞** 种类较多，包括成纤维细胞、巨噬细胞、浆细胞、肥大细胞、脂肪细胞和未分化的间充质细胞等（图 1-9）。此外，血液中的白细胞在炎症反应时也可游走到结缔组织内。各类细胞的数量和分布随疏松结缔组织存在的部位和功能状态而不同。

（1）**成纤维细胞**（fibroblast）：是疏松结缔组织中的主要细胞，数量多。细胞呈扁平星状，多突起；胞质丰富，呈弱嗜碱性；细胞核大，呈卵圆形，着色浅，核仁明显。电镜下，胞质内含有丰富的粗面内质网、游离核糖体和发达的高尔基复合体。成纤维细胞能合成与分泌胶原蛋白和弹性蛋白，生成纤维和基质，在创伤修复中起重要作用。

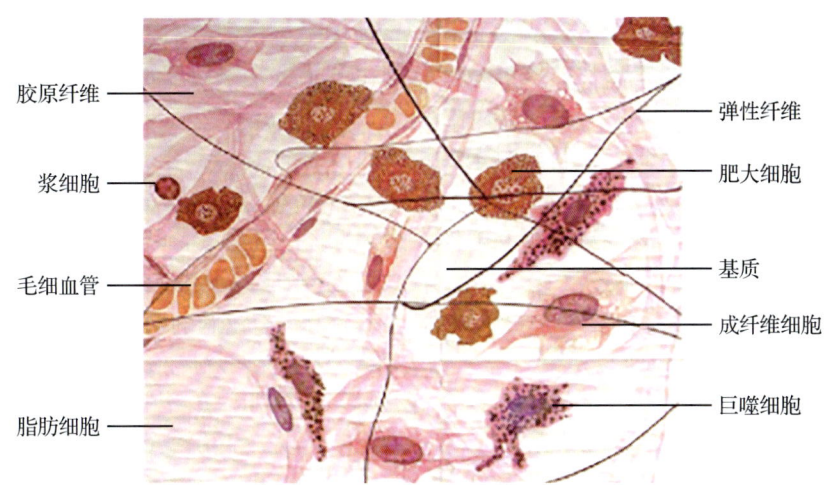

图 1-9 疏松结缔组织铺片

纤维细胞（fibrocyte）是功能不活跃、处于静止状态的成纤维细胞。细胞变小，呈长梭形，细胞核小，着色深，胞质内粗面内质网少，高尔基复合体不发达。在特定条件刺激下（如创伤），纤维细胞又可再转变为成纤维细胞，参与修复。

（2）**巨噬细胞**（macrophage）：是血液中的单核细胞进入结缔组织后分化形成的，形态多样，随功能状态而改变，分布广泛。巨噬细胞有两种状态：一种是功能活跃游走的巨噬细胞，常伸出较长的伪足而形态不规则；另一种是在疏松结缔组织内的巨噬细胞，又称组织细胞，常沿纤维散在分布，在炎症或异物等刺激下活化成游走的巨噬细胞。

巨噬细胞的细胞核较小，呈卵圆形或肾形，多为偏心位，着色深，核仁不明显，胞质丰富，多呈嗜酸性，含空泡和异物颗粒。电镜下，细胞表面有许多皱褶、小泡和微绒毛，胞质内含大量初级溶酶体、次级溶酶体、吞噬体、吞饮小泡和残余体。巨噬细胞具有趋化性、定向运动和强大的吞噬异物、细菌及衰老死亡细胞的功能；能捕获、处理和呈递抗原，参与和调节免疫应答；分泌溶菌酶、补体和细胞因子等多种生物活性物质。

（3）**浆细胞**（plasma cell）：来源于血液中的 B 淋巴细胞。通常在疏松结缔组织中较少，而在病原菌或异物易于入侵的部位（如消化道、呼吸道和慢性炎症部位）较多。光镜下细胞呈圆形或椭圆形；细胞核呈圆形，位于细胞一侧，染色质呈粗块状，沿核膜呈辐射状排列，形似车轮；胞质丰富，呈嗜碱性。电镜下胞质内含有大量平行排列的粗面内质网和游离核糖体，核旁浅染区内有发达的高尔基复合体和中心体。浆细胞具有合成和分泌免疫球蛋白（即抗体）等功能，参与机体的体液免疫反应。

（4）**肥大细胞**（mast cell）：起源于骨髓，分布在小血管或小淋巴管周围。细胞呈圆形或卵圆形，较大；细胞核小，位于细胞中央，染色深；胞质内充满粗大的嗜碱性颗粒，颗粒具有水溶性和异染性，颗粒内含有肝素、组胺、白三烯和嗜酸性细胞趋化因子等。其中肝素有抗凝血作用；组胺和白三烯能使细支气管平滑肌收缩，微静脉和毛细血管扩张，通透性增加，渗出增加，导致组织水肿；嗜酸性粒细胞趋化因子能吸引嗜酸性粒细胞到变态反应的部位，故肥大细胞与过敏反应有关。

（5）**脂肪细胞**（fat cell）：单个或成群存在。细胞较大，呈圆形、椭圆形或多边形；胞质内充满脂滴；细胞核呈扁圆形，连同部分胞质被挤压到细胞一侧，呈新月形。在苏木精-伊红染色标本中，脂滴被溶解，细胞呈空泡状。脂肪细胞具有合成和贮存脂肪的功能，并参与脂类代谢。

2. 细胞外基质 包括纤维、基质和不断循环的组织液等。

（1）**纤维**：位于基质内，有胶原纤维、弹性纤维和网状纤维 3 种（图 1-9）。

1）胶原纤维（collagenous fiber）：数量最多，新鲜时呈白色，有光泽，故又称白纤维，在苏木精-伊红染色标本中呈嗜酸性，浅红色。纤维粗细不等，呈波浪形，并互相交织。胶原纤维韧性较大，抗拉力强。

2）弹性纤维（elastic fiber）：新鲜时呈黄色，故又称黄纤维。在苏木精-伊红染色标本中呈弱嗜酸性，着色浅，不易与胶原纤维区分；但醛复红或地衣红能将其染成紫色或棕褐色。纤维较细，其分支交织成网。弹性纤维富于弹性，但韧性差、易断，断端常卷曲。

3）网状纤维（reticular fiber）：较细短，分支多，交织成网。在镀银染色时呈黑褐色，故又称嗜银纤维。网状纤维主要分布于网状组织，在造血器官和内分泌腺的网状纤维，则构成其支架。

（2）基质：是由蛋白多糖和糖蛋白等生物大分子构成的无定形胶状物质，有一定黏稠性，分布于毛细血管与细胞和纤维之间，其内含有组织液。主要成分是蛋白多糖和水。

蛋白多糖是由蛋白质与大量多糖结合成的大分子复合物，其中多糖主要是透明质酸。蛋白多糖复合物的立体构型形成有许多微孔隙的分子筛，小于孔隙的水和溶于水的营养物质、代谢产物、激素及气体分子等可以通过，便于血液与细胞之间进行物质交换。大于孔隙的大分子物质（如细菌）则不能通过，使基质成为限制细菌扩散的防御屏障。但溶血性链球菌、肿瘤细胞和蛇毒等能产生透明质酸酶，破坏基质的防御屏障，致使感染和肿瘤浸润扩散。

组织液是从毛细血管动脉端渗入基质内的液体，经毛细血管静脉端或毛细淋巴管回流入血液或淋巴，组织液不断更新，有利于血液与细胞间进行物质交换，成为组织细胞赖以生存的内环境。当组织液渗出、回流或机体内水、电解质或蛋白质代谢障碍时，基质中的组织液含量可增多或减少，导致组织水肿或脱水。

（二）致密结缔组织

致密结缔组织（dense connective tissue）是一种以纤维为主要成分的固有结缔组织，纤维粗大，排列致密，细胞和基质少，以支持和连接为其主要功能。根据纤维性质和排列方式，可分为规则致密结缔组织和不规则致密结缔组织（图1-10）。

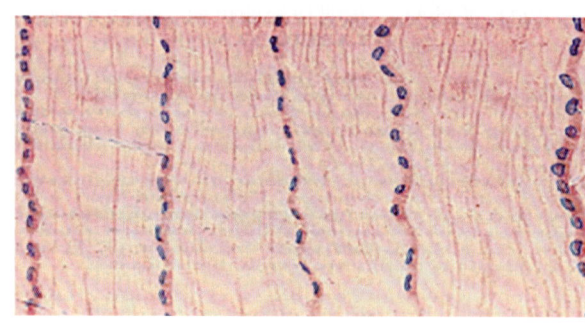 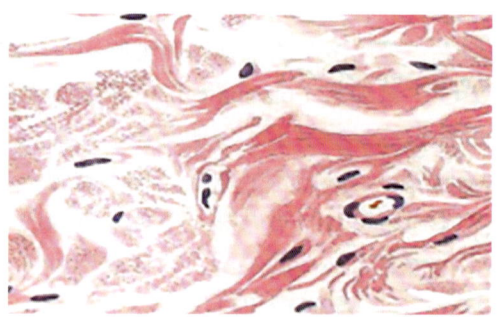

规则致密结缔组织　　　　　　　　　　　　　　不规则致密结缔组织

图1-10　致密结缔组织（肌腱与腱细胞）

1. 规则致密结缔组织　主要构成肌腱、腱膜和大部分韧带等。大量密集的胶原纤维顺着受力方向平行排列成束，基质和细胞很少，位于纤维之间。细胞成分主要是腱细胞，是一种形态特殊的成纤维细胞，胞体伸出多个薄翼状突起插入纤维束之间，细胞核呈扁椭圆形，着色深。

2. 不规则致密结缔组织　见于真皮、硬脑膜、巩膜和器官被膜等，其特点是方向不一，粗大的胶原纤维彼此交织成致密的板层结构，纤维之间含少量基质和成纤维细胞。

（三）脂肪组织

脂肪组织（adipose tissue）主要由大量群集的脂肪细胞构成，被疏松结缔组织分隔成许多小叶（图1-11）。脂肪组织主要分布于皮下、网膜和系膜等处。脂肪组织具有贮存脂肪、缓冲保护并参与体温调节和脂肪代谢等作用。

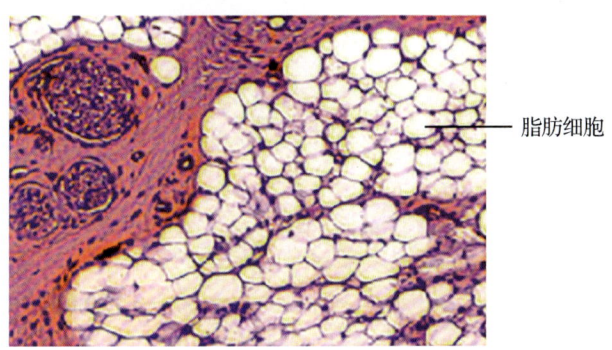

图1-11 脂肪组织

（四）网状组织

网状组织（reticular tissue）是造血器官和淋巴器官的基本组成成分，由网状细胞、网状纤维和基质构成（图1-12）。网状细胞是有突起的星形细胞，相邻细胞的突起连接成网，细胞核较大，呈圆形或卵圆形，着色浅，常可见1~2个核仁，胞质较多，粗面内质网较发达；网状纤维由网状细胞产生，交织成网，成为网状细胞依附的支架。网状组织主要分布于造血器官和淋巴器官，为血细胞的发生和淋巴细胞发育提供适宜的微环境。

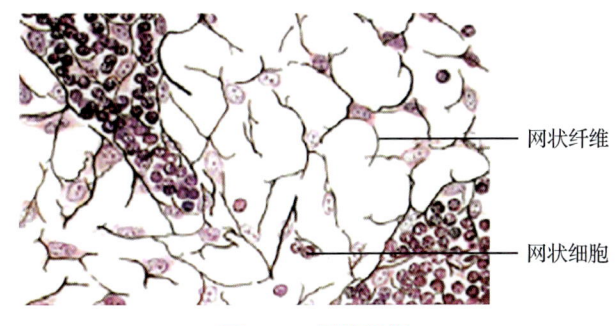

图1-12 网状组织

> **考点提示**
> 疏松结缔组织中各细胞的形态特点与功能。

二、软骨组织与软骨

软骨（cartilage）是由软骨组织及其周围的软骨膜构成的器官。软骨组织是固态的结缔组织，略有弹性，能承受压力和耐摩擦，有一定的支持和保护作用。

（一）软骨组织

软骨组织（cartilage tissue）由软骨细胞和细胞外基质构成（图1-13）。

1. 软骨细胞（chondrocyte） 来源于软骨膜中的骨祖细胞，其形态随发育程度不同而有差异。靠近软骨膜的软骨细胞较幼稚，小而扁平，单个分布，具有旺盛的分裂增殖能力；越邻近中央部的软骨细胞越成熟，胞体逐渐增大，呈圆形或卵圆形，胞质丰富，呈弱嗜碱性，常成群分布，多为2~8个聚集在一起，它们均由一个幼稚的软骨细胞分化而来，故称为**同源细胞群**（isogenous group）。软骨细胞在软骨基质中所占据的空间称为**软骨陷窝**，容纳软骨细胞。软骨细胞具有合成纤维和软骨基质等功能。

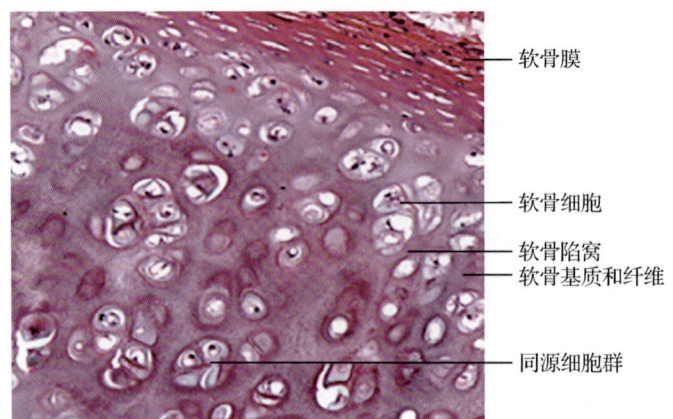

图1-13 软骨组织

2. **细胞外基质** 包括软骨基质和纤维等。

（1）**软骨基质**（cartilage matrix）：化学成分与疏松结缔组织中的基质相似，包括水和软骨黏蛋白，呈凝胶状，渗透性好。软骨基质内无血管，O_2和营养物质主要来自软骨膜。

（2）**纤维**：基质内包埋有胶原纤维和弹性纤维，使软骨具有韧性和弹性，纤维成分的种类因软骨类型而异。

（二）软骨膜

软骨膜（perichondrium）是覆盖于除关节软骨外、软骨表面的薄层致密结缔组织。软骨膜分为内、外2层。外层胶原纤维多，起保护作用；内层有较多呈梭形的骨祖细胞，可增殖分化成为软骨细胞。软骨膜对软骨有营养、生长和修复等作用。

（三）软骨的分类

根据软骨组织中主要的纤维种类不同，将软骨分为透明软骨、弹性软骨和纤维软骨三类（图1-14）。

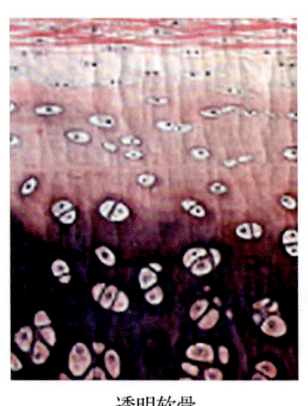 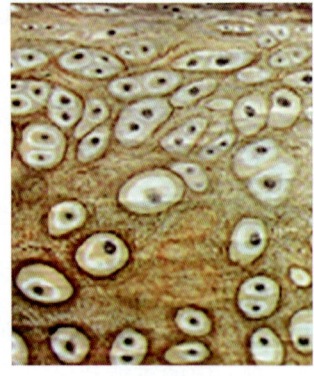 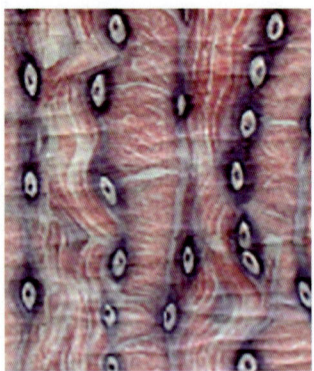

透明软骨　　　　　　　弹性软骨　　　　　　　纤维软骨

图1-14 各类软骨的光镜图

1. **透明软骨**（hyaline cartilage） 无胶原纤维，但电镜下可见一些交织分布的胶原原纤维，因纤维细小，染色和折光率与基质一致，故在苏木精-伊红染色标本中不易分辨，加之基质较丰富，含水量较多，使其新鲜时呈半透明状。透明软骨主要分布于鼻、喉、气管、支气管、肋软骨和关节软骨等部位，具有支持作用，有一定的弹性和韧性，抗压性强。

2. **弹性软骨**（elastic cartilage） 基质中含有大量交织成网的弹性纤维，有较强的弹性。弹性软骨主要分布于耳郭和会厌等处。

3. **纤维软骨**（fibrocartilage） 基质中含有大量平行或交叉排列的胶原纤维束，软骨细胞小而少，成行分布于胶原纤维束之间。纤维软骨主要分布于椎间盘、耻骨联合和关节盘等处，具有牢固的连接作用，韧性强，伸展性好。

三、骨组织与骨

骨（bone）由骨组织、骨膜和骨髓等构成，具有支持、保护和构成关节参与运动等作用。

（一）骨组织

骨组织（osseous tissue）由多种细胞和钙化的细胞外基质构成。钙化的细胞外基质又称为骨基质，是骨的主要成分。体内的钙约99%以钙盐形式沉着在骨组织内，故骨组织是人体最大的钙、磷库。骨具有支持和保护作用，也是血细胞发生的部位。

1. **骨基质**（bone matrix） 是钙化的细胞外基质，由有机成分、无机成分和极少量水组成。
2. **骨组织的细胞** 有骨祖细胞、成骨细胞、骨细胞和破骨细胞等（图1-15）。其中骨细胞最多，位于骨基质内，其余几种细胞均位于骨组织的边缘。

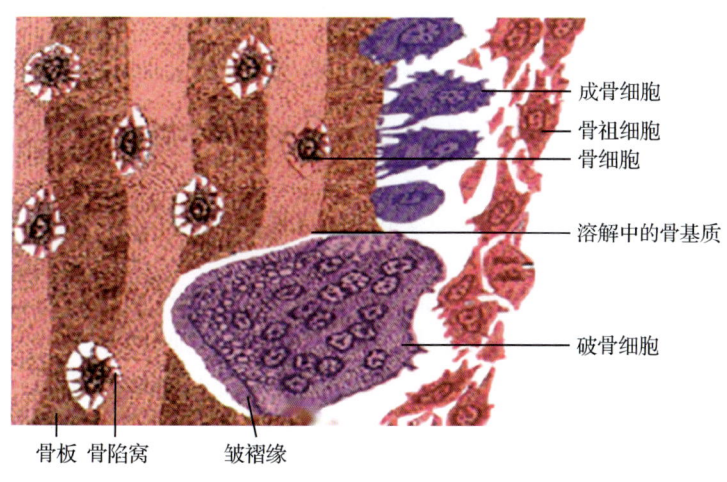

图1-15 骨组织

（1）**骨祖细胞**（osteoprogenitor cell）：又称骨原细胞。细胞小，呈梭形，胞质呈弱嗜酸性。位于骨外膜与骨内膜贴近骨质处，为干细胞，可增殖分化为成骨细胞。促进骨组织的生长与改建。

（2）**成骨细胞**（osteoblast）：分布于骨组织表面。细胞较大，呈立方形或矮柱状，细胞核大而圆，胞质呈嗜碱性。电镜下，胞质内含有大量粗面内质网和高尔基复合体。成骨细胞产生的胶原纤维和基质形成类骨质，钙化后成为坚硬的骨基质。成骨细胞被包埋于骨基质中，转变为骨细胞。

（3）**骨细胞**（osteocyte）：单个分布于骨板内或骨板间。细胞小，呈扁椭圆形，有许多细长突起。胞体所在的腔隙称为**骨陷窝**；突起所在的腔隙称为**骨小管**。骨小管彼此通连，相邻骨细胞突起之间有缝隙连接，骨陷窝和骨小管内含组织液，能营养骨细胞并输送代谢产物。

（4）**破骨细胞**（osteoclast）：散在分布于骨组织表面，由多个单核细胞融合形成，是一种多核巨细胞。细胞数量少，体积大，细胞核数量多，胞质呈嗜酸性。电镜下，细胞贴骨质一侧有皱褶缘（微绒毛），皱褶缘侧多突起，深面有许多吞噬泡，胞质中溶酶体和线粒体发达。破骨细胞释放多种水解酶和有机酸，具有溶解和吸收骨基质、释放钙离子等作用。

破骨细胞和成骨细胞相辅相成，共同完成骨的生长和改建过程，并参与血钙浓度的调节。

(二）长骨的结构

长骨由骨密质、骨松质、骨膜、关节软骨和骨髓等构成（图1-16）。

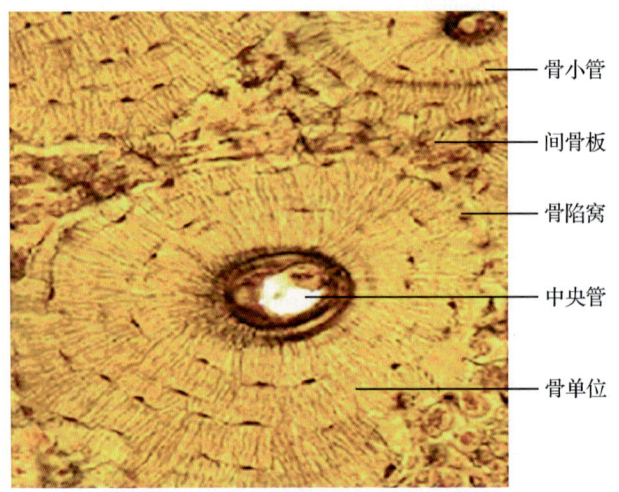

图1-16　长骨干结构模式图

1. **骨松质**（spongy bone）　分布于长骨的骺端，是由大量针状或片状骨小梁相互交织形成的多孔隙网架结构，网眼中充满红骨髓。

2. **骨密质**（compact bone）　主要分布于长骨的干，由骨板构成。根据骨板排列方式不同，分为以下4种。

（1）**外环骨板**：环行排列于骨干外周部，为厚而规则的骨板。

（2）**内环骨板**：环行排列于骨干的骨髓腔面，为薄而不规则的骨板。

内、外环骨板间有穿通管横向穿行沟通骨髓腔与骨表面，是血管、淋巴管和神经等出入的通道，在骨表面形成滋养孔。

（3）**骨单位**（osteon）：又称为**哈弗斯系统**（Haversian system）。在内、外环骨板之间，由骨板围绕中央管呈同心圆排列而成的长柱状结构，是骨密质的基本结构单位。骨单位中央是纵行的**中央管**，又称哈弗斯管；周围是10～20层呈同心圆排列的骨板，又称哈弗斯骨板。中央管与穿通管相通，是血管和神经出入的通道。

（4）**间骨板**：是填充于骨单位间或骨单位与环骨板间的不规则骨板，是骨生长和改建过程中骨单位或环骨板未被吸收的残留骨板。

3. **骨膜**　是除关节面外，在骨内、外表面被覆的纤维结缔组织膜，含有丰富的血管和神经，对骨的营养、生长和修复具有重要作用。

四、血液

血液（blood）是一种液态的结缔组织，是在心血管内流动着的红色液体，占体重的7%～8%，成人循环血容量约为5 L。血液由血浆和血细胞组成。抗凝后的血液经自然沉降或离心沉淀后，在垂直试管中分为3层：上层为淡黄色的血浆；中间的薄层为白细胞和血小板；下层为红细胞（图1-17）。

（一）血浆

血浆（plasma）相当于结缔组织的细胞外基质，约占血液容积

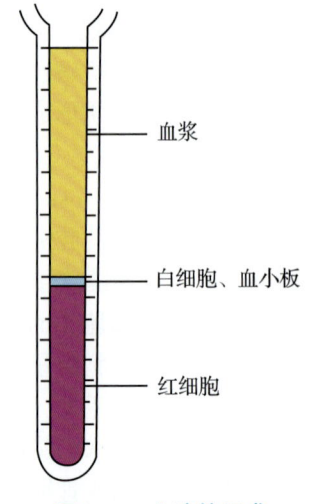

图1-17　血液的组成

的55%，其中90%是水，其余为血浆蛋白（白蛋白、球蛋白和纤维蛋白原）、脂蛋白、脂滴、无机盐、酶、激素、维生素及各种代谢产物。血液流出血管后，溶解状态的纤维蛋白原转变为不溶解状态的纤维蛋白，与血细胞共同凝固成血块。血液凝固后所析出的淡黄色清亮液体，称为**血清**（serum）。血清是临床上血液生化检查的常用材料。

（二）**血细胞**

血细胞（blood cell）约占血液容积的45%，包括红细胞、白细胞和血小板（表1-2）。光镜下观察血细胞的形态结构，通常采用瑞特（Wright）或吉姆萨（Giemsa）染色的血涂片标本（图1-18）。在正常生理情况下，血细胞有一定的形态结构，并有相对稳定的数量。血细胞的形态、数量、比例和血红蛋白含量的测定，称为**血象**或血常规。患病时，血常规常有显著变化，故检查血常规对了解机体的状况和诊断疾病十分重要。

表1-2 血细胞分类与正常值

血细胞分类			正常值
红细胞			成年男性：$(4.0 \sim 5.5) \times 10^{12}/L$ 成年女性：$(3.5 \sim 5.0) \times 10^{12}/L$
			血红蛋白：成年男性：120～160 g/L 成年女性：110～150 g/L
白细胞	有粒白细胞	中性粒细胞	50%～70%
		嗜酸性粒细胞	0.5%～3%
		嗜碱性粒细胞	0%～1%
	无粒白细胞	淋巴细胞	20%～30%
		单核细胞	3%～8%
			$(4.0 \sim 10.0) \times 10^9/L$
血小板			$(100 \sim 300) \times 10^9/L$

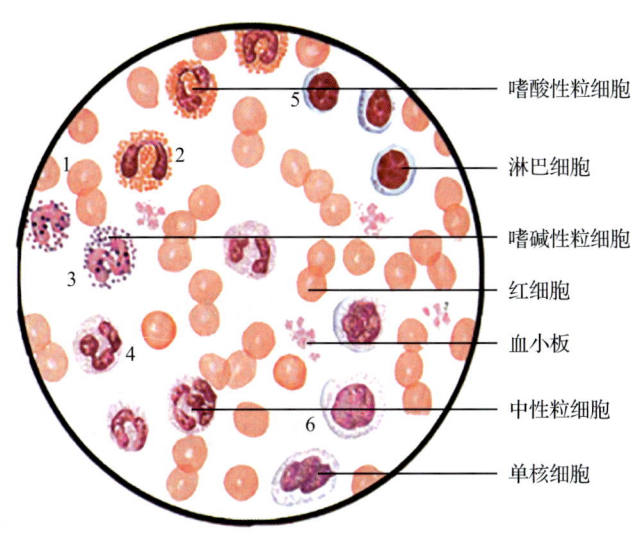

图1-18 血细胞（瑞特染色）

1. **红细胞**（red blood cell，RBC）直径7～8.5 μm，呈双凹圆盘状，中央较薄，周缘较厚，故在血涂片标本中呈中央染色较浅，周缘较深（图1-18）。红细胞的这种形态使它具有较大的表面积，从而能最大限度地适应其功能（携O_2和CO_2）。新鲜单个红细胞呈黄绿色，大量红细胞使血液呈猩红色,且多个红细胞常叠连在一起呈串钱状。成熟红细胞无细胞核和细胞器,胞质中充满**血红蛋白**(hemoglobin,Hb)。血红蛋白具有结合与运输 O_2 和 CO_2 的功能。血红蛋白对 CO 的亲和力比对 O_2 的亲和力大得多,而且结合后不易分离。煤气中毒时,空气中 CO 较多,因血红蛋白与大量 CO 结合,阻碍了其与 O_2 的结合,导致组织缺氧,严重时可引起死亡。

红细胞的数目以及血红蛋白的含量可有生理性改变,如婴儿高于成人,高原地区居民大都高于平原地区居民。如红细胞形态和数目的改变,以及血红蛋白质和量的改变超出正常范围,则为病理现象。临床上,人体外周血红细胞数量减少,低于正常范围下限,称为**贫血**。由于红细胞数量测定较为复杂,故临床上常以血红蛋白浓度来代替。成年男性血红蛋白浓度低于 120 g/L,成年非妊娠女性血红蛋白浓度低于 110 g/L,成年妊娠女性血红蛋白浓度低于 100 g/L 时,则判断为贫血。此时常伴有红细胞大小及形态的改变。

红细胞膜上有血型抗原 A 和(或)血型抗原 B,构成人类的 ABO 血型抗原系统,在临床输血中具有重要意义。当血浆渗透压降低、异型输血,或其他因素损害红细胞时,可导致红细胞膜破裂,血红蛋白逸出,称为**溶血**。

外周血中有少量未完全成熟的红细胞,称为**网织红细胞**(reticulocyte)。胞质中残留少量核糖体,用煌焦蓝染色后,呈蓝色细网状或颗粒状。核糖体的存在表明网织红细胞仍有一些合成血红蛋白的功能,红细胞完全成熟时,核糖体消失,血红蛋白的含量即不再增加。在成人,网织红细胞含量为红细胞总数的 0.5%~1.5%,新生儿较多,可达 3%~6%。临床上,网织红细胞计数常作为衡量骨髓造血能力的一项指标。

知识链接

贫 血

贫血是指人体外周血红细胞数量减少,低于正常范围下限。最显著的标志是苍白,特别是面部、唇部和指甲。当机体处于贫血状态时,血红蛋白减少,血液携氧能力减低,全身组织和器官发生缺氧,从而对身体各器官造成影响。贫血的症状轻重与贫血程度有关。贫血发病越急,贫血越重,症状越明显。检查是否贫血最简单的方法是查血常规,检测红细胞和血红蛋白的数值。贫血发生时,重点是找出贫血的原因,然后针对病因进行治疗。

2. **白细胞**(white blood cell,WBC) 是无色有核的球形细胞,体积比红细胞大,能变形穿过毛细血管壁进入其他组织,具有防御和免疫等功能。血液中白细胞的数值可受各种生理因素的影响,如劳动、运动、饮食及妇女月经期,均略有增多。在疾病状态下,白细胞总数及各种白细胞的百分比值皆可发生改变。

光镜下,根据白细胞的胞质内有无特殊颗粒,可将其分为有粒白细胞和无粒白细胞两类(图 1-18)。有粒白细胞又根据颗粒的嗜色性,分为中性粒细胞、嗜酸性粒细胞和嗜碱性粒细胞;无粒白细胞有单核细胞和淋巴细胞。

(1)**中性粒细胞**(neutrophilic granulocyte):数量最多,占白细胞总数的 50%~70%,细胞呈球形,直径为 10~12 μm,细胞核形态多样,呈杆状或分叶状,叶间有细丝相连。细胞核一般分 2~5 叶,正常人以 2~3 叶者居多。细胞核分叶越多,表明细胞越接近衰老。在某些疾病情况下,呈杆状核的细胞百分比增多,称为核左移;4~5 叶核的细胞增多,称为核右移。胞质丰富,内含许多细小、分布均匀的淡紫红色或淡红色颗粒。电镜下,颗粒分为两种:①**嗜天青颗粒**较大,着色略深,呈紫色,约占颗粒总数的 20%,是一种含有酸性磷酸酶和过氧化物酶的溶酶体，能消化分解吞噬的异物；②**特殊颗粒**呈哑铃形或椭圆形，较小，呈淡红色，约占颗粒总数的80%，内含碱性磷酸酶、吞噬素和溶菌酶等，吞噬素具有杀菌作用，溶菌酶能溶解细菌表面的糖蛋白。

中性粒细胞具有很强的趋化性、变形运动和吞噬等功能。在吞噬、处理细菌的过程中，自身也常变性坏死，成为脓细胞，与坏死组织和细菌一起成为脓液。

（2）**嗜酸性粒细胞**（eosinophilic granulocyte）：占白细胞总数的0.5%~3%，直径为10~15 μm。细胞核常为两叶，胞质内充满粗大、分布均匀的橘红色嗜酸性颗粒。电镜下，颗粒多呈椭圆形，内含颗粒状基质和方形或长方形晶体，并含有酸性磷酸酶、芳基硫酸酯酶、过氧化物酶和组胺酶等。嗜酸性粒细胞具有趋化性，也能作变形运动。它能吞噬抗原-抗体复合物，释放组胺酶灭活组胺，从而减弱过敏反应。嗜酸性粒细胞还能借助抗体与某些寄生虫表面结合，释放颗粒内物质，杀灭寄生虫。故在过敏性疾病或寄生虫病时，血液中嗜酸性粒细胞会增多。

（3）**嗜碱性粒细胞**（basophilic granulocyte）：数量最少，占白细胞总数的0%~1%，细胞呈球形，直径为10~12 μm。细胞核呈"S"形或不规则形，胞质内含有大小不等、分布不均的紫蓝色嗜碱性颗粒。颗粒内含肝素、组胺和白三烯等。故嗜碱性粒细胞的功能与肥大细胞相似。

（4）**淋巴细胞**（lymphocyte）：占白细胞总数的20%~30%，细胞呈圆形或椭圆形，大小不等。直径6~8 μm的为小淋巴细胞，直径9~12 μm的为中淋巴细胞，直径13~16 μm的为大淋巴细胞。外周血中小淋巴细胞数量最多，细胞核呈圆形，一侧常有小凹陷，染色质致密，呈块状，着色深，细胞核占细胞的大部分；胞质很少，在核周成一窄缘，呈嗜碱性，染成蔚蓝色，嗜天青颗粒较少。电镜下，胞质内主要是大量的游离核糖体，其余细胞器均不发达。

根据发生部位、表面特征、寿命长短和免疫功能的不同，淋巴细胞至少可分为四类，即T淋巴细胞、B淋巴细胞、杀伤（K）性淋巴细胞和自然杀伤（NK）性淋巴细胞。其中，T淋巴细胞参与细胞免疫反应，B淋巴细胞受抗原刺激后增殖分化为浆细胞，产生抗体，参与体液免疫反应。

（5）**单核细胞**（monocyte）：占白细胞总数的3%~8%，是体积最大的白细胞，直径为14~20 μm。细胞呈圆形或椭圆形；细胞核形态多样，呈卵圆形、肾形、马蹄铁形或不规则形，常偏心，因染色质颗粒细而松散，故着色较浅；胞质较多，呈弱嗜碱性，含有许多细小的嗜天青颗粒，使胞质染成深浅不匀的灰蓝色。颗粒内含有过氧化物酶、酸性磷酸酶、非特异性酯酶和溶菌酶等。电镜下，细胞表面有皱褶和微绒毛，胞质内有许多吞噬泡、线粒体和粗面内质网，颗粒具有溶酶体样结构。

单核细胞具有活跃的变形运动、明显的趋化性和一定的吞噬功能。单核细胞是巨噬细胞的前身，在血流中停留1~2天后，穿出血管进入组织或体腔，分化成为巨噬细胞。单核细胞和巨噬细胞都能消灭侵入机体的细菌，吞噬异物颗粒，消除机体内衰老损伤的细胞，并参与免疫反应，但其功能不及巨噬细胞强。

3. **血小板**（blood platelet, PLT）又称血栓细胞，由骨髓中巨核细胞的胞质脱落下来的碎片而形成，呈双凸圆盘状，无细胞核和细胞器，有完整的细胞膜，直径为2~4 μm，当受到机械性或化学性刺激时，则伸出突起，呈不规则形（图1-18）。在血涂片中，血小板常呈多角形，聚集成群。血小板周边部呈均质浅蓝色，称为**透明区**；中央部有着蓝紫色的颗粒，称为**颗粒区**，颗粒内含有血小板凝血因子。血小板在止血和凝血过程中起重要作用。

> **考点提示**
>
> 血细胞的分类、正常值、形态特点及功能。

知识链接

造血干细胞

造血干细胞（hemopoietic stem cell，HSC）是最原始的造血细胞，又称多能干细胞，起源于人胚卵黄囊的血岛。出生后，造血干细胞主要存在于红骨髓中，其次是肝、脾、淋巴结，外周血中也有少量分布。造血干细胞具有以下生物学特性。①高度自我复制能力：即细胞进行分裂后产生两个子代细胞，其中一个分化为造血祖细胞，而另一个仍保持干细胞的全部特征不变，故造血干细胞可终生保持恒定的数量；②很强的增殖潜能：正常生理状态下，多数造血干细胞处于有丝分裂的 G_0 期静止状态，一旦机体需要，细胞可反复分裂，大量增殖；③多向分化能力：在一些因素的作用下，造血干细胞能分化形成不同的造血祖细胞。

第三节 肌 组 织

肌组织（muscle tissue）主要由具有收缩功能的肌细胞组成，其间有少量结缔组织、血管和神经等。肌细胞呈细长纤维状，故又称**肌纤维**（muscle fiber）。肌细胞膜称为肌膜，肌细胞质称为肌浆。肌浆中含有大量肌丝，肌丝是肌纤维进行舒缩运动的物质基础。

根据肌纤维的形态结构、分布和功能的差异，将肌组织分为骨骼肌、心肌和平滑肌三种。光镜下见骨骼肌和心肌纤维纵切面有明暗相间的横纹，故二者称为**横纹肌**；平滑肌纤维无横纹。骨骼肌的运动受意识支配，称为**随意肌**；心肌和平滑肌的运动不受意识支配，称为不随意肌。

一、骨骼肌

骨骼肌（skeletal muscle）借肌腱附着于骨骼。骨骼肌收缩迅速而有力，但容易疲劳。

骨骼肌由许多平行排列的骨骼肌纤维与结缔组织结合在一起构成（图1-19）。包裹在整块肌外面的致密结缔组织，称为肌外膜。肌外膜的结缔组织深入肌内将肌纤维分隔成大小不等的肌束。包绕肌束的结缔组织，称为肌束膜。而分布在每条肌纤维周围的少量疏松结缔组织，称为肌内膜。肌内膜与肌膜之间有基膜。结缔组织内有血管和神经分布，对肌组织起支持、连接、营养和保护作用，还对肌的运动起重要的协调作用。

（一）骨骼肌纤维的微细结构

骨骼肌纤维呈细长圆柱形，直径为 10～100 μm，长 1～40 mm。一条肌纤维含有几十乃至几百个细胞核，细胞核位于肌膜下方，呈扁椭圆形，染色较浅（图1-19）。肌浆呈嗜酸性，含有许多与肌纤维长轴平行排列的肌原纤维。肌原纤维呈细丝状，直径为 1～2 μm。每条肌原纤维上都有明带和暗带相间排列，且各条肌原纤维的明带和暗带都相应地排列在同一平面上，因而构成骨骼肌纤维的周期性横纹。**明带**着色浅，又称为 I 带；**暗带**着色深，又称为 A 带。在暗带中部有一浅色带，称为 H 带，H 带中央有一着色深的 M 线。明带中央有一着色深的细线，称为 Z 线。相邻两条 Z 线之间的一段肌原纤维，称为**肌节**（sarcomere）。每个肌节都由 1/2I 带 +A 带 +1/2I 带组成（图1-20）。肌节长 2～2.5 μm，是肌原纤维的基本结构和功能单位。

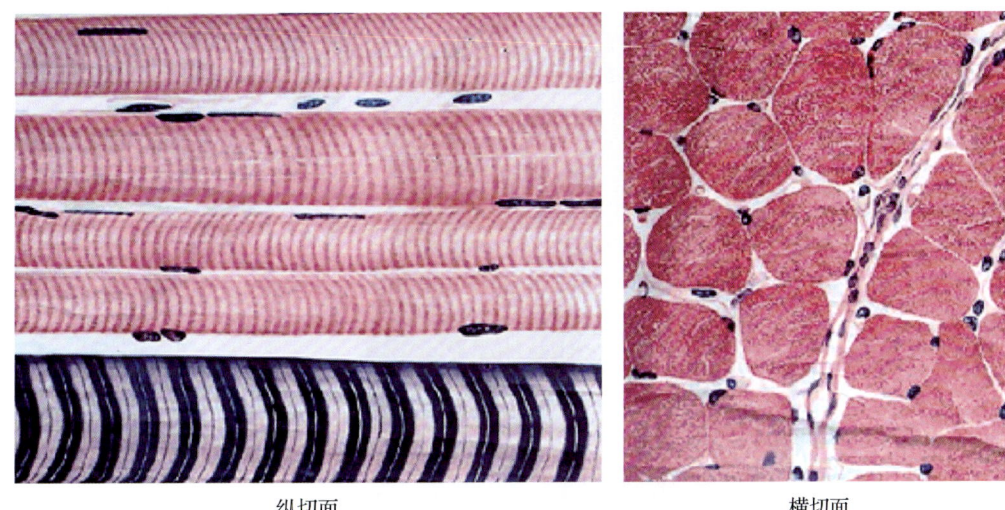

纵切面　　　　　　　　　　　　　　横切面

图 1-19　骨骼肌纤维光镜结构

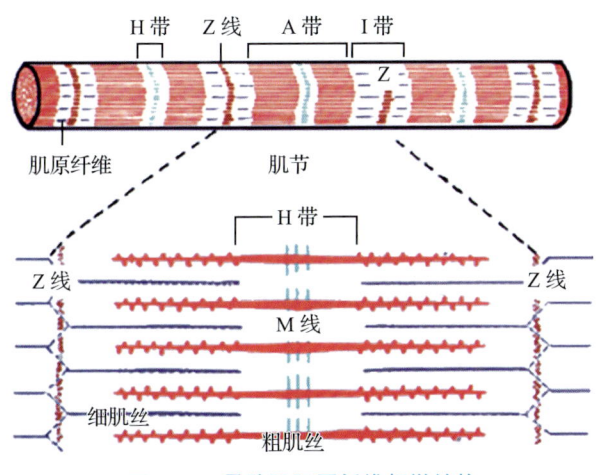

图 1-20　骨骼肌肌原纤维超微结构

（二）骨骼肌纤维的超微结构

1. **肌原纤维**（myofibril）　由数千条平行排列的粗、细肌丝组成。粗肌丝长约 1.5 μm，直径约 15 nm，位于肌节的 A 带，中部借 M 线固定，两端游离；细肌丝长约 1 μm，直径约 5 nm，一端固定在 Z 线上，另一端插入 A 带的粗肌丝之间，其末端游离，止于 H 带外侧。因此，明带内只有细肌丝，暗带中央的 H 带内只有粗肌丝，而 H 带两侧的暗带内既有粗肌丝，又有细肌丝（图 1-20，图 1-21）。粗、细肌丝平行排列，部分重叠，组成了光镜下所见的明带和暗带。

2. **横小管**（transverse tubule）　是肌膜垂直于肌纤维长轴并向肌浆内凹陷形成的管状结构，又称 T 小管（图 1-21）。横小管位于明带与暗带交界处。同一平面上的横小管在细胞内分支吻合，环绕在每条肌原纤维周围，将肌膜的兴奋快速传到细胞内，引起同一条肌纤维上的肌节同步收缩。

3. **肌浆网**（sarcoplasmic reticulum）　是肌纤维中特化的滑面内质网，位于相邻两个横小管之间（图 1-21）。中部纵行包绕一段肌原纤维，又称纵小管。两端扩大呈囊状，并相互通连形成**终池**。每条横小管与两侧的终池组成**三联体**，在此将兴奋从肌膜传递到肌浆网。肌浆网上有钙泵和钙通道。钙泵能逆浓度差把肌浆中的 Ca^{2+} 泵入肌浆网内储存，调节肌浆中 Ca^{2+} 的浓度。

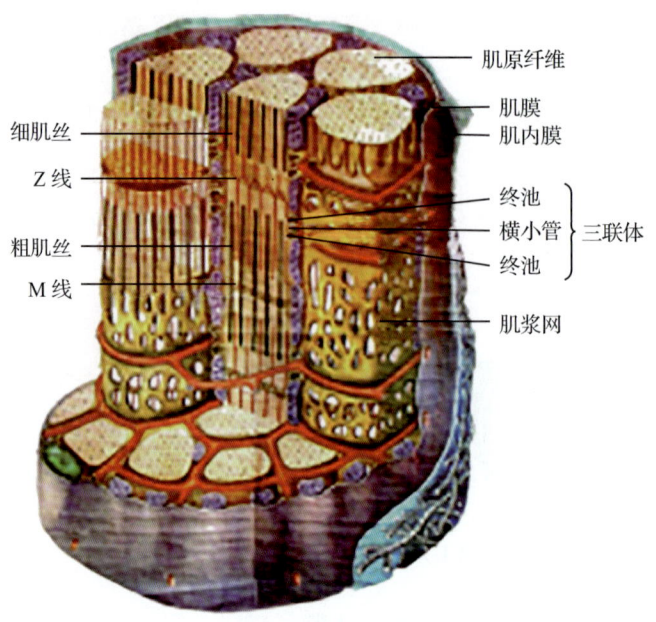

图 1-21　骨骼肌纤维超微结构模式图

此外，肌浆中还有丰富的线粒体、糖原颗粒、少量脂滴和肌红蛋白等。肌红蛋白能与 O_2 结合，可为线粒体提供在产生 ATP 过程中所需的氧。

二、心肌

心肌（cardiac muscle）主要分布于心壁及邻近心的大血管壁上。心肌收缩具有自动节律性，不易疲劳。

（一）心肌纤维的微细结构

与骨骼肌纤维比较，心肌纤维具有以下特点（图 1-22）：①心肌纤维呈短圆柱状，有分支，并相互连接成网；②心肌纤维连接处在苏木精-伊红染色标本中呈染色较深的横形或阶梯状粗线，称为**闰盘**（intercalated disc）；③细胞核呈卵圆形，1～2 个，居细胞中央；④肌浆较丰富，含有丰富的线粒体、糖原、少量脂滴和脂褐素等，肌原纤维和横纹不如骨骼肌明显。

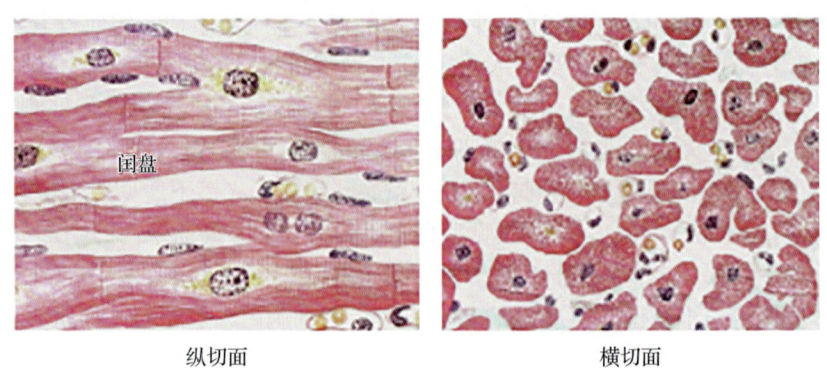

图 1-22　心肌纤维光镜图

（二）心肌纤维的超微结构

心肌纤维的肌丝在肌节内的排列方式与骨骼肌相同，也有横小管和肌浆网等结构。与骨骼肌纤维比较，心肌纤维的超微结构具有以下特点（图 1-23）：①肌原纤维不明显，肌丝组成粗

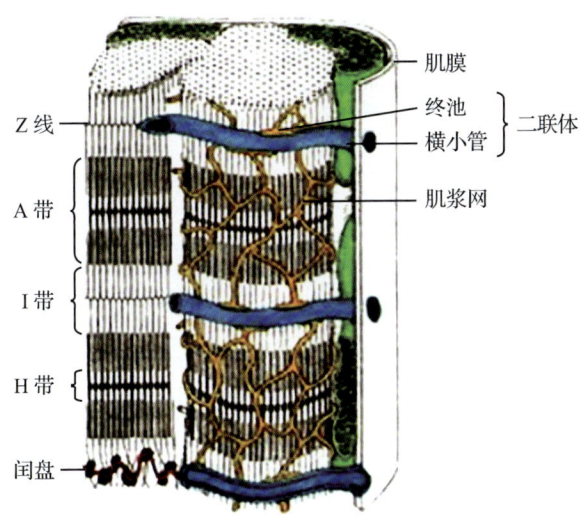

图 1-23 心肌纤维超微结构模式图

细不等的肌丝束；②横小管较粗，位于 Z 线水平；③肌浆网不甚发达，终池小而少，横小管两侧的终池往往不能同时存在，多见横小管与一侧的终池相邻形成二联体，三联体极少见；④闰盘位于 Z 线水平，常呈阶梯状，在横向连接部位有中间连接和桥粒，起牢固的连接作用，在纵向连接部位有缝隙连接，便于细胞间化学信息的交流和电冲动的传导，以保证许多心肌纤维收缩的同步性和协调性。

心房肌纤维除有收缩功能外，还有内分泌功能，可分泌心房钠尿肽（心钠素），具有排钠、利尿、扩张血管、降低血压等作用。

知识链接

心肌炎

心肌炎是指各种原因引起的心肌炎症性病变。多种因素可引起心肌炎，可分为感染性和非感染性两类。感染性心肌炎病原体有细菌、病毒、螺旋体、立克次体、真菌、原虫和蠕虫等；非感染性心肌炎包括过敏、变态反应（如风湿热）、化学物理因素或药物（如多柔比星）等。造成心肌损害的轻重程度差别很大，临床表现各异，轻症患者无任何症状，而重症患者可发生心力衰竭、心源性休克，甚至猝死。大部分患者经治疗可获得痊愈，有些患者在急性期之后发展成为扩张型心肌病，可发生心力衰竭。

三、平滑肌

平滑肌（smooth muscle）广泛分布于内脏和血管等中空性器官的管壁上。平滑肌收缩缓慢而持久，不易疲劳。

光镜下，平滑肌纤维呈长梭形，无横纹。细胞核呈椭圆形，位于细胞中央。肌纤维排列成层（图 1-24）。在同一层内，相邻肌纤维平行排列，互相嵌合，相邻肌层内平滑肌的排列方向不同，肌纤维间有少量结缔组织。

电镜下，相邻平滑肌间有缝隙连接，以致平滑肌兴奋时，神经冲动可迅速地从一个肌纤维扩散到另一个肌纤维，使成束、成层的平滑肌纤维同步收缩，能很好地完成其生理功能。

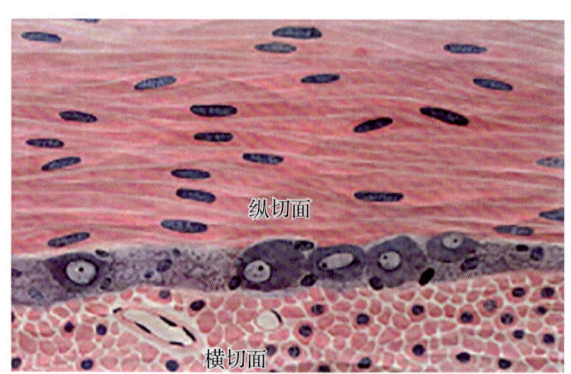

图 1-24　平滑肌纤维光镜结构图

 考点提示

骨骼肌、心肌、平滑肌的结构特点。

第四节　神经组织

神经组织（nervous tissue）主要由神经元和神经胶质细胞组成（图 1-25），是神经系统中最主要的组成成分。**神经元**（neuron）又称为神经细胞。每个神经元都具有接受刺激、整合信息和传导冲动等能力，通过神经元之间的联系，将接受的信息进行分析和贮存，并将信息传递给各种肌细胞和腺细胞等效应细胞，产生效应。同时，神经元也是人体记忆、意识、思维和行为调节的基础；**神经胶质细胞**（neuroglial cell）数量是神经元的 10～15 倍，分布于神经元之间，对神经元起支持、营养、保护、分隔和绝缘等作用。当神经受损时，神经胶质细胞也参与神经组织的再生活动。

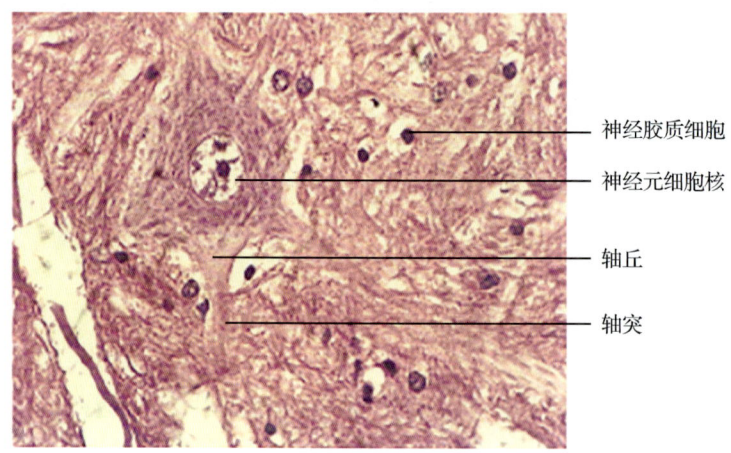

图 1-25　神经组织光镜结构图

一、神经元与突触

神经元（neuron）是神经系统形态结构和功能的基本单位，神经元的突起通过突触彼此连接，形成极其复杂的神经网络来调节机体的各种生理活动。

（一）神经元

1. 神经元的结构　神经元形态多样，但都由胞体和突起两部分构成（图 1-26）。

（1）胞体：是神经元营养和代谢中心。胞体大小差异很大，小的直径仅 4～5 μm，大的直径可达 150 μm。胞体主要位于大脑和小脑的皮质、脑干和脊髓的灰质以及神经节内，呈圆形、锥体形或星形，均由细胞膜、细胞质和细胞核构成。

1）细胞核：位于胞体中央，大而圆，核膜清晰，常染色质多，着色浅，核仁明显，大而圆。

2）细胞质：光镜下，其特征性结构有尼氏体和神经原纤维（图 1-27）。①**尼氏体**（Nissl body）：又称嗜染质，均匀分布，呈强嗜碱性。在大神经元呈粗大的斑块状，如脊髓运动神经元；在小神经元则呈细颗粒状，如神经节内的神经元。电镜下，尼氏体由许多平行排列的粗面内质网和游离核糖体构成，表明其具有活跃的蛋白质合成功能，主要合成和更新细胞器所需的结构蛋白，合成神经递质所需的酶类。**神经递质**（neurotransmitter）是神经元向其他神经元或效应细胞传递信息的化学载体，通常为小分子物质，主要在胞体合成后以小泡的形式贮存于神经元的轴突末梢。②**神经原纤维**（neurofibril）：在苏木精-伊红染色标本中无法辨认。在镀银染色标本中，神经原纤维呈棕黑色细丝，交错排列成网，并伸入树突或轴突内。电镜下，神经原纤维由微丝、微管和神经丝构成。它们除构成神经元的细胞骨架外，微管还参与物质运输。

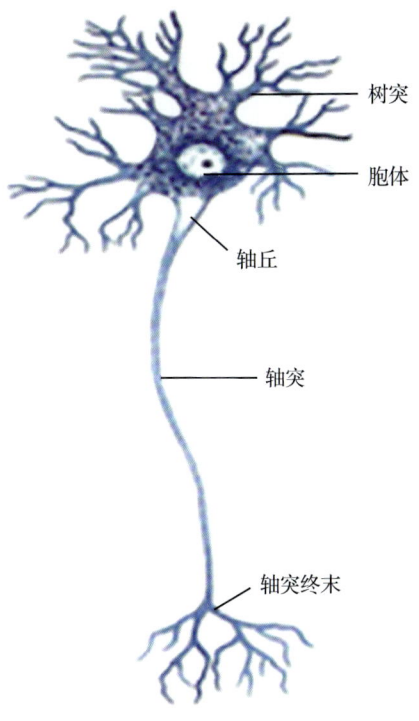

图 1-26　神经元的结构

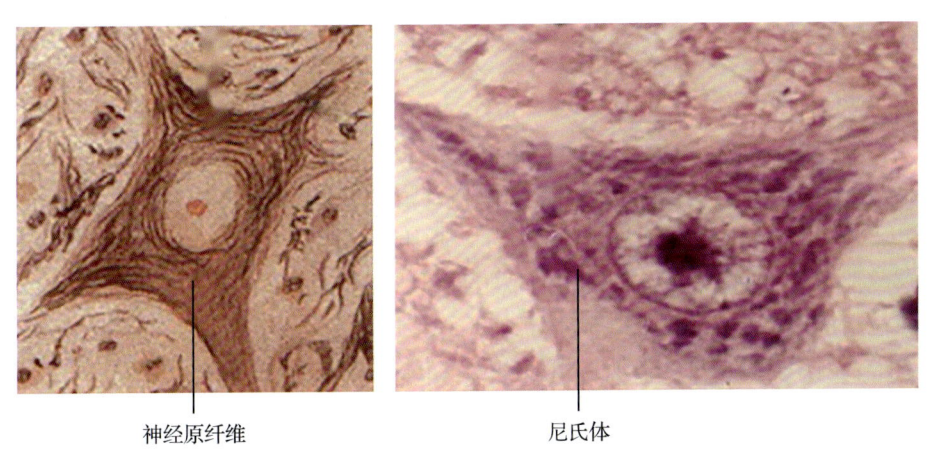

图 1-27　尼氏体和神经原纤维

胞质内还含有线粒体、高尔基复合体和溶酶体等细胞器，此外，还含有随着年龄增长而增多的脂褐素。

3）细胞膜：属可兴奋膜，具有接受刺激、处理信息、产生和传导神经冲动等功能。其性质取决于膜蛋白，其中有些膜蛋白是离子通道，如钠通道、钾通道、钙通道和氯通道；而有些膜蛋白是受体，与相应的神经递质结合后，使某种离子通道开放。

（2）突起：分为树突和轴突两种（图 1-26）。

1）**树突**（dendrite）：每个神经元有一个或多个树突，比较短，呈树枝状分支，树突表面常有多种形状的小突起，称为**树突棘**，是神经元接受信息的主要部位。树突的胞质内也含有尼氏体和神经原纤维。树突的功能主要是接受刺激，并将兴奋传向胞体。

2）**轴突**（axon）：一个神经元只有一个轴突，细长，短者几微米，长者可达 1 m 以上。轴突表面光滑，直径较均一，分支少，仅有少数呈直角发出的细小分支，轴突末端分支较多，最终形成轴突终末。胞体发出轴突的部位有一圆锥形浅染区，称为**轴丘**。轴丘及轴突的胞质内均无尼氏体和高尔基复合体，故不能合成蛋白质。轴突的功能是传导神经冲动，神经冲动沿轴膜向轴突终末传递。

2. 神经元的分类　神经元种类繁多，一般按形态、功能及其释放的神经递质分类。

（1）按突起多少分类：可分为三类（图 1-28）。①**多极神经元**（multipolar neuron）：有一个轴突和多个树突；②**双极神经元**（bipolar neuron）：有一个轴突和一个树突；③**假单极神经元**（pseudounipolar neuron）：从胞体侧面发出一个突起，在距胞体不远处呈 T 形分为两支，一支进入中枢神经系统，称为**中枢突**；另一支进入周围其他器官，称为**周围突**。

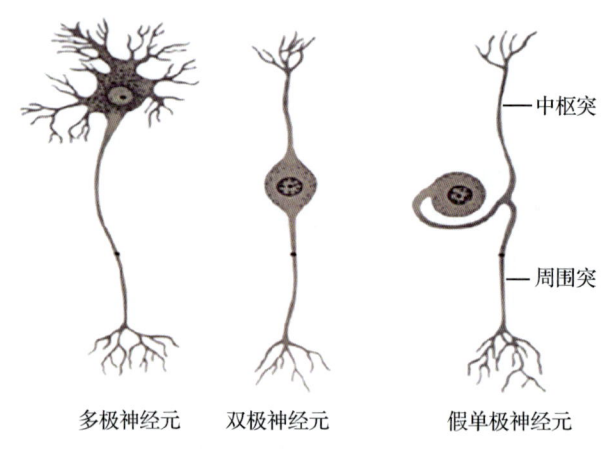

图 1-28　神经元按突起多少分类

（2）按功能分类：可分为三类（图 1-29）。①**感觉神经元**（sensory neuron）：又称传入神经元，多为假单极神经元。胞体主要位于脑神经节或脊神经节内，周围突分布到肌、腱和皮肤等处，可接受机体内、外的化学性或物理性刺激，并将信息传向中枢；②**运动神经元**（motor neuron）：又称传出神经元，通常为多级神经元。胞体主要位于脑、脊髓或自主神经节内，将神经冲动传递给肌或腺体，产生效应；③**中间神经元**（interneuron）：又称联络神经元，主要为多极神经元，位于前两种神经元之间，起信息加工和传递作用。

机体对来自内、外环境的刺激所做出的反应（也称为反射）均需这三类神经元参与，它们与感受器和效应器共同构成反射弧。动物进化得越高级，其中间神经元越多。人的中间神经元占神经元总数的 99% 以上，在中枢神经系统内构成复杂的神经元网络，是学习、记忆和思维的基础。

（3）按释放的神经递质分类：①**胆碱能神经元**：释放乙酰胆碱；②**去甲肾上腺素能神经元**：释放去甲肾上腺素；③**胺能神经元**：释放多巴胺和 5- 羟色胺等；④**氨基酸能神经元**：释放 γ- 氨基丁酸、甘氨酸和谷氨酸；⑤**肽能神经元**：释放脑啡肽、P 物质和神经降压素，统称为神经肽。一般一个神经元只释放一种神经递质。

> **考点提示**
>
> 神经元的形态结构及分类。

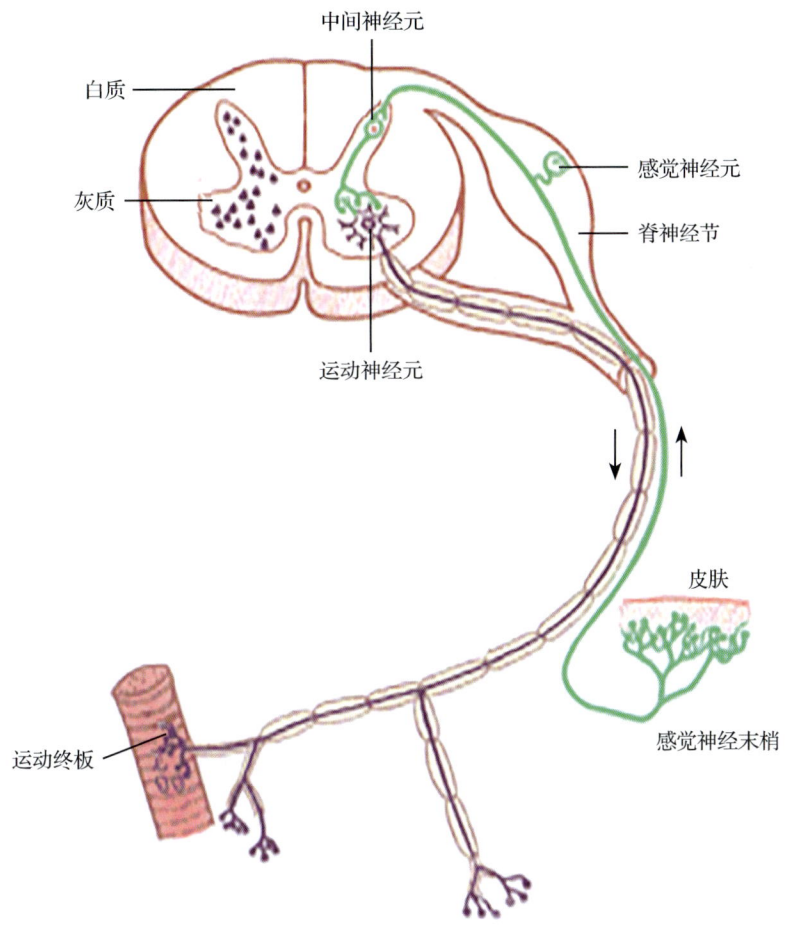

图 1-29 神经元按功能分类

（二）突触

突触（synapse）是神经元与神经元之间，或神经元与效应细胞之间传递信息的连接结构。神经元通过突触相互衔接组成复杂的神经网络和神经传导通路，从而完成神经系统的各种功能活动。

1. **突触的类型** 根据细胞连接方式，最常见的是轴-树突触、轴-棘突触和轴-体突触。按传递信息方式不同，突触可分为电突触和化学突触。电突触通过缝隙连接以电讯号传导冲动；化学突触是以释放神经递质传导冲动。化学突触最常见，通常所说的突触是指化学突触。

2. **化学突触的结构** 电镜下，化学突触包括突触前成分、突触间隙和突触后成分（图 1-30）。

（1）**突触前成分**：指轴突终末的膨大部分，内含许多单位膜包裹的**突触小泡**，还有少量线粒体、微丝和微管等。突触小泡内含有神经递质或神经调质，突触小泡的形状和大小因含不同的神经递质而各不相同。突触小泡表面附有一种特殊的磷蛋白（突触素），具有使突触小泡聚集并连接在细胞骨架上的作用。轴突终末与另一个神经元相接触处的轴膜特化增厚部分，称为**突触前膜**，突触前膜的胞质面含有电子密度高的锥形致密突起突入胞质内，致密突起间有突触小泡。

（2）**突触间隙**：是突触前膜与突触后膜之间的狭小间隙，宽 15～30 nm。突触间隙内含有消化和水解神经递质的酶。

（3）**突触后成分**：主要为特化增厚的**突触后膜**，膜上含有能与神经递质特异性结合的受体，一种受体只能与一种神经递质结合，所以不同递质对突触后膜所起的作用不同。

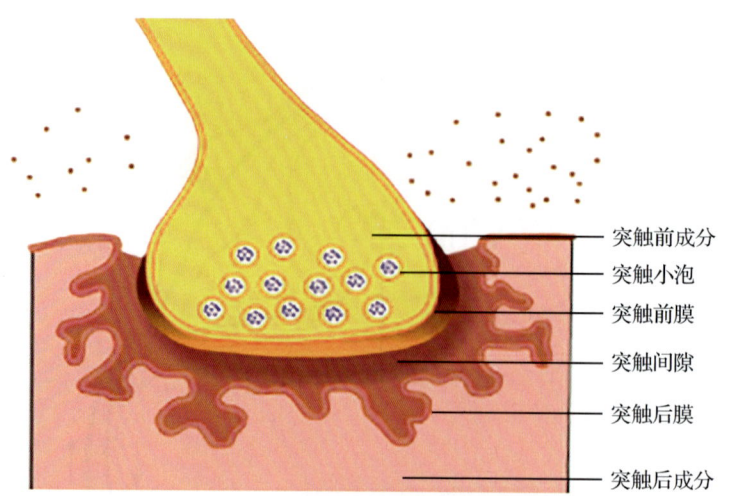

图 1-30 化学突触超微结构模式图

当神经冲动传导到轴突终末时，突触前膜上钙通道开放，Ca^{2+} 由细胞外进入突触前成分，在 ATP 的参与下，突触素发生磷酸化，促使突触小泡与细胞骨架脱离，移至突触前膜并与之融合，神经递质以出胞作用释放到突触间隙内，与突触后膜上的相应受体结合，从而引起后一神经元的膜电位发生变化，产生神经冲动并传导。使突触后膜发生兴奋的突触，称为兴奋性突触；反之，使突触后膜发生抑制的突触，称为抑制性突触。突触的兴奋或抑制，与神经递质及其受体的种类有关。突触间隙内的神经递质约 1/4 与突触后膜受体相结合产生效应，其余大部分神经递质被相应的水解酶灭活，部分被重摄取入突触前成分内，重新利用形成突触小泡。

 考点提示

突触的概念，化学突触的结构。

二、神经胶质细胞

在神经元与神经元之间，以及神经元与非神经元之间，除突触部位外，一般都被神经胶质细胞分隔和绝缘，以保证信息传递的专一性和不受干扰（图 1-31）。

（一）中枢神经系统的神经胶质细胞

脑和脊髓的神经胶质细胞有 4 种，在苏木精-伊红染色标本中，除室管膜细胞不易区分外，用不同的镀银染色法能显示各种细胞全貌。

1. 星形胶质细胞（astrocyte） 是神经胶质细胞中体积最大、数量最多的细胞。胞体呈星形，细胞核大，呈圆形或卵圆形，染色浅，胞质内含有许多微细交错排列的胶质原纤维。按胶质原纤维含量以及突起形状，可分为纤维性星形胶质细胞和原浆性星形胶质细胞两种，前者富含胶质原纤维，突起长而直，分支较少，主要分布在白质；后者含胶质原纤维较少，突起粗而短，分支多，主要分布在灰质。

星形胶质细胞的突起伸展充填在神经元胞体以及其突起之间，起支持和分隔神经元的作用。一些星形胶质细胞的突起末端膨大，称为脚板，附在毛细血管壁上，参与构成血-脑屏障。

2. 少突胶质细胞（oligodendrocyte） 胞体较小，细胞核呈卵圆形，染色较深，突起短、分支少，其突起末端扩展成扁平薄膜，包卷神经元轴突形成髓鞘。

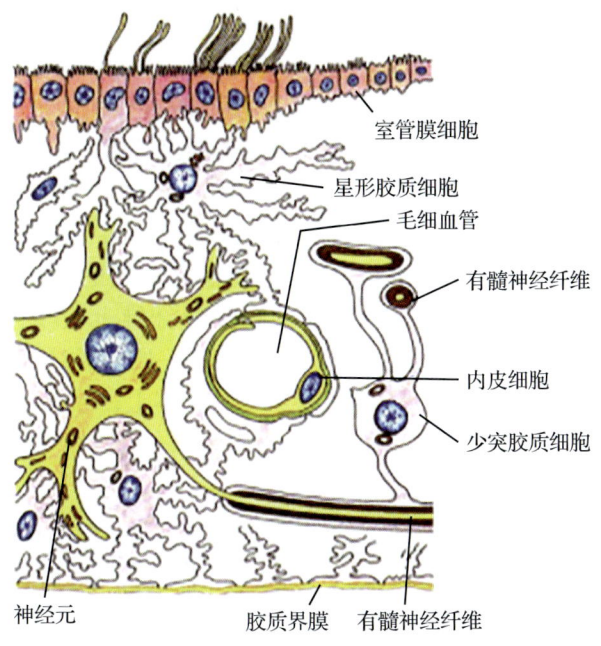

图 1-31　神经胶质细胞模式图

3. **小胶质细胞**（microglia）　是神经胶质细胞中最小的一种。胞质少，细胞核染色深，突起细长、有分支，分支表面有许多小棘突。中枢神经系统损伤时，小胶质细胞可转变为巨噬细胞，吞噬死亡的细胞、组织碎屑和溃变的髓鞘等。

4. **室管膜细胞**（ependymal cell）　是被覆于脑室和脊髓中央管腔面的一层立方形、柱状或扁平状细胞。由该细胞构成的单层上皮，称为**室管膜**。细胞游离面有微绒毛，部分细胞有纤毛，纤毛摆动有推送脑脊液的作用。室管膜细胞具有支持和保护作用，并参与脑脊液的形成。

（二）周围神经系统的神经胶质细胞

1. **施万细胞**（Schwann cell）　又称为神经膜细胞，呈薄片状，胞质少，排列成串，参与构成周围神经系统中的神经纤维。施万细胞外表面有基膜，能分泌神经营养因子，促进受损伤神经元的存活及其轴突再生。

2. **卫星细胞**（satellite cell）　是神经节内包裹神经元胞体的一层立方形或扁平细胞，又称被囊细胞。细胞核呈卵圆形或圆形，染色质较致密。

知识链接

神经干细胞

神经干细胞是一类具有多向分化潜能和自我更新能力的未分化细胞，不仅存在于胚胎时期，而且存在于成体脑组织的特定部位。神经干细胞的功能是在特定环境下增殖分化成为神经元、星形胶质细胞和少突胶质细胞，替换正常凋亡的细胞，或参与损伤修复。神经干细胞的发现和研究是近年来神经生物学领域较重要的进展之一。由于神经干细胞具有潜在的分化能力，可分化成为不同种类的细胞，修复及补充损伤的神经细胞，移植后能在宿主的神经组织中生存、整合和分化，因此为治疗神经损伤和神经退行性疾病开辟了一条新途径。

三、神经纤维与神经

神经纤维（nerve fiber）是由神经元的长突起及其包裹在外面的神经胶质细胞共同组成的。根据突起是否有髓鞘包裹，可分为有髓神经纤维和无髓神经纤维。

（一）有髓神经纤维

1. 周围神经系统的有髓神经纤维 是由施万细胞呈同心圆状包绕轴突而成的（图1-32）。施万细胞呈长卷筒状，最长可达1500 μm。其包绕轴突形成的鞘状结构称为**髓鞘**（myelin sheath）。相邻两个施万细胞不完全连接的部分在神经纤维上较窄，称为**郎飞结**（Ranvier node），此处无髓鞘，轴膜裸露。相邻两个郎飞结之间的一段神经纤维，称为**结间体**。髓鞘的主要成分是脂蛋白，称为髓磷脂，在苏木精-伊红染色标本上，因其中的类脂被溶解，仅见残存的网状蛋白质。

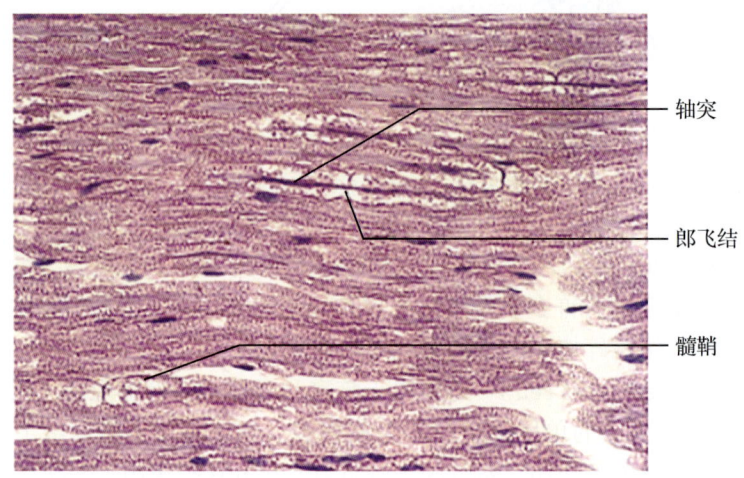

图1-32 坐骨神经光镜图（纵切面）

2. 中枢神经系统的有髓神经纤维 其结构与周围神经系统的有髓神经纤维基本相同，但形成髓鞘的是少突胶质细胞。少突胶质细胞多个突起末端的扁平薄膜包绕多个轴突，胞体位于神经纤维之间。神经纤维外表面无基膜，鞘内无切迹。

（二）无髓神经纤维

1. 周围神经系统的无髓神经纤维 施万细胞为不规则长柱状，表面有数量不等、深浅不同的纵行凹沟，沟内有较细的轴突，施万细胞不形成髓鞘。因此一条无髓神经纤维含有多条轴突。相邻施万细胞连接紧密，无郎飞结。

2. 中枢神经系统的无髓神经纤维 轴突外面没有特异性的神经胶质细胞包裹，轴突裸露，走行于有髓神经纤维或神经胶质细胞之间。

神经纤维的功能是传导神经冲动，这种电流的传导是在轴膜上进行的。有髓神经纤维的神经冲动从一个郎飞结跳跃到下一个郎飞结，呈跳跃式传导，故传导速度快；无髓神经纤维因无髓鞘和郎飞结，神经冲动只能沿轴膜连续性传导，故传导速度慢。

周围神经系统的若干条神经纤维集合在一起，被结缔组织、血管和淋巴管等包裹，共同构成**神经**。包裹在神经表面的致密结缔组织，称为神经外膜。神经外膜的结缔组织伸入神经纤维束之间；神经纤维束表面的几层扁平上皮样细胞形成神经束膜，这些细胞间有紧密连接，对进入神经纤维束的大分子物质有屏障作用；在神经纤维束内，每条神经纤维表面的薄层结缔组织称为神经内膜。

四、神经末梢

周围神经纤维的终末部分终止于全身各组织或器官内,形成**神经末梢**(nerve ending)。按其功能可分为感觉神经末梢和运动神经末梢。

(一)感觉神经末梢

感觉神经末梢(sensory nerve ending)是感觉神经元(假单极神经元)周围突的末端,通常与周围其他组织共同构成**感受器**,把接受到的内、外环境刺激转化为神经冲动,通过感觉神经纤维传至中枢,产生感觉。按其形态结构分为两类(图1-33)。

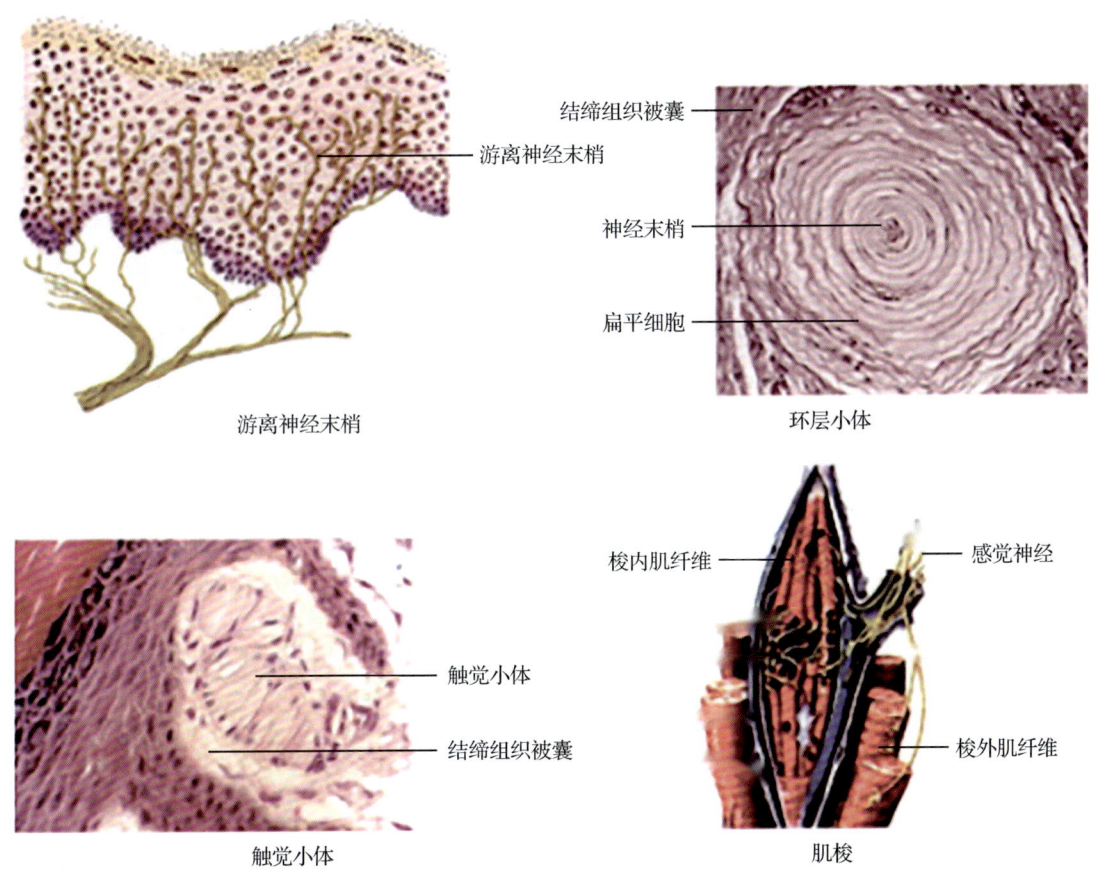

图 1-33 感觉神经末梢模式图

1. **游离神经末梢** 由较细的有髓或无髓神经纤维终末反复分支而成。其细支裸露,广泛分布于表皮、角膜和毛囊等上皮细胞之间,或分布到各种结缔组织内,如真皮、骨膜、脑膜、血管外膜、关节囊、肌腱、韧带、筋膜和牙髓等处,感受温度、应力和某些化学物质(如高浓度 H^+ 和 K^+)的刺激,产生冷、热、疼痛和轻触觉。

2. **有被囊神经末梢** 此类神经末梢有结缔组织被囊包裹,种类很多,常见的有如下几种。

(1)**触觉小体**(tactile corpuscle):分布在手指和足趾掌侧面皮肤真皮乳头层内,随年龄增长而数量递减。触觉小体呈卵圆形,外包结缔组织被囊,小体长轴与皮肤表面垂直,内有许多扁平横列的触觉细胞。有髓神经纤维在进入小体前失去髓鞘,然后盘绕在扁平细胞间,感受触觉。

(2)**环层小体**(lamellar corpuscle):广泛分布于皮下组织、腹膜、肠系膜、韧带和关节囊等处。其被囊由数十层呈同心圆排列的扁平细胞构成,环层小体较大,呈圆形或卵圆形,中央有一条均质状的圆柱体,有髓神经纤维进入小体时失去髓鞘,裸露的轴突进入圆柱体内,感受压觉和振动觉。

（3）**肌梭**（muscle spindle）：是分布于骨骼肌内的梭形结构。表面有结缔组织被囊，其内含有若干条较细的骨骼肌纤维，称为梭内肌纤维。感觉神经纤维在进入肌梭前失去髓鞘，其轴突分成多支，裸露的轴突缠绕在梭内肌纤维中段。在肌梭内有运动神经末梢，分布在肌纤维两侧。肌梭感受骨骼肌纤维的伸缩、牵拉等变化，调节骨骼肌的张力。

（二）运动神经末梢

运动神经末梢（motor nerve ending）是运动神经元的轴突分布至肌纤维或腺细胞的终末结构，支配肌纤维的收缩，调节腺细胞的分泌。运动神经末梢分为躯体运动神经末梢和内脏运动神经末梢两类。

1. 躯体运动神经末梢 分布于骨骼肌。位于脊髓前角或脑干的运动神经元胞体发出长轴突到达骨骼肌纤维时失去髓鞘，轴突反复分支，每一分支形成葡萄状终末，与骨骼肌纤维建立突触联系，呈椭圆形板状隆起，又称**运动终板**（motor end plate）或神经肌连接（图1-34）。一个运动神经元支配1～2条甚至上千条骨骼肌纤维，而一条骨骼肌纤维通常只接受一个轴突分支支配。当神经冲动到达运动终板时，轴突释放乙酰胆碱，与突触后膜中相应的受体结合，离子通道开放，肌膜两侧的离子分布发生改变而产生兴奋，引起肌纤维收缩。

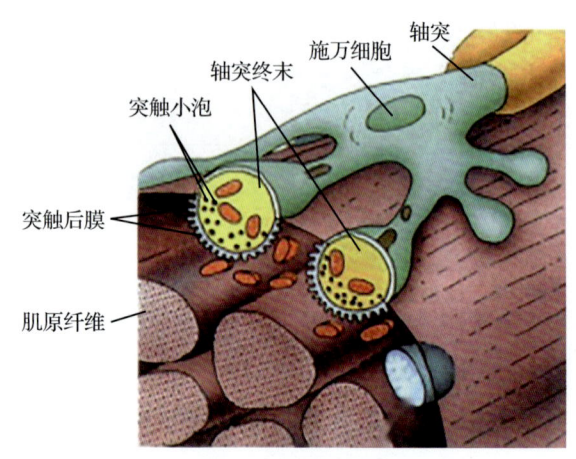

图1-34 运动终板模式图

2. 内脏运动神经末梢 分布于心肌、平滑肌和腺体等处。其神经纤维较细，无髓鞘，分支末端呈串珠状样膨体，贴附于肌纤维表面或穿行于腺细胞之间，与效应细胞建立突触。

 考点提示

神经纤维和神经末梢的概念及分类。

知识链接

阿尔茨海默病

阿尔茨海默病患者思维、记忆和独立性受损，影响生活质量，甚至导致死亡。此病起病隐匿，是进行性发展的神经系统退行性疾病，以记忆障碍、失语、失认、视空间损害以及人格行为改变等为主要临床表现；以神经炎性斑、神经原纤维缠结等为主要形态学表现；以脑室扩大、脑沟加深变宽、脑回萎缩、岛叶海马区萎缩为主要影像学改变。阿尔茨海默病的发病机制现有多种假说，其中以β-淀粉样蛋白瀑布假说和tau蛋白学说影响较广：前者认为β-淀粉样蛋白的生成与清除失衡是导致疾病发生的起始事件；后者认为过度磷酸化的tau蛋白影响了神经元骨架微管蛋白的稳定性，导致神经原纤维缠结。本病目前尚无有效的治疗药物，所以要关爱生命、关爱健康，知彼知己，早防早治尤为重要，及时采取综合治疗和护理措施能减轻和延缓病情的发展。

（崔　娟）

自 测 题

一、单项选择题

1. 关于上皮组织结构特点的叙述，错误的是
   A. 细胞数量多，细胞外基质少
   B. 细胞排列紧密
   C. 上皮细胞有极性
   D. 有丰富的毛细血管
   E. 上皮细胞附着于基膜
2. 假复层纤毛柱状上皮分布于
   A. 消化管
   B. 气管
   C. 膀胱
   D. 输尿管
   E. 腹膜
3. 变移上皮分布于
   A. 心脏
   B. 十二指肠
   C. 胆囊
   D. 膀胱
   E. 皮肤
4. 关于复层扁平上皮的叙述，错误的是
   A. 由多层细胞组成
   B. 上皮与深部结缔组织的连接面凹凸不平
   C. 未角化的复层扁平上皮分布在皮肤
   D. 表层为数层扁平鳞片状细胞
   E. 具有保护功能
5. 关于单层扁平上皮的叙述，正确的是
   A. 细胞为多边形，边缘整齐
   B. 衬贴在心、血管和淋巴管腔面的为间皮
   C. 分布在胸膜、心包、腹膜表面的为内皮
   D. 细胞核位置参差不齐
   E. 内皮细胞表面光滑，有利于血液和淋巴流动
6. 巨噬细胞来源于血液中的
   A. 嗜中性粒细胞
   B. 单核细胞
   C. 淋巴细胞
   D. 嗜酸性粒细胞
   E. 红细胞
7. 被称为嗜银纤维的是
   A. 胶原纤维
   B. 弹性纤维
   C. 网状纤维
   D. 肌原纤维
   E. 肌纤维
8. 能合成基质和纤维的是
   A. 巨噬细胞
   B. 成纤维细胞
   C. 脂肪细胞
   D. 浆细胞
   E. 肥大细胞
9. 弹性软骨主要分布于
   A. 鼻、咽、喉
   B. 耳郭、会厌
   C. 肋软骨、关节软骨
   D. 椎间盘
   E. 关节盘
10. 骨密质的基本结构单位是
    A. 中央管
    B. 骨板
    C. 骨膜
    D. 骨细胞
    E. 骨单位

11. 红细胞在成年女性的正常值是
    A. $(4.0～5.5)\times 10^{12}/L$　　B. $(3.5～5.0)\times 10^{12}/L$　　C. $(4.0～10)\times 10^{9}/L$
    D. $(100～300)\times 10^{9}/L$　　E. $(4.5～5.5)\times 10^{12}/L$
12. 成年男性血红蛋白的正常值是
    A. 30～60 g/L　　B. 60～90 g/L　　C. 90～100 g/L
    D. 110～150 g/L　　E. 120～160 g/L
13. 能被煌焦油蓝染色的是
    A. 血小板　　B. 单核细胞　　C. 网织红细胞
    D. 淋巴细胞　　E. 脂肪细胞
14. 患过敏性疾病或寄生虫感染时，数值会升高的是
    A. 中性粒细胞　　B. 单核细胞　　C. 嗜酸性粒细胞
    D. 淋巴细胞　　E. 血小板
15. 每条肌原纤维在明带内只有
    A. 粗肌丝　　B. 细肌丝　　C. M 线
    D. H 带　　E. 横小管
16. 关于心肌纤维光镜特点的叙述，错误的是
    A. 细胞呈短柱状，有横纹，有分支　　B. 有多个核，居细胞中央
    C. 肌质丰富，横纹不如骨骼肌明显　　D. 收缩原理同骨骼肌
    E. 相邻心肌纤维连接处的结构是闰盘
17. 关于神经元结构的描述，错误的是
    A. 胞体不是营养代谢中心　　B. 胞体含尼氏体和神经原纤维
    C. 细胞核大而圆，着色浅　　D. 突起分为树突和轴突
    E. 神经元形态不一，但都由胞体和突起组成
18. 关于化学突触结构的叙述，错误的是
    A. 突触小泡位于突触前成分　　B. 突触小泡内含神经递质
    C. 受体位于突触后膜　　D. 化学突触前、后膜之间有缝隙连接
    E. 突触间隙狭窄
19. 神经元尼氏体分布于
    A. 突起内　　B. 轴丘内　　C. 胞体和树突内
    D. 胞体和轴突内　　E. 树突和轴突内
20. 参与构成血 - 脑屏障的是
    A. 星形胶质细胞　　B. 少突胶质细胞　　C. 小胶质细胞
    D. 施万细胞　　E. 神经膜细胞

二、名词解释

1. 腺上皮　2. 肌节　3. 闰盘　4. 突触　5. 神经纤维

三、简答题

1. 上皮组织的基本特点有哪些，被覆上皮分为哪几类，各分布于何处？
2. 结缔组织有何特点，结缔组织有哪些类型？
3. 试述血细胞的分类，各类血细胞的正常值、主要形态特点及功能。
4. 绘制各种血细胞的光镜图。

第二章 运动系统

第二章数字资源

学习目标

1. 说出骨的分类与构造，关节的基本结构；椎骨的一般形态及各部椎骨的特征，脊柱和胸廓的组成；颅的整体观，上、下肢骨的形态结构；骨盆的组成、分部及性别差异，肩关节、肘关节、腕关节、髋关节、膝关节和踝关节的组成、结构特点及运动形式。

2. 描述骨骼肌的分类和构造；胸锁乳突肌、斜方肌、背阔肌、胸大肌、三角肌、肱二头肌、肱三头肌、臀大肌、股四头肌、缝匠肌和小腿三头肌等的位置及作用；膈的位置、孔裂名称及通过的结构。

3. 能在标本或模型上辨认全身主要骨的形态结构，骨骼肌的名称及位置；在活体上触摸全身的骨性标志和肌性标志；能运用运动系统的相关知识分析常见骨、关节疾病的发病基础；进行正确锻炼方式的科普宣传。

4. 通过运动系统相关知识的学习，引导学生树立正确的健身理念，从而倡导学生多运动、保持健康的体态和运动习惯。

案例 2-1

患者，男性，49岁，因剧烈活动时突感腰部剧痛3小时来院就诊。患者主诉脊柱下部出现"弹响"后，疼痛向左侧大腿和小腿后面放射。左小腿外侧部、足和小趾有麻木感及刺痛。体格检查：腰部有钝痛，用力和咳嗽时加重，脊柱腰曲变小，躯干歪向右侧。腰椎因疼痛而运动明显受限，左侧下肢上举时疼痛明显，左侧大腿坐骨神经行径有触痛。影像学检查：第5腰椎椎间盘突出。临床诊断：第5腰椎椎间盘突出。

问题与思考：
1. 运动系统由哪些器官组成？
2. 骨和骨骼肌按部位分为哪几类？
3. 脊柱的连结有哪些，椎间盘由哪几部分构成？

运动系统（locomotor system）由骨、骨连结和骨骼肌组成，对人体起支持、保护和运动的作用。全身各骨借骨连结构成的人体支架，称为**骨骼**（skeleton）。骨骼肌附着于骨上，形成人体的基本轮廓，并围成体腔，如颅腔、胸腔、腹腔和盆腔。在神经系统和其他系统的调节配合下，通过骨骼肌牵引骨而做运动。在体表能看到或摸到的骨或骨骼肌的凹陷或突起，称为体表标志（骨性标志或肌性标志）。临床上常通过这些标志来判断器官的位置、血管和神经的走行以及确定针灸取穴的部位等。

第一节　骨与骨连结

一、概述

（一）骨

成人骨有 206 块（图 2-1），是人体最坚硬并具有生命的器官。按其所在部位分为颅骨 29 块（包括 6 块听小骨）、躯干骨 51 块、上肢骨 64 块和下肢骨 62 块。每块骨都具有一定的形态，并分布有丰富的血管、淋巴管和神经。在活体，骨不断地进行新陈代谢，随着不同年龄和活动状况的变化而变化。经常活动锻炼的人，骨发育坚实而粗壮；长期不活动的人，则会导致骨质疏松或发育细小。骨具有支持、保护、运动、修复、造血、储备钙和磷等功能。

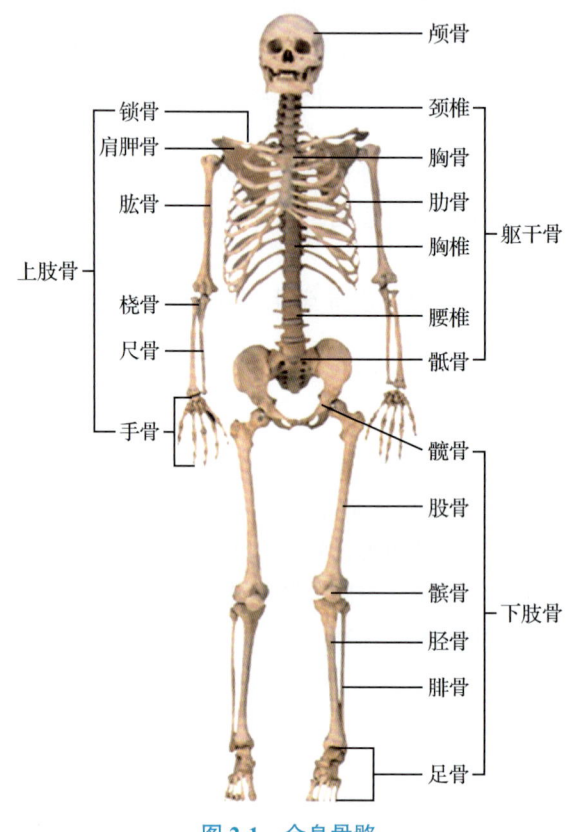

图 2-1　全身骨骼

1. 骨的形态与分类　骨按形态可分为长骨、短骨、扁骨和不规则骨四类（图 2-2）。

（1）**长骨**（long bone）：呈长管状，分布于四肢，在运动中起杠杆作用，如股骨、掌骨和指骨。长骨可分为一体两端。体即骨干，位于中部，较细长，内有较大的**骨髓腔**，容纳骨髓。两端膨大为**骺**，上覆一层关节软骨，具有光滑的关节面。骨干与骺相邻的部位，称为干骺端，幼年时保留一片骺软骨，通过骺软骨的软骨细胞分裂增殖和骨化，长骨不断增长。成年后，骺软骨骨化，骨干与骺融为一体。

（2）**短骨**（short bone）：呈立方形，成群分布于承受压力较大，运动较复杂的部位，如腕骨和跗骨。

（3）**扁骨**（flat bone）：呈板状，主要构成颅腔、胸腔和盆腔的壁，对腔内器官起保护作用，如顶骨、胸骨和肋骨。

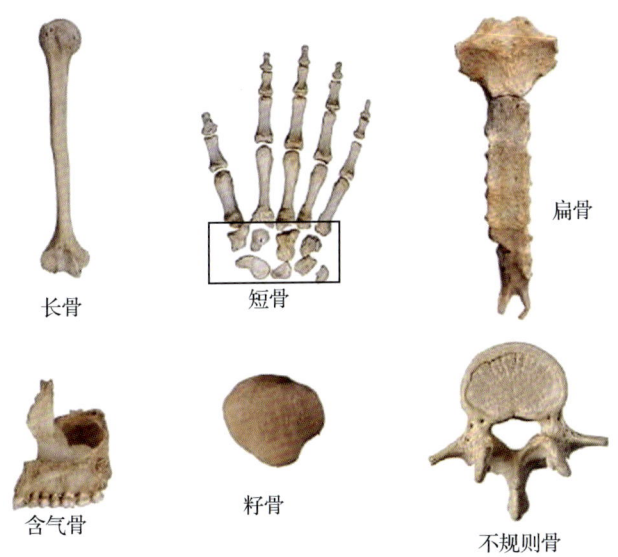

图 2-2　骨的形态分类

（4）**不规则骨**（irregular bone）：形状不规则，主要分布于躯干、颅底和面部，如椎骨、上颌骨和髋骨。有些不规则骨内有含气的空腔，称为含气骨，如上颌骨和额骨，它们对发音起共鸣作用，同时可减轻颅骨的重量。

此外，还有发生于某些肌腱内的扁圆形**籽骨**（sesamoid bone），如髌骨，运动时可改变力的方向，减少对肌腱的摩擦。

2. 骨的构造　骨由骨质、骨膜和骨髓构成，并有丰富的血管、淋巴管和神经等（图 2-3）。

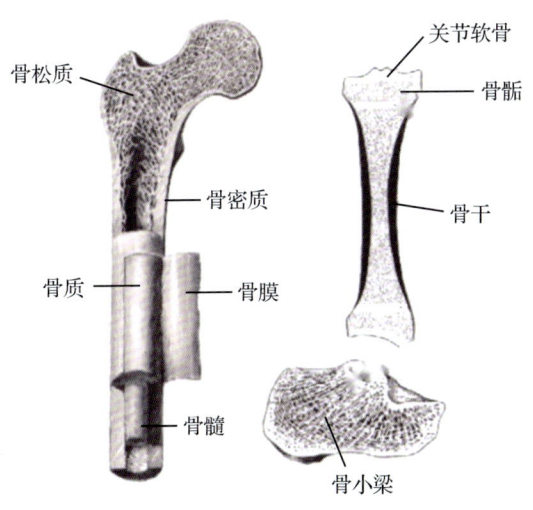

图 2-3　骨的构造

（1）**骨质**（bone substance）：由骨组织构成，是骨的主要组成成分，分为骨密质和骨松质两种。骨密质分布于长骨的干及其他骨的外表面，由紧密排列成层的骨板构成，致密、坚硬、抗压性强；骨松质分布于长骨的骺及其他骨的内部，结构疏松，呈海绵状，由交错排列的骨小梁构成。颅盖诸扁骨的内、外两层骨密质，分别称为内板和外板，中间的骨松质称为板障，内有板障静脉通过。

（2）**骨膜**（periosteum）：由致密结缔组织构成，薄而坚韧，富含血管、淋巴管和神经，覆盖于除关节面外的骨表面，骨膜分为内、外 2 层。外层致密，并有许多胶原纤维束穿入骨质，使之固定于骨面；内层疏松，含有大量成骨细胞和破骨细胞，对骨的生长、再生、修复和改建起重要作用，故手术时应尽量保留骨膜。

（3）**骨髓**（bone marrow）：是填充于长骨的骨髓腔和骨松质间隙内的结缔组织，分为红骨髓和黄骨髓两种。婴幼儿及胎儿的骨髓内因含大量不同发育阶段的血细胞而呈红色，故称为**红骨髓**，具有造血功能；6岁以后，长骨骨髓腔内的红骨髓逐渐被脂肪组织代替，因内含大量脂肪组织而呈黄色，故称为**黄骨髓**，失去造血功能。但当慢性大量失血或重度贫血时，黄骨髓仍可转化为红骨髓，恢复造血潜能。长骨的骺、短骨、扁骨和不规则骨内终生保留着红骨髓，故临床上常在髂骨、椎骨和胸骨等处行骨髓穿刺术抽取红骨髓。

> **考点提示**
>
> 骨的分类与构造。

知 识 链 接

骨髓穿刺术

骨髓穿刺术是采集骨髓标本检查，以进行临床诊断的一种常用技术，其检查内容包括骨髓细胞学、原虫和细菌学检查等。该技术适用于各种血液病的诊断、鉴别诊断及治疗随访；不明原因发热的诊断与鉴别诊断，可作骨髓培养，骨髓涂片查找寄生虫等。

3. 骨的化学成分与物理特性　成人骨主要由有机质和无机质构成。有机质主要是骨胶原纤维束和黏多糖蛋白等，使骨具有一定的弹性和韧性；无机质主要是磷酸钙和碳酸钙，使骨坚实，具有硬度。人一生中骨的无机质和有机质的比例随年龄和营养状况等因素而发生变化。年幼者骨的有机质和无机质约各占一半，故弹性大，硬度小，但易变形；成年人骨有机质和无机质的比例最为合适，具有很大的硬度和一定的弹性，也较坚韧；老年人骨的无机质比例更大，脆性较大，易发生骨折。

（二）骨连结

骨与骨之间的连结装置，称为**骨连结**（articulation）。依据连结方式不同，可分为直接连结和间接连结2种。

1. 直接连结　是骨与骨之间借纤维结缔组织、软骨或骨相连，其间无间隙，不活动或仅有少许活动。直接连结包括纤维连结、软骨连结和骨性结合等。

2. 间接连结　又称为**关节**（joint）或**滑膜关节**（synovial joint），是骨与骨之间借膜性结缔组织囊相连接而成的，其间有间隙，一般活动性较大。

（1）**关节的基本结构**：包括关节面、关节囊和关节腔三部分（图2-4）。

1）**关节面**（articular surface）：是构成关节各骨的相对骨面，其形态常为一凸一凹，分别构成关节头和关节窝。关节面无骨膜，覆盖一

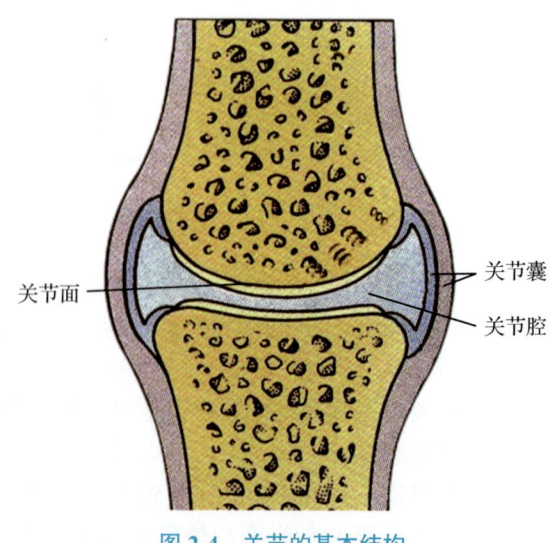

图2-4　关节的基本结构

层关节软骨，其表面光滑，有弹性，可减少运动时的摩擦，并有缓冲振荡的作用。

2）**关节囊**（articular capsule）：为包绕关节周围的结缔组织膜性囊，分为内、外2层。外层为**纤维层**，由厚而坚韧的致密结缔组织构成，两端附着于关节面周缘，并与骨膜相延续。内层为**滑膜层**，由薄而柔软的疏松结缔组织构成，内面光滑，边缘附着于关节软骨周缘。滑膜层有丰富的血管，可分泌滑液，具有减少关节运动时的摩擦和营养关节软骨等作用。

3）**关节腔**（articular cavity）：是由关节软骨与关节囊的滑膜层共同围成的密闭腔隙，正常状态下腔内含少量滑液，有润滑关节和减少摩擦的作用。关节腔内为负压，对维持关节稳固性具有一定的作用。

（2）**关节的辅助结构**：有些关节除具备基本结构外，还有一些辅助结构，包括韧带、关节盘和关节唇等。辅助结构对增强关节的稳定性和灵活性起重要作用。

1）**韧带**（ligament）：是连于两骨间的致密结缔组织束，对关节起加固和限制其过度活动的作用。韧带分为囊外韧带和囊内韧带两种。囊外韧带位于关节囊外，如髋关节的髂股韧带，有的独立于关节囊以外，如膝关节的腓侧副韧带，有的是关节周围肌腱的延续，如髌韧带；囊内韧带位于关节囊内，有滑膜包绕，如膝关节囊内的前交叉韧带、后交叉韧带。

2）**关节盘**（articular disc）：是位于两关节面之间的纤维软骨板，中央稍薄，周缘略厚，附着于关节囊内面。关节盘增加了关节窝的深度，增强了关节的稳固性、灵活性、运动形式和范围，又减少了运动时的冲击和振荡。膝关节内的关节盘呈半月形，称为半月板。

3）**关节唇**（articular labrum）：是附着于关节窝周缘的纤维软骨环，可加深关节窝的深度，增大关节面，增加关节的稳固性。

（3）**关节的运动**：关节一般都是围绕轴而运动，围绕某一运动轴可产生两种方向相反的运动形式。关节的运动形式可分为以下四组。

1）**屈和伸**：是关节围绕冠状轴进行的运动。运动时，相关节的两骨互相靠拢，夹角变小为屈；反之为伸。在踝关节，足背向小腿前面靠拢为伸，又称为背屈；其相反的动作为屈，又称为跖屈。

2）**内收和外展**：是关节围绕矢状轴进行的运动。骨向正中矢状面靠拢为内收；反之为外展。

3）**旋内和旋外**：是骨围绕垂直轴进行的运动。骨的前面转向内侧为旋内；反之为旋外。在前臂，手背转向前面为旋前；反之为旋后。

4）**环转**：骨的近端在原位转动，远端作圆周运动，整个骨的运动轨迹呈一圆锥体。

考点提示

滑膜关节的概念、基本结构和运动形式。

二、躯干骨及其连结

（一）躯干骨

躯干骨共51块，包括椎骨、胸骨和肋，并借骨连结构成脊柱和胸廓。

1. **椎骨**（vertebrae） 成人有26块，即颈椎7块、胸椎12块、腰椎5块、骶骨1块（由5块骶椎融合而成）和尾骨1块（由4块尾椎融合而成）。

（1）**椎骨的一般形态**：椎骨属不规则骨，由前方的**椎体**和后方的**椎弓**组成（图2-5），椎体与椎弓共同围成**椎孔**（vertebral foramen），全部椎孔连成容纳脊髓的**椎管**（vertebral canal）。椎弓由前方的椎弓根和后方的椎弓板构成。椎弓根的上、下缘分别有**椎上切迹**和**椎下切迹**，相邻椎骨的椎上切迹、椎下切迹共同围成**椎间孔**（intervertebral foramen），有血管和脊神经根通过。椎弓板发出7个突起：即向上、下分别伸出1对**上关节突**和1对**下关节突**，向两侧伸出1对**横突**，向后伸出1个**棘突**。

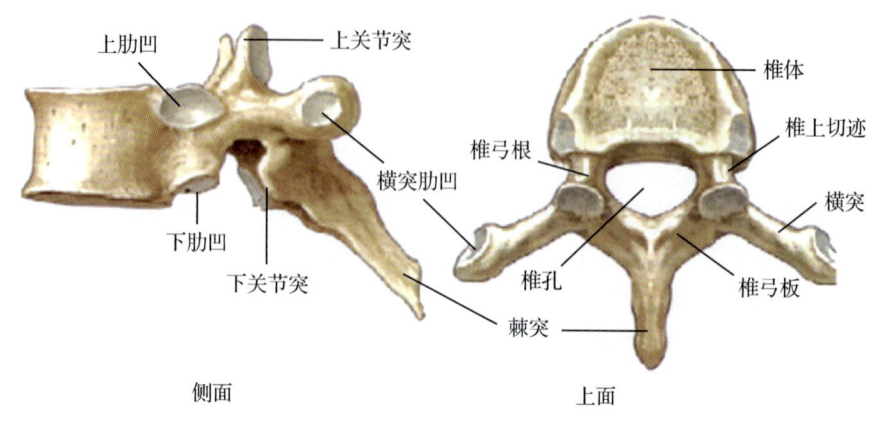

图2-5　胸椎

（2）各部椎骨的形态特点

1）**颈椎**（cervical vertebrae）：椎体较小，椎孔相对较大，呈三角形，横突根部有**横突孔**（transverse foramen），有椎动脉、椎静脉通过。第1颈椎又称**寰椎**，无椎体和棘突，呈环形，由前弓、后弓和两个侧块构成。前弓后面正中有**齿突凹**，与枢椎的齿突构成寰枢关节；第2颈椎又称**枢椎**，椎体上方有**齿突**；第2～6颈椎棘突短而末端分叉；第7颈椎又称**隆椎**，棘突长，末端不分叉，是临床上计数椎骨序数的体表标志（图2-6）。

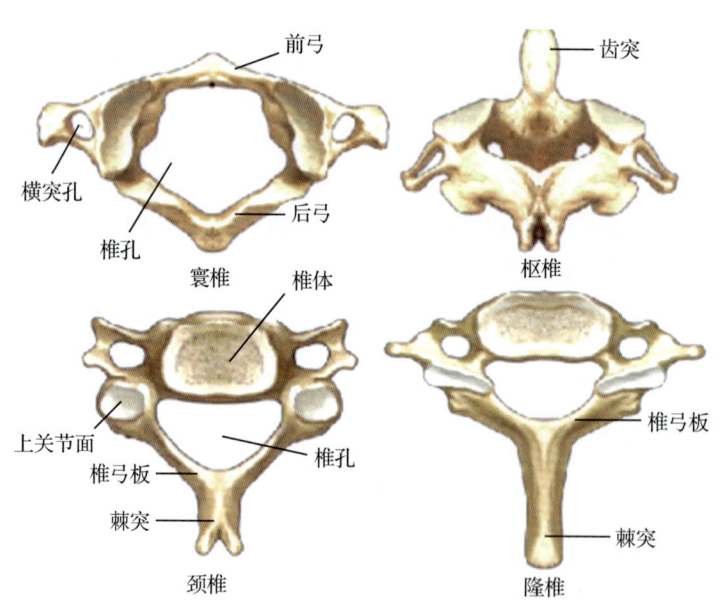

图2-6　颈椎

2）**胸椎**（thoracic vertebrae）：椎体自上而下逐渐增大，在椎体侧面后份的上、下缘和横突末端前面分别有**上肋凹**、**下肋凹**和**横突肋凹**（图2-5），分别与肋头和肋结节相关节。棘突较长，呈叠瓦状伸向后下方。

3）**腰椎**（lumbar vertebrae）：椎体较大，椎孔呈三角形或卵圆形，上、下关节突粗大，关节面几乎呈矢状位。棘突宽大，呈板状，水平伸向后方，棘突间隙较宽（图2-7）。

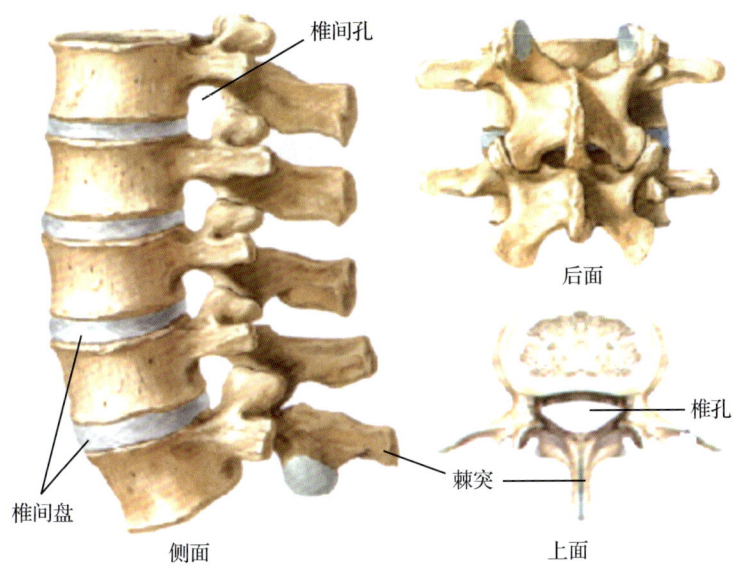

图 2-7 腰椎

4）**骶骨**（sacrum）：呈倒三角形，可分为前面、后面和两侧部（图2-8）。底前缘向前突出，称为**岬**，为女性骨盆测量的重要标志。前面（盆面）凹陷，有4对**骶前孔**。后面（背面）粗糙隆起，有4对**骶后孔**。骶骨侧部上份有**耳状面**。各骶椎的椎孔连接成**骶管**，向下开口形成**骶管裂孔**（sacral hiatus）。此孔两侧有向下突出的**骶角**（sacral horn），骶角是骶管麻醉时确定骶管裂孔的重要体表标志。

5）**尾骨**（coccyx）：上接骶骨，下端游离为尾骨尖（图2-8）。

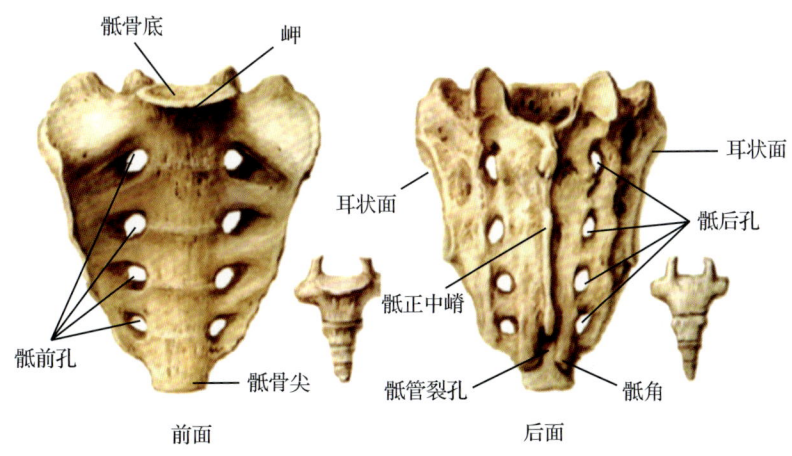

图 2-8 骶骨和尾骨

> **考点提示**
>
> 各部椎骨的特点。

2. **肋**（rib） 由肋骨和肋软骨构成，共12对。

（1）**肋骨**（costal bone）：为弓形扁骨，分为前端、后端和肋体（图2-9）。后端有膨大的**肋头**和缩细的**肋颈**，肋颈外侧的突起为**肋结节**；肋体介于前、后端之间，分为内、外两面和上、下两缘，内面下缘处有**肋沟**，肋间血管、神经由此经过，肋体后部急转弯处，称为**肋角**；前端稍宽，与肋软骨相接。

（2）**肋软骨**（costal cartilage）：位于各肋骨前端，由透明软骨构成。

3. **胸骨**（sternum） 属扁骨，位于胸前部正中皮下，自上而下分为胸骨柄、胸骨体和剑突三部分（图 2-10）。胸骨柄上缘中份凹陷，称为**颈静脉切迹**，两侧为**锁切迹**，与锁骨的胸骨端相关节。胸骨柄与胸骨体连接处向前微突，称为**胸骨角**（sternal angle），两侧连接第 2 肋软骨，是计数肋序数的重要标志，胸骨角向后平对第 4 胸椎体下缘；胸骨体外侧缘接第 2～7 肋软骨；剑突扁而细长，下端游离。

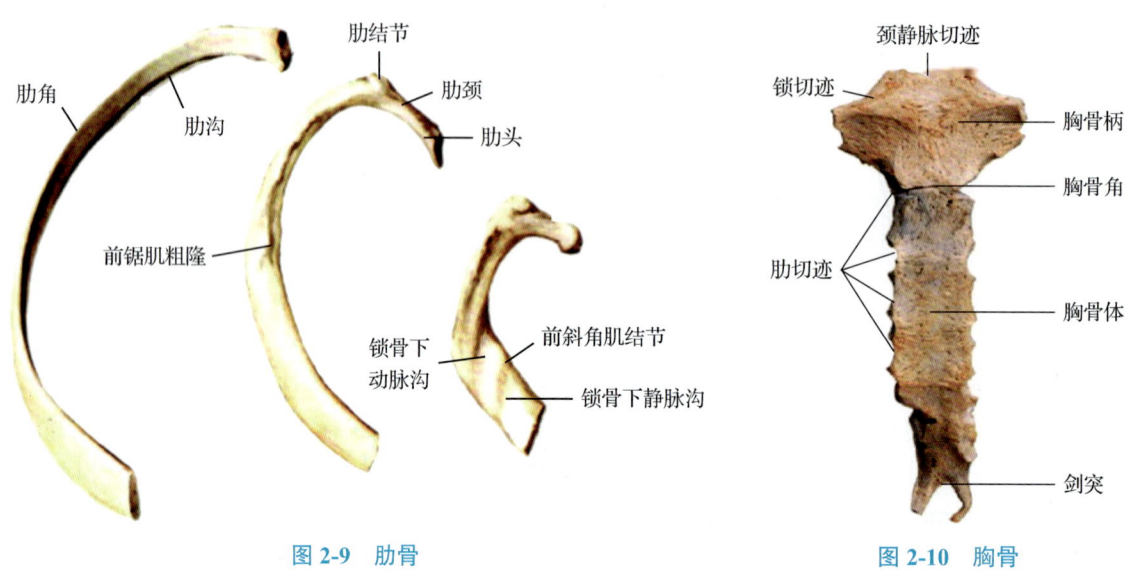

图 2-9　肋骨　　　　　　　　　　　图 2-10　胸骨

 考点提示

胸骨的组成，胸骨角的概念。

（二）躯干骨的连结

躯干骨借骨连结主要构成脊柱和胸廓。

1. **脊柱**（vertebral column） 由 24 块独立椎骨、1 块骶骨和 1 块尾骨借其间的骨连结构成。

（1）**椎骨间的连结**：相邻椎骨之间借椎间盘、韧带和关节相连结。

1）**椎间盘**（intervertebral disc）：是连结相邻两个椎体的纤维软骨盘（第 1、2 颈椎之间除外）。由中央的**髓核**和周围的**纤维环**构成（图 2-11）。椎间盘具有"弹性垫"样作用，可缓冲外力对脊柱的振荡。

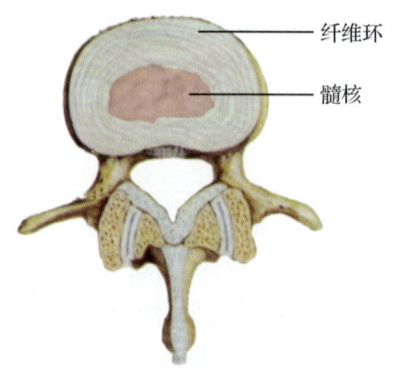

图 2-11　椎间盘

知识链接

椎间盘突出症

脊柱在负重情况下，猛烈屈转身体，或因椎间盘过度劳损，或猝然弯腰时均可引起椎间盘的纤维环破裂，导致髓核突出，压迫脊神经根或脊髓，出现其支配区域或损伤平面以下疼痛和麻痹等症状，临床上称为**椎间盘突出症**。突出方向多为后外侧。这是纤维环后部较薄弱，而后方正中有后纵韧带保护的结果。此症多见于活动度较大的腰椎和颈椎等部位。

2）**韧带**：脊柱的韧带如下（图2-12）。①**前纵韧带**：紧密附着于各椎体和椎间盘前面，有限制脊柱过度后伸的作用；②**后纵韧带**：紧密附着于各椎体和椎间盘后面，有限制脊柱过度前屈的作用；③**棘上韧带**：为附着于各棘突的纵行韧带，细长而坚韧，但自第7颈椎以上，则扩展成三角形板状弹性膜层，称为**项韧带**；④**黄韧带**：连于两个相邻椎弓板之间，参与围成椎管的后壁；⑤**棘间韧带**：连于两个相邻棘突之间，前接黄韧带，后续棘上韧带。

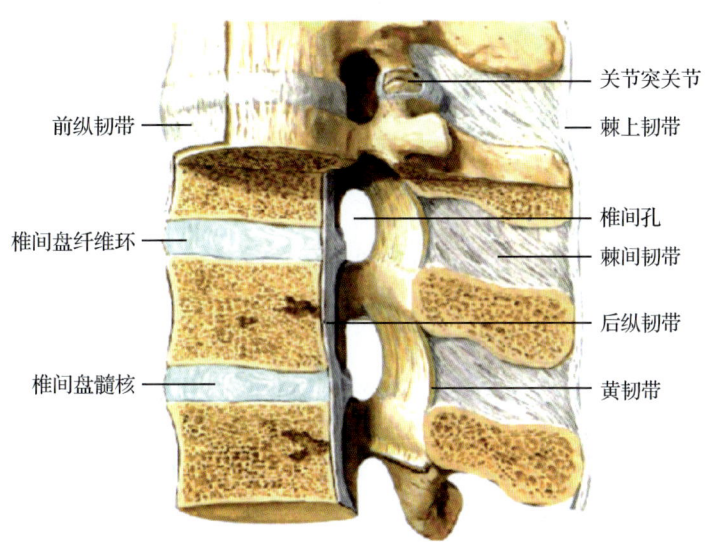

图 2-12 椎骨间的连结

3）**关节**：脊柱的关节如下（图2-12）。①**关节突关节**：由相邻椎骨的上、下关节突构成，可作轻微滑动；②**寰枢关节**：由寰椎与枢椎构成，可使头部作左、右旋转运动；③**寰枕关节**：由寰椎的上关节凹与枕髁构成，可使头作前俯、后仰和侧屈运动。

考点提示

脊柱的连结，椎间盘的组成。

（2）**脊柱的整体观**：脊柱因年龄、性别和发育不同而有差异（图2-13）。成年男性脊柱长约70 cm，女性长约60 cm，椎间盘总厚度约占脊柱总长度的1/4。

1）**前面观**：可见椎体的宽度自上而下逐渐增大，到骶骨上端最为宽大，这与承重逐渐增加有关，并可见前纵韧带纵贯脊柱全长。

2）**后面观**：可见棘上韧带纵贯脊柱全长，棘突纵列成一条直线，各部棘突形态各异。颈椎棘突短，末端分叉，但隆椎棘突长而不分叉；胸椎棘突长，斜向后下方，呈叠瓦状排列；腰椎棘突呈板状矢状位伸向后方，棘突间隙较宽。

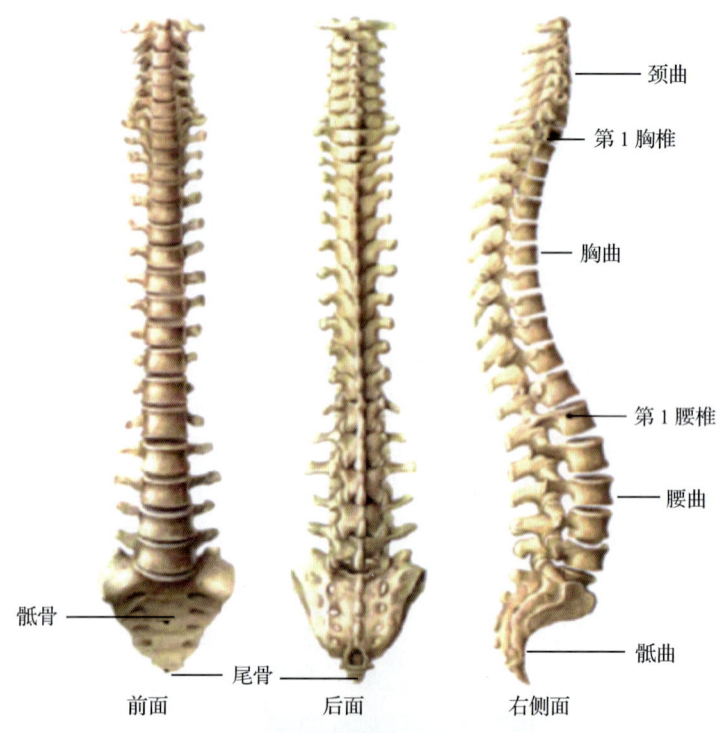

图 2-13 脊柱全貌

3）侧面观：可见脊柱有4个生理弯曲，即颈曲和腰曲凸向前，是出生后发育过程中随着抬头和坐立而形成的；胸曲和骶曲凸向后。脊柱的生理弯曲增大了脊柱的弹性，可减轻振荡，从而对脑、胸腔脏器、腹腔脏器有保护作用。

（3）**脊柱的功能**：脊柱具有支持体重、保护脊髓和缓冲振荡的作用；还具有多种运动功能，脊柱可作前屈、后伸、侧屈、旋转和环转运动，尤其是颈部和腰部运动的幅度最大。

2. **胸廓**（thoracic cage） 由12块胸椎、12对肋和1块胸骨借其间的骨连结构成（图2-14）。

（1）**胸廓的连结**：主要如下。①肋椎关节：由肋头和肋结节分别与胸椎的上、下肋凹和横突肋凹构成；②胸肋关节：由第2～7对肋软骨与胸骨体相应的肋切迹构成（第1对肋软骨与胸骨柄直接连结）。第1～7肋前端直接与胸骨侧缘相连，称为真肋；第8～10肋前端不与胸骨直接相连，而是借软骨与上位肋软骨依次相连，形成**肋弓**（costal arch），称为假肋；第11～12肋前端游离于腹壁肌中，称为浮肋或游离肋。

（2）**胸廓的整体观**：成人胸廓呈前后稍扁的圆锥形，有上、下两口（图2-14）。胸廓上口较小，向前下倾斜，由第1胸椎体、两侧的第1肋和胸骨柄上缘围成，是颈部与胸腔之间的通道；胸廓下口较大而不整齐，由第12胸椎体、两侧的第12肋、第11肋前端、肋弓和剑突围成。两侧肋弓在中线构成向下开放的夹角，称为**胸骨下角**。相邻两肋之间的间隙，称为**肋间隙**（intercostal space）。

胸廓的形状和大小与年龄、性别、体形和健康状况等因素有关。新生儿胸廓呈桶状；老年人胸廓扁长；成年女性胸廓短而圆钝。佝偻病患儿胸廓前后径大，胸骨和肋骨向前突出，形成鸡胸。肺气肿患者胸廓各径线都增大，形成桶状胸。

（3）**胸廓的功能**：胸廓参与构成胸壁，对胸腔内器官起保护和支持作用；胸廓参与呼吸运动，在运动中，肋是运动的杠杆，肋椎关节是运动的枢纽。吸气时，在呼吸肌的作用下，肋前端上提，胸骨抬高并前移，肋体向外扩展，胸廓前后径和左右径都增大，胸腔容积扩大，肺被动扩张，气体吸入；呼气时则相反。

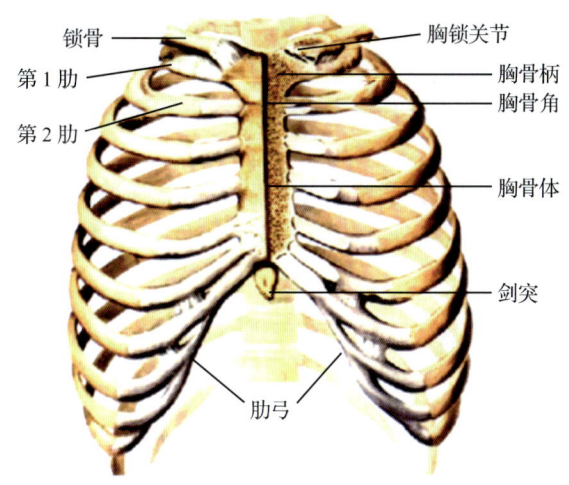

图 2-14 胸廓

三、颅骨及其连结

（一）颅骨

颅骨共 29 块（包括 6 块听小骨），按其所在位置分为后上部的脑颅骨和前下部的面颅骨两部分（图 2-15）。

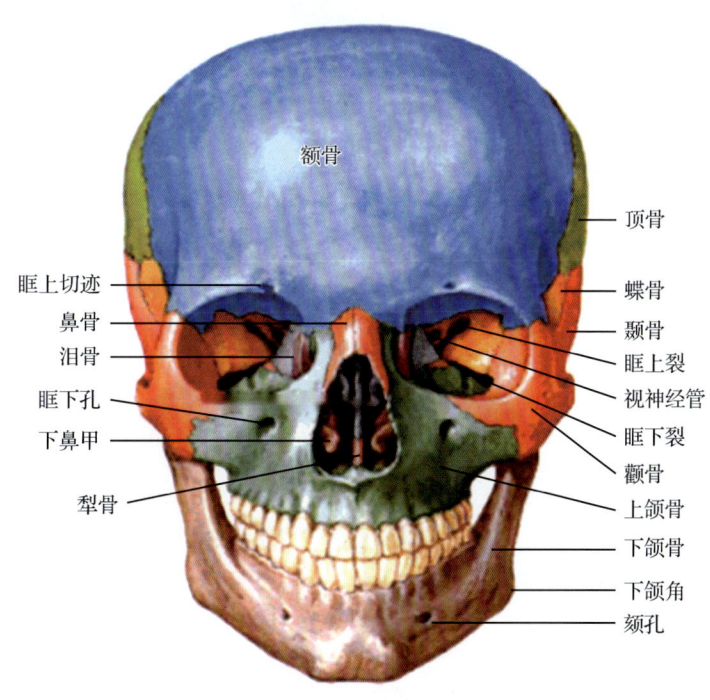

图 2-15 颅的前面观

1. **脑颅骨** 围成颅腔，容纳脑，包括成对的顶骨、颞骨，不成对的额骨、筛骨、蝶骨、枕骨，共 8 块。

2. **面颅骨** 构成面部的支架，围成骨性眶、鼻腔和口腔，包括成对的颧骨、上颌骨、腭骨、鼻骨、泪骨、下鼻甲，不成对的下颌骨、犁骨、舌骨，共 15 块。

下颌骨（mandible）位于面颅下部，呈马蹄铁形，分为一体两支（图 2-16）。下颌体上缘有容纳下颌牙根的牙槽弓，前外侧面有**颏孔**；下颌支为下颌体后端向上伸出的长方形骨板，其上缘有2个突起，前方的为**冠突**，后方的为**髁突**，两突之间的凹陷，称为**下颌切迹**。髁突上端膨大为**下颌头**，下端缩细为**下颌颈**。下颌支内面中央有**下颌孔**，有下牙槽神经和血管通过，再经下颌管与颏孔相通。下颌体下缘与下颌支后缘相交处，称为**下颌角**（angle of mandible）。

（二）颅的整体观

1. **颅的顶面观** 颅顶呈卵圆形，前窄后宽（图2-17）。成人可见3条缝：即位于额骨与两侧顶骨之间的**冠状缝**；位于左、右顶骨之间的**矢状缝**；位于顶骨与枕骨之间的**人字缝**。

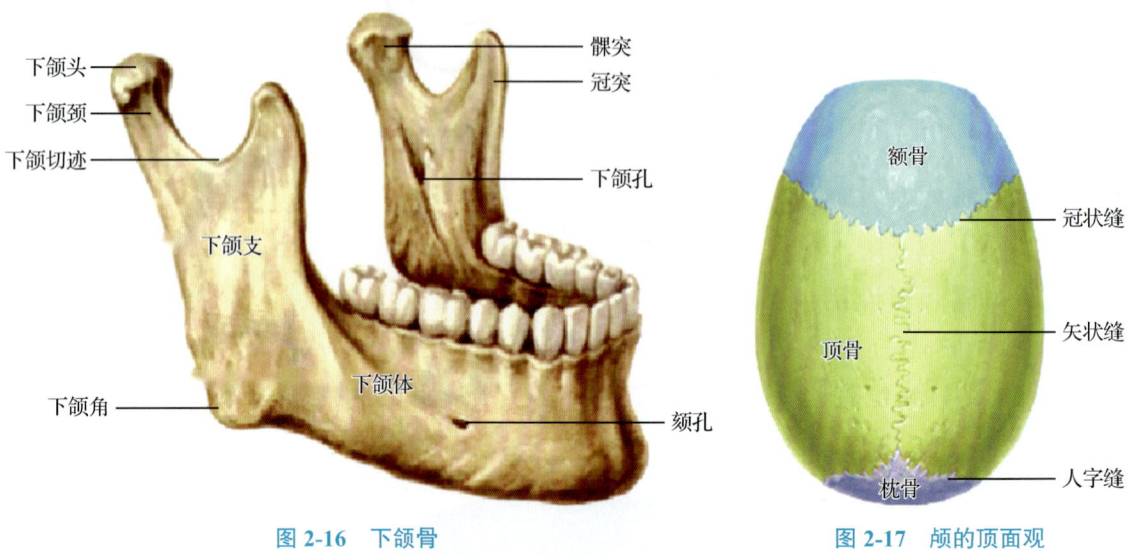

图 2-16 下颌骨　　　　　　　　　　图 2-17 颅的顶面观

2. **颅的侧面观** 颅侧面中部有**外耳门**，内通外耳道，外耳门后方向下的突起为**乳突**，前方有一弓状突起的**颧弓**（图2-18）。颧弓上方的凹陷为**颞窝**，下方的凹陷为**颞下窝**。在颞窝内，额、顶、颞、蝶四骨会合处常构成"H"形的缝，称为**翼点**（pterion）。此处骨质较薄，其内面有脑膜中动脉的前支通过。若此区骨折，易伤及该动脉，导致硬膜外血肿而危及生命。

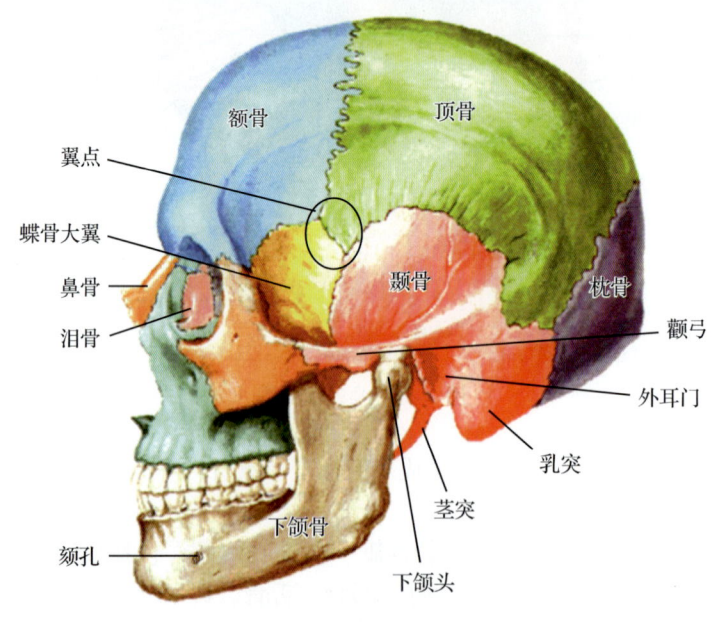

图 2-18 颅的侧面观

> **考点提示**
>
> 翼点的概念及临床意义。

3. **颅底内面观** 颅底内面凹凸不平，由前向后有 3 个窝，分别是颅前窝、颅中窝和颅后窝（图 2-19）。窝内有很多孔裂，有血管和神经通过。

（1）**颅前窝**：位置最高，正中有向上突起的**鸡冠**，两侧为**筛板**，其上的许多小孔为**筛孔**。筛板较薄，外伤时易发生骨折，导致脑脊液鼻漏。

（2）**颅中窝**：中央为蝶骨体，其中央凹陷处为**垂体窝**。两侧从前内向后外依次为**圆孔**、**卵圆孔**和**棘孔**，内侧有**破裂孔**。

（3）**颅后窝**：位置最低，中央有**枕骨大孔**，其前外有**舌下神经管**内口。枕骨大孔后上方为十字形隆起的**枕内隆凸**。枕内隆凸两侧有**横窦沟**，此沟折向前下内续**乙状窦沟**，向下终于**颈静脉孔**。前外侧壁颞骨上有**内耳门**，通内耳道。

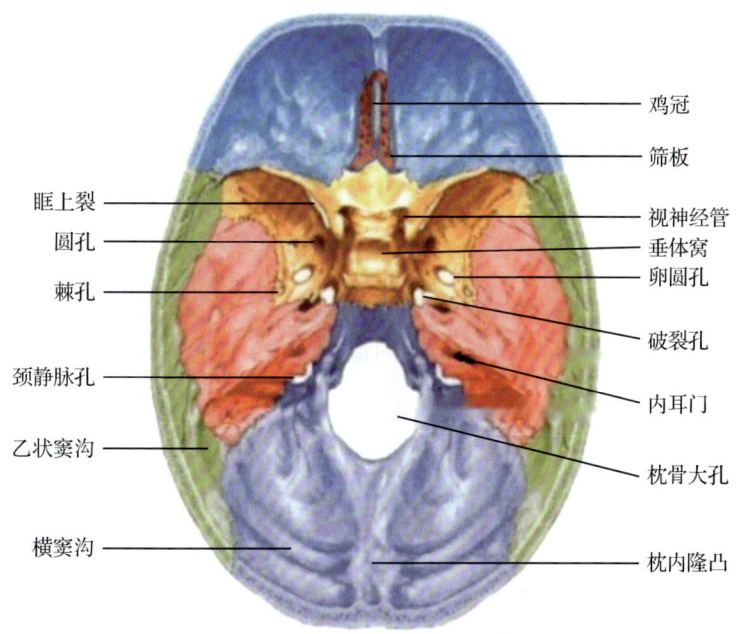

图 2-19 颅底内面观

4. **颅底外面观** 颅底外面凹凸不平（图 2-20），前部中央为上颌骨和腭骨构成的**骨腭**，其前和两侧为**牙槽弓**，骨腭后下方有**鼻后孔**。后部中央有**枕骨大孔**，其两侧椭圆形突出的关节面为**枕髁**，枕髁根部有**舌下神经管外口**，前外侧有**颈静脉孔**。此孔前方从前向后有**卵圆孔**、**棘孔**和**颈动脉管外口**。颈动脉管外口后外方，有细长的**茎突**，茎突与乳突之间的为**茎乳孔**。茎乳孔前方大而深的凹陷为**下颌窝**，前方横行的隆起为**关节结节**。枕骨大孔后上方的粗糙隆起为**枕外隆凸**。

5. **颅的前面观** 颅前面可分为额区、眶、骨性鼻腔和骨性口腔等（图 2-15）。

（1）**眶**（orbit）：为底向前外，尖向后内的棱锥体形腔隙，有上、下、内侧和外侧四壁（图 2-21）。眶尖经**视神经管**通颅中窝，眶底上、下缘分别为**眶上缘**和**眶下缘**，眶上缘内、中 1/3 相交处有**眶上切迹**或眶上孔，眶下缘中点下方有**眶下孔**，分别有眶上、下血管和神经通过。上壁前外侧有**泪腺窝**；下壁中部有**眶下沟**，向前通眶下孔；内侧壁前下有**泪囊窝**，向下经鼻泪管通鼻腔的下鼻道；外侧壁后部与上、下壁相交处的裂隙，分别为**眶上裂**和**眶下裂**。

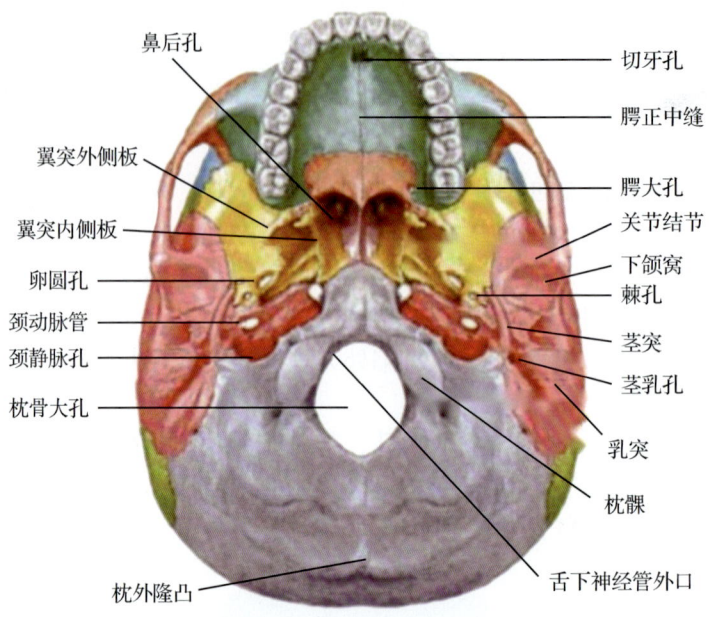

图 2-20 颅底外面观

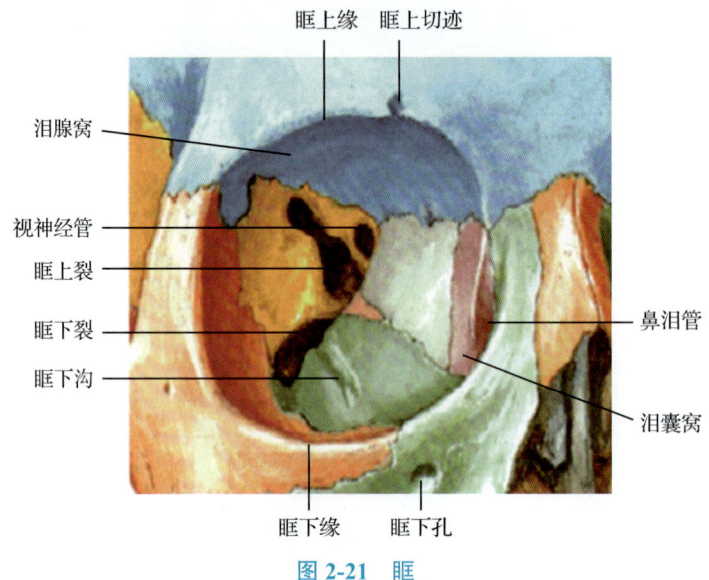

图 2-21 眶

（2）**骨性鼻腔**：位于面颅中央，上方借筛板与颅前窝相隔，下方借硬腭骨板与口腔分界，两侧邻接筛窦、眶和上颌窦。骨性鼻腔被呈矢状位的**骨性鼻中隔**分为左、右两部分（图 2-22，图 2-23）。骨性鼻腔前方的开口为**梨状孔**，后方的开口为**鼻后孔**。其外侧壁自上而下有 3 个卷曲的骨片，分别称**上鼻甲**、**中鼻甲**和**下鼻甲**。各鼻甲下方有相应的鼻道，分别称**上鼻道**、**中鼻道**和**下鼻道**。上鼻甲后上方与蝶骨体之间有一浅窝，称为**蝶筛隐窝**。

（3）**骨性鼻旁窦**（paranasal sinus）：又称鼻窦或副鼻窦，是位于鼻腔周围同名骨内含气的空腔，都与鼻腔相通。鼻旁窦包括额窦、蝶窦、筛窦和上颌窦各 1 对（图 2-23）。①**额窦**：位于眉弓深面，左、右各一，向下开口于中鼻道；②**蝶窦**：位于蝶骨体内，向前开口于上鼻甲后方的蝶筛隐窝；③**筛窦**：是筛骨内蜂窝状小房的总称，分为前、中、后三群。其中，前群和中群开口于中鼻道，后群开口于上鼻道；④**上颌窦**：位于上颌骨内，容积最大，开口于中鼻道，由于窦口高于窦底，上颌窦炎时不易引流。

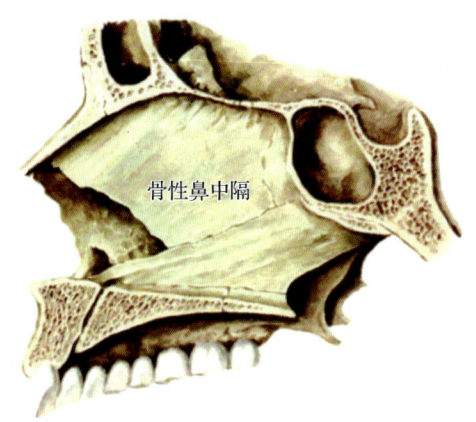

图 2-22　骨性鼻中隔

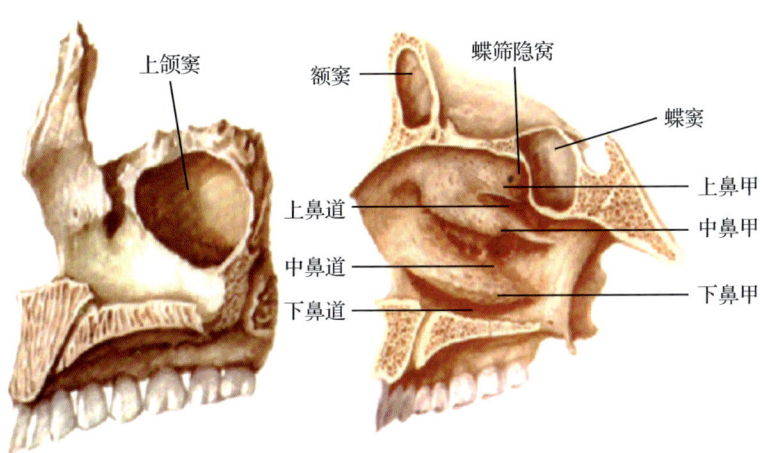

图 2-23　骨性鼻腔及骨性鼻旁窦

 考点提示

鼻旁窦的位置及开口。

（三）颅骨的连结

颅骨之间多为直接连结，只有颞骨与下颌骨之间形成的颞下颌关节可以活动。

颞下颌关节（temporomandibular joint）又称下颌关节，由下颌头与下颌窝及关节结节构成（图 2-24）。关节囊薄而松弛，囊内有关节盘，将关节腔分为上、下两部分。该关节属联动关节，能灵活运动，两侧同时运动时，可使下颌骨上提、下降、前进、后退和侧方运动。关节囊前壁特别松弛（如张口过大、过猛），下颌头向前滑至关节结节前方，造成颞下颌关节前脱位。

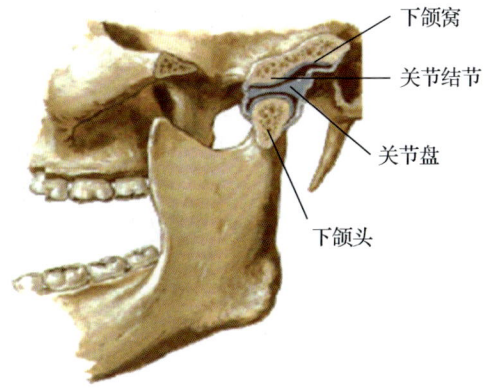

图 2-24　颞下颌关节

（四）新生儿颅的特点

新生儿脑颅大于面颅，颅骨的某些部位没有发育完全，颅顶各骨之间留有间隙，由结缔组织膜封闭，称为**颅囟**（图 2-25）。重要的有位于矢状缝前、后方的前囟和后囟。前囟位于矢状缝与冠状缝相交处，呈菱形，一般于出生后 12～18 个月闭合；后囟位于矢状缝与人字缝相交处，呈三角形，出生后 6 个月内即闭合。

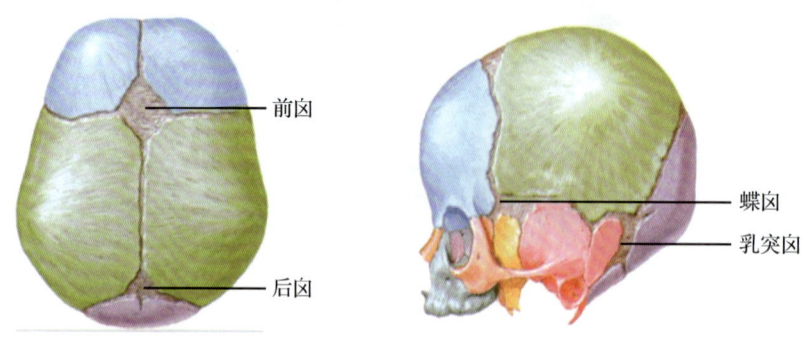

图 2-25　新生儿颅的特点

四、上肢骨及其连结

（一）上肢骨

上肢骨包括锁骨、肩胛骨、肱骨、尺骨、桡骨和手骨。每侧 32 块，共 64 块。

1. 锁骨（clavicle）　位于胸廓前上方，是呈"～"形弯曲的长骨（图 2-26），其外侧 1/3 凸向后，内侧 2/3 凸向前。锁骨内侧端粗大，称为**胸骨端**，与胸骨柄相接；外侧端扁平，称为**肩峰端**，与肩峰相关节。锁骨骨折多发生于中、外 1/3 交界处。

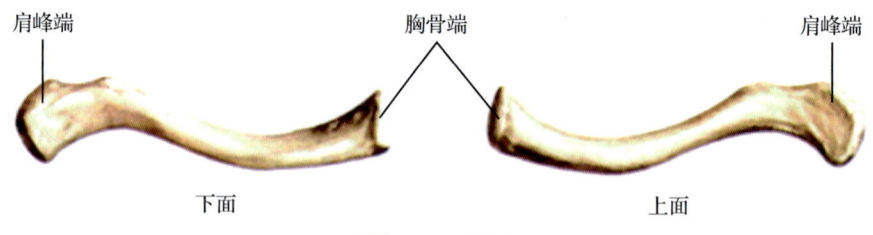

图 2-26　锁骨

2. 肩胛骨（scapula）　为三角形扁骨，贴于胸廓后外上份，第 2～7 肋之间，可分为两面、三缘、三角（图 2-27）。前面有一大的浅窝，称为**肩胛下窝**，后面上部有一横行隆起的骨嵴，称为**肩胛冈**，其外侧端扁平，称为**肩峰**，是肩部的最高点，可在体表摸到。肩胛冈上、下方的浅窝，分别称为**冈上窝**和**冈下窝**；上缘短而薄，近外侧有一小的**肩胛切迹**，自切迹外侧向前伸出一弯曲的指状突起，称为**喙突**，外侧缘肥厚，邻近腋窝，又称腋缘，内侧缘薄而长，靠近脊柱，又称脊柱缘；外侧角肥厚，有一朝向外侧的浅窝，称为**关节盂**，与肱骨头构成肩关节，关节盂上、下方的突起，分别称为**盂上结节**和**盂下结节**，上角位于内上方，平对第 2 肋，下角平对第 7 肋或第 7 肋间隙，肩胛骨上、下角均可在体表摸到，为计数肋序数的标志。

 考点提示

肩胛骨的形态结构。

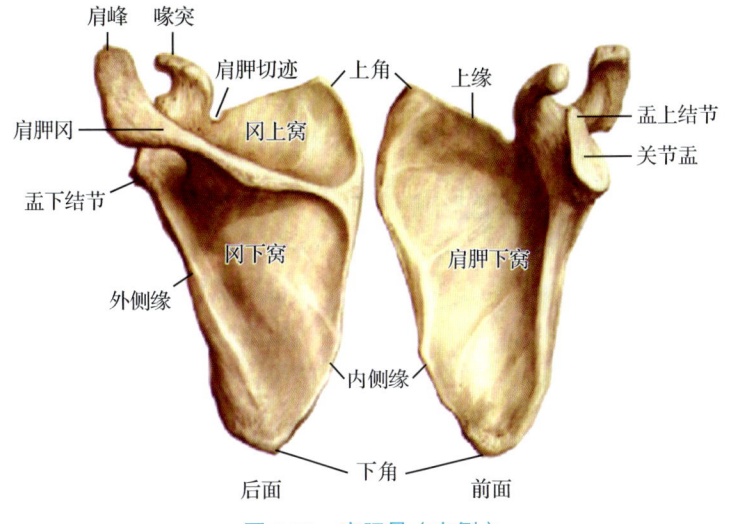

图 2-27 肩胛骨（左侧）

3. **肱骨**（humerus） 属于长骨，位于臂部，分为一体、两端（图 2-28）。上端有呈半球形的**肱骨头**，朝向内后上方。其外侧和前方分别突起形成**大结节**和**小结节**，二者之间的纵沟，称为**结节间沟**。上端与体交界处稍细，称为**外科颈**，较易发生骨折；肱骨体中部外侧面有粗糙的**三角肌粗隆**，其后下方有自内上斜向外下的**桡神经沟**，有桡神经通过，肱骨中部骨折可伤及桡神经；下端前后略扁，外侧有**肱骨小头**，内侧有**肱骨滑车**，与尺骨滑车切迹形成关节。下端后面的深窝，称为**鹰嘴窝**，两侧各有一突起，分别称为**外上髁**和**内上髁**。内上髁后下方有一浅沟，称为**尺神经沟**，有尺神经通过。

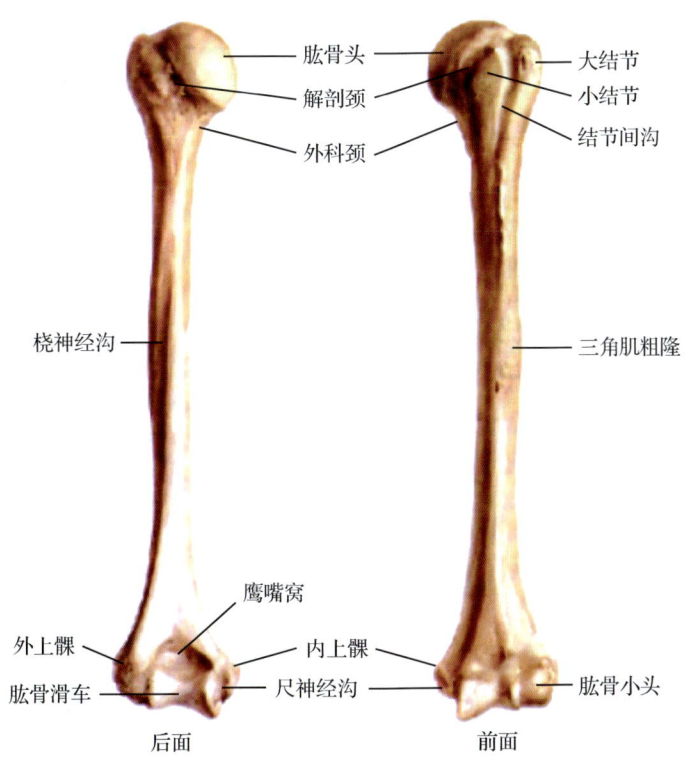

图 2-28 肱骨（左侧）

4. **桡骨**（radius） 是呈三棱柱形的长骨，位于前臂外侧，分为一体、两端。上端细小，下端膨大（图 2-29）。上端有圆柱形的**桡骨头**，其上面有关节凹与肱骨小头相关节，周围有**环状**

关节面，桡骨头下方变细为**桡骨颈**，颈的下内侧为**桡骨粗隆**；下端外侧向下突出，称为**桡骨茎突**。下端内侧面有**尺切迹**，下面为腕关节面。

5. **尺骨**（ulna） 属长骨，位于前臂内侧，分为一体两端。上端膨大，下端细小（图 2-29）。上端前面有半月形深凹，称为尺骨**滑车切迹**，切迹后上方和前下方各有一突起，分别称为**鹰嘴**和**冠突**，冠突外侧面有**桡切迹**，与桡骨环状关节面相关节；下端有一球形的**尺骨头**，其内侧向下的突起，称为**尺骨茎突**。

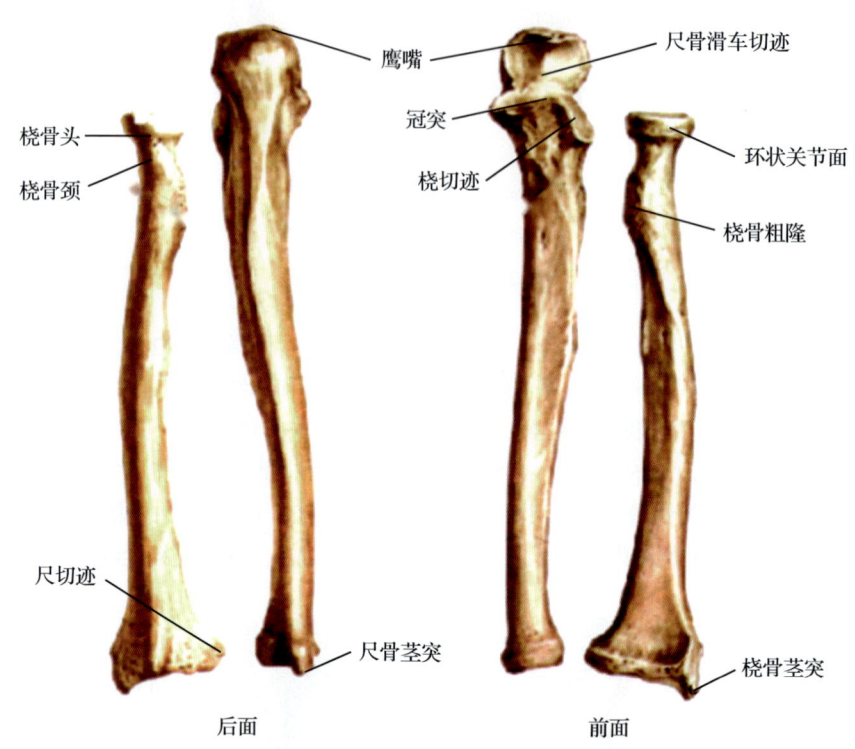

图 2-29　桡骨、尺骨（左侧）

6. **手骨** 包括腕骨、掌骨和指骨三部分（图 2-30）。

（1）**腕骨**：由 8 块短骨构成，排成 2 列，每列 4 块。由桡侧向尺侧，近侧列依次为手舟骨、月骨、三角骨和豌豆骨；远侧列依次为大多角骨、小多角骨、头状骨和钩骨。

（2）**掌骨**：由 5 块长骨构成，由桡侧向尺侧依次为第 1～5 掌骨。

（3）**指骨**：由 14 块长骨构成，除拇指为 2 节外，其余各指均为 3 节。由近侧向远侧依次为近节指骨、中节指骨和远节指骨。

（二）上肢骨的连结

上肢骨的连结主要有肩关节、肘关节和桡腕关节等。

1. **肩关节**（shoulder joint） 由肱骨头与肩胛骨的关节盂构成（图 2-31）。

肩关节的结构特点：①肱骨头大，关节盂小而浅，边缘附有盂唇；②关节囊薄而松弛，囊内有肱二头肌长头腱

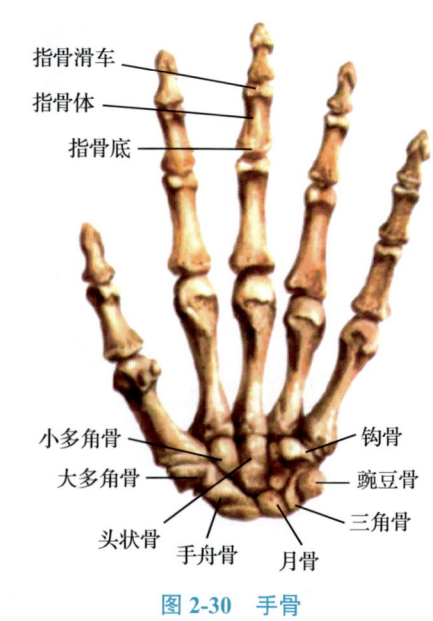

图 2-30　手骨

通过；③关节囊的前、后、上部均有肌腱和韧带等加强，下方较薄弱，因此肩关节脱位时，肱骨头常向下方脱位。

肩关节是人体最灵活、运动幅度最大的关节，可作屈和伸、内收和外展、旋内和旋外及环转运动。

> **考点提示**
>
> 肩关节的组成、结构特点和运动形式。

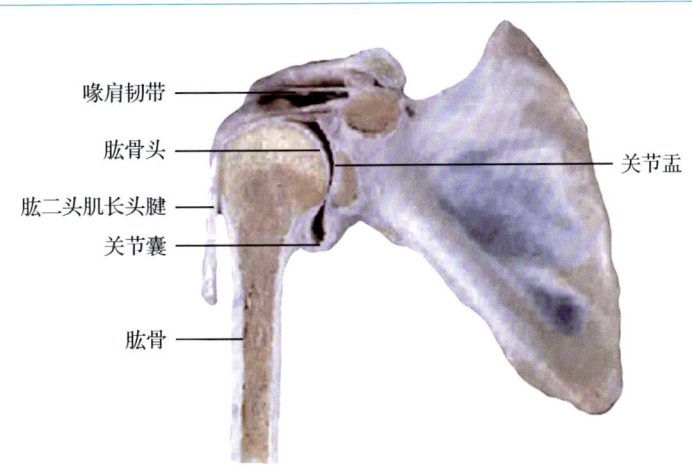

图 2-31　肩关节

2. **肘关节**（elbow joint）　由肱骨下端与尺骨、桡骨上端构成（图 2-32），包括 3 个关节。①**肱尺关节**：由肱骨滑车与尺骨滑车切迹构成；②**肱桡关节**：由肱骨小头与桡骨头构成；③**桡尺近侧关节**：由桡骨环状关节面与尺骨的桡切迹构成。

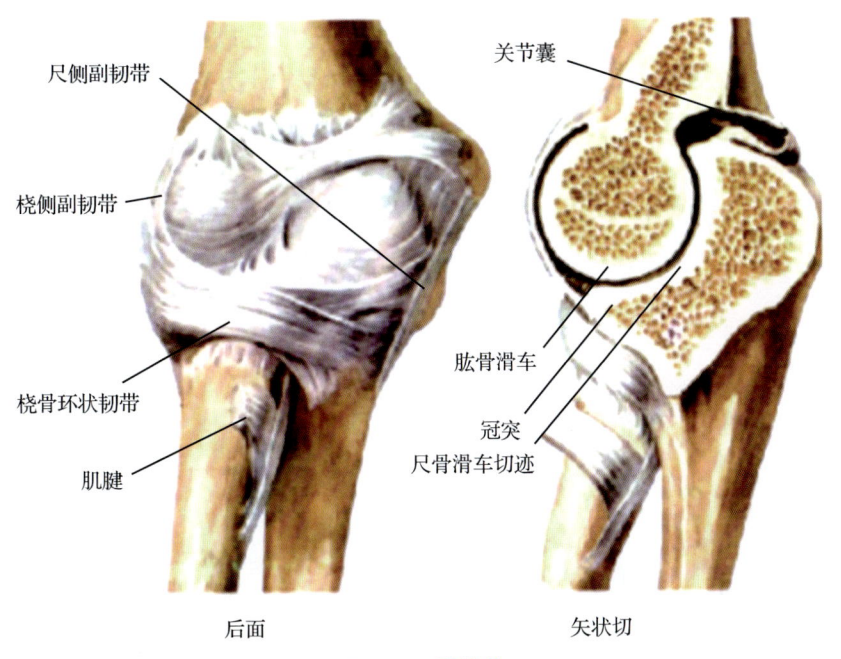

图 2-32　肘关节

肘关节的结构特点：①上述 3 个关节共同包在一个关节囊内；②关节囊两侧分别有桡侧副

韧带和尺侧副韧带加强，前、后壁薄弱而松弛，后壁最薄弱，故尺骨、桡骨易向后上方脱位；③**桡骨环状韧带**于桡骨头处较发达，包绕桡骨头，防止桡骨头脱出。婴幼儿桡骨头不发达，桡骨环状韧带较松弛，易形成桡骨头半脱位。

肘关节可作屈和伸运动。

当肘关节伸直时，肱骨内、外上髁与尺骨鹰嘴在一条直线上；屈肘呈90°时，三点成一等腰三角形，肘关节脱位时，这种位置关系会发生改变。

知识链接

桡骨头半脱位

4岁以下的幼儿桡骨头尚未发育完全，且桡骨环状韧带较松弛。当肘关节伸直位时，牵拉前臂，就有可能使桡骨头半脱出这条韧带，称为**桡骨头半脱位**或"牵拉肘"，在拎小儿上楼梯时最容易发生。

3. 桡腕关节 又称为**腕关节**（wrist joint），由桡骨的腕关节面和尺骨头下方的关节盘与手舟骨、月骨、三角骨共同构成（图2-33）。关节囊松弛，四周都有韧带加强。桡腕关节可作屈和伸、内收和外展及环转运动。

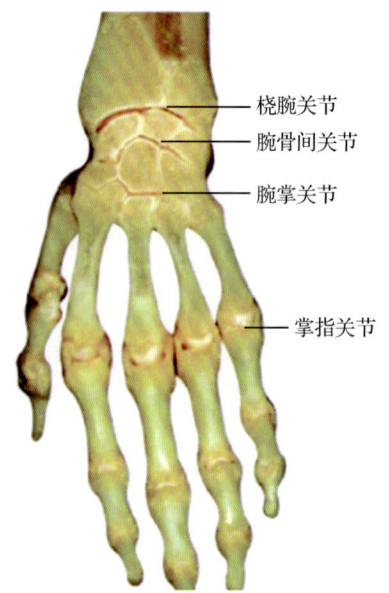

图 2-33 手关节

五、下肢骨及其连结

（一）下肢骨

下肢骨包括髋骨、股骨、髌骨、胫骨、腓骨和足骨。每侧31块，共62块。

1. 髋骨（hip bone） 属不规则骨，位于盆部。髋骨上部扁阔，中部窄厚，由髂骨、耻骨和坐骨构成（图2-34）。幼年时，三块骨借软骨相连，至十五六岁时，软骨骨化逐渐融合成为一块髋骨。融合部外侧面有一深窝，称为**髋臼**，与股骨头构成髋关节。髋臼下方有由坐骨和耻骨围成的**闭孔**。

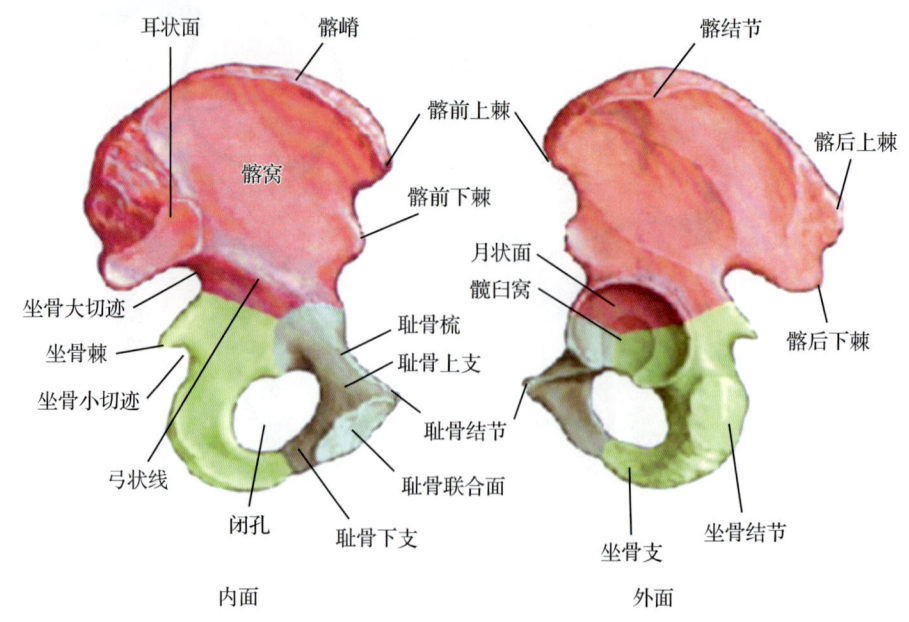

图 2-34 髋骨（左侧）

（1）**髂骨**（ilium）：位于髋骨后上部，分为髂骨体和髂骨翼两部分。髂骨体构成髋臼的上 2/5，髂骨翼是髂骨上方的扁阔部，其上缘肥厚，称为**髂嵴**，两侧髂嵴最高点的连线平对第 4 腰椎棘突，是进行腰椎穿刺时确定穿刺部位的标志。髂嵴的前、后端以及其下方各有 1 对突起，分别称为**髂前上棘**、**髂后上棘**和**髂前下棘**、**髂后下棘**。髂嵴前、中 1/3 交界处向外侧的突起，称为**髂结节**。髂骨翼内面的浅窝，称为**髂窝**，其下界为**弓状线**，后方的关节面称为**耳状面**。

（2）**耻骨**（pubis）：位于髋骨前下部，分为一体、两支。耻骨体较肥厚，构成髋臼的前下部，由耻骨体向前内伸出耻骨上支，再转向下为耻骨下支，二者接合处内侧的椭圆形粗糙面，称为**耻骨联合面**。耻骨上支上缘薄锐的骨嵴，称为**耻骨梳**，前端向前外突起，称为**耻骨结节**。耻骨下支与坐骨支融合。

（3）**坐骨**（ischium）：位于髋骨后下部，分为坐骨体和坐骨支两部分。坐骨体较肥厚，构成髋臼的后下部。自体向下后延续为坐骨支，其下端粗大，称为**坐骨结节**，其后内方的三角形突起，称为**坐骨棘**。坐骨棘上、下方的切迹，分别称为**坐骨大切迹**和**坐骨小切迹**。

> 考点提示
>
> 髋骨的形态结构。

2. **股骨**（femur） 位于大腿部，是人体最粗、最长的长骨，长度约为身高的 1/4，分为一体、两端（图 2-35）。上端有伸向前内上方的**股骨头**，下外侧的狭细部为**股骨颈**，易发生骨折。股骨颈与股骨体连接处上外侧的隆起，称为**大转子**，可在体表摸到，是重要的体表标志，内下方的隆起，称为**小转子**；股骨体微向前凸，呈圆柱体，后面有纵行的**粗线**，向上外延续为**臀肌粗隆**；下端有 2 个向后下突出的膨大，分别称为**内侧髁**和**外侧髁**，两髁前面为**髌面**，后面为**髁间窝**，两髁侧面最突起处，分别称为**内上髁**和**外上髁**。

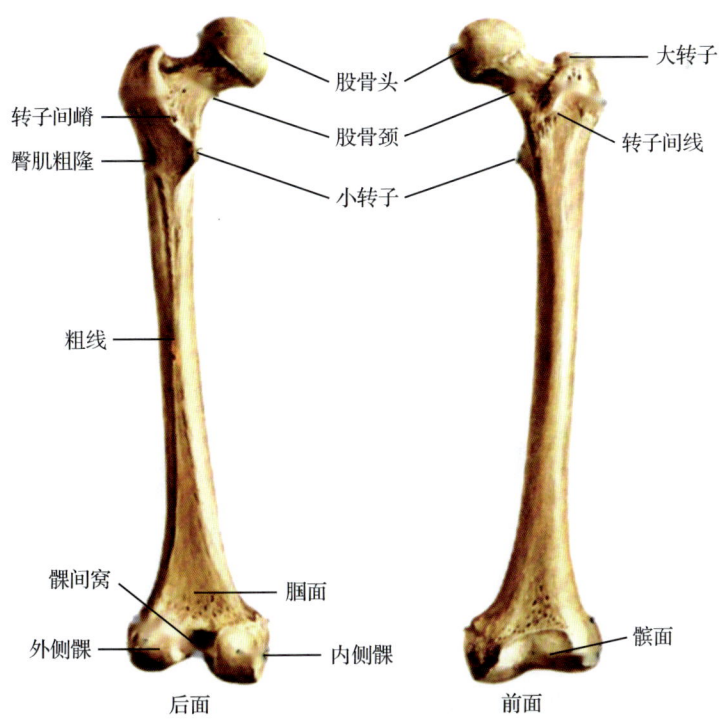

图 2-35　股骨（左侧）

3. **髌骨**（patella） 是人体最大的籽骨，位于膝关节前方，股骨下端的前面，包被于股四头肌腱内，与股骨髌面相关节。髌骨上宽下尖，前面粗糙，后面光滑，可在体表摸到（图 2-36）。

4. **胫骨**（tibia） 位于小腿内侧，属长骨，分为一体、两端（图 2-37）。上端膨大，向两侧突出，分别形成**内侧髁**和**外侧髁**。两髁之间向上的隆起，称为**髁间隆起**。外侧髁后下外侧有**腓关节面**，与腓骨头相关节。上端前面的隆起，称为**胫骨粗隆**；下端稍膨大，下方有关节面，内下方有一突起，称为**内踝**，外侧有**腓切迹**。

5. **腓骨**（fibula） 较细长，位于小腿外侧，分为一体、两端（图 2-37）。上端稍膨大，称为**腓骨头**，头下方缩窄为**腓骨颈**；下端膨大，外下方突起形成**外踝**，其内侧有关节面。

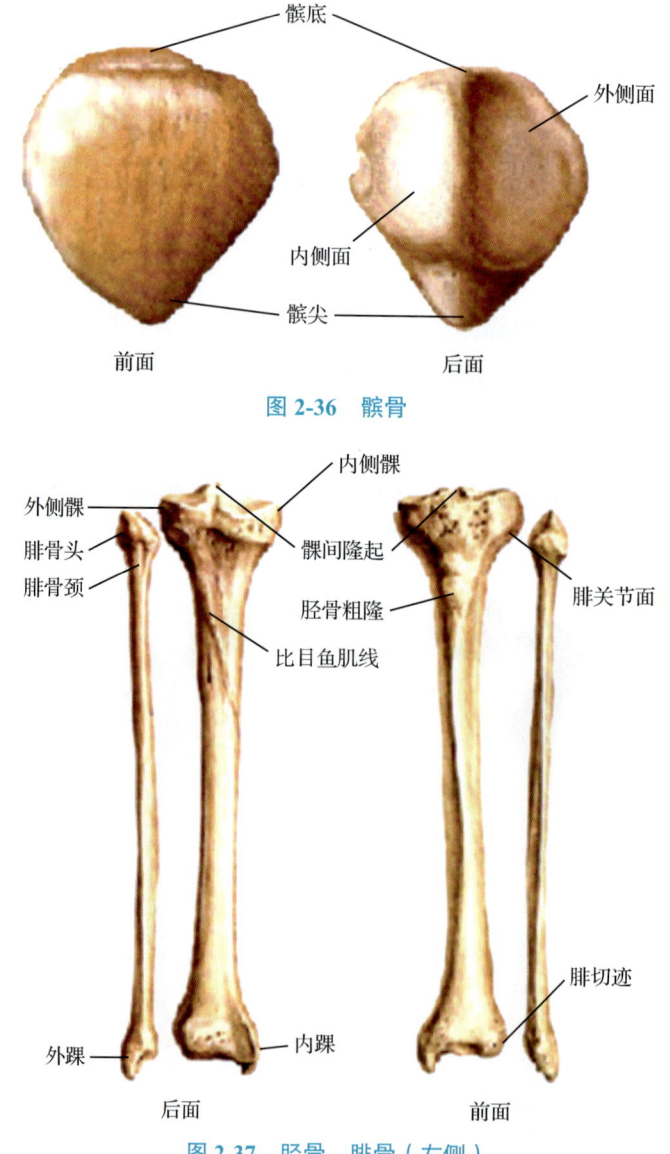

图 2-36 髌骨

图 2-37 胫骨、腓骨（左侧）

6. **足骨** 包括跗骨、跖骨和趾骨三部分（图 2-38）。

（1）跗骨：由 7 块短骨构成，分为前、中、后三列。后列有下方的**跟骨**和上方的**距骨**，距骨上方的关节面为**距骨滑车**，与胫、腓骨下端相关节；中列是位于距骨前方的**足舟骨**；前列由内侧向外侧依次为**内侧楔骨**、**中间楔骨**、**外侧楔骨**和**骰骨**。

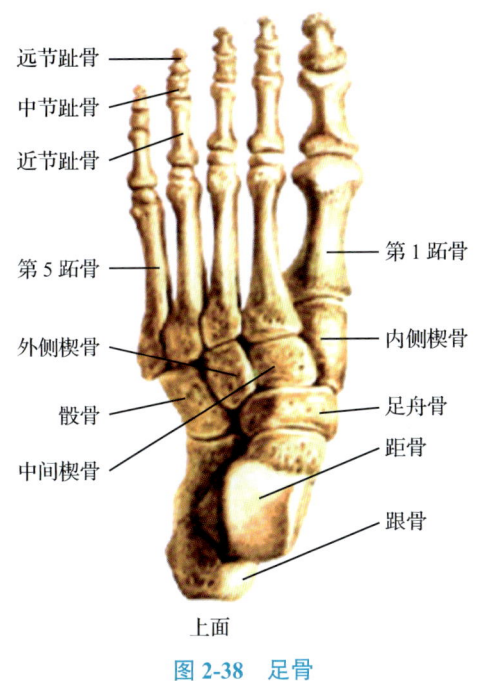

图 2-38　足骨

（2）**跖骨**：由 5 块长骨构成，从内侧向外侧依次为第 1～5 跖骨。

（3）**趾骨**：也由 14 块长骨构成，除踇趾为 2 节外，其余各趾均为 3 节。

（二）下肢骨的连结

下肢骨的连结主要有骨盆、髋关节、膝关节和距小腿关节等。

1. **骨盆**（pelvis）　由左、右髋骨与骶骨和尾骨借韧带及关节连结而成（图 2-39）。除具有支持身体和保护盆腔器官的作用外，女性骨盆还是胎儿娩出的通道。

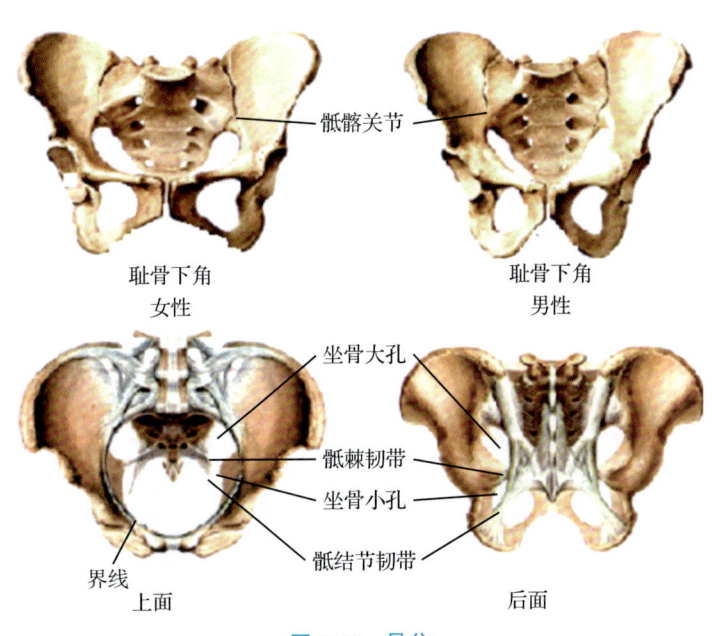

图 2-39　骨盆

骨盆的连结如下。①**耻骨联合**：由左、右耻骨联合面借耻骨间盘连接而成。女性耻骨间盘较厚，耻骨联合有一定的活动性，在妊娠或分娩过程中，耻骨联合可出现轻微分离，使骨盆腔暂时性扩大，有利于胎儿娩出；②**骶髂关节**：由骶骨和髂骨的耳状面构成。关节面对合紧密，关节囊紧张，并有坚强的韧带进一步加强其稳固性，运动幅度极小；③**骶结节韧带**和**骶棘韧带**：分别由骶、尾骨外侧缘连至坐骨结节和坐骨棘。该两条韧带分别与坐骨大、小切迹围成**坐骨大孔**和**坐骨小孔**，孔内有血管、神经和肌等通过。

骨盆借界线分为大骨盆和小骨盆两部分。**界线**（terminal line）由骶岬、两侧的弓状线、耻骨梳、耻骨结节和耻骨联合上缘围成。界线上方为大骨盆，下方为小骨盆。小骨盆有上、下两口。两口之间的空腔为骨性盆腔。两侧坐骨支与耻骨下支连接形成**耻骨弓**，其间的夹角，称为**耻骨下角**（subpubic angle）。

从青春期开始，男、女性骨盆有一定的性别差异（表2-1）。

表2-1 男、女性骨盆的性别差异

结构	男性	女性
骨盆形状	窄而长	宽而短
骨盆上口	心形	椭圆形
骨盆下口	较狭窄	较宽大
骨盆腔	漏斗形	圆桶形
耻骨下角	70°～75°	90°～100°

知识链接

产科骨盆测量

女性骨盆是胎儿娩出时必经的骨性产道，其大小、形态与分娩密切相关。骨盆的形态、组成及骨间各径线异常均可导致异常分娩。产科通过对骨盆各径线的外测量来评估孕妇骨盆的大小及形状，以判断胎儿能否经阴道分娩。常用的测量项目有髂棘间径（正常值为23～26 cm）、髂嵴间径（正常值为25～28 cm）、骶耻外径（正常值为18～20 cm）、坐骨结节间径（正常值为8.5～9.5 cm）和耻骨下角等。

2. **髋关节**（hip joint） 由髋臼与股骨头构成（图2-40）。

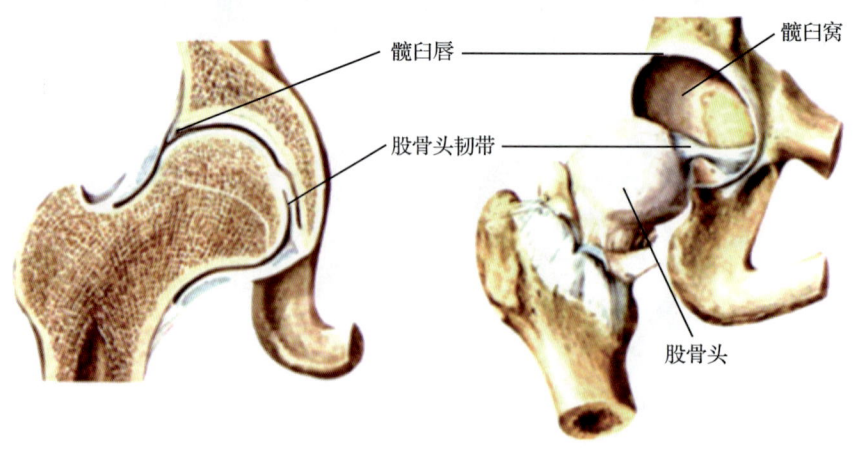

图2-40　髋关节

髋关节的结构特点：①髋臼深，周缘有髋臼唇增加了髋臼的深度，增大了髋臼与股骨头的接触面，从而增强了关节的稳固性；②关节囊厚而坚韧，周围有韧带加强，后下部较薄弱，故股骨头易向后下方脱位；③关节囊内有**股骨头韧带**，韧带内有营养股骨头的血管；④股骨颈前面全部包于关节囊内，但后面外侧 1/3 位于关节囊外。故临床上股骨颈骨折有囊内、囊外和混合性骨折之分。

髋关节可作屈和伸、内收和外展、旋内和旋外及环转运动。因受髋臼限制，其运动幅度不及肩关节，但具有较大的稳固性，以适应下肢负重和行走功能。

> **考点提示**
>
> 髋关节的组成、结构特点和运动形式。

3. **膝关节**（knee joint） 由股骨下端、胫骨上端与髌骨构成，是人体最大、最复杂的关节（图 2-41）。

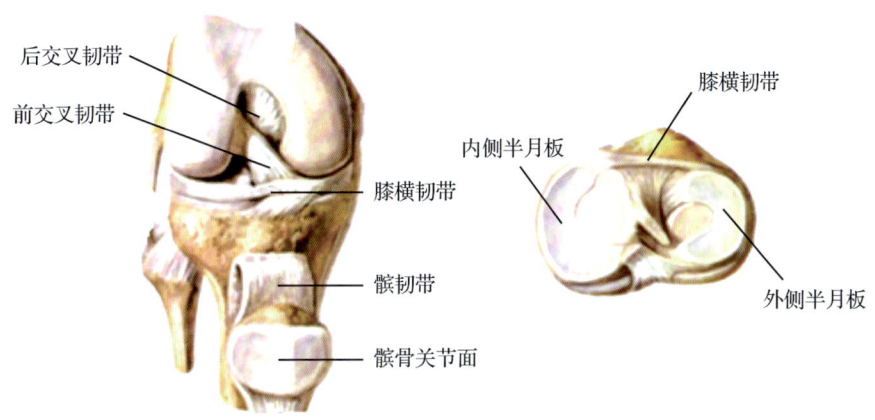

图 2-41 膝关节

膝关节的结构特点：①关节囊薄而松弛，前方有髌韧带，两侧分别有胫侧副韧带和腓侧副韧带加强；②关节囊内有前、后交叉韧带。前交叉韧带可防止胫骨前移，后交叉韧带可防止胫骨后移；③股骨与胫骨关节面之间还垫有内、外侧半月板。内侧半月板呈"C"形，外侧半月板呈"O"形。它们增强了关节的稳固性。

膝关节以屈和伸运动为主，在半屈位时可作轻微的旋转运动。

4. **距小腿关节** 也称**踝关节**（ankle joint），由胫、腓骨下端的关节面与距骨滑车构成（图 2-42）。关节囊前、后壁薄而松弛，两侧有韧带增厚加强。踝关节可作跖屈（屈）和背屈（伸）、内翻和外翻及环转运动。

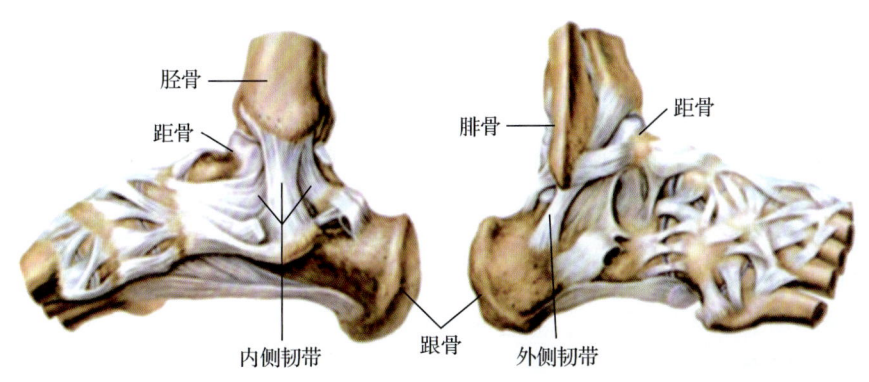

图 2-42 距小腿关节

5. **足弓**（arch of foot） 是由跗骨、跖骨与足底韧带、肌腱共同构成凸向上的弓形结构（图2-43）。站立时，足部仅以跟骨结节与第1、5跖骨头三点着地，增加了足的弹性，具有稳定、缓冲振荡和保护足底血管、神经的作用。若足弓周围的结构发育不良或损伤，足弓便有可能塌陷，成为扁平足。

图 2-43 足弓

知识链接

全身的骨性标志

一、躯干

1. **第 7 颈椎棘突** 是项背部最突出的隆起，头部前屈时更容易触及，为计数椎骨序数的标志。

2. **胸骨颈静脉切迹** 位于胸骨上缘，两侧胸锁关节之间的凹陷，其上方为胸骨上窝，常利用此窝触诊气管，以判断气管的位置是否居于正中。

3. **胸骨角** 是位于胸骨柄与胸骨体连接处向前的横向突起，位于自颈静脉切迹向下约2横指处，是重要的骨性标志。胸骨角向后平对第4胸椎体下缘，也是气管杈、主动脉弓前后端、心上界、食管第二狭窄和胸导管左移处的水平；胸骨角两侧接第2肋软骨，为计数肋序数的骨性标志。胸骨角平面也是上、下纵隔的分界线。

4. **剑突** 是胸骨下方突出部，位于两侧肋弓之间，剑突与左侧肋弓交点处是心包腔穿刺的常选进针部位。

5. **肋弓** 是剑突两侧由第7～10肋软骨相连形成的边缘，为肝、脾触诊的标志。

6. **骶角** 沿骶正中嵴向下可摸到两侧骶角，其中间的凹陷处是骶管裂孔。

二、头面部

1. **乳突** 位于外耳门后下方，其根部前内方有茎乳孔，面神经由此出颅。乳突深面后半部为乙状窦沟。

2. **下颌角** 为下颌支后缘与下颌体下缘转折处，此处骨质较薄，容易骨折。

3. **枕外隆凸** 是位于枕部向后最突出的隆起，其深面为窦汇。

4. **颧弓** 位于眶下缘和枕外隆凸之间连线的同一水平面上，下方1横指处有腮腺导管经过。

5. **翼点** 在颞窝内，由额、顶、颞、蝶四骨汇合而成，位于颧弓中点上方3～4 cm处，是颅骨的薄弱部位，其深面有脑膜中动脉的前支经过。

三、上肢

1. **肩胛骨下角** 自然体位时平对第7肋或第7肋间隙，可作为在背部计数肋序数的标志。

2. **肩胛骨上角** 平对第2肋。

3. **肩峰** 高耸于肩关节上方，为肩部最高点。

4. **肱骨大结节** 为肱骨头外侧结节状突起。

5. **肱骨内上髁**和**外上髁** 肱骨小头外侧和滑车内侧各有一突起,分别称为肱骨内上髁和肱骨外上髁,在肘关节两侧皮下可摸到。
6. **尺骨鹰嘴** 位于肘后部突出处。
7. **桡骨茎突** 为位于腕部桡侧的突起,可作为摸脉搏的定位标志。
8. **尺骨茎突** 为尺骨头后内侧向下的突起,在腕关节内侧稍后方可摸到。
9. **豌豆骨** 为位于腕部远侧皮纹尺侧的突起。

四、下肢

1. **髂嵴** 全长在体表均能摸到,其前端为髂前上棘,后端为髂后上棘,两侧髂嵴最高点连线平对第4腰椎棘突,腰椎穿刺时可通过髂嵴定位。
2. **耻骨结节** 位于腹股沟内侧端,身材较瘦的人较易摸到。
3. **坐骨结节** 为位于臀大肌下缘内侧,屈大腿时在臀部摸到的骨性突出。
4. **股骨大转子** 是大腿外上部的突起。屈髋时,由坐骨结节至髂前上棘的连线通过股骨大转子。
5. **胫骨粗隆** 位于髌骨下约4横指处。
6. **内踝**和**外踝** 为位于踝部两侧的明显隆起,外踝低于内踝。

第二节 骨骼肌

一、概述

骨骼肌约占体重的40%,全身共有600多块骨骼肌(图2-44),通常借肌腱附着于骨表面,少数与皮肤相连。骨骼肌是运动系统的动力部分,在神经系统的调控下,通过收缩牵引骨而产生运动。

(一)骨骼肌的形态与分类

骨骼肌按形态可分为4种(图2-45)。①**长肌**:多位于四肢,呈长梭形,收缩时肌显著缩短,引起较大幅度的运动。有的长肌有两个或两个以上的起始头,依其头数被称为二头肌、三头肌或四头肌;②**短肌**:主要分布于躯干深层,形态短小,具有节段性,收缩时运动幅度较小;③**扁肌**:主要分布于胸、腹壁,呈宽扁的薄片状,收缩时具有运动躯干和保护内脏器官的作用;④**轮匝肌**:位于孔、裂周围,呈环形,收缩时可使孔裂缩小。

(二)骨骼肌的构造

每块骨骼肌由肌腹和肌腱两部分构成。肌腹一般位于肌的中部,主要由骨骼肌纤维构成,色红而柔软,具有收缩和舒张能力;肌腱一般位于肌的两端,主要由致密结缔组织构成,色白而坚韧,无收缩能力,主要起连接作用。扁肌的肌腱呈膜状,又称腱膜。

(三)骨骼肌的起止、配布与作用

骨骼肌通常借两端的肌腱附着于两块或两块以上的骨表面,中间跨过一个或多个关节(图2-46)。骨骼肌收缩时,一块骨的位置相对固定,另一块骨的位置相对移动,骨骼肌在固定骨上的附着点,称为起点或定点;在移动骨上的附着点,称为止点或动点。通常将靠近身体正中矢状面或肢体近侧端的附着点规定为起点;反之为止点。在一定的功能状态下,起点和止点可以互换。

骨骼肌大多数配布于关节周围,一个关节运动轴两侧至少配布有两组作用相互对抗的肌,称为拮抗肌;而在一个关节运动轴同侧,共同完成同一种运动的肌,称为协同肌。

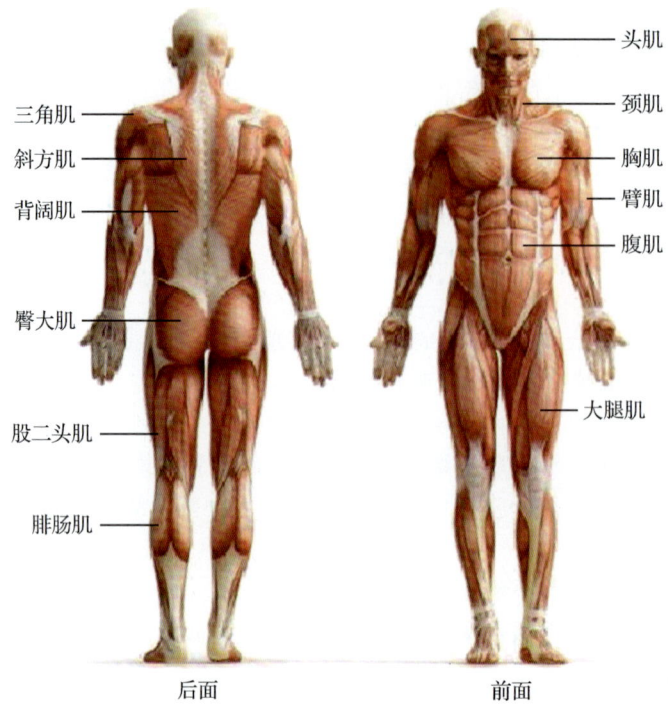

图 2-44 全身肌概况

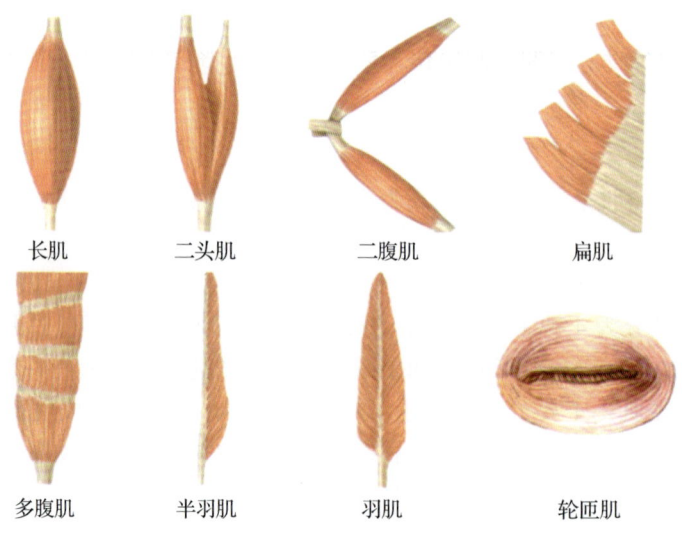

图 2-45 肌的形态与构造

（四）骨骼肌的辅助结构

骨骼肌的辅助结构包括筋膜、滑膜囊和腱鞘等。

1. 筋膜（fascia） 位于骨骼肌表面，遍布全身，分为浅筋膜和深筋膜两种（图 2-47）。

（1）**浅筋膜**（superficial fascia）：又称皮下筋膜，位于皮下，包被全身各部，由疏松结缔组织构成，内含丰富的脂肪、浅血管、皮神经、浅淋巴管和浅淋巴结等。临床上，可将药物注入此层内，称为皮下注射。浅筋膜具有保护深部结构和维持体温等作用。

（2）**深筋膜**（deep fascia）：又称固有筋膜，位于浅筋膜深面，由致密结缔组织构成，包裹全身并相互连续。深筋膜包被每块肌或肌群形成肌筋膜鞘、肌间隔；包被血管和神经形成血管神经鞘；在腕部和踝部形成支持带，以支持和约束其深面的肌腱。

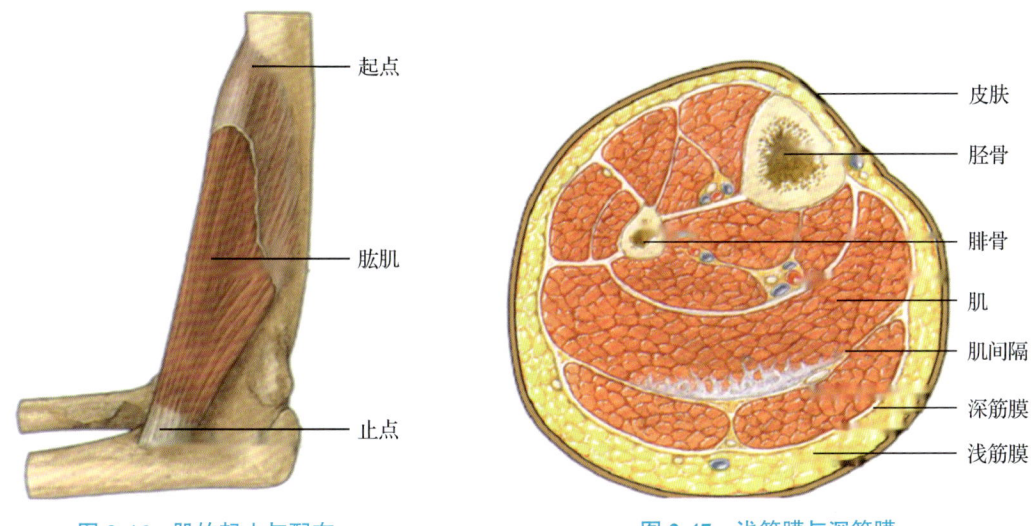

图 2-46 肌的起止与配布　　　　图 2-47 浅筋膜与深筋膜

2. **滑膜囊**（synovial bursa）　多位于骨骼肌或肌腱与骨面相接触处，为封闭的结缔组织囊，内有滑液，具有减少两者之间的摩擦和保护骨骼肌或肌腱灵活运动的作用。滑膜囊炎症可引起局部疼痛或运动受限。

3. **腱鞘**（tendinous sheath）　是呈双层套管状的结缔组织鞘，包裹于手、足等处长肌腱外面，分为内、外2层（图2-48）。外层为**纤维层**，内层为**滑膜层**。滑膜层又分为脏、壁2层，分别包于肌腱表面和纤维层内面。两层相互移行，围成一密闭的腔隙，内含有少量滑液。腱鞘具有约束肌腱、减少肌腱运动时与骨面之间的摩擦等作用。

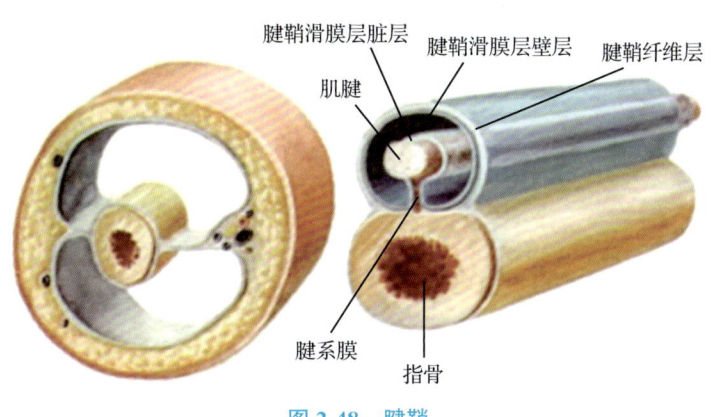

图 2-48 腱鞘

二、头颈肌

1. **头肌**　按功能分为面肌和咀嚼肌两部分。

（1）面肌：呈环形或辐射状排列，大多起自颅骨，止于面部皮肤，主要分布于颅顶、口裂、眼裂和鼻孔周围，收缩时可开大或闭合孔裂，并牵动面部皮肤产生喜、怒、哀、乐等各种表情，故又称表情肌（图2-49）。

（2）咀嚼肌：是参与咀嚼运动的肌，主要有咬肌、颞肌、翼内肌和翼外肌4对（图2-50）。①**咬肌**：呈长方形，起自颧弓，向后下止于下颌角外面，收缩时可上提下颌骨；②**颞肌**：起自颞窝，肌束呈扇形向下通过颧弓内侧面，止于下颌骨的冠突，收缩时可上提下颌骨。

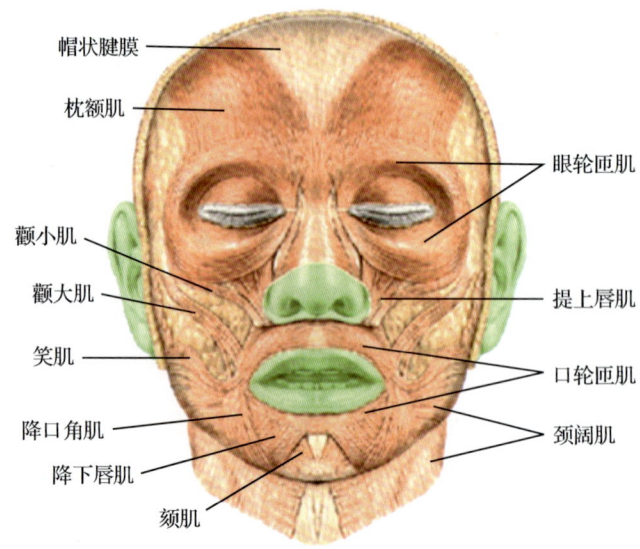

图 2-49 面肌

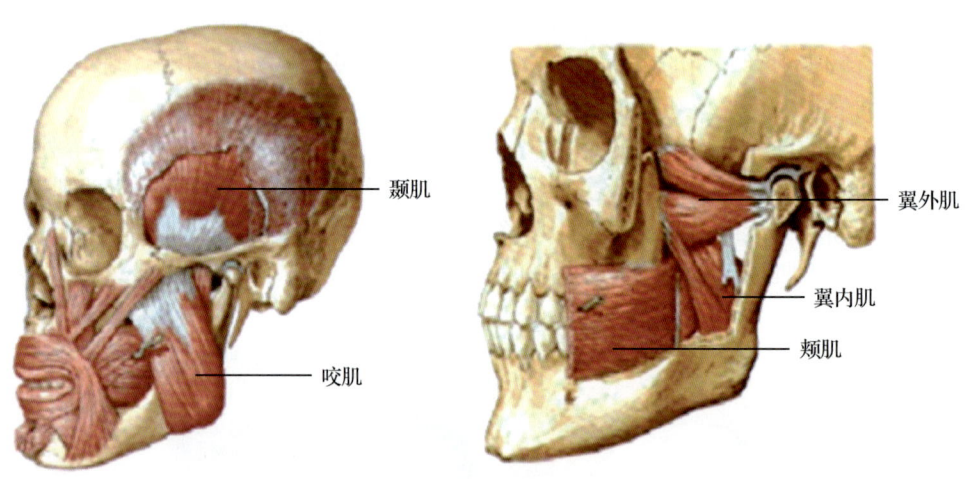

图 2-50 咀嚼肌

2. **颈肌** 位于头部与胸部和上肢之间，根据位置可分为颈浅肌群、舌骨上肌群和舌骨下肌群、颈深肌群。

（1）**颈浅肌群**：主要有颈阔肌和胸锁乳突肌（图 2-51）。

1）颈阔肌（platysma）：位于颈前外侧部浅筋膜内。起自三角肌和胸大肌表面的筋膜，向上止于口角。收缩时可拉口角向下并紧张颈部皮肤。

2）胸锁乳突肌（sternocleidomastoid muscle）：位于颈侧部，起自胸骨柄前面和锁骨的胸骨端，肌束斜向后上方，止于颞骨乳突。单侧收缩可使头颈向同侧倾斜，面转向对侧；两侧同时收缩可使头后仰。

（2）**舌骨上肌群**和**舌骨下肌群**：舌骨上肌群位于舌骨与下颌骨及颅底之间，主要作用是上提舌骨，协助吞咽；舌骨下肌群位于颈前部，在舌骨下方正中线的两侧，主要作用是下降舌骨和喉。

（3）**颈深肌群**：主要有前、中、后斜角肌（图 2-51）。均起自颈椎横突，其中前斜角肌和中斜角肌止于第 1 肋，并与第 1 肋围成三角形的**斜角肌间隙**（scalenus interspace），有锁骨下动脉和臂丛通过，故临床上可在此进行臂丛阻滞麻醉。后斜角肌止于第 2 肋。两侧前、中、后斜角肌同时收缩可上提第 1、2 肋，助深吸气，单侧收缩使颈侧屈。

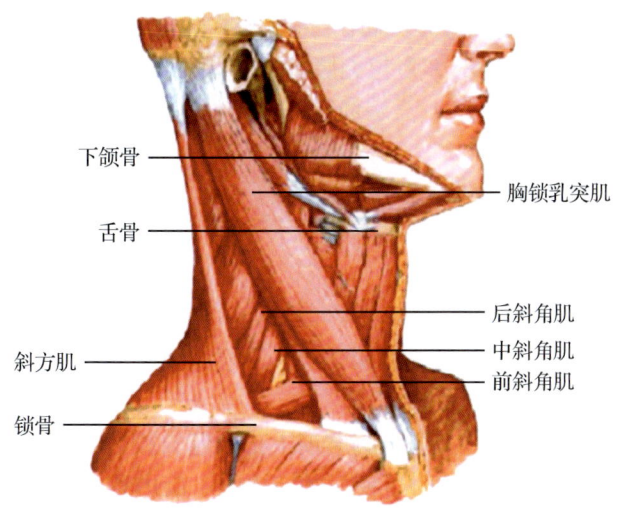

图 2-51 颈肌

三、躯干肌

躯干肌根据位置分为背肌、胸肌、膈、腹肌和会阴肌等。

1. **背肌** 位于背部，分为浅、深 2 层。浅层主要有斜方肌和背阔肌，深层主要有竖脊肌（图 2-52）。

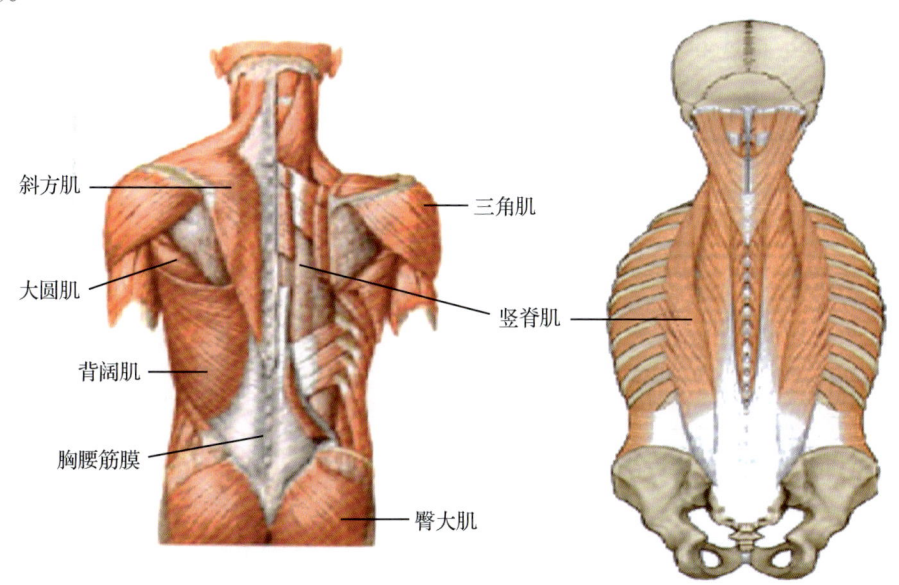

图 2-52 背肌

（1）**斜方肌**（trapezius）：位于背上部和项部浅层，一侧为三角形扁肌，两侧合并呈斜方形。起自枕外隆凸、项韧带和全部胸椎棘突，止于锁骨外侧 1/3、肩峰和肩胛冈。上部肌束收缩可上提肩胛骨，下部肌束收缩可下降肩胛骨，两侧同时收缩可使肩胛骨向脊柱靠拢。

（2）**背阔肌**（latissimus dorsi）：呈三角形，位于背下部和胸部后外侧，为全身最宽大的扁肌。起自下位 6 个胸椎和全部腰椎棘突、骶正中嵴和髂嵴后部，肌束向外上方集中，止于肱骨小结节下方。收缩时可使肩关节内收、旋内和后伸；当上肢上举固定时，可做引体向上。

（3）**竖脊肌**（erector spinae）：位于背部棘突两侧的纵沟内，斜方肌和背阔肌深面。起自骶骨背面和髂嵴后部，向上分别止于各椎骨棘突与横突、肋骨、枕骨和颞骨乳突。两侧同时收缩可使脊柱后伸和仰头，单侧收缩使脊柱侧屈。

胸腰筋膜（thoracolumbar fascia）为包裹竖脊肌与腰方肌周围的深筋膜，腰部筋膜明显增厚，分为浅、中、深 3 层（图 2-52），三层筋膜在腰方肌外侧缘会合后成为腹内斜肌和腹横肌的起始部。

> 💡 **考点提示**
>
> 背肌的位置及作用。

2. **胸肌** 位于胸前外侧壁，分为浅、深 2 层。浅层主要有胸大肌、胸小肌和前锯肌；深层主要有肋间外肌和肋间内肌（图 2-53）。

（1）**胸大肌**（pectoralis major）：位于胸廓前上部。起自锁骨内侧半、胸骨和第 1～6 肋软骨前面，止于肱骨大结节下方。收缩时可使肩关节内收、旋内和前屈；当上肢固定时可上提躯干助引体向上；也可上提肋助深吸气。

（2）**胸小肌**（pectoralis minor）：位于胸大肌深面，呈三角形。收缩时可拉肩胛骨向前下；当肩胛骨固定时，可上提肋助深吸气。

（3）**前锯肌**（serratus anterior）：为贴附于胸廓侧壁的宽大扁肌，以肌齿起自上位 8 个肋外面，止于肩胛骨内侧缘和下角。收缩时可拉肩胛骨向前紧贴胸廓，并使其下角旋外，以助臂上举完成梳头动作；当肩胛骨固定时，可上提肋助深吸气。此肌瘫痪时，肩胛骨内侧缘翘起，形成翼状肩。

（4）**肋间外肌**（intercostales externi）：位于各肋间隙浅层。起自上位肋下缘，肌束斜向前下方，止于下位肋上缘，收缩时可提肋助吸气。

（5）**肋间内肌**（intercostales interni）：位于肋间外肌深面。起自下位肋上缘，肌束斜向内上方，止于上位肋下缘，收缩时可降肋助呼气。

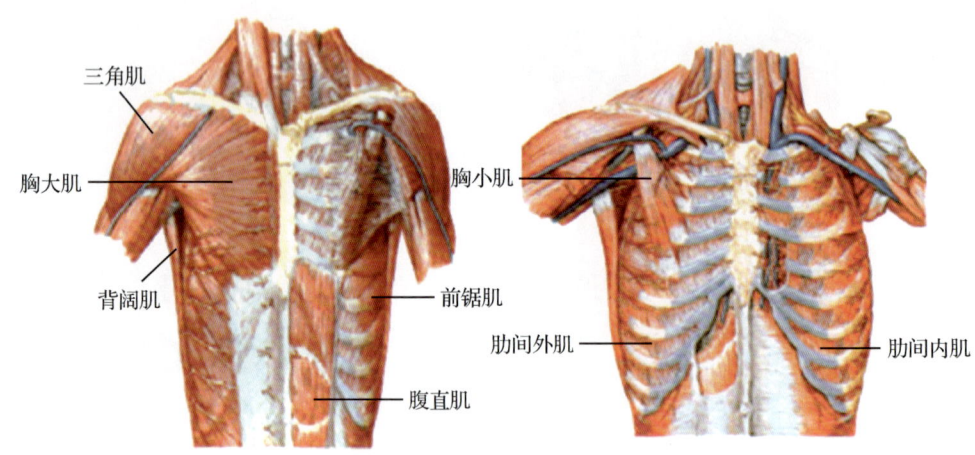

图 2-53　胸肌

3. **膈**（diaphragm） 位于胸腔与腹腔之间，为一向上呈穹窿状突起的宽阔扁肌，封闭胸廓下口（图 2-54）。起自胸廓下口周缘和腰椎前面，各部肌束向中央集中移行为**中心腱**。

膈上有 3 个孔裂。①**主动脉裂孔**：位于第 12 胸椎体前方，有降主动脉和胸导管通过；②**食管裂孔**：位于主动脉裂孔左前方，约平第 10 胸椎体水平，有食管和迷走神经通过；③**腔静脉孔**：位于食管裂孔右前上方的中心腱内，约平第 8 胸椎体水平，有下腔静脉通过。

膈是重要的呼吸肌。收缩时，膈穹窿下降，胸腔容积扩大，助吸气；舒张时，膈穹窿上升复位，胸腔容积变小，助呼气。膈与腹肌联合收缩，则能增加腹压，协助排便、呕吐、咳嗽、打喷嚏及分娩等活动。

> **考点提示**
>
> 膈的位置、孔裂名称及通过的结构。

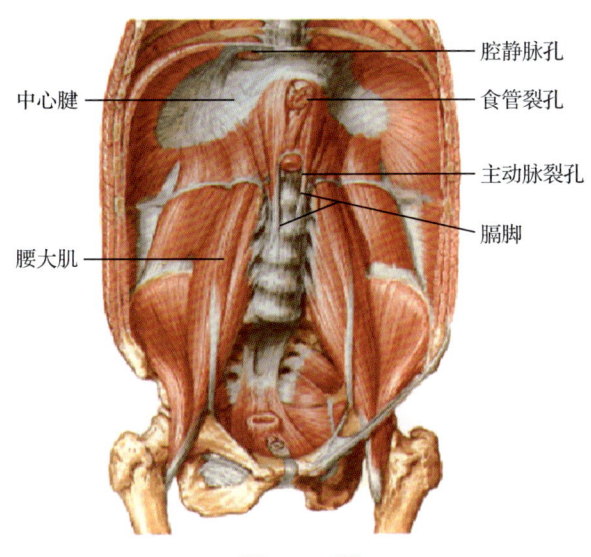

图 2-54 膈

4. 腹肌 位于胸廓下部与骨盆之间，分为前外侧群和后群。腹肌前外侧群参与构成腹腔的前壁和外侧壁（图 2-55）。

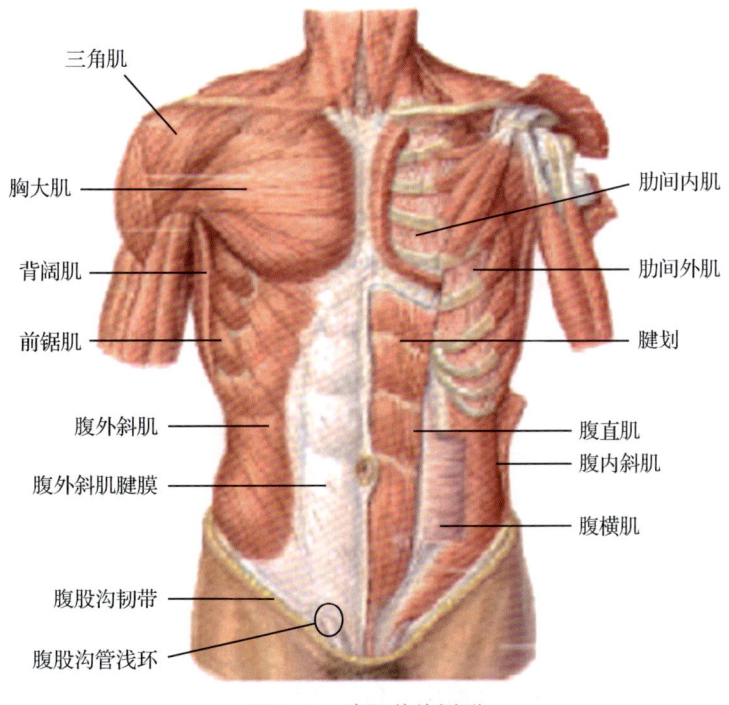

图 2-55 腹肌前外侧群

（1）**腹外斜肌**（obliquus externus abdominis）：位于腹前外侧壁最浅层。以肌齿起自下位8个肋外面，小部分肌束向下止于髂嵴，大部分肌束由后上外斜向前下内，至腹直肌外侧缘移行为**腹外斜肌腱膜**，经腹直肌前面，参与构成腹直肌鞘的前层，止于白线。腹外斜肌腱膜下缘卷曲增厚，连于髂前上棘与耻骨结节之间，形成**腹股沟韧带**。在耻骨结节外上方形成的三角形裂隙，称为**腹股沟管浅环**（皮下环）。

（2）**腹内斜肌**（obliquus internus abdominis）：呈扇形，位于腹外斜肌深面。起自胸腰筋膜、髂嵴和腹股沟韧带外侧半，大部分肌束斜向内上方，至腹直肌外侧缘移行为**腹内斜肌腱膜**，向内分为前、后2层并包裹腹直肌，参与构成腹直肌鞘的前、后层，止于白线。该肌下部肌束游离呈弓状，其腱膜下部与深层的腹横肌腱膜会合形成**腹股沟镰**（联合腱），止于耻骨梳。该肌下部肌束和腹横肌共同包绕精索和睾丸，降入阴囊形成提睾肌，收缩时可上提睾丸。

（3）**腹横肌**（transversus abdominis）：位于腹内斜肌深面，起自下位6个肋内面、胸腰筋膜、髂嵴和腹股沟韧带外侧1/3，肌束向前内横行，至腹直肌外侧缘移行为**腹横肌腱膜**，经腹直肌后面，参与构成腹直肌鞘的后层，止于白线。

（4）**腹直肌**（rectus abdominis）：为上宽下窄的带状多腹肌，位于腹前壁正中线两侧，包裹于腹直肌鞘内。起自耻骨联合上缘和耻骨嵴，向上止于胸骨剑突和第5～7肋软骨前面。其全长被3～4条横行的腱划分成多个肌腹。

腹肌前外侧群共同保护和支持腹腔器官；与膈联合收缩时可缩小腹腔容积，增加腹压，以协助呼气、呕吐、排便及分娩；并可使脊柱前屈、侧屈和旋转等。

 考点提示

参与呼吸运动的肌。

（5）**腹直肌鞘**（sheath of rectus abdominis）：由腹前外侧壁三层扁肌的腱膜构成，为包裹腹直肌的纤维性鞘（图2-56），分为前、后2层。前层完整，由腹外斜肌腱膜和腹内斜肌腱膜的前层构成，后层由腹内斜肌腱膜的后层和腹横肌腱膜构成。在脐下4～5 cm以下，腹内斜肌腱膜的后层与腹横肌腱膜全部转至腹直肌前面参与构成鞘的前层，该处形成凸向上的弧形线，称为**弓状线**。此线以下缺乏鞘的后层，腹直肌后面直接与腹横筋膜相贴。

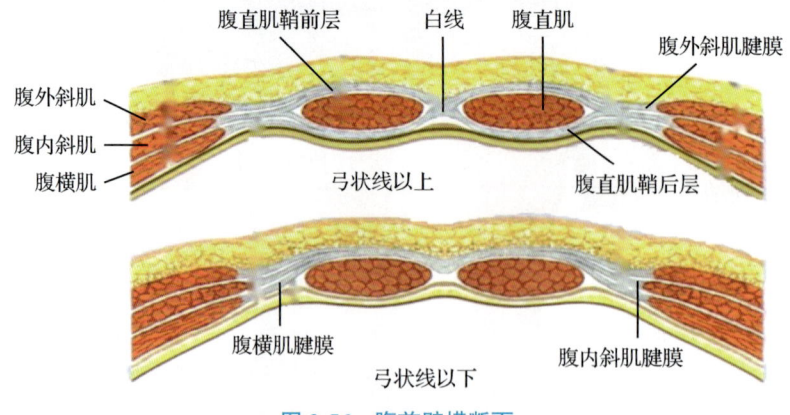

图2-56 腹前壁横断面

（6）**白线**（linea alba）：由两侧腹直肌鞘的纤维交织而成，位于腹前壁正中线上（图2-56）。上起自剑突，下止于耻骨联合前面。白线坚韧而少血管，上宽下窄，为腹部手术切口的常选部位。约在白线中部有一**脐环**，胚胎时期有脐血管通过，为腹壁的薄弱区之一，若腹腔内容物经此突出，则形成脐疝。

（7）**腹股沟管**（inguinal canal）：位于腹前外侧壁下部，腹股沟韧带内侧半上方，由外上斜向内下，长 4～5 cm（图 2-57）。有四壁、两口，内口为**腹股沟管深环**（腹环），位于腹股沟韧带中点上方约 1.5 cm 处，由腹横筋膜外突形成；外口即**腹股沟管浅环**（皮下环），位于耻骨结节外上方。在腹股沟管内，男性有精索通过，女性有子宫圆韧带通过。

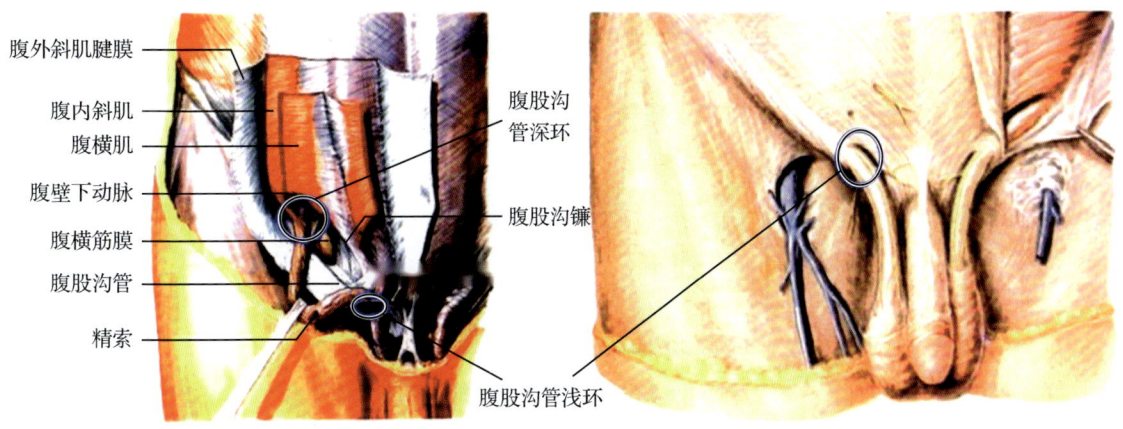

图 2-57　腹股沟管

（8）**腹股沟三角**（inguinal triangle）：又称海氏三角，位于腹前壁下部，由腹直肌外侧缘、腹股沟韧带与腹壁下动脉围成。腹股沟三角是腹前壁下部的薄弱区，若腹腔内容物经此突出，则形成腹股沟直疝。

知识链接

参与呼吸运动的肌

平静吸气时，肋间外肌收缩，肋上提和外翻，增加胸腔前径、后径和横径，膈收缩时，膈穹窿下降，胸腔上、下径加大，肺容积增大，肺吸入空气。平静呼气时，肋间外肌和膈舒张，肋间内肌收缩，肋下降，胸腔各径缩短，肺容积减小，肺内气体呼出。用力深吸气时，还有其他肌参与，如胸大肌、胸小肌和前锯肌，使胸腔容积更大。同样，腹肌更有力地收缩，帮助深呼气。

5. **会阴肌**　位于会阴部，封闭小骨盆下口，包括肛区的肌和尿生殖区的肌两部分（图 2-58）。

（1）**肛区的肌与盆膈**：有肛提肌、尾骨肌和肛门外括约肌等。

1）**肛提肌**：是一宽薄的扁肌，两侧汇合成漏斗状，尖向下，封闭小骨盆下口的大部分。起于小骨盆侧壁的筋膜，肌纤维行下后下和内侧，止于会阴中心腱、肛尾韧带和尾骨。具有承托盆腔器官，括约肛管和阴道的作用。

2）**盆膈**（pelvic diaphragm）：由肛提肌、尾骨肌及覆盖其表面的盆膈上、下筋膜共同构成，形成盆腔的底，中央有直肠通过。盆膈封闭小骨盆下口的大部分，具有支持和固定盆腔器官的作用，并与排便和分娩等有关。

（2）**尿生殖区的肌与尿生殖膈**：位于肛提肌前部下方，分为浅、深 2 层。浅层有会阴浅横肌、球海绵体肌和坐骨海绵体肌；深层有会阴深横肌和尿道括约肌。

1）**会阴中心腱**：又称会阴体，是狭义会阴深面的一个腱性结构，长约 1.3 cm，许多会阴肌附着于此，有加强盆底肌的作用。在女性，此腱较强大，且具有韧性和弹性，分娩时有重要作用。

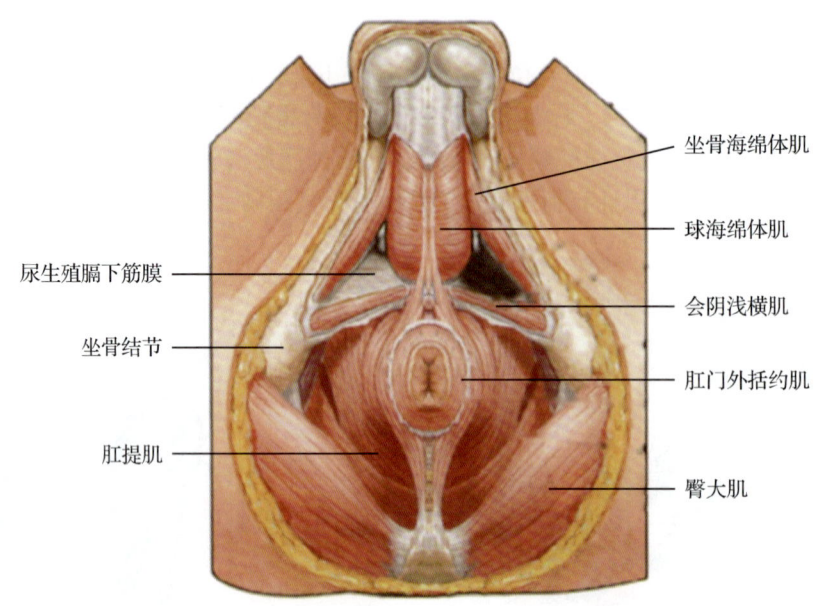

图 2-58　会阴肌（男性）

2）尿生殖膈（urogenital diaphragm）：由会阴深横肌、尿道括约肌及覆盖其表面的尿生殖膈上、下筋膜共同构成，具有加强盆底、协助承托盆腔器官的作用。

四、上肢肌

上肢肌根据部位分为肩肌、臂肌、前臂肌和手肌。

1. 肩肌　分布于肩关节周围，均起自肩胛骨和锁骨，跨越肩关节，止于肱骨上端，具有运动肩关节和加强肩关节稳定性的作用。肩肌包括三角肌、冈上肌、冈下肌、小圆肌、大圆肌和肩胛下肌等（图 2-59，图 2-60）。

三角肌（deltoid）呈三角形，位于肩部外上方。起自锁骨外侧端、肩峰和肩胛冈，肌束从前、后、外三面包绕肩关节并逐渐向外下集中，止于肱骨体外侧的三角肌粗隆。收缩时，主要使肩关节外展，其前部肌束使肩关节屈和旋内，后部肌束则使肩关节伸和旋外。该肌也是临床上常选的肌内注射部位之一。

2. 臂肌　位于肱骨周围，分为前、后两群，前群为屈肌，后群为伸肌（图 2-59，图 2-60）。

（1）**前群**：位于肱骨前面，包括浅层的肱二头肌和深层的肱肌、喙肱肌等。

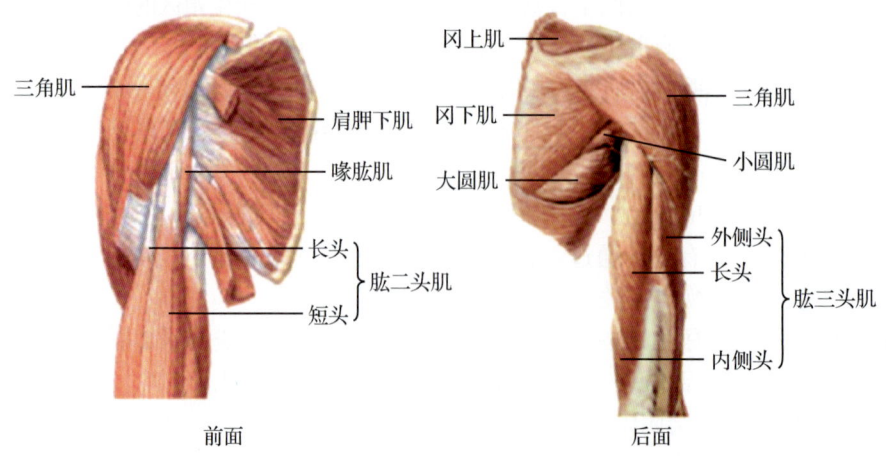

图 2-59　肩肌和臂肌

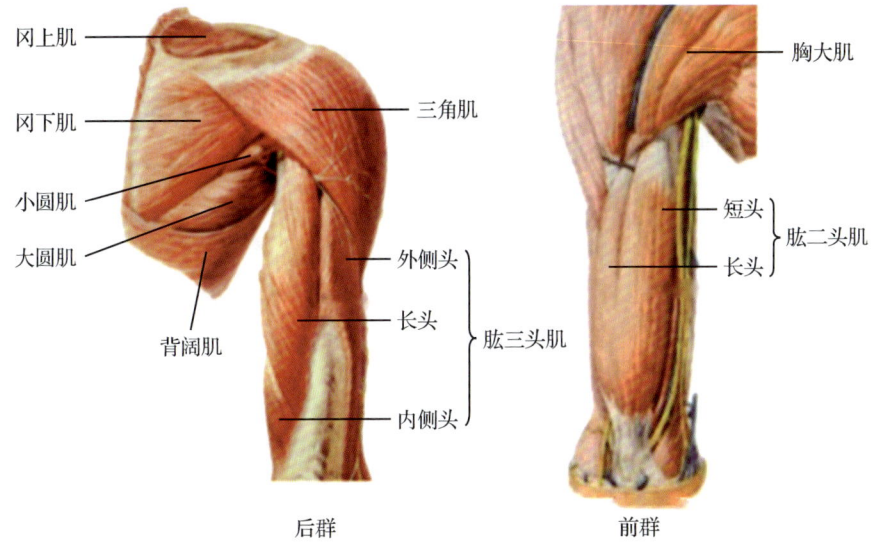

图 2-60 臂肌

肱二头肌（biceps brachii）位于肱骨前面，起端有 2 个头。长头起自肩胛骨关节盂上方，通过肩关节囊，短头位于内侧，起自肩胛骨喙突，两头会合成 1 个肌腹，向下延伸为肌腱，经肘关节前方，止于桡骨粗隆。

该肌群的主要作用为屈肘关节，并协助屈肩关节；当前臂屈曲并处于旋前位时，可使前臂旋后。

（2）**后群**：主要有**肱三头肌**（triceps brachii）。位于肱骨后面，起端有 3 个头。长头起自肩胛骨关节盂下方，内侧头和外侧头分别起自肱骨背面桡神经沟的内下方和外上方。三头向下合为一个肌腹，以扁腱止于尺骨鹰嘴。收缩时主要伸肘关节；长头可伸肩关节。

3. **前臂肌** 位于前臂的前、后面，共 19 块，分为前、后两群，前群为屈肌，后群为伸肌。

（1）**前群**：位于前臂前面，共 9 块，分为浅、深 2 层（图 2-61）。浅层 6 块，自桡侧向尺侧依次为肱桡肌、旋前圆肌、桡侧腕屈肌、掌长肌、指浅屈肌和尺侧腕屈肌；深层 3 块，即拇长屈肌、指深屈肌和旋前方肌。

该肌群的主要作用为屈肘关节、腕关节和指间关节，还可使前臂旋前。

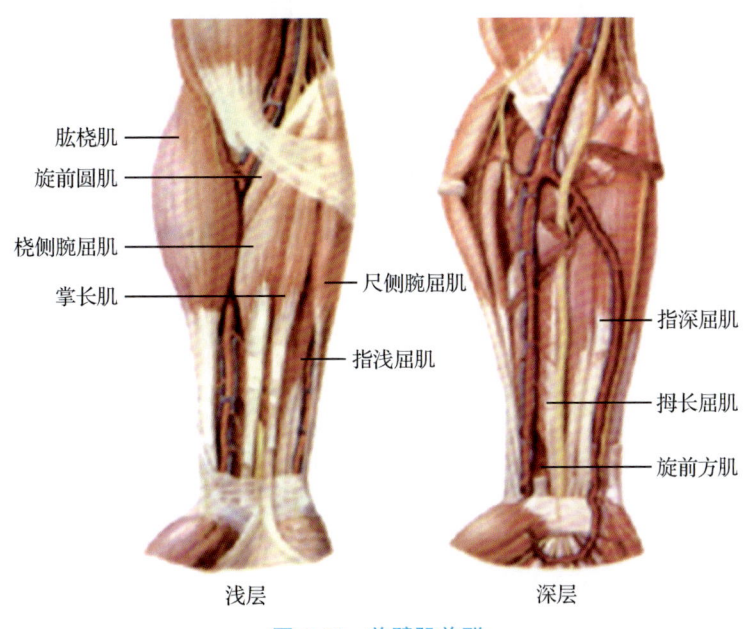

图 2-61 前臂肌前群

（2）后群：位于前臂后面，共10块，分为浅、深2层（图2-62）。浅层5块，由桡侧向尺侧依次为桡侧腕长伸肌、桡侧腕短伸肌、指伸肌、小指伸肌和尺侧腕伸肌；深层5块，自上而下，由桡侧向尺侧依次为旋后肌、拇长展肌、拇短伸肌、拇长伸肌和示指伸肌。

该肌群的主要作用为伸肘关节、腕关节和指间关节，还可使前臂旋后。

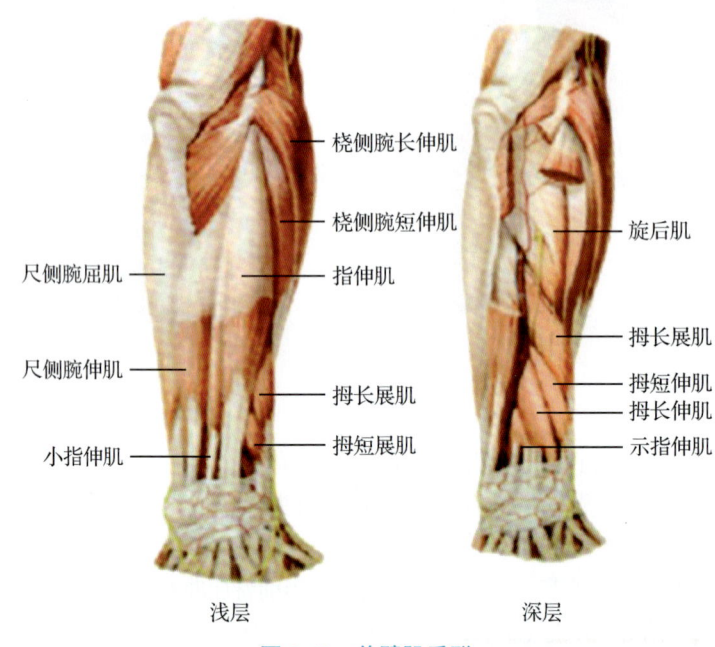

图 2-62　前臂肌后群

4. 手肌　集中分布于手掌面，分为三群（图2-63）。外侧群在拇指掌侧形成丰满隆起的鱼际，主要作用为使拇指屈、内收、外展和对掌等运动；内侧群位于小指掌侧，构成小鱼际，主要作用为使小指屈、外展和对掌等；中间群位于掌心和掌骨之间，主要作用为屈掌指关节、伸指间关节，并可使第2、4、5指内收和外展。

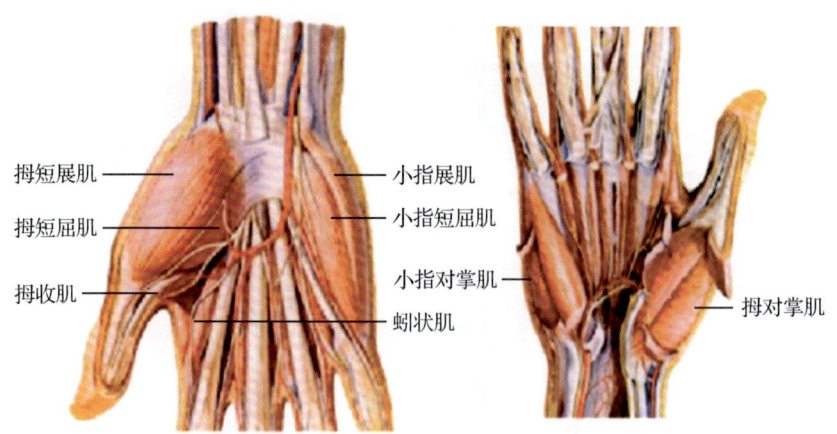

图 2-63　手肌

> **知识链接**
>
> ### 上肢的局部结构
>
> 1. **腋窝**（axillary fossa） 是位于胸外侧壁与臂上部内侧之间的锥体形腔隙，有重要的血管、神经通过。临床上常在此处测量体温。
> 2. **肘窝**（cubital fossa） 是位于肘关节前面的三角形浅凹。外侧界为肱桡肌，内侧界为旋前圆肌，上界为肱骨内、外上髁间的连线。窝内有重要的血管、神经通过。
> 3. **腕管**（carpal canal） 位于腕掌侧，由腕部韧带与腕骨沟构成，管内有指屈肌腱、拇长屈肌腱和正中神经通过。

五、下肢肌

下肢肌按部位分为髋肌、大腿肌、小腿肌和足肌。

1. **髋肌** 位于髋关节周围，分为前、后两群，主要运动髋关节。

（1）**前群**：主要有**髂腰肌**（iliopsoas），由腰大肌和髂肌构成（图 2-64）。前者起自腰椎体侧面和横突；后者起自髂窝，向下经腹股沟韧带深面，止于股骨小转子。收缩时，可使髋关节前屈和旋外；当下肢固定时，可使躯干和骨盆前屈。

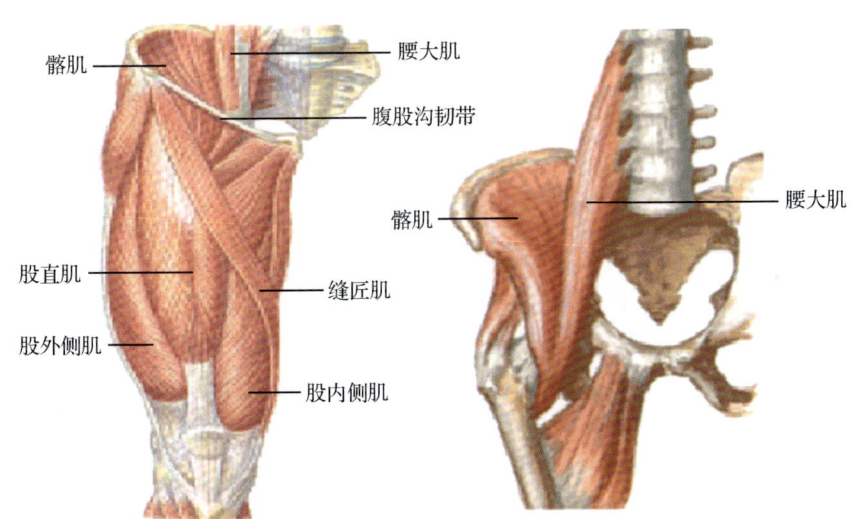

图 2-64 髋肌和大腿肌前群

（2）**后群**：位于臀部，又称臀肌（图 2-65）。

1）**臀大肌**（gluteus maximus）：起自骶骨背面和髂骨翼外面，肌束斜向外下，止于股骨后面的臀肌粗隆。收缩时，可使髋关节后伸和旋外，是维持人体直立姿势的重要肌之一。此肌外上部是临床上肌内注射的常选部位之一。

2）**臀中肌和臀小肌**：**臀中肌**（gluteus medius）位于臀大肌深面，**臀小肌**（gluteus minimus）位于臀中肌深面。两肌均起自髂骨翼外面，止于股骨大转子。两肌同时收缩可使髋关节外展。

3）**梨状肌**（piriformis）：位于臀小肌下方，起自骶骨前面，向外经坐骨大孔出骨盆，止于股骨大转子。收缩时，可使髋关节外展和旋外。坐骨大孔被梨状肌分隔成梨状肌上孔和梨状肌下孔，孔内有血管和神经通过。

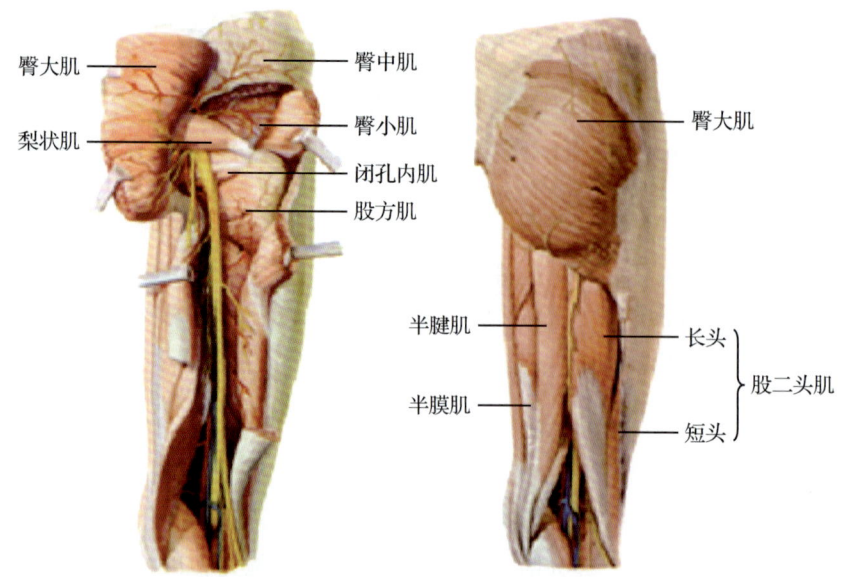

图 2-65　臀肌和大腿肌后群

> **考点提示**
>
> 用于肌内注射的肌。

知识链接

肌内注射

肌内注射是一种比较常用的药物注射技术，是将一定剂量的液体药物通过注射器注入骨骼肌内，从而达到治疗目的，在临床上应用比较广泛。常用作肌内注射的有臀大肌、臀中肌、三角肌和股外侧肌等，主要是因为这些肌相对较大，没有大血管和神经分布，便于操作，有利于药物的吸收。肌内注射如果没有按照正确的要求操作有可能引起感染，容易出现注射部位疼痛等。注射完毕，需密切观察半小时再让患者离开。

2. **大腿肌**　位于股骨周围，分为前群、后群和内侧群。

（1）**前群**：位于大腿前面（图 2-66）。

1）缝匠肌（sartorius）：是全身最长的长肌，起自髂前上棘，肌束斜向内下方，止于胫骨上端内侧面。收缩时，可屈髋关节和膝关节，并可使屈曲的膝关节旋内。

2）股四头肌（quadriceps femoris）：是全身体积最大的长肌，有 4 个头，分别是股直肌、股内侧肌、股外侧肌和股中间肌。除股直肌起自髂前下棘外，其余 3 个头均起自股骨中线和前面，4 个头向下合并形成股四头肌腱，包绕髌骨延续为髌韧带，止于胫骨粗隆。收缩时，主要伸膝关节；股直肌还可屈髋关节。

（2）**内侧群**：位于大腿内侧，包括耻骨肌、长收肌、短收肌、大收肌和股薄肌（图 2-66）。收缩时，可使髋关节内收和旋外。

（3）**后群**：位于大腿后部（图 2-65）。

1）股二头肌（biceps femoris）：位于大腿后部外侧，有长、短 2 个头。长头起自坐骨结节，短头起自股骨粗线，两头合并后以长腱止于腓骨头。

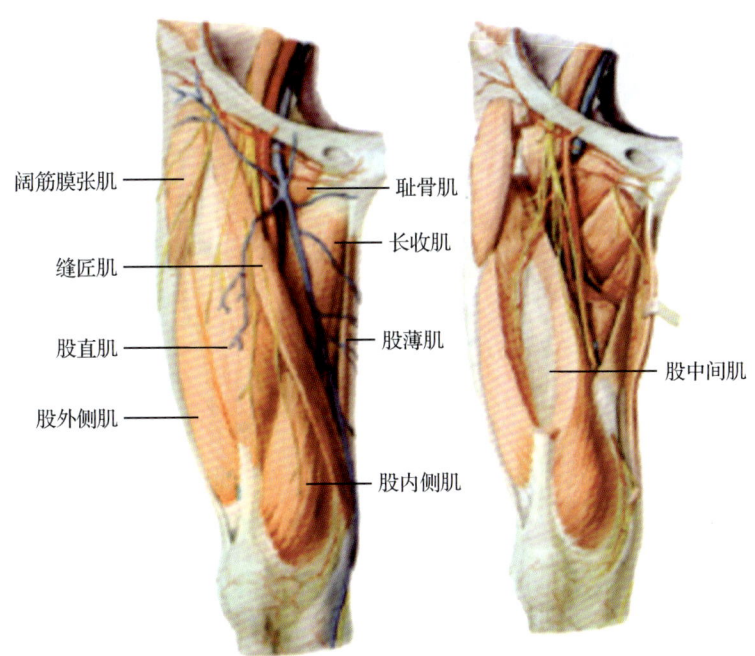

图 2-66 大腿肌前群和内侧群

2）**半腱肌**和**半膜肌**：**半腱肌**（semmitendinosus）位于大腿后部内侧的浅层，**半膜肌**（semimembranosus）位于半腱肌深面的内侧，二肌均起自坐骨结节，半腱肌止于胫骨上端内侧，半膜肌止于胫骨内侧髁后面。

该肌群收缩时，主要屈膝关节和伸髋关节；半屈膝时，可分别使小腿旋外和旋内。

3. **小腿肌** 位于小腿周围，参与维持人体的直立姿势和行走等，分为前群、后群和外侧群。

（1）**前群**：位于小腿前外侧，自胫侧向腓侧依次为胫骨前肌、䟄长伸肌和趾长伸肌（图 2-67）。收缩时，可使踝关节背屈（伸）；胫骨前肌还可使足内翻，䟄长伸肌还可伸䟄趾，趾长伸肌还能伸第 2～5 趾。

（2）**外侧群**：位于小腿外侧，包括腓骨长肌和腓骨短肌（图 2-67），两肌的肌腱均自外踝后方至足底。收缩时，可使踝关节跖屈（屈）和外翻。

（3）**后群**：位于小腿后部，可分为浅、深 2 层（图 2-68）。

1）**浅层**：为**小腿三头肌**（triceps surae）。有 3 个头，浅层的 2 个头称为**腓肠肌**（gastrocnemius），位置较深的 1 个头为**比目鱼肌**（soleus）。腓肠肌内侧头和外侧头分别起自股骨的内侧髁和外侧髁，比目鱼肌起自胫、腓骨上端后面，3 个头合并后，向下延续为跟腱，止于跟骨结节。收缩时，可使踝关节跖屈（屈）和屈膝关节；站立时，能固定踝关节和膝关节，以防止身体向前倾倒，故对维持人体直立姿势也有重要作用。

2）**深层**：自胫侧向腓侧依次为趾长屈肌、胫骨后肌和䟄长屈肌。三肌的肌腱均自内踝后方至足底。收缩时，可使踝关节跖屈（屈）；趾长屈肌和䟄长屈肌还可屈第 2～5 趾和䟄趾，胫骨后肌还可使足内翻。

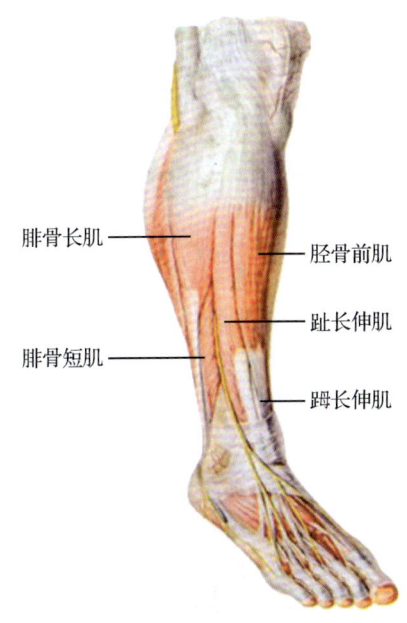

图 2-67 小腿肌前群和外侧群

正常人体结构

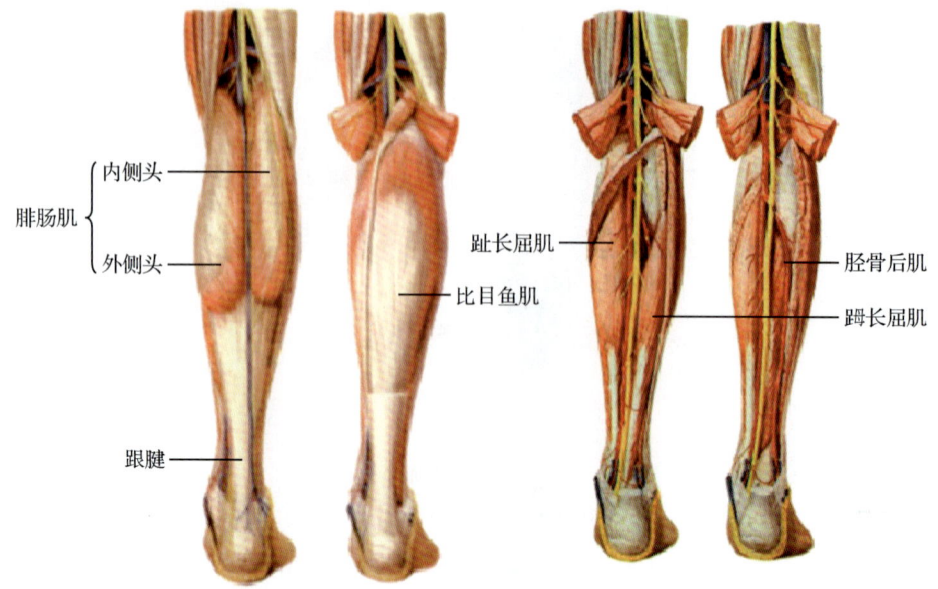

图 2-68　小腿肌后群

4. 足肌　可分为足背肌和足底肌。足背肌协助伸趾；足底肌协助屈趾和维持足弓。

知识链接

下肢的局部结构

1. **股三角**（femoral triangle）　位于大腿前上部，上界为腹股沟韧带，内侧界为长收肌内侧缘，外侧界为缝匠肌内侧缘。股三角内由外侧向内侧依次排列有股神经、股动脉、股静脉和股管。

2. **腘窝**（popliteal fossa）　位于膝关节后面，呈菱形，上外侧界为股二头肌，上内侧界为半腱肌和半膜肌，下外侧界为腓肠肌外侧头，下内侧界为腓肠肌内侧头。腘窝内容纳有血管、神经、脂肪和淋巴结等。

3. **踝管**（ankle tube）　位于屈肌支持带、内踝与跟骨结节之间，其内由前向后有胫骨后肌腱及腱鞘、趾长屈肌腱及腱鞘、胫后血管和胫神经、鉧长屈肌腱及腱鞘通过。

知识链接

全身的肌性标志

一、躯干

1. **斜方肌**　在项部和背上部，可见斜方肌外上缘轮廓。
2. **背阔肌**　在背下部可见背阔肌轮廓，外下缘参与形成腋窝的后壁。
3. **竖脊肌**　为脊柱两旁的纵行肌性隆起。
4. **胸大肌**　为胸前壁较膨隆的肌性隆起，下缘构成腋窝的前壁。
5. **腹直肌**　为腹前壁正中线两侧的纵行隆起，肌发达者可见脐以上有3条横沟，即为腹直肌的腱划。

二、头颈部

1. **咬肌**　当牙咬紧时，在下颌角前上方，颧弓下方可摸到坚硬的条状隆起。

2. **颞肌** 当牙咬紧时，在颞窝内，颧弓上方可摸到坚硬的隆起。

3. **胸锁乳突肌** 当面转向对侧时，可明显看到从前下斜向后上呈长条状的隆起。

三、上肢

1. **三角肌** 在肩部形成圆隆的外形，其止点在臂外侧中部呈现一小凹。

2. **肱二头肌** 当屈肘握拳，此肌收缩时，可明显地在臂前面见到膨隆的肌腹。在肘窝中央，当屈肘时，可明显摸到此肌的肌腱。

3. **肱三头肌** 在臂后部，三角肌后缘下方可见到肱三头肌长头。

4. **肱桡肌** 当握拳用力屈肘时，在肘部桡侧可见到肱桡肌的膨隆肌腹。

5. **掌长肌** 当握拳屈腕并外展时，在腕掌面中份，腕横纹上方，可明显见到此肌的肌腱。

6. **桡侧腕屈肌** 同上述掌长肌的动作，在掌长肌腱桡侧，可见此肌的肌腱。

7. **尺侧腕屈肌** 用力外展手指，在腕横纹上方尺侧，豌豆骨上方，可见此肌的肌腱。

8. **鱼际** 位于手掌拇指侧，形成一隆起。

9. **小鱼际** 位于手掌小指侧，形成一隆起。

四、下肢

1. **股四头肌** 在大腿前方，股直肌在缝匠肌和阔筋膜张肌所组成的夹角内。股内侧肌和股外侧肌在大腿前面下部，分别位于股直肌的内侧和外侧。

2. **臀大肌** 在臀部形成圆隆外形。

3. **股二头肌** 在腘窝外上界，可摸到它的肌腱止于腓骨头。

4. **半腱肌**和**半膜肌** 在腘窝内上界，可摸到它们的肌腱止于胫骨，其中半腱肌腱较窄，位置浅表，略靠外，而半膜肌腱粗而圆钝，位于半腱肌腱的深面。

5. **小腿三头肌**（腓肠肌和比目鱼肌） 在小腿后面，可明显见到该肌膨隆的肌腹，并向下形成粗索状的跟腱，止于跟骨结节。

6. **跟腱** 小腿三头肌的3个头会合形成一个肌腹，向下移行为跟腱，在踝关节后方，止于跟骨结节。

（倪秀芹　周绪文）

自 测 题

一、单项选择题

1. 属于长骨的是
   - A. 肩胛骨
   - B. 肋骨
   - C. 距骨
   - D. 指骨
   - E. 手舟骨

2. 骨髓腔存在于
   - A. 所有骨内
   - B. 扁骨内
   - C. 长骨的骨干内
   - D. 骨松质内
   - E. 短骨内

3. 老年人易发生骨折的原因是由于骨质中
   A. 有机质含量相对较多　　　　　　　B. 无机质含量相对较多
   C. 有机质和无机质各占 1/2　　　　　D. 骨松质较多
   E. 骨密质较少
4. 胸骨角两侧平对
   A. 第1肋　　　　　　B. 第2肋　　　　　　C. 第3肋
   D. 第4肋　　　　　　E. 第5肋
5. 临床上，进行骶管麻醉时确定骶管裂孔位置的标志是
   A. 骶角　　　　　　　B. 骶管裂孔　　　　　C. 骶前孔
   D. 骶后孔　　　　　　E. 骶岬
6. 属于面颅骨的是
   A. 上鼻甲　　　　　　B. 下鼻甲　　　　　　C. 额骨
   D. 蝶骨　　　　　　　E. 筛骨
7. 骨损伤后能参与修复的结构是
   A. 骨质　　　　　　　B. 骨髓　　　　　　　C. 骨膜
   D. 骨骺　　　　　　　E. 关节软骨
8. 不属于关节基本结构的是
   A. 关节盘　　　　　　B. 关节囊纤维层　　　C. 关节囊滑膜层
   D. 关节面　　　　　　E. 关节腔
9. 股骨易骨折的部位是
   A. 股骨颈　　　　　　B. 转子间线　　　　　C. 粗线
   D. 股骨体　　　　　　E. 外侧髁
10. 位于各椎体后面，几乎纵贯脊柱全长的韧带是
    A. 黄韧带　　　　　　B. 前纵韧带　　　　　C. 后纵韧带
    D. 项韧带　　　　　　E. 棘上韧带
11. 腰椎的特点是
    A. 棘突呈板状水平后伸　B. 椎体小　　　　　　C. 横突上有横突孔
    D. 棘突分叉　　　　　E. 椎体上有肋凹
12. 与肩胛骨关节盂相关节的是
    A. 锁骨肩峰端　　　　B. 肱骨头　　　　　　C. 肱骨大结节
    D. 肩峰　　　　　　　E. 肱骨颈
13. 参与构成肋弓的是
    A. 第5～7肋　　　　　B. 第6～9肋　　　　　C. 第7～10肋
    D. 第8～10肋　　　　　E. 第8～12肋
14. 关于黄韧带的描述，正确的是
    A. 连接相邻两椎弓根之间　　　　　　B. 连接相邻两椎弓板之间
    C. 构成椎间孔的前界　　　　　　　　D. 连接相邻两棘突之间
    E. 限制脊柱过度后伸
15. 背阔肌的作用是
    A. 臂旋外和后伸　　　　　　　　　　B. 臂内收、旋内和后伸
    C. 肩胛骨向内下旋转　　　　　　　　D. 伸脊柱
    E. 拉肩胛骨向脊柱靠拢

16. 股四头肌麻痹时，主要运动障碍的是
    A. 伸膝关节　　　　　B. 屈膝关节　　　　　C. 屈髋关节
    D. 外展髋关节　　　　E. 内收髋关节
17. 收缩时，既屈髋关节，又屈膝关节的肌是
    A. 股二头肌　　　　　B. 股直肌　　　　　　C. 缝匠肌
    D. 半腱肌　　　　　　E. 股四头肌
18. 收缩时，可使大腿后伸的肌是
    A. 髂腰肌　　　　　　B. 缝匠肌　　　　　　C. 股薄肌
    D. 股四头肌　　　　　E. 臀大肌
19. 最强大的脊柱伸肌是
    A. 背阔肌　　　　　　B. 竖脊肌　　　　　　C. 斜方肌
    D. 腰大肌　　　　　　E. 三角肌
20. 关于腹股沟管的描述，不正确的是
    A. 皮下环位于耻骨结节外下方
    B. 位于腹股沟韧带内侧半上方
    C. 男性管内有精索，女性管内有子宫圆韧带
    D. 腹横筋膜构成其后壁
    E. 内口为深环

二、名词解释

1. 滑膜关节　2. 肋弓　3. 胸骨角　4. 胸骨下角　5. 肋间隙　6. 椎间盘　7. 界线
8. 翼点　9. 腹股沟管

三、简答题

1. 简述颈椎、胸椎、腰椎的主要特征。
2. 简述骨盆的组成、分部，男性、女性骨盆的差异。
3. 简述肩、肘、髋、膝关节的组成、结构特点和运动形式。
4. 简述脊柱的构成和生理弯曲。
5. 参与呼吸运动的肌有哪些，各有何作用？
6. 简述膈的位置、孔裂的名称及通过的结构。
7. 绘制肩胛骨彩图。

第三章 消化系统

学习目标

1. 说出消化系统的组成；上消化道、下消化道、咽峡和麦氏点的概念；各消化管的位置和形态，食管三处生理性狭窄的位置及距中切牙的距离，胃的形态和分部，十二指肠的分部及各部的结构，大肠的分部。

2. 描述肝的位置和形态，肝外胆道的组成及胆囊底的体表投影；胰的位置和微细结构；肝门、肝蒂和腹膜腔的概念。

3. 能在标本或模型上辨认消化系统各器官的位置和形态；在活体上确认消化系统各器官的位置；运用消化系统的相关知识分析常见消化系统疾病的发病基础；进行健康饮食、爱齿健齿、从每日正确刷牙开始的科普宣传。

4. 通过消化系统相关知识的学习，激发学生树立勇于实践的创新精神、追求真理的科学精神，以及献身医学的伟大精神。

案例 3-1

患者，男性，42岁，因上腹部疼痛半年，加重3天入院。患者半年前开始出现上腹部间断性钝痛，空腹时加重，进食后可缓解，无夜间痛，同时伴有返酸、嗳气、胃灼热，未服药。3天前饮酒后腹痛加重，呈绞痛，向后背部放散，伴有恶心，无呕吐。入院体格检查：T 36.5 ℃，P 84次/分，R 16次/分，BP 122/80 mmHg。腹部平软，上腹部压痛，无反跳痛及肌紧张。胃镜检查显示：十二指肠球部溃疡。临床诊断：十二指肠球部溃疡。

问题与思考：
1. 消化系统由哪些器官组成？
2. 十二指肠分为哪几部？
3. 十二指肠球部溃疡的发病机制是什么？

第一节 概 述

一、消化系统的组成

消化系统（digestive system）由消化管和消化腺两部分组成（图3-1）。消化管包括口腔、咽、食管、胃、小肠（十二指肠、空肠、回肠）和大肠（盲肠、阑尾、结肠、直肠、肛管）。临床上，常把口腔到十二指肠的这一段消化管，称为**上消化道**，空肠及其以下的消化管，称为**下消化道**；消化腺有小消化腺和大消化腺2种。小消化腺散在于消化管各部的管壁内，如唇腺、胃腺和肠腺；大消化腺包括大唾液腺、肝和胰。

第三章 消化系统

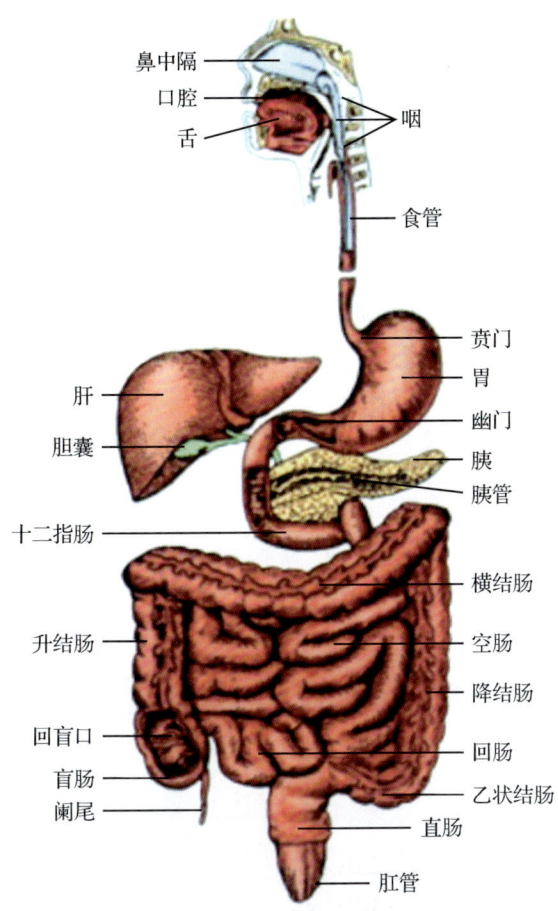

图 3-1 消化系统组成模式图

考点提示

消化系统的组成，上、下消化道的概念。

知识链接

上消化道出血

上消化道出血是指屈氏韧带以上的消化管（包括胃、十二指肠等）病变引起的出血，胃空肠吻合术后的空肠病变出血也属于这一范围。上消化道出血的原因很多，常见的有消化性溃疡、急性胃黏膜损伤、食管胃底静脉曲张破裂或胃癌。患者的主要症状为呕血或黑便，往往伴有血容量减少引起的急性周围循环衰竭，是常见的急症，病死率高达8%～13.7%。在日常生活中，养成良好的饮食作息习惯，尽量少吃生冷、油腻、辛辣等刺激性食物。改善不良的生活习惯，保持平和的心态，有利于预防上消化道出血。

二、胸部标志线与腹部分区

掌握内脏器官的正常位置，对临床诊断、检查具有重要的实用意义。为了便于描述胸、腹腔内各器官的正常位置及体表投影，通常在胸、腹部体表确定一些标志线和划分一些区域（图3-2，图3-3）。

85

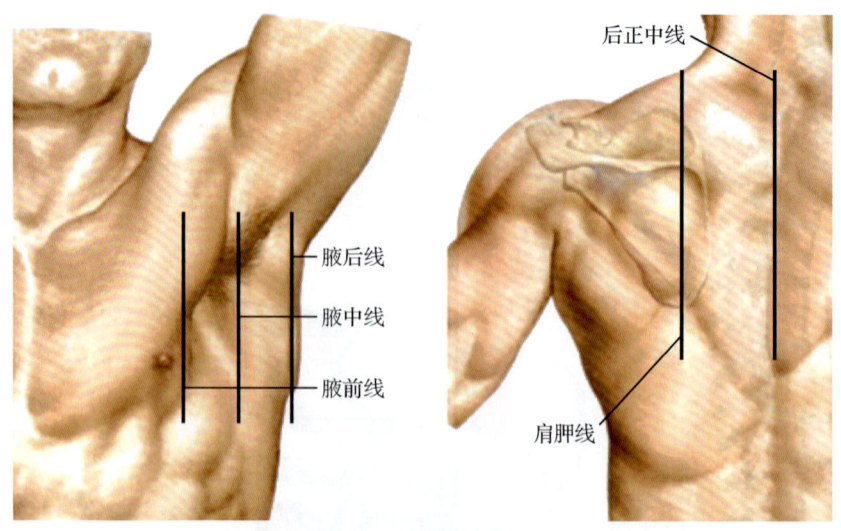

图 3-2　胸部标志线

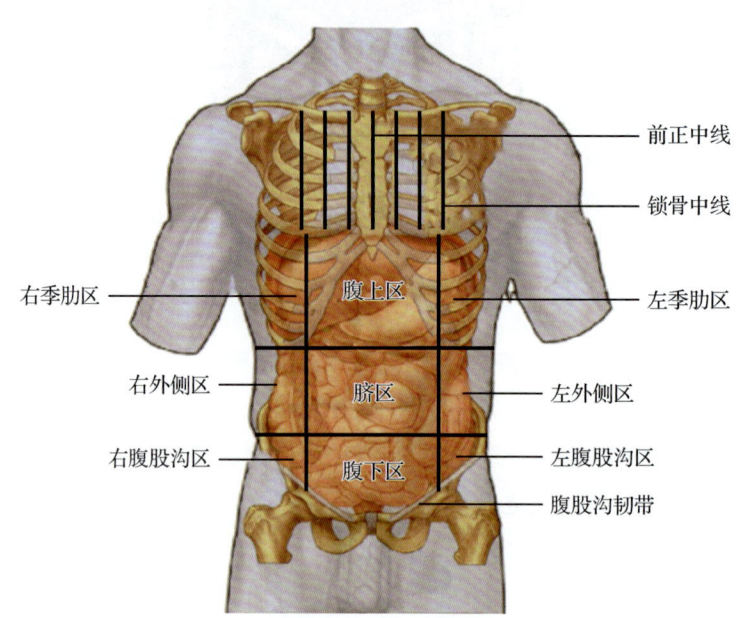

图 3-3　腹部分区

（一）胸部标志线

1. **前正中线**　沿身体前面正中所作的垂直线。
2. **胸骨线**　沿胸骨最宽处外侧缘所作的垂直线。
3. **锁骨中线**　经锁骨中点向下所作的垂直线。由于此线正通过男性乳头，故也可称为乳头线。
4. **胸骨旁线**　经胸骨线与锁骨中线连线中点所作的垂直线。
5. **腋前线**　沿腋窝前缘（腋前襞）向下所作的垂直线。
6. **腋后线**　沿腋窝后缘（腋后襞）向下所作的垂直线。
7. **腋中线**　沿腋窝中点向下所作的垂直线。
8. **肩胛线**　经肩胛骨下角所作的垂直线。
9. **后正中线**　经身体后面正中所作的垂直线。

（二）腹部分区

为了描述腹腔器官的位置，可将腹部分成若干区域。通常采用通过左、右肋弓最低点（第

10 肋的最低点）所作的肋下平面和通过两侧髂结节所作的结节间平面将腹部分为上、中、下三部，再由经左、右腹股沟韧带中点所作的两个矢状面，把腹部分成 9 个区。即腹上部分成中间的**腹上区**和**左**、**右季肋区**；腹中部分成中间的**脐区**和**左**、**右外侧区**（腰区）；腹下部分成中间的**腹下区**（耻区）和**左**、**右腹股沟区**（髂区）。

在临床上，常通过脐的水平面和矢状面将腹部分为**右上腹**、**左上腹**、**右下腹**、**左下腹** 4 个区。

第二节 消 化 管

一、消化管壁的一般结构

消化管（digestive canal）各段的形态与功能不同，其构造也各有特点，但从整体来看，却有类似之处。消化管壁（除口腔和咽外）由内向外一般分为黏膜、黏膜下层、肌层和外膜 4 层（图 3-4）。

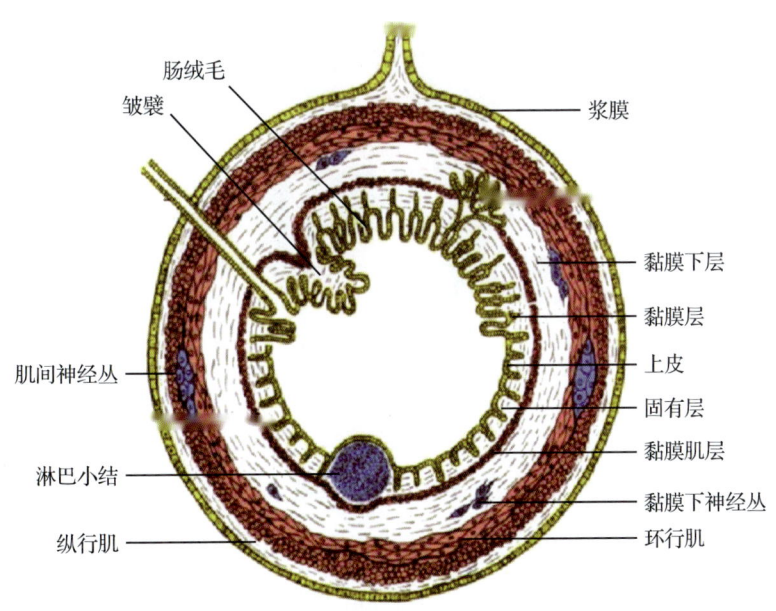

图 3-4 消化管壁微细结构模式图

（一）黏膜

黏膜位于管壁最内层，由内向外依次为上皮、固有层和黏膜肌层，为消化和吸收的重要结构。

1. **上皮** 衬于管腔内表面，分布部位不同，各有差异。口腔、咽、食管和肛管下部为复层扁平上皮，以保护功能为主；胃和肠为单层柱状上皮，以消化和吸收功能为主。上皮与管壁内的腺体相连续。

2. **固有层** 由结缔组织构成，细胞较多，纤维细密，并含有丰富的毛细血管和淋巴管。胃和肠的固有层内富含腺体和淋巴组织。

3. **黏膜肌层** 为薄层平滑肌，一般为内环、外纵 2 层。其收缩可促进固有层内腺体分泌物的排出和血液运行，有利于物质吸收。

（二）黏膜下层

黏膜下层由疏松结缔组织构成，含有较大的血管和淋巴管。在食管和十二指肠的黏膜下层内分别有食管腺和十二指肠腺，还可见黏膜下神经丛和淋巴组织等。

（三）肌层

口腔、咽、食管上段和肛门外括约肌为骨骼肌，其余均为平滑肌。一般分为内环、外纵2层（胃为内斜、中环、外纵3层）。在某些部位，环行肌层增厚形成括约肌。

（四）外膜

外膜位于管壁最外层。咽、食管和直肠下部的外膜由薄层结缔组织构成，称为纤维膜；其余部分的外膜由结缔组织和间皮共同构成，称为浆膜。浆膜表面光滑，有利于器官活动。

二、口腔

口腔（oral cavity）是消化管的起始部，向前经口裂通外界，向后经咽峡通咽。口腔借上、下牙弓分为前外侧部的口腔前庭和后内侧部的固有口腔两部分（图3-5）。当上、下牙弓咬合时，口腔前庭可借第二磨牙或第三磨牙后方的间隙与固有口腔相通。故临床上，当患者牙关紧闭时，可借此通道置开口器或插管，注入药物或营养物质。

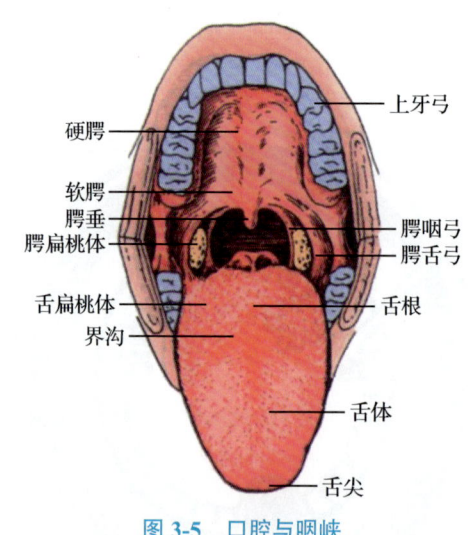

图 3-5 口腔与咽峡

（一）口唇

口唇（oral lip）分为上唇和下唇，上、下唇间的裂隙，称为**口裂**，其左、右结合处，称为**口角**。上唇外面正中线处有一纵行浅沟，称为**人中**，为人类所特有，昏迷患者急救时常在此处进行指压或针刺。上唇两侧与颊部交界处的浅沟，称为**鼻唇沟**。

（二）颊

颊（cheek）位于口腔两侧，由皮肤、颊肌和黏膜组成。在上颌第二磨牙牙冠相对的颊黏膜处有腮腺导管开口。

（三）腭

腭（palate）构成口腔上壁，分为硬腭和软腭，分隔鼻腔与口腔（图3-5）。硬腭位于腭的前2/3，主要由骨腭及其表面覆盖的黏膜构成；软腭位于腭的后1/3，由肌和黏膜构成。软腭前份呈水平位，后份斜向后下，称为**腭帆**。腭帆后缘游离，中央有一向下的突起，称为**腭垂**或悬雍垂。腭垂两侧各有2条黏膜皱襞，前方的为**腭舌弓**，续于舌根；后方的为**腭咽弓**，向下延至咽侧壁。两弓间的三角形凹陷区为**扁桃体窝**，窝内容纳**腭扁桃体**。腭垂、两侧的腭帆游离缘、腭舌弓和舌根共同围成**咽峡**（isthmus of fauces），是口腔与咽的分界。

(四)牙

牙(teeth)是人体内最坚硬的器官,有咀嚼食物和辅助发音的作用。牙嵌于上、下颌骨的牙槽内,分别排列成上牙弓和下牙弓。

1. **牙的形态** 牙在外形上均可分为牙冠、牙颈和牙根三部分(图3-6)。牙冠暴露于口腔内,牙根嵌于牙槽内,牙冠与牙根之间的部分为牙颈。牙的中央有牙髓腔,包括位于牙冠内较大的牙冠腔和位于牙根内的牙根管。

2. **牙的构造** 牙由牙质、牙釉质、牙骨质和牙髓组成(图3-6)。牙质构成牙的主体,牙冠表面覆盖着牙釉质,是人体最坚硬的组织;牙骨质包在牙颈和牙根的牙质表面;牙髓位于牙髓腔内,由血管、神经和结缔组织共同组成。由于牙髓内含有丰富的感觉神经末梢,所以牙髓炎时,可引起剧烈疼痛。

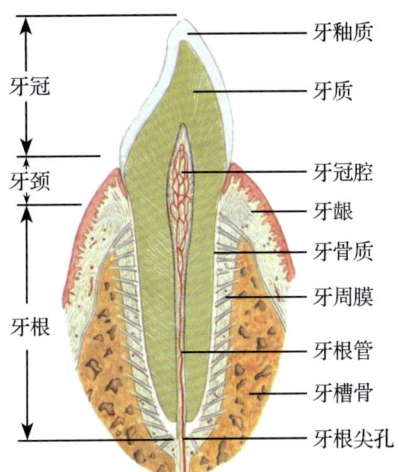

图3-6 牙的构造

3. **牙的名称与排列** 人的一生有两套牙发生,分别是乳牙和恒牙(图3-7,图3-8)。乳牙20颗,一般在出生后6~7个月开始萌出,3岁左右出齐;至6~7岁乳牙开始脱落,恒牙相继萌出,恒牙共计28~32颗,14岁左右基本出齐。而第三磨牙在18~25岁或更晚萌出,故称为迟牙或智牙,有的终生不萌出。

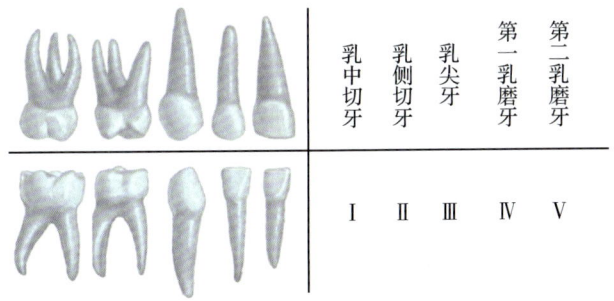

图3-7 乳牙的名称与排列

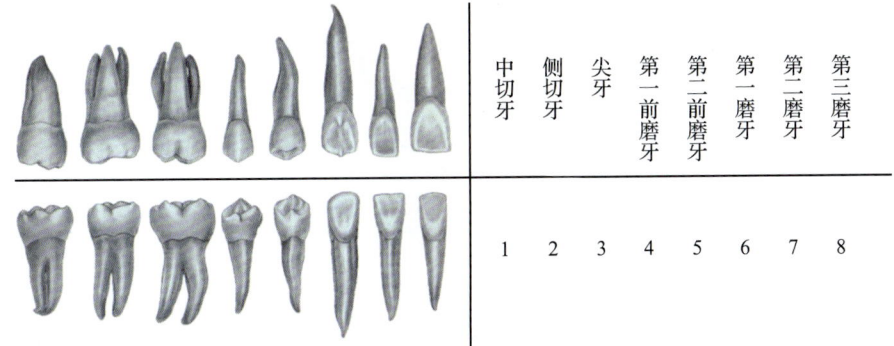

图3-8 恒牙的名称与排列

为了记录牙的位置,临床上常以人的方位为准,以"十"记号划分为4个区,分别表示上颌及下颌左、右侧的牙位,用罗马数字Ⅰ~Ⅴ表示乳牙,用阿拉伯数字1~8表示恒牙。

> **考点提示**
>
> 口腔的交通,牙的名称与排列。

4. 牙周组织　包括牙槽骨、牙周膜和牙龈三部分(图 3-6),对牙起保护、支持和固定作用。牙周膜是介于牙根与牙槽骨之间的致密结缔组织,固定牙根;牙龈是包被牙颈并与牙槽骨的骨膜紧密相连的口腔黏膜,呈淡红色,血管丰富;牙槽骨是牙根周围的骨质。

> **知识链接**
>
> **牙龈萎缩**
>
> **牙龈萎缩**是一种常见病,因牙周病变引起,尤其在牙龈底部有牙结石时。牙龈萎缩分为病理性萎缩和生理性萎缩两种,病理性萎缩主要是龈缘部分存在异物(牙结石)又长期得不到清理,细菌滋生刺激所致;另外,随着年龄增长,牙龈也会或多或少地发生萎缩,使牙根暴露,这种现象称为生理性萎缩,可以通过保健延缓。在日常生活中,保持口腔清洁是延缓牙龈萎缩最有效的方法,掌握正确的刷牙方法,定期进行口腔健康检查有利于预防牙龈萎缩。爱齿健齿,从每日正确的刷牙开始!

(五)舌

舌(tongue)位于口腔底,由骨骼肌和黏膜构成,具有协助咀嚼、吞咽、感受味觉和辅助发音等功能。

1. 舌的形态　舌分为上、下两面(图 3-9)。上面为舌背,其后部可见"V"形的**界沟**将舌分为前 2/3 的舌体和后 1/3 的舌根。舌体的前端为舌尖。

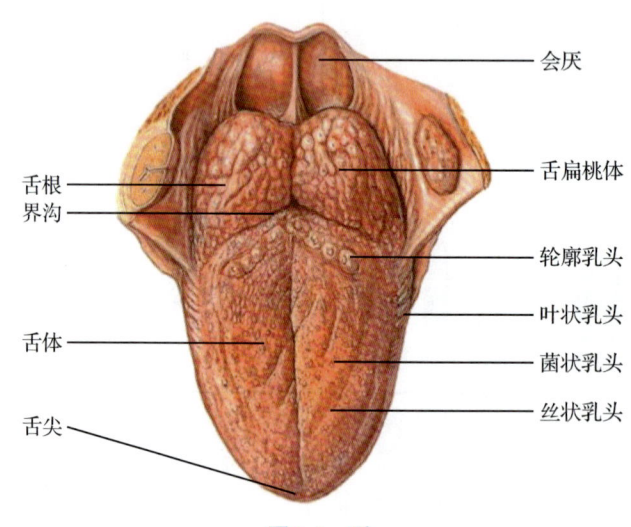

图 3-9　舌

2. 舌的构造　舌由舌黏膜和舌肌构成。

(1)**舌黏膜**:覆盖在舌表面,呈淡红色。舌背表面可见许多小突起,统称为**舌乳头**。舌乳头分为 4 种,即丝状乳头、菌状乳头、轮廓乳头和叶状乳头(图 3-9)。其中,轮廓乳头、菌状乳头、叶状乳头以及软腭和会厌等处的黏膜上皮内含有**味蕾**,为味觉感受器,具有感受酸、甜、苦、咸等味觉的功能。由于丝状乳头内无味蕾,故无味觉功能。在舌根的黏膜内有许多由淋巴组织构成的大小不等的突起,称为**舌扁桃体**。

舌下面黏膜在舌正中线上形成一黏膜皱襞，连于口腔底，称为**舌系带**。在舌系带根部两侧各有一圆形隆起，称为**舌下阜**，有下颌下腺导管和舌下腺大管开口。舌下阜向后外侧延续的带状黏膜皱襞，称为**舌下襞**，其深面藏有舌下腺，舌下腺小管开口于舌下襞表面（图3-10）。

（2）**舌肌**：为骨骼肌，分为舌内肌和舌外肌2种（图3-11）。舌内肌的起、止点均在舌内，肌束走向有纵、横、垂直3种，收缩时可改变舌的形态；舌外肌起自舌周围各骨，止于舌内，收缩时可改变舌的位置。其中**颏舌肌**（genioglossus）在临床上较为重要，起于下颌体后面的颏棘，肌纤维呈扇形向后上方止于舌正中线两侧。两侧颏舌肌同时收缩，舌伸向前；一侧收缩，伸舌时舌尖偏向对侧。如一侧颏舌肌瘫痪，伸舌时舌尖偏向患侧。

考点提示

颏舌肌的功能。

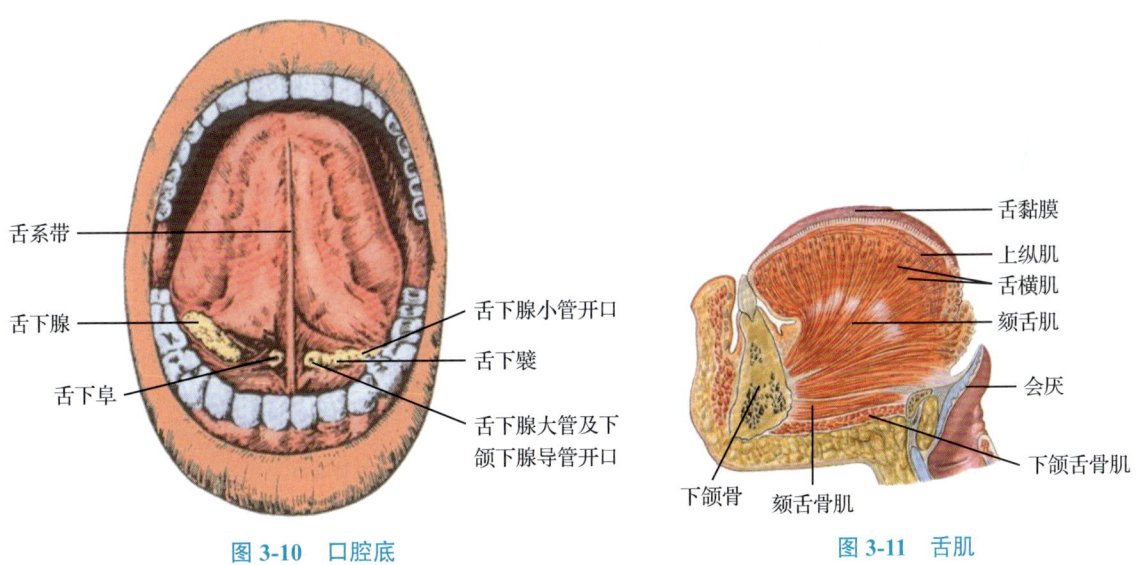

图3-10 口腔底　　　　　　　　　　图3-11 舌肌

（六）唾液腺

唾液腺（salivary gland）又称口腔腺。唾液腺分泌唾液，有湿润口腔黏膜、杀菌和帮助消化等功能。唾液腺可分为大、小2种。小唾液腺数目多，如唇腺、颊腺和腭腺；大唾液腺有3对，分别为腮腺、下颌下腺和舌下腺（图3-12）。

1. **腮腺**（parotid gland）　最大，位于耳郭前下方，呈不规则的三角形，上达颧弓，下至下颌角附近。腮腺导管自腮腺前缘穿出，在颧弓下方约1横指处横过咬肌表面，穿颊肌开口于平对上颌第二磨牙牙冠的颊黏膜处。

2. **下颌下腺**（submandibular gland）　位于下颌体内面的凹陷处，呈卵圆形，其导管开口于舌下阜。

3. **舌下腺**（sublingual gland）　位于口腔底舌下襞深面。腺管分为大、小2种，舌下腺小管开口于舌下襞，舌下腺大管与下颌下腺管共同开口于舌下阜。

考点提示

大唾液腺的名称、位置和开口部位。

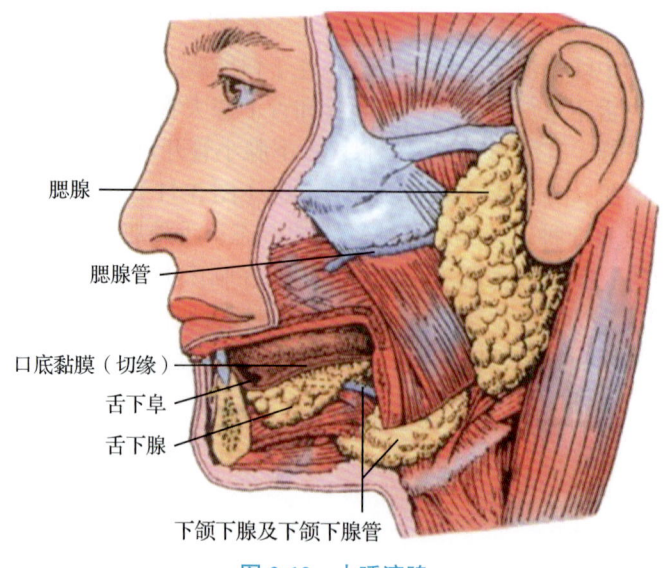

图 3-12 大唾液腺

三、咽

咽（pharynx）是一个上宽下窄、前后略扁的漏斗形肌性管道，位于第 1～6 颈椎体前方，上端附于颅底，下端达第 6 颈椎体下缘平面续食管。咽后壁完整，前壁不完整，分别与鼻腔、口腔和喉腔相通。以软腭游离缘和会厌上缘平面为界，咽腔可分为鼻咽、口咽和喉咽三部分（图 3-13）。咽腔是呼吸道和消化管的共同通道。

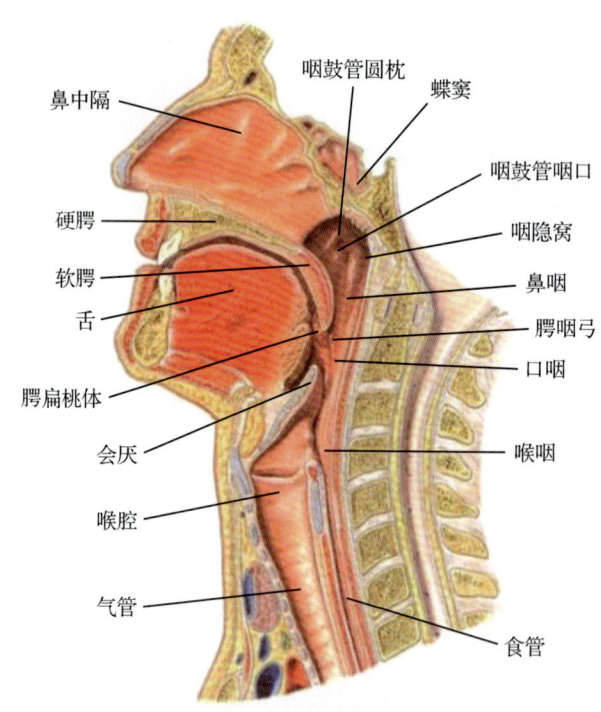

图 3-13 头颈部正中矢状切面

（一）鼻咽

鼻咽（nasopharynx）位于鼻腔后方，介于颅底与软腭游离缘平面之间，向前经鼻后孔与鼻腔相通。在顶壁与后壁交界处的淋巴组织，称为**咽扁桃体**，在婴幼儿较为发达，10 岁后开始萎缩。在鼻咽的侧壁，下鼻甲后端约 1 cm 处有一漏斗状开口，称为**咽鼓管咽口**，经咽鼓管与中耳鼓室相通。此口的前、上、后方的弧形隆起，称为**咽鼓管圆枕**，是寻找咽鼓管咽口的标志。在咽鼓管圆枕后上方的深窝，称为**咽隐窝**，是鼻咽癌的好发部位。

（二）口咽

口咽（oropharynx）为软腭游离缘平面至会厌上缘平面之间的部分，向前借咽峡与口腔相通。口咽外侧壁在腭舌弓与腭咽弓之间的深窝称为**扁桃体窝**，容纳**腭扁桃体**。腭扁桃体、舌扁桃体和咽扁桃体等共同组成**咽淋巴环**，位于鼻腔和口腔通咽处，具有防御作用。

（三）喉咽

喉咽（laryngopharynx）位于喉的后方，上起自会厌上缘平面，下至第 6 颈椎体下缘平面移行为食管，喉咽向前经喉口通喉腔（图 3-14）。在喉口两侧各有一深窝，称为**梨状隐窝**，是异物容易滞留的部位。

> 💡 **考点提示**
>
> 咽腔的分部及交通。

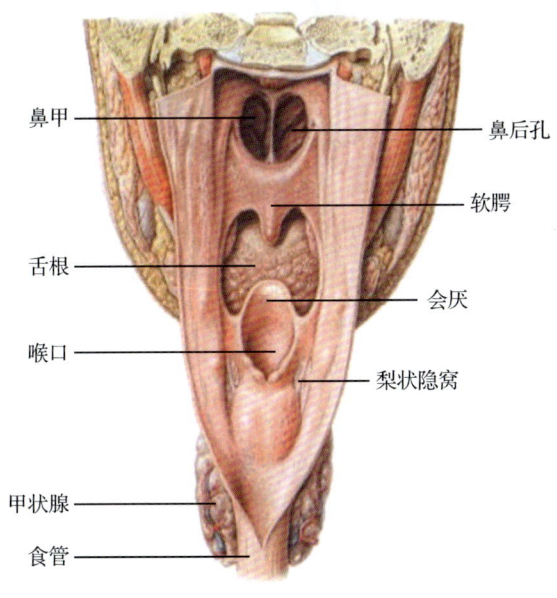

图 3-14　咽腔后面观

四、食管

（一）食管的位置与分部

食管（esophagus）为前后扁平的肌性管道，是消化管各部中最狭窄的部分，全长约 25 cm（图 3-15）。上端在第 6 颈椎体下缘平面与咽相接，下端在第 11 胸椎体左侧接胃的贲门。食管按行程可分为颈部、胸部和腹部三部分。颈部长约 5 cm，是自起始端到胸骨颈静脉切迹平面的部分，其前壁与气管相贴，后邻颈椎，两侧有颈部大血管；胸部最长，长 18～20 cm，是自颈静脉切迹至膈的食管裂孔处的部分，其前方自上而下依次为气管、左主支气管和心包，后邻胸椎；腹部最短，仅长 1～2 cm，是自食管裂孔到贲门的部分。

（二）食管的狭窄

食管全长有 3 处生理性狭窄（图 3-15）。第一狭窄位于食管起始处，距中切牙约 15 cm，相当于第 6 颈椎体下缘水平；第二狭窄位于食管与左主支气管交叉处，距中切牙约 25 cm，相当于第 4、5 胸椎体水平；第三狭窄位于食管穿膈处，距中切牙约 40 cm，相当于第 10 胸椎体水平。上述狭窄部是食管异物易滞留的部位，也是食管肿瘤的好发部位。

> **考点提示**
>
> 食管 3 处生理性狭窄的位置及距中切牙的距离。

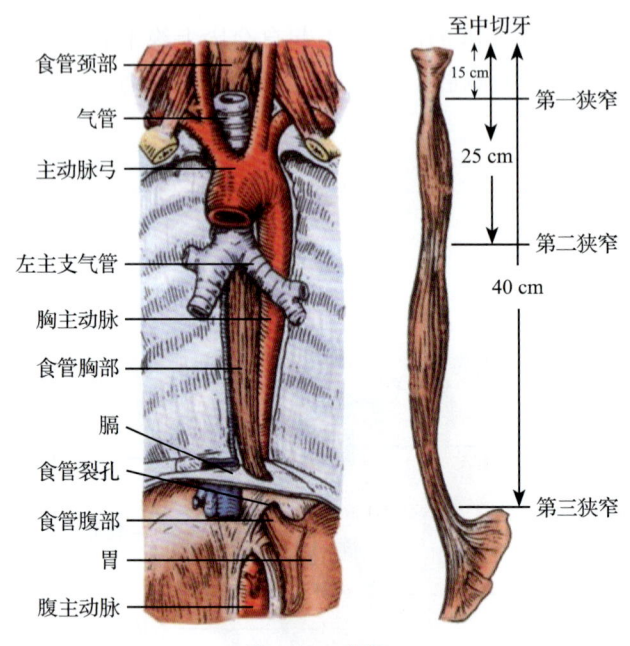

图 3-15　食管

（三）食管壁的微细结构

食管壁内面有 7～10 条纵行皱襞，食物通过时，管腔扩张，皱襞变浅。黏膜上皮为复层扁平上皮，具有保护功能；黏膜下层含有食管腺，其分泌物排入食管腔可润滑食管壁，利于食物通过；肌层上 1/3 段为骨骼肌，下 1/3 段为平滑肌，中 1/3 段为骨骼肌和平滑肌混合构成；外膜较薄，为纤维膜。

五、胃

胃（stomach）是消化管中最膨大的部分，上连食管，下续小肠。胃具有容纳食物、分泌胃液和初步消化食物等功能。成人胃容量为 1000～2000 ml，新生儿胃的容积约为 30 ml。

（一）胃的形态与分部

胃的形态可受体位、体型、年龄、性别和充盈程度等多种因素的影响。胃有两壁、两缘、两口（图 3-16）。胃的前壁朝向前上方，后壁朝向后下方；上缘较短，凹向右上方，称为**胃小弯**，其最低处的转折，称为**角切迹**，下缘又称为胃大弯，**胃大弯**大部分凸向左下方；胃的入口接食管，称为**贲门**，出口续十二指肠，称为**幽门**，距中切牙约 60 cm。由于幽门括约肌的存在，在幽门表面，有一缩窄的环形沟，幽门前静脉常横过其前方，这为胃手术提供了确定幽门的标志。

通常将胃分为四部分（图 3-16）。位于贲门附近的部分为**贲门部**；贲门平面以上，向左上方膨出的部分为**胃底**；自胃底向下至角切迹处的中间大部分为**胃体**；角切迹与幽门之间的部分为**幽门部**，临床上也称为胃窦，此部黏膜光滑，皱襞较浅。在幽门部大弯侧有一不太明显的浅沟，称为**中间沟**，此沟将幽门部分为右侧的幽门管和左侧的幽门窦两部分。胃溃疡和胃癌多发生于胃小弯近幽门处。

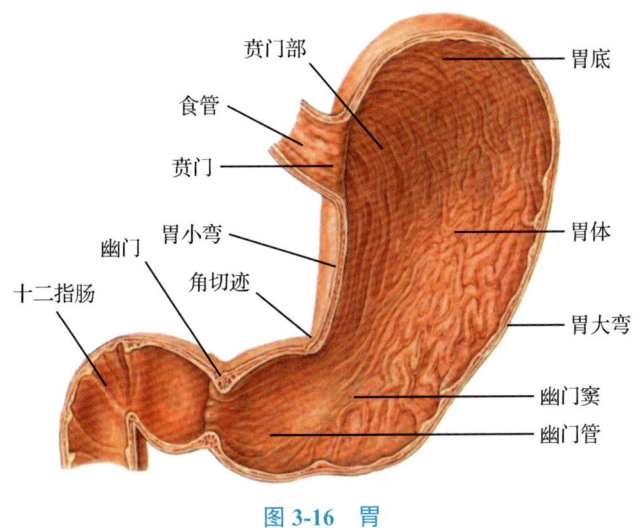

图 3-16 胃

（二）胃的位置与毗邻

胃的位置常因体型、体位和胃充盈程度不同而有较大的变化。在中等充盈时，胃大部分位于左季肋区，小部分位于腹上区。胃贲门和幽门的位置比较固定，贲门位于第 11 胸椎体左侧，幽门约在第 1 腰椎体右侧。

胃前壁右侧与肝左叶相邻，左侧邻膈，被左肋弓掩盖。在剑突下方，胃前壁与腹前壁相贴，是临床上进行胃触诊的部位；胃后壁与胰、横结肠、左肾上部和左肾上腺相邻；胃底与膈和脾相邻。临床上，胃床即指胃后面的器官和结构。

 考点提示

胃的位置与分部。

知 识 链 接

胃插管术

胃插管术是将胃管经鼻腔或口腔插入胃内，用于鼻饲食物、给药、洗胃、抽取胃液、胃肠减压或压迫止血等，是临床医护人员必须掌握的基本技术。在操作中，胃管依次经过鼻腔、咽和食管。鼻中隔多偏向左侧，插管时应选择管腔稍微宽大的一侧，鼻中隔的前下部为易出血区，受损伤易出血。咽受刺激时容易产生恶心和呕吐等反应，插管通过咽部时，要鼓励患者配合做吞咽动作，帮助插管下降。食管有 3 处生理性狭窄，是插管时容易损伤的部位。

 考点提示

胃的位置、形态与分部。

（三）胃壁的微细结构

胃壁由内向外包括黏膜、黏膜下层、肌层和外膜4层（图3-17）。主要结构特点在黏膜和肌层。

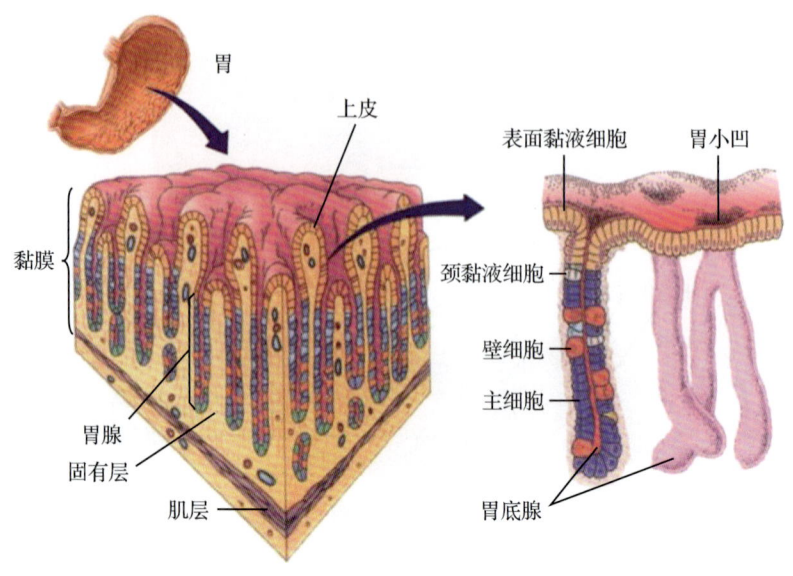

图3-17 胃黏膜的微细结构

1. 黏膜 胃空虚或半充盈时，形成许多黏膜皱襞。其表面分布有许多不规则的小孔，称为**胃小凹**。每个胃小凹底部有3～5条胃腺的开口。

（1）**上皮**：为单层柱状上皮，主要由表面的黏液细胞构成，无杯状细胞。表面黏液细胞的胞质顶部充满黏原颗粒，苏木精-伊红染色标本上着色浅淡，并能分泌含高浓度碳酸氢根的不溶性黏液，覆盖于上皮表面，与上皮细胞之间的紧密连接共同构成胃-黏液屏障，有阻止胃液内盐酸和胃蛋白酶对胃黏膜的自身消化作用。

（2）**固有层**：被大量排列紧密的胃腺所占据。根据部位和结构不同，可将胃腺分为胃底腺、贲门腺和幽门腺。贲门腺和幽门腺分泌黏液。

胃底腺（fundic gland）：分布于胃底和胃体的固有层内，通常分为颈、体、底三部分（图3-18）。胃底腺由主细胞、壁细胞、颈黏液细胞和内分泌细胞组成。①**主细胞**（chief cell）：又称胃酶细胞，数量最多，主要分布于胃底腺的底部。细胞呈柱状，细胞核呈圆形，位于基部，顶部胞质内充满酶原颗粒，胞质基部呈强嗜碱性。主细胞分泌胃蛋白酶原。胃蛋白酶原经盐酸激活后，成为有活性的胃蛋白酶，可参与蛋白

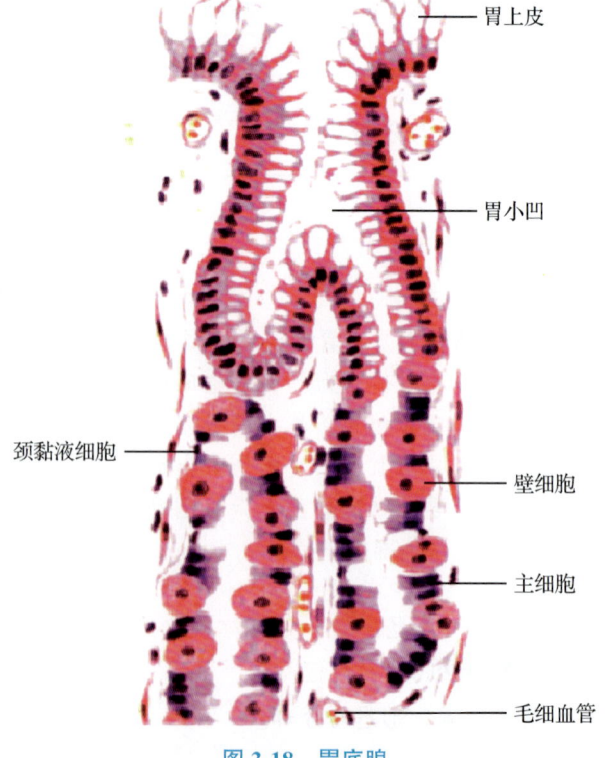

图3-18 胃底腺

质的分解。②**壁细胞**（parietal cell）：又称泌酸细胞，在胃底腺的体部与颈部居多。细胞较大，呈圆形或锥体形。细胞底部较宽，紧贴基膜，顶端较窄。细胞核呈圆形，位于中央，有的可见双核，胞质呈嗜酸性。壁细胞能合成和分泌盐酸，提供胃蛋白酶水解蛋白质的适宜环境；并能刺激胃肠内分泌细胞和胰腺的分泌；还有杀菌作用。壁细胞还分泌一种糖蛋白，称为**内因子**。内因子能与维生素 B_{12} 结合成复合物，使维生素 B_{12} 不被水解酶破坏，并能促进回肠对维生素 B_{12} 的吸收。故内因子缺乏时，维生素 B_{12} 吸收障碍，可引起恶性贫血。③**颈黏液细胞**（neck mucous cell）：位于胃底腺的颈部，数量较少，夹在其他细胞之间。细胞呈楔形，细胞核呈扁平状，位于细胞基底部。颈黏液细胞分泌黏液。

2. **黏膜下层**　为较致密的结缔组织，含有较大的血管、淋巴管和神经。
3. **肌层**　较厚，由内斜、中环、外纵3层平滑肌构成（图3-19）。环行平滑肌在贲门和幽门处分别形成贲门括约肌和幽门括约肌。
4. **外膜**　为浆膜。

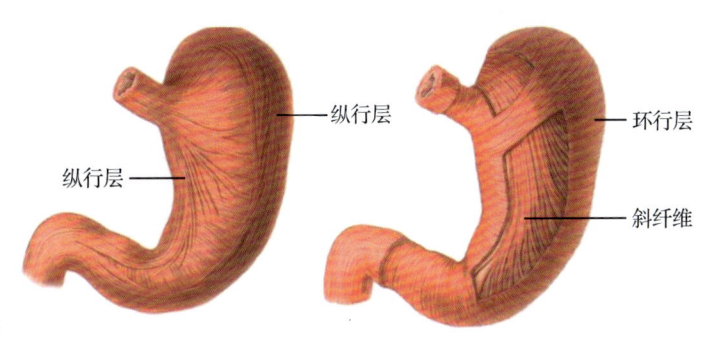

图 3-19　胃的肌层

六、小肠

小肠（small intestine）是消化管中最长的一段，成人长 5~7 m。上起幽门，下接盲肠，分为十二指肠、空肠和回肠三部分。小肠是食物消化和吸收的主要场所。

（一）十二指肠

十二指肠（duodenum）是小肠的起始段，全长约 25 cm，呈"C"字形包绕胰头，分为上部、降部、水平部和升部四部分（图3-20）。

1. **上部**　在第1腰椎体右侧起自幽门，斜向右上方，至肝门下方急转向下移行为降部。其起始处的管腔较大，管壁较薄，黏膜面光滑、无皱襞，称为**十二指肠球**，是十二指肠溃疡的好发部位。
2. **降部**　在第1腰椎体右侧垂直下行至第3腰椎体右侧转向左接水平部。降部黏膜的环状襞发达，其后内侧壁有一纵行皱襞，称为**十二指肠纵襞**，其下端的圆形隆起，称为**十二指肠大乳头**，是胆总管和胰管的共同开口处，距中切牙约 75 cm。有时在十二指肠大乳头上方可见**十二指肠小乳头**，有副胰管开口。
3. **水平部**　又称下部，自十二指肠降部起始，向左横行达第3腰椎体左侧续于升部。
4. **升部**　起自第3腰椎体左侧，斜向左上方，达第2腰椎体左侧急转向前下方，移行为空肠。升部与空肠的转折处，称为**十二指肠空肠曲**。十二指肠空肠曲被十二指肠悬肌固定于右膈脚，十二指肠悬肌与包绕其下段的腹膜皱襞共同构成**十二指肠悬韧带**（Treitz 韧带）。十二指肠悬韧带是手术时确认空肠起始端的重要标志。

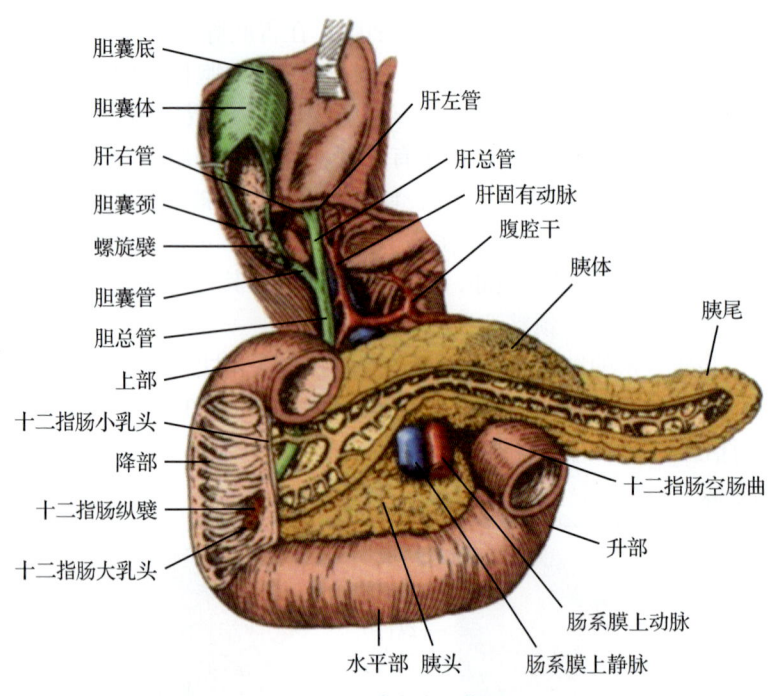

图 3-20 胰和十二指肠

 考点提示

十二指肠的分部。

(二) 空肠与回肠

空肠 (jejunum) 上连十二指肠，**回肠** (ileum) 下续盲肠，盘曲于腹腔中下部（图 3-21）。

空肠与回肠之间无明显界线，一般空肠占前 2/5，位于腹腔左上部，管径大，管壁厚，血管丰富，颜色较红，黏膜皱襞密而高；回肠占后 3/5，位于腹腔右下部，管径细，管壁薄，血管少，颜色较淡，环形皱襞疏而低。空肠、回肠均有系膜连于腹后壁，有较大的活动度。

(三) 小肠壁的微细结构

小肠壁由内向外也包括黏膜、黏膜下层、肌层和外膜 4 层（图 3-22）。黏膜和黏膜下层共同向肠腔突出形成**环状皱襞**。黏膜上皮和固有层共同向肠腔突出形成**肠绒毛**。环状皱襞和肠绒毛扩大了小肠腔的表面积，有利于小肠对营养物质的吸收。

1. 黏膜

(1) 上皮：为单层柱状上皮，主要由吸收细胞和散在的杯状细胞构成（图 3-23）。吸收细胞最多，呈高柱状，细胞核呈椭圆形，位于基部，在光镜下，细胞游离面可见纹状缘；电镜下，由密集排列的微绒毛构成。微绒毛可使细胞游离面的面积扩大约 20 倍。杯状细胞散在于吸收细胞之间，分泌黏液，有润滑和保护作用。从十二指肠至回肠末端，杯状细胞逐渐增多。

(2) 固有层：为疏松结缔组织，除有大量小肠腺外，还有丰富的淋巴细胞、浆细胞、巨噬细胞和嗜酸性粒细胞等。绒毛中轴的固有层结缔组织内有 1~2 条纵行的毛细淋巴管，称为**中央乳糜管**（图 3-23），其周围还有丰富的有孔毛细血管。吸收细胞吸收的脂类物质经中央乳糜管运送，而氨基酸和单糖等水溶性物质经有孔毛细血管入血液。绒毛内还有少量来自黏膜肌层的平滑肌，可使绒毛收缩，有利于物质吸收、淋巴和血液运行。

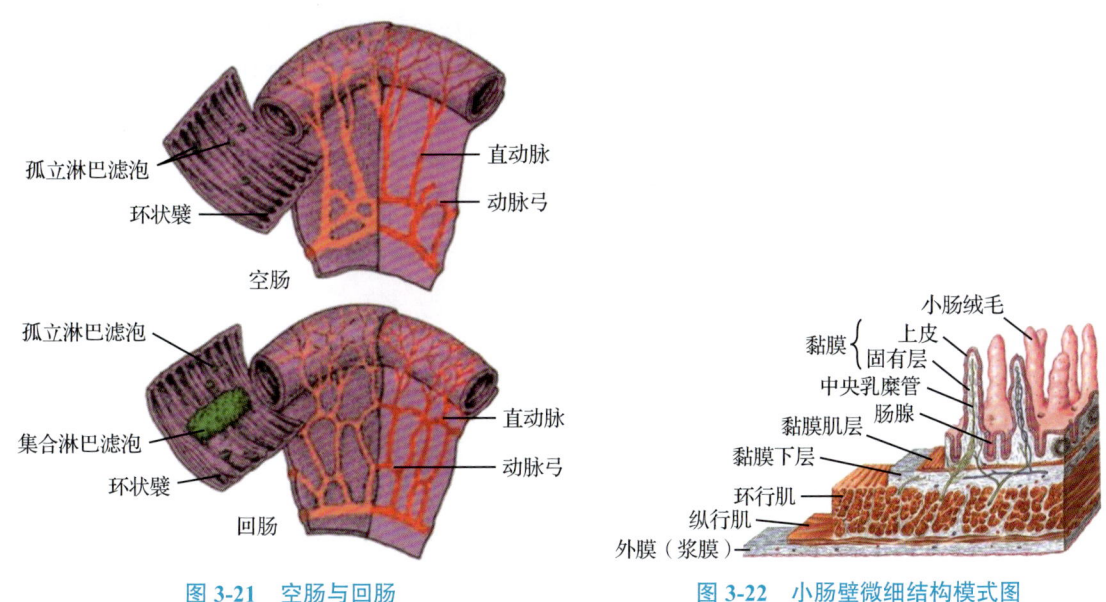

图 3-21　空肠与回肠

图 3-22　小肠壁微细结构模式图

绒毛根部的上皮向固有层内凹陷形成**小肠腺**（图 3-24）。绒毛与小肠腺上皮相连续，小肠腺直接开口于肠腔。小肠腺主要由吸收细胞、杯状细胞和帕内特细胞构成，能分泌多种消化酶。**帕内特细胞**（Paneth cell）又称为潘氏细胞，常三五成群地聚集在小肠腺底部。细胞呈锥体形，细胞核呈圆形，位于基部，胞质顶部充满粗大的嗜酸性分泌颗粒。帕内特细胞可分泌防御素和溶菌酶，对肠道微生物有杀灭作用，具有免疫功能。

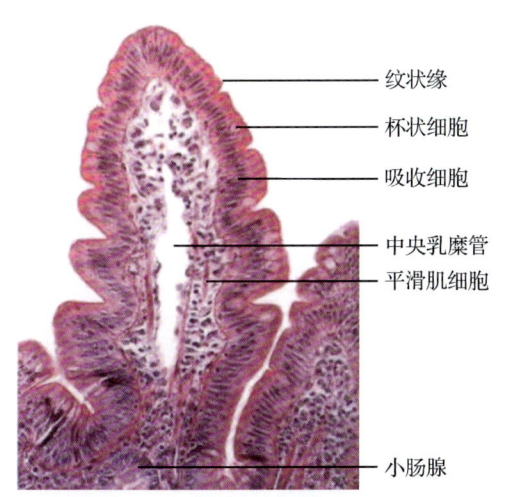

图 3-23　小肠绒毛

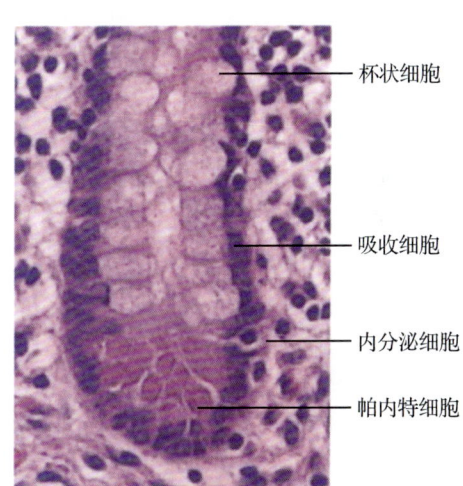

图 3-24　小肠腺

2. **黏膜下层**　为疏松结缔组织，在十二指肠处有十二指肠腺，导管穿过黏膜肌层，开口于小肠腺底部。十二指肠腺分泌碱性黏液，可使十二指肠免受胃酸侵蚀。

3. **肌层**　由内环、外纵 2 层平滑肌组成。

4. **外膜**　大部分为浆膜。

七、大肠

大肠（large intestine）全长约 1.5 m，围绕于空肠、回肠周围，分为盲肠、阑尾、结肠、直肠和肛管五部分。大肠主要吸收水分，分泌黏液，使食物残渣形成粪便并排出体外。

盲肠和结肠具有 3 个特征性结构，即结肠带、结肠袋和肠脂垂，是区别大肠和小肠的标志（图 3-25）。结肠带有 3 条，由肠壁纵行平滑肌增厚形成，沿肠的纵轴排列，汇聚于阑尾根部；结肠袋是肠壁向外呈囊袋状膨出的部分；肠脂垂为结肠带两侧的脂肪突起。

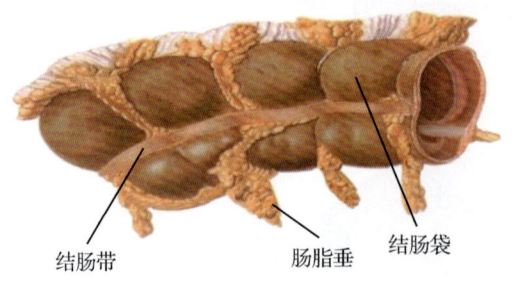

图 3-25　盲肠和结肠的结构特征

（一）盲肠与阑尾

1. 盲肠（caecum）　位于右髂窝内，长 6～8 cm，是大肠的起始部。回肠末端开口于盲肠，开口处称为**回盲口**，口周缘有上、下 2 片唇状黏膜皱襞突入盲肠，称为**回盲瓣**（ileocecal valve），此瓣既可控制回肠内容物进入盲肠的速度，又可防止盲肠内容物逆流入回肠。在回盲瓣下方约 2 cm 处，有阑尾的开口（图 3-26）。

2. 阑尾（vermiform appendix）　长 6～8 cm，为一蚓状突起（图 3-26）。阑尾根部较固定，连于盲肠后内侧壁 3 条结肠带汇集处，手术时可沿结肠带向下寻找阑尾。阑尾尾部游离，位置变化较大。

阑尾根部的体表投影常在脐与右髂前上棘连线的中、外 1/3 交点处，该点称为**麦氏点**（McBurney point）（图 3-27）。急性阑尾炎时，此处常有明显的压痛。

 考点提示

阑尾的位置、根部的体表投影。

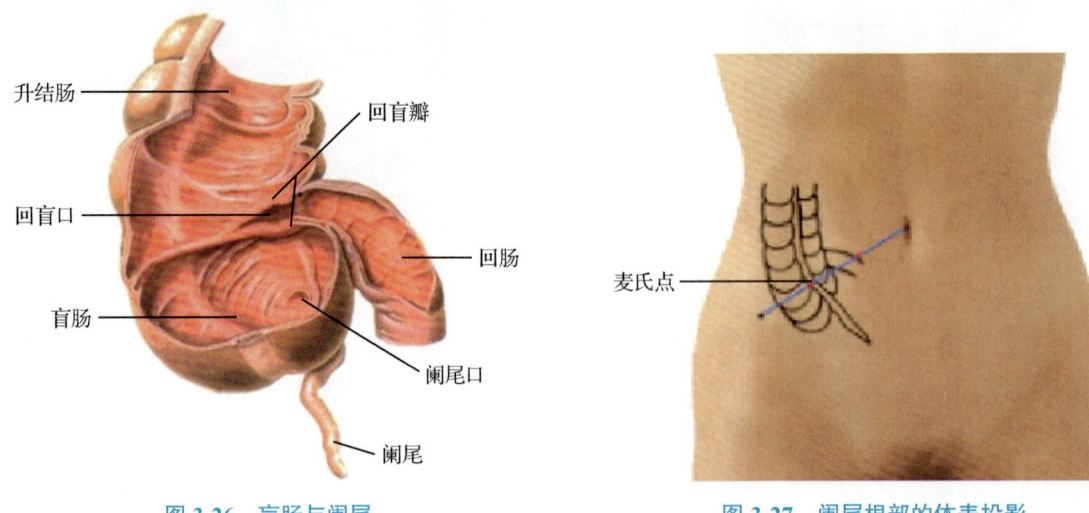

图 3-26　盲肠与阑尾　　　　　图 3-27　阑尾根部的体表投影

（二）结肠

结肠（colon）围绕在空肠、回肠周围，可分为升结肠、横结肠、降结肠和乙状结肠四部分

（图 3-28）。

1. **升结肠**　起自盲肠，沿腹后壁右侧上升至肝右叶下方，转向左移行为横结肠。弯曲部称为结肠右曲或肝曲。升结肠属腹膜间位器官，无系膜，后面借结缔组织贴附于腹后壁，因此活动性甚小。

2. **横结肠**　起自结肠右曲，向左横行至脾下方转折向下，续接降结肠。弯曲部称为结肠左曲或脾曲。横结肠属腹膜内位器官，借系膜连于腹后壁，活动性较大，常形成一下垂的弓形弯曲。

3. **降结肠**　起自结肠左曲，沿腹后壁左侧下降至左髂嵴处移行于乙状结肠。降结肠属腹膜间位器官，无系膜，借结缔组织直接贴附于腹后壁，活动性很小。

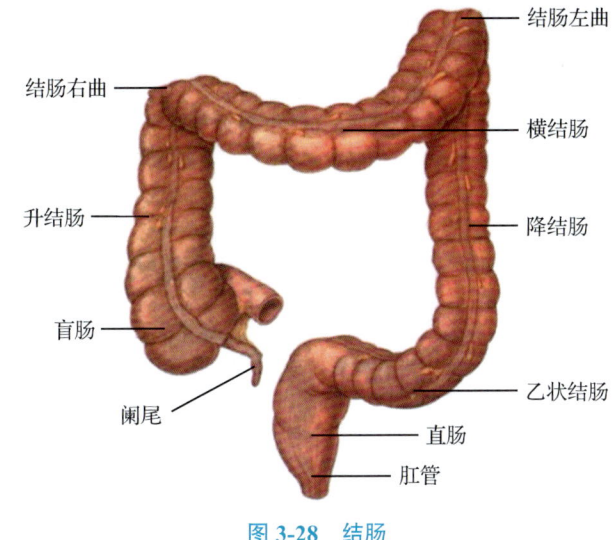

图 3-28　结肠

4. **乙状结肠**　在左髂窝内，呈"乙"字形弯曲，至第 3 骶椎平面移行于直肠。乙状结肠属腹膜内位器官，借系膜连于盆腔侧壁，活动性较大。若系膜过长，可造成乙状结肠扭转。

（三）直肠

直肠（rectum）长 10～14 cm，位于盆腔后部。在第 3 骶椎前方上接乙状结肠，沿骶、尾骨前面下行，穿过盆膈移行于肛管。直肠并非直行，在矢状面上有 2 个弯曲：骶曲位于骶骨前面，凸向后；会阴曲位于尾骨尖前面，凸向前。

直肠下段肠腔膨大，称为**直肠壶腹**，内面有 3 个半月形的横行皱襞，称为**直肠横襞**（图 3-29）。其中位于直肠右前壁的一个直肠横襞最大，且位置恒定，距肛门 7～11 cm，可作为直肠镜检查的定位标志。

（四）肛管

肛管（anal canal）是消化管中最短的一段，长 3～4 cm，上接直肠，末端终于肛门（图 3-29）。肛管内面有 6～10 条纵行的黏膜皱襞，称为**肛柱**。肛柱下端借半月形的黏膜皱襞相连，称为**肛瓣**。肛瓣与相邻肛柱下端形成开口向上的小隐窝，称为**肛窦**。肛窦易积存粪便，诱发感染，严重时可形成肛门周围脓肿或肛瘘。

各肛柱下端与肛瓣共同连成的锯齿状环形线，称为**齿状线**（dentate line），又称肛皮线，是皮肤与黏膜的分界线。齿状线以上为黏膜，以下为皮肤。在齿状线下方有宽约 1 cm 微凸的环形带，称为**肛梳**或痔环。肛管黏膜下和皮下有丰富的静脉丛，病理情况下可曲张突起形成痔。发生在齿状线以上的，称为内痔；发生在齿状线以下的，称为外痔。在肛梳下缘有一浅蓝色的环形线，称为**白线**，是肛门内、外括约肌的分界处。

肛管周围有肛门内、外括约肌环绕。肛门内括约肌属平滑肌，是肠壁环行肌增厚而成，

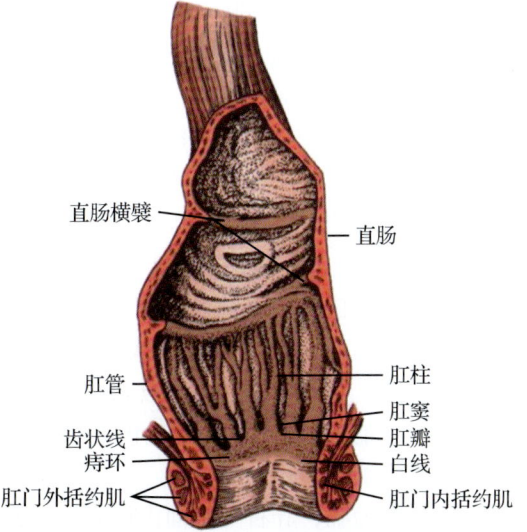

图 3-29　直肠和肛管内面观（后壁）

有协助排便的作用；肛门外括约肌为骨骼肌，围绕在肛门内括约肌周围，有括约肛门控制排便的作用。

> **知识链接**
>
> **痔**
>
> **痔**是临床常见的肛管疾病，多见于经常站立或久坐者、妊娠期妇女等，常言道"十男九痔""十女十痔"。根据发生部位不同，痔可分为内痔、外痔和混合痔。目前认为外痔是齿状线远侧皮下血管丛的病理性扩张或血栓形成，内痔是齿状线以上血管丛的病理性扩张或血栓形成，混合痔是内痔和外痔的混合体。在日常生活中，合理饮食，多食富含纤维素的食物；养成良好的生活习惯，不熬夜、少饮酒，养成定期排便的习惯；坚持运动，改善肛提肌功能，保持坐浴的习惯，加快局部血液循环，可以预防痔的发生。

第三节 消化腺

消化腺（digestive gland）包括大唾液腺、肝和胰，以及位于消化管壁内的小腺体。消化腺的主要功能是分泌消化液，参与食物的消化。本节介绍肝和胰。

一、肝

肝（liver）是人体内最大的腺体，也是人体最大的实质性器官。我国成人肝的重量占体重的 1/50～1/40，男性为 1230～1450 g，女性为 1100～1300 g，胎儿和新生儿的肝相对较大，重量可达体重的 1/20，其体积可占腹腔容积的一半以上。肝细胞分泌的胆汁，经输胆管道输送至十二指肠，参与食物的消化。肝还具有代谢、解毒、防御和造血等功能。

（一）肝的形态

肝呈红褐色，质软而脆，易受外力冲击而破裂。肝呈楔形，分为上、下两面和前、后、左、右四缘（图 3-30）。肝上面隆凸，与膈相贴，称为**膈面**，借矢状位的**镰状韧带**将肝的膈面分为肝右叶和肝左叶。膈面后部未被腹膜覆盖的部分，称为**肝裸区**。肝下面凹凸不平，与腹腔器官相邻，称为**脏面**。脏面有一近似"H"形的沟，其正中的横沟，称为**肝门**（porta hepatis），是肝固有动脉、肝门静脉、肝左管、肝右管、神经及淋巴管等出入的部位。出入肝门的这些结构被结缔组织所包绕，合称为**肝蒂**（hepatic pedicle）。左侧纵沟前部有**肝圆韧带**，是胚胎时期脐静脉闭锁后的遗迹；后部有**静脉韧带**，是胚胎时期静脉导管闭锁后的遗迹。右侧纵沟前部有**胆囊窝**，容纳胆囊；后部为**腔静脉沟**，容纳下腔静脉。肝的脏面借"H"形沟分为 4 叶，即肝右叶、肝左叶、方叶和尾状叶；下缘和左缘薄而锐利，后缘和右缘圆钝。在腔静脉沟上端，有 2～3 条肝静脉出肝后立即注入下腔静脉，临床上常称此处为第二肝门。

（二）肝的位置与体表投影

肝大部分位于右季肋区和腹上区，小部分位于左季肋区（图 3-3）。肝上界与膈穹窿一致，其右侧最高点相当于右锁骨中线与第 5 肋的交点，左侧相当于左锁骨中线与第 5 肋间隙的交点；肝下界，右侧与右肋弓一致，在腹上区可超出剑突下 3～5 cm，故体检时正常成人在右肋弓下一般不能触及肝。7 岁以前的儿童，肝下缘可超出右肋弓下缘 1～2 cm。平静呼吸时，肝可上、下移动 2～3 cm。

肝上方为膈；肝右叶脏面由前到后分别与结肠右曲、十二指肠、右肾和右肾上腺相邻，肝左叶与胃前壁相邻，后上部与食管腹部相邻。

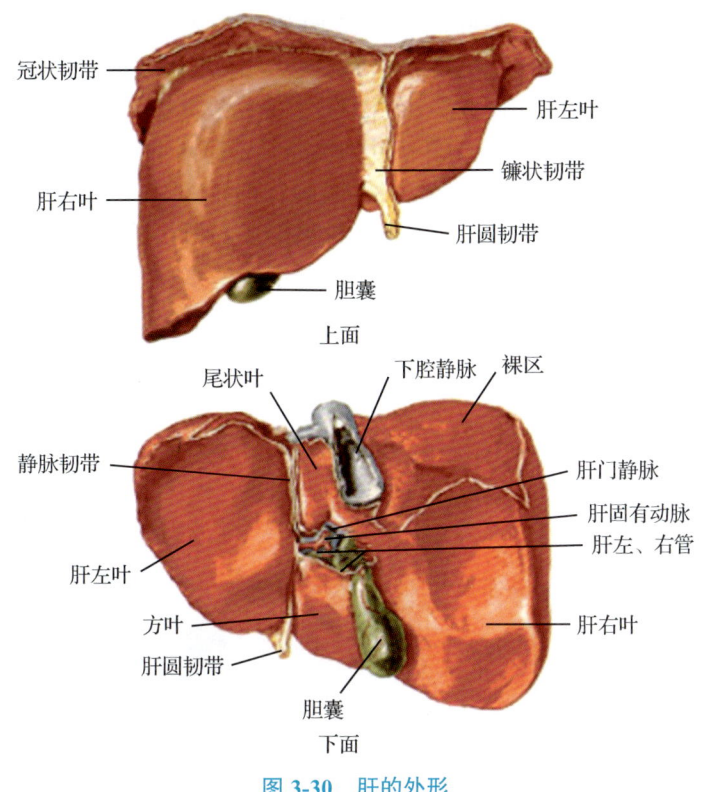

图 3-30 肝的外形

> **考点提示**
> 肝的位置、形态及体表投影。

（三）肝的微细结构

肝表面大部分覆以致密的结缔组织被膜，肝门处的结缔组织随血管、神经和淋巴管等伸入肝实质，将实质分隔成许多肝小叶，小叶间各种管道聚集的部位，称为肝门管区（图 3-31）。

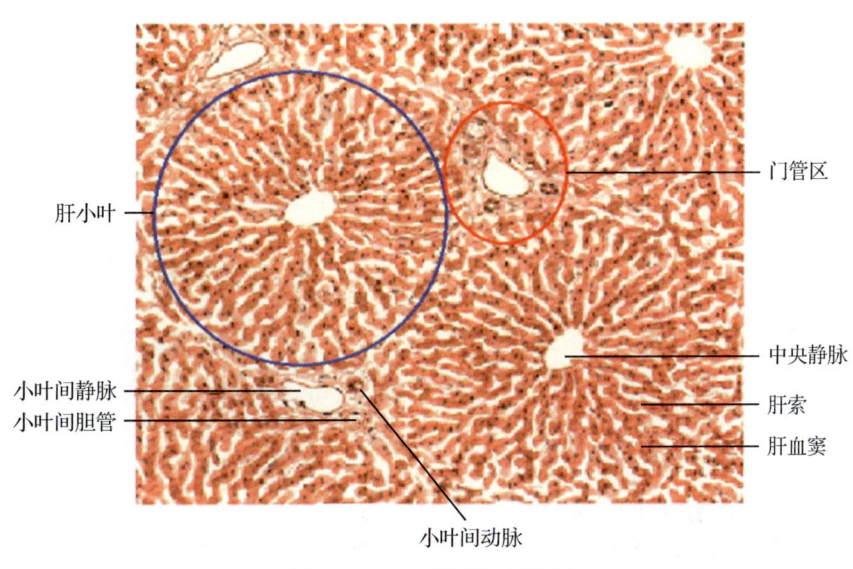

图 3-31 肝光镜结构示意图

1. **肝小叶**（hepatic lobule） 是肝的基本结构和功能单位，呈多面棱柱体。成人肝有50万～100万个肝小叶。肝小叶以中央静脉为中心，围绕中央静脉呈放射状排列的有肝板（索）、肝血窦、窦周隙和胆小管（图3-31，图3-32）。

（1）**中央静脉**（central vein）：位于肝小叶中央，管壁薄而不完整，有肝血窦的开口。肝血窦的血液均流向中央静脉，几个相邻肝小叶的中央静脉再汇合成小叶下静脉。

（2）**肝板**（hepatic plate）：是由肝细胞单行排列形成的板状结构，相邻肝板互相吻合呈网状，因切面上呈条索状，故又称肝索（图3-33）。肝细胞呈多边形，细胞核大而圆，居中，有1～2个明显的核仁，有时可见双核，胞质呈嗜酸性。电镜下，胞质内含有丰富的细胞器和包含物，如线粒体、高尔基复合体、粗面内质网、滑面内质网、溶酶体及糖原（图3-34）。

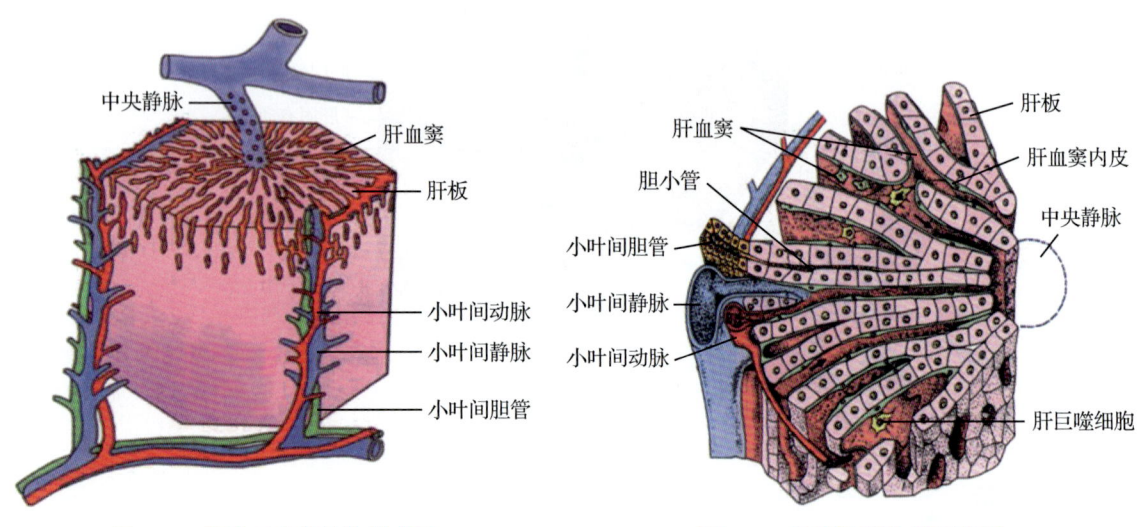

图 3-32　肝小叶立体结构模式图　　　　图 3-33　肝板和肝血窦示意图

（3）**肝血窦**（hepatic sinusoid）：是位于相邻肝板之间的不规则腔隙，相互连接成网，接受肝门静脉和肝固有动脉分支的血液，与肝细胞进行充分的物质交换后，汇入中央静脉。窦壁由内皮细胞组成，窦腔内有肝巨噬细胞。肝巨噬细胞又称**库普弗细胞**（Kupffer cell），是定居在肝血窦内的巨噬细胞，形态不规则，以突起附着在血窦内皮细胞上（图3-34）。该细胞属于单核吞噬细胞系统，具有吞噬能力，可清除血液中的细菌、异物和衰老死亡的红细胞等，参与机体的免疫功能。

（4）**窦周隙**（perisinusoidal space）：为肝血窦内皮细胞与肝细胞之间的狭小间隙，又称Disse间隙（图3-34）。窦周隙内充满由肝血窦渗出的血浆。电镜下，肝细胞的微绒毛伸入血浆中，所以窦周隙是肝细胞与血液进行物质交换的场所。窦周隙内还有少量网状纤维和形状不规则的**贮脂细胞**，贮脂细胞具有贮存维生素A、脂肪和合成网状纤维等功能。

（5）**胆小管**（biliary ductuli）：是相邻肝细胞的细胞膜局部凹陷形成的微细管道，以盲端起于中央静脉周围的肝板内，随肝板走行并

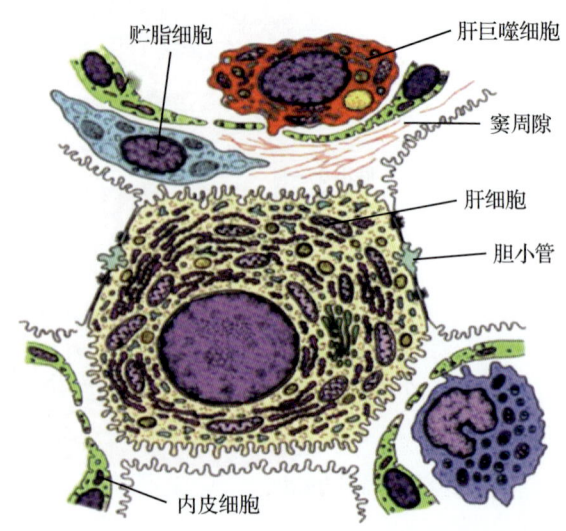

图 3-34　肝细胞、肝血窦和胆小管电镜结构模式图

互相吻合成网（图 3-33，图 3-34）。胆小管腔内有微绒毛，接近胆小管的相邻肝细胞形成紧密连接和桥粒等，封闭胆小管周围的细胞间隙。肝细胞分泌的胆汁直接进入胆小管，向肝小叶周边走行，汇入肝门管区内的小叶间胆管。当胆道堵塞或肝细胞大量坏死时，胆小管的结构被破坏，其内的胆汁溢入窦周隙而入血，导致患者出现黄疸。

2. **肝门管区**（portal area） 是相邻肝小叶之间的三角形或不规则结缔组织小区，可见小叶间动脉、小叶间静脉和小叶间胆管。每个肝小叶周围均有 3～4 个门管区。小叶间动脉是肝固有动脉的分支，管腔小，管壁较厚；小叶间静脉是肝门静脉的分支，管腔大，管壁薄，形态不规则；小叶间胆管由单层立方或低柱状上皮构成（图 3-35）。

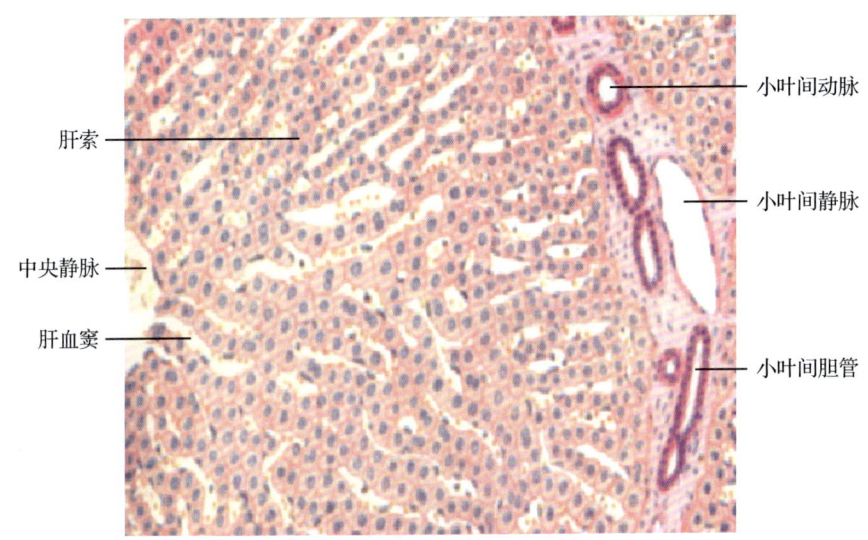

图 3-35　肝门管区

3. **肝的血液循环**　肝接受肝门静脉和肝固有动脉的双重血液供应。

（1）**肝门静脉**：是肝的功能血管，主要收集来自胃肠道的血液，将胃肠道的营养物质运送至肝细胞内代谢和转化，其血量约占肝总血量的 3/4。肝门静脉入肝后反复分支，在小叶间结缔组织内形成小叶间静脉，其末端与肝血窦通连。

（2）**肝固有动脉**：是肝的营养血管，富含氧和营养物质，其血量约占肝总血量的 1/4。肝固有动脉入肝后，其分支与肝门静脉的分支伴行，在小叶间结缔组织内形成小叶间动脉，末端也通入肝血窦。

（四）肝内胆汁的排出途径

肝细胞分泌的胆汁进入胆小管，其内的胆汁从肝小叶中央流向周边，胆小管在小叶周边汇合成短小的管道，称为**闰管**或黑林管，管径细，由单层立方上皮构成。闰管与小叶间胆管相连，后者在肝门处汇集成肝左管和肝右管出肝。

（五）肝外胆道系统

肝外胆道系统包括胆囊、肝左管和肝右管、肝总管及胆总管等（图 3-36）。这些管道与肝内胆道一起，将肝细胞分泌的胆汁输送入十二指肠。

1. **胆囊**（gallbladder）　位于肝脏面的胆囊窝内，为贮存和浓缩胆汁的囊状器官，呈梨形，容量为 40～60 ml，胆囊分为底、体、颈、管四部分（图 3-36）。胆囊底是胆囊突

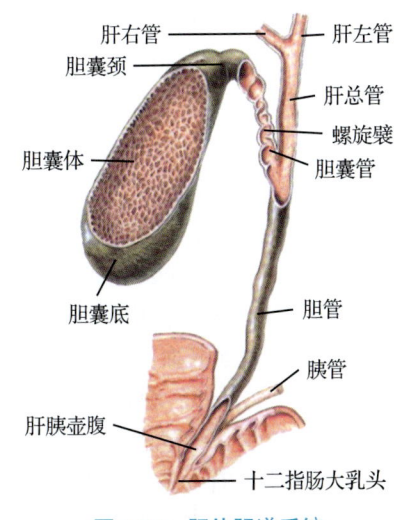

图 3-36　肝外胆道系统

向前下方的盲端，可贴近腹前壁，其体表投影在右锁骨中线与肋弓相交处的稍下方，胆囊炎时，此处可有压痛；中部为胆囊体，与底之间无明显界限；后端为狭细的胆囊颈；向后下方移行为胆囊管。胆囊管比胆囊颈稍细，长3～4cm，直径为0.2～0.3cm，在肝十二指肠韧带内与肝总管汇合成胆总管。

胆囊内面衬以黏膜，在胆囊颈和胆囊管处，黏膜呈螺旋状突入管腔，形成螺旋襞，可控制胆汁的出入，有时较大的结石也常由于螺旋襞的阻碍而嵌顿于此。

2. **肝左管**、**肝右管**和**肝总管**　肝左管和肝右管汇合成肝总管。肝总管长约3cm，下行于肝十二指肠韧带内，并在韧带内与胆囊管以锐角汇合成胆总管。

3. **胆总管**（common bile duct）　由肝总管与胆囊管汇合而成（图3-36），长4～8cm，直径0.6～0.8cm，若直径超过1.0cm，可视为病理状态。胆总管在肝十二指肠韧带内下行，经十二指肠上部后方，斜穿十二指肠降部后内侧壁，与胰管汇合，形成一略膨大的共同管道，称为**肝胰壶腹**（法特壶腹），开口于十二指肠大乳头。肝胰壶腹周围的环形平滑肌增厚形成**肝胰壶腹括约肌**（奥迪括约肌），其收缩与舒张可控制胆汁和胰液的排放。

肝细胞分泌的胆汁输送至十二指肠所经过的管道，称为**输胆管道**。胆汁的排出途径可归纳如下（图3-37）。

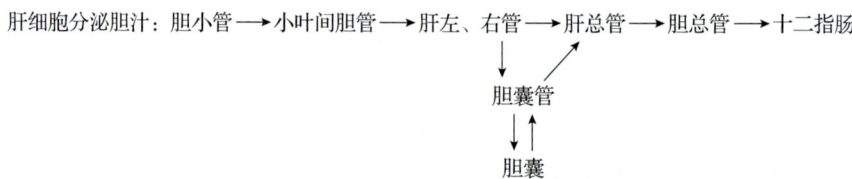

图 3-37　胆汁的产生与排出途径

考点提示

肝外胆道的组成，胆汁的产生及排出途径。

二、胰

胰（pancreas）是人体第二大消化腺，能分泌胰液和激素，具有消化食物和调节血糖的功能。

（一）胰的位置与毗邻

胰位于腹腔后上部，平对第1～2腰椎体水平（图3-38）。胰的前面隔网膜囊与胃毗邻，后方有下腔静脉、胆总管、肝门静脉和腹主动脉等，其右端被十二指肠环抱，左端邻近脾门。由于胰的位置较深，前方有胃、横结肠和大网膜等遮盖，故胰病变时，在早期腹壁体征往往不明显，从而增加了诊断的难度。

（二）胰的形态

胰质地柔软，呈灰红色，长17～20cm，重82～117g。胰可分为头、颈、体、尾四部分（图3-38）。胰头为胰右端膨大的部分，位于第1～2腰椎体右前方，被十二指肠包绕，下份突向左侧，称为**钩突**，钩突与胰头之间走行有肠系膜上动、静脉。故胰头肿大时，可压迫肝门静脉起始部，影响其血液回流，出现腹水和脾大等症状；胰颈是位于胰头与胰体之间的狭窄扁薄部分，长2～2.5cm，胰颈前上方邻接胃幽门，其后面有肠系膜上静脉和肝门静脉的起始部通过；胰体位于胰颈与胰尾之间，占胰中间的大部分，与胃后壁相邻；胰尾较细，向左上方伸至脾门。

胰实质内有一条纵贯其全长的**胰管**，其走行与胰长轴一致，从胰尾经胰体走向胰头，沿途收集胰液，于十二指肠降部与胆总管汇合成肝胰壶腹，并开口于十二指肠大乳头。有时在胰头

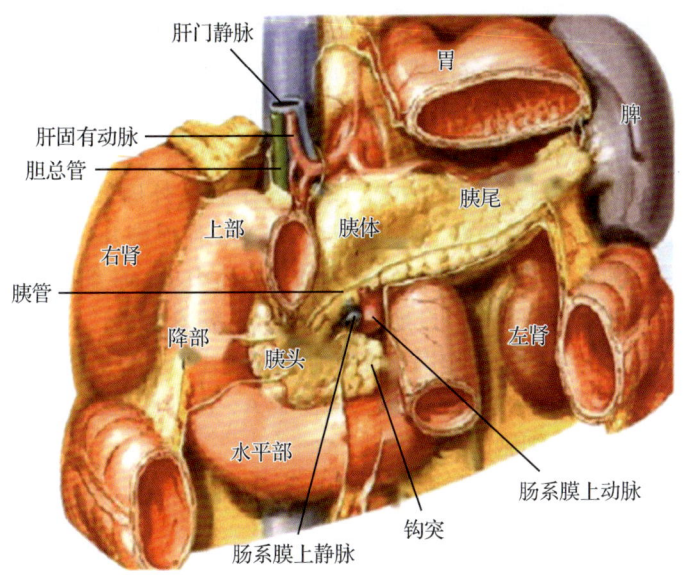

图 3-38 胰的位置与形态

上部可见一小管，走行于胰管上方，称为**副胰管**，开口于十二指肠小乳头，主要引流胰头前上部的胰液。

（三）胰的微细结构

胰表面覆以结缔组织被膜，被膜伸入胰实质内，将其分隔成若干小叶。胰实质由外分泌部和内分泌部组成（图 3-39）。外分泌部为胰的主要部分，由腺泡和导管组成，分泌的胰液内含多种消化酶；内分泌部为大小不一的细胞团，分散在外分泌部中，故又称胰岛，能分泌多种激素。

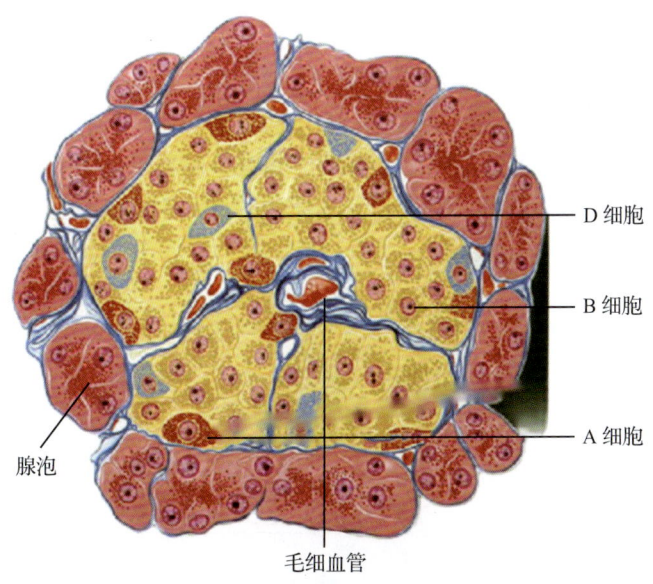

图 3-39 胰的微细结构

1. **外分泌部** 包括腺泡和导管两部分。

（1）**腺泡**：为浆液性腺泡，由浆液性腺细胞组成。腺细胞分泌多种消化酶，包括胰淀粉酶、胰脂肪酶、胰蛋白酶原和糜蛋白酶原等。

（2）**导管**：由闰管、小叶内导管、小叶间导管和胰管构成。胰管开口于十二指肠大乳头，将消化酶运送至十二指肠。闰管腔小，从小叶内导管至胰管，管腔逐渐增大，上皮由单层立方逐渐变为单层柱状，胰管为单层高柱状上皮，上皮内可见杯状细胞。

2. **胰岛**（pancreas islet） 由内分泌细胞组成，散在于腺泡之间，胰尾部较多，大小不等。腺细胞排列成索状或团状，染色浅淡，细胞间有丰富的毛细血管。用特殊染色法染色，可显示胰岛的内分泌细胞。

（1）A 细胞：约占胰岛细胞总数的 20%，多分布于胰岛外周部，A 细胞分泌**胰高血糖素**（glucagon），能促进糖原分解为葡萄糖，并抑制糖原合成，使血糖升高。

（2）B 细胞：约占胰岛细胞总数的 70%，多位于胰岛中央，B 细胞分泌**胰岛素**（insulin），能促进肝细胞等吸收血液中的葡萄糖，合成糖原，降低血糖浓度。

通过胰高血糖素与胰岛素的协调作用，维持血糖浓度处于动态平衡。

（3）D 细胞：约占胰岛细胞总数的 5%，散在于 A、B 细胞之间，D 细胞分泌**生长抑素**，以旁分泌方式抑制 A、B、PP 细胞的分泌活动。

（4）PP 细胞：数量很少，存在于胰岛周边，能分泌胰多肽，抑制胃肠运动和胰液分泌，减弱胆囊收缩。

> 考点提示
>
> 胰岛的结构及功能。

第四节　腹　膜

一、腹膜、腹膜腔与腹腔的概念

腹膜（peritoneum）是一层薄而光滑的浆膜，由间皮和少量结缔组织构成（图 3-40）。依其覆盖部位不同，可分为壁腹膜和脏腹膜两部分。壁腹膜被覆于腹、盆壁内面和膈下面；脏腹膜覆盖在腹、盆腔脏器的表面。脏、壁腹膜相互移行围成的不规则潜在性腔隙，称为**腹膜腔**（peritoneal cavity）。腹膜腔内含少量浆液，有润滑和减少脏器运动时相互摩擦的作用。男性腹膜腔是完全封闭的，女性可经输卵管腹腔口开口于腹膜腔，因而女性腹膜腔可经生殖管道与外界相通。

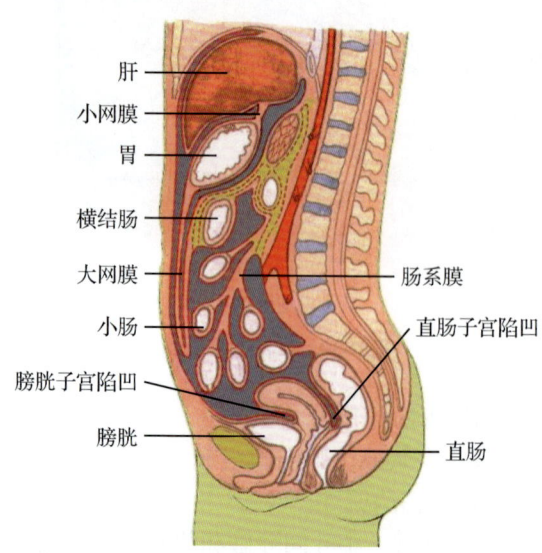

图 3-40　腹、盆腔正中矢状切面模式图（女性）

腹膜腔与腹腔在解剖学上是两个不同而又相关的概念。**腹腔**（abdominal cavity）是指小骨盆上口以上，膈以下，腹前外侧壁与腹后壁之间的腔隙。广义的腹腔包括小骨盆腔在内。实际上，腹膜腔是套在腹、盆腔内。腹、盆腔脏器均位于腹腔之内，腹膜腔之外。临床应用时，对腹膜腔和腹腔的区分常常并不严格，但有的手术（如肾和膀胱）常在腹膜外进行，并不需要通过腹膜腔，因此，手术者应对这两个腔有明确的概念。

腹膜具有分泌、吸收、保护、支持和修复等功能。由于腹膜上部吸收能力强，下部吸收能力较弱。因此，当腹膜腔感染时，临床上常采取半卧位，使脓液积聚于盆腔内，从而减少毒素的吸收，减轻感染中毒症状。

 考点提示

腹膜腔的概念。

二、腹膜与腹腔、盆腔器官的关系

根据腹、盆腔器官被腹膜覆盖范围大小的不同，可将腹、盆腔器官分为3种类型（图3-40）。

（一）腹膜内位器官

器官几乎全部被腹膜所包裹，如胃、十二指肠上部、空肠、回肠、盲肠、阑尾、横结肠、乙状结肠、脾、卵巢和输卵管。

（二）腹膜间位器官

器官的大部分或三面均被腹膜所覆盖，如肝、胆囊、升结肠、降结肠、子宫、充盈的膀胱和直肠上段。

（三）腹膜外位器官

器官仅有一面或小部分被腹膜覆盖，如肾、肾上腺、输尿管、空虚的膀胱、十二指肠（降部、水平部和升部）、直肠中下段和胰。

了解脏器与腹膜的关系，具有重要的临床意义，如腹膜内位器官手术必须通过腹膜腔，而肾和输尿管等腹膜外位器官则不必打开腹膜腔便可进行手术，从而避免腹膜腔感染和术后粘连。

三、腹膜形成的结构

壁腹膜与脏腹膜相互移行，以及器官之间的脏腹膜在移行过程中形成网膜、系膜、韧带和陷凹等。这些结构不仅对器官起着连接和固定作用，而且是血管和神经出入器官的途径。

（一）网膜

网膜（omentum）是与胃小弯和胃大弯相连的腹膜结构，其间有血管、神经、淋巴管和结缔组织等。

1. 大网膜（greater omentum） 是连于胃大弯与横结肠之间的4层腹膜结构，形似围裙覆盖于空、回肠和横结肠的前面（图3-41）。覆盖于胃前、后壁的脏腹膜在胃大弯处互相愈合，形成大网膜的前两层，自胃大弯下垂至腹下部后反折向上，形成大网膜的后两层，连于横结肠并移行为横结肠系膜，与腹后壁腹膜相续。大网膜前、后层随年龄增长常粘连愈合，而连于胃大弯与横结肠之间的大网膜前两层则形成**胃结肠韧带**。

大网膜内含有吞噬细胞，具有重要的防御功能。当腹腔器官发生炎症时，大网膜游离部向病灶处移动，并包裹病灶以限制其蔓延。小儿大网膜较短，故当下腹部器官病变时（如阑尾炎穿孔），由于大网膜不能将其包围局限，常造成弥漫性腹膜炎。

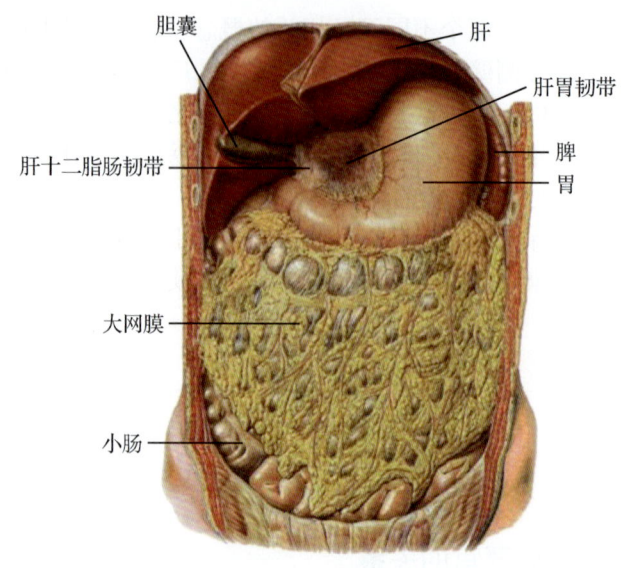

图 3-41 网膜

2. **小网膜**（lesser omentum） 是连于肝门与胃小弯和十二指肠上部之间的双层腹膜结构（图 3-41）。肝门与胃小弯之间的部分，称为**肝胃韧带**，肝门与十二指肠上部之间的部分，称为**肝十二指肠韧带**（hepatoduodenal ligament），其右缘游离，内有胆总管、肝固有动脉和肝门静脉通过。其后方为网膜孔，通过网膜孔可进入网膜囊。

3. **网膜囊与网膜孔** **网膜囊**（omental bursa）是小网膜和胃后壁与腹后壁腹膜之间的一个扁窄间隙，又称小腹膜腔（图 3-42），为腹膜腔的一部分。网膜囊前壁为小网膜、胃后壁腹膜和胃结肠韧带；后壁为横结肠及其系膜，以及覆盖在胰、左肾和左肾上腺等处的腹膜；上壁为肝尾状叶和膈下方的腹膜；下壁为大网膜前、后层的愈合处。网膜囊左侧为脾、胃脾韧带和脾肾韧带；右侧借网膜孔通腹膜腔的其余部分。**网膜孔**（omental foramen）上界为肝尾状叶，下界为十二指肠上部的起始段，前界为肝十二指肠韧带游离右缘，后界为覆盖下腔静脉的腹后壁腹膜。网膜孔一般仅可通过 1～2 根手指。

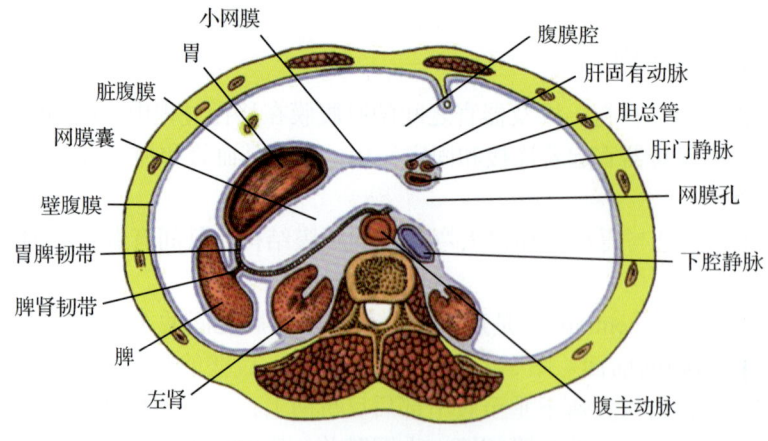

图 3-42 腹膜腔横断面示意图

网膜囊的结构和毗邻特点在临床上具有重要意义。如胃溃疡胃后壁穿孔时，内容物常局限于网膜囊内，形成上腹部局限性腹膜炎，继之常引起粘连，如胃后壁与横结肠系膜或胰粘连，从而增加了手术的复杂性。胃后壁、胰疾患或网膜囊积液时，均须进行网膜囊探查。

（二）系膜

由于壁腹膜、脏腹膜相互延续移行，形成了将器官固定于腹、盆壁的双层腹膜结构，称为**系膜**，其内含有出入该器官的血管、神经以及淋巴管和淋巴结等（图3-43）。

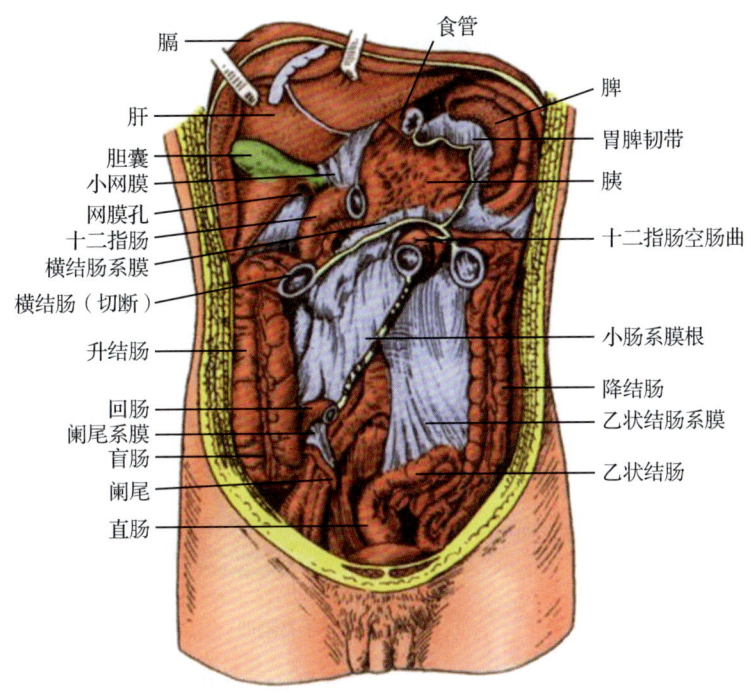

图3-43 腹膜形成的结构

1. **肠系膜**（mesentery） 是将空、回肠连于腹后壁的双层腹膜结构，呈扇形，其附着于腹后壁的部分，称为**肠系膜根**，长约15 cm，起自第2腰椎左侧，斜向右下，止于右骶髂关节前方。由于肠系膜根和空、回肠的长度相差悬殊，故有利于空、回肠的活动，对消化和吸收有促进作用，但也易发生肠扭转和肠套叠等急腹症。

2. **阑尾系膜** 呈三角形，将阑尾系于肠系膜下端。其游离缘中有阑尾血管走行。

3. **横结肠系膜** 是将横结肠系于腹后壁的双层腹膜结构。

4. **乙状结肠系膜** 位于左髂窝，是将乙状结肠系于盆壁的双层腹膜结构。由于乙状结肠活动度较大，加之系膜较长，故易发生系膜扭转而导致肠梗阻。

（三）韧带

腹膜形成的韧带是指连接腹、盆壁与脏器之间，或连接相邻脏器之间的腹膜结构，多数为双层，少数为单层腹膜构成，对脏器有固定作用。有的韧带内含有血管和神经等。

1. **肝的韧带** 肝脏面有肝胃韧带、肝十二指肠韧带和肝圆韧带；肝膈面有镰状韧带、冠状韧带和左、右三角韧带（图3-30）。

（1）**镰状韧带**：呈矢状位，是上腹前壁和膈下面连于肝上面的双层腹膜结构，位于前正中线右侧。镰状韧带游离缘内含有肝圆韧带。

（2）**冠状韧带**：呈冠状位，是由膈下面的壁腹膜反折至肝膈面所形成的双层腹膜结构。前层向前与镰状韧带相延续，前、后层之间无腹膜被覆的肝表面，称为肝裸区。冠状韧带左、右两端，前、后两层彼此黏合增厚形成左、右三角韧带。

2. **脾的韧带** 包括胃脾韧带和脾肾韧带（图3-42）。

（1）**胃脾韧带**：是连于胃底与脾门之间的双层腹膜结构，内有胃短血管和胃网膜左血管，以及淋巴管和淋巴结等。

（2）**脾肾韧带**：为脾门至左肾前面的双层腹膜结构，内有胰尾、脾血管，以及淋巴结和神经等。

（四）陷凹

陷凹（pouch）为腹膜在盆腔脏器之间移行反折形成（图 3-44）。男性膀胱与直肠之间有**直肠膀胱陷凹**（rectovesical pouch）；女性在膀胱与子宫间有**膀胱子宫陷凹**（vesicouterine pouch），直肠与子宫间有**直肠子宫陷凹**（rectouterine pouch），又称为 Douglas 腔，较深，与阴道穹后部之间仅隔以阴道后壁和脏腹膜。

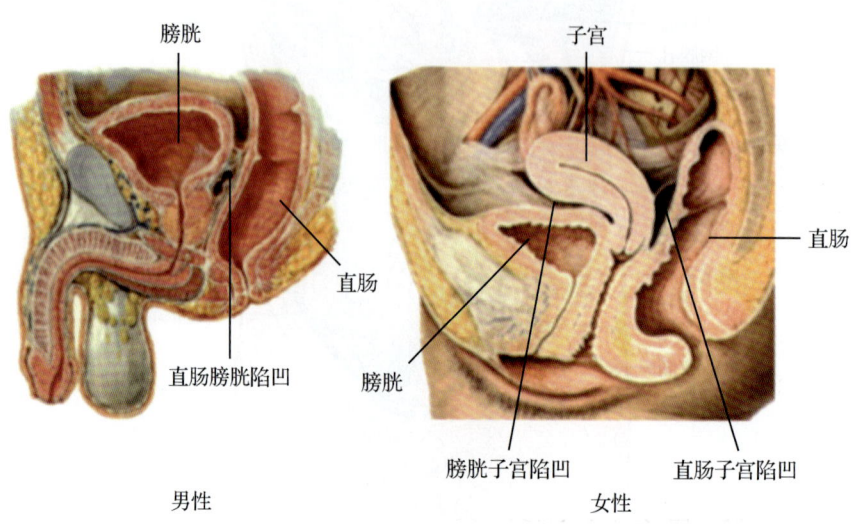

图 3-44 腹膜形成的陷凹

站立位或坐位时，男性的直肠膀胱陷凹和女性的直肠子宫陷凹是腹膜腔的最低处，故腹膜腔内积液多聚积于此。临床上可进行直肠或阴道穹后部穿刺以进行诊断和治疗。

> **思政园地**
>
> **扎根临床的消化名家——张泰昌**
>
> **张泰昌**从医逾五十载，从事消化系统疾病的诊疗工作，曾任中华医学会消化内镜学分会委员、中华医学会北京消化内镜学分会副主任委员、《中华消化内镜杂志》和《中华全科医学杂志》等编委。20 世纪 80 年代初，他在北京市综合医院较早地开展了内镜下胰胆管造影术，于 1986 年开始实施食管静脉丛曲张破裂出血的内镜下硬化治疗。为了开拓自己的眼界，他于 1986 年赴国外进修 1 年，归国后开始消化科的精彩人生。1990 年，他在宣武医院创建了京城医院中第一个消化重症监护室，并积极开展通过球囊扩张治疗顽固性贲门失弛缓症。2010 年，他身体力行地带头开展了老年人无痛胃肠镜诊疗。以后他带领宣武医院消化科，通过不懈的努力，使得这一市级医院的临床科室获得国家卫生健康委员会临床药理基地资质。

（杨　妮）

自 测 题

一、单项选择题

1. 关于上消化道的组成，不包括的是
   A. 口腔 B. 空肠 C. 十二指肠
   D. 食管 E. 胃

2. 关于舌肌的描述，正确的是
   A. 属于舌骨下肌群
   B. 受舌咽神经支配者，为舌外肌
   C. 受舌下神经支配者，为舌内肌
   D. 一侧收缩，舌尖偏向同侧
   E. 一侧瘫痪，伸舌时舌尖偏向患侧

3. 关于牙的描述，正确的是
   A. 牙腔内有牙髓
   B. 牙完全由牙质构成
   C. 可分为牙冠和牙根两部分
   D. 乳牙和恒牙均有前磨牙
   E. 牙冠和牙根表面均覆有釉质

4. 关于食管的描述，正确的是
   A. 成人食管长约 40 cm
   B. 食管第一狭窄距中切牙约 25 cm
   C. 食管第二狭窄在与左支气管交叉处
   D. 食管按行程可分三段，颈段最长
   E. 食管第三狭窄位于与胃的贲门相接处

5. 关于胃的描述，正确的是
   A. 中等度充盈时，大部分位于左季肋区和腹上区
   B. 幽门窦又称幽门部
   C. 胃底位于胃的最低部
   D. 幽门管位于幽门窦右侧
   E. 角切迹位于胃大弯最低处

6. 关于小肠的描述，正确的是
   A. 又称系膜小肠
   B. 分为空肠和回肠两部分
   C. 包括十二指肠、空肠和回肠三部分
   D. 空肠黏膜有集合淋巴滤泡
   E. 回肠黏膜环状襞高而密

7. 阑尾根部的体表投影位于
   A. 脐与右髂前上棘连线的中外 1/3 交点处
   B. 脐与左髂前上棘连线的中外 1/3 交点处
   C. 脐与右髂前上棘连线的中内 1/3 交点处
   D. 脐与左髂前上棘连线的中内 1/3 交点处
   E. 脐与右髂前上棘连线的内外 1/3 交点处

8. 关于肝的描述，正确的是
   A. 位于右季肋区和腹上区
   B. 上界在右锁骨中线平第 5 肋
   C. 上面凹凸不平，可分为 4 叶
   D. 前缘钝圆
   E. 肝静脉由肝门出肝

9. 关于胆囊的描述，正确的是
    A. 为分泌胆汁的器官
    B. 位于肝的胆囊窝内
    C. 后端圆钝为胆囊底
    D. 胆囊管和肝左、右管合成胆总管
    E. 胆囊底的体表投影位于锁骨中线与左肋弓相交处
10. 不属于胃底腺细胞的是
    A. 帕内特细胞   B. 主细胞   C. 壁细胞
    D. 颈黏液细胞   E. 内分泌细胞
11. 关于中央乳糜管的描述，正确的是
    A. 毛细血管，与脂肪吸收有关
    B. 毛细血管，与氨基酸吸收有关
    C. 毛细淋巴管，与单糖吸收有关
    D. 毛细淋巴管，与脂肪吸收有关
    E. 小淋巴管，与脂肪吸收有关
12. 胃底腺主细胞分泌
    A. 盐酸   B. 胃泌素   C. 内因子
    D. 胃蛋白酶原   E. 胃动素
13. 能分泌胆汁的细胞是
    A. 肝细胞   B. 胆囊上皮细胞   C. 胆小管上皮细胞
    D. 胆道上皮细胞   E. 肝闰管上皮细胞
14. 不属于胰岛细胞分泌物的是
    A. 胰高血糖素   B. 生长抑素   C. 胰岛素
    D. 胰蛋白酶   E. 胰多肽

二、名词解释

1. 上消化道   2. 咽峡   3. 麦氏点   4. 肝小叶   5. 腹膜腔

三、简答题

1. 说出消化系统的组成。
2. 说出食管3个生理性狭窄的位置、距中切牙的距离及临床意义。
3. 说出大肠的分部，结肠和盲肠的结构特点。
4. 归纳肝内胆汁排入十二指肠的途径。
5. 绘制胃的彩图。

第四章 呼吸系统

学习目标

1. 说出呼吸系统的组成，上呼吸道和下呼吸道的概念；鼻旁窦的名称、位置、开口及临床意义；气管的位置和形态，左、右主支气管的特点。
2. 描述肺的位置和形态，肺导气部和呼吸部的组成；胸膜腔和纵隔的概念。
3. 能在标本或模型上辨认呼吸系统各器官的位置和形态；在活体上指出肺和胸膜的体表投影；并能运用呼吸系统的相关知识，分析常见呼吸系统疾病的发病基础。
4. 通过呼吸系统相关知识的学习，引导学生树立保护生态环境的社会责任，点燃医学生崇高的医德情感和爱国情怀。

案例 4-1

患儿，男性，9岁，因支气管肺炎在院外静脉滴注青霉素时突发声音嘶哑、呼吸困难、面色青紫来院急诊。体格检查：T 36.5 ℃，R 26 次/分，BP 86/60 mmHg。神志清楚，皮肤、黏膜未见异常，双肺闻及湿啰音，心率 124 次/分，心律齐。临床诊断：青霉素过敏，喉水肿。给予肾上腺素等抗过敏治疗，效果不佳，行气管切开术后缓解。

问题与思考：
1. 呼吸系统由哪些器官组成？
2. 喉腔分为哪几部分，喉水肿的好发部位在何处？
3. 气管位于何处，气管切开常选的气管软骨环切口在何处？

呼吸系统（respiratory system）由呼吸道和肺组成（图4-1）。呼吸道是气体通行的管道，包括鼻、咽、喉、气管和各级支气管。临床上，常将鼻、咽、喉称为**上呼吸道**；气管和各级支气管称为**下呼吸道**。肺是气体交换的场所。呼吸系统的主要功能是执行机体与外界环境之间的气体交换，通过呼吸运动，不断地从外界吸入 O_2，排出 CO_2，从而保证机体新陈代谢活动的正常进行。

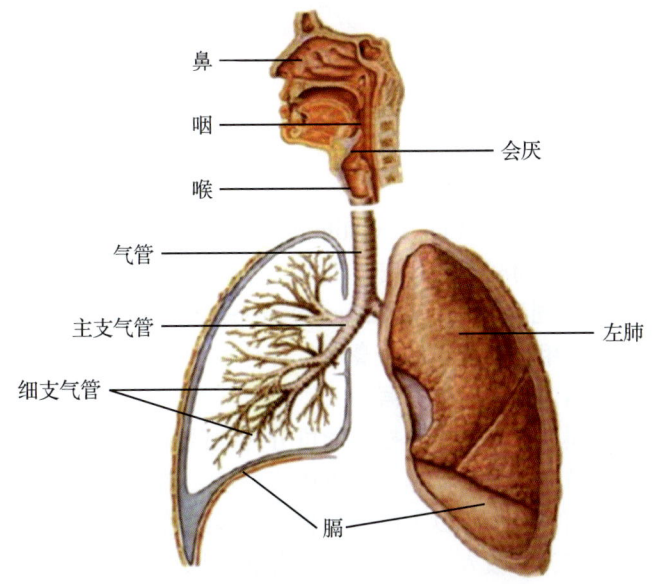

图 4-1 呼吸系统概观

> **考点提示**
>
> 呼吸系统的组成，上、下呼吸道的概念。

第一节 呼吸道

一、鼻

鼻（nose）是呼吸道的起始部，既是气体的通道，又是嗅觉器官，同时还有辅助发音的功能。鼻按其结构分为外鼻、鼻腔和鼻旁窦三部分。

（一）外鼻

外鼻（external nose）位于面部中央，呈三棱锥体形，以鼻骨和鼻软骨为支架，外被皮肤和少量皮下组织而成。外鼻上端与额相连的狭窄部分为**鼻根**，向下延续为**鼻背**，末端为**鼻尖**，鼻尖两侧扩大为**鼻翼**。在呼吸困难时，可出现鼻翼扇动，在小儿更为显著。从鼻翼向外下至口角的浅沟，称为**鼻唇沟**。鼻根和鼻背部的皮肤较薄而松弛，鼻翼和鼻尖部的皮肤则较厚，含丰富的皮脂腺和汗腺，是疖肿的好发部位。

（二）鼻腔

鼻腔（nasal cavity）由骨性鼻腔和软骨为基础，内衬黏膜和皮肤构成。鼻腔被鼻中隔分为左、右两腔。每侧鼻腔向前经鼻孔通外界，向后经鼻后孔通鼻咽。每侧鼻腔以**鼻阈**为界可分为前下部的鼻前庭和后上部的固有鼻腔两部分（图4-2）。

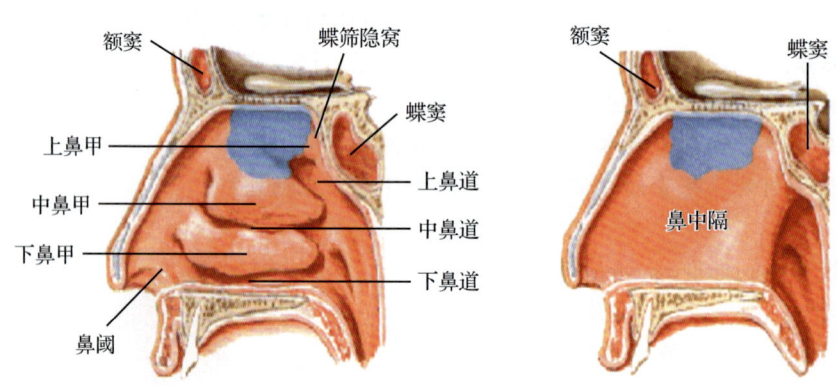

图4-2 鼻腔外侧壁与鼻中隔

1. **鼻前庭**（nasal vestibule） 由鼻翼围成，内衬皮肤，并长有鼻毛，有过滤、净化空气的作用。鼻前庭处缺少皮下组织，但皮脂腺和汗腺丰富，是疖肿的好发部位，发病时疼痛剧烈。

2. **固有鼻腔**（nasal cavity proper） 位于鼻腔后上部，内衬黏膜。其外侧壁自上而下依次有**上鼻甲**、**中鼻甲**和**下鼻甲**，各鼻甲下方分别有**上鼻道**、**中鼻道**和**下鼻道**。在上鼻甲后上方有一凹陷，称为**蝶筛隐窝**。

固有鼻腔的黏膜按功能可分为嗅区和呼吸区两部分。①**嗅区**：是上鼻甲及其相对鼻中隔以上的鼻黏膜，活体呈苍白色或浅黄色，内含嗅细胞，有感受嗅觉的功能；②**呼吸区**：是上鼻甲及其相对鼻中隔以下的鼻黏膜，呈浅红色，上皮有纤毛和杯状细胞，固有层内有丰富的血管和混合腺，对吸入空气起净化、湿润和加温的作用。炎症时，黏膜充血、肿胀，分泌物增多，鼻腔变窄，引起鼻塞。

第四章 呼吸系统

鼻中隔（nasal septum）以筛骨垂直板、犁骨和鼻中隔软骨为支架，表面覆以黏膜而成。鼻中隔常偏向一侧，其前下部血管丰富且位置表浅，血管易破裂出血，故称为**易出血区**（利特尔区）。

（三）鼻旁窦

鼻旁窦（paranasal sinus）由同名骨性鼻旁窦内衬黏膜构成，共4对（图4-3），均开口于鼻腔。其中额窦、上颌窦和筛窦前、中群开口于中鼻道；筛窦后群开口于上鼻道；蝶窦开口于蝶筛隐窝。鼻旁窦能温暖、湿润和净化空气，并对发音起共鸣作用。鼻旁窦黏膜与鼻腔黏膜相互延续，故鼻腔炎症也可蔓延到鼻旁窦，引起鼻旁窦炎。其中，上颌窦体积最大，为13～14 ml，且窦口位置高于窦底，分泌物不易排出，故发生炎症后易转为慢性。另外，上颌窦底邻近上颌磨牙的牙根，二者仅隔一层菲薄骨质。有时牙根可突入窦内，仅以黏膜与窦相隔。故上颌磨牙根的感染常波及上颌窦，引起牙源性上颌窦炎。

> 💡 **考点提示**
>
> 鼻旁窦的位置及开口。

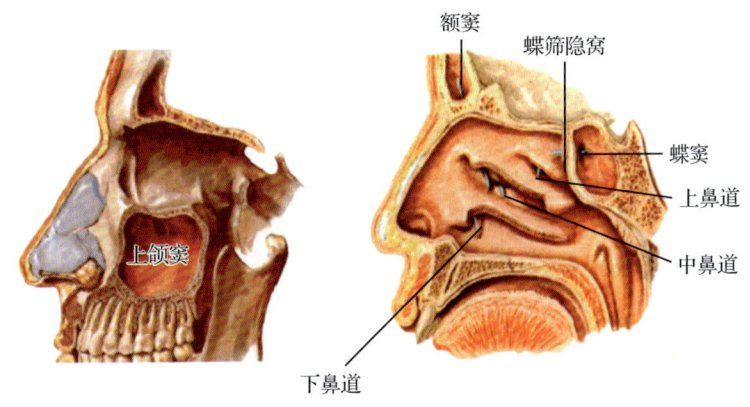

图 4-3　鼻旁窦及其开口

二、咽

咽是气体和食物的共同通道。呼吸和发音时咽内为气流通过；吞咽时，软腭上移封闭鼻咽，会厌封闭喉口，使呼吸暂停，气流中止，让道于食物（详见消化系统）。

三、喉

喉（larynx）既是气体出入的通道，又是发音器官。

（一）喉的位置

喉位于颈前部正中皮下，相当于第3～6颈椎体高度。女性和小儿喉的位置较高。喉的活动性大，可随吞咽和发音而上、下移动。喉上借甲状舌骨膜连于舌骨，下接气管。前方有舌骨下肌群覆盖，后方邻喉咽，两侧有颈部的大血管、神经和甲状腺侧叶等。

（二）喉的构造

喉以喉软骨为支架，借关节、韧带及喉肌构成。

1. 喉软骨及其连结　喉软骨主要包括不成对的甲状软骨、环状软骨、会厌软骨和成对的杓状软骨，它们构成喉的支架（图4-4）。

（1）**甲状软骨**（thyroid cartilage）：位于舌骨下方，是喉软骨中最大的一块，由左、右2块近似方形软骨板在正中线互相融合而成。融合处上端向前突出，称为**喉结**，在成年男性尤为明

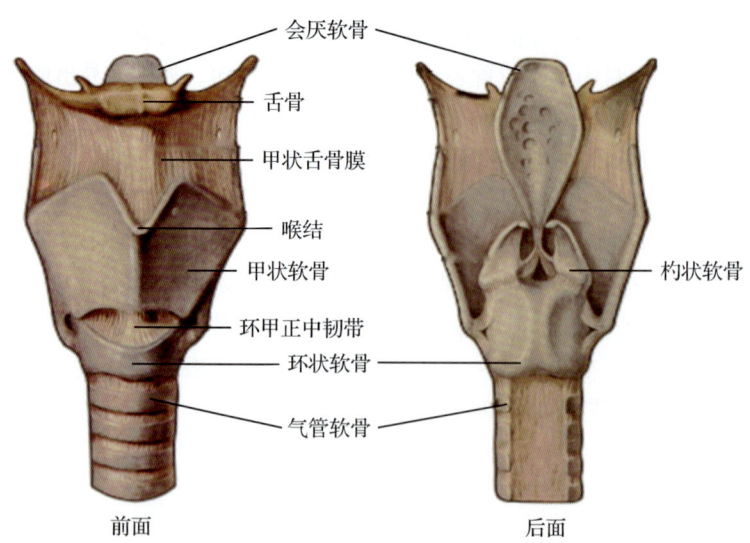

图 4-4　喉软骨及其连结

显，是颈部的重要标志。甲状软骨后缘向上、下各伸出一对突起，分别称为**上角**和**下角**。甲状软骨与舌骨之间借甲状舌骨膜相连。

（2）**环状软骨**（cricoid cartilage）：位于甲状软骨下方，呈完整的环形，前窄后宽，前部为**环状软骨弓**，后部为**环状软骨板**。环状软骨两侧的关节面与甲状软骨下角构成**环甲关节**。在颈前部正中处，环状软骨与甲状软骨之间连有**环甲正中韧带**，当急性喉阻塞时，可在此处进行穿刺或切开，暂时性缓解呼吸困难。环状软骨弓向后平对第6颈椎体，是颈部的重要标志之一。环状软骨是唯一完整的环形软骨，对维持呼吸道通畅具有重要作用。

（3）**杓状软骨**（arytenoid cartilage）：位于环状软骨板后上方，呈三棱锥体形，尖向上，底朝下，与环状软骨板构成**环杓关节**。在杓状软骨底前端与甲状软骨后面中央之间有**声韧带**，是构成声带的主要结构。

（4）**会厌软骨**（epiglottic cartilage）：位于甲状软骨后上方，形似树叶，上宽下窄，借韧带连于甲状软骨后面中央。会厌软骨上端游离，外面覆以黏膜构成**会厌**（epiglottis）。吞咽时，喉上提，会厌覆盖喉口，防止食物误入喉腔。

2. **喉黏膜与喉腔**　喉腔（laryngeal cavity）即喉的内腔，向上经喉口通喉咽，向下连气管（图4-5）。在喉腔中部两侧壁上，有2对呈矢状位的黏膜皱襞。上方一对为**前庭襞**，两侧前庭襞间的裂隙，称为**前庭裂**（rima vestibuli）；下方一对为**声襞**，两侧声襞与杓状软骨之间的裂隙，称为**声门裂**（fissure of glottis），声门裂是喉腔最狭窄的部位。由声襞黏膜及其深面所覆盖的声韧带共同构成**声带**。当气流通过声门裂时，振动声带而发出声音。

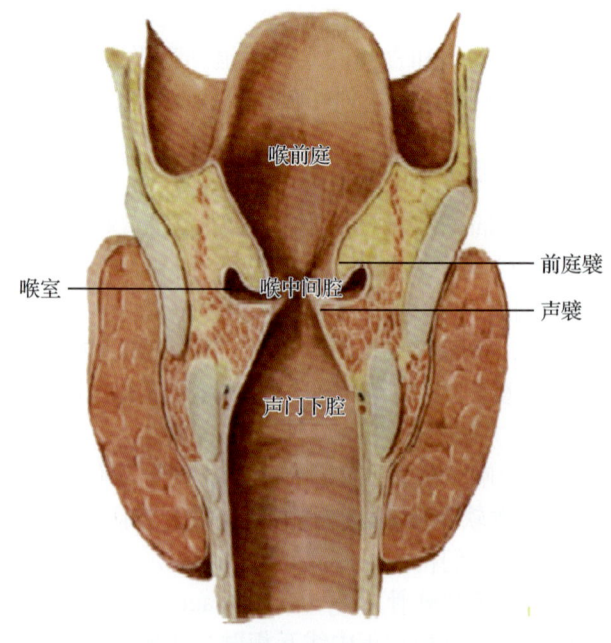

图 4-5　喉黏膜与喉腔（冠状切）

喉腔借前庭裂和声门裂分为三部分。①**喉前庭**（laryngeal vestibule）：位于喉口与前庭裂之间，上宽下窄；②**喉中间腔**（intermedial cavity of larynx）：位于前庭裂与声门裂之间，喉中间腔向两侧延伸的间隙，称为**喉室**；③**声门下腔**（infraglottic cavity）：位于声门裂与环状软骨下缘之间，上窄下宽，其黏膜下层组织较疏松，炎症时易发生水肿，尤以婴幼儿更易因急性喉水肿而导致喉阻塞，出现呼吸困难。

> **考点提示**
>
> 喉的构成，喉腔的分部。

3. **喉肌** 为附着于喉软骨的细小骨骼肌，按功能分为两群：一群作用于环杓关节，使声门裂开大或缩小；另一群作用于环甲关节，使声带紧张或松弛。喉肌的运动可调节音量大小和音调高低。

> **知识链接**
>
> **急性喉梗阻**
>
> **急性喉梗阻**是因喉部病变致喉腔急性变窄或梗阻导致的呼吸困难，多见于儿童，常由于喉部炎症、过敏、外伤、异物、肿瘤、痉挛或双侧声带外展性麻痹等引起。急性喉梗阻急救时可采取气管切开术，在无条件进行气管切开时，可先行环甲正中韧带穿刺或切开，以建立临时的气体通道，便于争取抢救时间。

四、气管与支气管

（一）气管

气管（trachea）是连于喉与主支气管之间的管道。气管位于食管前面，上接环状软骨，沿颈前部正中下行入胸腔，至胸骨角平面分为左、右主支气管，分叉处称为**气管杈**。气管以 14～16 个气管软骨环为支架，借平滑肌和结缔组织相连，内覆黏膜而成（图 4-6）。气管软骨环呈"C"形，缺口向后，由平滑肌和结缔组织封闭。

以胸骨颈静脉切迹平面为界，将气管分为颈部和胸部两部分。气管颈部短而表浅，在颈静脉切迹处可触及。颈部前面除覆以舌骨下肌群外，在第 2～4 气管软骨环的前方还有甲状腺峡部，两侧有颈部的大血管、神经和甲状腺侧叶。临床上，当遇到急性喉阻塞时，常在第 3～5 气管软骨环处作气管切开以缓解呼吸困难。

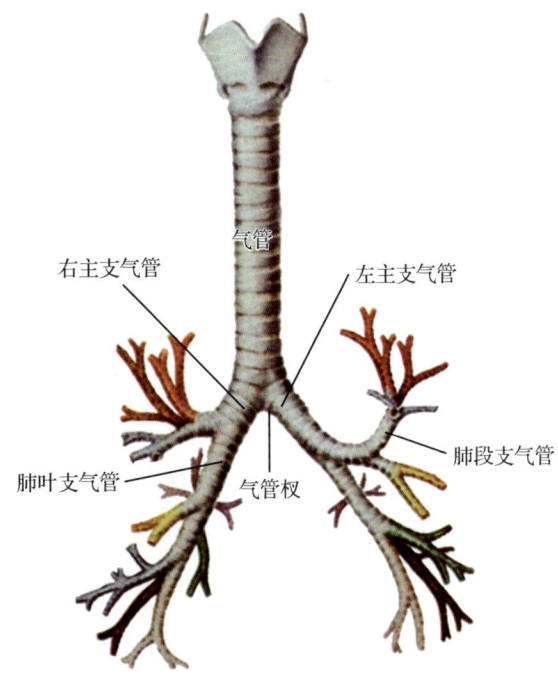

图 4-6　气管与支气管

> **知识链接**
>
> ### 气管切开术
>
> **气管切开术**是切开气管颈部前壁，插入一种特制的套管，从而解除窒息，保持呼吸道通畅的急救手术。患者常采取仰卧位，肩后垫枕，使头尽量后仰并固定于正中位。在环状软骨下方 2～3 cm 处作一长 2～3 cm 的皮肤横切口。切开皮肤和浅筋膜后，将颈前静脉牵开或切断结扎。可见颈白线，切开并分离两侧的舌骨下肌群，显露并向上推开甲状腺峡部，暴露气管。沿正中线切开第 3～5 气管软骨环，插入套管并固定。注意事项：①手术切口应在第 2 气管软骨环以下，勿损伤第 1 气管软骨和环状软骨，以免导致喉腔狭窄；②手术切口不宜过低，以免损伤主动脉弓；③切开气管时勿用力过猛，以免伤及气管后壁及食管；④切忌将颈总动脉误认为气管而切开，以免引起大出血。

（二）支气管

支气管（bronchi）是由气管分出的各级分支。气管分出的一级分支，即左、右主支气管。

左、右主支气管（principal bronchus）在气管分叉处由气管分出后，向外下方斜行，各自经肺门入左、右肺内。

左主支气管细而长，平均长 4～5 cm，走行较倾斜；**右主支气管**粗而短，平均长 2～3 cm，走行较陡直。因此，气管异物容易坠入右主支气管。

 考点提示

气管切开的部位，左、右主支气管的特点。

（三）气管与主支气管壁的微细结构

气管与主支气管壁由内向外依次为黏膜、黏膜下层和外膜（图 4-7）。

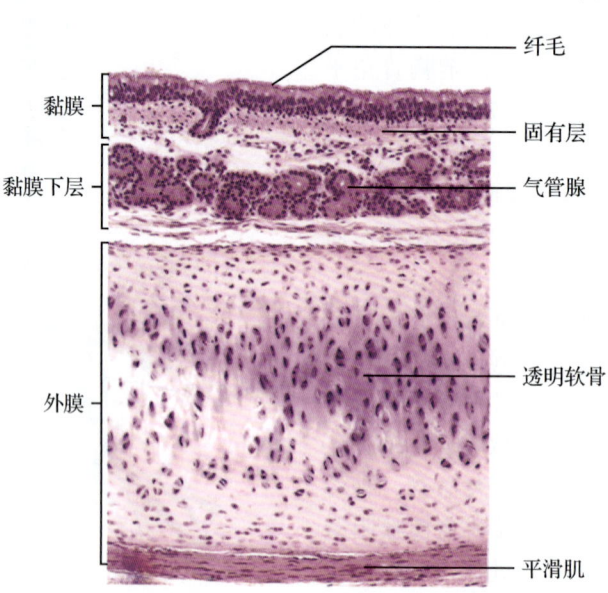

图 4-7 气管与主支气管壁的微细结构

1. **黏膜** 由上皮和固有层构成。上皮为假复层纤毛柱状上皮，在柱状细胞之间夹有杯状细胞。杯状细胞分泌黏蛋白，与管壁黏膜下层内腺体的分泌物在表面共同构成黏液，能黏附灰尘和细菌等异物。纤毛向喉口有节律地摆动，将黏液以及吸附的异物移向喉部，形成痰液被咳出；固有层结缔组织内含有较多的弹性纤维、小血管、淋巴管和弥散淋巴组织。

2. **黏膜下层**　为疏松结缔组织，与固有层之间无明显分界，含有血管、神经、淋巴管和混合性腺。

3. **外膜**　最厚，主要由疏松结缔组织和透明软骨构成。软骨之间以结缔组织相连，软骨的缺口处由结缔组织和平滑肌封闭。

第二节　肺

一、肺的位置与形态

肺（lung）左、右各一，位于胸腔内，纵隔两侧和膈的上方（图 4-8）。

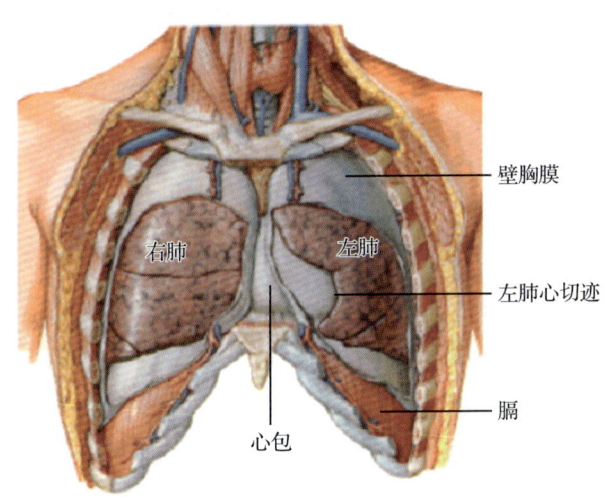

图 4-8　肺的位置

肺表面被覆脏胸膜，光滑、润泽。新生儿肺呈淡红色，随着年龄增长，吸入空气中的尘埃沉积增多，故成人肺变为暗红色或蓝黑色，吸烟者的肺可呈棕黑色。肺质地柔软，富有弹性，呈海绵状，内含空气，可浮于水面。胎儿肺未呼吸，故肺的质地实，比重大，入水下沉。

肺的外形呈半圆锥体，可分为一尖、一底、两面、三缘（图 4-9）。肺尖圆钝向上，经胸廓上口突入颈根部，高出锁骨内侧 1/3 段上方 2～3 cm。在锁骨上方穿刺时，切勿伤及肺尖，以免引起气胸。肺底中部向上凹，与膈上面邻贴，又称**膈面**。外侧面较隆凸，邻贴肋和肋间隙，又称**肋面**。内侧面邻贴纵隔，又称**纵隔面**（图 4-10）。肺纵隔面中部凹陷处，称为**肺门**（hilum of lung），是主支气管、肺动脉和肺静脉、支气管动脉和支气管静脉、神经及淋巴管等出入肺的部位。这些出入肺门的结构被结缔组织包绕，称为**肺根**（root of lung）。肺的前缘和下缘锐利，后缘钝圆。左肺前缘下部有一弧形凹陷，称为左肺**心切迹**。

左肺窄而长，被一条由后上斜向前下的斜裂分为上、下两叶；右肺宽而短，除有相应的斜裂外，尚有一条向前走行的水平裂，将其为上、中、下三叶。

 考点提示

肺的位置及形态。

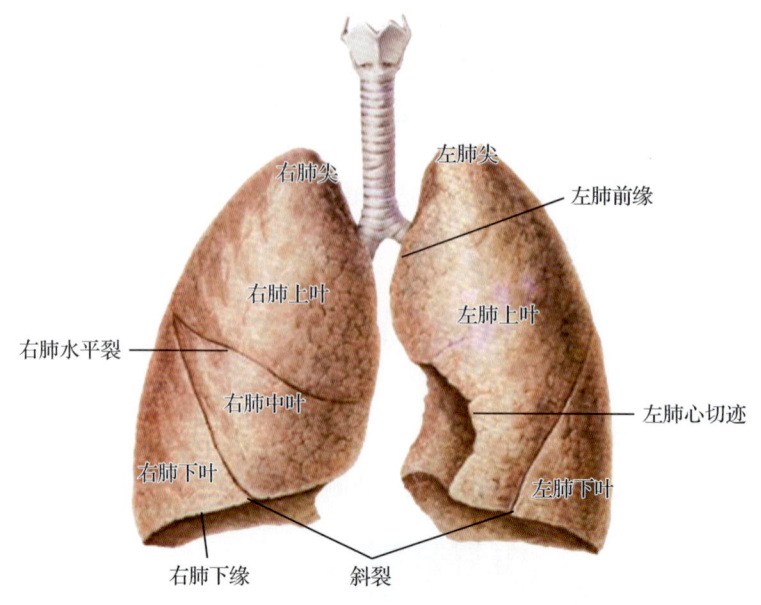

图 4-9 肺的外形

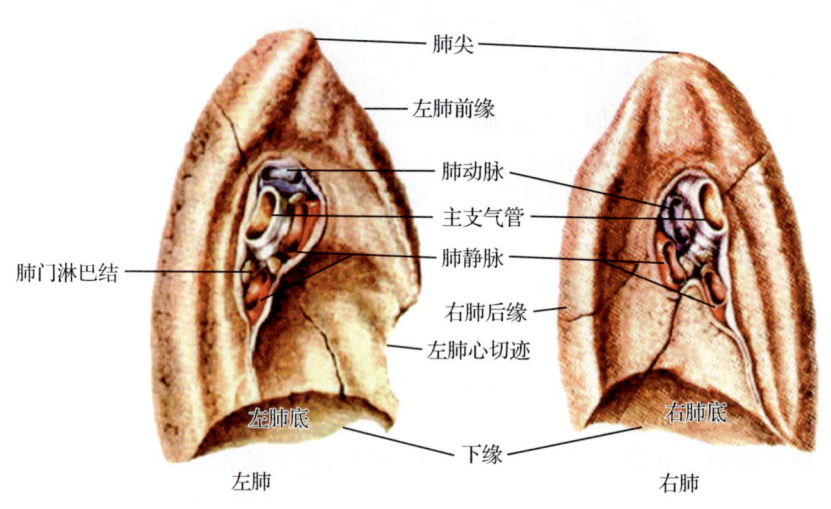

图 4-10 肺纵隔面

二、肺内支气管与支气管肺段

左、右主支气管入肺后反复分支，形成树枝状结构，称为**支气管树**（bronchial tree）。左、右主支气管在肺门处分出肺叶支气管，进入肺叶。肺叶支气管的分支为肺段支气管（图 4-6）。每一肺段支气管及其所属的肺组织，构成一个**支气管肺段**（bronchopulmonary segment），简称肺段。肺段呈圆锥形，尖朝向肺门，底达肺表面，相邻肺段之间有少量结缔组织分隔。肺段可作为独立的结构和功能单位，临床上常根据病变范围进行定位诊断或肺段切除。一般将右肺分为 10 个肺段，左肺分为 8 个或 10 个肺段。

三、肺的微细结构

肺表面覆盖由间皮和结缔组织构成的被膜。肺组织分为肺实质和肺间质两部分。肺间质是指肺内的结缔组织、血管、神经和淋巴管等；肺实质由肺内各级支气管和肺泡构成。主支气管分出的肺叶支气管、肺段支气管、小支气管、细支气管和终末细支气管，仅能通过气体，不能进行气体交换，故称为**导气部**；终末细支气管以下的分支，包括呼吸性细支气管、肺泡管、肺泡囊和肺泡，能进行气体交换，故称为**呼吸部**（图4-11）。

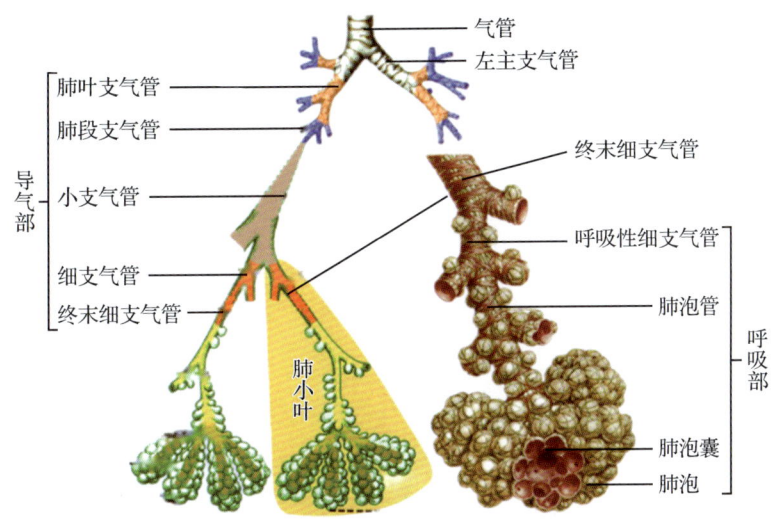

图4-11 肺微细结构模式图

每一细支气管连同它的分支和肺泡共同构成一个**肺小叶**（pulmonary lobule）。肺小叶呈锥体形，尖朝向肺门，底向肺表面，故在肺表面可见肺小叶底部呈多边形的轮廓（图4-11）。肺小叶是肺的结构单位。

（一）导气部

肺导气部随着各级支气管的分支，管径变细，管壁逐渐变薄（图4-11）。

1. 导气部组织结构的变化特点 ①上皮由假复层纤毛柱状上皮逐渐变为单层纤毛柱状上皮，或单层柱状上皮；②纤毛、杯状细胞和腺体逐渐减少，最后消失；③外膜中的软骨变为不规则的软骨碎片，并逐渐减少，最后消失；④平滑肌相应逐渐增多，最后形成完整的环形肌层。

2. 细支气管（bronchiole） 管径约为1.0 mm（图4-12）。上皮由起始段的假复层纤毛柱状上皮逐渐变为单层纤毛柱状上皮，杯状细胞、腺体和软骨片逐渐减少到消失，环形平滑肌更加明显，黏膜常形成皱襞。

3. 终末细支气管（terminal bronchiole） 管径约为0.5 mm（图4-12）。上皮为单层纤毛柱状上皮，杯状细胞、腺体和软骨片完全消失，出现完整的环形平滑肌层，黏膜皱襞更明显。平滑肌的舒缩控制着管腔的大小，调节出入肺泡的通气量。如果某种诱因导致细支气管或终末细支气管的平滑肌痉挛性收缩，使管腔持续狭窄，引起呼吸困难，临床上称为支气管哮喘。

（二）呼吸部

肺呼吸部包括呼吸性细支气管、肺泡管、肺泡囊和肺泡（图4-12）。

1. 呼吸性细支气管（respiratory bronchiole） 是终末细支气管的分支，管壁不完整，有少量肺泡的开口。在肺泡开口处，管壁由单层立方上皮移行为肺泡的单层扁平上皮。

2. 肺泡管（alveolar duct） 是呼吸性细支气管的分支，管壁上有许多肺泡的开口，故管壁结构很少。切片上，在相邻肺泡的开口之间呈结节状膨大。

3. 肺泡囊（alveolar sac） 为肺泡管的分支，是由许多肺泡开口围成的囊腔。因无支气管壁结构，故切片中，在相邻肺泡开口之间，无结节状膨大。

4. 肺泡（pulmonary alveolus） 为多面体的囊泡。肺泡大小不等，成人肺泡达3亿~4亿个，总面积为140 m^2。肺泡壁很薄，由单层肺泡上皮和基膜构成。

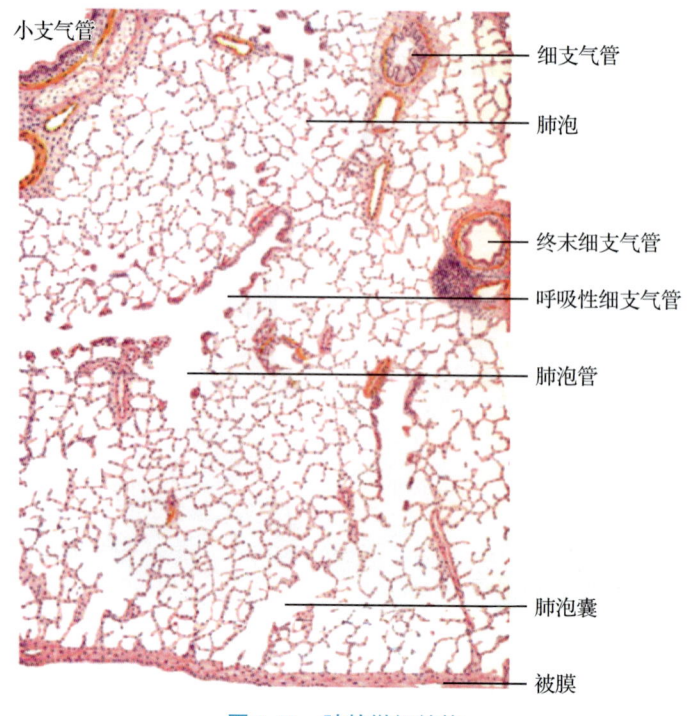

图 4-12 肺的微细结构

（1）**肺泡上皮**：由 2 种细胞组成（图 4-13）。①**Ⅰ型肺泡细胞**：呈扁平状，除含核部分略厚外，其余部分很薄，占肺泡表面积的 95%，有利于气体交换；②**Ⅱ型肺泡细胞**：呈圆形或立方形，镶嵌在Ⅰ型肺泡细胞之间，并突向肺泡腔，数量较Ⅰ型肺泡细胞多。Ⅱ型肺泡细胞分泌表面活性物质，以单分子层形式覆盖于肺泡上皮表面，能降低肺泡的表面张力（即肺泡回缩力），稳定肺泡大小，从而防止肺泡塌陷。

> **考点提示**
>
> 肺导气部和呼吸部的组成，肺泡隔、气-血屏障的概念。

（2）**肺泡隔**（alveolar septum）：是指相邻肺泡之间的薄层结缔组织，内含密集的毛细血管网、丰富的弹性纤维和散在的肺巨噬细胞等（图 4-13）。弹性纤维使肺泡富有弹性，起到回缩肺泡的作用。当病变破坏了弹性纤维，使肺泡弹性降低，回缩较差，肺泡扩大形成肺气肿。

（3）**肺巨噬细胞**：广泛分布于肺间质或游走入肺泡腔内，吞噬尘粒、病菌或渗出的红细胞等异物，有重要的防御功能。吞噬大量尘粒的肺巨噬细胞，又称尘细胞。

（4）**气-血屏障**（air-blood barrier）：又称呼吸膜，是指肺泡与肺泡隔毛细血管血液之间进行气体交换的结构，由肺泡腔内表面的液体层、Ⅰ型肺泡细胞及其基膜、薄层结缔组织、毛细血管基膜及内皮组成（图 4-14）。气-血屏障很薄，总厚度仅为 0.5 μm。其中任何一层发生病理改变均会影响气体交换。

（5）**肺泡孔**（alveolar pore）：是相邻肺泡之间相通的小孔，为沟通和平衡相邻肺泡内气体的通道（图 4-13）。当某一终末细支气管或呼吸性细支气管阻塞时，肺泡孔起侧支通气的作用。在肺部炎症时，病菌可通过肺泡孔扩散，使感染蔓延。

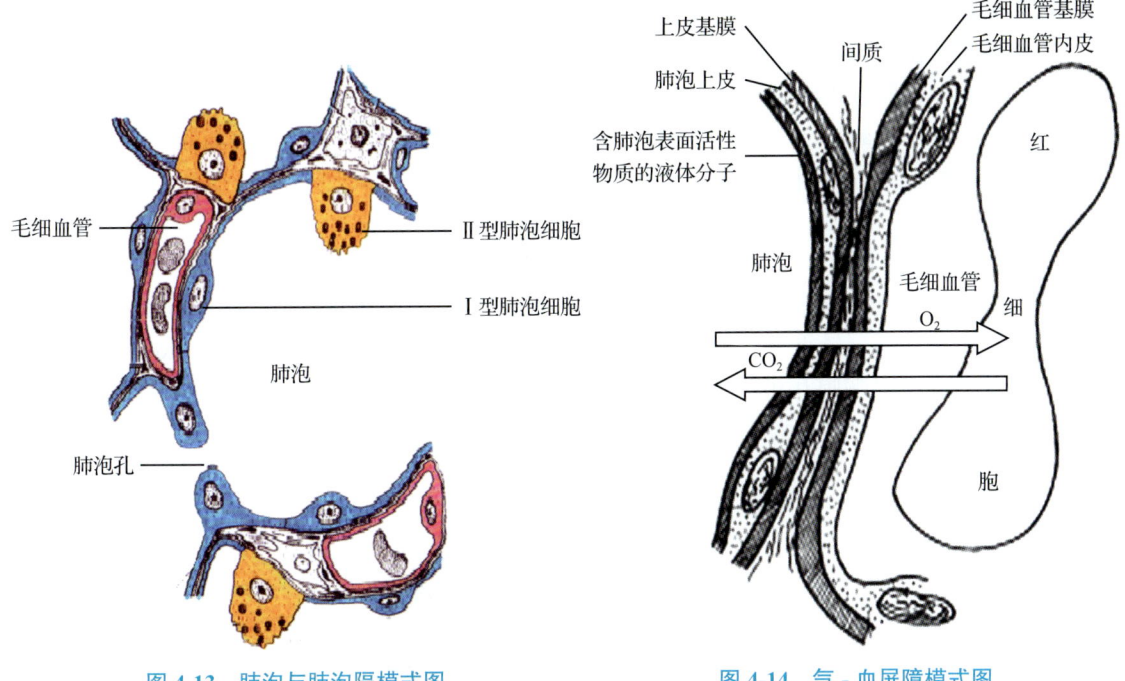

图 4-13 肺泡与肺泡隔模式图　　　　图 4-14 气-血屏障模式图

四、肺的血管

肺有两套血管。①**肺动脉**和**肺静脉**：是肺的功能血管。肺动脉入肺后不断分支，在肺泡隔内形成毛细血管网，与肺泡之间进行气体交换后，逐级汇合，最后形成肺静脉出肺。②**支气管动脉**和**支气管静脉**：是肺的营养血管。细小的支气管动脉起自胸主动脉，与支气管伴行入肺，沿途在支气管壁内和肺动、静脉壁内形成毛细血管网，营养肺组织。这些毛细血管一部分汇入肺静脉；另一部分汇成支气管静脉，与支气管伴行出肺。

> **知识链接**
>
> **新生儿呼吸窘迫综合征**
>
> **新生儿呼吸窘迫综合征**（NRDS）又称新生儿肺透明膜病，多见于早产儿，为新生儿死亡的主要原因之一。在人胚发育过程中，Ⅱ型肺泡细胞开始产生表面活性物质的时间是胚胎第 7 个月。胎儿由于Ⅱ型肺泡细胞分化不良，不能分泌表面活性物质，造成肺泡表面张力增大，肺不能随呼吸运动而扩张，新生儿出现进行性呼吸困难、明显三凹征、青紫或呼吸衰竭等。

第三节　胸　膜

一、胸膜、胸膜腔与胸腔的概念

1. **胸膜**（pleura）　为一层薄而光滑的浆膜，可分为脏、壁 2 层（图 4-15）。脏胸膜被覆于肺的表面，与肺实质紧密结合，并伸入肺裂内；壁胸膜被覆于胸壁内面、膈上面和纵隔两侧。壁胸膜分为四部分。①**肋胸膜**：衬于肋和肋间隙内面；②**膈胸膜**：覆盖在膈上面，与膈结合紧密，不易剥离；③**纵隔胸膜**：被覆于纵隔两侧，其中部包裹肺根并移行为脏胸膜；④**胸膜顶**：

为肋胸膜与纵隔胸膜向上延伸突入颈根部的部分，呈圆顶状覆盖在肺尖表面。

2. **胸膜腔**（pleural cavity） 由脏、壁胸膜在肺根处互相移行，围成左、右 2 个密闭的潜在性间隙（图 4-15）。胸膜腔内略呈负压，腔内仅有少量浆液，可减少呼吸时脏、壁胸膜之间的摩擦。

3. **胸腔**（chest cavity） 由胸壁与膈围成，上界为胸廓上口；下界借膈与腹腔分隔。胸腔被中间的纵隔和左、右两侧的肺及胸膜腔共同填充。

二、胸膜隐窝

胸膜隐窝（pleural recess）是壁胸膜互相移行转折处存在的间隙。即使在深吸气时，肺的边缘也不能伸入其间，最重要的胸膜隐窝是肋膈隐窝（图 4-15）。**肋膈隐窝**（costodiaphragmatic recess）是肋胸膜与膈胸膜互相转折处形成的半环形深凹。即使深吸气时，肺下缘也不能伸入其内，人直立时，肋膈隐窝是胸膜腔的最低部位，胸膜炎的渗出液常积聚于此。

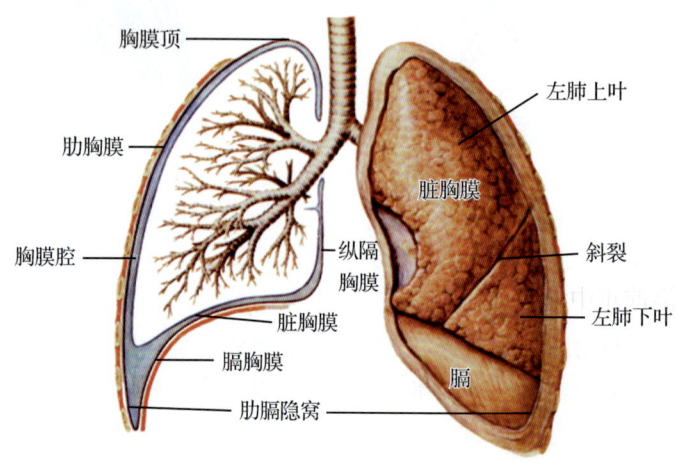

图 4-15 胸膜与胸膜腔模式图

 考点提示

胸膜的分部，胸膜腔、肋膈隐窝的概念。

知 识 链 接

胸膜腔穿刺术

胸膜腔穿刺术是将穿刺针经胸壁的肋间结构直接刺入胸膜腔，以诊治气胸、血胸、脓胸或液气胸，以及向胸膜腔内注入药物的操作技术。通常患者取床上坐位、椅上反坐位或半坐卧位。胸膜腔积液时，通常在肩胛线第 7～9 肋间隙，或腋中线第 5～7 肋间隙下位肋骨的上缘进针。胸膜腔积气时，通常在锁骨中线第 2 或第 3 肋间隙进针。穿经层次依次为皮肤、浅筋膜、深筋膜、肌层、肋间组织、胸内筋膜和壁胸膜。

三、胸膜与肺的体表投影

胸膜的体表投影是指壁胸膜各部互相移行而成的反折线在胸壁的投影，标志着胸膜腔的范围。而肺的体表投影是指肺各缘在胸壁的投影（图 4-16）。

第四章　呼吸系统

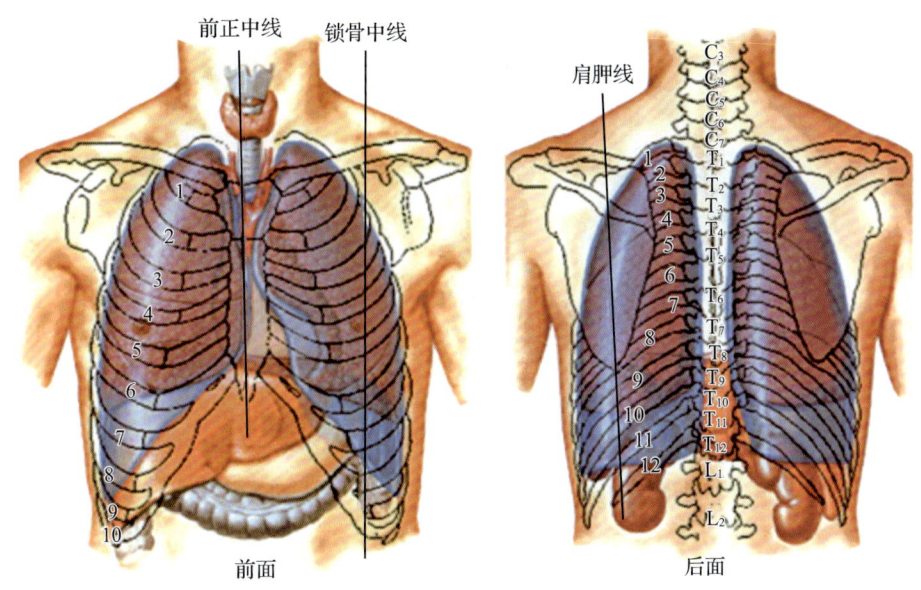

图 4-16　胸膜和肺的体表投影

1. **胸膜前界与肺前界的体表投影**　①胸膜前界为纵隔胸膜与肋胸膜前缘转折处的反折线。两侧均起自锁骨内侧 1/3 段上方的胸膜顶，向内下斜行，经胸锁关节后方，在胸骨角水平，两侧前界相互靠拢，沿前正中线垂直下行。右侧前界下行至第 6 胸肋关节处移行为下界；左侧前界因有左肺心切迹，下行至第 4 胸肋关节处，沿第 4 肋软骨转向外下，至第 6 肋软骨中点处移行为下界。②肺前界即肺的前缘，与胸膜前界的体表投影几乎相同。

2. **胸膜下界与肺下界的体表投影**　①胸膜下界为肋胸膜与膈胸膜移行处的反折线。右侧起自第 6 胸肋关节处，左侧起自第 6 肋软骨后方，两侧均斜向外下方，在锁骨中线处与第 8 肋相交，在腋中线处与第 10 肋相交，在肩胛线处与第 11 肋相交，在后正中线处平第 12 胸椎棘突。②肺下界即肺的下缘，比胸膜下界的体表投影约高 2 肋（表 4-1）。

表 4-1　胸膜下界与肺下界的投影

投影	锁骨中线	腋中线	肩胛线	后正中线
胸膜下界	第 8 肋	第 10 肋	第 11 肋	第 12 胸椎棘突
肺下界	第 6 肋	第 8 肋	第 10 肋	第 10 胸椎棘突

第四节　纵　隔

一、纵隔的概念与境界

纵隔（mediastinum）是两侧纵隔胸膜之间的所有器官、结构和结缔组织的总称。纵隔前界为胸骨，后界为脊柱胸段，两侧界为纵隔胸膜，上界为胸廓上口，下界为膈（图 4-17）。

二、纵隔的分部与内容

通常以胸骨角平面为界，将纵隔分为上纵隔和下纵隔两部分（图 4-17）。

1. **上纵隔**　位于胸廓上口与胸骨角平面之间。上界为胸廓上口，下界为胸骨角与第 4 胸椎

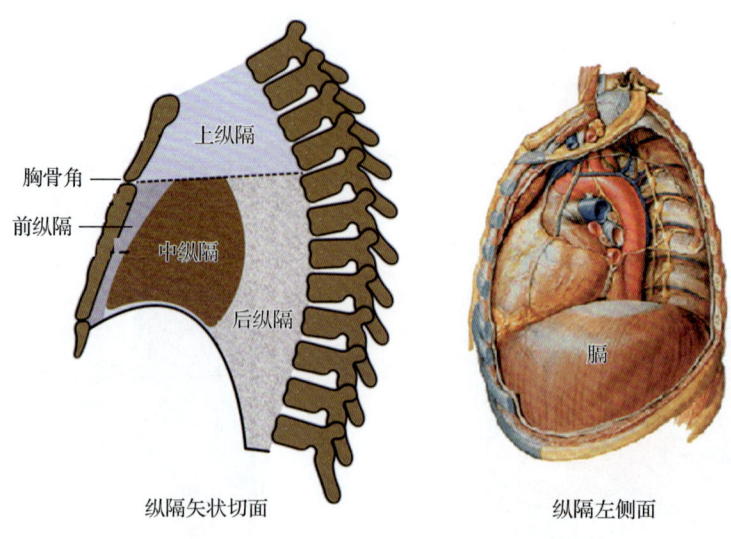

图 4-17 纵隔

体下缘平面，前界为胸骨柄，后界为第 1～4 胸椎体。上纵隔内有胸腺、气管、食管、上腔静脉、头臂静脉、主动脉弓及其分支、胸导管、膈神经、迷走神经和淋巴结等。

2. **下纵隔** 位于胸骨角平面与膈之间。下纵隔又以心包的前、后层为界，分为前、中、后三部分。前纵隔为位于胸骨体与心包前层之间的部分，内有少量结缔组织、淋巴结和胸腺下部；中纵隔位于心包前、后层之间，内有心包、心及出入心的大血管、主支气管起始部、膈神经和淋巴结等；后纵隔位于心包后层与脊柱之间，内有食管、主支气管、胸主动脉、奇静脉、半奇静脉、胸导管、迷走神经、胸交感干和淋巴结等。

考点提示

纵隔的位置与分部。

思政园地

做白求恩式的好大夫——辛育龄

辛育龄，中共党员，中日友好医院首任院长、教授、博士生导师，是新中国胸外科事业的开拓者和奠基人，中国人体肺移植手术第一人。做白求恩式的好大夫，是他一生的理想和追求！辛育龄的从医之路与白求恩有着不解之缘。他说，虽然跟随白求恩只有短短几个月，但白求恩精神深深地影响了他的一生，"只要我一息尚存，就要多救治一个病人！"1970 年，辛育龄主刀实施了首例运用一根针针刺麻醉下肺切除手术，全身麻醉需要几个小时才能完成的手术，他仅用了 72 分钟就干净利落地完成了，而且患者全程神志清楚，平静自如，震惊了针麻界。针麻手术推动了我国针灸镇痛原理的研究工作，为中国针灸疗法走向世界奠定了基础。为了患者，他不惜一切代价，辛育龄说："病人会让我们把他的胸腔打开，这是何等的信任啊！我们要对得起这份信任。"

（尹史帝）

自 测 题

一、单项选择题

1. 属于上呼吸道的是
   A. 口腔、咽和喉　　　　B. 口腔至十二指肠　　　　C. 鼻、咽和喉
   D. 鼻、喉和气管　　　　E. 鼻、喉和支气管
2. 窦腔大，开口高于窦底的鼻旁窦是
   A. 额窦　　　　　　　　B. 筛窦　　　　　　　　　C. 蝶窦
   D. 乳突窦　　　　　　　E. 上颌窦
3. 呼吸困难时，可出现明显扇动的部位是
   A. 鼻根　　　　　　　　B. 鼻背　　　　　　　　　C. 鼻尖
   D. 鼻翼　　　　　　　　E. 外鼻
4. 关于鼻腔的叙述，正确的是
   A. 被中鼻甲分成左、右两半
   B. 向后借鼻孔与外界相通
   C. 向前借鼻后孔通鼻咽
   D. 以骨性鼻腔为基础，内衬黏膜和皮肤构成
   E. 被鼻中隔分为左、右侧鼻腔
5. 上鼻甲及其相对应的鼻中隔黏膜，称为
   A. 嗅区　　　　　　　　B. 呼吸区　　　　　　　　C. 味区
   D. 易出血区　　　　　　E. 利特尔区
6. 开口于下鼻道的是
   A. 额窦　　　　　　　　B. 鼻泪管　　　　　　　　C. 筛窦
   D. 蝶窦　　　　　　　　E. 上颌窦
7. 关于喉位置的叙述，正确的是
   A. 位于颈后部正中
   B. 上界平对第3颈椎的高度
   C. 不随吞咽及发音而移动
   D. 下界平对第5颈椎的高度
   E. 小儿喉的位置较低
8. 喉腔最狭窄的部分是
   A. 喉口　　　　　　　　B. 前庭裂　　　　　　　　C. 喉前庭
   D. 声门裂　　　　　　　E. 喉中间腔
9. 喉室位于
   A. 前庭裂的上方　　　　B. 喉中间腔的两侧　　　　C. 声门裂的下方
   D. 喉中间腔的上方　　　E. 喉中间腔的下方
10. 关于气管的叙述，正确的是
    A. 有呈"O"形的气管软骨　　　　　B. 位于食管后面
    C. 至胸骨角平面分叉　　　　　　　D. 上端接甲状软骨
    E. 分为胸段和腹段

11. 临床上作气管切开术，常选的气管软骨环是
    A. 第 1～2 气管软骨环　　　　　　B. 第 1～3 气管软骨环
    C. 第 3～4 气管软骨环　　　　　　D. 第 3～5 气管软骨环
    E. 第 5～8 气管软骨环
12. 关于右主支气管的叙述，正确的是
    A. 细短，走行较水平　　B. 细长，走行较水平　　C. 粗长，走行较垂直
    D. 粗短，走行较垂直　　E. 细短，走行较垂直
13. 关于肺位置的描述，正确的是
    A. 胸腔内纵隔两侧　　　B. 胸膜腔内纵隔两侧　　C. 胸腔内心包两侧
    D. 胸膜腔内心包两侧　　E. 胸腔内上纵隔两侧
14. 肺尖高出锁骨
    A. 外侧 1/3 段 2～3 cm　　B. 内侧 1/3 段 2～3 cm　　C. 外侧 1/3 段 4～5 cm
    D. 内侧 1/3 段 4～5 cm　　E. 中 1/3 段 2～3 cm
15. 关于肺的叙述，正确的是
    A. 右肺分上、下两叶　　B. 左肺分上、中、下三叶　　C. 右肺较左肺宽、短
    D. 左肺有斜裂和水平裂　　E. 右肺前缘有心切迹
16. 不是出入肺门结构的是
    A. 气管　　　　　　　　B. 支气管动、静脉　　　　C. 肺动、静脉
    D. 神经和淋巴管　　　　E. 支气管
17. 左肺没有
    A. 肺尖　　　　　　　　B. 水平裂　　　　　　　　C. 肺门
    D. 左肺心切迹　　　　　E. 斜裂
18. 肺下缘的体表投影在肩胛线处
    A. 与第 6 肋相交　　　　B. 与第 8 肋相交　　　　　C. 与第 10 肋相交
    D. 与第 11 肋相交　　　 E. 与第 12 肋相交
19. 胸膜下界的体表投影较肺下缘约低
    A. 1 肋　　　　　　　　B. 1.5 肋　　　　　　　　C. 2 肋
    D. 2.5 肋　　　　　　　E. 3 肋
20. 关于胸膜腔的叙述，正确的是
    A. 由壁胸膜围成　　　　B. 由胸壁围成　　　　　　C. 内压高于大气压
    D. 简称胸腔　　　　　　E. 左、右侧互不相通

二、名词解释

1. 下呼吸道　2. 肺小叶　3. 肋膈隐窝　4. 肺根　5. 气-血屏障

三、简答题

1. 呼吸系统由哪些器官组成？
2. 固有鼻腔外侧壁有哪些结构？
3. 气管异物一般掉入哪一侧主支气管，为什么？
4. 说出纵隔的概念及分部。
5. 绘制肺的形态彩图。

第五章 泌尿系统

第五章数字资源

学习目标

1. 说出泌尿系统的组成；肾的形态、位置、剖面结构和肾被膜的层次；肾单位的构成，滤过屏障的组成。
2. 描述输尿管3处生理性狭窄的位置及临床意义；膀胱的形态、位置及其毗邻关系，膀胱三角的概念及临床意义；女性尿道的特点。
3. 能在标本或模型上辨认泌尿系统各器官的位置和形态；在活体上指出肾的位置及体表投影；运用泌尿系统的相关知识，分析常见泌尿系统疾病的发病基础。
4. 通过泌尿系统相关知识的学习，培养学生的医者仁心、医学伦理、法治意识，激发学生对生命健康权的尊重。

案例 5-1

患者，女性，50岁，因面部及双下肢水肿2个月入院。入院前2个月患者开始出现面部及双下肢水肿，面部水肿以双上睑最为明显，晨起时尤甚，双下肢水肿以晚间为甚，劳累时加重。伴有腰膝酸软、体重增加、恶心及右季肋部疼痛。尿少、色深，无血尿，无尿频、尿急、尿痛。无发热、咽痛及关节痛。门诊检查：蛋白定性+++，余项正常。血尿素氮7.14 mmol/L，肌酐10 mg/L。血浆总蛋白55 g/L，白蛋白28 g/L，球蛋白27 g/L。临床诊断：肾病综合征。

问题与思考：
1. 泌尿系统由哪些器官组成？
2. 肾位于何处？
3. 输尿管有哪3处生理性狭窄？

泌尿系统（urinary system）由肾、输尿管、膀胱和尿道组成（图5-1）。肾是人体重要的排泄器官，通过生成尿液完成排泄代谢废物（如尿素、尿酸和肌酐）、多余的水和无机盐等功能，参与机体的水、电解质及酸碱平衡的调节，从而保持机体内环境的稳定。当肾功能发生障碍时，由于代谢废物、水和无机盐等在体内蓄积，破坏了机体内环境的相对稳定，会造成新陈代谢紊乱，严重时可危及生命。肾还具有内分泌功能，能分泌肾素和促红细胞生成素。肾生成的尿液由输尿管输送到膀胱内暂时贮存，达到一定量后，由尿道排出体外。

图 5-1　泌尿生殖系统概况

第一节　肾

一、肾的形态

肾（kidney）为成对的实质性器官，形似蚕豆（图 5-2）。新鲜时呈红褐色，质柔软，表面光滑。肾可分为上、下两端，前、后两面，内、外侧两缘。肾的上端宽而薄，下端窄而厚；前面凸向前外侧，后面较扁平，紧贴腹后壁；外侧缘较隆凸，内侧缘中部的凹陷，称为**肾门**（renal hilum），有肾动脉、肾静脉、肾盂、神经和淋巴管等出入。这些出入肾门的结构，总称为**肾蒂**（renal pedicle）。右侧肾蒂较左侧短，故右肾手术难度较大。肾门向肾实质内凹陷形成的腔隙，称为**肾窦**（renal sinus），其内容纳肾小盏、肾大盏、肾盂以及肾的血管、神经、淋巴管和脂肪等。

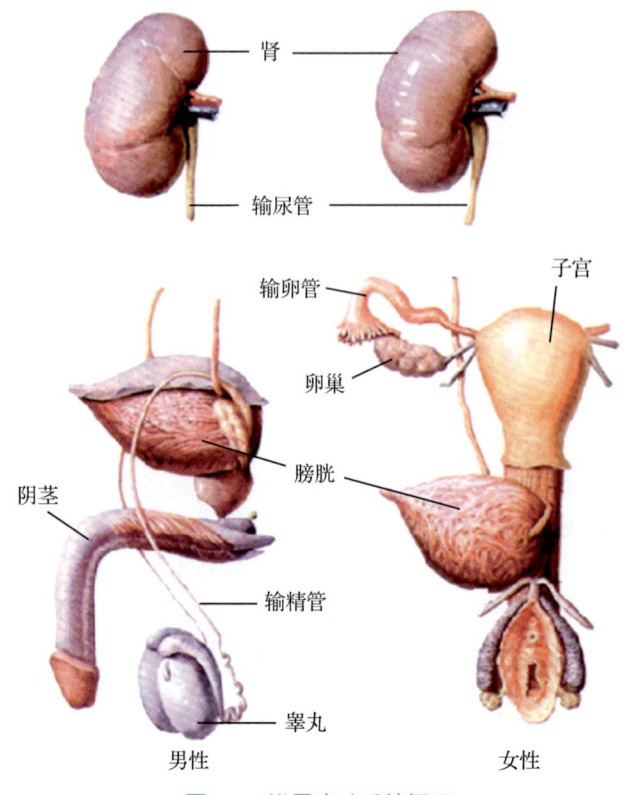

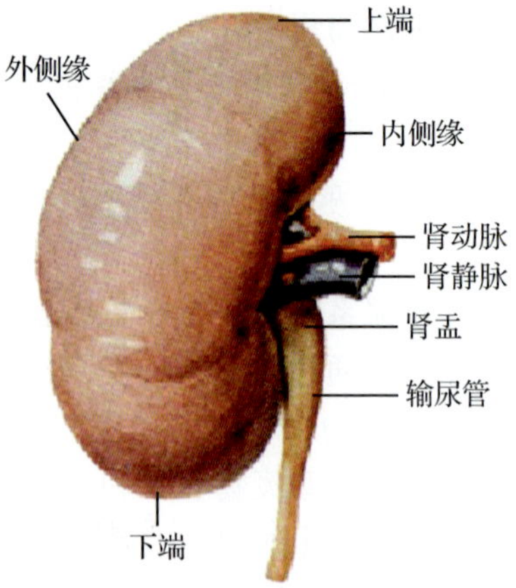

图 5-2　肾的形态（右肾）

二、肾的位置与毗邻

肾位于腹腔后上部，腹膜后方，脊柱两侧，属腹膜外位器官（图 5-3）。左肾上端平第 11 胸椎体下缘，下端平第 2 腰椎体下缘；右肾由于受肝的影响略低于左肾，上端平第 12 胸椎体上缘，下端平第 3 腰椎体上缘。第 12 肋斜过左肾后面的中部和右肾后面的上部。成人肾门约平对第 1 腰椎体，距后正中线约 5 cm。肾的位置一般儿童低于成人，女性略低于男性，新生儿肾的位置更低，可达髂嵴附近。肾的位置可随呼吸和体位而上下移动，幅度为 2～3 cm。肾门的体表投影一般在竖脊肌外侧缘与第 12 肋下缘所形成的夹角内，临床上称为**肾区**（renal region）或肋脊角。肾病患者在此区可有叩击痛。

两肾上端内上方均与肾上腺相邻，并与肾共同包被在肾筋膜内。左肾前面外上部与胃底后面和脾相邻，中部和内侧与胰尾和脾血管相邻，下部则邻接空肠袢和结肠左曲。右肾前面上部与肝右叶相接触，中部邻贴十二指肠降部，下部与结肠右曲和小肠毗邻。肾内下方邻输尿管，左肾靠近腹主动脉，右肾则靠近下腔静脉。两肾后面上 1/3 与膈相邻，下部自内侧向外侧依次与腰大肌、腰方肌和腹横肌贴近（图 5-3）。

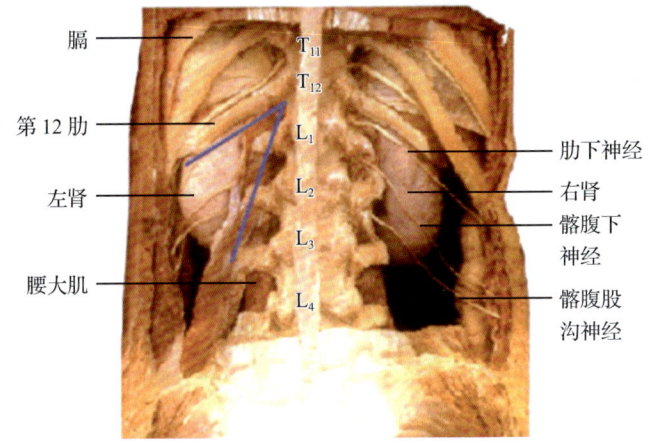

图 5-3　肾的位置与毗邻

 考点提示

肾的形态及位置。

三、肾的剖面结构

肾的剖面结构包括肾实质和肾窦两部分（图 5-4），在肾的冠状切面上，肾实质可分为表浅的皮质和深在的髓质两部分。肾皮质血管丰富，在新鲜标本上呈红褐色，位于肾实质浅层。肾皮质突入肾髓质的部分，称为**肾柱**；肾髓质血管较少，新鲜时呈淡红色，主要由 15～20 个**肾锥体**组成。肾锥体呈圆锥形，底朝向皮质，尖端钝圆，朝向肾窦，称为**肾乳头**。肾乳头上有许多**乳头管**的开口，称为**乳头孔**，尿液由此孔流入肾窦的肾小盏。

肾小盏为漏斗状的膜性短管，包绕在肾乳头周围。2～3 个肾小盏汇成一个肾大盏，2～3 个肾大盏再合并成一个扁平的漏斗状间隙，称为**肾盂**。肾盂出肾门后转而向下，逐渐变细，在约第 2 腰椎体上缘水平移行为输尿管。肾窦内的血管、神经、淋巴管与脂肪组织等则填充于上述腔隙周围。

四、肾的被膜

肾表面由内向外包有 3 层被膜，依次为纤维囊、脂肪囊和肾筋膜（图 5-5）。

1. **纤维囊**（fibrous capsule）　是贴附于肾表面的薄层致密结缔组织膜，内含少量弹性纤维，与肾连结疏松，易于剥离。在病理情况下，纤维囊可与肾实质发生粘连，不易剥离。在肾破裂修复或肾部分切除时，需缝合此囊。

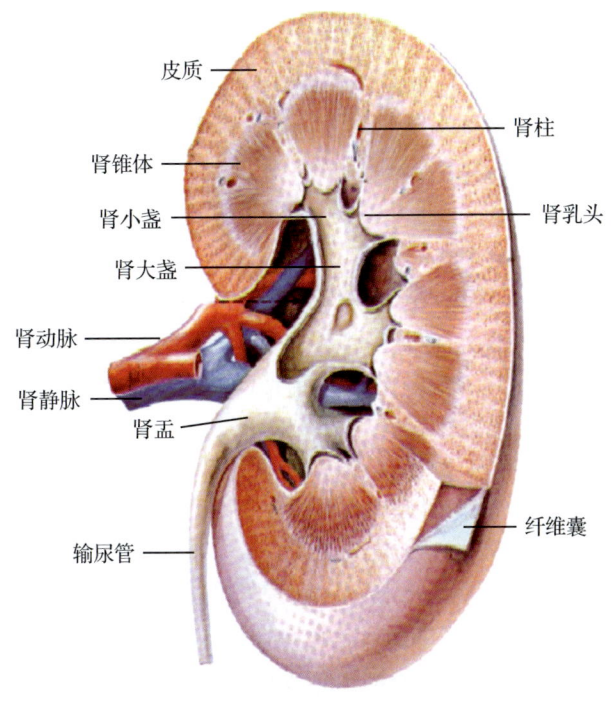

图 5-4　肾的剖面结构

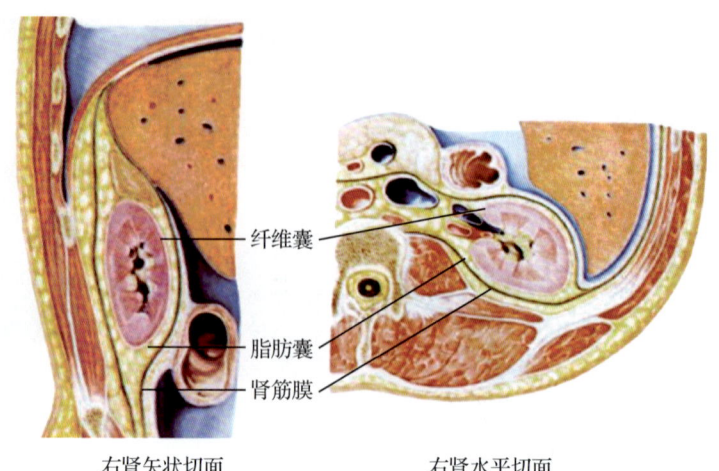

右肾矢状切面　　　　　　右肾水平切面

图 5-5　肾的被膜

2. **脂肪囊**（fatty renal capsule）　是包裹在纤维囊外周的囊状脂肪层，并从肾门伸入肾窦内与其脂肪组织相连，对肾起弹性垫样保护作用。临床上，做肾囊封闭时，即将药物注入此层。

3. **肾筋膜**（renal fascia）　为脂肪囊外面的致密结缔组织，分为前、后 2 层包裹肾和肾上腺，两层在肾上腺上方和肾的外侧缘处互相融合，在肾下方两层分开，其间有输尿管通过。在肾内侧，前层在肾前面向内侧延伸，与对侧肾筋膜前层相续，后层与腰大肌筋膜、腰方肌筋膜和髂筋膜相连接。肾筋膜向深部发出许多结缔组织小梁，穿过脂肪囊与纤维囊相连，起固定肾的作用。

肾的正常位置主要依赖于肾被膜的固定，其次肾蒂、腹膜、邻近器官和腹内压等对肾也有固定作用。当固定肾的结构不健全或损伤时，可导致肾下垂或游走肾。

> **知识链接**
>
> **肾移植术**
>
> **肾移植术**是指慢性肾功能不全，肾不能完全工作时，将异体肾经过手术植入患者体内，代替失去功能肾的一种器官移植手术。目前一般采用将供体肾移植于患者的右髂窝，将供体肾的肾动、静脉分别与患者的髂外动、静脉吻合。肾移植术是治疗慢性肾功能不全的最佳手段。肾移植术已应用于临床 40 余年，我国每年实施肾移植术的数量居亚洲之首，最长健康成活达 25 年。肾移植术受者最佳年龄为 13～60 岁。

五、肾的微细结构

肾表面包被有一薄层由致密结缔组织构成的被膜。肾实质由大量**泌尿小管**构成，其间少量的结缔组织、血管、淋巴管和神经等构成肾间质。泌尿小管由肾单位和集合管两部分组成（图 5-6）。

（一）肾单位

肾单位（nephron）是肾结构和功能的基本单位，由肾小体和肾小管两部分组成（图 5-6，图 5-7），每侧肾有 100 万～200 万个肾单位，与集合管共同行使泌尿功能。依据肾小体在皮质中的位置，可将肾单位分为浅表肾单位和髓旁肾单位两类。浅表肾单位约占肾单位总量的 85%，在尿液形成中起重要作用；髓旁肾单位约占肾单位总量的 15%，对尿液浓缩具有重要意义。

1. **肾小体**（renal corpuscle）　位于肾皮质内，呈球形，由血管球和肾小囊两部分组成。肾小体有 2 个极，分别是有血管出入部位的**血管极**；在血管极对侧，与近端小管曲部相连部位的**尿极**。

图 5-6 泌尿小管模式图

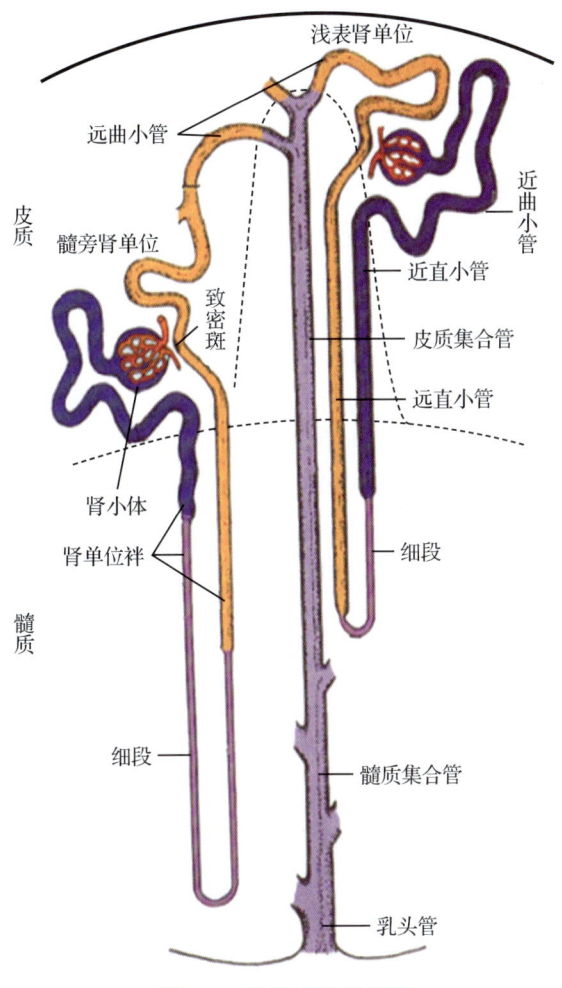

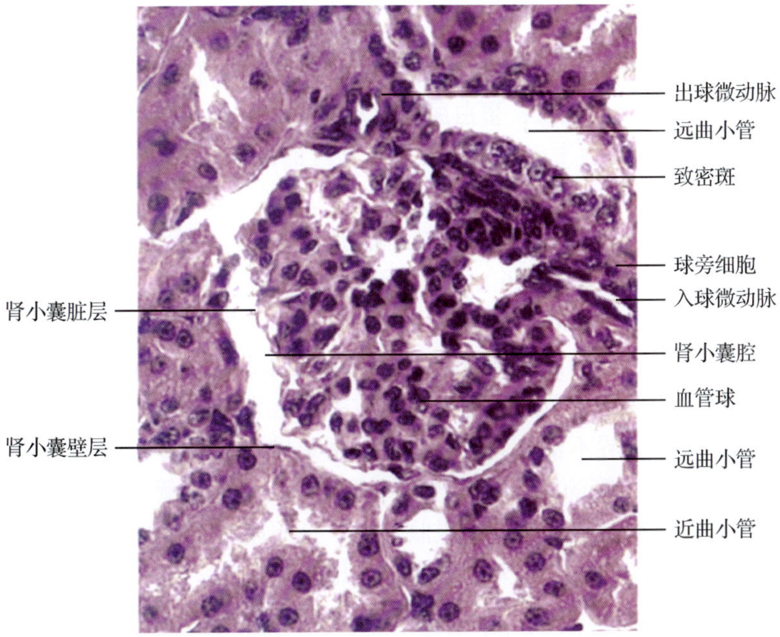

图 5-7 肾的微细结构

（1）**血管球**（glomerulus）：又称肾小球，是入球微动脉和出球微动脉之间盘曲成球形的一团毛细血管球，并被肾小囊包裹。入球微动脉从血管极进入肾小囊内，分成4～5支，每支再分支形成网状毛细血管袢，最后汇成一条出球微动脉，从血管极处离开肾小囊。入球微动脉粗短，出球微动脉细长，故毛细血管内压较高，有利于原尿的生成。电镜下，血管球的毛细血管壁由有孔内皮细胞和基膜构成。

（2）**肾小囊**（renal capsule）：是肾小管起始部膨大并呈杯状凹陷的双层囊。肾小囊分为脏、壁两层，两层之间的腔隙，称为**肾小囊腔**，与肾小管相通。壁层为单层扁平上皮，与近端小管上皮相连续；脏层由多突起的**足细胞**构成，贴附于毛细血管的基膜外面。电镜下，足细胞的胞体较大，从胞体上伸出数个较大的初级突起，初级突起再发出许多细小的次级突起，相邻的次级突起之间相互嵌合呈栅栏状。次级突起间有直径约25 nm的裂隙，称为**裂孔**，其上覆盖一层4～6 nm厚的**裂孔膜**（图5-8）。

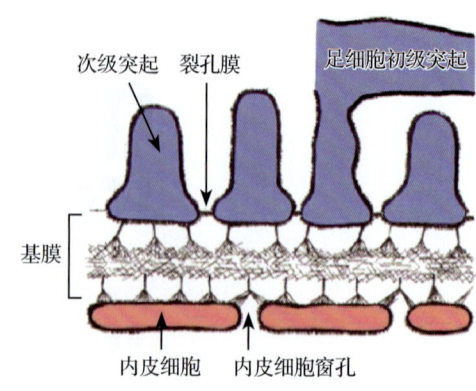

图5-8 滤过屏障模式图

当血液流经肾血管球时，血管内血压较高，血浆中除大分子蛋白质和血细胞外，其余物质经有孔毛细血管内皮、基膜和足细胞裂孔膜滤入肾小囊腔内形成原尿，这三层结构称为**滤过屏障**（filtration barrier）或滤过膜（图5-8）。三层结构能分别限制一定分子量大小的物质通过，其中裂孔膜在滤过屏障中起重要作用。一般情况下，相对分子量在70 000以下的物质可通过滤过屏障，滤入肾小囊腔的滤液，称为**原尿**。成人每昼夜两肾共形成原尿约180 L。若肾病导致滤过屏障受损，则大分子物质（如蛋白质或红细胞）可漏入肾小囊腔，出现蛋白尿或血尿。

知识链接

血尿与蛋白尿

血尿指尿液中混有红细胞的异常状态，可分为肉眼血尿和镜下血尿。若每升尿液中含血量超过1 ml，即可出现淡红色，称为**肉眼血尿**；若外观变化不明显，尿沉渣镜检每高倍视野红细胞数平均大于3个，称为**镜下血尿**。多数泌尿系统疾病，如肿瘤、结石、外伤、梗阻和感染均可伴有血尿；**蛋白尿**指尿液中蛋白质含量超过100 mg/L，或24 h尿蛋白质定量＞150 mg，蛋白质定性试验呈阳性反应的异常状态提示存在肾病。

2. **肾小管**（renal tubule） 是由单层上皮细胞围成的细长而弯曲的管道，全长可分为近端小管、细段和远端小管三部分（图5-6），有重吸收和分泌等功能。

（1）**近端小管**（proximal tubule）：是肾小管的起始部，与肾小囊腔相连接，约占肾小管总长的一半。按其行程和结构分为曲部和直部。近端小管曲部（**近曲小管**）位于肾皮质内，盘曲在血管球附近。光镜下，管壁由单层立方上皮构成，细胞呈立方形或锥体形，细胞核位于基底部，胞质呈嗜酸性，细胞分界不清，其游离面有由密集排列的微绒毛形成的刷状缘，扩大了细胞的表面积，有利于近曲小管的重吸收；近端小管直部（**近直小管**）自肾皮质向肾髓质直行，变细移行为细段。近端小管具有良好的重吸收功能，是原尿重吸收的主要场所。原尿中几乎所有葡萄糖和氨基酸，以及大部分水和无机盐等均在此被重吸收。

（2）**细段**（thin segment）：为肾小管中管径最细的一段，呈"U"形，位于肾锥体内。细段管径很细（直径为10～15 μm），管壁由单层扁平上皮构成，甚薄，具有重吸收少量水和无机盐的作用。

（3）**远端小管**（distal tubule）：按其行程也分为直部和曲部。远端小管直部（**远直小管**）续细段，位于肾髓质内，行向肾皮质，移行为远端小管曲部（**远曲小管**）。由近端小管直部、细段和远端小管直部共同构成一"U"形结构，称为**肾单位襻**或髓襻。远直小管的管腔较大而规则，管壁由单层立方上皮构成，细胞呈立方形，分界清楚，细胞核位于细胞中央，胞质着色较浅，游离面无刷状缘；远曲小管是离子交换的重要部位，具有重吸收水和无机盐，以及分泌H^+、K^+、NH_3等功能，对维持机体的酸碱平衡起着重要作用。肾上腺皮质分泌的醛固酮和垂体后叶的抗利尿激素对此段有调节作用。

（二）集合管

集合管（collecting duct）由远端小管汇合而成（图5-6），从肾皮质行向肾髓质，管径由细变粗，全长20～38 mm，分为弓形集合小管、直集合小管和乳头管三段。弓形集合小管很短，一端连接远曲小管，另一端与直集合小管相连。几个弓形集合小管汇合成直集合小管，向下达肾锥体内，至肾乳头处移行为乳头管，开口于肾小盏。集合管具有重吸收水和无机盐的功能，使原尿进一步浓缩，并与远曲小管一样也受醛固酮和抗利尿激素的调节。

综上所述，肾小体形成的原尿经过肾小管各段和集合管后，绝大部分营养物质、水和无机盐等被重吸收入血，部分离子也在此进行交换。肾小管上皮细胞还分泌排出部分代谢产物，最后形成浓缩的**终尿**。终尿由乳头管经乳头孔排入肾小盏。成人每日排出终尿1～2 L，约占原尿的1%。

（三）球旁复合体

球旁复合体（juxtaglomerular complex）也称肾小球旁器，由球旁细胞、致密斑和球外系膜细胞等组成（图5-7）。由于它们在位置、结构和功能上密切相关，故合称复合体。

1. **球旁细胞**（juxtaglomerular cell） 是入球微动脉近血管极处，管壁中的平滑肌细胞特化而形成的上皮样细胞。细胞体积较大，呈立方形，细胞核呈圆形，居细胞中央，胞质呈弱嗜碱性，含丰富的分泌颗粒，颗粒内含有肾素和促红细胞生成素。肾素能使血浆中的血管紧张素原转变成血管紧张素Ⅰ，后者可降解成血管紧张素Ⅱ。两种血管紧张素均可使血管平滑肌收缩，使血压升高。还可促使肾上腺皮质分泌醛固酮，促进水的重吸收而增加血容量，引起血压升高。某些肾病导致高血压，与肾素分泌异常增多有关。

2. **致密斑**（macula densa） 是远曲小管在靠近血管极一侧，管壁上皮细胞特化而成的椭圆形隆起，该处细胞增高、变窄、排列紧密而形成致密斑。致密斑为钠离子感受器，能感受原尿中钠离子浓度的变化，并能影响球旁细胞分泌肾素。

3. **球外系膜细胞**（extraglomerular mesangial cell） 又称极垫细胞，位于致密斑、入球微动脉和出球微动脉组成的三角区内，目前功能尚不明确。

六、肾的血液循环

肾动脉在肾门处通常分为前、后两支，在肾内逐级分支，最后形成许多入球微动脉进入肾小体，再分支成由毛细血管构成的血管球，继而汇合成出球微动脉离开肾小体。出肾小体后的出球微动脉很快再次分支形成球后毛细血管网，分布于肾小管等周围，营养肾组织，最后汇成肾静脉出肾，注入下腔静脉。

肾的血液循环特点：①肾动脉近乎呈直角直接起于腹主动脉，粗而短，故血流量大，流速快，压力高；②90%的血液进入肾皮质，到肾小体后被滤过，利于原尿生成；③入球微动脉较出球微动脉粗短，导致血管球内压力较高，有利于滤过；④两次形成毛细血管网，第1次为入球微动脉分支盘曲形成血管球，第2次为出球微动脉在肾小管周围形成球后毛细血管网。

考点提示

肾单位的组成，滤过屏障的概念。

第二节 输 尿 管

一、输尿管的位置与分部

输尿管（ureter）为成对的圆索状肌性管道，位于腹膜后方，属腹膜外位器官。输尿管约在平第 2 腰椎体上缘起自肾盂，继而沿腰大肌前面下行，在小骨盆上口处跨越髂血管前方入小骨盆腔，从盆腔侧壁行至膀胱底外上角后，向内下斜穿膀胱壁，开口于膀胱底内面的输尿管口。女性输尿管斜穿膀胱壁前，在子宫颈外侧约 2 cm 处近似横行绕过子宫动脉后方，故临床上进行子宫等手术时需注意二者的位置关系（图 5-9）。

输尿管依其行程可分为三部：即起始处至跨小骨盆上口处为**腹部**；跨小骨盆上口至穿膀胱壁处为**盆部**；走行于膀胱壁内的部分为**壁内部**。

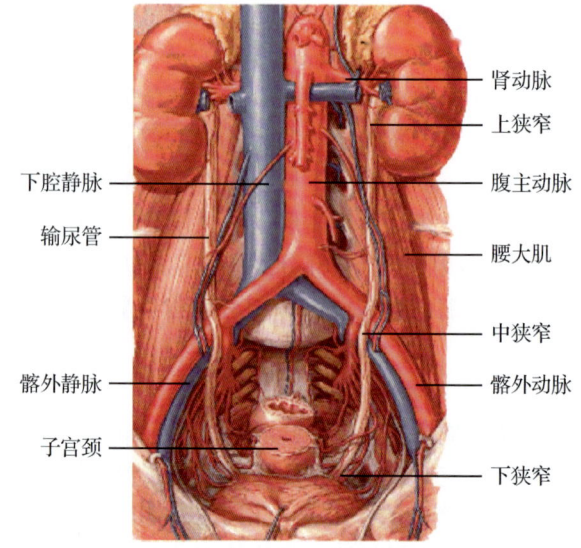

图 5-9 输尿管

二、输尿管的生理性狭窄

输尿管是一对细长的肌性管道，长 20～30 cm，管径 0.5～1.0 cm。输尿管全长粗细不均，有 3 处生理性狭窄（图 5-9）：上狭窄位于输尿管与肾盂移行处；中狭窄在跨过小骨盆上口处；下狭窄最狭窄，为斜穿膀胱壁处。这些狭窄是输尿管结石易滞留的部位，嵌顿时可引起剧烈绞痛。

 考点提示

输尿管 3 处生理性狭窄的位置及临床意义。

第三节 膀 胱

膀胱（urinary bladder）是贮存尿液的囊状肌性器官，其位置、形态、大小和壁的厚度均随尿液的充盈程度、年龄和性别等而有较大变化。膀胱的平均容量，一般正常成人为 300～500 ml，最大可达 800 ml。新生儿膀胱容量约为成人的 1/10。老年人由于膀胱壁肌层的紧张度降低，故容量增大。女性膀胱容量较男性小。

一、膀胱的形态与分部

膀胱的形态随充盈程度不同而有所变化。空虚时，膀胱呈三棱锥体形，可分为尖、底、体、颈四部分（图 5-10），各部之间无明显分界。膀胱尖朝向前上方，借脐正中韧带与脐相连；膀胱底朝向后下方，近似三角形；膀胱尖与膀胱底之间的部分，称为膀胱体；膀胱最下部，称为膀胱颈。颈的内面下部有**尿道内口**与尿道相接。膀胱充盈时呈卵圆形。

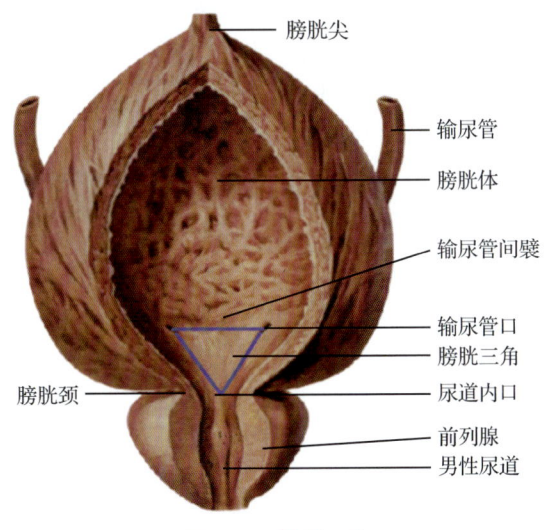

图 5-10　膀胱三角

二、膀胱的位置与毗邻

成人膀胱位于小骨盆腔内，耻骨联合后方，腹膜下方（图 5-11）。当膀胱空虚时，其尖一般不超过耻骨联合上缘。当膀胱充盈时，其尖可超过耻骨联合上缘，腹前壁反折于膀胱上面的腹膜也随之上移，使膀胱前壁直接与腹前壁相贴。因此，当膀胱充盈时在耻骨联合上缘行膀胱穿刺术，可避免伤及腹膜。新生儿膀胱位置比成人高，大部分位于腹腔内。随着年龄增长和盆腔的发育而逐渐降入盆腔，至青春期达成人位置。老年人因盆底肌松弛，膀胱位置则更低。

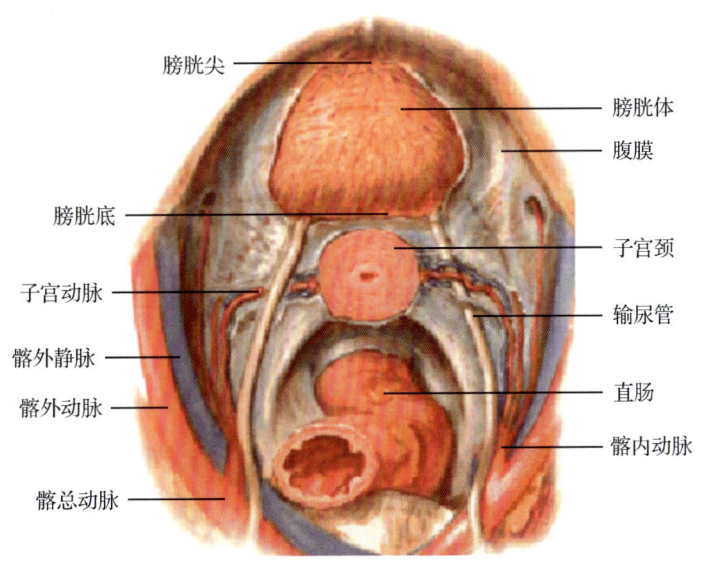

图 5-11　膀胱的位置与毗邻（女性盆腔横切面）

在膀胱后方，男性与精囊、输精管壶腹和直肠相邻，女性则与子宫和阴道相邻；男性膀胱颈与前列腺相邻，女性膀胱颈与尿生殖膈相邻。

三、膀胱壁的结构

膀胱壁由内向外依次分为黏膜、肌层和外膜3层。黏膜上皮为变移上皮,膀胱空虚时,黏膜形成许多皱襞,充盈时则皱襞减少或消失。在膀胱底内面,两侧输尿管口与尿道内口之间的三角区,称为**膀胱三角**(trigone of bladder)。该区黏膜平滑、无皱襞,是膀胱结核和肿瘤的好发部位(图5-10)。在膀胱三角底部,两输尿管口之间的横行皱襞,称为**输尿管间襞**(interureteric fold),呈苍白色,是膀胱镜检时寻找输尿管口的标志;膀胱肌层由平滑肌构成,可分为内纵、中环、外纵3层,三层肌相互交错,共同构成逼尿肌。在尿道内口处,环行肌增厚形成膀胱括约肌。膀胱上面、两侧和后面的外膜为浆膜,其余部分为纤维膜。

 考点提示

膀胱的位置及分部,膀胱三角的位置及临床意义。

知识链接

膀胱穿刺术

膀胱穿刺术是在耻骨联合上缘中点,用穿刺针刺入膀胱以解除尿道梗阻所致的尿潴留,或经穿刺抽出膀胱内尿液进行检验或细菌培养的技术。当膀胱充盈上升时,腹前壁腹膜和反折于膀胱上面的腹膜也随膀胱上升而上移,膀胱前壁与腹前壁直接相贴,故穿刺针可不经过腹膜腔而直接进入膀胱,以免引起腹膜腔感染。

第四节 尿 道

尿道(urethra)是膀胱通往体外的排尿管道。起自尿道内口,止于尿道外口。男性尿道长而弯曲,兼有排尿和排精两种功能,将在男性生殖系统中叙述。

女性尿道(female urethra)仅有排尿功能。女性尿道长3~5 cm,直径6~9 mm,起于膀胱颈的尿道内口,经耻骨联合与阴道之间向前下走行,穿尿生殖膈后开口于阴道前庭前端的尿道外口(图5-12)。在穿尿生殖膈处,有尿道(阴道)括约肌环绕,可随意控制排尿,临床手术时注意避免伤及,以防造成尿失禁。因女性尿道较男性尿道短、宽、直,且尿道外口靠近阴道和肛门,故易引起尿路逆行性感染。临床上,为女性患者导尿时,应注意尿道外口与阴道口的位置关系,避免误伤。

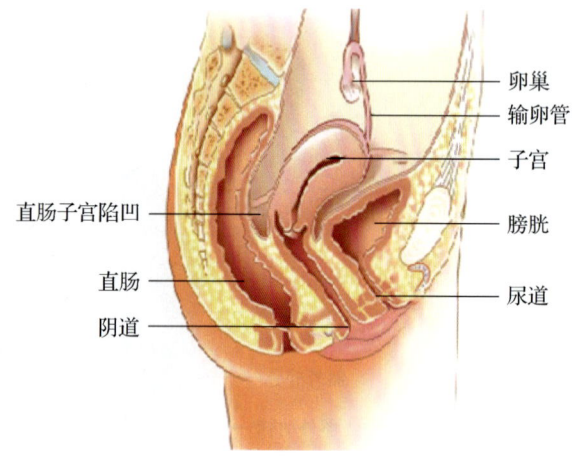

图5-12 女性盆腔矢状切面(左侧)

 考点提示

女性尿道的特点及临床意义。

知识链接

女性导尿术

导尿术是在无菌操作下将导尿管插入膀胱引出尿液的技术。为女性患者导尿插管时，要仔细观察，认清尿道外口，避免误入阴道。女性尿道外口位于阴道前庭前部，阴蒂与阴道口之间，距阴蒂 2～2.5 cm，距阴道口约 1 cm。将导尿管从尿道外口插入 4～6 cm，见尿液流出再插入 1 cm。

思政园地

护肾天使——侯凡凡

侯凡凡是南方医科大学南方医院肾内科主任医师。1998 年她谢绝高薪，完成国外学业回国。在科室，她每天工作 12 个小时。她反复告诫全科人员，心中要时刻装着患者。有一位患者来到肾内科要求做透析治疗，侯凡凡没有贸然答应，而是详细询问了他的病史，并为他做了全面检查，结果发现引起患者肾衰竭的病因是肾结核。经对症治疗，患者重返工作岗位。目睹慢性肾衰竭患者因感染反复住院，她花了 10 年时间去做一系列实验，发现通过补充单核细胞调理素可以提高慢性肾衰竭患者机体的免疫力，治疗后有 20% 患者得以恢复正常工作。

（尹史帝）

自 测 题

一、单项选择题

1. 泌尿系统的组成，不包括的是
   A. 肾　　　　　　　　B. 膀胱　　　　　　　C. 尿道
   D. 输尿管　　　　　　E. 子宫
2. 成人肾门平对
   A. 第 11 胸椎　　　　B. 第 12 胸椎　　　　C. 第 1 腰椎
   D. 第 2 腰椎　　　　　E. 第 3 腰椎
3. 出入肾门的结构不包括的是
   A. 肾盂　　　　　　　B. 淋巴管　　　　　　C. 肾动脉
   D. 肾静脉　　　　　　E. 输尿管
4. 包绕肾乳头的结构是
   A. 肾小盏　　　　　　B. 肾大盏　　　　　　C. 肾盂
   D. 输尿管　　　　　　E. 肾小管
5. 膀胱的最下部为
   A. 膀胱尖　　　　　　B. 膀胱体　　　　　　C. 膀胱颈
   D. 膀胱底　　　　　　E. 膀胱三角
6. 不与男性膀胱底毗邻的是
   A. 直肠　　　　　　　B. 前列腺　　　　　　C. 精囊
   D. 输精管壶腹　　　　E. 直肠膀胱陷凹

7. 当膀胱充盈时，沿耻骨联合上缘进行膀胱穿刺，不需经过的结构是
   A. 皮肤
   B. 皮下组织
   C. 腹肌
   D. 腹膜和腹膜腔
   E. 膀胱壁
8. 肾小管重吸收的主要部位是
   A. 集合管
   B. 近端小管
   C. 远端小管和集合管
   D. 细段
   E. 远端小管
9. 球旁细胞分泌的激素是
   A. 糖皮质激素
   B. 盐皮质激素
   C. 胰岛素
   D. 肾上腺素
   E. 肾素和促红细胞生成素
10. 肾的基本结构和功能单位是
    A. 肾单位
    B. 肾小体
    C. 近端小管
    D. 集合管
    E. 远端小管
11. 肾单位的组成是
    A. 肾小体和集合管
    B. 肾小体和肾小管
    C. 近端小管和细段
    D. 远端小管和细段
    E. 远端小管和集合管
12. 不属于膀胱分部的是
    A. 膀胱尖
    B. 膀胱底
    C. 膀胱体
    D. 膀胱颈
    E. 膀胱三角
13. 膀胱肿瘤的好发部位是
    A. 膀胱尖
    B. 膀胱三角
    C. 膀胱体
    D. 膀胱颈
    E. 膀胱底
14. 女性容易引起逆行性尿路感染的原因是
    A. 女性尿道短、宽、直
    B. 女性尿道短、窄、直
    C. 女性尿道长、宽、直
    D. 女性尿道长、窄、直
    E. 女性尿道长、窄、弯
15. 女性膀胱后方有
    A. 直肠
    B. 乙状结肠
    C. 回肠
    D. 子宫和阴道
    E. 肛管
16. 女性尿道长度为
    A. 2～3 cm
    B. 3～5 cm
    C. 5～7 cm
    D. 6～8 cm
    E. 8～10 cm

二、名词解释

1. 滤过屏障 2. 膀胱三角 3. 肾门 4. 肾窦 5. 肾区

三、简答题

1. 尿液从肾乳头排出体外都要经过哪些结构？
2. 固定肾位置的结构有哪些？
3. 输尿管有几处生理性狭窄？各位于何处？
4. 女性尿道有何特点？
5. 绘制肾剖面结构彩图。

第六章 生殖系统

学习目标

1. 说出男性生殖系统的组成；精子的产生及排出途径，睾丸、附睾和前列腺的位置及形态；男性尿道的分部、狭窄、弯曲及临床意义。
2. 描述女性生殖系统的组成；卵巢的位置，输卵管的分部及临床意义；子宫的形态、分部、位置及固定装置；阴道的位置及其毗邻，阴道穹后部的临床意义。
3. 能在标本或模型上辨认男性和女性生殖器官的形态、位置及其毗邻；运用生殖系统的相关知识，分析常见生殖系统疾病的发病基础；以及进行关爱性器官，重视两性生殖保健，养成良好卫生习惯和生活方式的科普宣传。
4. 通过生殖系统相关知识的学习，教会学生科学认识两性人体性器官，感受生命的来之不易，以及父爱、母爱的伟大。

案例 6-1

患者，男性，65 岁。因反复尿频，排尿不尽感 3 年，加重 2 天入院。入院前 3 年患者有尿频、尿痛、尿道灼热或排尿不尽感，于当地医院就诊。B 超检查显示有前列腺肥大。入院前 1 周患者排尿困难加剧，入院前 2 天出现少量尿失禁。体格检查：T 37.1 ℃，P 96 次/分，BP 150/70 mmHg。下腹部压痛、酸胀感明显。直肠指检发现前列腺增大。临床诊断：前列腺肥大，轻度尿潴留。

问题与思考：
1. 男性生殖系统由哪些器官组成？
2. 男性尿道分为哪几段？
3. 前列腺肥大为什么会导致排尿困难？

生殖系统（reproductive system）包括男性生殖系统和女性生殖系统，均由内生殖器和外生殖器两部分组成（表 6-1）。内生殖器由生殖腺、生殖管道和附属腺组成，多位于盆腔内；外生殖器则位于体表。生殖系统的主要功能是繁殖后代、分泌两性激素及维持两性特征。

表 6-1 生殖系统的组成

	分部	男性生殖系统	女性生殖系统
内生殖器	生殖腺	睾丸	卵巢
	生殖管道	附睾、输精管、射精管和男性尿道	输卵管、子宫和阴道
	附属腺	精囊、前列腺和尿道球腺	前庭大腺
外生殖器		阴囊和阴茎	女阴

> 考点提示
>
> 男、女性生殖系统的组成。

第一节　男性生殖系统

男性生殖系统（male reproductive system）由内生殖器和外生殖器组成（图 6-1）。内生殖器包括生殖腺（睾丸）、生殖管道（附睾、输精管、射精管及男性尿道）和附属腺（精囊、前列腺及尿道球腺）。睾丸为男性的生殖腺，可产生精子和分泌男性激素。睾丸产生的精子先贮存于附睾内，当射精时，依次经输精管、射精管和男性尿道排出体外。附属腺的分泌物参与精液的组成；外生殖器包括阴囊和阴茎。

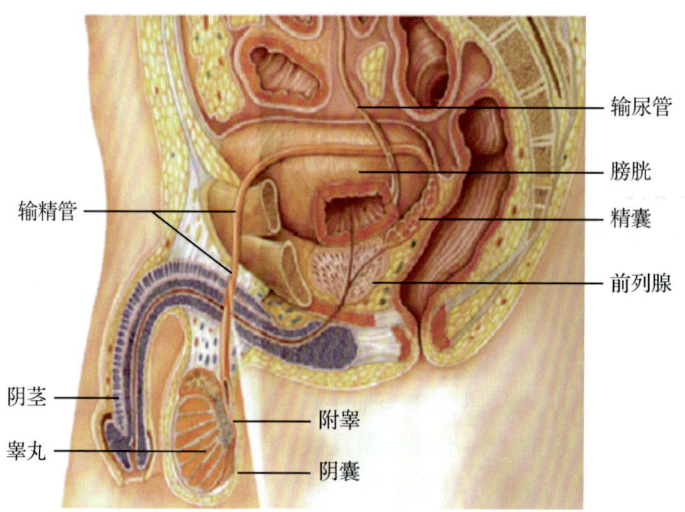

图 6-1　男性生殖系统概况

一、男性内生殖器

（一）睾丸

睾丸（testis）是男性的生殖腺，具有产生精子和分泌雄激素的功能。

1. **睾丸的位置与形态**　睾丸位于阴囊内，左、右各一（图 6-2）。睾丸呈内、外侧略扁的

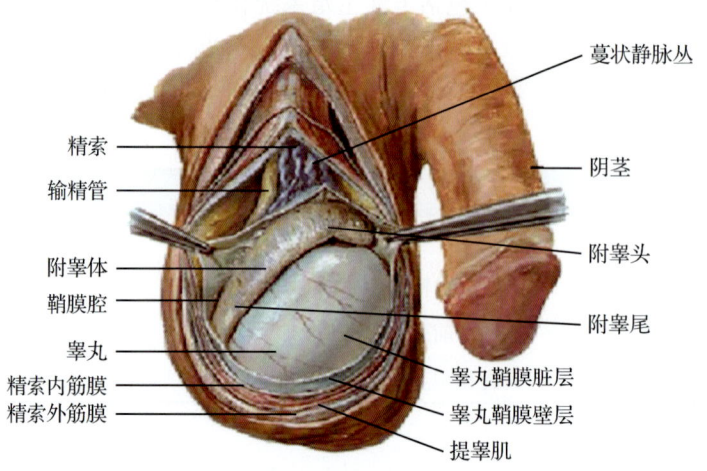

图 6-2　睾丸与附睾

椭圆形，表面光滑，分为内、外侧两面，上、下两端，前、后两缘。后缘与附睾相连，并有血管、淋巴管和神经等出入。

睾丸除后缘外均被有腹膜，称为**睾丸鞘膜**（图6-2）。睾丸鞘膜分为脏、壁两层，脏层紧贴于睾丸表面；壁层贴附于阴囊内面。睾丸鞘膜的脏、壁两层在睾丸后缘处相互移行，构成一个封闭的腔隙，称为**鞘膜腔**（vaginal cavity），内含有少量液体，起润滑作用。如鞘膜腔内因炎症液体增多，临床上称为睾丸鞘膜腔积液。

知识链接

隐睾症

隐睾症是男性小儿生殖系统常见的先天畸形，由于睾丸未能按正常发育过程降入阴囊内，而停留在腹腔、腹股沟管或阴囊入口等处。因阴囊内的温度比腹腔低1~2℃，有利于精子发育。隐睾可因温度高而导致精子发育障碍，导致不育。大多数隐睾症为单侧，约15%为双侧。大部分隐睾会在出生后3个月内自行下降，但6月龄后继续下降的概率明显减少。隐睾症会导致睾丸生长发育不良，以及生精功能受损，也是睾丸癌的主要危险因素之一，故一旦发现，应及时治疗。

2. 睾丸的微细结构 睾丸表面有一层较厚的致密结缔组织，称为**白膜**。白膜在睾丸后缘增厚并突入睾丸内形成**睾丸纵隔**。睾丸纵隔向睾丸实质发出许多放射状的**睾丸小隔**，将睾丸实质分成100~200个锥体形的**睾丸小叶**（图6-3）。每个小叶内有1~4条弯曲而细长的**生精小管**，管壁上皮能产生精子。生精小管在近睾丸纵隔处汇集成短而直的**精直小管**。精直小管进入睾丸纵隔内吻合成**睾丸网**，从睾丸网发出12~15条**睾丸输出小管**，经睾丸后缘上部进入附睾头；生精小管之间的疏松结缔组织，称为**睾丸间质**（图6-4）。

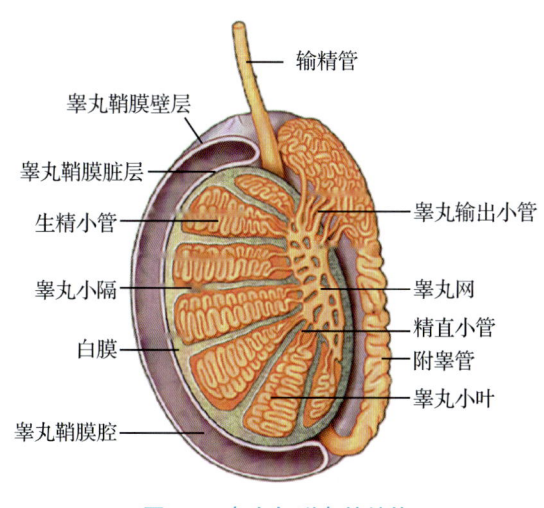

图6-3　睾丸与附睾的结构

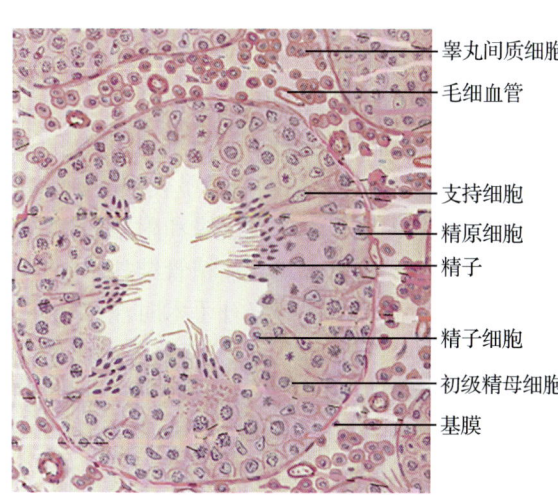

图6-4　睾丸的微细结构

（1）**睾丸实质**：每个睾丸小叶包含1~4条生精小管。**生精小管**（seminiferous tubule）是弯曲的上皮性管道，每条长30~70 cm，直径150~250 μm。生精小管由生精上皮和基膜构成（图6-4），是产生精子的场所。生精上皮由生精细胞和支持细胞组成。

1）**生精细胞**（spermatogenic cell）：是一系列不同发育阶段生殖细胞的总称。从生精小管基底面到管腔面，包括精原细胞、初级精母细胞、次级精母细胞、精子细胞和精子。从青春期开始，在垂体促性腺激素的刺激下，生精细胞不断增殖分化，形成精子，因此管壁上可见处于不同发育阶段的生精细胞，而且排列有序。从精原细胞到形成精子的过程，称为**精子发生**，精子的发生大约需要64天。①**精原细胞**（spermatogonium）：紧贴基膜，呈圆形或椭圆形。精原细胞不断分裂增殖，一部分继续作为干细胞，另一部分增殖分化为初级精母细胞；②**初级精母细胞**（primary spermatocyte）：位于精原细胞管腔侧，体积较大，细胞核大，呈圆形。切片中可见处于分裂期的初级精母细胞。一个初级精母细胞完成第一次减数分裂（染色体数目减半）后，形成2个次级精母细胞；③**次级精母细胞**（secondary spermatocyte）：位于初级精母细胞管腔侧，细胞核呈圆形，染色较深。次级精母细胞在短期内很快完成第二次减数分裂（DNA量减半）形成2个精子细胞，故在切片中不易见到；④**精子细胞**（spermatid）：更靠近管腔，细胞核呈圆形，染色质致密。染色体型为23,X或23,Y。细胞不再分裂，变形后成为精子；⑤**精子**（spermatozoon）：形似蝌蚪，分为头、尾两部分。头部主要为染色质高度浓缩的细胞核，其中头部的前2/3，称为**顶体**。顶体内含有多种水解酶，在受精时，精子释放顶体酶，分解卵细胞周围的放射冠和透明带而进入卵细胞内。尾部是精子的运动装置，通过摆动使精子向前游动。

2）**支持细胞**（sustentacular cell）：呈长锥体形，基底部附着于基膜上，顶部伸至管腔侧。由于其侧面镶嵌着各级生精细胞，故光镜下细胞轮廓不清，细胞核呈不规则形，染色浅，核仁明显。支持细胞具有支持和营养各级生精细胞，吞噬精子细胞变形脱落的残余胞质，以及分泌雄激素结合蛋白的功能。

（2）**睾丸间质**：是位于生精小管之间的疏松结缔组织，含有**睾丸间质细胞**（interstitial cell of testis）。睾丸间质细胞能合成和分泌雄激素。雄激素可促进精子的发生和男性生殖器官的发育，激发和维持男性第二性征及性功能。

（二）附睾

附睾（epididymis）呈新月形，紧贴于睾丸的上端和后缘（图6-2），上端膨大为附睾头，中部为附睾体，下端为附睾尾。附睾头由睾丸输出小管盘曲而成，输出小管汇合成一条附睾管，构成附睾体和附睾尾。附睾尾向上弯曲移行为输精管（图6-3）。附睾有贮存精子和促进精子进一步成熟的功能。

（三）输精管与射精管

输精管（ductus deferens）是附睾管的直接延续，长约50 cm，管壁厚，肌层发达，管腔小，管径约3 mm，活体触摸时呈较硬的圆索状。依其行程可分为四部分（图6-1）。①**睾丸部**：最短，起自附睾尾，沿睾丸后缘和附睾内侧上行至睾丸上端；②**精索部**：介于睾丸上端与腹股沟管浅环之间，位置表浅，输精管结扎术常在此部进行；③**腹股沟部**：是位于腹股沟管内的部分，临床上行腹股沟斜疝修补手术时注意勿伤及此部；④**盆部**：最长，起自腹股沟管深环，沿盆腔侧壁行向后下，越过输尿管末端前内侧绕至膀胱底后面，在此其末端膨大形成**输精管壶腹**。输精管壶腹末端变细，与同侧精囊的排泄管合并成**射精管**（ejaculatory duct）。射精管长约2 cm，斜穿前列腺实质，开口于男性尿道的前列腺部。

精索（spermatic cord）是介于睾丸上端与腹股沟管深环之间的一对圆索状结构（图6-2）。其内主要含有输精管、睾丸动脉、蔓状静脉丛、神经和淋巴管等。精索表面包有3层被膜，由内向外依次为精索内筋膜、提睾肌和精索外筋膜。

（四）精囊

精囊（seminal vesicle）又称精囊腺，为一对长椭圆形的囊状器官，位于膀胱底后面和输精管壶腹的下外侧（图6-5）。其排泄管与输精管壶腹末端汇合成射精管。精囊分泌的液体参与精液的组成。

（五）前列腺

前列腺（prostate）是单个实质性器官，位于膀胱颈与尿生殖膈之间，包绕男性尿道的起始

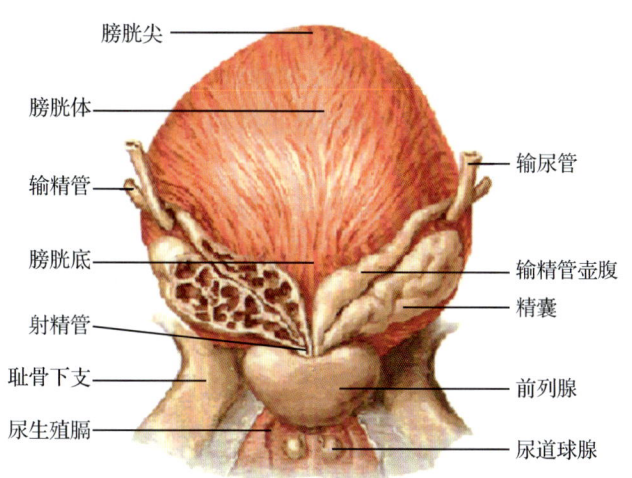

图 6-5 前列腺、精囊和尿道球腺

部，呈前后稍扁的栗子形，底朝上，尖向下（图 6-5）。

前列腺后面正中有一纵行浅沟，称为**前列腺沟**，活体直肠指诊时可扪及此沟，前列腺肥大时，此沟消失。临床上，前列腺肥大时，可压迫男性尿道，以致排尿困难。前列腺排泄管开口于尿道前列腺部，其分泌物参与精液的组成。

（六）尿道球腺

尿道球腺（bulbourethral gland）是埋藏于尿生殖膈内的一对豌豆大小的球形腺体，其排泄管细长，开口于尿道球部（图 6-5）。

精液由生殖管道和附属腺的分泌物与精子混合而成，为乳白色弱碱性液体，适于精子的生存和活动。成年男性一次正常射精量为 2～5 ml，含 3 亿～5 亿个精子。如果精子密度小于 15×10^6/ml，则属于少精症，可导致男性不育。

二、男性外生殖器

（一）阴囊

阴囊（scrotum）是位于阴茎后下方的囊袋状结构（图 6-1），阴囊壁由皮肤和肉膜组成。肉膜在中线向深部发出**阴囊中隔**，将阴囊分为左、右两部分，分别容纳睾丸、附睾及输精管起始部等。肉膜为浅筋膜，内含平滑肌，可随外界温度的变化而舒缩，从而调节阴囊内的温度，以利于精子的发育与生存。阴囊深面有包被睾丸和精索的被膜，由浅至深有精索外筋膜、提睾肌、精索内筋膜和睾丸鞘膜。

（二）阴茎

阴茎（penis）为男性的性交器官，呈圆柱状，分为头、体、根三部分（图 6-6）。阴茎根固定于耻骨下支和坐骨支，阴茎体呈圆柱状悬垂于耻骨联合前下方，阴茎前端膨大为阴茎头，头部前端有矢状位的**尿道外口**。

阴茎由 2 条阴茎海绵体和 1 条尿道海绵体组

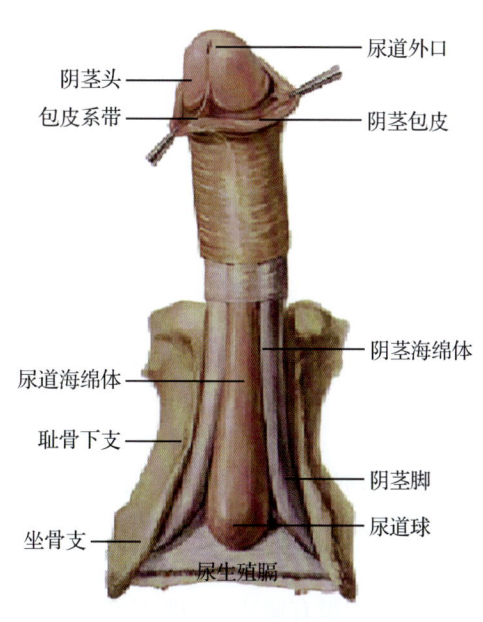

图 6-6 阴茎

成，外面包以筋膜和皮肤。阴茎海绵体左、右各一，位于阴茎背侧；尿道海绵体位于阴茎海绵体腹侧，尿道贯穿其全长。尿道海绵体中部呈圆柱状，其前、后端均膨大，前端膨大为**阴茎头**，后端膨大为**尿道球**。海绵体内有许多海绵体小梁和与血管相通的腔隙。当腔隙充血时，阴茎即变粗、变硬而勃起。

阴茎的皮肤薄而柔软，富有伸展性，在阴茎前端反折成双层的皮肤皱襞包绕阴茎头，称为**阴茎包皮**（prepuce of penis）。在阴茎头腹侧中线上，包皮与尿道外口下端相连的皮肤皱襞，称为**包皮系带**。做包皮环切手术时，注意勿伤及包皮系带，以免影响阴茎的正常勃起。

知识链接

包皮环切术

幼儿的包皮较长，包着整个阴茎头，随着年龄增长，包皮逐渐向后退缩，包皮口逐渐扩大，阴茎头显露于外表。如成年后阴茎头仍被包皮被覆，称为**包皮过长**。如果包皮口过小，包皮不能退缩暴露阴茎头，则称为**包茎**。以上两种情况，包皮内易存留污垢，而导致炎症，也可能成为阴茎癌的诱发因素，应行**包皮环切术**。做包皮环切术时，注意保护包皮系带，以免损伤后影响阴茎的正常勃起。

三、男性尿道

男性尿道（male urethra）兼有排尿和排精功能，起于膀胱颈的尿道内口，终于阴茎头的尿道外口。成年男性尿道长 18～22 cm，管径平均为 5～7 mm，全长可分为三部分，即前列腺部、膜部和海绵体部（图 6-7）。临床上将前列腺部和膜部称为**后尿道**，海绵体部称为**前尿道**。

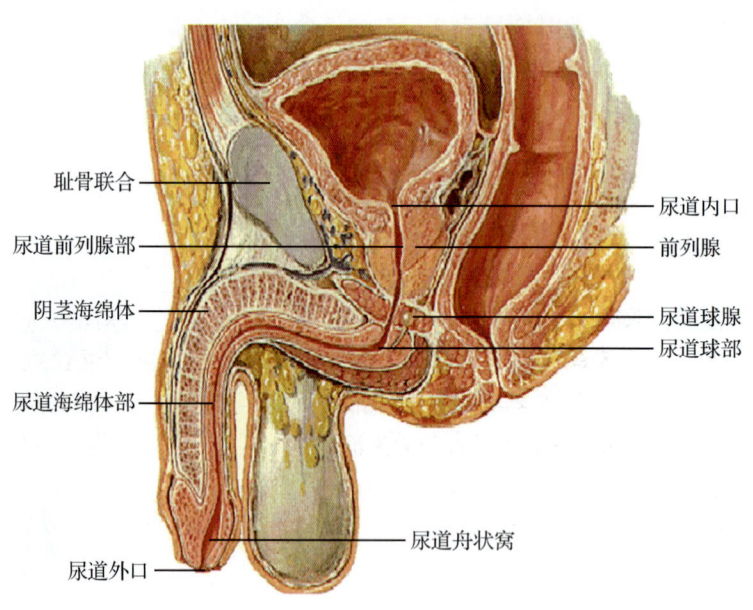

图 6-7　男性盆腔正中矢状切面

1. **前列腺部**（prostatic part）　为尿道穿过前列腺的部分，长 2～3 cm，管腔后壁有射精管和前列腺排泄管的开口。

2. **尿道膜部**（membranous part of urethra）　为尿道穿过尿生殖膈的部分，短而狭窄，长约 1.5 cm，周围有尿道括约肌环绕，该肌为骨骼肌，可控制排尿。膜部位置比较固定，骨盆骨折时，易损伤此部。

3. 尿道海绵体部（cavernous part of urethra） 为尿道穿过尿道海绵体的部分，长 12～17 cm。其后端膨大为**尿道球部**，是尿道最宽的部分，此处有尿道球腺的开口；前端扩大为**尿道舟状窝**。

尿道全长有 3 处狭窄、3 处扩大和 2 处弯曲。3 处狭窄分别位于尿道内口、膜部和尿道外口，其中尿道外口最狭窄，尿路结石常嵌顿在这些狭窄部位；3 处扩大分别位于前列腺部、尿道球部和尿道舟状窝处；2 处弯曲分别是位于耻骨联合下方，凹向前上方的**耻骨下弯**，此弯曲恒定不变，以及位于耻骨联合前下方，凹向后下方的**耻骨前弯**。当阴茎勃起或将阴茎头向上提起时，此弯曲可消失。临床上行膀胱镜检查或男性导尿时应注意这些结构特点，避免造成尿道损伤或增加插管困难。

> **考点提示**
>
> 男性尿道的分部、狭窄和弯曲。

知识链接

男性导尿术

男性患者因病情危重、下腹部手术、麻醉或昏迷等因素常需行导尿术，插管时应结合男性尿道的解剖特点，操作时将阴茎向腹侧提起与腹部呈 60°，使耻骨前弯变直，以利于导尿管通过，轻柔、缓慢地插入 18～20 cm，或见到尿液流出后再插入 2 cm 固定即可。前列腺肥大患者可导致尿道前列腺部狭窄，造成插管困难，应予注意。

第二节　女性生殖系统

女性生殖系统（female reproductive system）分为内生殖器和外生殖器两部分（图 6-8）。内生殖器包括生殖腺（卵巢）、生殖管道（输卵管、子宫及阴道）和附属腺（前庭大腺）；外生殖器即女阴。乳房和会阴与女性生殖关系密切，在本节一并叙述。卵巢是女性的生殖腺，可分泌女性激素，其产生的卵子成熟后排入腹膜腔，经输卵管腹腔口进入输卵管，在输卵管内受精后

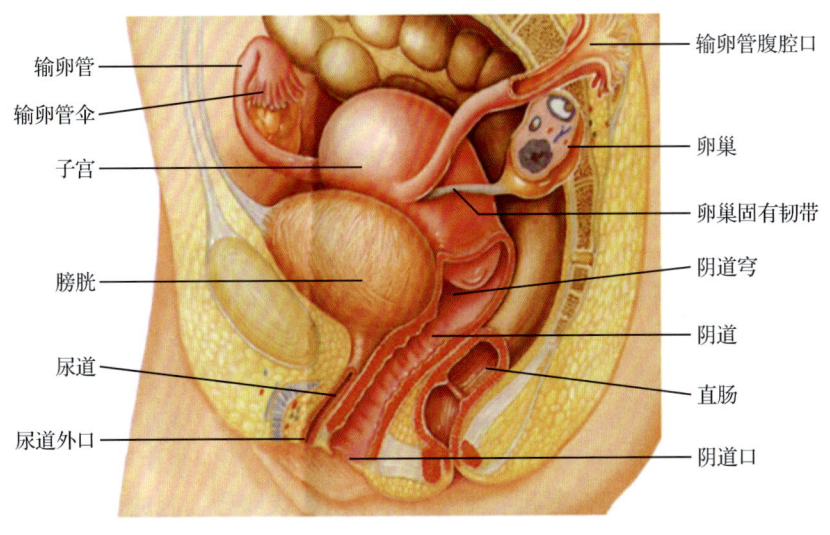

图 6-8　女性盆腔正中矢状断面（右侧）

移至子宫。子宫是胚胎发育和产生月经的器官,阴道则是胎儿娩出、月经排出的通道和性交器官。

一、女性内生殖器

(一)卵巢

卵巢(ovary)为女性的生殖腺,其功能是产生卵子和分泌女性激素。

1. 卵巢的位置与形态　卵巢位于小骨盆腔侧壁,髂总血管分叉处的卵巢窝内,左、右各一(图6-8)。卵巢呈扁卵圆形,分为内、外侧两面,上、下两端,前、后两缘。卵巢前缘借**卵巢系膜**连于子宫阔韧带的后层,中部有血管、淋巴管和神经等出入,称为卵巢门;后缘游离。卵巢的形态和大小随年龄增长呈现差异,幼女卵巢较小,表面光滑,性成熟期卵巢最大,以后由于多次排卵,卵巢表面出现瘢痕而变得凹凸不平,35~40岁卵巢开始缩小,50岁左右卵巢逐渐萎缩导致月经渐止。

卵巢的位置主要依靠韧带维持。**卵巢悬韧带**又称骨盆漏斗韧带,起自小骨盆腔侧壁上缘,向下至卵巢上端的腹膜皱襞,内有卵巢血管、淋巴管和神经走行,是寻找卵巢血管的标志;**卵巢固有韧带**起自卵巢下端,连于输卵管与子宫结合处的后下方,由结缔组织和平滑肌表面覆以腹膜构成。

2. 卵巢的微细结构　卵巢表面覆盖单层扁平或单层立方上皮,上皮深方是薄层致密结缔组织,称为**白膜**。卵巢实质可分为外周的皮质和中央的髓质两部分(图6-9)。皮质占卵巢的大部分,含有不同发育阶段的卵泡、黄体、白体及退化的闭锁卵泡等。髓质位于中央,范围较小,由疏松结缔组织构成,内含丰富的血管、淋巴管和神经,与皮质无明显分界。近卵巢门处的结缔组织中有少量门细胞,类似于睾丸间质细胞,可分泌雄激素。

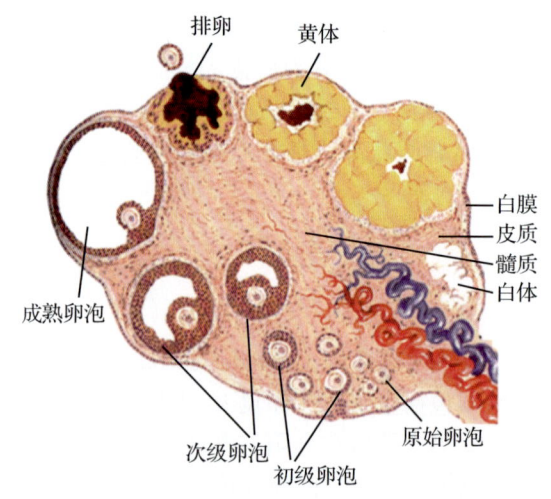

图 6-9　卵巢的微细结构

(1)**卵泡的生长发育**:卵巢具有明显的年龄特征。胚胎第5个月,两侧卵巢有原始卵泡约700万个,胎儿出生时含100万~200万个原始卵泡,青春期时约4万个,至更年期时仅有几百个。进入青春期后,在垂体分泌的卵泡刺激素和黄体生成素的作用下,一般每个月经周期通常只有一个卵泡发育成熟,并排出一个卵,左、右卵巢交替排卵。女性一生排卵约400个,其余卵泡均退化。绝经期后卵巢不再排卵。卵泡的发育分为原始卵泡、初级卵泡、次级卵泡和成熟卵泡4个阶段(图6-9)。

1)**原始卵泡**(primordial follicle):位于皮质浅层,体积小,数量多,由中央的一个初级卵母细胞和周围一层扁平的卵泡细胞组成。初级卵母细胞由胚胎时期的卵原细胞分化形成。

2)**初级卵泡**(primary follicle):由原始卵泡发育而成,其主要结构变化是:①初级卵母细胞体积增大,细胞核也变大,胞质内粗面内质网、高尔基复合体、游离核糖体等细胞器增多。②卵泡细胞由扁平状变为立方形或柱状,并由单层增殖为多层。③在初级卵母细胞与卵泡细胞之间出现一层富含糖蛋白的嗜酸性均质状膜,称为**透明带**。透明带由卵泡细胞和初级卵母细胞共同分泌产生。卵泡细胞的细长突起可伸入透明带与初级卵母细胞的微绒毛或细胞膜相接触,形成缝隙连接,有利于卵泡细胞将营养物质输送给初级卵母细胞,沟通信息,协调发育。④随着初级卵泡体积增大，卵泡周围的结缔组织逐渐分化成为**卵泡膜**，但与周围结缔组织无明显分界。

3）次级卵泡（secondary follicle）：初级卵泡进一步发育，其变化如下：①当卵泡细胞增至6～12层时，细胞间出现一些含有液体的小腔隙，小腔隙互相融合逐渐合并成一个大腔，称为**卵泡腔**，腔内充满卵泡液，卵泡液由卵泡细胞的分泌液和卵泡膜血管的渗出液组成，内含促性腺激素、雌激素、营养物质及多种生物活性物质，对卵泡的发育成熟有重要影响。②由于卵泡液不断增多，卵泡腔相继扩大，初级卵母细胞、透明带及其周围的部分卵泡细胞被挤向一侧，形成一丘状隆起，称为**卵丘**。③紧贴透明带的一层卵泡细胞增高为柱状，呈放射状排列，称为**放射冠**。分布在卵泡腔周边的卵泡细胞较小，构成卵泡壁，称为**颗粒层**，卵泡细胞改称为颗粒细胞。④卵泡膜逐渐形成，随着卵泡增大，卵泡膜更加明显，并分为内、外2层。内层毛细血管丰富且含有较多的多边形膜细胞，膜细胞合成雌激素。雌激素只有少量进入卵泡液，大部分进入血液循环。外层与周围结缔组织无明显界限，由环形排列的胶原纤维和平滑肌纤维构成，细胞无内分泌功能。

4）**成熟卵泡**（mature follicle）：是卵泡发育的最后阶段（图6-10）。自青春期开始，由于垂体分泌的卵泡刺激素增加，10～15个次级卵泡进入周期性发育，但通常仅有一个最终发育成熟并排卵，称为优势卵泡。成熟卵泡体积最大，直径可达20 mm，并突向卵巢表面。其卵泡腔很大，颗粒层很薄，颗粒细胞不再增殖。初级卵母细胞直径可达125～150 μm。排卵前36～48小时，初级卵母细胞完成第一次减数分裂，形成一个次级卵母细胞和第一极体。第一极体很小，位于次级卵母细胞与透明带之间的卵周间隙内。次级卵母细胞随即进入第二次减数分裂，并停滞于分裂的中期。

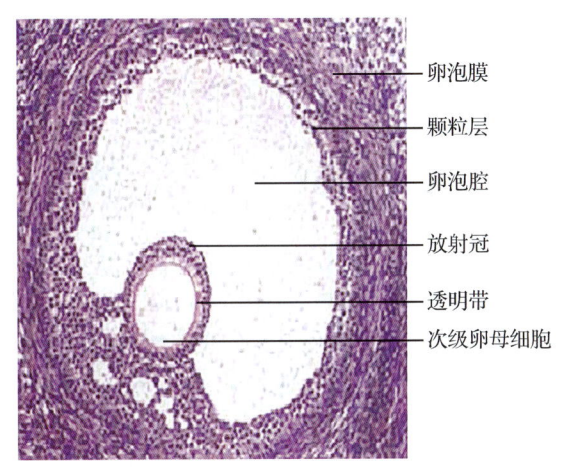

图6-10　成熟卵泡光镜图

 考点提示

卵泡的生长发育，排卵和黄体的概念。

（2）**排卵**（ovulation）：卵泡成熟后，卵泡腔内卵泡液剧增，其内压明显升高，且向卵巢表面突出。突出部分的卵泡壁破裂，次级卵母细胞、透明带和放射冠随同卵泡液一起排出卵巢进入腹膜腔，这一过程称为**排卵**。排卵一般发生在月经周期的第14天左右。卵排出后若24小时内未受精，次级卵母细胞即退化消失；若受精，则继续完成第二次减数分裂，形成一个成熟的卵细胞和两个第二极体。

（3）**黄体的形成与退化**：排卵后，残留的卵泡壁塌陷，卵泡的颗粒层、卵泡膜和血管也随之陷入卵泡腔，在黄体生成素的影响下，逐渐发育成一个体积较大且富有血管的内分泌细胞团，新鲜时呈黄色，称为**黄体**（corpus luteum）。其中由颗粒细胞增殖分化的颗粒黄体细胞数量多，体积大，染色浅，位于黄体中央，分泌孕激素；卵泡膜细胞改称为膜黄体细胞，数量少，体积小，胞质和细胞核染色深，主要位于黄体周边，与颗粒黄体细胞协同作用分泌雌激素。黄体维持的时间取决于排出的卵是否受精。如未受精，2周后黄体即开始退化，这种黄体称为**月经黄体**；如果受精，黄体则继续发育生长，直到妊娠4～6个月后才开始退化，这种黄体称为

妊娠黄体。月经黄体和妊娠黄体最后逐渐由增生的结缔组织取代，形成白色瘢痕，称为**白体**（图 6-9）。

（二）输卵管

输卵管（uterine tube）为一对细长而弯曲的肌性管道，长 10～14 cm，位于子宫底两侧，子宫阔韧带上缘内。外侧端游离，以输卵管腹腔口开口于腹膜腔，卵巢排出的卵即由此口进入输卵管；内侧端连于子宫底，以输卵管子宫口开口于子宫腔，故女性腹膜腔可经输卵管、子宫和阴道与外界相通。

输卵管由内向外分为四部分（图 6-11）。①**输卵管子宫部**：为穿过子宫壁的一段，以输卵管子宫口通子宫腔；②**输卵管峡部**：为紧邻子宫壁，细而直的一段。临床上，常在此处行输卵管结扎术；③**输卵管壶腹部**：约占输卵管全长的 2/3，管腔粗而弯曲，卵细胞常在此受精；④**输卵管漏斗部**：为外侧端的膨大部分，形似漏斗，游离缘有许多指状突起，称为**输卵管伞**，盖于卵巢表面，具有引导卵细胞进入输卵管的作用，也是手术时确认输卵管的标志。

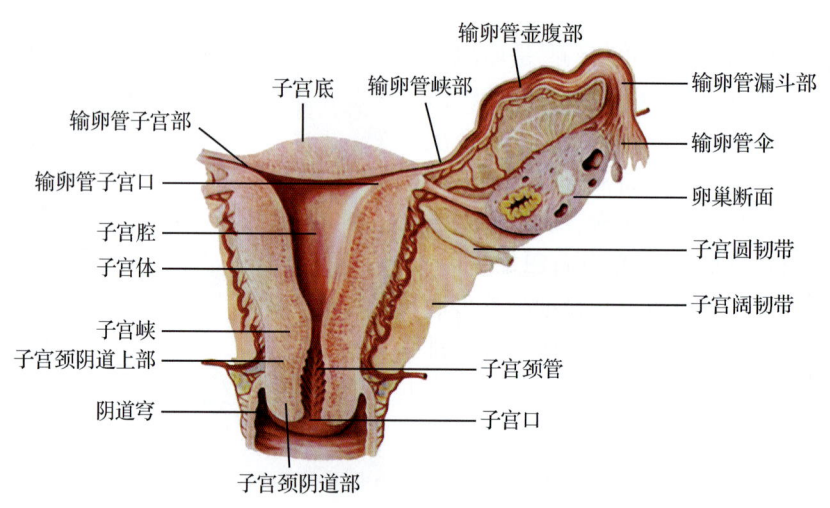

图 6-11　子宫和输卵管

临床上将输卵管和卵巢，合称为**子宫附件**。

（三）子宫

子宫（uterus）壁厚而腔小，是孕育胚胎、产生月经的肌性器官。

1. 子宫的形态　成人未孕子宫呈前后稍扁，倒置的梨形。长 7～8 cm，宽 4～5 cm，厚 2～3 cm。子宫分为底、体、颈三部分（图 6-11）。子宫底位于输卵管子宫口水平以上；子宫体位于子宫底与子宫颈之间；子宫颈是下端狭窄的圆柱状部分，上 2/3 位于阴道以上，称为**子宫颈阴道上部**，下 1/3 伸入阴道内，称为**子宫颈阴道部**，是炎症和肿瘤的好发部位。子宫体与子宫颈相接处较狭细，称为**子宫峡**，非妊娠时不明显，长约 1 cm；至妊娠末期，可长达 7～11 cm，壁变薄，产科常在此行剖宫产术。

子宫内腔较为狭窄，分为上、下两部分。上部位于子宫底与子宫体内，称为**子宫腔**，呈前后略扁的倒三角形，两侧角借输卵管子宫口通输卵管，向下通子宫颈管；下部位于子宫颈内，称为**子宫颈管**，呈梭形，上通子宫腔，下借子宫口通阴道。未产妇的子宫口呈圆形，经产妇的子宫口呈横裂状。

2. 子宫的位置　子宫位于小骨盆腔中央，膀胱与直肠之间，下接阴道，两侧连输卵管和子宫阔韧带。当膀胱空虚时，成人未孕子宫呈前倾前屈位（图 6-12）：前倾是指整个子宫向前倾斜，即子宫长轴与阴道长轴形成向前开放的夹角，略大于 90°；前屈是指子宫体与子宫颈之间

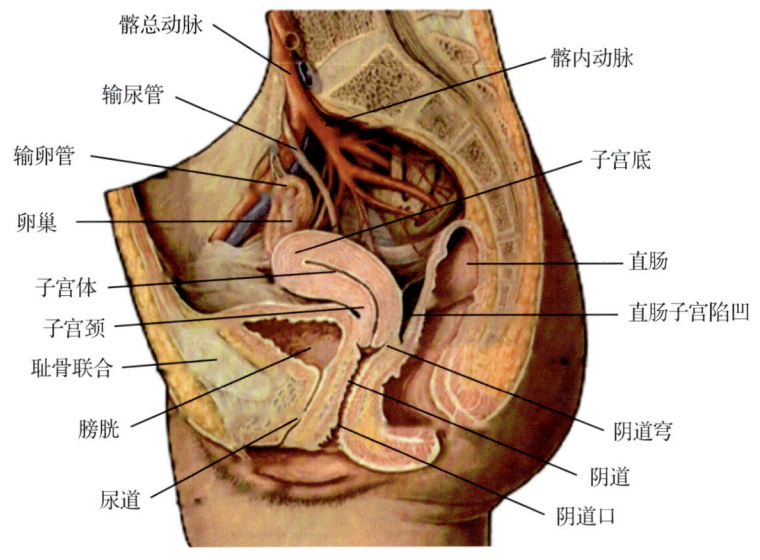

图 6-12 子宫的位置

形成向前开放的钝角，约为 170°。膀胱和直肠的充盈程度可影响子宫的位置。临床上可经直肠检查子宫及其周围结构。

3. 子宫的固定装置　子宫的正常位置主要依靠韧带的牵引、盆底肌和阴道的承托来维持。若这些结构薄弱或受损，可导致子宫位置异常，如子宫脱垂。子宫的韧带主要有 4 对（图 6-13）。

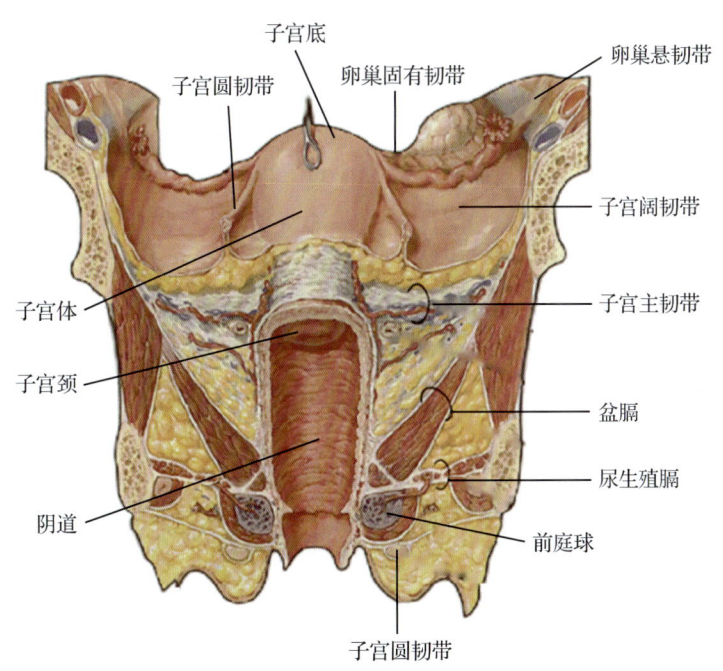

图 6-13 子宫的固定装置

（1）**子宫阔韧带**（broad ligament of uterus）：是连于子宫两侧与盆腔侧壁之间的双层腹膜皱襞，略呈冠状位，其上缘游离，包裹输卵管、卵巢、卵巢固有韧带、血管、淋巴管和神经等。此韧带可限制子宫向两侧移动。

（2）**子宫圆韧带**（round ligament of uterus）：是由平滑肌和结缔组织构成的圆索状结构，起于子宫前面的上外侧，输卵管子宫口下方，经子宫阔韧带两层间穿腹股沟管，止于大阴唇皮下。此韧带是维持子宫前倾位的主要结构。

（3）**子宫主韧带**（cardinal ligament of uterus）：由平滑肌和结缔组织构成，位于子宫阔韧带下部，自子宫颈连至盆腔侧壁。此韧带具有固定子宫颈和防止子宫脱垂的作用。

（4）**子宫骶韧带**（uterosacral ligament）：由平滑肌和结缔组织构成，起于子宫颈后面，向后绕过直肠两侧，止于骶骨前面。此韧带有牵拉子宫颈向后上的作用，与子宫圆韧带共同维持子宫的前屈位。

 考点提示

子宫的形态、位置及固定装置。

4. **子宫壁的微细结构**　子宫为肌性器官，腔窄壁厚，由内向外依次为内膜、肌层和外膜（图6-14）。

（1）**内膜**：由单层柱状上皮和固有层组成。上皮由分泌细胞和少量纤毛细胞构成。固有层较厚，内有大量低分化的梭形或星形细胞，称为基质细胞。固有层富含子宫腺，血管较丰富。其血管来自子宫动脉的分支，从肌层垂直伸入子宫内膜，弯曲盘旋形成**螺旋动脉**。螺旋动脉在内膜浅层形成毛细血管网，汇入小静脉，经过基底层，又穿越肌层，汇合成子宫静脉。

子宫内膜可分为浅、深2层。浅层较厚，为**功能层**，可随月经周期变化而发生剥脱、出血和修复的过程；深层为**基底层**，较薄，与肌层相邻，不发生周期性变化，有修复功能层的作用。

（2）**肌层**：厚约1cm，主要由平滑肌和结缔组织构成。

（3）**外膜**：大部分子宫底和子宫体部为浆膜，子宫颈处为纤维膜。

5. **子宫内膜的周期性变化**　自青春期开始，在卵巢分泌的雌激素和孕激素的作用下，子宫内膜功能层出现周期性变化，即每28天左右发生一次子宫内膜剥脱、出血、修复和增生的过程，称为**月经周期**（menstrual cycle）。以月经来潮的第1天作为周期的第1天，月经周期一般分3期（图6-15），即月经期、增生期和分泌期（表6-2）。

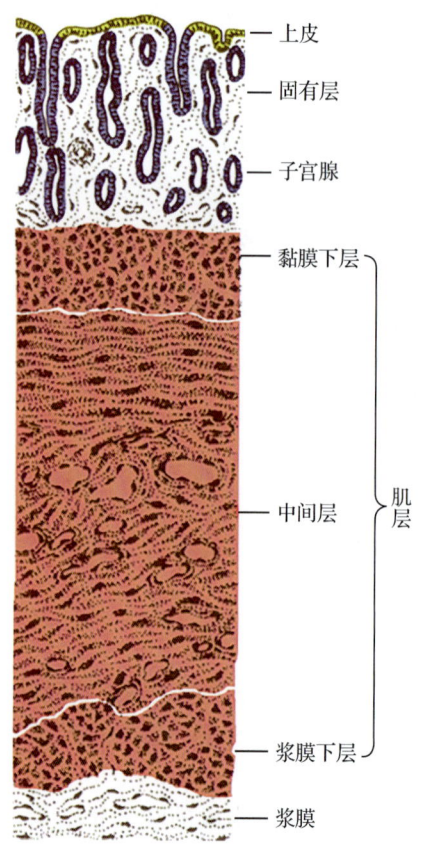

图6-14　子宫壁微细结构模式图

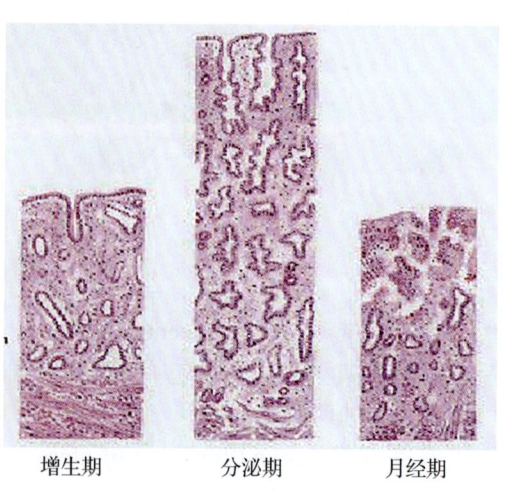

图6-15　子宫内膜的周期性变化

考点提示

子宫内膜的周期性变化和月经周期。

表 6-2　月经周期子宫内膜与卵巢周期性变化的关系

分期	子宫内膜	卵巢
月经期（第1~4天）	螺旋动脉收缩，内膜功能层缺血、坏死。而后螺旋动脉短暂扩张，内膜表层崩溃，坏死组织块及血液从阴道排出，形成月经	排卵未受精，黄体退化，孕激素和雌激素分泌量急剧下降
增生期（第5~14天）	子宫内膜逐渐修复，增厚至2~3 mm，子宫腺增多、增长，腺腔增大。腺上皮呈柱状，螺旋动脉也增长、弯曲	卵泡生长发育，故又称卵泡期。卵泡产生雌激素，卵泡成熟、排卵
分泌期（第15~28天）	子宫内膜显著增厚，可达5~7 mm，子宫腺极度弯曲，腺腔扩张成囊状，充满分泌物。螺旋动脉增长伸入内膜浅层并更加弯曲。固有层内组织液剧增，为胚泡的植入做准备。若卵巢排出的卵未受精，进入下一个月经期；若受精，内膜继续增厚	排卵后黄体逐渐形成，故此期又称黄体期。黄体分泌的雌激素和孕激素明显增加

知识链接

子宫内膜异位症

子宫内膜组织出现在子宫体以外的部位时，称为**子宫内膜异位症（EMT）**，简称内异症。异位内膜可侵犯全身任何部位，如脐、膀胱、肾、输尿管、肺、胸膜和乳腺，但绝大多数位于盆腔器官或壁腹膜处，以卵巢和子宫韧带最常见。由于内异症是激素依赖性疾病，在自然绝经或人工绝经后，异位内膜病灶可逐渐萎缩吸收。患者主要症状为下腹痛及痛经，不孕及性交不适。异位内膜来源至今尚未阐明。流行病学调查显示，在慢性盆腔疼痛和痛经患者中内异症的发病率为20%~70%，不孕症患者中25%~35%与内异症有关。

（四）阴道

阴道（vagina）是富有伸展性的肌性管道，为女性的性交器官，也是排出月经和娩出胎儿的通道（图6-12，图6-13）。

1. 阴道的位置与形态　阴道位于盆腔中央，前邻膀胱和尿道，后邻直肠和肛管。阴道前、后壁平时处于相贴状态。阴道上部较宽，包绕子宫颈阴道部形成的环形凹陷，称为**阴道穹**。阴道穹可分为前部、后部和两侧部，其中后部最深。阴道穹后部与直肠子宫陷凹仅隔以阴道后壁和脏腹膜，当该陷凹有积液时，临床上可经阴道穹后部穿刺或引流协助诊治。阴道下部较窄，开口于阴道前庭后部的阴道口。处女的阴道口有**处女膜**。处女膜呈环形、伞形或筛状，破裂后，阴道口周围留有处女膜痕。

2. 阴道壁的微细结构　阴道壁由黏膜、肌层和外膜构成。黏膜向管腔内突起，形成许多环形皱襞。黏膜上皮为复层扁平上皮，在雌激素的作用下发生周期性变化。当雌激素分泌增多时，阴道上皮角化细胞增多，上皮细胞合成大量糖原，其浅层上皮不断脱落更新，脱落细胞内的糖原在阴道内乳酸杆菌的作用下分解为乳酸，使阴道处于弱酸性环境，使适应于弱碱性环境中繁殖的病原菌受到抑制。幼年和老年女性由于雌激素水平低，阴道自净作用较弱，故容易患阴道炎。

（五）前庭大腺

前庭大腺（greater vestibular gland）位于阴道口两侧，前庭球后端深面，形如豌豆，其导管向内侧开口于阴道口两侧的阴道前庭内。该腺相当于男性的尿道球腺，分泌物有润滑阴道口的作用。如因炎症导致导管阻塞，形成前庭大腺囊肿。

二、女性外生殖器

女性外生殖器，即**女阴**（pudendum），包括阴阜、大阴唇、小阴唇、阴道前庭、阴蒂和前庭球等（图6-16）。

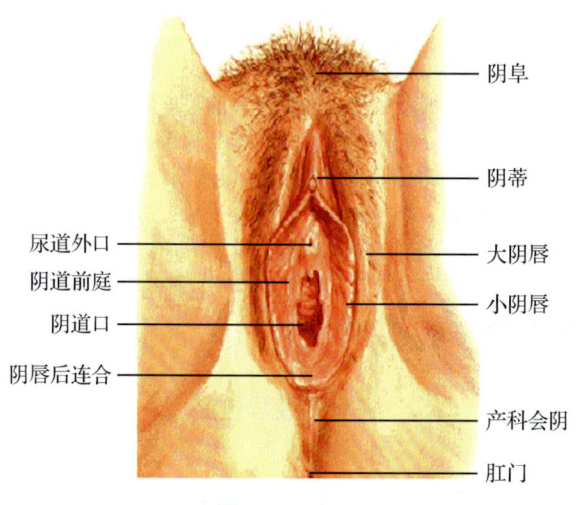

图6-16　女阴

1. **阴阜**（mons pubis）　为耻骨联合前方的皮肤隆起，皮下有较多脂肪组织。性成熟后，阴阜表面生有阴毛。

2. **大阴唇**（greater lip of pudendum）　为一对纵行隆起的皮肤皱襞，表面生有阴毛。大阴唇皮下埋有**前庭球**。两侧大阴唇前、后端相互愈着，形成**阴唇前连合**和**阴唇后连合**。

3. **小阴唇**（lesser lip of pudendum）　是位于大阴唇内侧的一对较薄的皮肤皱襞，表面光滑、无毛。小阴唇向前包绕阴蒂，形成阴蒂包皮和阴蒂系带，向后连接于**阴唇系带**。阴唇系带为连接小阴唇后端的横行皱襞，多由于分娩而被撕裂。

4. **阴道前庭**（vaginal vestibule）　是位于两侧小阴唇之间的裂隙，其前部有尿道外口，后部有阴道口。

5. **阴蒂**（clitoris）　相当于男性的阴茎，由2条阴蒂海绵体构成，表面包有阴蒂包皮，分为头、体、脚三部分。阴蒂头露于表面，富有感觉神经末梢，感觉敏锐。

6. **前庭球**（bulb of vestibule）　相当于男性的尿道海绵体，呈马蹄铁形，围绕在阴道前庭前端与两侧皮下。

三、乳房与会阴

（一）乳房

乳房（breast）为人类和哺乳动物特有的结构。男性乳房不发育，女性乳房自青春期开始发育生长，妊娠期和哺乳期有泌乳活动（图 6-17）。

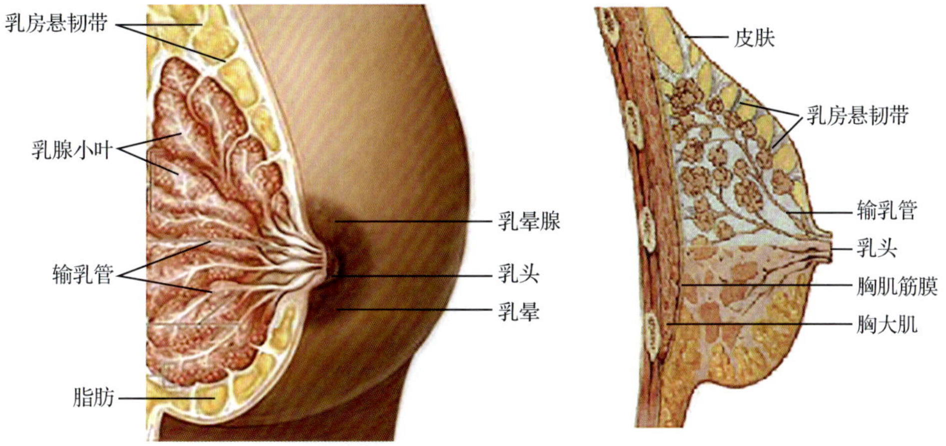

图 6-17　成年女性乳房的形态结构

1. 乳房的位置与形态　乳房位于胸前区，胸大肌和胸肌筋膜表面。上起第 2～3 肋，下达第 6～7 肋，内侧达胸骨旁线，外侧可达腋前线。成年未产女性乳房呈半球形，紧张而富有弹性。乳房中央有**乳头**，多位于锁骨中线与第 4 肋间隙或第 5 肋相交处。乳头顶端有输乳管开口，乳头周围的皮肤色素较多，形成**乳晕**。乳晕表面有许多小隆起，其深面有**乳晕腺**，可分泌脂性物质润滑乳头及周围皮肤。乳头和乳晕皮肤较薄嫩，易受损伤导致感染，哺乳期应注意保护。

2. 乳房的结构　乳房由皮肤、乳腺、脂肪和结缔组织构成（图 6-17）。结缔组织伸入乳腺内，将腺体分隔成 15～20 个**乳腺小叶**。每个乳腺小叶有一条**输乳管**，输乳管近乳头处膨大为**输乳管窦**，其末端变细，开口于乳头。乳腺小叶和输乳管均以乳头为中心呈放射状排列，故乳房手术时应做放射状切口，以减少对乳腺小叶和输乳管的损伤，以免影响乳汁排出。在乳房皮肤与胸肌筋膜之间连有许多纤维结缔组织小束，称为**乳房悬韧带**（Cooper 韧带），对乳腺起固定和支持作用。当乳腺癌侵犯乳房悬韧带时，韧带缩短，向内牵拉皮肤，导致皮肤表面出现小凹陷，称为"**酒窝征**"；如皮下淋巴管被癌细胞阻塞，引起淋巴回流受阻，出现皮肤水肿，皮肤呈"**橘皮样**"改变。乳房皮肤的酒窝征和橘皮样改变是乳腺癌的体征。

（二）会阴

会阴（perineum）有广义和狭义之分。**广义会阴**是指封闭小骨盆下口的所有软组织，呈菱形（图 6-18）。其境界与骨盆下口一致，即前为耻骨联合下缘，后为尾骨尖，两侧为耻骨下支、坐骨支、坐骨结节和骶结节韧带。以两侧坐骨结节连线为界，可将广义会阴分为前、后 2 个三角形区域。前方为**尿生殖区**（尿生殖三角），男性有尿道通过，女性有尿道和阴道通过；后方为**肛区**（肛门三角），中央有肛管通过。**狭义会阴**是指肛门与外生殖器之间的狭小区域。女性的狭义会阴即产科会阴，由于分娩时此区承受压力较大，易发生撕裂（会阴撕裂）伤，在分娩时应注意加以保护。

  考点提示

会阴的概念和境界。

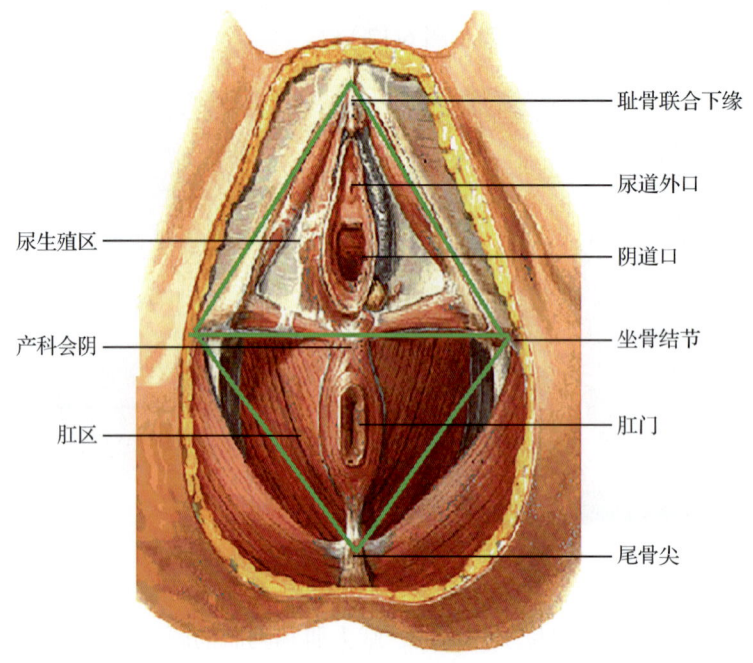

图 6-18 女性会阴

知识链接

会阴侧切术

分娩过程中，会阴过紧或胎儿过大，估计胎儿娩出时会发生会阴撕裂，需行**会阴侧切术**。局部麻醉生效后，术者以左手示指和中指伸入阴道内，撑起阴道壁左侧，右手用钝头直剪自会阴后联合中线向左侧 45°剪开会阴，长度为 4～5 cm，切口用纱布压迫止血。待胎盘娩出后立即缝合。临床上产科医生常通过会阴侧切术来防止会阴撕裂伤。

（赵　永　路素丽）

自 测 题

一、单项选择题

1. 男性的生殖腺是
   A. 前列腺　　　　　　B. 尿道球腺　　　　　C. 附睾
   D. 睾丸　　　　　　　E. 精囊
2. 男性输精管的理想结扎部位是
   A. 膀胱底后方　　　　B. 穿经腹股沟处　　　C. 精索部
   D. 尿生殖膈下方　　　E. 睾丸部
3. 男性尿道最狭窄处位于
   A. 尿道前列腺部　　　B. 尿道外口　　　　　C. 尿道海绵体部
   D. 尿道膜部　　　　　E. 尿道内口
4. 关于卵巢位置的描述，正确的是
   A. 骨盆中央　　　　　B. 骨盆后壁　　　　　C. 游离于骨盆腔内

D. 骨盆前壁　　　　　　E. 骨盆侧壁
5. 女性输卵管结扎常用的部位是
　　A. 子宫部　　　　B. 峡部　　　　C. 漏斗部
　　D. 壶腹部　　　　E. 输卵管伞
6. 维持子宫前倾前屈的韧带是
　　A. 子宫主韧带、子宫圆韧带
　　B. 子宫主韧带
　　C. 子宫圆韧带、子宫骶韧带
　　D. 子宫阔韧带、子宫主韧带
　　E. 子宫圆韧带、子宫阔韧带
7. 子宫癌肿常发生的部位是
　　A. 子宫峡　　　　B. 子宫体　　　　C. 输卵管子宫部
　　D. 子宫底　　　　E. 子宫颈
8. 男性产生精子的部位是
　　A. 睾丸　　　　　B. 前列腺　　　　C. 尿道球腺
　　D. 精囊　　　　　E. 阴囊
9. 在男性，经直肠前壁可触及
　　A. 精囊　　　　　B. 输精管　　　　C. 射精管
　　D. 前列腺　　　　E. 尿道球腺
10. 卵巢属于
　　A. 生殖腺　　　　B. 输送管道　　　C. 附属腺
　　D. 外生殖器　　　E. 内分泌腺
11. 下列关于睾丸的叙述，正确的是
　　A. 位于阴囊内，属外生殖器
　　B. 外形呈前后稍扁的椭圆形
　　C. 睾丸内有1～4条盘曲的生精小管
　　D. 生精小管能产生精子和分泌男性激素
　　E. 睾丸内有100～200个睾丸小叶
12. 射精管开口于尿道的
　　A. 前列腺部　　　B. 膜部　　　　　C. 尿道球部
　　D. 海绵体部　　　E. 尿道舟状窝
13. 下列关于女性生殖器的叙述，正确的是
　　A. 卵子在子宫内受精
　　B. 前庭球是女性生殖器的附属腺
　　C. 女性生殖管道就是指输卵管
　　D. 女阴就是指阴道前庭
　　E. 前庭大腺是女性生殖器的附属腺
14. 产科经常作剖宫取胎的部分是
　　A. 子宫体　　　　B. 子宫颈阴道上部　　C. 子宫峡
　　D. 子宫底　　　　E. 子宫颈阴道部
15. 未产妇的乳头平对
　　A. 第3肋　　　　B. 第3肋间隙　　　C. 第4肋

D. 第 4 肋间隙　　　　　E. 第 6 肋
16. 成人生精小管的生精上皮有
    A. 支持细胞和间质细胞　　　　　B. 支持细胞和生精细胞
    C. 间质细胞和生精细胞　　　　　D. 支持细胞和精原细胞
    E. 间质细胞和精原细胞
17. 在进入月经期时，血液中含量迅速下降的激素是
    A. 卵泡刺激素　　　B. 黄体生成素　　　C. 雌激素
    D. 孕激素　　　　　E. 雌激素和孕激素

二、名词解释

1. 精索　2. 子宫峡　3. 阴道穹　4. 狭义会阴　5. 月经周期

三、简答题

1. 简述男、女性生殖系统的组成和功能。
2. 简述男性尿道的分部、狭窄和弯曲。
3. 简述输卵管的分部和常选的结扎部位。
4. 简述子宫的位置、分部、固定子宫的韧带及其作用。

第七章 循环系统

第七章数字资源

学习目标

1. 说出心血管系统的组成，体循环和肺循环的概念；心的位置及外形、心腔结构、心传导系、心的血管及体表投影。主动脉的分部及全身动脉配布。全身静脉回流，四肢浅静脉的名称、位置及注入部位。肝门静脉系的组成及侧支循环；淋巴系统的组成，淋巴导管的起始和收集范围，脾的位置和形态。

2. 归纳全身动脉的体表触摸部位及压迫止血点；静脉穿刺的名称和部位。

3. 能在标本或模型上辨认心的外形、心腔结构、心传导系和心的血管，全身主要动脉和静脉的配布；在活体上指认心的体表投影，触摸全身动脉的压迫止血点，辨认四肢浅静脉；运用循环系统的相关知识分析常见心血管疾病的发病基础。

4. 通过循环系统相关知识的学习，培养学生忠于职守、克己奉公的新时代中国特色社会主义职业精神。

案例 7-1

患者，女性，48 岁。入院前 8 年有心前区压迫感、疼痛，多于劳累后发作，休息后缓解，每次持续 3～5 分钟。入院前 9 小时，患者于睡眠中突感心前区剧痛，伴呼吸困难，咳少量粉红色泡沫样痰急诊入院。体格检查：T 37.8 ℃，P 130 次 / 分，R 23 次 / 分，BP 80/40 mmHg。呼吸急促，口唇和指甲发绀，不断咳嗽，咳粉红色泡沫样痰，皮肤湿冷，颈静脉稍充盈，双肺底闻及湿啰音，心界向左扩大。经抢救无好转，患者于次日死亡。临床诊断死亡原因：心肌梗死，伴左心衰竭。

问题与思考：
1. 心血管系统由哪些器官组成？
2. 心位于何处，心传导系有哪些，心尖的体表投影位于何处？
3. 归纳冠状动脉的起始、行程、分支及分布。

循环系统（circulatory system）在解剖学上又称**脉管系统**（vascular system），是一套分布于机体内连续而封闭的管道系统，包括心血管系统和淋巴系统（图 7-1）。心血管内充满血液，在心的作用下，周而复始地定向流动；淋巴管道内充满淋巴，以盲端起始，最后由淋巴导管汇入静脉。

循环系统的主要功能：①将经消化系统吸收的营养物质和呼吸系统摄入的 O_2 运输到全身各处，生成能量供机体代谢所需，同时将组织细胞代谢产生的产物（CO_2、肌酐和尿酸等）分别运输至肺、肾和皮肤等排泄器官排出体外；②运输内分泌系统分泌的激素及生物活性物质至靶器官，参与调节人体的生理功能；③运输淋巴系统产生的淋巴细胞及抗体，参与机体的防御。此外，循环系统还有内分泌功能。

第一节　心血管系统

一、概述

（一）心血管系统的组成

心血管系统（cardiovascular system）由心、动脉、毛细血管和静脉组成（图7-1）。

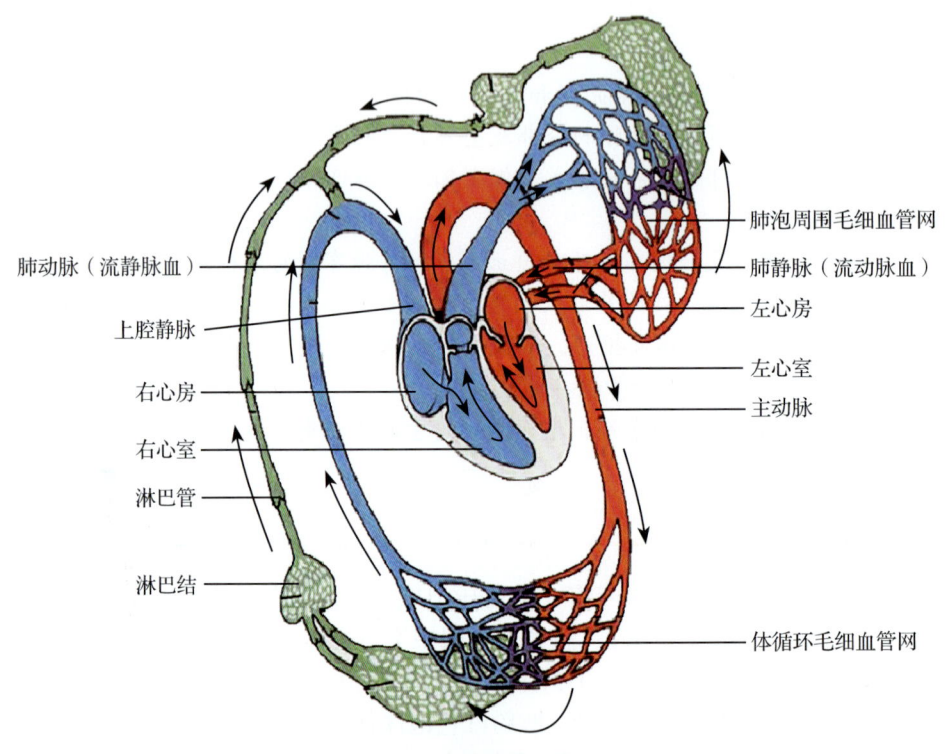

图7-1　血液循环示意图

1. **心**（heart）　是一个中空的肌性器官，连接动脉和静脉，为心血管系统的动力装置。心有节律地收缩和舒张，推动血液周而复始地循环流动。心有4个腔，即左、右心房和左、右心室。心借房间隔和室间隔将其分隔为互不相通的左、右半心，每侧半心又分为心房和心室。左半心内为动脉血，即含 O_2 多，含 CO_2 少的血液，呈鲜红色；右半心内为静脉血，即含 O_2 少，含 CO_2 多的血液，呈暗红色。心房有静脉的入口，心室有动脉的出口，同侧心房和心室间借房室口相通。房室口和动脉口处均有瓣膜，形似阀门，顺血流开放，逆血流关闭。故正常情况下血液在心腔内是定向流动的，即沿静脉回流入心房，通过房室口至心室，心室收缩时将血液射入动脉。

2. **动脉**（artery）　是导血离心的血管，由心室发出，经反复分支，管径逐渐变细，管壁逐渐变薄，最后移行为毛细血管。动脉管壁厚，管腔小而圆，血压高，血流速度快。

3. **毛细血管**（capillary）　是最细小的血管，大多介于微动脉与微静脉之间，几乎遍及全身各处（上皮、软骨、角膜、晶状体、毛发、指甲和牙釉质等除外）。毛细血管的管壁薄，通透性大，血流速度缓慢，是血液与组织细胞进行物质交换的场所。

4. **静脉**（vein）　是导血回心的血管，始于毛细血管，经属支不断汇合，管径逐渐变粗，最后汇合成大静脉，注入心房。静脉管壁薄，管腔大而不规则，血压低，血流速度慢，可有静脉瓣防止血液逆流。

> **考点提示**
>
> 心血管系统的组成，血液循环的途径。

（二）血液循环

血液由心室射出，经动脉、毛细血管和静脉，再回流入心房，这种周而复始的循环流动，称为**血液循环**（blood circulation）。根据循环途径的不同，血液循环可分为体循环和肺循环（图 7-1，图 7-2）。二者相互连续，同步循环。

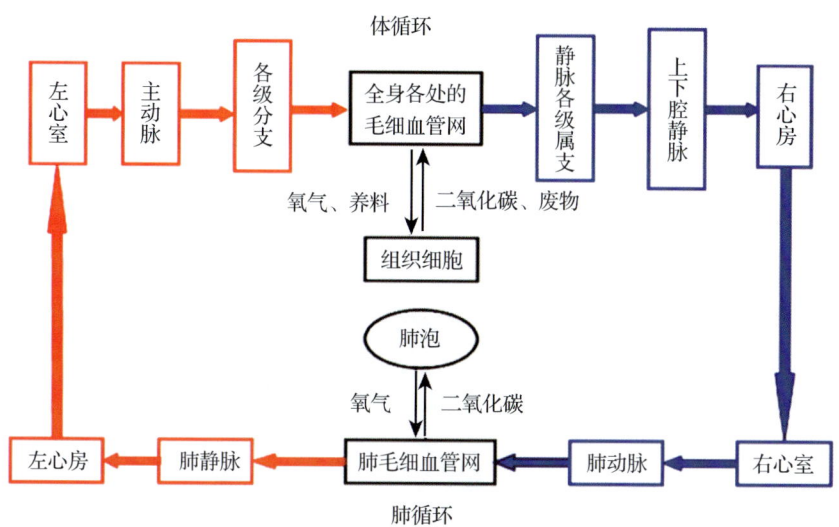

图 7-2 体循环与肺循环

1. **体循环**（systemic circulation） 由左心室射出的动脉血，沿主动脉及其分支到达全身各部的毛细血管网，血液在此进行物质交换，动脉血逐渐变为静脉血，再经静脉各级属支，最后汇合成上、下腔静脉及冠状窦回到右心房。体循环的特点是路程长，遍及全身，故又称大循环。其主要功能是将含氧高和营养丰富的血液送达全身组织和细胞，并将代谢产物运回心，再分别运输至肺、肾和皮肤等排泄器官。

2. **肺循环**（pulmonary circulation） 由右心室射出的静脉血，沿肺动脉干及其分支，到达肺泡壁毛细血管网进行气体交换（摄入 O_2，排出 CO_2），使静脉血逐渐变为动脉血，再经肺静脉属支汇入左、右肺静脉，最后回到左心房。肺循环的特点是路程短，只经过肺，故又称小循环。其主要功能是进行气体交换，即将 CO_2 运送到肺，再将摄入的 O_2 运回心。

（三）血管吻合与侧支循环

人体血管之间存在着广泛的吻合，吻合形式多种多样（图 7-3）。人体血管除经动脉、毛细血管和静脉相连通外，在动脉之间、静脉之间，甚至动、静脉之间，均可借吻合支互相吻合，分别形成动脉间吻合（如动脉网、动脉弓及动脉环）、静脉间吻合（如静脉网、静脉弓及静脉丛）和动 - 静脉吻合。血管吻合对保证器官的血液供应，维持血液循环的正常进行起着重要作用。有些较大的动脉在行程中常发出与主干平行的侧支，与同一主干远端所发出的返支相通，形成**侧支吻合**。

正常情况下，侧支吻合管腔很小，血流量也很少。若血管主干血流受阻（如结扎或血栓形成），则侧支吻合的管腔变粗，血流量增大，血流可经扩大的侧支吻合到达阻塞部位以下的血

  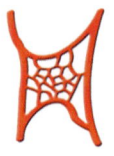   

动脉环　　　动脉弓　　　动脉网　　　动静脉吻合　　　侧支吻合　　　侧支循环

图 7-3　血管吻合与侧支循环

管主干，使血管受阻区的血液供应得到不同程度的恢复。这种通过侧支吻合建立的循环，称为**侧支循环**。侧支循环的建立对于器官在病理状态下的血液供应具有重要意义。

二、心

（一）心的位置与毗邻

心位于胸腔的中纵隔内，外裹以心包。约 2/3 位于前正中线左侧，1/3 位于前正中线右侧（图 7-4）。

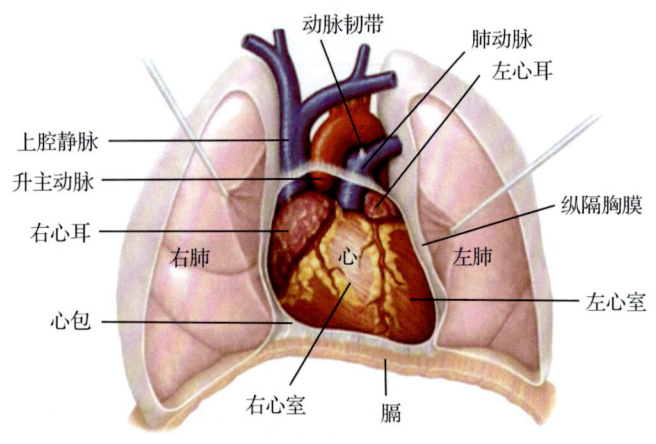

图 7-4　心的位置与毗邻

心前面仅小部分借心包与胸骨体下部左半和左侧第 4、5 肋软骨相贴，大部分被肺和胸膜所遮盖。临床上进行心内注射时，为了不伤及肺和胸膜，常在左侧第 4 肋间隙靠近胸骨左缘处进针，将药物注入右心室内；后面邻食管、胸主动脉和迷走神经等，并与第 5~8 胸椎体相对；两侧与纵隔胸膜和肺相邻；下方邻膈；上方连有出入心的大血管。

> **知识链接**
>
> **心内注射与胸外心脏按压**
>
> **心内注射**应在心前区左侧第 4 肋间隙的胸骨左缘旁 1.5 cm 处，沿肋骨上缘垂直刺入右心室。**胸外心脏按压**应在两侧乳头连线与胸骨交界处按压，借助外力挤压心及胸腔，一方面将血液压出，以维持暂时的人工循环，改善心、脑血供；另一方面经过挤压的机械性刺激，可恢复自主心脏搏动。

（二）心的外形

心呈前后略扁，倒置的圆锥体，大小与本人的拳头相似。心具有一尖、一底、两面、三缘、四条沟（图 7-5）。心的长轴由右后上方斜向左前下方。

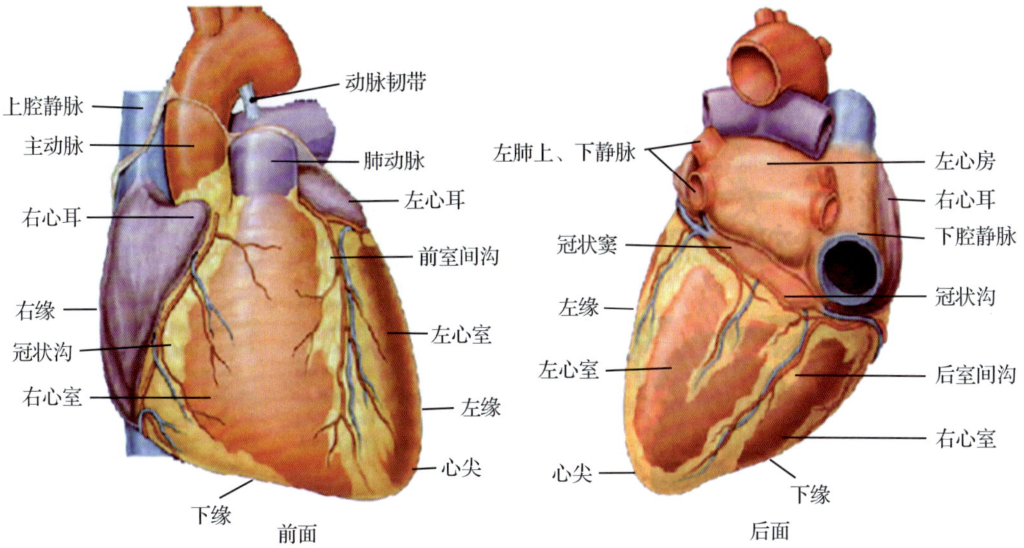

图 7-5　心的外形

1. **心尖**　朝向左前下方，由左心室构成。其体表投影位于左侧第 5 肋间隙与锁骨中线内侧 1～2 cm 相交处，在此处可看到或摸到心尖冲动。

2. **心底**　朝向右后上方，大部分由左心房构成，小部分由右心房构成，并与出入心的大血管相连。

3. **两面**　心的前面朝向胸骨体和肋软骨，称为胸肋面，大部分由右心房和右心室构成，小部分由左心耳和左心室构成；心的下面邻膈，称为膈面，大部分由左心室构成，小部分由右心室构成。

4. **三缘**　心的右缘垂直向下，由右心房构成；左缘圆钝，大部分由左心室构成，小部分由左心耳构成；下缘接近水平位，由右心室和心尖构成。

5. **四条沟**　心的表面近心底处有一几乎成环形的**冠状沟**（coronary sulcus），是心房与心室在心表面的分界标志。心的胸肋面和膈面各有一条自冠状沟延伸到心尖稍右侧的浅沟，分别称为**前室间沟**（anterior interventricular groove）和**后室间沟**（posterior interventricular groove）。前、后室间沟是左、右心室在心表面的分界标志。前、后室间沟下端交汇于心尖右侧的凹陷，称为**心尖切迹**。冠状沟和前、后室间沟内充填有脂肪和心的血管。在心底，右心房与右肺上、下静脉交界处的浅沟，称为**房间沟**，为左、右心房在心表面的分界。

此外，房间沟、后室间沟与冠状沟相交处，称为**房室交点**，是心表面的一个重要标志，此处是左、右心房与左、右心室在心后面的相互接近之处，不是一个十字交叉点，而是一个区域，其深面有重要的血管和神经等结构。

（三）心腔的结构

1. **右心房**（right atrium）　位于心的右上部，收纳体循环回心的静脉血（图 7-6）。右心房向左前方突出的部分，称为**右心耳**（right auricle），其内有许多突起的**梳状肌**，当血流淤滞时，易在此处形成血栓。在房间隔右侧面中下部有一卵圆形浅窝，称为**卵圆窝**（fossa ovalis），是胎儿时期卵圆孔闭合后的遗迹。房间隔缺损多发生于此处。

右心房有 3 个入口：上方有**上腔静脉口**，下方有**下腔静脉口**，在下腔静脉口与右房室口之间有**冠状窦口**；出口为**右房室口**（right atrioventricular orifice），向下通向右心室。

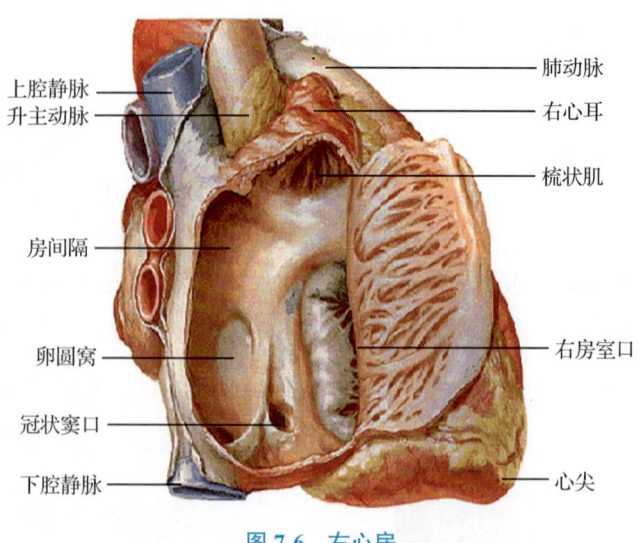

图 7-6 右心房

右心房接受由上、下腔静脉及冠状窦回流至心的静脉血，并把血液自右房室口输入右心室。

> **知识链接**
>
> **先天性心脏病**
>
> **先天性心脏病**是指胎儿时期心或大血管发育异常，又称先天性心脏畸形。常见的类型有房间隔缺损（多为卵圆孔未闭）、室间隔缺损、动脉导管未闭和法洛四联症等。法洛四联症是指肺动脉狭窄、室间隔缺损、主动脉骑跨及右室肥厚 4 种畸形并存。

2. **右心室**（right ventricle） 位于右心房的左前下方，其前方直接与胸骨左缘第 4、5 肋软骨毗邻（图 7-7）。右心室的入口，即右房室口，口周缘的纤维环上附着有 3 个呈三角形的瓣膜，称为**三尖瓣**（tricuspid valve），又称右房室瓣。瓣膜底附着于纤维环上，尖朝向心室腔，并借许多**腱索**与室壁的**乳头肌**相连。纤维环、三尖瓣、腱索和乳头肌在功能上是一个整

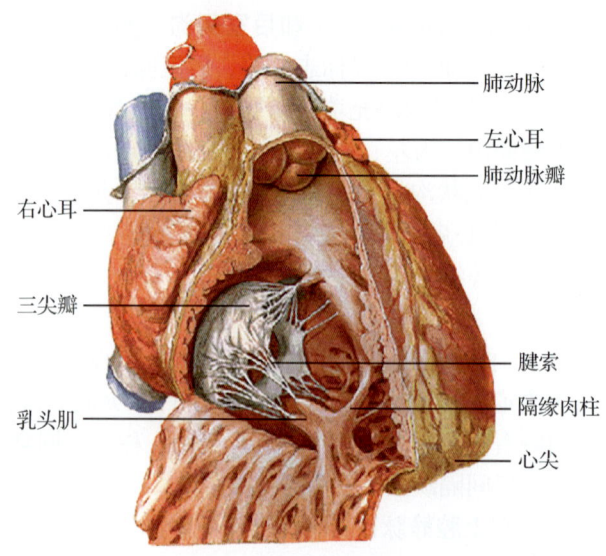

图 7-7 右心室

体，称为**三尖瓣复合体**（tricuspid complex），以保障右心房的血定向流入右心室。室壁内面交错排列的肌隆起，称为**肉柱**，其中，在室间隔下部有横行的**隔缘肉柱**，又称为节制索，有防止心室过度扩张的功能，内有心传导系的右束支通过；右心室的左上方有一出口，即**肺动脉口**（orifice of pulmonary trunk），在口周缘的纤维环上附着有 3 个呈半月形的瓣膜，称为**肺动脉瓣**（pulmonary valve），以保障右心室的血定向流入肺动脉干。

右心室经右房室口接受由右心房流入的静脉血，并把血液自肺动脉口输入肺动脉干。

3. **左心房**（left atrium） 位于右心房的左后方，构成心底的大部分。向右前方突出的部分，称为**左心耳**（left auricle），因与二尖瓣邻近，是心外科常用的手术入路之一。

左心房有 4 个入口，分别是**左肺上、下静脉口**和**右肺上、下静脉口**。出口为**左房室口**（left atrioventricular orifice），通向左心室（图 7-8）。

左心房接受由肺静脉回流至心的动脉血，并把血液自左房室口输入左心室。

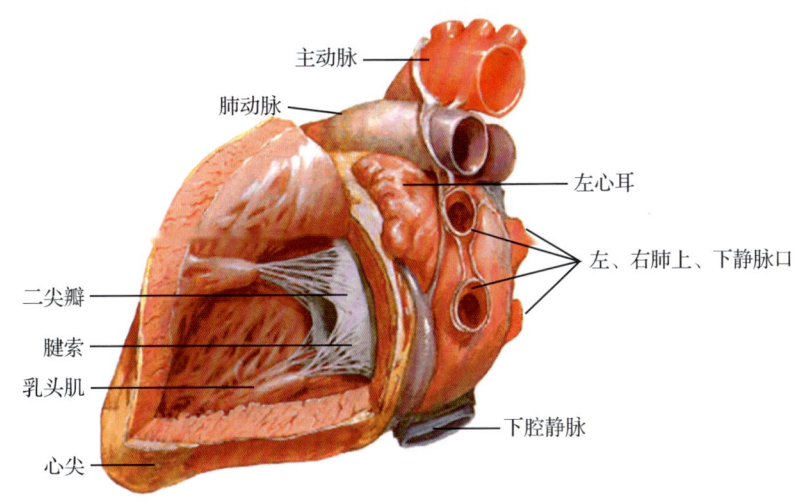

图 7-8 左心房与左心室

4. **左心室**（left ventricle） 位于右心室的左后下方，室壁厚 9～12 mm，约为右心室壁厚度的 3 倍（图 7-8）。左心室的入口，即左房室口，口周缘的纤维环上附着有 2 个呈三角形的瓣膜，称为**二尖瓣**（mitral valve），又称左房室瓣，与右房室口的结构和功能一样。纤维环、二尖瓣、腱索和乳头肌在功能上也是一个整体，称为**二尖瓣复合体**（mitral complex），以保障左心房的血液定向流入左心室；左心室的出口，即**主动脉口**（aortic orifice），在口周缘的纤维环上附着有 3 个呈半月形的瓣膜，称为**主动脉瓣**（aortic valve），其结构和功能同肺动脉瓣，以保障左心室的血液定向流入主动脉。

左心室经左房室口接受由左心房流入的动脉血，并把血液自主动脉口输入主动脉。

两侧心房或心室的收缩与舒张是同步的。当心室收缩时，二尖瓣和三尖瓣关闭，主动脉瓣和肺动脉瓣开放，血液射入动脉；当心室舒张时，二尖瓣和三尖瓣开放，主动脉瓣和肺动脉瓣闭合，血液由心房流入心室。

（四）心的构造

1. **心壁的微细结构** 心壁由内向外依次为心内膜、心肌膜和心外膜（图 7-9）。

（1）**心内膜**：是衬于各心腔内面的一层光滑薄膜，由内皮、内皮下层和心内膜下层构成。内皮薄而光滑，与出入心的大血管内皮相连续；内皮下层由较致密的结缔组织构成，含有较多弹性纤维；心内膜下层由疏松结缔组织构成，内含有小血管、神经和心传导系的分支。心内膜在房室口和动脉口处向心腔内折叠形成心瓣膜。

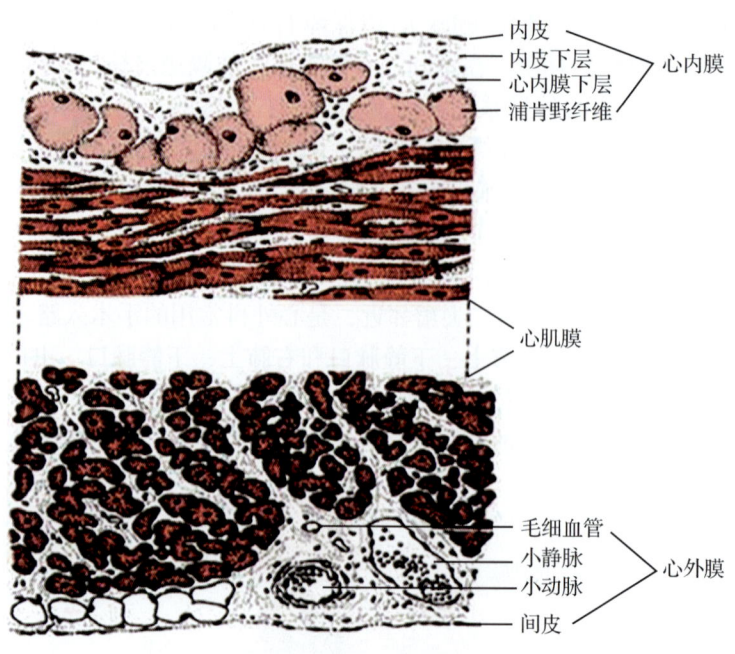

图 7-9 心壁的微细结构

（2）**心肌膜**：主要由心肌纤维构成，是心壁的主要组成部分，包括心房肌和心室肌两部分。心房肌较薄，心室肌肥厚，左心室肌最厚。心室肌大致可分为内纵、中环和外斜 3 层。心房肌与心室肌不相连续，分别附着于左、右房室口周围的纤维环上，因此心房肌与心室肌可不同步收缩。

（3）**心外膜**：是被覆在心肌膜外面的一层光滑浆膜，是浆膜心包的脏层。其表面为一层间皮，间皮深面为薄层结缔组织。

心纤维环由致密结缔组织构成，它们构成心壁的纤维性支架，又称心纤维骨骼。心纤维环共有 4 个，分别位于肺动脉口、主动脉口和左、右房室口周围，环上除附有心房肌和心室肌外，还附有心瓣膜（图 7-10）。

2. **房间隔与室间隔**　心间隔把心分隔为容纳动脉血的左半心和容纳静脉血的右半心，左、右心房之间有房间隔；左、右心室之间有室间隔（图 7-11）。

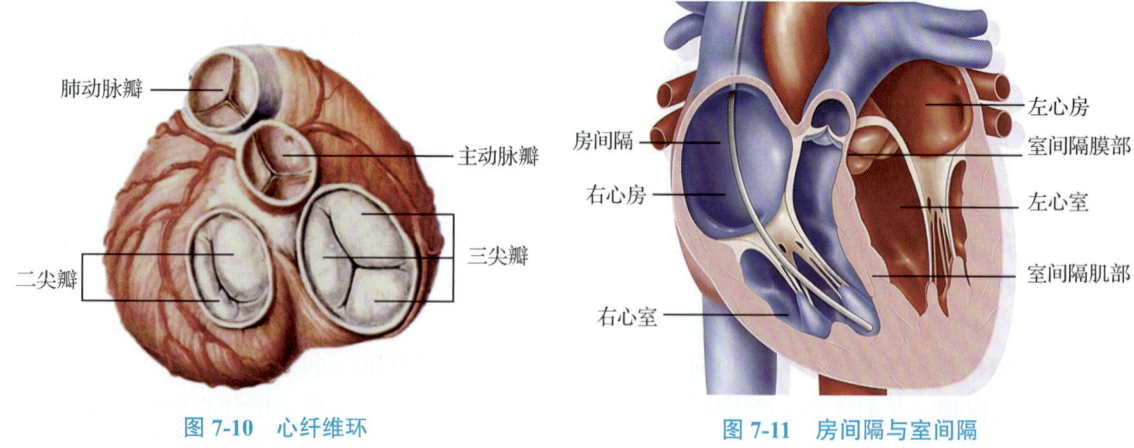

图 7-10　心纤维环　　　　　　图 7-11　房间隔与室间隔

（1）**房间隔**（interatrial septum）：由 2 层心内膜夹少量心肌和结缔组织构成，厚 1~4 mm，卵圆窝处最薄，厚约 1 mm，是房间隔缺损的好发部位。

（2）室间隔（interventricular septum）：由心内膜覆盖心肌构成，可分为两部分，其下方大部分是由心肌构成的**肌部**，厚 1～2 cm；上方紧靠主动脉口下方的小部分缺乏心肌，称为**膜部**，此处是室间隔缺损的好发部位。

（五）心传导系

心传导系（conduction system of heart）由特殊分化的心肌纤维构成，能产生兴奋和传递冲动，维持心的节律性搏动。主要有窦房结、房室结、房室束、左束支、右束支和浦肯野纤维网等（图 7-12）。

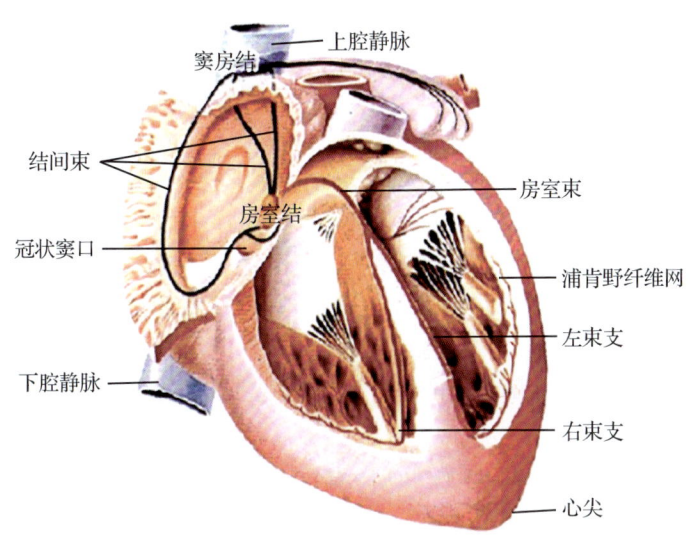

图 7-12　心传导系

1. **窦房结**（sinuatrial node）　位于上腔静脉与右心耳交界处的心外膜深面，略呈长椭圆形。窦房结是心自动节律性兴奋的起源地，是心的正常起搏点。窦房结发出自动有节律的兴奋，一方面传到心房肌，使心房肌收缩；另一方面传到房室结。

2. **房室结**（atrioventricular node）　位于房间隔右侧面下部、冠状窦口前上方的心内膜深面，呈扁椭圆形。房室结的功能是将窦房结传来的冲动延搁后再传向心室，保证心房肌收缩后再开始心室肌收缩。

3. **房室束**（atrioventricular bundle）　又称希氏（His）束。自房室结发出后至室间隔上部分为**左、右束支**。房室束是兴奋由心房传导到心室的唯一通路。左、右束支分别沿室间隔左、右侧心内膜深面下行至左、右心室。左束支在下行过程中又分为前、后 2 支，分别分布至左心室的前、后壁。左、右束支的分支在心室的心内膜深面交织成**浦肯野纤维网**，与心室肌相连。

正常情况下，由窦房结发出的冲动传至心房肌，引起心房肌收缩，同时冲动也传至房室结，再经房室束、左束支、右束支和浦肯野纤维网传至心室肌，引起心室肌收缩。若心传导系功能失调，可出现心律失常。

（六）心的血管

1. **心的动脉**　供给心营养的是左、右**冠状动脉**（coronary artery）。

（1）**左冠状动脉**：为一短干，起自升主动脉起始部左侧，经左心耳与肺动脉干根部之间向左行，至冠状沟处分为前室间支和旋支（图 7-13）。**前室间支**沿前室间沟下行，绕过心尖右侧，至后室间沟下部与后室间支吻合；**旋支**沿冠状沟向左行，绕过心左缘到心的膈面。

左冠状动脉分支分布于左心房、左心室、室间隔前 2/3 和右心室前壁的小部分。

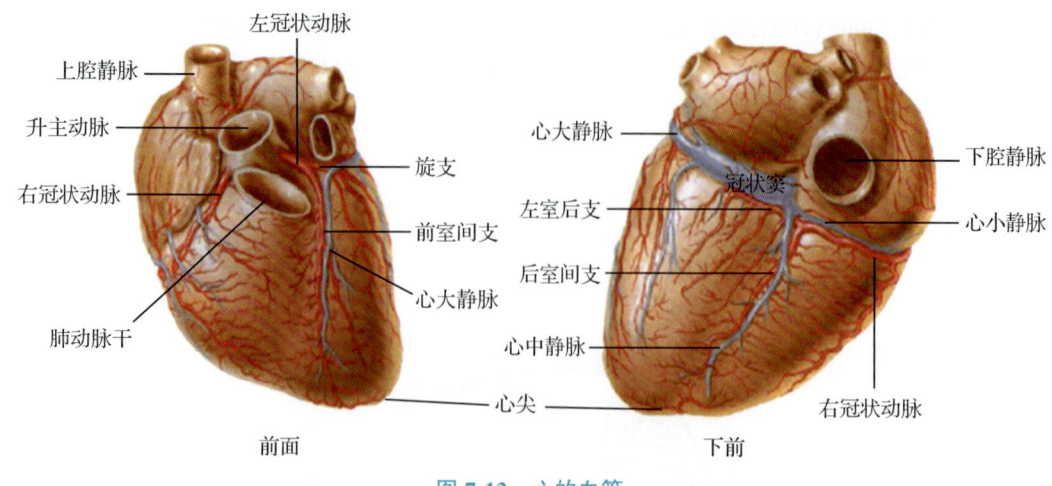

图 7-13 心的血管

（2）右冠状动脉：起自升主动脉起始部右侧，经右心耳与肺动脉干根部之间向右行，绕过心右缘至心膈面，分为后室间支和左室后支（图 7-13）。**后室间支**较粗，沿后室间沟下行，在心尖处与前室间支吻合。

右冠状动脉分支分布于右心房、右心室、室间隔后 1/3 和左心室后壁的一部分，还发出分支分布到窦房结和房室结。

临床上，冠状动脉粥样硬化性心脏病（简称冠心病）是由于冠状动脉或其分支病变，引起血管腔狭窄，致使心肌血液供应不足的心脏病，可造成冠状动脉分布区域心肌坏死，即心肌梗死。

2. 心的静脉 大多数与动脉伴行，最终在冠状沟后部汇合成**冠状窦**（coronary sinus），再经冠状窦口注入右心房（图 7-13）。冠状窦的属支主要有心大静脉、心中静脉和心小静脉。

（七）心包

心包（pericardium）为包裹心及大血管根部的膜性囊（图 7-14），分为内、外 2 层，外层为纤维心包，内层为浆膜心包。

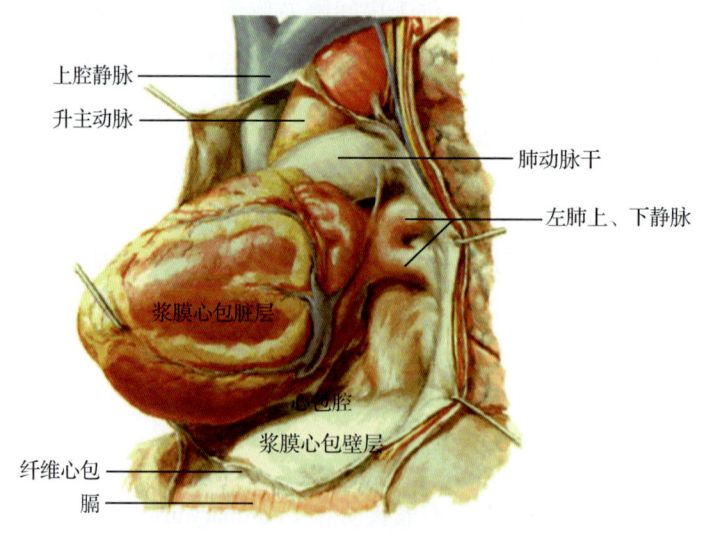

图 7-14 心包

1. 纤维心包 为外层的纤维结缔组织囊，上方与出入心的大血管外膜相移行，下方与膈的中心腱愈着。

2. 浆膜心包 是内层薄而光滑的浆膜囊，分为脏、壁2层。脏层即心外膜；壁层贴于纤维心包内面。浆膜心包的脏、壁两层在出入心的大血管根部相互移行，共同围成潜在性的腔隙，称为**心包腔**（pericardial cavity）。心包腔内含少量浆液，有润滑作用，可减少心搏动时的摩擦。

> **考点提示**
>
> 心的位置及外形、心腔结构、心传导系、心的血管及心包。

> **知识链接**
>
> **心包腔穿刺术**
>
> **心包腔穿刺术**是借助穿刺针直接刺入心包腔的诊疗技术。其目的是引流心包腔内积液，降低心脏腔内压，是急性心脏压塞的急救措施之一；通过穿刺抽取心包腔积液，作生化测定，涂片寻找细菌或作细菌培养，以鉴别诊断各种性质的心包疾病；也可通过心包腔穿刺，注射抗生素等药物进行治疗。

（八）心的体表投影

心在胸前壁的体表投影可用4个点及其间的弧形连线来确定（图7-15）。①**左上点**：在左侧第2肋软骨下缘，距胸骨左缘约1.2 cm处；②**右上点**：在右侧第3肋软骨上缘，距胸骨右缘约1 cm处；③**右下点**：在右侧第6胸肋关节处；④**左下点**：在左侧第5肋间隙与锁骨中线交点的内侧1～2 cm处。

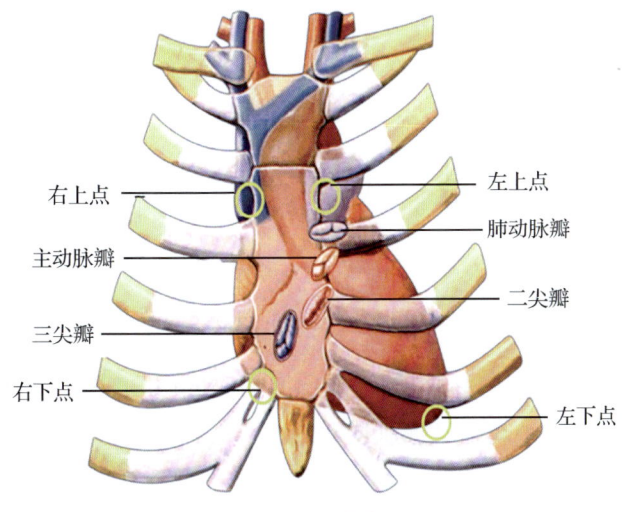

图7-15 心的体表投影

三、血管壁的微细结构

根据血管的管径大小，动脉和静脉都可分为大、中、小、微4级。各级之间逐渐移行，没有明显的分界。

大动脉包括肺动脉干、主动脉、头臂干、颈总动脉、锁骨下动脉、椎动脉和髂总动脉等；管径小于1 mm的动脉属于**小动脉**；管径小于0.3 mm的动脉，称为**微动脉**（arteriole）；管径介于大、小动脉之间的属于**中动脉**（除大动脉外，其余在解剖学中有名称的动脉），如股动脉。

大静脉的管径大于10 mm，如上腔静脉和下腔静脉；管径小于2 mm的静脉属于**小静脉**，管径小于 1 mm 的静脉，称为**微静脉**（venule）；管径介于大、小静脉之间的属于**中静脉**（除大静脉外，其余在解剖学中有名称的静脉），如颈内静脉。

（一）动脉

动脉管壁较厚，管腔较小，弹性较大。管壁由内向外依次分为内膜、中膜和外膜 3 层。

1. **内膜** 最薄，由内皮、内皮下层和内弹性膜构成。内皮为单层扁平上皮，表面光滑，可减小血液流动时的摩擦；内皮下层为薄层结缔组织，内含少量胶原纤维、弹性纤维和少许平滑肌纤维；内弹性膜是一层由弹性蛋白构成的膜（中动脉的内弹性膜更明显），富有弹性。

2. **中膜** 最厚，含有平滑肌和弹性纤维等。

大动脉的中膜以弹性纤维为主，其间有少许平滑肌。大动脉管壁有较大的弹性，因而大动脉又称**弹性动脉**（图 7-16）。弹性纤维有使扩张血管回缩的作用，当心室收缩射血时，大动脉扩张；心室射血停止时，大动脉可借弹性回缩，保持血液流动的连续性。

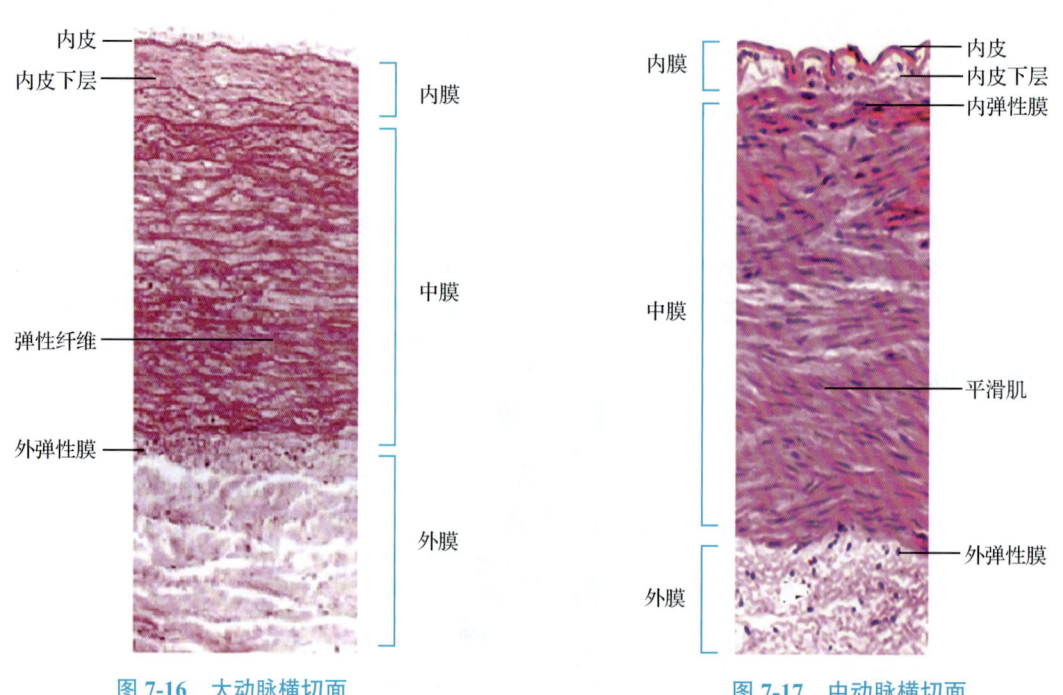

图 7-16　大动脉横切面　　　　　图 7-17　中动脉横切面

中动脉和小动脉的中膜以平滑肌为主，其间有弹性纤维和胶原纤维，故中动脉和小动脉又称**肌性动脉**（图 7-17，图 7-18）。小动脉和微动脉的平滑肌舒缩可明显改变血管的直径，影响其灌流器官的血流量，且可改变血液流动的外周阻力，影响血压，故小动脉和微动脉又称**外周阻力血管**。

3. **外膜** 较厚，主要由疏松结缔组织构成，内含有小血管、淋巴管和神经等。

（二）静脉

静脉与各级相应的动脉比较，管壁较薄，管腔较大，弹性较小。管壁也分为内膜、中膜和外膜 3 层，但分界不明显。静脉内膜薄，由一层内皮和结缔组织构成，内膜向管腔内折叠形成静脉瓣，可防止血液逆流；中膜稍厚，主要含一些环形平滑肌；外膜最厚，由疏松结缔组织构成。大静脉的外膜内还

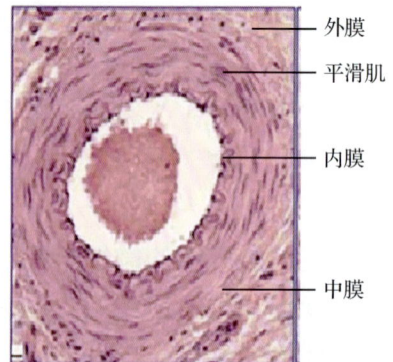

图 7-18　小动脉横切面

含有较多纵行平滑肌。

（三）毛细血管

毛细血管几乎遍布于全身各处，互相连通成网，是血液与组织细胞进行物质交换的部位。毛细血管的管径很细，只允许红细胞呈单行通过；管壁薄，主要由一层内皮和基膜构成。

根据毛细血管壁的结构特点，可将其分为以下 3 类（图 7-19）。

1. **连续毛细血管**（continuous capillary） 其特点是内皮细胞连接紧密，基膜完整。连续毛细血管主要分布于结缔组织、肌组织、肺和中枢神经系统等处。

2. **有孔毛细血管**（fenestrated capillary） 其特点是内皮细胞不含核的部分很薄，有许多贯穿细胞的窗孔，基膜完整。有孔毛细血管主要分布于某些内分泌腺、胃肠黏膜和肾血管球等处。

3. **血窦**（sinusoid） 又称**窦状毛细血管**（sinusoid capillary）。其特点是管腔较大，形状不规则，内皮细胞之间有较大的窗孔，基膜不完整。血窦主要分布于肝、脾、骨髓和某些内分泌腺内。

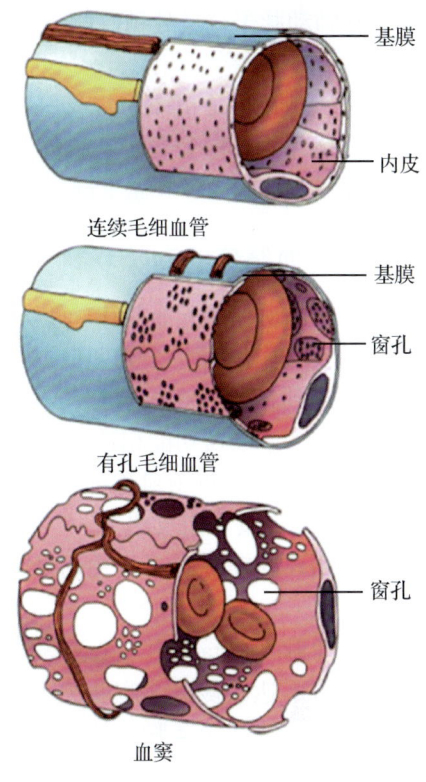

图 7-19 毛细血管分类模式图

四、肺循环的血管

（一）肺循环的动脉

肺动脉干（pulmonary trunk）由右心室发出，向左后上方斜行至主动脉弓下方，分为左、右肺动脉（图 7-20）。左肺动脉稍短，经胸主动脉前方横行达左肺门，分为 2 支进入左肺的上、下叶；右肺动脉较长，经升主动脉和上腔静脉后方横行达右肺门，分为 3 支进入右肺的上、中、下叶。

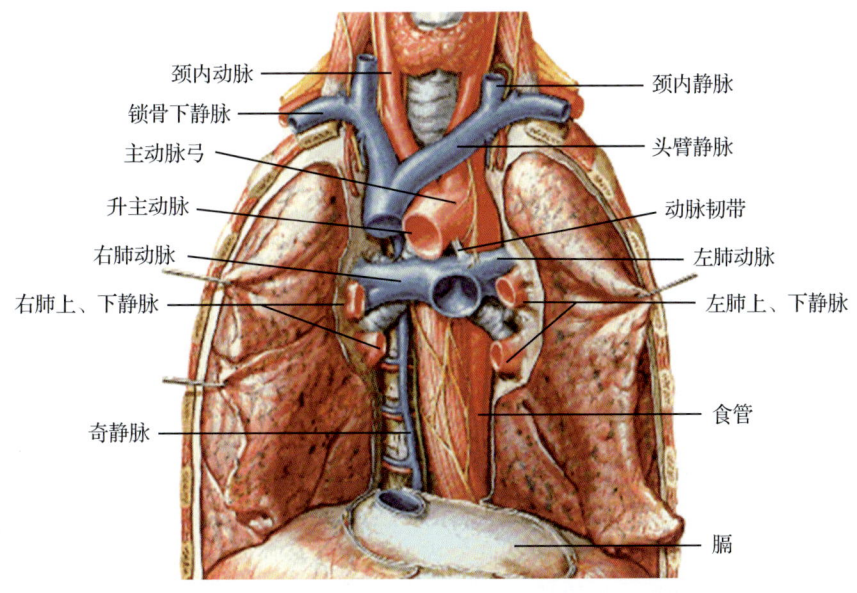

图 7-20 肺循环的血管

在肺动脉干分叉处稍左侧与主动脉弓下壁之间连有**动脉韧带**，是胎儿时期动脉导管闭锁后的遗迹。

（二）肺循环的静脉

肺循环的静脉为左、右肺静脉（图7-20），各有上、下2条，均起始于肺泡壁毛细血管网的静脉端，在肺内经其属支反复汇合而成，出肺门后注入左心房。

五、体循环的动脉

体循环动脉的配布规律：①人体各大局部常有1~2条动脉主干，且与静脉和神经伴行于身体的安全隐蔽部位，如四肢屈侧；②动脉以就近分支到达所分布的器官；③动脉管径的大小与器官大小以及功能相适应；④动脉多呈左、右对称性分支分布于对称部位；⑤胸、腹、盆部的动脉有壁支和脏支之分。

体循环的动脉主干为**主动脉**，是全身最粗大的动脉。

主动脉（aorta）由左心室发出，先斜行向右前上方，达右侧第2胸肋关节高度，呈弓状弯向左后方，达第4胸椎体左侧下缘水平，再沿脊柱左前方下行，穿膈的主动脉裂孔入腹腔，至第4腰椎体下缘水平，分为左、右髂总动脉。主动脉以右侧第2胸肋关节和第4胸椎体左侧下缘平面为界，分为3段：即升主动脉、主动脉弓和降主动脉。降主动脉又以膈为界，分为胸主动脉和腹主动脉（图7-21）。

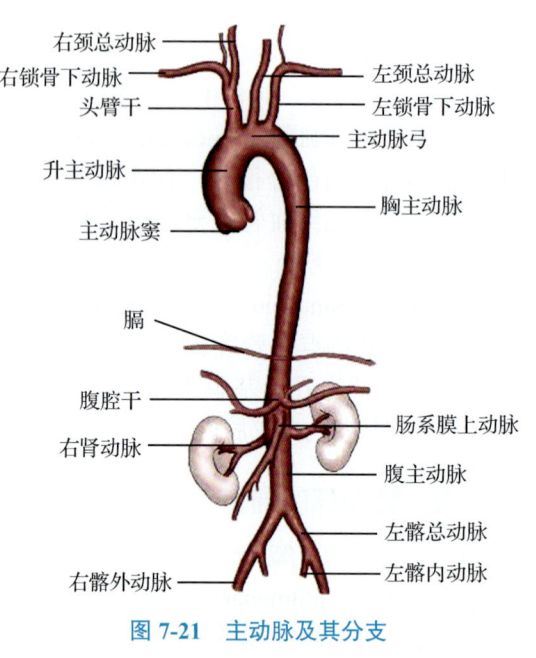

图7-21 主动脉及其分支

 考点提示

主动脉的位置及分部。

（一）升主动脉

升主动脉（ascending aorta）起自左心室的主动脉口，向右前上方斜行，达右侧第2胸肋关节平面延续为主动脉弓（图7-13）。升主动脉根部发出左、右冠状动脉，分支营养心。

（二）主动脉弓

主动脉弓（aortic arch）位于胸骨柄后方，自右侧第2胸肋关节平面呈弓状弯向左后方，达第4胸椎体左侧下缘平面移行为降主动脉（图7-21）。自主动脉弓凸侧向上发出3个分支，从右向左依次为头臂干、左颈总动脉和左锁骨下动脉。**头臂干**（brachiocephalic trunk）为一短干，向右上方斜行，至右胸锁关节后方分为右颈总动脉和右锁骨下动脉。主动脉弓的分支主要分布于头颈部和上肢。

主动脉弓壁内有**压力感受器**，当血压升高时，可反射性地引起心搏减慢，血管扩张，血压下降；主动脉弓下壁靠近动脉韧带处有2~3个粟粒状小体，称为**主动脉小球**，属化学感受器，可感受血液中氧分压和二氧化碳分压的高低，当血液中氧分压降低和（或）二氧化碳分压升高时，可反射性地引起呼吸加深、加快。

1. 颈总动脉（common carotid artery） 是头颈部的动脉主干。左侧起自主动脉弓，右侧起自头臂干（图 7-22）。颈总动脉与颈内静脉和迷走神经共同包被于血管神经鞘内，沿食管、气管和喉的外侧上行，至甲状软骨上缘平面分为颈内动脉和颈外动脉。

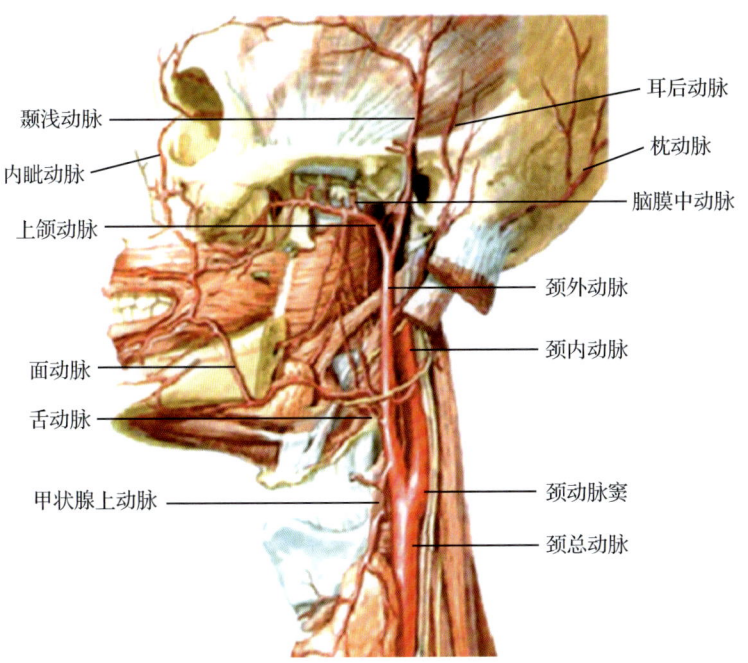

图 7-22　头颈部的动脉

在颈总动脉末端与颈内动脉起始处的膨大部，称为**颈动脉窦**（图 7-22），壁内有压力感受器，能感受血压的变化；在颈总动脉分叉处后方有一扁椭圆形小体，称为**颈动脉小球**，属化学感受器，能感受血液中氧分压和二氧化碳分压的变化，参与调节呼吸。

在胸锁乳突肌中段前缘，可触及颈总动脉搏动，在此处向后内方将该动脉压在第 6 颈椎横突上，可进行一侧头颈部的临时性止血。

（1）**颈内动脉**（internal carotid artery）：在颈部无分支，由颈总动脉发出后行向上，经颈动脉管入颅腔，分支分布于脑和视器。

（2）**颈外动脉**（external carotid artery）：自颈总动脉发出后在胸锁乳突肌深面上行，入腮腺实质内分为颞浅动脉和上颌动脉 2 个终支。颈外动脉分支分布于颈部、头面部和脑膜。其主要分支如下（图 7-22）。

1）**甲状腺上动脉**（superior thyroid artery）：在颈外动脉起始部发出，行向前下，分支分布于甲状腺上部和喉。

2）**面动脉**（facial artery）：经下颌下腺深面前行，在咬肌前缘与下颌体下缘交界处至面部，再经口角和鼻翼外侧到达内眦，改为**内眦动脉**。面动脉分支分布于腭扁桃体、下颌下腺和面部。

在咬肌前缘与下颌体下缘交界处，可触及面动脉搏动，在此处将该动脉压在下颌骨上，可进行面部的临时性止血。

3）**颞浅动脉**（superficial temporal artery）：经外耳门前方上行，越过颧弓根部至颞部，分支分布于腮腺、额部、颞部和颅顶部软组织。

在外耳门前方颧弓根部，可触及颞浅动脉搏动，在此处将该动脉压在颧弓上，可进行额部、颞部和颅顶部的临时性止血。

4）**上颌动脉**（maxillary artery）：经下颌支深面向内前行，分支分布于口腔、鼻腔和硬脑膜。上颌动脉有一重要分支为**脑膜中动脉**，向上经棘孔入颅腔，分前、后 2 支，分布于硬脑膜。前支经过翼点内面，当翼点骨折时，易损伤脑膜中动脉的前支，引起硬膜外血肿。

考点提示

头、颈部动脉的压迫止血点。

2. 锁骨下动脉与上肢的动脉

（1）**锁骨下动脉**（subclavian artery）：左侧起自主动脉弓，右侧起自头臂干。经胸廓上口达颈根部，呈弓状经胸膜顶前方，穿斜角肌间隙至第 1 肋外侧缘移行为腋动脉。锁骨下动脉主要分支分布于脑、颈部、肩部和胸壁。

在锁骨上窝中点，可触及锁骨下动脉搏动，在此处向后下将该动脉压在第 1 肋上，可进行上肢的临时性止血。

锁骨下动脉的主要分支如下（图 7-23）。

1）**椎动脉**（vertebral artery）：自锁骨下动脉上方发出，向上穿第 6 颈椎至第 1 颈椎横突孔，经枕骨大孔入颅腔，分支分布于脑和脊髓。

2）**胸廓内动脉**（interal thoracic artery）：起自锁骨下动脉下方，向下入胸腔，沿胸骨外侧缘约 1 cm 处的肋软骨后面下行，分支分布于胸前壁、心包、膈和乳房等。其终支穿膈后移行为**腹壁上动脉**，分支分布于膈、腹肌前外侧群、乳房和心包等，并与腹壁下动脉吻合。

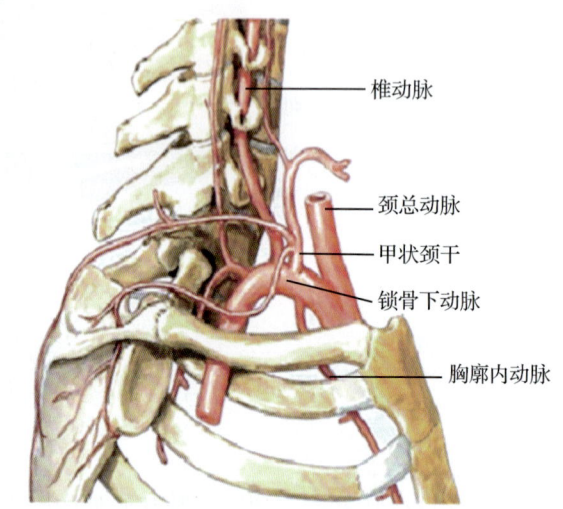

图 7-23 锁骨下动脉及分支

（2）**上肢的动脉**：包括腋动脉、肱动脉、桡动脉、尺动脉、掌浅弓和掌深弓等（图 7-24）。

1）**腋动脉**（axillary artery）：为锁骨下动脉的直接延续，经腋窝至大圆肌下缘平面移行为肱动脉。腋动脉的主要分支分布于肩部、胸前壁和乳房等处。

2）**肱动脉**（brachial artery）：为腋动脉的直接延续，沿肱二头肌内侧沟与正中神经伴行，向下至肘窝分为桡动脉和尺动脉。肱动脉沿途分支分布于臂部和肘关节等处。

在肘窝稍上方，肱二头肌腱内侧，肱动脉位置表浅，可触及其搏动，在此处将该动脉压向肱骨，可进行压迫点以下的上肢临时性止血。此处也是测量血压时的听诊部位。

3）**桡动脉**（radial artery）：在肘窝起自肱动脉，沿肱桡肌与桡侧腕屈肌之间下行，在腕部绕桡骨茎突远端至手背，再穿第 1 掌骨间隙至手掌。其终支与尺动脉的掌深支吻合形成掌深弓。桡动脉的主要分支有掌浅支和拇主要动脉。桡动脉沿途分支主要分布于前

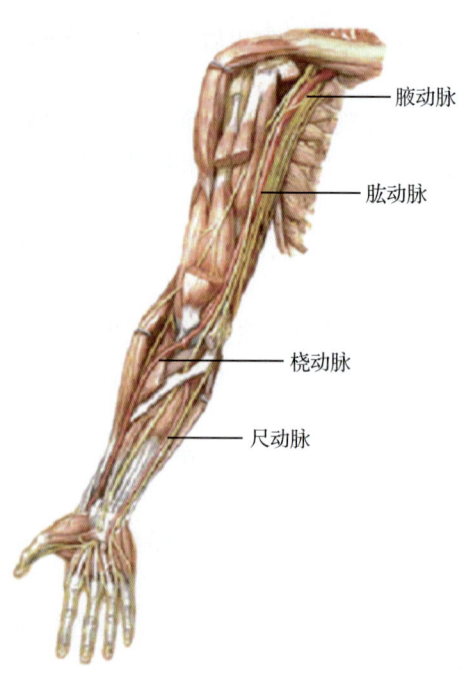

图 7-24 上肢的动脉

臂桡侧的肌和皮肤。

桡动脉在桡腕关节上方行于肱桡肌腱与桡侧腕屈肌腱之间，位置表浅，可触及其搏动，是临床上摸脉和计数脉搏的常用部位。

4）**尺动脉**（ulnar artery）：在肘窝起自肱动脉，斜向内下方，在尺侧腕屈肌与指浅屈肌之间下行，经豌豆骨桡侧至手掌。其终支与桡动脉的掌浅支吻合构成掌浅弓。尺动脉的主要分支有骨间总动脉和掌深支。尺动脉沿途分支主要分布于前臂尺侧的肌和皮肤。

5）**掌浅弓**（superficial palmar arch）：由尺动脉终支与桡动脉的掌浅支吻合而成（图7-25），位于手掌侧屈指肌腱浅面，弓顶相当于掌中纹处，在做手掌切开引流术时，要避免损伤掌浅弓。自弓的凸侧发出3条指掌侧总动脉和1条小指尺掌侧动脉。

6）**掌深弓**（deep palmar arch）：由桡动脉终支与尺动脉的掌深支吻合而成（图7-25），位于手掌侧屈指肌腱深面，弓顶相当于腕掌关节处。自弓的凸侧发出3条掌心动脉，分别与指掌侧总动脉吻合。

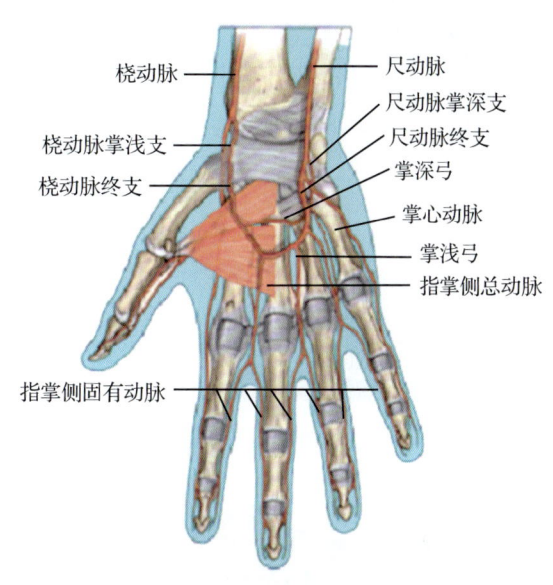

图 7-25　掌浅弓与掌深弓

掌浅弓与掌深弓的分支分布于手掌和手指。在手指根部两侧血管的行经部位进行压迫，可阻止手指出血。

 考点提示

上肢动脉的压迫止血点。

（三）胸主动脉

胸主动脉（thoracic aorta）是胸部的动脉主干，位于脊柱左前方（图7-26），分为壁支和脏支，分支分布于除心以外的胸部。

1. 壁支　较粗大，主要有9对**肋间后动脉**（posterior intercostal artery）和1对**肋下动脉**（subcostal artery）。第1、2对肋间后动脉起自锁骨下动脉。肋间后动脉行于相应肋间隙的肋沟内，肋下动脉沿第12肋下缘走行。肋间后动脉和肋下动脉主要分支分布于胸壁、腹壁上部的肌和皮肤。

2. 脏支　较细小，主要有支气管支、食管支和心包支，分布于气管、支气管、食管和心包。

（四）腹主动脉

腹主动脉（abdominal aorta）是腹部的动脉主干，位于脊柱左前方（图7-27），分为壁支和脏支。壁支细小，主要有4对**腰动脉**和1对**膈下动脉**，分支分布于腹后壁和脊髓；脏支粗大，分为成对脏支和不成对脏支。成对脏支分布于腹腔成对器官，有**肾上腺中动脉**（middle suprarenal artery）、**肾动脉**（renal artery）、**睾丸动脉**（testicular artery）或**卵巢动脉**（ovarian artery）3对；不成对脏支分布于腹腔不成对器官，有腹腔干、肠系膜上动脉和肠系膜下动脉。

1. 腹腔干（coeliac trunk）　为一短干，在主动脉裂孔稍下方分出，随后分为胃左动脉、肝总动脉和脾动脉（图7-28）。

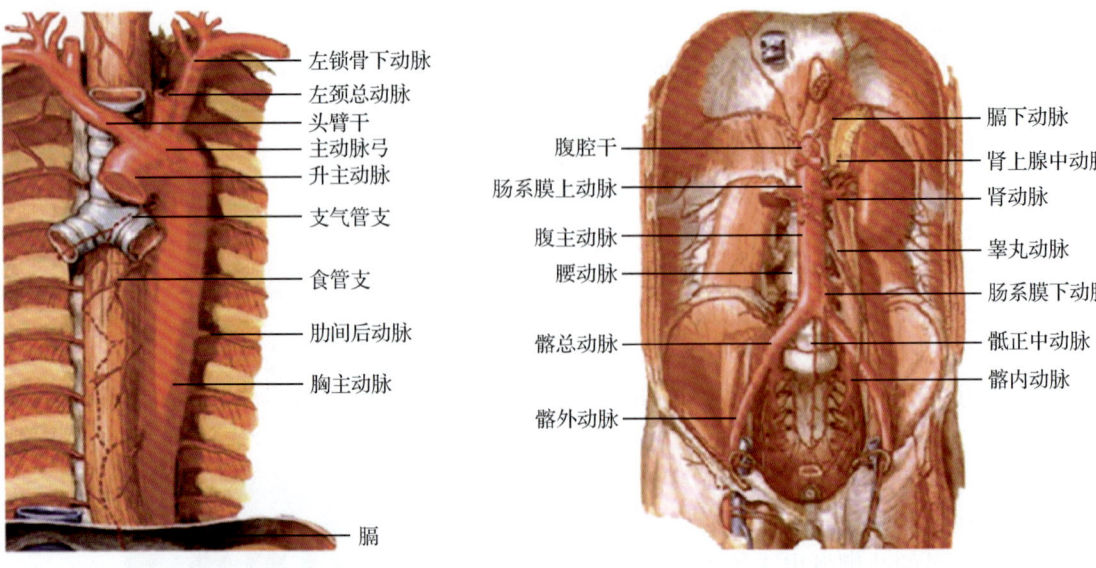

图 7-26　胸主动脉及其分支　　　　图 7-27　腹主动脉及其分支

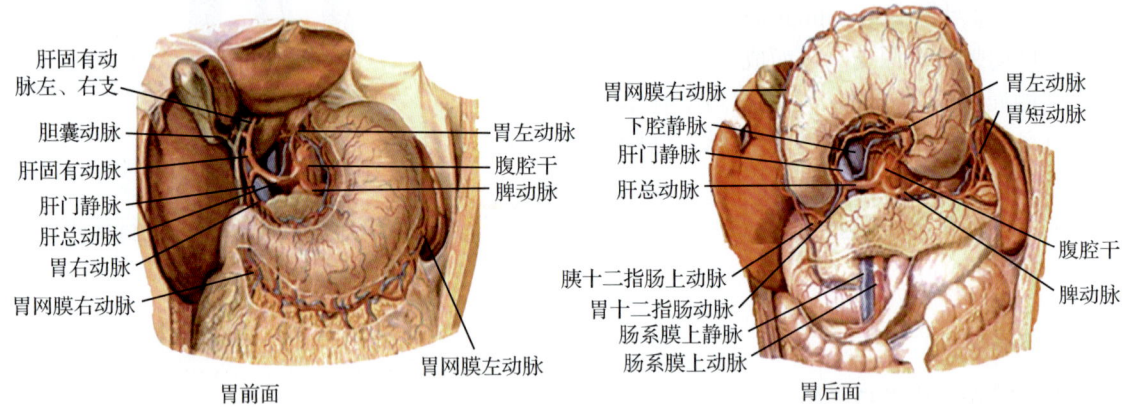

图 7-28　腹腔干及其分支

（1）**胃左动脉**（left gastric artery）：先向左上方行至胃的贲门附近，而后沿胃小弯右行，分支分布于食管腹段、贲门和胃小弯左侧附近的胃壁。

（2）**肝总动脉**（common hepatic artery）：向右走行，进入肝十二指肠韧带内，达十二指肠上部上方，分为肝固有动脉和胃十二指肠动脉。

1）**肝固有动脉**（proper hepatic artery）：在肝十二指肠韧带内上行，至肝门附近分为左、右2支，经肝门入肝。右支在进入肝门前还发出**胆囊动脉**，分布于胆囊。肝固有动脉在其起始处还发出**胃右动脉**，沿胃小弯向左行，与胃左动脉吻合，分支分布于十二指肠上部和胃小弯右侧附近的胃壁。

2）**胃十二指肠动脉**（gastroduodenal artery）：经胃幽门后方下行，在幽门下缘分为胃网膜右动脉和胰十二指肠上动脉。**胃网膜右动脉**沿胃大弯向左行，沿途分支分布于胃大弯右侧附近的胃壁和大网膜；**胰十二指肠上动脉**行于十二指肠降部与胰头之间，分支分布于胰头和十二指肠。

（3）**脾动脉**（splenic artery）：沿胰上缘向左行，至脾门处分为数支入脾。脾动脉的主要分支有胰支、胃短动脉、胃网膜左动脉和脾支等。胰支为多条细小的分支，分布于胰体和胰尾；**胃短动脉**有3～5支，在近脾门处发出，分布于胃底；**胃网膜左动脉**沿胃大弯向右行，与胃网膜右动脉吻合，分支分布于胃大弯左侧附近的胃壁和大网膜；**脾支**为数支，经脾门入脾。

腹腔干的分支主要分布于食管腹段、胃、十二指肠、肝、胆囊、胰、脾和大网膜。

2. **肠系膜上动脉**（superior mesenteric artery） 在腹腔干起始处稍下方，约平第 1 腰椎体高度起自腹主动脉前壁，向下经胰头与十二指肠水平部之间进入小肠系膜根内，行向右下方至右髂窝。其主要分支如下（图 7-29）。

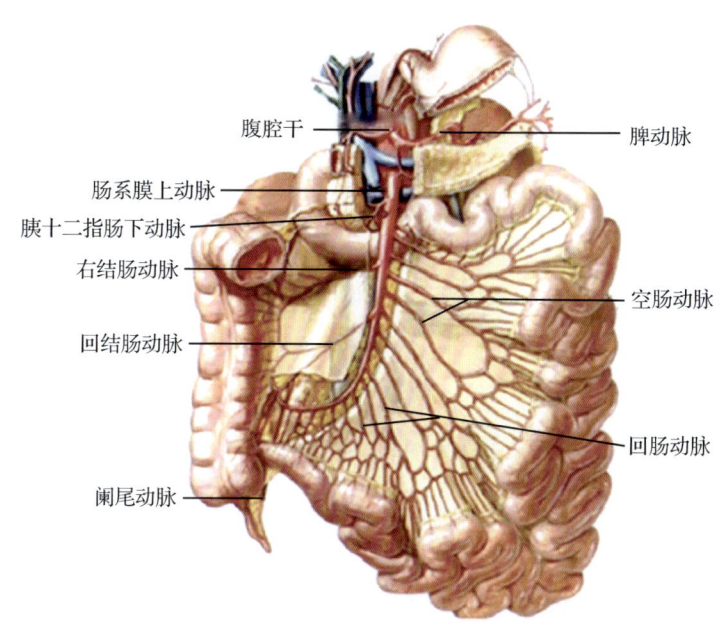

图 7-29　肠系膜上动脉及其分支

（1）**胰十二指肠下动脉**：行于胰头与十二指肠之间，分支分布于胰和十二指肠。

（2）**空肠动脉**（jejunal artery）和**回肠动脉**（ileal artery）：共有 12～16 支，走行于小肠系膜两层之间，分布于空肠和回肠。

（3）**回结肠动脉**（ileocolic artery）：为肠系膜上动脉右侧壁最下方的分支，分支分布于回肠末端、盲肠、阑尾和升结肠的一部分。其中至阑尾的分支为**阑尾动脉**，经回肠末端后方下降进入阑尾系膜，分布于阑尾。

（4）**右结肠动脉**（right colic artery）：在回结肠动脉上方发出，分支分布于升结肠。

（5）**中结肠动脉**（middle colic artery）：在右结肠动脉上方发出，走行于横结肠系膜两层之间，分支分布于横结肠。

肠系膜上动脉的分支主要分布于胰、十二指肠、空肠、回肠、盲肠、阑尾、升结肠和横结肠。

3. **肠系膜下动脉**（inferior mesenteric artery） 约平第 3 腰椎体平面起自腹主动脉前壁，沿腹后壁行向左下方。其主要分支如下（图 7-30）。

（1）**左结肠动脉**（left colic artery）：沿腹后壁行向左，至降结肠附近分为升、降 2 支，分支分布于降结肠。

（2）**乙状结肠动脉**（sigmoid artery）：有 2～3 支，斜向左下方，进入乙状结肠系膜内，分支分布于乙状结肠。

（3）**直肠上动脉**（superior rectal artery）：是肠系膜下动脉的直接延续，走行于直肠后面，至第 3 骶椎平面分为 2 支，沿直肠上部两侧下降，分支分布于直肠上部。

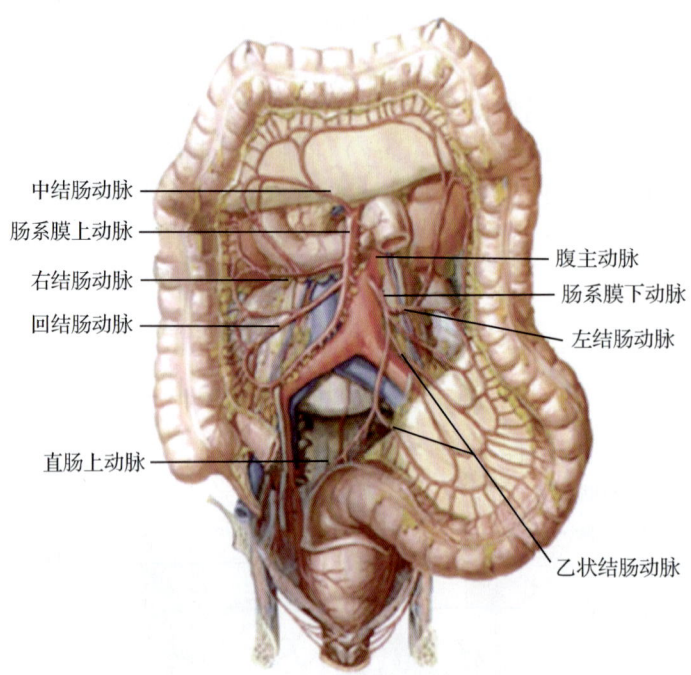

图 7-30 肠系膜下动脉及其分支

肠系膜下动脉的分支主要分布于降结肠、乙状结肠和直肠上部。

(五)髂总动脉

髂总动脉(common iliac artery)左、右各一,在第 4 腰椎体下缘平面自腹主动脉分出,沿腰大肌内侧缘行向外下方,至骶髂关节前方分为髂内动脉和髂外动脉(图 7-31)。

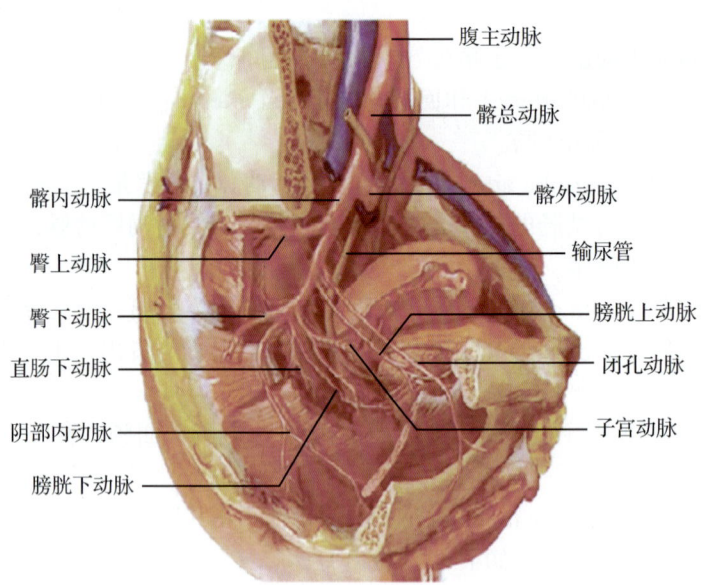

图 7-31 盆部的动脉及其分支(女)

1. **髂内动脉**(internal iliac artery) 是盆部的动脉主干,下行入盆腔,发出脏支和壁支。

(1)脏支:分支分布于盆腔各器官和外生殖器,其主要分支如下(图 7-31)。

1)**膀胱上动脉**(superior vesical artery):起自脐动脉近段,分支分布于膀胱。

2)**膀胱下动脉**(inferior vesical artery):沿盆腔侧壁下行。男性分布于膀胱、精囊和前列腺等；女性分布于膀胱和阴道。

3）**直肠下动脉**（inferior rectal artery）：行向内下，分支分布于直肠下部，并与直肠上动脉和肛动脉吻合。

4）**子宫动脉**（uterine artery）：自髂内动脉发出后，行向内下进入子宫阔韧带两层之间，在子宫颈外侧约2 cm处跨过输尿管前方至子宫侧缘。分支分布于子宫、阴道、卵巢和输卵管。

5）**阴部内动脉**（internal pudendal artery）：自梨状肌下孔出盆腔，绕坐骨棘经坐骨小孔进入会阴深部（图7-32）。分支分布于肛门、会阴和外生殖器。分布于肛门周围的肌和皮肤的分支，称为**肛动脉**。

（2）**壁支**：分支分布于臀部和大腿肌内侧群，其主要分支如下（图7-31）。

1）**闭孔动脉**（obturator artery）：沿盆腔侧壁向前，穿闭孔出骨盆至大腿内侧部，分支分布于大腿肌内侧群。

2）**臀上动脉**（superior gluteal artery）：经梨状肌上孔出盆腔至臀部，分支分布于臀中肌和臀小肌。

3）**臀下动脉**（inferior gluteal artery）：经梨状肌下孔出盆腔至臀部，分支分布于臀大肌。

2. 髂外动脉与下肢的动脉

（1）**髂外动脉**（external iliac artery）：沿腰大肌内侧缘下行，经腹股沟韧带中点深面，达大腿前面移行为股动脉。髂外动脉在腹股沟韧带上方发出**腹壁下动脉**，经腹股沟管深环内侧，斜向内上方进入腹直肌鞘内，分支分布于腹直肌等，并与腹壁上动脉吻合（图7-33）。

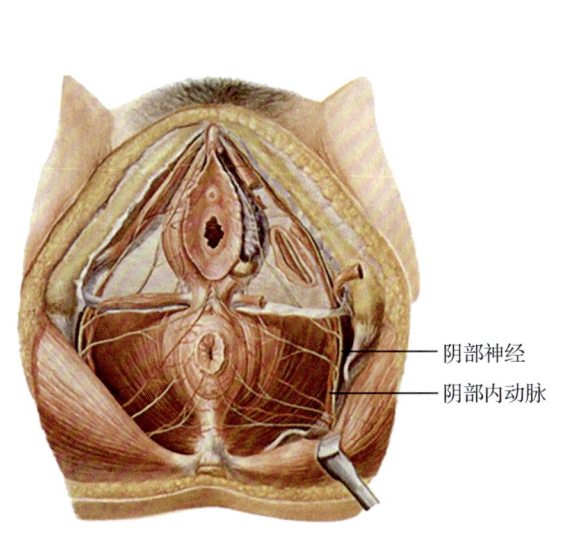

图7-32 会阴部的动脉（女）

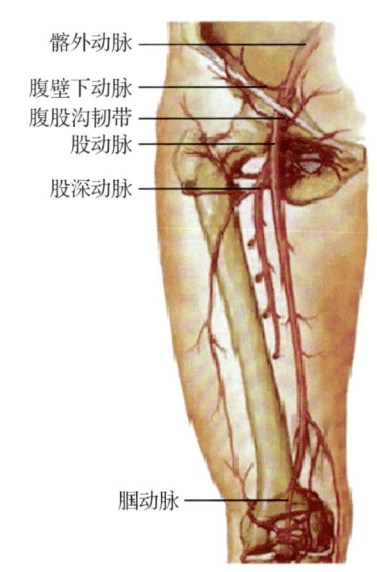

图7-33 股动脉

（2）**下肢的动脉**：包括股动脉、腘动脉、胫前动脉、胫后动脉和足背动脉等。

1）**股动脉**（femoral artery）：是下肢的动脉主干，自腹股沟韧带中点深面续接髂外动脉，在股三角内下行，经收肌管，出收肌腱裂孔至腘窝，移行为腘动脉（图7-33）。股动脉的主要分支分布于大腿肌和髋关节。

在腹股沟韧带中点稍下方，股动脉位置表浅，可触及其搏动，于此处将该动脉压向耻骨，可进行下肢的临时性止血。股动脉是动脉穿刺和插管最方便的血管。

2）**腘动脉**（popliteal artery）：在腘窝深部下行，至腘窝下部分为胫前动脉和胫后动脉。腘动脉分支分布于膝关节和附近的肌。

3）**胫前动脉**（anterior tibial artery）：向前穿过胫、腓骨之间，在小腿肌前群之间下行，至踝关节前方移行为足背动脉（图7-34）。**足背动脉**（dorsal artery of foot）在踝关节前方续接胫前动脉，经𧿹长伸肌腱与趾长伸肌腱之间前行，至第1跖骨间隙近侧端分为第1趾背动脉和足底深动脉。胫前动脉和足背动脉的分支分布于小腿前部、膝关节、足背、足趾和足底。

在踝关节前方，内踝与外踝连线的中点处易触及足背动脉搏动。足背出血时，可在此处向深部压迫该动脉进行止血；当下肢脉管炎时，足背动脉的搏动可减弱或消失。

4）**胫后动脉**（posterior tibial artery）：为腘动脉向下的延续，沿小腿肌后群浅、深层之间下行，经内踝后方至足底，分为足底内侧动脉和足底外侧动脉。足底外侧动脉与足背动脉的分支间吻合形成足底深弓。胫后动脉的分支主要分布于小腿后部、外侧部、胫骨、腓骨和足底。

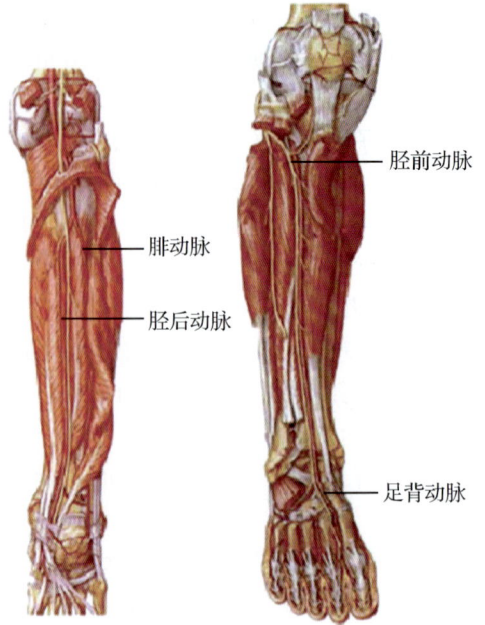

图 7-34　小腿和足的动脉

> **考点提示**
>
> 下肢动脉的压迫止血点。

知识链接

全身动脉的搏动点及压迫止血点

一、头颈部

1. **颈总动脉**　在胸锁乳突肌中段前缘可摸到其搏动，向后内方压迫该动脉于第6颈椎横突上，可使头部止血。

2. **面动脉**　在咬肌前缘与下颌体下缘交界处可摸到其搏动，当面部出血时，可在此处压迫止血。

3. **颞浅动脉**　在外耳门前方颧弓根部可摸到其搏动，当额、颞、顶部出血时，可在此处压迫止血。

4. **锁骨下动脉**　在锁骨上窝中点可摸到其搏动，向下压迫该动脉于第1肋上，可使肩部和上肢止血。

二、上肢

1. **肱动脉**　在肘窝稍上方，肱二头肌腱内侧可摸到其搏动，向外后方压迫该动脉于肱骨上，可使手部和前臂止血。

2. **桡动脉**　在桡骨茎突稍上方，肱桡肌腱与桡侧腕屈肌腱之间可摸到其搏动，为常用的摸脉点。向深部压迫该动脉，可减轻手部出血。

3. **尺动脉**　在腕部尺侧，尺侧腕屈肌腱内侧可摸到其搏动，向深部压迫该动脉，可减轻手部出血。

4. **指掌侧固有动脉** 在手指根部两侧，将该动脉压向指骨，可使手指止血。

三、下肢

1. **股动脉** 在腹股沟中点稍下方可摸到其搏动，向深部压迫该动脉于耻骨上，可使下肢止血。

2. **足背动脉** 在足背，内、外踝连线中点稍下方可摸到其搏动，向下压迫该动脉，可减轻足背出血。

3. **胫后动脉** 在内踝与跟骨间可摸到其搏动，向深部压迫该动脉，可减轻足底出血。

六、体循环的静脉

体循环静脉数量多，行程长，分布广。在结构和配布上与伴行的动脉相比较主要有以下特点：①静脉内血流缓慢，压力低，管壁薄，管腔比相应的动脉大。②静脉管腔内大多有**静脉瓣**（venous valve）。瓣膜呈半月形小袋，袋口朝向心，可阻止血液逆流（图7-35）。四肢浅静脉的静脉瓣数量较多，大静脉、肝门静脉和头颈部的静脉一般无静脉瓣。③体循环的静脉在配布上分为浅静脉和深静脉2种。**浅静脉**位于皮下组织内，故又称皮下静脉。由于浅静脉位置表浅，透过皮肤能看到，故临床上常通过它们作静脉穿刺（如静脉内注射、输液或抽血）。**深静脉**位于深筋膜深面或体腔内，多与同名动脉伴行，其名称、行程和导血范围大多与伴行的动脉相同。④静脉之间有丰富的吻合。浅静脉之间，深静脉之间，以及浅、深静脉之间均存在广泛的吻合。体表的浅静脉多吻合成静脉网或静脉弓，深静脉在某些器官周围或壁内常吻合成静脉丛。

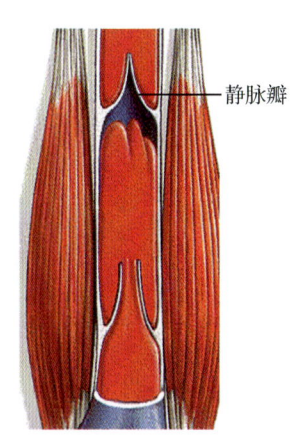

图 7-35 静脉瓣

体循环静脉按其注入右心房的途径不同，分为上腔静脉系、下腔静脉系（包括肝门静脉系）和心静脉系（已在心的静脉中叙述）三部分（图7-36）。

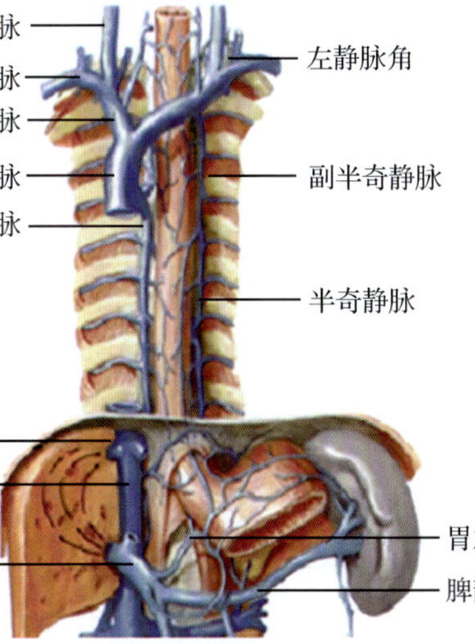

（一）上腔静脉系

上腔静脉系由上腔静脉及其属支组成（图7-36），主要收集头颈部、胸部（心除外）和上肢的静脉血。

上腔静脉（superior vena cava）由左、右头臂静脉在右侧第1胸肋结合后方汇合而成，沿升主动脉右侧垂直下降，注入右心房，在注入右心房之前还有奇静脉注入。

头臂静脉（brachiocephalic vein）左、右各一，由同侧的颈内静脉与锁骨下静脉在胸锁关节后方汇合而成，汇合处的夹角，称为**静脉角**，有淋巴导管注入。头臂静脉的主要属支有颈内静脉和锁骨下静脉。

图 7-36 体循环的静脉

1. **颈内静脉**（internal jugular vein） 上端在颈静脉孔处接乙状窦，伴颈内动脉和颈总动脉下行，最后与锁骨下静脉汇合成头臂静脉（图 7-37）。颈内静脉的属支有颅内支和颅外支 2 类。

（1）**颅内支**：通过硬脑膜窦收集脑和视器等处的静脉血。

（2）**颅外支**：主要收集头颈部的静脉血。颈内静脉在颅外的主要属支是面静脉。**面静脉**（facial vein）在眼内眦处起自内眦静脉，伴面动脉下行，至舌骨平面汇入颈内静脉（图 7-37）。面静脉收集面部软组织的静脉血。

面静脉通过内眦静脉和眼静脉与颅内海绵窦相通（图 7-38）。面静脉在口角平面以上的部分一般无静脉瓣，故面部尤其是鼻根至两侧口角之间的三角区，临床上称为面部"危险三角"。如此区域发生化脓性感染，切忌挤压，以免细菌经内眦静脉和眼静脉逆行入颅内，引起颅内感染。

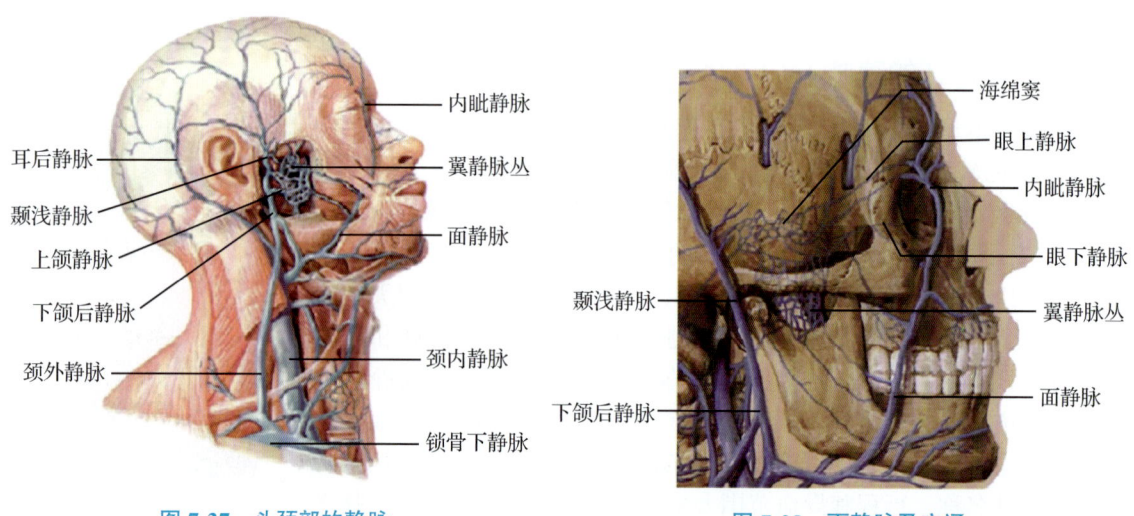

图 7-37　头颈部的静脉　　图 7-38　面静脉及交通

> **考点提示**
>
> 头、颈部静脉分部，面部"危险三角"的位置及临床意义。

2. **锁骨下静脉**（subclavian vein）　在第 1 肋外侧缘处续接腋静脉，向内行至胸锁关节后方与颈内静脉汇合成头臂静脉（图 7-36）。锁骨下静脉主要收集上肢和颈浅部的静脉血。锁骨下静脉与周围结构相互愈着，管壁破裂不易回缩，外伤时易引起气体栓塞。锁骨下静脉的属支除腋静脉外，还有颈外静脉。

颈外静脉（external jugular vein）在下颌角平面起自腮腺下方，沿胸锁乳突肌表面下行至其下端后方，在锁骨中点上方约 2 cm 处穿深筋膜注入锁骨下静脉（图 7-37）。颈外静脉主要收集枕部和颈浅部的静脉血。

颈外静脉位置表浅而恒定，故临床上儿科常用作颈外静脉穿刺。正常人站位或坐位时，颈外静脉常不显露，右心衰竭或上腔静脉阻塞引起颈外静脉回流不畅时，在体表可见静脉充盈，称为颈外静脉怒张。

3. **上肢的静脉**　分为深静脉和浅静脉 2 种。

（1）**上肢的深静脉**：从手掌至腋窝的深静脉都与同名动脉伴行，而且多为 2 条。桡静脉与尺静脉汇合成肱静脉，两条肱静脉汇合成一条**腋静脉**。腋静脉收集上肢浅、深静脉的血液，跨过第 1 肋外侧缘后续为锁骨下静脉。

（2）**上肢的浅静脉**：手的浅静脉在手背汇合成**手背静脉网**，继续向心回流途中汇成 3 条主要静脉，即头静脉、贵要静脉和肘正中静脉（图7-39）。

1）**头静脉**（cephalic vein）：起自手背静脉网的桡侧，沿前臂桡侧和臂外侧上行，经三角肌与胸大肌之间至锁骨下窝，穿深筋膜注入腋静脉。

2）**贵要静脉**（basilic vein）：起自手背静脉网的尺侧，沿前臂尺侧和臂内侧上行，达臂中部，穿深筋膜注入肱静脉。

3）**肘正中静脉**（median cubital vein）：位于肘窝皮下，自头静脉向内上方连于贵要静脉。肘正中静脉常接受前臂正中静脉的血。**前臂正中静脉**起自手掌静脉丛，沿前臂前面上行，注入肘正中静脉。

临床上常选取手背静脉网、头静脉、贵要静脉、肘正中静脉和前臂正中静脉作静脉穿刺，是临床上输液、注射和抽血的常选部位。

4. **胸部的静脉** 主干为奇静脉。奇静脉的主要属支有半奇静脉和副半奇静脉等（图7-36）。

（1）**奇静脉**（azygos vein）：位于胸后壁，由右腰升静脉向上穿膈延续而成，沿脊柱右侧上行，至第4、5胸椎体高度向前弯曲，越过右肺根上方注入上腔静脉。奇静脉收集右肋间后静脉、食管静脉、支气管静脉和半奇静脉的静脉血。

（2）**半奇静脉**（hemiazygos vein）：由左腰升静脉向上穿膈延续而成，沿脊柱左侧上行至第8、9胸椎高度，向右横过脊柱前方注入奇静脉。半奇静脉收集左侧下部的肋间后静脉和副半奇静脉的静脉血。

（3）**副半奇静脉**（accessory hemiazygos vein）：收集左侧上部肋间后静脉的静脉血，沿脊柱左侧下行，注入半奇静脉。

（二）下腔静脉系

下腔静脉系由下腔静脉及其属支组成（图7-40），主要收集下肢、盆部和腹部的静脉血。

下腔静脉（inferior vena cava）是人体最大的静脉，在第4、5腰椎体水平由左、右髂总静脉汇合而成，沿脊柱右前方和腹主动脉右侧上行，经肝的腔静脉沟，穿膈的腔静脉孔入胸腔，注入右心房（图7-40）。下腔静脉的属支除左、右髂总静脉外，还有许多直接注入下腔静脉干的腹部及盆部属支。

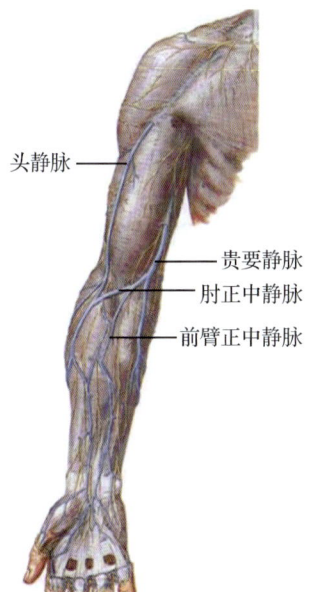

图7-39 上肢浅静脉

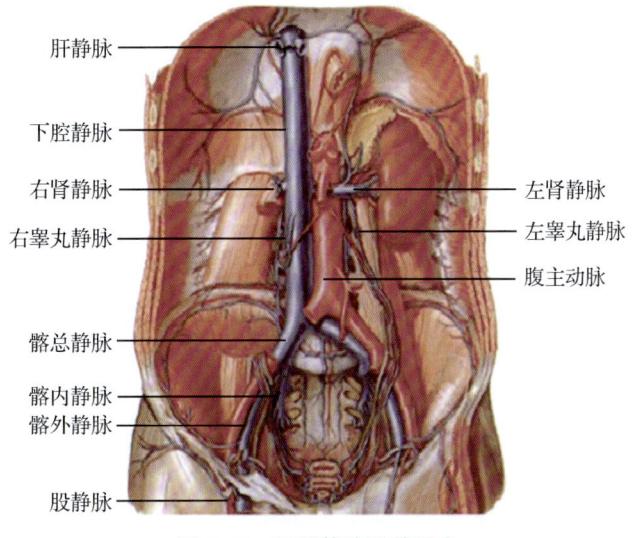

图7-40 下腔静脉及其属支

1. 盆部的静脉

（1）**髂总静脉**（common iliac vein）：左、右各一，在骶髂关节前方由髂内静脉和髂外静脉汇合而成，向内上方斜行至第 4、5 腰椎体水平汇合成下腔静脉（图 7-40）。

（2）**髂内静脉**（internal iliac vein）：沿小骨盆腔侧壁内面上行，与同侧髂外静脉汇合成髂总静脉（图 7-40）。髂内静脉的属支分别收集同名动脉分布区的静脉血。

（3）**髂外静脉**（external iliac vein）：在腹股沟韧带深面续接股静脉，沿髂外动脉内侧行向内上方，与髂内静脉汇合成髂总静脉（图 7-40）。髂外静脉主要收集下肢和腹前壁下部的静脉血。

2. **下肢的静脉**　分为深静脉和浅静脉 2 种。

（1）**下肢的深静脉**：从足底起始至小腿的深静脉有 2 条，并与同名动脉伴行。胫前静脉和胫后静脉上行到腘窝汇合成一条腘静脉。腘静脉上行延续为股静脉。**股静脉**（femoral vein）位于股动脉内侧，上行达腹股沟韧带深面移行为髂外静脉。

股静脉在腹股沟韧带深面位于股动脉内侧，位置恒定，且可借股动脉搏动定位。故临床上行股静脉穿刺时，常在腹股沟中点稍下方内侧，先触及股动脉搏动，然后在其内侧进针于股静脉。

（2）**下肢的浅静脉**：足背皮下的浅静脉汇合形成**足背静脉弓**，由弓的两端向上延续为 2 条浅静脉，即大隐静脉和小隐静脉（图 7-41）。

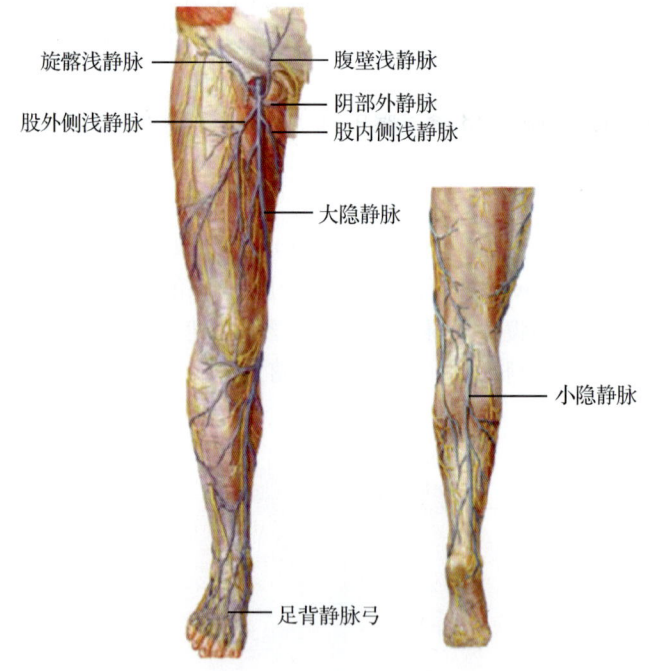

图 7-41　下肢浅静脉

1）**大隐静脉**（great saphenous vein）：是全身最长的浅静脉，起自足背静脉弓的内侧，经内踝前方，沿小腿胫侧和大腿内侧上行，于耻骨结节外下方 3～4 cm 处穿深筋膜注入股静脉。

大隐静脉在内踝前方位置表浅，临床上常在此处作大隐静脉穿刺或切开。

2）**小隐静脉**（small saphenous vein）：起自足背静脉弓的外侧，经外踝后方，沿小腿后面上行至腘窝，穿深筋膜注入腘静脉。

第七章 循环系统

 考点提示

全身静脉穿刺的部位。

知识链接

下肢静脉曲张

下肢静脉曲张是指下肢浅静脉发生扩张、延长或弯曲成团状，晚期可并发慢性溃疡的病变。本病多见于中年男性或长时间负重站立工作者。下肢静脉曲张多见于大隐静脉，是静脉系统最重要的疾病，也是四肢血管疾患中较常见的疾病之一。四肢血管疾病的大多数病例常因静脉曲张及其合并症而就医。

3. **腹部的静脉** 主干为下腔静脉，直接或间接注入下腔静脉的属支有壁支和脏支2种（图7-40）。

（1）**壁支**：主要有4对腰静脉和1对膈下静脉，与同名动脉伴行，直接注入下腔静脉。

（2）**脏支**：包括成对脏支和不成对脏支。

1）成对脏支：①**睾丸静脉**（testicular vein）起自睾丸和附睾，呈蔓状缠绕睾丸动脉组成蔓状静脉丛，向上汇合成一条睾丸静脉，右睾丸静脉以锐角注入下腔静脉，左睾丸静脉以直角注入左肾静脉，故睾丸静脉曲张多见于左侧。在女性为卵巢静脉，其流注关系与男性相同。②**肾静脉**（renal vein）起自肾门，在肾动脉前方横行向内，注入下腔静脉。左肾静脉还接受左肾上腺中静脉和左睾丸静脉的静脉血。③**肾上腺中静脉**：右侧直接注入下腔静脉，左侧向下注入左肾静脉。

2）不成对脏支：主要是**肝静脉**（hepatic vein）。肝静脉由肝内的小叶下静脉逐级汇合而成，有左、中、右3条，均包埋于肝实质内，在肝后缘注入下腔静脉。肝静脉收集肝门静脉系以及肝固有动脉运送到肝内的血液。

肝门静脉系由肝门静脉及其属支组成，收集腹腔内不成对脏器（肝除外）的静脉血。

肝门静脉（hepatic portal vein）由肠系膜上静脉和脾静脉在胰头后方汇合而成（图7-42），向右上方斜行进入肝十二指肠韧带内，经肝固有动脉和胆总管后方上行，到肝门处分为左、右2支，进入肝的左、右叶。肝门静脉在肝内反复分支，最后注入肝血窦，与来自肝固有动脉分支的血液混合，经肝静脉注入下腔静脉。其属支包括肠系膜上静脉、脾静脉、肠系膜下静脉、胃左静脉、胃右静脉、胆囊静脉和附脐静脉等。

肝门静脉系的结构特点：①起止两端均连于毛细血管；②腔内的静脉血中富含营养；③腔内无静脉瓣，血液可逆流；④肝门静脉的属支与上、下腔静脉之间有丰富的吻合，也是沟通上、下腔静脉系的重要交通。

 考点提示

肝门静脉的组成、特点及其侧支循环。

肝门静脉系与上、下腔静脉系之间存在丰富的吻合，主要的吻合部位有3处（图7-43）。①**食管静脉丛**：位于食管下段的黏膜下层内，由肝门静脉系的胃左静脉与上腔静脉系的奇静脉或半奇静脉吻合而成；②**直肠静脉丛**：位于直肠下段和肛管的黏膜下层内，由肝门静脉系的直肠上静脉与下腔静脉系的直肠下静脉和肛静脉吻合而成；③**脐周静脉网**：位于脐周围的皮下组

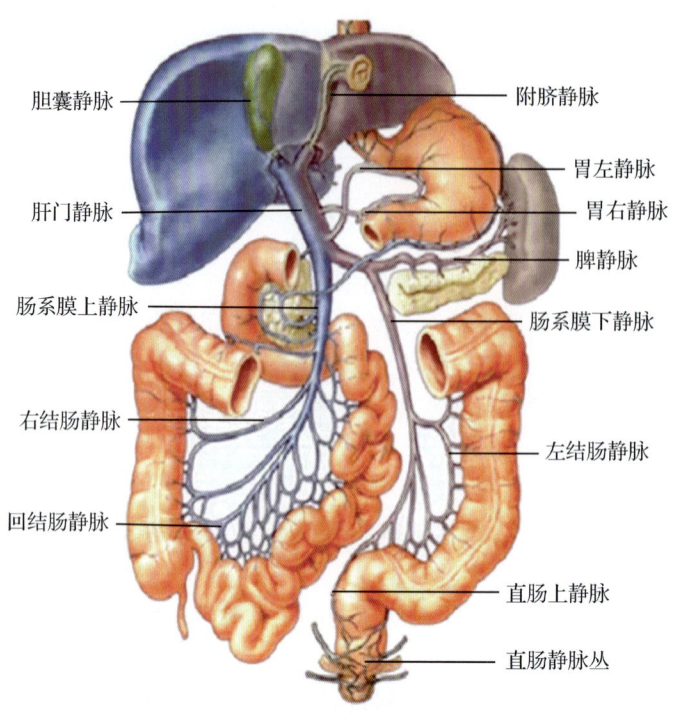

图 7-42 肝门静脉及其属支

织内，由肝门静脉系的附脐静脉与上腔静脉系的腹壁上静脉或胸腹壁静脉，以及下腔静脉系的腹壁下静脉或腹壁浅静脉吻合而成。

正常情况下，肝门静脉系与上、下腔静脉系之间的吻合支细小，血流量少，各属支分别将血液引流向所属的静脉系。如肝门静脉血回流受阻（如肝硬化或胰头肿瘤），血液不能经肝门静脉回流入肝，此时肝门静脉的血液可经肝门静脉系与上、下腔静脉系之间的吻合建立侧支循环，分别经上、下腔静脉回流入心。

由于侧支循环的建立，血流量增多，可造成吻合部位的细小静脉曲张，甚至破裂。如食管静脉丛曲张、破裂，可引起呕血；直肠静脉丛曲张、破裂，可引起便血；由于血液逆流，可引起脐周静脉网和腹壁静脉明显曲张，形成"海蛇头"现象。也可引起脾和胃肠道淤血，出现脾大和腹水等。

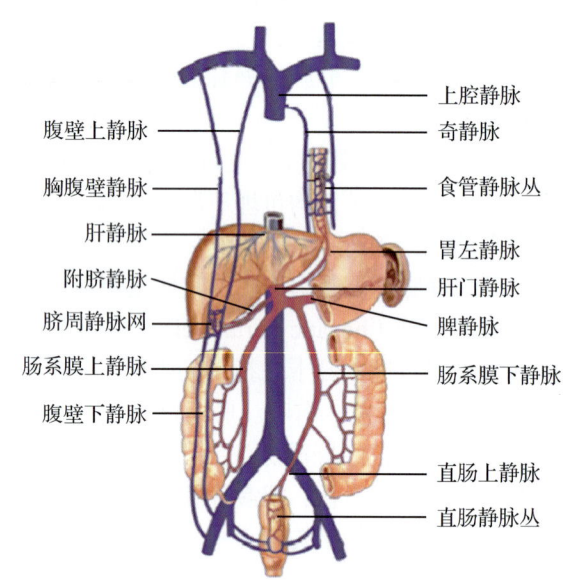

图 7-43 肝门静脉系的侧支循环

知识链接

门脉高压症

门脉高压症是由于肝硬化等引起肝门静脉血回流受阻，肝门静脉系压力升高的综合征。其临床表现如下。①**脾大**：正常情况下，脾静脉血回流入肝门静脉，因此当肝门静脉高压时，脾静脉回流受阻，导致脾淤血，引起脾大。晚期甚至出现脾功能亢进，表现为血细胞计数减少。②**侧支循环建立**：当肝门静脉压力达到 200 mmHg 以上时，侧支循环建立并开放。主要是食管静脉丛、直肠静脉丛及脐周静脉网 3 处。③**腹水**：是肝硬化失代偿期最突出的临床表现。

知识链接

全身用于静脉穿刺的静脉名称及部位

1. **颈外静脉** 在下颌角平面起自腮腺下方，沿胸锁乳突肌表面斜向后下，注入锁骨下静脉。临床上常在胸锁乳突肌表面做静脉穿刺。

2. **锁骨下静脉** 在第 1 肋外侧缘处续接腋静脉，向内行至胸锁关节后方与颈内静脉汇合成头臂静脉。在锁骨上窝内，是临床上静脉穿刺或长期导管输液的部位。

3. **手背静脉网** 在手背，为临床上常用的静脉穿刺血管。

4. **头静脉** 起自手背静脉网桡侧，沿前臂桡侧和臂外侧上行，经三角肌与胸大肌之间至锁骨下窝，穿深筋膜注入腋静脉。在肘窝处是临床上静脉穿刺或长期导管输液的部位。

5. **贵要静脉** 起自手背静脉网尺侧，沿前臂尺侧和臂内侧上行，达臂中部，穿深筋膜注入肱静脉。在肘窝处是临床上静脉穿刺或长期导管输液的部位。

6. **肘正中静脉** 位于肘窝皮下，自头静脉向内上方连于贵要静脉。肘正中静脉常接受前臂正中静脉的血。在肘窝处位置较固定，是临床上取血和静脉穿刺的常用部位。

7. **股静脉** 在腹股沟韧带深面位于股动脉内侧，位置恒定，且可借股动脉搏动定位。故临床上行股静脉穿刺时，常在腹股沟中点稍下方内侧，先触及股动脉搏动，然后在其内侧进针于股静脉。

8. **足背静脉弓** 在足背，是临床上静脉穿刺或长期导管输液的部位。

9. **大隐静脉** 起自足背静脉弓内侧，经内踝前方，沿小腿胫侧和大腿内侧面上行，于耻骨结节外下方 3～4 cm 处穿深筋膜注入股静脉。大隐静脉在内踝前方位置表浅，临床上常在此处作穿刺或切开术。

第二节　淋巴系统

淋巴系统（lymphatic system）由淋巴管道、淋巴器官和淋巴组织组成（图 7-44）。淋巴管道和淋巴结的淋巴窦内流动着无色透明的液体，称为淋巴。当血液流经毛细血管动脉端时，血液中的部分物质透过毛细血管壁进入组织间隙，形成组织液，组织液与细胞之间进行物质交换后，组织液中大部分物质经毛细血管静脉端回流入静脉，小部分含有大分子物质的组织液进入毛细淋巴管成为淋巴。淋巴沿淋巴管道和淋巴结内的淋巴窦向心流动，最后注入静脉。

因此，淋巴系统是静脉系统的辅助成分，淋巴系统协助静脉回流组织液；此外，淋巴器官和淋巴组织还具有产生淋巴细胞、过滤淋巴和参与免疫应答等功能。

 考点提示

淋巴系统的组成。

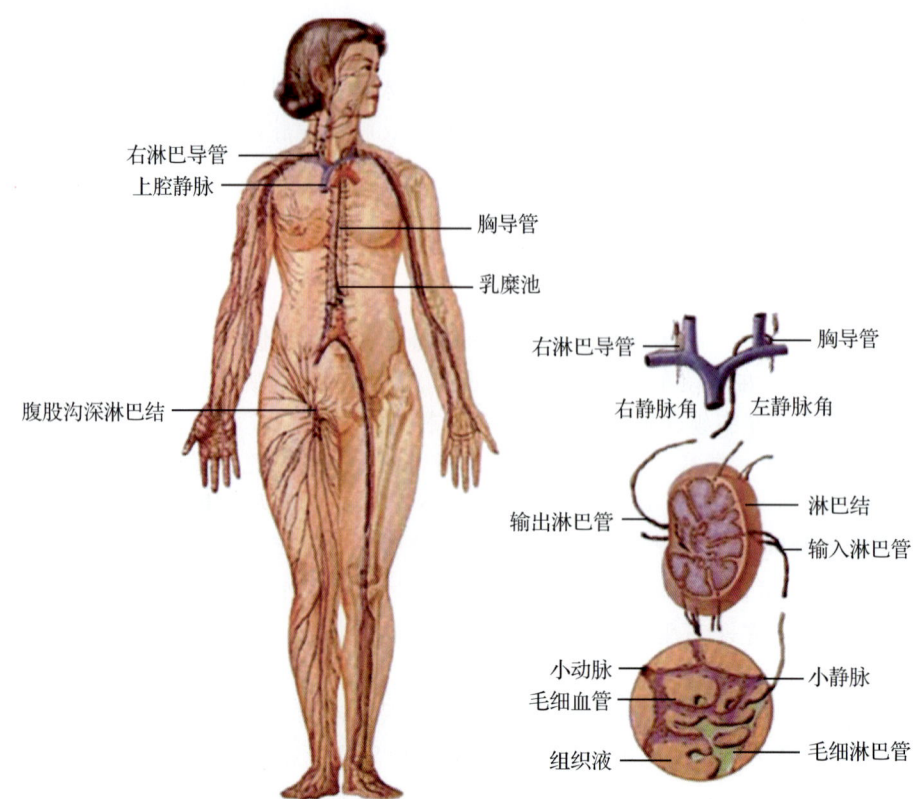

图 7-44　淋巴系统模式图

一、淋巴管道

淋巴管道包括毛细淋巴管、淋巴管、淋巴干和淋巴导管（图 7-44）。

（一）毛细淋巴管

毛细淋巴管（lymphatic capillary）是淋巴管道的起始部，位于组织间隙内，以膨大的盲端起始，几乎遍及全身（上皮、角膜、晶状体、软骨、脑和脊髓等除外）。毛细淋巴管的管径较毛细血管粗，管壁薄，管壁由单层内皮细胞构成，内皮细胞间有较大的间隙，无基膜，故其通透性比毛细血管大。不易透过毛细血管的大分子物质（如肿瘤细胞、蛋白质、异物和细菌）较易进入毛细淋巴管，经淋巴转移扩散。

（二）淋巴管

淋巴管（lymphatic vessel）由毛细淋巴管逐级汇合而成，管壁结构与静脉相似，淋巴管在向心行程中，通常要经过一个或多个淋巴结。管壁内有丰富的向心方向的瓣膜，可防止淋巴逆流。瓣膜处的淋巴管扩张成窦状，使淋巴管外观呈串珠状。淋巴管按位置分为浅、深 2 种。**浅淋巴管**与浅静脉伴行；**深淋巴管**与深部血管和神经伴行，浅、深淋巴管之间有广泛的吻合。

（三）淋巴干

淋巴干（lymphatic trunk）是全身各部的浅、深淋巴管经一系列淋巴结后，由一群淋巴结的输出淋巴管汇合而成。全身有 9 条淋巴干（图 7-45）：即头颈部的淋巴管汇合成**左、右颈干**；上肢及部分胸壁的淋巴管汇合成**左、右锁骨下干**；胸腔器官及部分胸腹壁的淋巴管汇合成**左、右支气管纵隔干**；下肢、盆部和腹腔成对器官的淋巴管汇合成**左、右腰干**；腹腔内不成对器官的淋巴管汇合成单一的**肠干**。

（四）淋巴导管

9 条淋巴干汇合成 2 条**淋巴导管**（lymphatic duct），即胸导管和右淋巴导管，分别注入左、

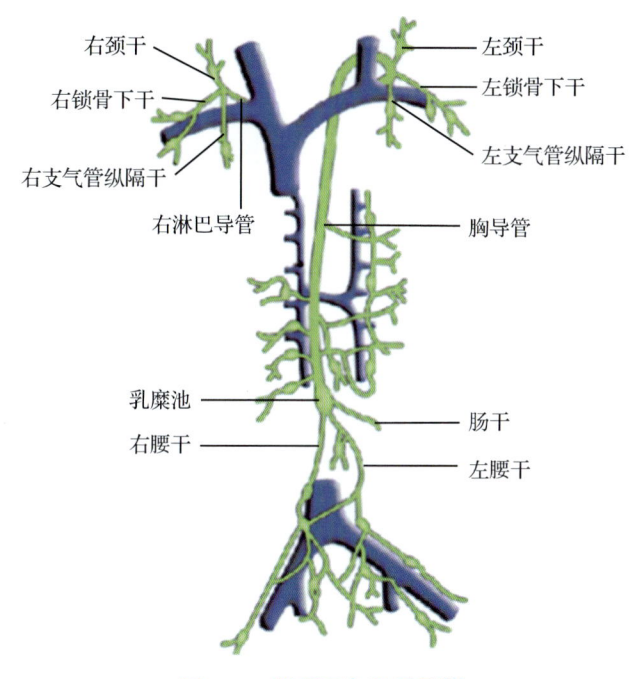

图 7-45 淋巴干与淋巴导管

右静脉角（图 7-45）。

1. **胸导管**（thoracic duct） 是全身最大、最长的淋巴管道，长 30～40 cm。在第 1 腰椎体前方，由左、右腰干和肠干汇合而成的膨大，称为**乳糜池**（cisterna chyli）。胸导管起自乳糜池，沿腹主动脉后方向上穿膈的主动脉裂孔进入胸腔，在食管后方、脊柱右前方上行，至第 4、5 胸椎体平面斜行至脊柱左前上方，出胸廓上口至颈根部，经左颈总动脉和左颈内静脉后方，弓形向前汇入左静脉角。注入前还接受左颈干、左锁骨下干和左支气管纵隔干的淋巴。胸导管收纳下肢、盆部、腹部、左胸部、左上肢和左头颈部的淋巴，即全身 3/4 的淋巴。

2. **右淋巴导管**（right lymphatic duct） 是一条长 1～1.5 cm 的短干，由右颈干、右锁骨下干和右支气管纵隔干在右胸锁关节后方汇合而成，注入右静脉角。右淋巴导管收纳右胸部、右上肢和右头颈部的淋巴，即全身 1/4 的淋巴。

 考点提示

胸导管与右淋巴导管的起止、行程和收集淋巴的范围。

二、淋巴器官

淋巴器官包括淋巴结、脾、胸腺和扁桃体等。淋巴器官是进行免疫应答的主要场所，无抗原刺激时淋巴器官较小，有抗原刺激后淋巴器官迅速增大，结构也发生变化，免疫应答后逐渐复原。

（一）淋巴结

淋巴结（lymph node）是呈灰红色，质软，直径 5～20 mm 的扁圆小体，一侧隆凸，连接有数条输入淋巴管；另一侧凹陷，其中央处称为淋巴结门，有血管和神经等出入，并连接有 1～2 条输出淋巴管（图 7-46）。

淋巴结有滤过淋巴、产生淋巴细胞和参与免疫反应等功能。

1. **淋巴结的微细结构** 淋巴结表面有薄层致密结缔组织被膜，被膜经淋巴结门伸入实质内形成小梁，小梁构成淋巴结的支架。淋巴结实质分为皮质和髓质两部分（图7-47）。

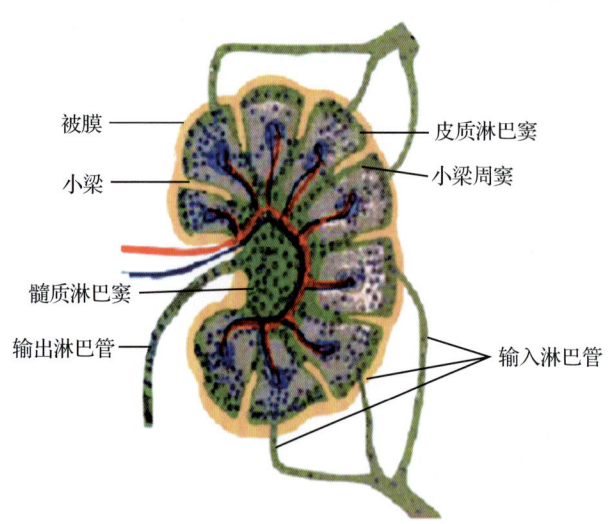

图7-46 淋巴结的结构模式图

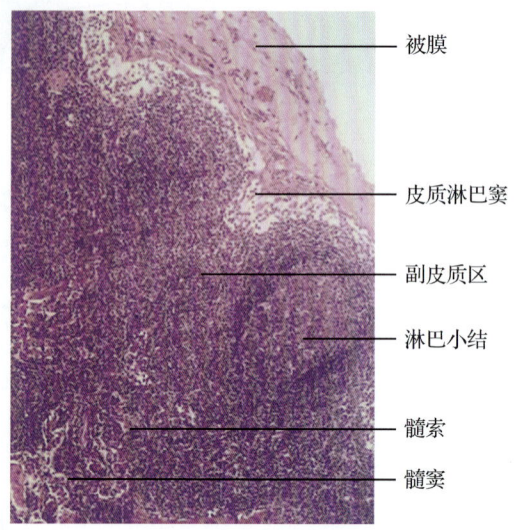

图7-47 淋巴结的微细结构

（1）**皮质**：位于被膜下方，由浅层皮质、副皮质区和皮质淋巴窦构成。①**浅层皮质**：主要由淋巴小结构成，为B淋巴细胞区。**淋巴小结**是直径1～2 mm的圆球形结构，边界清楚，含有大量B淋巴细胞和一定量的辅助性T淋巴细胞和巨噬细胞。淋巴小结受抗原刺激后增大，中央部的B淋巴细胞分裂和分化，形成中央染色浅的**生发中心**。在抗原刺激下，淋巴小结增大、增多，是体液免疫应答的重要标志。抗原被清除后，淋巴小结逐渐消失。②**副皮质区**：位于皮质深层，为较多的弥散淋巴组织，有T淋巴细胞和巨噬细胞。③**皮质淋巴窦**：包括被膜下方的被膜下窦和小梁周围的小梁周窦。窦内有许多巨噬细胞。淋巴在窦内流动速度缓慢，有利于巨噬细胞清除抗原。

（2）**髓质**：由髓索和髓窦组成。①**髓索**：是相互连接的条索状淋巴索，主要含B淋巴细胞、浆细胞和巨噬细胞；②**髓窦**：较宽大，腔内有较多的巨噬细胞，有较强的滤过功能。

2. **人体各部主要的淋巴结群** 淋巴结常成群分布于关节屈侧或体腔的隐蔽处，以深筋膜为界分为浅淋巴结和深淋巴结2种。引流人体某局部或器官淋巴的第1级淋巴结，称为**局部淋巴结**。当局部或器官发生病变时，细菌、病毒或癌细胞等可沿淋巴管道侵入相应的局部淋巴结，引起局部淋巴结肿大。因此，了解局部淋巴结的位置和收纳范围，以及淋巴回流的方向，具有重要的临床意义。

（1）**头颈部的淋巴结群**：主要分布于头颈交界处及颈内、外静脉的周围（图7-48）。主要有如下几组。①**下颌下淋巴结**（submandibular lymph node）：位于下颌下腺周围，引流面部、鼻部和口腔等处的淋巴；②**颈外侧浅淋巴结**：位于胸锁乳突肌浅面及其后缘，沿颈外静脉排列，引流耳后、腮腺和颈外侧浅层等处的淋巴，其输出淋巴管注入颈外侧深淋巴结；③**颈外侧深淋巴结**：多沿颈内静脉周围排列，引流头颈部、胸壁上部、乳房上部、舌、咽、喉、气管和甲状腺等处的淋巴，其输出淋巴管注入颈干。颈外侧深淋巴结群的数目较多，其中位于锁骨下动脉附近的部分，称为**锁骨上淋巴结**。胃癌或食管癌时，癌细胞可经胸导管和左颈干逆流转移至左锁骨上淋巴结而引起肿大。

（2）**上肢的淋巴结群**：上肢的淋巴管与血管伴行，直接或间接注入腋窝内的腋淋巴结群（图7-49）。**腋淋巴结**（axillary lymph node）位于腋窝内，按位置分为外侧淋巴结、肩胛下淋巴

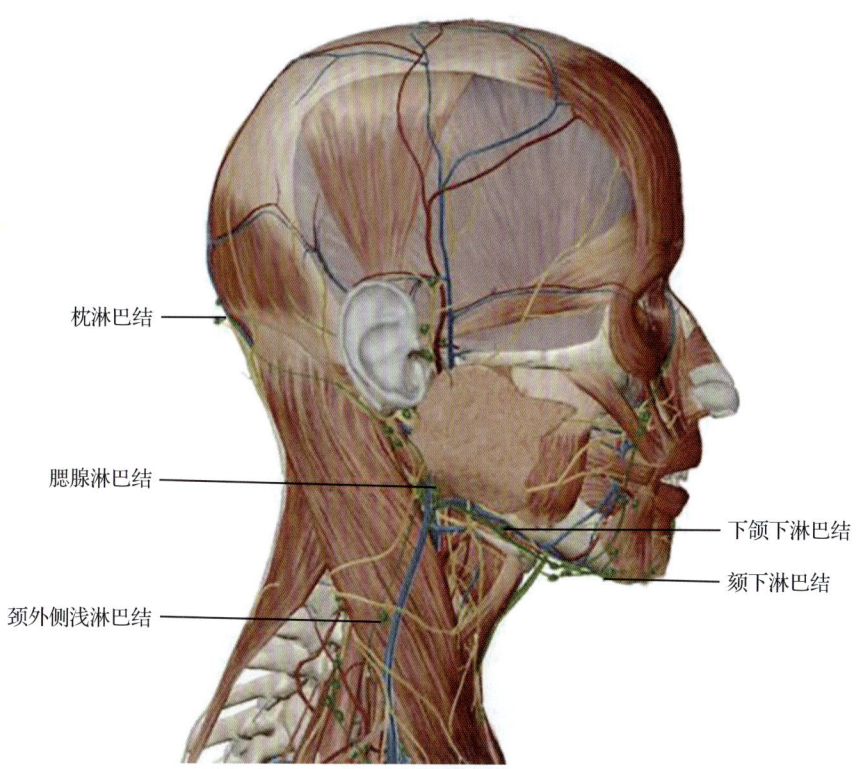

图 7-48　头颈部淋巴结

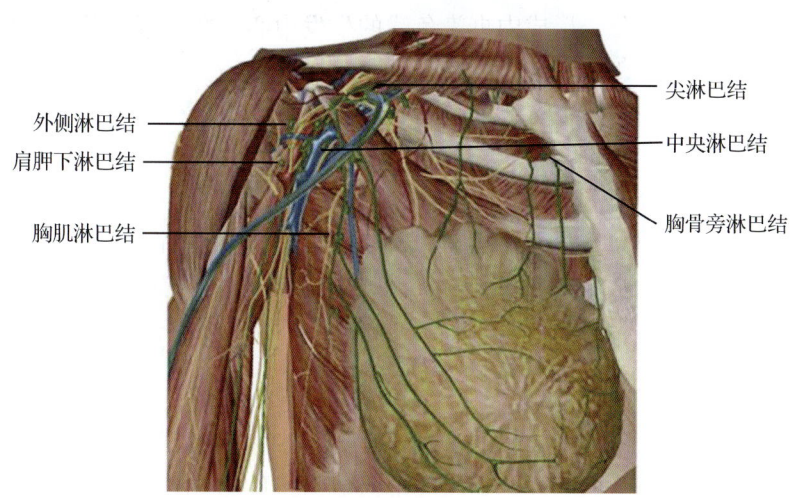

图 7-49　腋淋巴结群

结、胸肌淋巴结、中央淋巴结和尖淋巴结，主要收纳上肢、乳房、胸前外侧壁和脐以上腹壁浅层的淋巴，其输出淋巴管汇合成锁骨下干。

（3）**胸部的淋巴结群**：位于胸壁或胸腔器官周围，主要有胸骨旁淋巴结和支气管肺门淋巴结（图 7-50）。①**胸骨旁淋巴结**：沿胸廓内动脉排列，收纳腹前壁上部、胸前壁和乳房内侧部的淋巴；②**支气管肺门淋巴结**：位于肺门附近，又称肺门淋巴结，收纳肺内淋巴结的输出淋巴管。胸部淋巴结的输出淋巴管分别汇合成左、右支气管纵隔干，然后分别注入胸导管和右淋巴导管。

（4）**腹部的淋巴结群**：腹前壁脐平面以上的淋巴管注入腋淋巴结，脐平面以下的淋巴管注入腹股沟浅淋巴结；腹后壁的淋巴管注入腰淋巴结（图 7-51）。腹部的淋巴结主要如下。①**腰

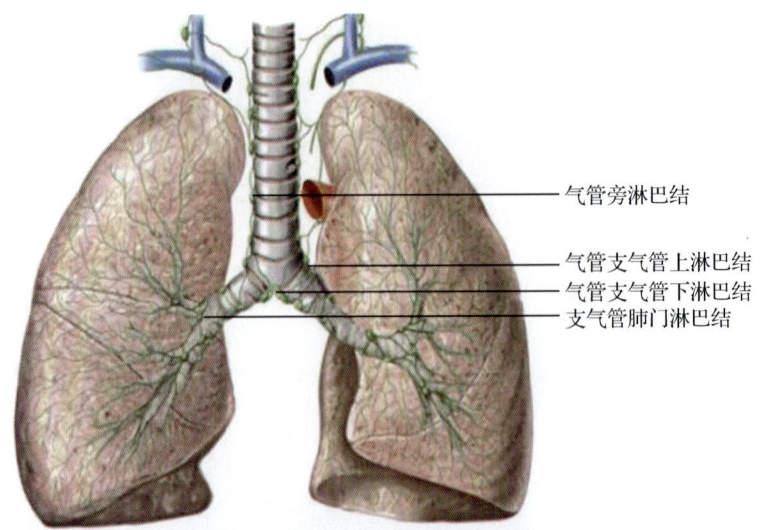

图 7-50　肺和支气管淋巴结

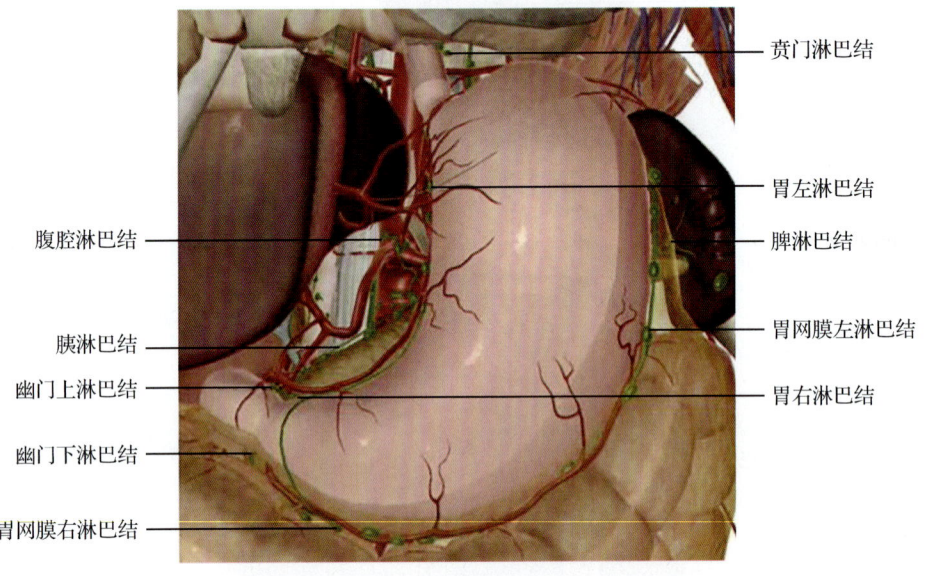

图 7-51　腹腔淋巴结

淋巴结：收纳腹后壁及腹腔成对器官的淋巴，同时收纳髂总淋巴结的输出淋巴管，其输出淋巴管分别汇成左、右腰干，注入乳糜池；②**腹腔淋巴结、肠系膜上淋巴结和肠系膜下淋巴结**：位于同名动脉根部周围，收纳腹腔内不成对器官的淋巴。其输出淋巴管合成肠干，注入乳糜池。

（5）**盆部的淋巴结群**：主要包括髂内淋巴结、髂外淋巴结和髂总淋巴结（图7-52），沿同名动脉排列，引流下肢、脐以下腹壁、盆壁和盆腔器官的淋巴，其输出淋巴管注入左、右腰淋巴结。

（6）**下肢的淋巴结群**：引流下肢的淋巴，主要有腹股沟浅、深淋巴结（图7-52）。①**腹股沟浅淋巴结**（superficial inguinal lymph node）：位于腹股沟韧带和大隐静脉末端附近，其输出淋巴管注入腹股沟深淋巴结；②**腹股沟深淋巴结**：位于股静脉根部周围，引流下肢的淋巴，其输出淋巴管注入髂外淋巴结。

（二）脾

1. **脾的位置与形态**　脾（spleen）是人体最大的淋巴器官，位于左季肋区，胃底与膈之间，第9～11肋的深面，其长轴与第10肋一致。正常成人在左侧肋弓下不能触及。脾呈暗红色，

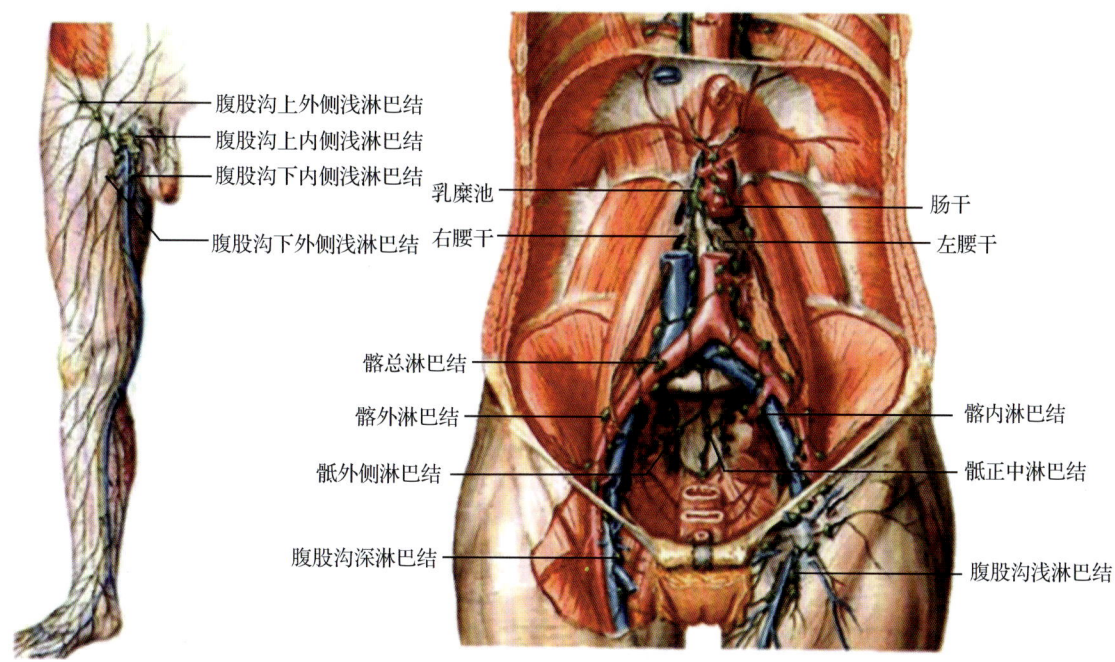

图 7-52　盆部和下肢淋巴结

质软而脆，受暴力打击时易发生破裂。

脾呈扁椭圆形，分为前、后两端，上、下两缘，内、外侧两面（图 7-53）。内侧面中央的凹陷处，称为**脾门**，有神经、血管和淋巴管等出入。上缘较锐，朝向上方，有 2～3 个深陷的**脾切迹**，是触诊时确认脾的标志。

脾具有滤血、造血、储存血液和参与免疫应答等功能。

 考点提示

脾的位置、形态。

2. 脾的微细结构　脾表面有由间皮和致密结缔组织构成的被膜。被膜伸入脾实质形成小梁，构成脾的支架，平滑肌纤维收缩可调节脾的血量，脾实质分为白髓和红髓（图 7-54）。

（1）**白髓**：分散于红髓之间，主要由动脉周围淋巴鞘和脾小结构成，相当于淋巴结的皮质，在新鲜切面上呈散在的灰白色小点状。①**动脉周围淋巴鞘**：由大量 T 淋巴细胞和少量巨噬细胞等围绕中央动脉构成，是脾的胸腺依赖区；②**脾小结**：位于动脉周围淋巴鞘的一侧，主要由大量 B 淋巴细胞构成，中央也形成生发中心。

（2）**红髓**：由脾索和脾血窦组成。①**脾索**：呈索状，含有较多的 B 淋巴细胞、浆细胞和巨噬细胞等；②**脾血窦**：位于脾索之间，腔大而不规则，窦内充满血液，其外侧有较多的巨噬细胞。

（三）**胸腺**

1. 胸腺的位置与形态　胸腺（thymus）位于上纵隔前部，前方邻胸骨柄，后方邻胸腔的大血管，下方贴近心包，上方可突向颈根部。胸腺常分为不对称的左、右 2 叶，每叶呈扁条状，质软，两叶间借结缔组织相连（图 7-55）。胸腺有明显的年龄变化，在新生儿和幼儿时期较大，性成熟后最大，成人胸腺逐渐萎缩、退化，被结缔组织替代。

2. 胸腺的微细结构　胸腺外包有结缔组织被膜。被膜深入实质内，将实质分隔成许多大小不等的胸腺小叶，每个小叶又分为皮质和髓质两部分（图 7-56）。①**皮质**：位于胸腺小叶的周

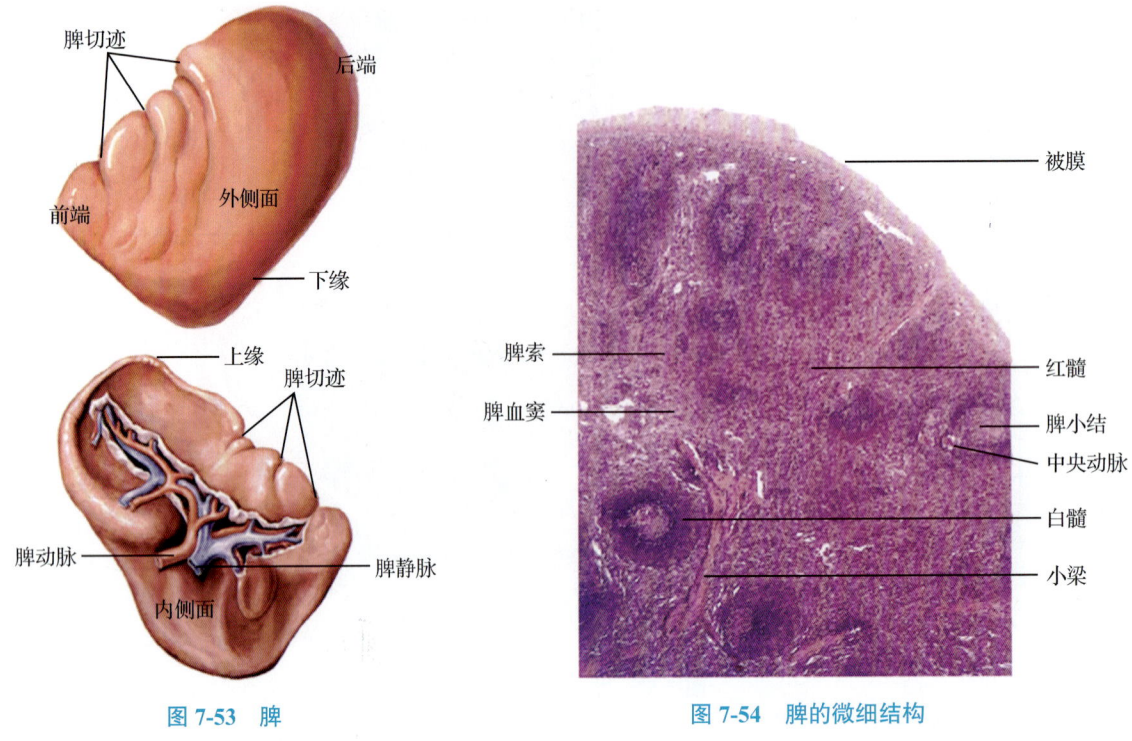

图 7-53 脾

图 7-54 脾的微细结构

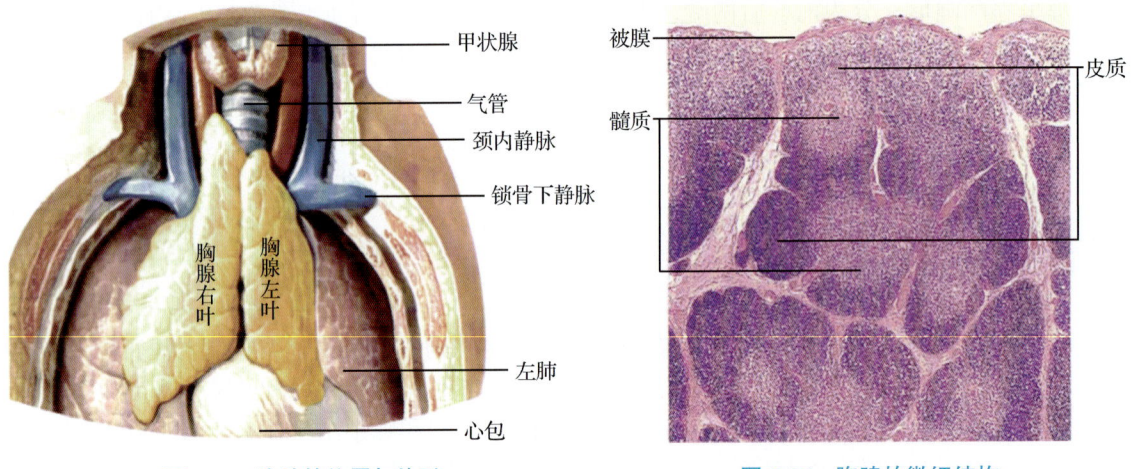

图 7-55 胸腺的位置与外形

图 7-56 胸腺的微细结构

边部，主要由胸腺上皮细胞、淋巴细胞和巨噬细胞构成；②**髓质**：位于胸腺小叶的中央部，含有较多的胸腺上皮细胞，淋巴细胞较少。髓质内常见圆形或椭圆形的嗜酸性小体，称为**胸腺小体**，由数层胸腺上皮细胞呈同心圆状包绕排列而成，是胸腺的特征性结构。

血-胸腺屏障（blood-thymus barrier）是指毛细血管与胸腺皮质之间具有屏障作用的结构，即阻止血液中抗原物质进入胸腺皮质的结构，对维持胸腺内环境的稳定、保证胸腺细胞的正常发育具有重要作用。血-胸腺屏障包括：①连续毛细血管内皮及其紧密连接；②连续的内皮基膜；③毛细血管间隙，内含巨噬细胞；④上皮基膜；⑤一层连续的胸腺上皮细胞。

胸腺既是淋巴器官，又具有内分泌功能，主要产生 T 淋巴细胞和分泌胸腺素。胸腺素参与构成胸腺内微环境，能促进淋巴细胞的增殖和分化。

单核吞噬细胞系统（mononuclear phagocyte system）是指除粒细胞以外，散在分布于全身各处具有吞噬功能的细胞总称,包括血液中的单核细胞,结缔组织、淋巴结和脾内的巨噬细胞,肺巨噬细胞,肝巨噬细胞,神经组织的小胶质细胞,骨组织的破骨细胞等。单核吞噬细胞系统具有捕捉、加工、呈递抗原和分泌多种生物活性物质等功能,参与机体的免疫反应。

> **思政园地**
>
> **心血管病介入诊治的奠基人——陈灏珠**
>
> **陈灏珠**是我国心血管病介入诊治的奠基人之一,是首位当选中国工程院院士的心血管病专家。复旦大学附属中山医院的陈灏珠,在几十年临床上的开拓史,几乎就是一部我国当代心脏病学的发展史。他开创完成了3个具有里程碑式意义的"首例",即安置埋藏式心脏起搏器、施行选择性冠状动脉造影和血管腔内超声检查。陈灏珠向复旦大学教育发展基金会捐资100万成立"复旦大学陈灏珠院士医学人才培养基金",主要是为了帮助更多的医学生和青年医务人员成才。陈灏珠的一生是在不断学习、不断实践和不断创新中度过的。他既具备广博的学问,又心系医学人才的培养,不愧为一代楷模。

(冯晓灵 潘开昌)

自 测 题

一、单项选择题

1. 心血管系统的组成,不包括的是
   A. 心　　　　　　　　B. 静脉　　　　　　　　C. 毛细血管
   D. 淋巴管　　　　　　E. 动脉
2. 体循环的血液可到达
   A. 脑　　　　　　　　B. 肝　　　　　　　　　C. 肺
   D. 全身各处　　　　　E. 除肺外的全身各处
3. 体循环终止于
   A. 右心房　　　　　　B. 右心室　　　　　　　C. 左心房
   D. 左心室　　　　　　E. 冠状窦
4. 静脉内为动脉血的是
   A. 心的静脉　　　　　B. 肾静脉　　　　　　　C. 肺静脉
   D. 肝门静脉　　　　　E. 上腔静脉
5. 为局部提供多处血液回流的是
   A. 血管吻合　　　　　B. 静脉间吻合　　　　　C. 侧支吻合
   D. 动脉间吻合　　　　E. 动静脉吻合
6. 心房与心室表面的分界标志是
   A. 冠状沟　　　　　　B. 前室间沟　　　　　　C. 后室间沟
   D. 心尖切迹　　　　　E. 心耳
7. 防止血液反流回右心室的结构是
   A. 二尖瓣　　　　　　B. 三尖瓣　　　　　　　C. 主动脉瓣
   D. 肺动脉瓣　　　　　E. 右房室瓣

8. 心的正常起搏点是
   A. 窦房结   B. 房室结   C. 房室束
   D. 左、右束支   E. 浦肯野纤维网
9. 发出左、右冠状动脉的是
   A. 升主动脉   B. 主动脉弓   C. 降主动脉
   D. 胸主动脉   E. 腹主动脉
10. 不属于心传导系的是
    A. 窦房结   B. 心肌纤维   C. 房室结
    D. 房室束   E. 左、右束支
11. 不属于颈外动脉分支分布的是
    A. 甲状腺   B. 眼球   C. 舌
    D. 脑膜   E. 面部
12. 在体表不易摸到脉搏的动脉有
    A. 颞浅动脉   B. 桡动脉   C. 足背动脉
    D. 椎动脉   E. 股动脉
13. 不是胸主动脉分支分布的是
    A. 胸腹壁   B. 支气管   C. 心
    D. 心包   E. 食管
14. 发出睾丸动脉的是
    A. 股动脉   B. 髂总动脉   C. 髂外动脉
    D. 髂内动脉   E. 腹主动脉
15. 属于头颈部浅静脉的是
    A. 头静脉   B. 颈外静脉   C. 颈内静脉
    D. 颈总静脉   E. 面静脉
16. 臀部肌内注射时，药物吸收经过
    A. 臀上动脉   B. 臀上静脉   C. 臀部毛细血管网
    D. 臀部淋巴管   E. 臀下静脉
17. 富含营养的静脉是
    A. 心的静脉   B. 肾静脉   C. 肺静脉
    D. 肝门静脉   E. 上腔静脉
18. 不属于上、下肢浅静脉的是
    A. 头静脉   B. 大隐静脉   C. 腋静脉
    D. 肘正中静脉   E. 贵要静脉
19. 不属于淋巴器官的是
    A. 胸腺   B. 胰   C. 扁桃体
    D. 脾   E. 淋巴结
20. 触诊脾的标志是
    A. 位于左季肋区   B. 脾切迹   C. 脾门
    D. 脾的脏面   E. 脾的膈面

二、名词解释

1. 肺循环   2. 三尖瓣复合体   3. 心包腔   4. 面部危险三角   5. 颈动脉窦

三、简答题

1. 归纳体循环的途径及特点。
2. 试述胃的营养动脉及其各自的来源。
3. 口服小檗碱（黄连素）后尿液呈黄色，请问小檗碱通过哪些途径经尿液排至体外（用箭头表示）?
4. 简述各心腔的入口、出口及防止血液反流的装置。
5. 归纳用于压迫止血的动脉名称和压迫止血位置。
6. 归纳用于静脉穿刺的静脉名称及穿刺部位。
7. 绘制心的外形彩图。

第八章 感觉器

第八章数字资源

学习目标

1. 归纳眼的组成；眼球壁的形态结构，眼球内容物的组成，房水的产生及循环途径，外界光线进入眼球到达视网膜的途径；眼球外肌的名称及作用。
2. 总结耳的组成；外耳道和鼓膜的形态特点，骨迷路和膜迷路的形态结构，位、听感受器的位置及功能；声波的传导路径。
3. 能在模型或活体上辨认眼、耳的形态结构；运用感觉器的相关知识，分析常见眼、耳疾病的发病基础；进行预防近视，让每个人都看见这世界有光的科普宣传。
4. 通过感觉器相关知识的学习，树立献身医学、执着追求、严谨求实的科学态度和对医学事业做贡献的伟大精神；养成健康的用眼习惯和生活方式。

案例 8-1

患者，男性，50岁，自诉几天前右眼曾被撞，近日来发现右眼下方有一阴影，且看物时下方看不见。检查：双眼外观无红肿；眼底检查：右侧视神经乳头颜色正常，黄斑中央部光反射消失，视网膜上方隆起呈灰白色，血管爬行其上，下方视网膜呈豹纹状；左眼底正常。临床诊断：右侧视网膜剥离症。

问题与思考：
1. 什么是感觉器，感受器有哪些？
2. 眼由哪几部分组成，眼球壁有哪几层？
3. 视网膜在哪两层之间易剥脱，视网膜上感光细胞有哪些？

感觉器又称感觉器官或感官，是人体感受刺激的装置，由感受器及其附属结构共同组成，如视器（眼）、前庭蜗器（耳）、嗅器（鼻）、味器（舌）和皮肤等。**感受器**（receptor）是感觉器的核心结构，由感觉神经末梢及其周围组织构成，能接受内、外环境的各种刺激，并将其转化为神经冲动。

根据感受器所在部位和接受刺激的来源不同，可将其分为3类。①**内感受器**：分布于内脏、心血管和腺体等处，感受压力、渗透压、温度和离子浓度等理化刺激；嗅觉和味觉刺激虽然来自外界，但与内脏活动密切相关，所以这两种感受器通常也被列入内感受器；②**外感受器**：分布于皮肤、黏膜、视器和前庭蜗器等处，感受外界刺激，如痛觉、温度觉、触觉、压觉、光线和声波等刺激；③**本体感受器**：分布于肌、腱、关节和内耳等处，感受身体位置变化所产生的刺激。

根据特化的程度不同，感受器又可分为2类。①**一般感受器**：分布于全身各处，如痛觉、温度觉、触觉和压觉等感受器；②**特殊感受器**：分布于头部，如视觉、听觉、平衡觉、嗅觉和味觉等感受器。

> **考点提示**
>
> 感觉器，感受器的概念与分类。

第一节 视 器

视器（visual organ）又称眼，由眼球和眼副器组成，主要功能是感受可见光的刺激，并将其转化为神经冲动，经视神经传入大脑皮质的视区，产生视觉（图8-1）。

一、眼球

眼球（eyeball）近似球形，为视器的主要部分，位于眼眶内，由眼球壁和眼球内容物组成。眼球借筋膜与眼眶壁相连，经视神经连接脑。

（一）眼球壁

眼球壁包括3层结构，由外向内依次为外膜、中膜和内膜（图8-1）。

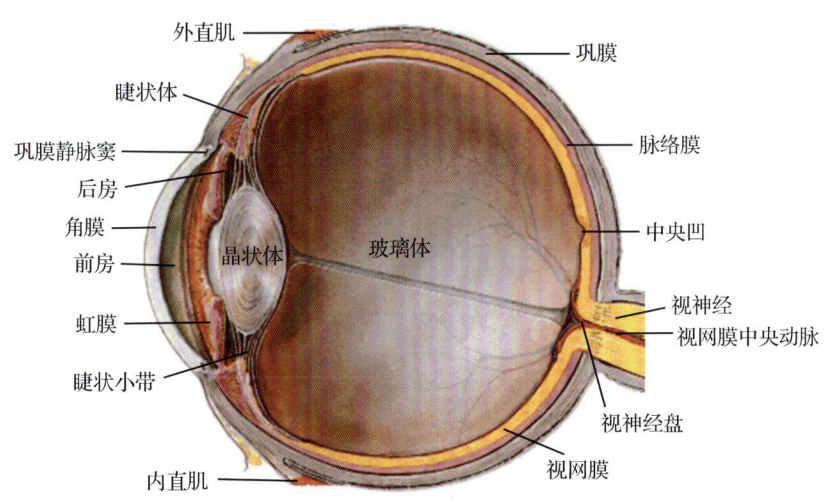

图8-1 眼球水平切面（右侧）

1. **外膜** 又称纤维膜，由致密结缔组织构成，具有维持眼球形态和保护眼球内容物的作用。外膜分为前方的角膜和后方的巩膜两部分。

（1）**角膜**（cornea）：占眼球外膜的前1/6，无色透明，无血管，富含感觉神经末梢，感觉敏锐。角膜曲度较大，富有弹性，具有屈光作用，是光线进入眼球的首要结构。

> **知识链接**
>
> **角膜移植术**
>
> **角膜移植术**是用透明、健康的角膜替换混浊角膜，从而恢复一定视力的手术方式，是角膜盲唯一的治疗手段。然而遗憾的是，由于角膜捐献供体数量严重匮乏，导致大多数角膜病患者在等待中失去了复明的唯一希望。作为医学工作者，有义务利用各种机会在广大群众中开展"解放思想，移风易俗，奉献爱心，捐献角膜"的宣传工作，也希望有更多的人投入人工角膜的研制中去。让每个人都看见这世界有光！这世界有爱！

（2）**巩膜**（sclera）：占眼球外膜的后 5/6，呈乳白色，不透明，厚而坚韧。在巩膜与角膜交界处的深部有一环形小管，称为**巩膜静脉窦**（scleral venous sinus），是房水循环回流入静脉的通道。

2. **中膜** 又称血管膜，由疏松结缔组织构成，薄而柔软，含有丰富的血管、神经和色素细胞，呈棕黑色，有营养和遮挡光线的作用。中膜由前向后依次为虹膜、睫状体和脉络膜三部分。

（1）**虹膜**（iris）：是位于中膜前部，角膜后方，呈冠状位的圆盘状膜性结构，其中央有一圆孔，称为**瞳孔**（pupil）。瞳孔是光线进入眼球内的唯一通道。虹膜内有 2 种功能不同的平滑肌，调节进入眼球内的光线量：一种呈环形，环绕在瞳孔周围，收缩时使瞳孔缩小，称为**瞳孔括约肌**；另一种呈辐射状，收缩时使瞳孔开大，称为**瞳孔开大肌**。虹膜的颜色有种族差异，黄种人一般呈棕黑色。虹膜与角膜之间形成的环状间隙，称为**虹膜角膜角**（前房角），房水经此处流入巩膜静脉窦（图 8-2）。

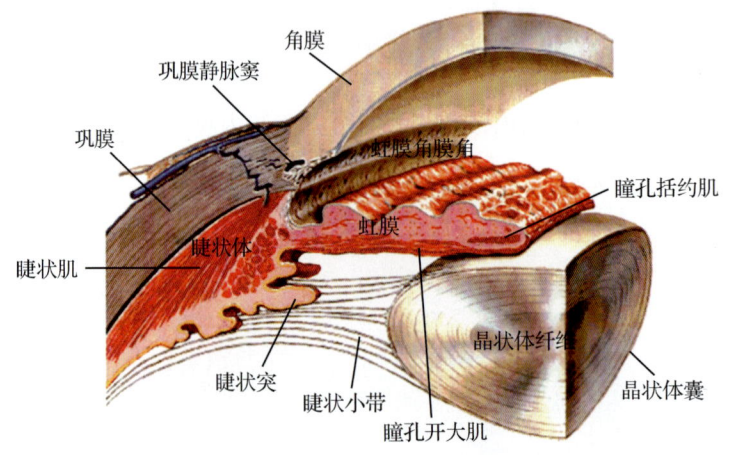

图 8-2　眼球水平切面前部放大图

（2）**睫状体**（ciliary body）：位于虹膜后外方，是中膜增厚的部分，能产生房水（图 8-1，图 8-2）。睫状体前部有向内突出并呈放射状排列的**睫状突**。睫状突发出**睫状小带**与晶状体囊相连。睫状体内有放射状和环形排列的平滑肌，称为**睫状肌**，睫状肌的收缩与舒张可使睫状小带松弛和紧张，从而调节晶状体的曲度，实现调节眼球屈光度的作用。

（3）**脉络膜**（choroid）：位于睫状体后方，巩膜内面，约占中膜的后 2/3，脉络膜富含血管和色素细胞，具有营养眼球壁和吸收眼内散射光线，防止光线反射干扰物像的作用。

3. **内膜** 又称视网膜，为眼球壁的最内层，按部位和功能不同，内膜包括虹膜部、睫状体部和脉络膜部三部分（图 8-1）。虹膜部和睫状体部分别位于虹膜和睫状体内面，无感光作用，称为**视网膜盲部**；脉络膜部位于脉络膜内面，有感光作用，又称**视网膜视部**。视网膜后部正中偏鼻侧有一圆盘状结构，称为**视神经盘**（optic disc），又称视神经乳头（图 8-3），该处有视神经和视网膜中央动、静脉穿过，无视细胞，无感光功能，又称生理盲点。在视神经盘颞侧约 3.5 mm 处有一黄色斑块状结构，称为**黄斑**（macula lutea），其中央的凹陷，称为**中央凹**，此处是感光和辨色最敏锐的部位。

视网膜视部分为内、外 2 层（图 8-4），外层为色素上皮层，内层为神经层，两层之间连接疏松，易发生视网膜剥离。

（1）**色素上皮层**：由单层色素上皮细胞组成，内含色素颗粒，可吸收光线，保护感光细胞免受过强光线的刺激。

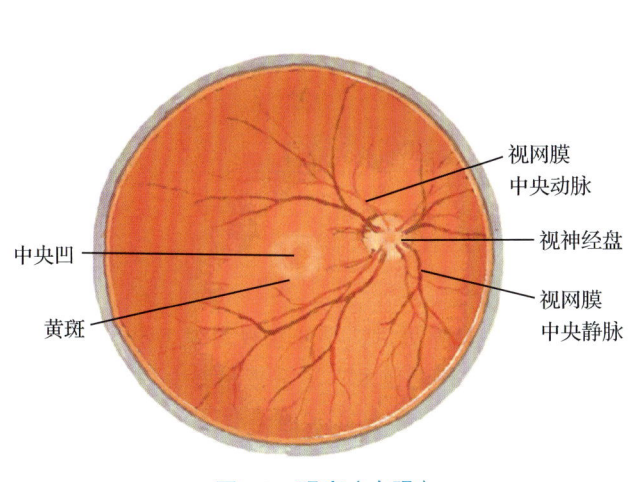

图 8-3 眼底（右眼）

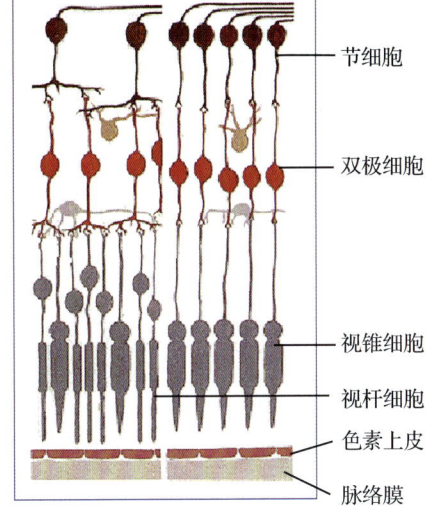

图 8-4 视网膜细胞结构模式图

（2）神经层：由外向内依次为视细胞层、双极细胞层和节细胞层。①视细胞层：又称感光细胞，包括视锥细胞和视杆细胞。**视锥细胞**能感受强光和颜色刺激，**视杆细胞**能感受弱光，不能辨色；②双极细胞层：是连接视细胞和节细胞之间的双极神经元，将视细胞的神经冲动传递给节细胞；③节细胞层：为多极神经元，其树突与双极细胞形成突触，轴突沿视网膜向视神经盘集中，出眼球壁后构成视神经，将视觉冲动传入脑。

考点提示

眼的组成及眼球壁的结构。

（二）眼球内容物

眼球内容物由前向后包括房水、晶状体和玻璃体，均无色透明，无血管分布，与角膜一起构成眼的**屈光系统**，能将光线聚焦在视网膜上清晰成像。

1. **房水**（aqueous humor） 是由睫状体产生的一种无色透明液体，充满于眼房内，具有屈光、营养角膜与晶状体、维持眼内压的作用。眼房是位于角膜与晶状体之间的间隙，被虹膜分为前房和后房，前房、后房借瞳孔相通（图 8-1，图 8-2）。

房水由睫状体产生后，经眼球后房和瞳孔到达眼球前房，最后经虹膜角膜角渗入巩膜静脉窦，回到眼静脉。若房水回流受阻，造成眼内压升高，引起眼痛、头痛甚至视力障碍等，临床上称为青光眼。

2. **晶状体**（lens） 位于虹膜后方、玻璃体前方，呈双面凸透镜状，无色透明，富有弹性，是眼屈光系统的主要结构。如果衰老、病变或创伤等原因会导致晶状体混浊，弹性减退和透明度下降，称为白内障。

晶状体由外面的晶状体囊和内部的晶状体纤维组成，具有屈光作用。囊周缘借睫状小带与睫状体相连（图 8-2）。当视近物时，睫状肌收缩，睫状小带松弛，晶状体因自身弹性变厚，屈光力增强；当视远物时，睫状肌舒张，睫状小带拉紧，使晶状体变薄，屈光力减弱。老人晶状体弹性下降，睫状肌也逐渐萎缩，收缩能力下降，无法看清近物，俗称老花眼；青少年时期，若长期看近物，睫状肌一直收缩而得不到休息，晶状体曲度持续加大，最后二者的恢复能力下降，导致只能看清近物而无法看清远物，俗称近视眼。

3. 玻璃体（vitreous body） 呈球状，为无色透明的胶状物质，填充于视网膜与晶状体之间，具有屈光和支撑视网膜的作用（图 8-1）。若支撑作用减弱，可能导致视网膜剥离。

 考点提示

眼球内容物的组成及特点。

知识链接

屈光不正

屈光不正是指眼在自然状态下，光线通过眼的屈光作用后，不能在视网膜上形成清晰的物像，包括远视、近视和散光等。造成屈光不正的原因很多，不合理用眼是不可忽视的原因，儿童处于生长发育时期，不注意科学用眼，如看书写字的姿势不正确、眼与书的距离过近、看书时间过长、走路或坐车时看书等都可造成眼睛过度疲劳，造成屈光不正。

二、眼副器

眼副器包括眼睑、结膜、泪器和眼球外肌等，具有支持、保护和运动眼球等功能。

（一）眼睑

眼睑（eyelids）俗称眼皮，分为上睑和下睑（图 8-5，图 8-6），位于眼球前方，对眼球有保护作用。上、下睑之间的裂隙，称为**睑裂**，睑裂的内、外侧角，分别称为**内眦**和**外眦**，上、下睑的游离缘，称为**睑缘**，睑缘上有向外生长的**睫毛**，睫毛根部的皮脂腺，称为**睑缘腺**，其分泌物能润滑睑缘，防止泪液外溢。若睑缘腺发炎，则形成麦粒肿。上、下睑缘靠近内眦处各有一小孔，分别称为**上泪点**和**下泪点**，是上、下泪小管的开口。

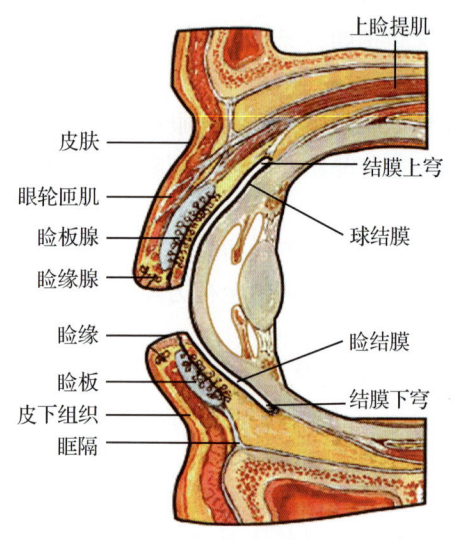

图 8-5 眼睑结构

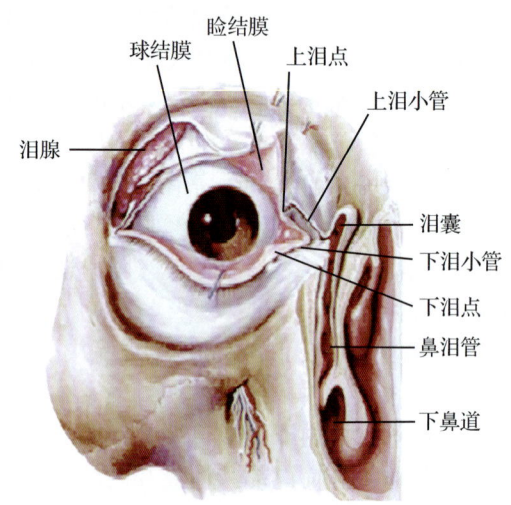

图 8-6 结膜与泪器

眼睑的结构从外向内依次分为 5 层（图 8-5）：皮肤、皮下组织、肌层、睑板和睑结膜。眼睑的皮肤薄而柔软；皮下组织较疏松，易发生水肿；肌层主要有眼轮匝肌和提上睑肌，前者收缩可闭合睑裂，后者收缩可提上睑；睑板由致密结缔组织构成，呈半月形板状结构，为眼睑的支架。睑板内有**睑板腺**，开口于睑缘，分泌物能润滑睑缘和防止泪液外溢。当睑板腺导管阻塞时，可形成睑板腺囊肿（霰粒肿）；睑结膜贴附于睑板内面。

知识链接

沙 眼

沙眼是由沙眼衣原体引起的一种慢性传染性结膜角膜炎，因其在睑结膜表面形成粗糙不平的外观，形似沙粒而得名。早期结膜出现乳头或滤泡状增生，角膜血管翳，晚期睑结膜出现瘢痕，导致眼睑内翻畸形，加重角膜的损害，严重影响视力。患者的症状为刺痒、畏光、流泪、异物感或视力减退等。双眼患病多发生于儿童或青少年。

（二）结膜

结膜（conjunctiva）为一层富含血管的薄膜，位于眼睑内面和巩膜前面。其中衬贴在眼睑内面的部分为**睑结膜**，覆盖在巩膜前面的部分为**球结膜**，上、下睑结膜与球结膜反折移行处形成**结膜上穹**和**结膜下穹**（图 8-5，图 8-6）。当眼睑闭合时，各部结膜围成的囊状腔隙，称为**结膜囊**，此囊通过睑裂与外界相通。结膜炎和沙眼是结膜的常见疾病。

（三）泪器

泪器由泪腺和泪道组成（图 8-6）。

1. **泪腺**（lacrimal gland） 位于眼眶上外侧壁的泪腺窝内，其排泄管开口于结膜上穹的外侧，泪腺分泌泪液，有湿润和清洁角膜、冲刷结膜囊的作用，泪液中的溶菌酶具有杀菌作用。

2. **泪道**（lacrimal passage） 由泪点、泪小管、泪囊和鼻泪管组成。**泪小管**起于泪点，上、下各一条，注入泪囊；**泪囊**位于眼眶下内侧壁的泪囊窝内，向下移行为**鼻泪管**，鼻泪管开口于下鼻道的前部。

（四）眼球外肌

眼球外肌是指位于眼球周围的骨骼肌，共7块，包括上睑提肌、上直肌、下直肌、内直肌、外直肌、上斜肌和下斜肌（图 8-7）。其中上睑提肌能上提上睑，开大睑裂；上、下、内、外直肌分别使眼球转向上内、下内、内侧和外侧；上、下斜肌分别使眼球转向下外和上外。

正常情况下，在眼球外肌的协调作用下，眼球能随视物需要进行适当的运动，如果某一肌发生病变，将会导致斜视或复视。

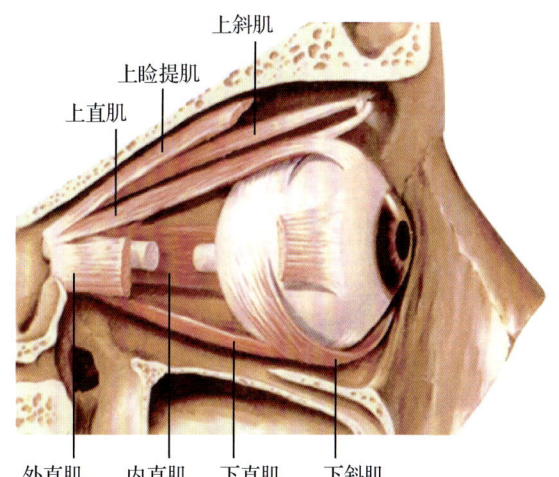

图 8-7 眼球外肌

考点提示

眼球外肌的名称及作用。

三、眼的血管与神经

（一）眼的动脉

眼动脉为颈内动脉在颅内的分支。眼动脉经视神经管入眼眶，分布于眼球和眼副器。其中最重要的分支是**视网膜中央动脉**，随视神经入眼球至视神经盘后，分为视网膜颞侧上、下动脉和视网膜鼻侧上、下动脉，但黄斑区的中央凹处无血管分布，临床上，常用检眼镜观察视网膜中央动脉、视神经盘和黄斑等结构，以协助诊断某些疾病。

（二）眼的静脉

眼静脉无瓣膜，与同名动脉伴行。主要有眼上静脉和眼下静脉，收集眼球和眼副器的静脉血。眼静脉向前经内眦静脉与面静脉吻合，且面静脉无静脉瓣，故面部感染可经内眦静脉和眼静脉蔓延到颅内，引起颅内感染。

（三）眼的神经

眼的神经支配来源较多，其中视神经传导视觉冲动，一般感觉受三叉神经管理，眼球外肌的运动受动眼神经、滑车神经和展神经支配，瞳孔括约肌和睫状肌受动眼神经的副交感纤维支配，泪腺分泌受面神经的副交感纤维管理，瞳孔开大肌受交感神经支配。

第二节 前庭蜗器

前庭蜗器（vestibulocochlear organ）又称耳或位听器，由外耳、中耳和内耳构成（图8-8）。外耳和中耳是传导声波的结构，内耳是听觉和位置觉感受器的所在部位。听觉感受器能感受声波刺激，位置觉感受器能感受头部的位置变动、重力变化和运动速度等刺激。二者功能虽不同，但结构上关系密切。

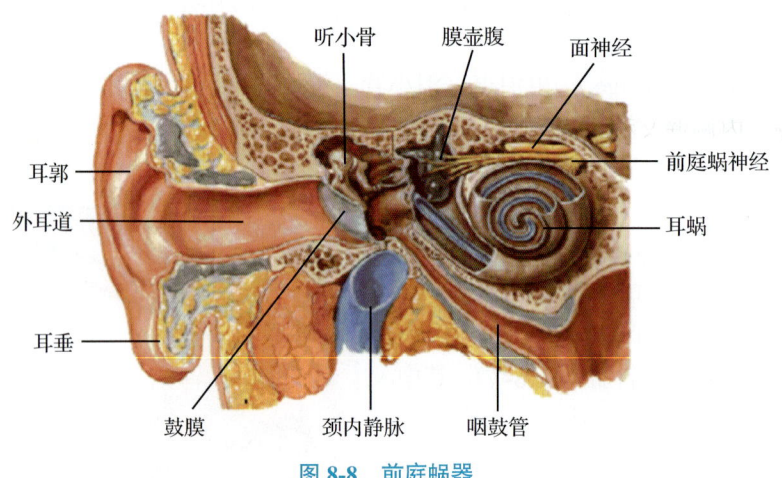

图8-8 前庭蜗器

一、外耳

外耳由耳郭、外耳道和鼓膜三部分组成，具有收集和传导声波的作用。

1. **耳郭**（auricle） 位于头部两侧，主要以弹性软骨为支架，外覆皮肤构成（图8-8）。耳郭下部悬垂的部分为**耳垂**，无软骨，仅由皮肤和皮下组织构成，含有丰富的血管和神经末梢。耳郭中部的深窝内有**外耳门**，其前外方的突起为**耳屏**。耳郭的主要功能是收集声波并将其传入外耳道。

2. **外耳道**（external acoustic meatus） 是介于外耳门与鼓膜之间的弯曲管道，长约2.5 cm，走行先斜向后上内，后朝向前下内，其外侧1/3为软骨部，内侧2/3为骨部（图8-8）。检查外耳道和鼓膜时，需将耳郭拉向后上方使其变直，以便观察；婴幼儿的外耳道较短而狭窄，故检查外耳道和鼓膜时需将耳郭向后下方牵拉。

外耳道的皮肤内含有**耵聍腺**，分泌的黄褐色黏稠物为耵聍，干燥后形成痂块。外耳道的皮下组织较少，神经末梢丰富，皮肤与骨膜或软骨膜结合紧密，当外耳道发生疖肿时，因张力较大，压迫和牵拉感觉神经末梢而疼痛剧烈。

3. **鼓膜**（tympanic membrane） 位于外耳道与鼓室之间，为椭圆形漏斗状的半透明薄膜，呈倾斜位，外面朝向前下外，与外耳道下壁构成约45°。鼓膜中心向内凹陷，称为**鼓膜脐**，鼓膜上1/4为松弛部，呈浅红色，下3/4为紧张部，呈苍白色，其前下方有一三角形的反光区，称为**光锥**（图8-9），是鼓膜检查的标志，同时光锥消失是鼓膜内陷的标志。

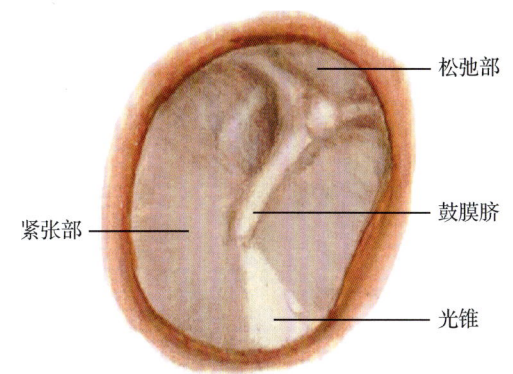

图 8-9 鼓膜

二、中耳

中耳介于外耳与内耳之间，由鼓室、咽鼓管、乳突窦及乳突小房等组成，大部分位于颞骨岩部内，为连续而不规则的含气腔隙。

1. **鼓室**（tympanic cavity） 位于鼓膜与内耳之间，是颞骨岩部内的不规则含气小腔。鼓室有不规则的6个壁：上壁又称鼓室盖，为一薄层骨板，鼓室借此与颅中窝分隔；下壁又称颈静脉壁，为一薄层骨板，将鼓室与颈内静脉分隔；前壁又称颈动脉壁，与颈内动脉相邻，上方有咽鼓管的开口；后壁又称乳突壁，上部有乳突窦的开口，与乳突小房相通；外侧壁又称鼓膜壁，主要由鼓膜构成，借鼓膜与外耳道分隔；内侧壁又称迷路壁，即内耳的外侧壁。此壁后上方呈卵圆形的孔，称为**前庭窗**，有镫骨附着；后下方呈圆形的孔，称为**蜗窗**，被第二鼓膜封闭。前庭窗后上方为面神管凸，内有面神经通过，中耳炎或中耳手术时易伤及面神经。

鼓室内有3块**听小骨**，由外向内依次为锤骨、砧骨和镫骨（图8-10）。锤骨柄连于鼓膜，镫骨覆盖前庭窗，三骨之间借关节连接构成听骨链。当声波振动鼓膜时，通过听骨链的传导，将声波从鼓膜传至内耳。

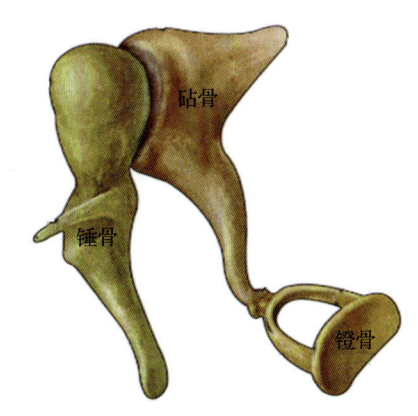

图 8-10 听小骨

2. **咽鼓管**（auditory tube） 是连通鼻咽与鼓室的管道，长3.5～4.0 cm，内衬黏膜，分别通鼓室和鼻咽（图8-8）。咽鼓管平时处于闭合状态，当吞咽或尽力张口时开放，空气可经此管进入鼓室，以保持鼓室内、外压力的平衡，维持鼓膜的正常位置和良好的振动性能。小儿咽鼓管较成人宽而短，位置近于水平，咽部的感染易经咽鼓管蔓延至鼓室，故小儿中耳炎较为多见。

3. **乳突小房**和**乳突窦** 乳突小房是颞骨乳突内相互连通的含气小腔，乳突窦是介于乳突小房与鼓室之间的腔隙，乳突小房和乳突窦内衬黏膜，与鼓室黏膜相续，故中耳炎时可引起乳突炎。

 考点提示

耳的组成，咽鼓管的特点。

三、内耳

内耳位于颞骨岩部内,由一些骨性和膜性的管或囊构成,结构比较复杂,又称迷路,包括骨迷路和膜迷路两部分(图8-11)。膜迷路与骨迷路形态相似,套在骨迷路内。骨迷路与膜迷路之间含有外淋巴,膜迷路内含有内淋巴,内、外淋巴互不相通,听觉和位置觉感受器均位于膜迷路内。

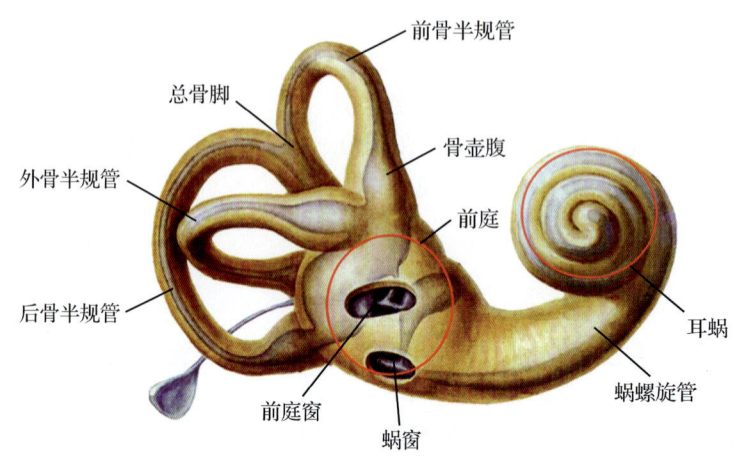

图 8-11 骨迷路

1. **骨迷路** 包括骨半规管、前庭和耳蜗三部分,彼此互相连通(图8-11)。

(1)**骨半规管**(bony semicircular canals):由3个相互垂直的"C形"小管组成,分别为前、外、后骨半规管。每个骨半规管的一端为单骨脚,另一端膨大为壶腹骨脚,其膨大部分为**骨壶腹**。前、后骨半规管的单骨脚合成一个总骨脚,3个骨半规管分别开口于前庭。

(2)**前庭**(vestibule):位于骨半规管与耳蜗之间,是一个近似椭圆形的腔隙,其外侧壁即鼓室的内侧壁,有前庭窗和蜗窗;后壁与骨半规管相通;前壁通向耳蜗;内侧壁为内耳道底,有血管和神经穿行。

(3)**耳蜗**(cochlea):位于骨迷路前部,形似蜗牛壳,由骨性蜗螺旋管环绕蜗轴约2.5圈形成,尖朝向前下外,称为**蜗顶**,底朝向后上内,称为**蜗底**,耳蜗的骨性中轴,称为**蜗轴**,其向蜗螺旋管内伸出的螺旋形骨板,称为**骨螺旋板**。骨螺旋板和蜗管一起将蜗螺旋管分隔为上方的**前庭阶**和下方的**鼓阶**,前庭阶和鼓阶在蜗顶处借蜗孔相通(图8-12)。

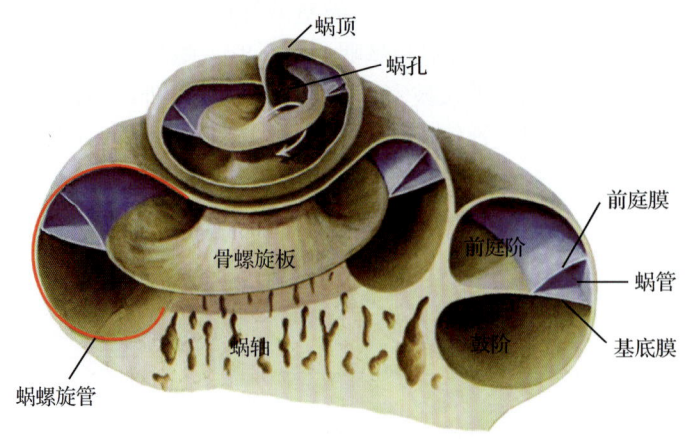

图 8-12 耳蜗

2. 膜迷路 是套在骨迷路内的膜性管或囊，由膜半规管、椭圆囊、球囊及蜗管组成（图 8-13）。

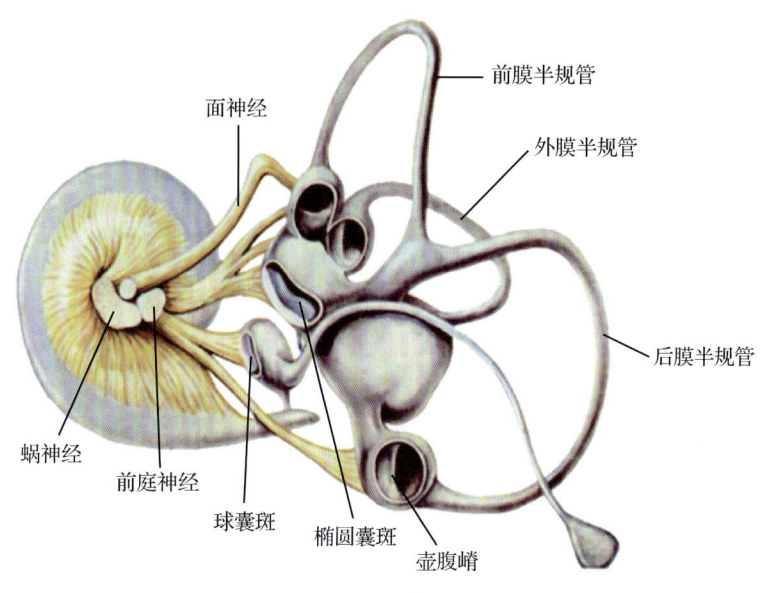

图 8-13 膜迷路

（1）**膜半规管**（semicircular ducts）：形态与骨半规管相似，位于骨半规管内。在骨壶腹内，膜半规管相应膨大形成**膜壶腹**，其壁内有一嵴状隆起，称为**壶腹嵴**，为位置觉感受器，能感受头部旋转变速运动的刺激。

（2）**椭圆囊**和**球囊**：是位于前庭内的 2 个膜性囊，椭圆囊与膜半规管相通，球囊与蜗管相通，两囊之间以细管相连。两囊内壁上各有一斑块隆起，分别称为**椭圆囊斑**和**球囊斑**，是位置觉感受器，能感受头部静止和直线变速运动的刺激。

（3）**蜗管**（cochlear duct）：位于耳蜗内，是连于骨螺旋板与蜗螺旋管内壁之间的膜性管道，横切面呈三角形，上壁为前庭膜，下壁为基底膜（螺旋膜），基底膜上有突向蜗管内腔的隆起，称为**螺旋器**，又称 Corti 器（图 8-14），为听觉感受器，能感受声波的刺激。

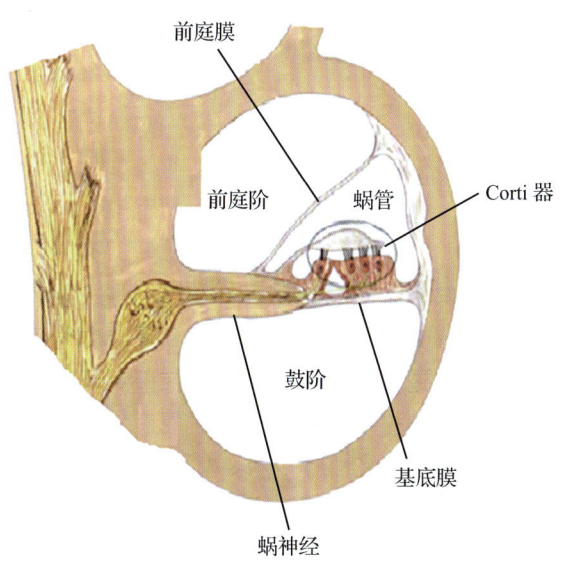

图 8-14 蜗管横切面

考点提示

内耳感受器的位置及功能。

四、声波的传导途径

声波经外耳和中耳传到内耳的耳蜗，耳蜗将声波刺激转变为神经冲动，由蜗神经传入大脑皮质的听区，产生听觉。声波的传导途径有2条，即空气传导和骨传导（图8-8）。

1. **空气传导** 声波经耳郭和外耳道传至鼓膜，使鼓膜振动，再经听骨链传至前庭窗，先后引起前庭阶和鼓阶的外淋巴振动，继而引起蜗管内淋巴振动，刺激螺旋器，螺旋器将机械性刺激转化为神经冲动。最后经前庭蜗神经传入大脑皮质的听区，产生听觉。这是正常人形成听觉的最主要途径。

2. **骨传导** 声波经颅骨、骨迷路（外淋巴振动）和膜迷路（内淋巴振动）传入，刺激螺旋器，螺旋器将刺激转化成神经冲动，传入大脑皮质的听区，形成听觉。因为传导效率很低，正常情况下骨传导的意义不大，但在听力障碍的临床检查时具有重要意义。

知识链接

听力障碍

听力障碍俗称耳聋。声波传导系统、螺旋器、蜗神经及听区任何一个环节发生器质性或功能性障碍，均可导致听力出现不同程度的减退，甚至完全消失。螺旋器以前的声波传导障碍或退化引起的耳聋，称为**传导性耳聋**，可借助助听器补偿听力不足。助听器是一种声音放大器，对不完全的传导性耳聋者具有非常好的治疗效果。螺旋器以后的神经冲动产生、传导与处理功能障碍引起的耳聋，称为**神经性耳聋**。目前，通过植入人工耳蜗对于螺旋器功能障碍的患者有很好的治疗效果。人工耳蜗是一种能模拟人耳蜗功能的电子换能器，可以把声波信号转换成电信号，通过植入内耳的电极直接刺激蜗神经，以达到听力恢复的效果。

第三节　皮　肤

皮肤（skin）覆盖于身体表面，是面积最大的人体器官，成人总面积为 $1.2\sim2.0\ m^2$，总重量可达体重的 $5\%\sim15\%$。皮肤由表皮和真皮两部分构成，二者之间呈指状交错，牢固地互相黏着。皮肤借皮下组织与深部组织相连，其间有毛发、皮脂腺、汗腺和指（趾）甲等附属器（图8-15）。皮肤的功能复杂多样：它与外界环境直接接触，构成人体的第一道防线，能保护人体免受外界环境中有害物质的损害；能参与体温调节，通过排汗，达到散热和排泄体内某些代谢产物的作用；由于皮肤内含丰富的感觉神经末梢，能感受多种刺激，因此皮肤被认为是身体重要的感觉器。

一、皮肤的微细结构

（一）表皮

人体各部位的**表皮**（epidermis）厚薄不一，根据角质形成细胞的不同，从浅层向深层依次分为角质层、透明层、颗粒层、棘细胞层和基底层5层（图8-16）。

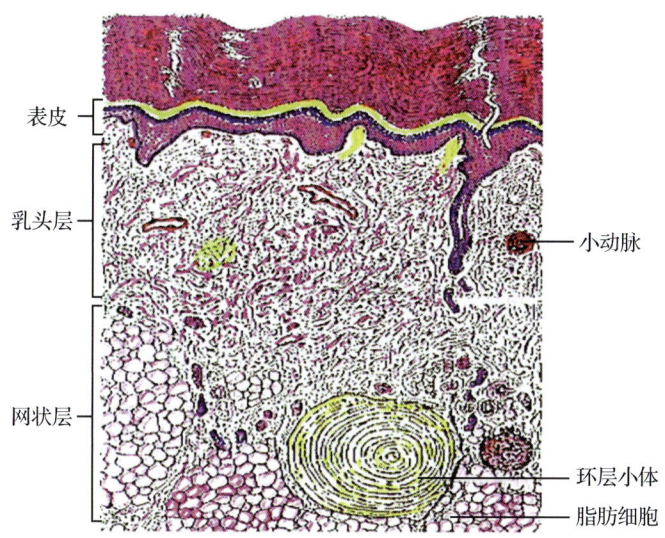

图 8-15 皮肤的微细结构

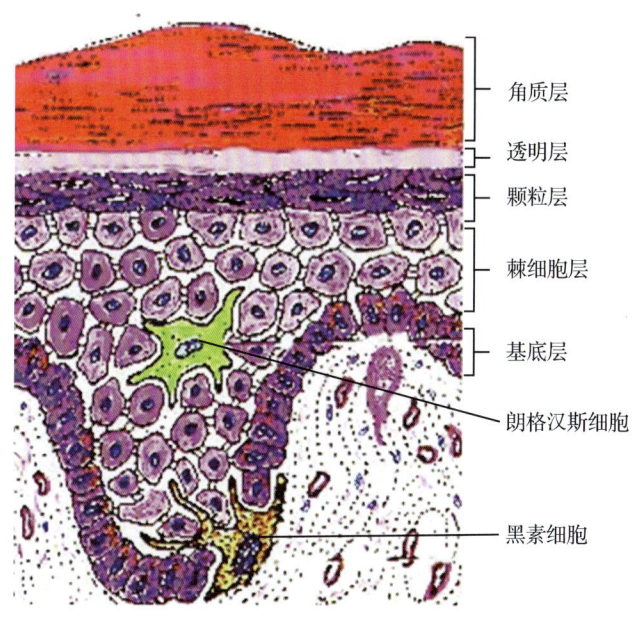

图 8-16 表皮的微细结构

1. **角质层**（stratum corneum） 位于表皮最外层，由多层扁平角质细胞组成，角质细胞无细胞核和细胞器，细胞内充满均质状的嗜酸性角蛋白，是干硬的死细胞，脱落后形成皮屑。

2. **透明层**（stratum lucidum） 由2～3层扁平细胞组成，细胞核和细胞器均已退化消失，细胞界限不清，呈嗜酸性透明均质状。

3. **颗粒层**（stratum granulosum） 由3～5层梭形细胞组成，细胞核和细胞器逐渐退化，胞质内出现许多嗜酸性透明角质颗粒。

4. **棘细胞层**（stratum spinosum） 由4～10层多边形的棘细胞组成，胞体较大，向四周伸出许多细短的棘状突起，故名棘细胞。棘细胞层浅部有散在分布的**朗格汉斯细胞**，朗格汉斯细胞属于单核吞噬细胞系统，具有免疫功能。

5. **基底层**（stratum basale） 又称生发层，由一层立方形或矮柱状的基底细胞组成，基底细胞具有活跃的增殖能力，产生新细胞不断向浅层推移。从基底层到角质层，既是细胞增殖、分化、推移和脱落的过程，又是表皮角化的过程，表皮细胞每3～4周更新一次。基底细胞之间有散在分布的**黑素细胞**，细胞质内含有黑色素颗粒，颗粒的多少影响着皮肤的颜色。白化病患者就是因为黑素细胞内缺乏酪氨酸酶，不能将酪氨酸转化成黑色素，致使皮肤呈现白色。

（二）真皮

真皮（dermis）位于表皮与皮下组织之间，由致密结缔组织构成，含有血管、神经、淋巴管、毛囊、皮脂腺和汗腺等结构，分为乳头层和网状层2层（图8-15）。

1. **乳头层**（papillary layer） 位于真皮浅层，通过基膜与表皮的基底层相邻。乳头层形成大量凸入表皮的乳头状隆起，称为真皮乳头。乳头层内含有丰富的毛细血管、游离神经末梢和触觉小体等。

2. **网状层**（reticular layer） 位于乳头层深面，有较大的韧性和弹性。该层内含有较大的血管、淋巴管和神经，还有毛囊、皮脂腺、汗腺和环层小体等结构。

> **知识链接**
>
> **皮内注射和皮下注射**
>
> **皮内注射**是指将少量药液注入表皮与真皮之间的注射技术。注射时，使针尖斜面朝上，与皮肤呈5°～10°刺入，药液注入后形成半球形皮丘，皮肤变白，常用于试验机体对药物有无过敏反应。
>
> **皮下注射**是指将少量药液注入皮下组织内的注射技术，常用于预防接种、局部麻醉或需迅速达到药效而不宜或不能口服给药时，如胰岛素皮下注射。皮下注射部位一般选择含血管少，神经末梢不丰富的部位，如上臂三角肌下缘。注射时，针尖斜面朝上，针尖与皮肤呈30°～40°刺入。

二、皮肤的附属器

皮肤附属器由表皮衍生形成，包括毛发、皮脂腺、汗腺和指（趾）甲等（图8-17）。

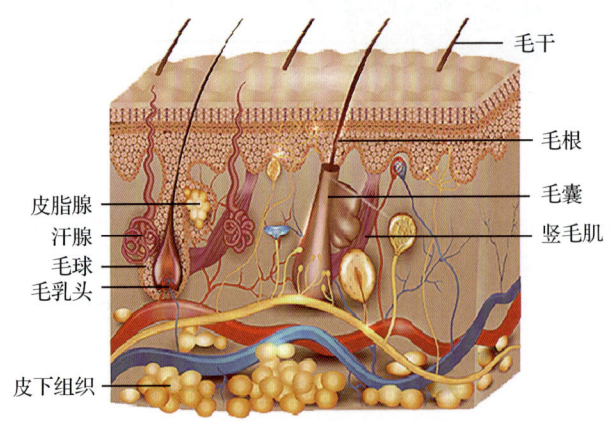

图8-17 皮肤附属器

1. **毛发** 由毛干和毛根组成，露在皮肤外面的是**毛干**，埋在皮内的是**毛根**，毛根周围有**毛囊**，毛根和毛囊末端形成球状膨大，称为**毛球**，是毛发的生长点。毛囊下部一侧常有平滑肌，称为**竖毛肌**，收缩时可使毛发竖立。

2. **皮脂腺**（sebaceous gland） 位于毛囊与竖毛肌之间，排泄管开口于毛囊，能分泌皮脂，具有润滑功能。性激素可促进皮脂腺的生长与分泌，因此皮脂腺在青春期分泌旺盛。

3. **汗腺**（sweat gland） 遍布全身皮肤，由分泌部和导管构成，分泌部位于真皮深层或皮下组织内，导管直接开口于皮肤表面。人体通过分泌汗液可排泄体内的水和一些代谢产物，参与水和电解质的调节及体温调节。在腋窝、乳晕、会阴和肛门等处有大汗腺，该腺分泌物比较黏稠，被细菌分解后可产生特殊的气味，俗称腋臭。

4. **甲**（nail） 位于手指和足趾部。**甲体**是甲的外露部分，甲体深面的皮肤为**甲床**，埋入皮内部分是**甲根**，甲根深面的上皮，称为**甲母质**，是甲的生长区。甲母质若被破坏，甲不能生长，拔甲时应注意保护。

> **知识链接**
>
> **皮肤的再生**
>
> 皮肤的再生能力很强，正常情况下皮肤表皮、真皮和皮肤附属器不断更新，使皮肤保持一定的厚度，这属于生理性再生。人表皮更新一次需 3～4 周。补偿性再生是指皮肤损伤后的修复过程，小的损伤数日即能愈合，不留瘢痕。其修复过程首先是止血和血凝固形成血痂，其次巨噬细胞清除受损组织，最后血痂深部结缔组织的成纤维细胞增生，新生毛细血管穿入其中，形成肉芽组织。同时，伤口周缘上皮的基底层细胞以及伤口内残留的毛囊和汗腺上皮细胞可迅速分裂与分化，形成一层新的细胞迁移覆盖在伤口表面，并逐步分裂成复层，经角化形成角化的复层扁平上皮。大面积烧伤或烫伤患者，修复表皮的毛囊和汗腺等均受破坏，靠机体自然修复极其困难，在这种情况下，应考虑植皮。

（王纯尧）

自 测 题

一、单项选择题

1. 关于角膜的说法，错误的是
   A. 无色透明
   B. 有屈光作用
   C. 富含血管
   D. 角膜占外膜的前 1/6，曲度较大
   E. 富含感觉神经末梢
2. 视网膜无感光作用的部位是
   A. 视神经盘　　　　　　B. 黄斑　　　　　　　C. 中央凹
   D. 视网膜视部　　　　　E. 视网膜脉络膜部
3. 晶状体的营养主要来源于
   A. 视网膜中央动脉　　　B. 视网膜颞侧上动脉　　C. 视网膜颞侧下动脉
   D. 视网膜鼻侧上动脉　　E. 房水
4. 瞳孔偏向内侧，可能损伤的眼外肌是
   A. 外直肌　　　　　　　B. 内直肌　　　　　　　C. 上斜肌
   D. 下斜肌　　　　　　　E. 上直肌

5. 内耳的听觉感受器是
   A. 球囊斑　　　　　　B. 螺旋器　　　　　　C. 椭圆囊斑
   D. 壶腹嵴　　　　　　E. 耳蜗
6. 中耳炎的主要感染途径是
   A. 外耳道　　　　　　B. 内耳门　　　　　　C. 面神经管
   D. 咽鼓管　　　　　　E. 颈动脉管
7. 能感受头部静止或直线变速运动刺激的感受器是
   A. 椭圆囊斑　　　　　B. 球囊斑　　　　　　C. 椭圆囊斑和球囊斑
   D. 蜗管　　　　　　　E. 膜半规管
8. 关于真皮的叙述，错误的是
   A. 由致密结缔组织构成
   B. 分为乳头层和网状层
   C. 乳头层和网状层分界明显
   D. 含有丰富的血管与神经
   E. 网状层内含有毛囊、皮脂腺和汗腺
9. 不属于膜迷路结构的是
   A. 蜗管　　　　　　　B. 前庭阶　　　　　　C. 球囊
   D. 椭圆囊　　　　　　E. 膜半规管
10. 维持眼内压的内容物是
    A. 泪液　　　　　　　B. 晶状体　　　　　　C. 房水
    D. 玻璃体　　　　　　E. 角膜

二、名词解释

1. 巩膜静脉窦　2. 前房角　3. 视神经盘　4. 黄斑　5. 螺旋器

三、简答题

1. 简述房水循环途径及其与青光眼形成的关系。
2. 简述外界光线到达视网膜黄斑需经过的结构。
3. 简述声波的传导途径。

第九章 神经系统

第九章数字资源

学习目标

1. 说出神经系统的组成；脊髓的位置，脑干和端脑的外形，大脑皮质主要功能区的位置及特点；脑和脊髓的被膜、血管、脑脊液及其循环。
2. 归纳脊神经的组成，各脊神经丛的位置、主要分支及分布；脑神经的名称及分布。
3. 能在标本或模型上辨认神经系统各器官的位置及形态；运用神经系统的相关知识分析常见神经系统疾病的发病基础；进行科学合理用脑，预防阿尔茨海默病的科普宣传。
4. 通过神经系统相关知识的学习，引导学生树立坚强的意志力，勇于面对困难，做一个适应社会、融入社会、自立自强的人。

案例 9-1

患者，男性，21 岁，因背部外伤、右下肢不能活动 3 个月就诊。体格检查：右下肢瘫痪，肌张力增强，腱反射亢进，巴宾斯基征阳性；右侧剑突平面以下精细触觉和深感觉丧失，痛觉、温度觉和粗触觉正常。左侧剑突平面稍低处以下痛觉和温度觉丧失，精细触觉和深感觉正常。根据患者的病史和检查结果，初步诊断为第 6 胸髓右侧损伤。

问题与思考：
1. 神经系统包括哪些器官？
2. 脊髓位于何处，脊髓内部有哪些纤维束？
3. 大脑皮质的功能区有哪些，各有何功能？

第一节　概　述

神经系统（nervous system）是由神经外胚层发育形成，神经元与神经胶质细胞等构成组织和器官。人体各器官和系统的功能活动是通过神经系统的调节与控制，相互联系、相互影响，从而使人体成为一个有机体的整体。同时，人体又是生活在经常变化的环境中，环境的变化必然随时影响着机体的各种功能，这也需要神经系统对体内各种功能不断地进行迅速而完善的调整，使机体适应内、外环境的变化。人类的神经系统高度发达，特别是大脑皮质，不仅进化成为具有调节控制人体活动的最高级中枢，而且进化成为能进行思维活动的器官。因此，人类不仅能认识和适应世界，而且能主动地改造世界。

一、神经系统的组成

神经系统在形态和功能上是一个不可分割的整体，分为中枢神经系统和周围神经系统两部分（图 9-1）。**中枢神经系统**（central nervous system）包括位于颅腔内的**脑**（brain）和位于椎管内的**脊髓**（spinal cord）。**周围神经系统**（peripheral nervous system）是指中枢神经系统以外的所有神经成分。周围神经系统按其与中枢的连接关系，可分为与脑相连的 12 对**脑神经**（cranial nerve）和与脊髓相连的 31 对**脊神经**（spinal nerve）；按其分布范围不同，周围神经系统又可分为**躯体神经**和**内脏神经**（visceral nerve）。躯体神经主要分布于皮肤、骨、关节和骨骼肌；内脏神经主要分布于内脏、心血管和腺体；躯体神经和内脏神经根据其功能不同，又分为感觉神经和运动神经。感觉神经是将神经冲动从感受器传向中枢，又称为**传入神经**。运动神经是将神经冲动从中枢传向周围的效应器，又称为**传出神经**。内脏神经中的传出神经即**内脏运动神经**，支配心肌、平滑肌和腺体，根据其形态和功能的不同，又分为**交感神经**和**副交感神经**。

> 💡 **考点提示**
> 神经系统的组成。

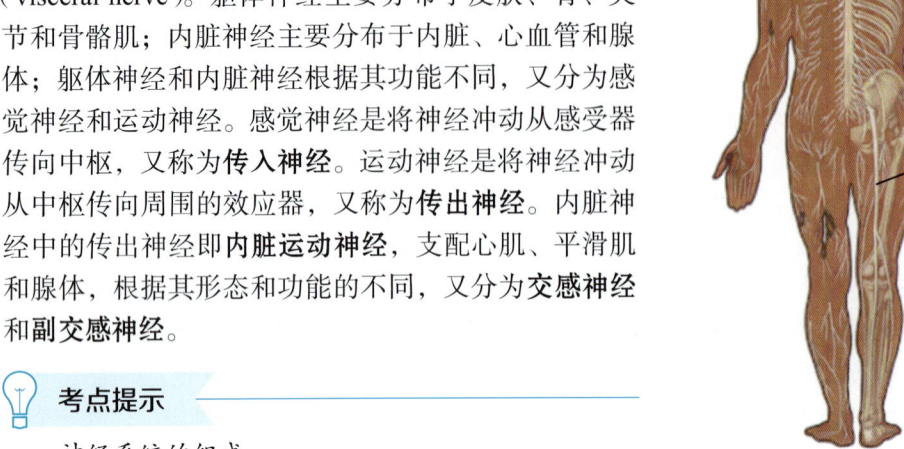

图 9-1　神经系统概况

二、神经系统的活动方式

神经系统的基本活动方式是反射。**反射**（reflex）是指机体在神经系统的调节下，对内、外环境各种刺激所做出的反应。

反射活动的结构基础是**反射弧**（reflex arc）。反射弧包括感受器、传入（感觉）神经、中枢、传出（运动）神经和效应器五部分（图 9-2）。反射弧的任何部位受损，反射活动即出现障碍。因此，临床上常用检查反射的方法来诊断神经系统疾病。

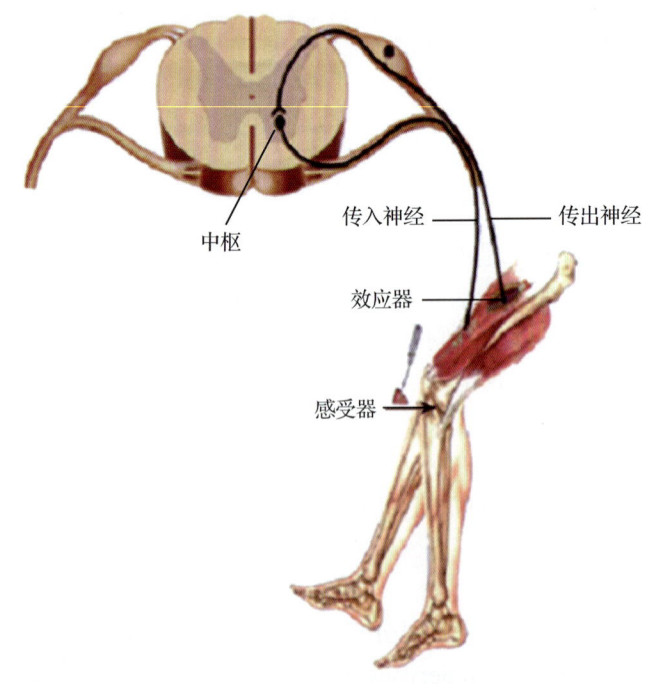

图 9-2　反射弧示意图

三、神经系统的常用术语

神经系统内神经元的胞体和突起在不同部位常有不同的聚集方式，为了叙述和学习方便，规定了不同的名词术语。

1. **灰质**（gray matter） 是在中枢神经系统内，神经元胞体和树突集中的部位，色泽灰暗。位于大脑和小脑表层的灰质，分别称为大脑皮质和小脑皮质。

2. **白质**（white matter） 是在中枢神经系统内神经纤维集中的部位，色泽亮白。位于大脑和小脑深部的白质，分别称为大脑髓质和小脑髓质。

3. **神经核**（nucleus） 是在中枢神经系统内由形态和功能相似的神经元胞体聚集而成的团块（皮质除外）。

4. **神经节**（ganglion） 是在周围神经系统内由形态和功能相似的神经元胞体聚集而成的团块，形状略膨大。

5. **纤维束**（fasciculus tract） 是在中枢神经系统内，由起止、行程和功能相同的神经纤维集聚而成。

6. **神经**（nerve） 是在周围神经系统内由神经纤维集合成的粗细不等的条索状结构。

7. **网状结构**（reticular formation） 是在中枢神经系统内由灰质和白质混合而形成的结构。即某些部位的神经纤维交织成网，网眼内含有大小不等的神经细胞团。

第二节 中枢神经系统

一、脊髓

（一）脊髓的位置与外形

脊髓位于椎管内，占据椎管上 2/3，成人全长 42～45 cm。上端平枕骨大孔处接延髓，下端在成人约平第 1 腰椎体下缘，新生儿可达第 3 腰椎体水平（图 9-3）。因椎管长于脊髓，成人第 1 腰椎以下已无脊髓，故临床上腰椎穿刺术常在第 3、4 腰椎或第 4、5 腰椎棘突之间进针。

脊髓呈前后略扁的圆柱状，全长粗细不等，有 2 处膨大，分别是**颈膨大**和**腰骶膨大**，两膨大处分别是发出神经到上肢和下肢的部位，脊髓下端变细为**脊髓圆锥**。脊髓圆锥向下延续为**终丝**，其内没有神经组织，由软脊膜构成，终于尾骨背面（图 9-3）。

考点提示

脊髓的位置。

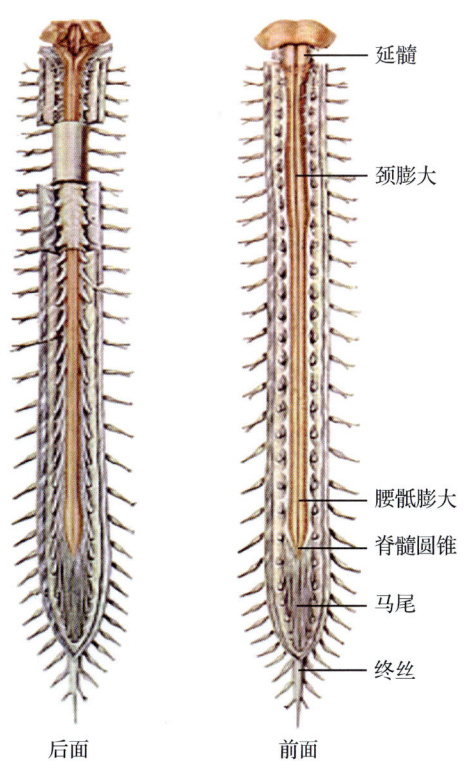

图 9-3 脊髓的位置与形态

知识链接

腰椎穿刺术

腰椎穿刺术是经腰椎棘突间隙进针，刺入蛛网膜下隙抽取脑脊液进行检查，或注入药物治疗的操作技术。穿刺部位通常选在第3、4腰椎或第4、5腰椎棘突之间，两侧髂嵴最高点的连线可作为定位标志。穿刺针依次穿过皮肤、浅筋膜、棘上韧带、棘间韧带和黄韧带，进入硬膜外隙。穿刺针穿过黄韧带时有明显的落空感，再向前进针穿过硬脊膜和脊髓蛛网膜即达蛛网膜下隙，拔出针芯可见脑脊液流出。

脊髓表面有6条纵行的沟裂（图9-4），前面正中较深的为**前正中裂**，后面正中为**后正中沟**，前正中裂与后正中沟的两侧分别有**前外侧沟**和**后外侧沟**。前外侧沟内有脊神经前根（运动神经纤维）穿出，后外侧沟内有脊神经后根（感觉神经纤维）进入。后根处有一膨大的**脊神经节**，由假单极神经元的胞体聚集而成。

每一对脊神经的前、后根在椎间孔处合并成为一对**脊神经**。每一对脊神经根相连的脊髓，称为一个**脊髓节段**，共有31个节段。自上而下分别有颈髓8节、胸髓12节、腰髓5节、骶髓5节和尾髓1节（图9-5）。

在胚胎3个月以前，脊髓长度与椎管基本一致，脊髓各节段与相应椎骨大致齐平，所有脊神经根几乎呈水平方向经相应的椎间孔出入。自胚胎第4个月开始，脊髓生长速度慢于脊柱，由于脊髓上端与延髓相接，位置固定，因而脊髓各节段与椎骨的对应关系发生了变化。出生时，脊髓下端与第3腰椎体齐平，至成年时，脊髓下端仅达第1腰椎体下缘水平（图9-5）。由于脊髓比脊柱短，以致腰、骶、尾部脊神经根行至相应的椎间孔之前，在椎管内几乎垂直下行一段距离，并在脊髓圆锥以下围绕终丝，形成马尾。

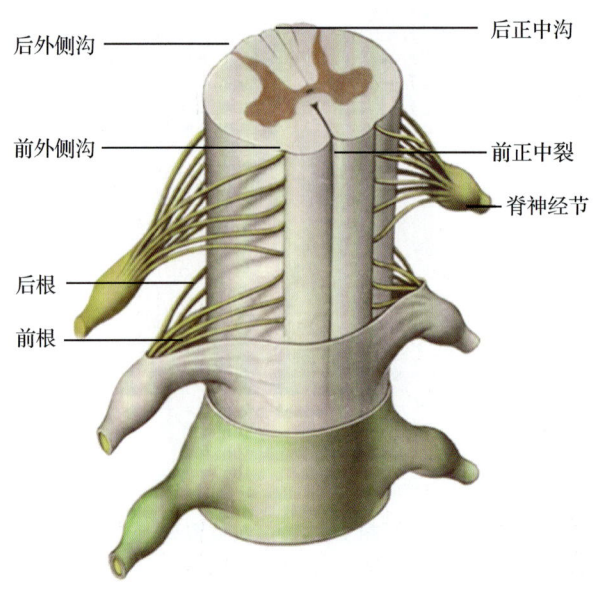

图9-4 脊髓外形示意图

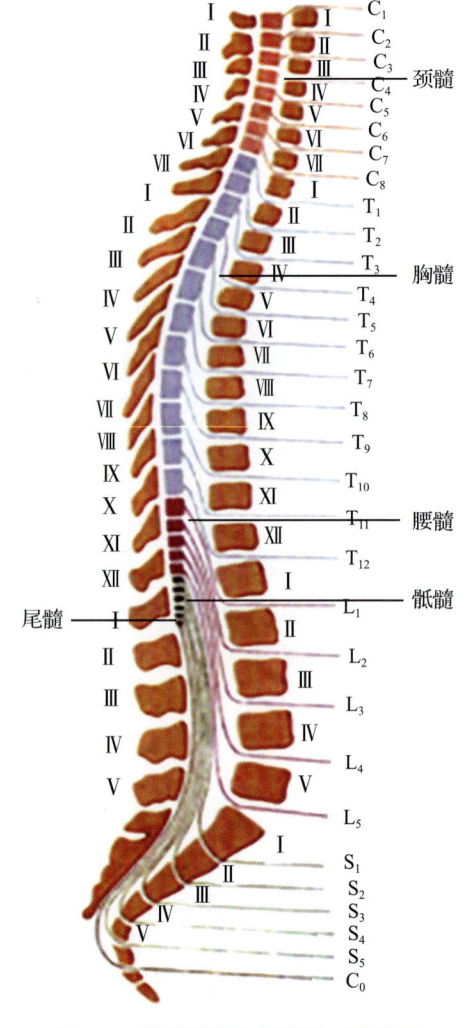

图9-5 脊髓节段与椎骨的对应关系

了解脊髓节段与椎骨的对应关系，对确定脊髓病变部位和临床治疗具有重要价值（表9-1）。

表 9-1 脊髓节段与椎骨的对应关系

脊髓节段	对应椎骨	推算举例
上颈髓（$C_1 \sim C_4$）	与同序数椎骨同高	如 C_3 平对第 3 颈椎
下颈髓（$C_5 \sim C_8$）	较同序数椎骨高 1 个椎骨	如 C_5 平对第 4 颈椎
上胸髓（$T_1 \sim T_4$）	较同序数椎骨高 1 个椎骨	如 T_3 平对第 2 胸椎
中胸髓（$T_5 \sim T_8$）	较同序数椎骨高 2 个椎骨	如 T_6 平对第 4 胸椎
下胸髓（$T_9 \sim T_{12}$）	较同序数椎骨高 3 个椎骨	如 T_{11} 平对第 8 胸椎
腰髓（$L_1 \sim L_5$）	平对第 10～12 胸椎	
骶、尾髓（$S_1 \sim S_5$、Co）	平对第 12 胸椎和第 1 腰椎	

（二）脊髓的内部结构

脊髓中央有贯穿其全长的**中央管**，内含脑脊液。围绕中央管周围的是灰质，灰质外周是白质（图9-6）。

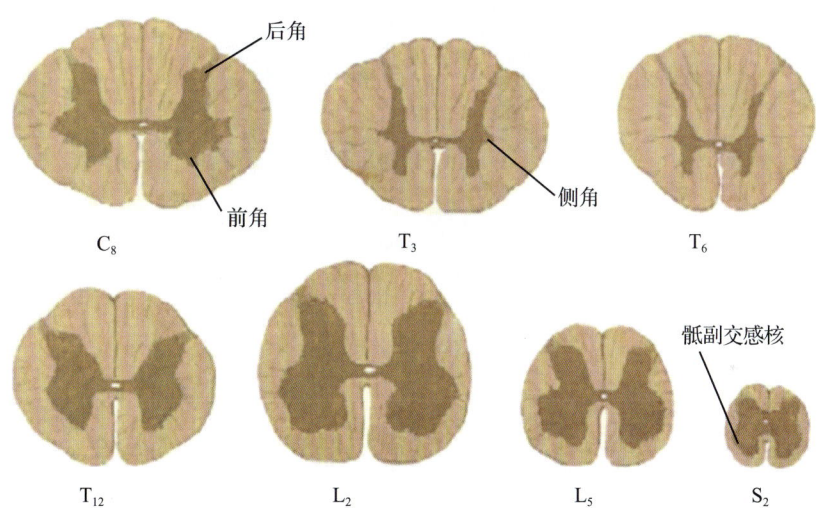

图 9-6 脊髓的内部结构

1. 灰质 在脊髓横切面上呈左、右对称的"H"形，每侧灰质前部扩大部分，称为**前角**，后部狭细部分，称为**后角**，前、后角之间的部分为**中间带**。T_1 至 L_3 的前、后角之间有向外侧突出的**侧角**。中央管前、后部的灰质，分别称为**灰质前联合**和**灰质后联合**（图9-6）。

（1）前角（anterior horn）：也称前柱，由运动神经元构成。其发出的轴突经脊髓前外侧沟穿出，组成脊神经前根，构成脊神经的躯体运动纤维，支配躯干肌和四肢肌的随意运动。脊髓前角运动神经元受损（如脊髓灰质炎）时，表现为其所支配的骨骼肌随意运动障碍，肌张力低下，腱反射消失，肌萎缩等，临床上称为弛缓性瘫痪（软瘫）。

知识链接

脊髓灰质炎

脊髓灰质炎又称小儿麻痹症，是由脊髓灰质炎病毒引起的小儿急性传染病，多发生于5岁以下小儿，尤其是婴幼儿。病毒侵犯脊髓灰质前角运动神经元，造成弛缓性肌肉麻痹，病情轻重不一，轻者无瘫痪出现，严重者可累及生命中枢而死亡，大部分病例可治愈，仅小部分留下瘫痪后遗症。自从口服脊髓灰质炎减毒活疫苗投入使用后，本病发病率明显降低。

（2）**后角**（posterior horn）：也称后柱，由联络神经元构成。接受来自后根的感觉纤维，后角的主要核团有**后角固有核**。发出纤维经白质前联合交叉至对侧组成脊髓丘脑束，上行至背侧丘脑。

（3）**侧角**（lateral horn）：又称侧柱，仅见于 $T_1 \sim L_3$ 节段，内含交感神经元，是交感神经的低级中枢。$S_{2\sim4}$ 相当于侧角处，含有副交感神经元，称为**骶副交感核**，是副交感神经在脊髓内的低级中枢。

2. **白质** 位于灰质周围，借脊髓表面的沟、裂分为对称的 3 个索（图 9-7）：位于前正中裂与前外侧沟之间的**前索**；位于前、后外侧沟之间的**外侧索**；位于后外侧沟与后正中沟之间的**后索**。在中央管前方的白质纤维，称为**白质前连合**。白质由纤维束组成，其内主要有传导感觉信息的上行纤维束和传导运动信息的下行纤维束。

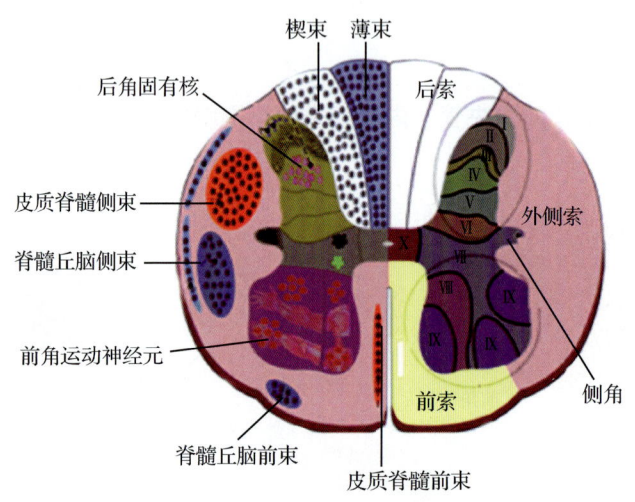

图 9-7 脊髓白质内的纤维束

（1）**上行（感觉）纤维束**

1）**薄束**（fasciculus gracilis）和**楔束**（fasciculus cuneatus）：均位于脊髓后索内，来自脊神经节内假单极神经元的中枢突，经脊神经后根入脊髓同侧后索内上升而成。薄束位于内侧，由 T_5 及其以下来的纤维组成；楔束位于薄束外侧，由 T_4 及其以上来的纤维组成。薄束和楔束传导同侧躯干及四肢的本体感觉（来自肌、腱、关节等处的位置觉、运动觉和振动觉）与皮肤的精细触觉（如辨别两点之间的距离和物体的纹理粗细）冲动。

当薄束和楔束损伤时，可导致同侧损伤平面以下的本体感觉和皮肤精细触觉丧失。故患者闭眼时不能确定自己肢体的位置和运动状况，出现站立不稳，不能辨别物体形状等。

2）**脊髓丘脑束**（spinothalamic tract）：位于脊髓外侧索前部和前索内，主要起自脊髓后角固有核，发出轴突交叉到对侧脊髓的外侧索和前索内上行，经脑干终于背侧丘脑。位于外侧索内的，称为**脊髓丘脑侧束**；位于前索内的，称为**脊髓丘脑前束**。脊髓丘脑束传导来自对侧躯干及四肢皮肤的痛觉、温度觉、粗触觉及压觉冲动。

当脊髓丘脑束损伤时，可导致对侧损伤平面以下分布区皮肤的痛觉、温度觉和粗触觉减弱或丧失。

（2）**下行（运动）纤维束**：主要有**皮质脊髓束**（corticospinal tract）。皮质脊髓束位于脊髓外侧索后部和前索内。起自大脑皮质躯体运动区的运动神经元，纤维下行经内囊至延髓下部的锥体，在延髓的锥体交叉处，大部分纤维交叉到对侧后，继续下行于脊髓外侧索的后部，称为**皮质脊髓侧束**，该束纵贯脊髓全长，沿途发出纤维止于同侧脊髓灰质前角运动神经元，支配同侧四肢肌的随意运动；皮质脊髓束的小部分纤维在延髓的锥体交叉处不交叉，下行于同侧脊髓前索的前正中裂两侧，称为**皮质脊髓前束**，其纤维止于双侧脊髓灰质前角的运动神经元，支配双侧躯干肌的随意运动。皮质脊髓前束较短，一般不超过脊髓胸节。

皮质脊髓束损伤可导致同侧肢体痉挛性瘫痪，肌张力增高，腱反射亢进，并出现病理反射。

（三）脊髓的功能

1. **传导功能**　脊髓具有重要的传导功能，通过上、下行纤维束可将脑与躯干及四肢的感受器、效应器联系起来。故临床上脊髓横断性损伤时，因上、下行纤维束全部被阻断，脊髓失去高级中枢的调控，则损伤平面以下躯体的感觉和运动功能全部消失，称为截瘫。

2. **反射功能**　脊髓灰质内有许多反射活动的低级中枢。脊髓可完成一些简单的反射活动，如排便中枢位于脊髓骶节，血管舒缩中枢位于脊髓侧角，还有浅反射和深反射等。

二、脑

脑位于颅腔内，成人脑的重量约为1400 g，形态和功能均比脊髓复杂。脑可分为脑干、小脑、间脑和端脑四部分（图9-8，图9-9）。

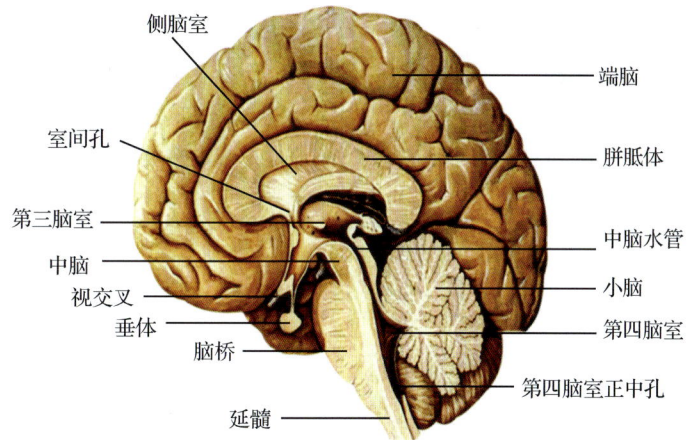

图9-8　脑正中矢状面

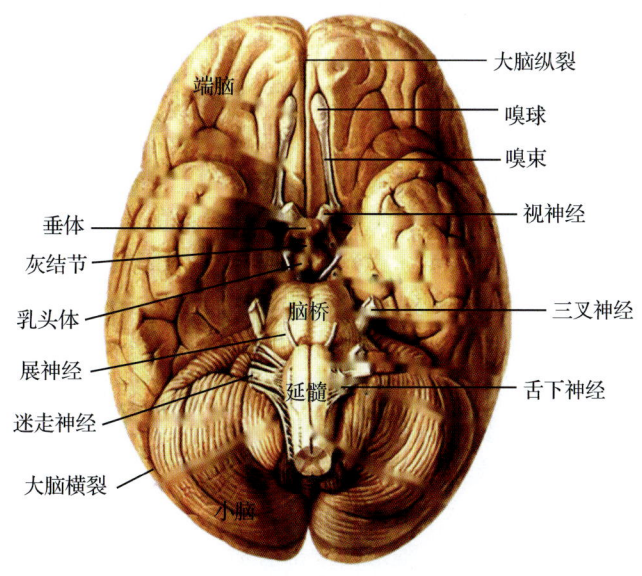

图9-9　脑底面

> **考点提示**
>
> 脑的组成。

（一）脑干

脑干（brain stem）位于颅后窝内，枕骨大孔前面的骨面，自下而上包括延髓、脑桥和中脑三部分。延髓在枕骨大孔平面下续脊髓，中脑向上接间脑，延髓和脑桥的背侧与小脑相连。脑干自上而下依次连有第Ⅲ～Ⅻ对脑神经根（图9-9，图9-10，图9-11）。

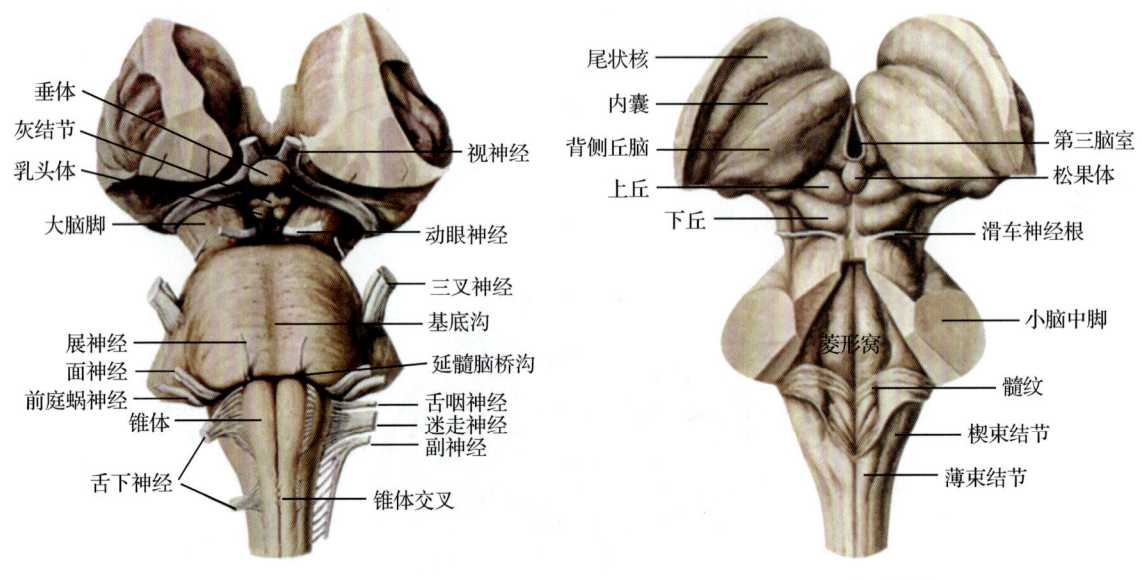

图9-10　脑干腹侧面　　　　　　　　图9-11　脑干背侧面

1. 脑干的外形

（1）腹侧面：**延髓**（medulla oblongata）位于脑干最下部。延髓表面有由脊髓向上延续的沟、裂。在延髓腹侧面上部，前正中裂两侧各有一纵行隆起，称为**锥体**，其内有皮质脊髓束通过。锥体下方，皮质脊髓束的大部分纤维左、右交叉，构成**锥体交叉**。锥体外侧的卵圆形隆起为**橄榄**，内有下橄榄核。锥体与橄榄之间的前外侧沟内有舌下神经根穿出。在橄榄后方，自上而下依次连有舌咽神经根、迷走神经根和副神经根（图9-10）。

脑桥（pons）位于脑干中部。脑桥腹侧面下缘借**延髓脑桥沟**与延髓分界，脑桥上缘与中脑相连。脑桥腹侧面宽阔、膨隆，称为**脑桥基底部**。基底部正中线上有一条纵行浅沟，称为**基底沟**，容纳基底动脉。基底部向后外逐渐变窄，移行为**小脑中脚**，后与背侧的小脑相连，脑桥基底部与小脑中脚分界处连有三叉神经根。在延髓脑桥沟内，由内向外依次连有展神经根、面神经根和前庭蜗神经根（图9-10）。

中脑（midbrain）位于脑干上部。中脑腹侧面有一对纵行柱状结构，称为**大脑脚**，有锥体束等纤维通过。两大脑脚之间的凹窝，称为**脚间窝**，连有动眼神经根（图9-10）。

（2）背侧面：延髓背侧面下部，后正中沟两侧，各有一对隆起，内侧为**薄束结节**，外侧为**楔束结节**，两者深面分别有薄束核和楔束核。延髓背侧面上部形成**菱形窝**（第四脑室底）的下半部（图9-11）。

脑桥背侧面形成菱形窝的上半部。菱形窝中部有横行的**髓纹**，可作为延髓与脑桥在背侧面的分界。

中脑背侧面有 2 对圆形隆起（图 9-11）。上方一对为**上丘**，是视觉反射中枢；下方一对为**下丘**，是听觉反射中枢。下丘下方连有滑车神经根，是唯一自脑干背侧面发出的脑神经。在中脑内部有贯穿其全长的**中脑水管**。

（3）**第四脑室**（fourth ventricle）：是位于延髓、脑桥与小脑之间的四棱锥体形腔隙（图 9-8）。第四脑室顶形如帐篷，朝向小脑，底即菱形窝。第四脑室向上经中脑水管与第三脑室相通，向下通延髓和脊髓的中央管，并通过第四脑室正中孔和左、右外侧孔与蛛网膜下隙相通，第四脑室的脉络丛可产生脑脊液。

2. **脑干的内部结构** 比脊髓复杂，包括灰质、白质和网状结构等。脊髓的中央管上升到延髓和脑桥背面与小脑之间扩展，形成第四脑室，在中脑则为中脑水管。

（1）灰质：脑干灰质的配布与脊髓不同，它不形成连续的灰质柱，而是分散成大小不等的团块，称为神经核。脑干的神经核主要有两种：一种是与第Ⅲ～Ⅻ对脑神经相连的脑神经核；另一种不与脑神经相连，但参与各种神经传导通路或反射通路的组成，称为非脑神经核。

1）**脑神经核**：名称和位置多与其相连的脑神经一致（图 9-12）。如中脑内有动眼神经核、动眼神经副核、滑车神经核和三叉神经中脑核；脑桥内有三叉神经运动核、三叉神经脑桥核、展神经核、面神经核、上泌涎核、前庭神经核和蜗神经核；延髓内有疑核、下泌涎核、孤束核、迷走神经背核、副神经核、舌下神经核和三叉神经脊束核等。

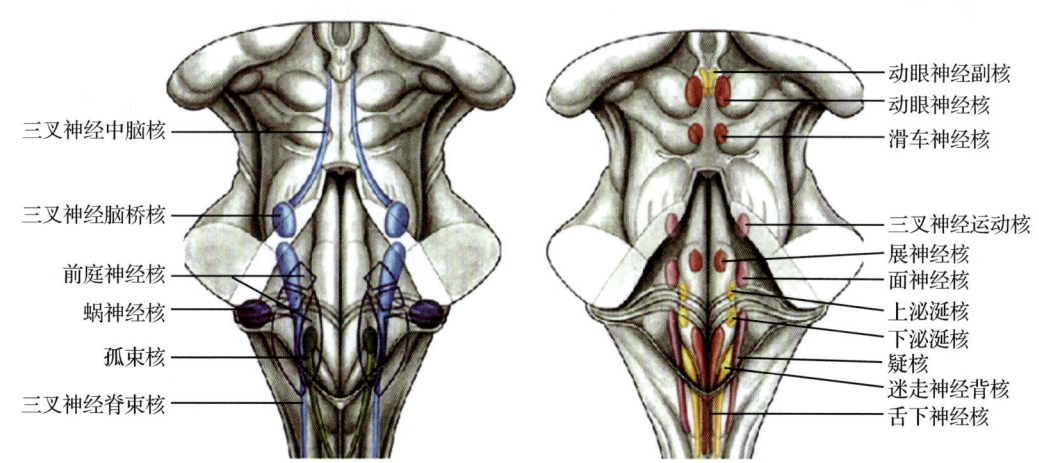

图 9-12 脑神经核在脑干背面的投影

脑神经核按其功能可分为脑神经运动核和脑神经感觉核。脑神经运动核是脑神经运动纤维的起始核，包括躯体运动核和内脏运动核（副交感核）；脑神经感觉核是脑神经感觉纤维的终止核，包括躯体感觉核和内脏感觉核。

脑神经的躯体运动核包括动眼神经核、滑车神经核、三叉神经运动核、展神经核、面神经核、疑核、副神经核和舌下神经核；脑神经的内脏运动核包括动眼神经副核、上泌涎核、下泌涎核和迷走神经背核；脑神经的躯体感觉核包括三叉神经中脑核、三叉神经脑桥核、三叉神经脊束核、前庭神经核和蜗神经核；内脏感觉核则为延髓内的孤束核。

2）**非脑神经核**：不与脑神经相连，可组成上、下行传导通路的中继核。①**薄束核**和**楔束核**：分别位于延髓的薄束结节和楔束结节深面，它们分别是薄束和楔束的终止核，是躯干及四肢本体感觉与皮肤精细触觉传导通路的中继核团；②**红核**和**黑质**：位于中脑内，红核富有血管，在新鲜脑干切面上呈红色；黑质细胞内含有黑色素，故呈黑色。红核和黑质对调节骨骼肌的张力有重要作用。黑质细胞主要合成多巴胺。黑质病变导致多巴胺缺乏被认为是帕金森病（震颤麻痹）的主要病因。

（2）白质：脑干白质多位于脑干腹侧和外侧部，主要含有上行（感觉）纤维束和下行（运动）纤维束。

1）上行（感觉）纤维束：主要如下。①**内侧丘系**（medial lemniscus）：由薄束核和楔束核发出的纤维在中央管前方左、右交叉，称为**内侧丘系交叉**。交叉后的纤维在正中线两侧反折上行，组成内侧丘系，然后上行终止于背侧丘脑的腹后外侧核。内侧丘系传导对侧躯干及四肢的本体感觉与皮肤的精细触觉冲动。②**脊髓丘系**（spinal lemniscus）：是脊髓丘脑束自脊髓向上行至脑干构成的，脊髓丘系行于内侧丘系的背外侧，经脑干各部上行至背侧丘脑的腹后外侧核。脊髓丘系传导对侧躯干及四肢皮肤的痛觉、温度觉、粗触觉及压觉冲动。③**三叉丘系**（trigeminal lemniscus）：由三叉神经脑桥核和三叉神经脊束核发出的纤维交叉至对侧组成，行于内侧丘系的背外侧，上行终止于背侧丘脑的腹后内侧核。三叉丘系传导对侧头面部皮肤及黏膜的痛觉、温度觉、粗触觉及压觉冲动。

2）下行（运动）纤维束：主要有**锥体束**（pyramidal tract），是大脑皮质躯体运动区发出支配骨骼肌随意运动的纤维束。锥体束下行途经内囊、中脑大脑脚和脑桥基底部，到延髓形成锥体。锥体束包括皮质核束和皮质脊髓束两部分。①**皮质核束**（corticonuclear tract）：在脑干内下行过程中发出分支止于大部分双侧脑神经躯体运动核，以及对侧面神经核下部和对侧舌下神经核，支配大部分双侧头面部肌，以及对侧眼裂以下面肌和对侧舌肌；②**皮质脊髓束**：大部分纤维在锥体下端交叉形成锥体交叉，交叉后在脊髓外侧索内下行，称为**皮质脊髓侧束**；小部分纤维不交叉，在脊髓前索内下行，称为**皮质脊髓前束**。皮质脊髓束主要支配对侧四肢肌和双侧躯干肌的随意运动。

（3）网状结构：在进化上较为古老，仍保留着多突触的形态特征，网状结构接受来自各种感觉传导系的信息，传出纤维直接或间接地联系着中枢神经系统的各级部位。

3. 脑干的功能

（1）**反射功能**：脑干内有多个反射活动的低级中枢。如中脑内有瞳孔对光反射中枢；脑桥内有角膜反射中枢；延髓内有调节呼吸运动和心血管活动的生命中枢。如生命中枢受损，可导致呼吸、心搏和血压等严重障碍，危及生命。

（2）**传导功能**：大脑皮质、间脑与小脑、脊髓相互联系的上行纤维束和下行纤维束，均经过脑干。因此脑干是大脑、间脑与小脑、脊髓和周围神经系统联系的重要通道。

（3）**网状结构的功能**：脑干网状结构有保持大脑皮质觉醒状态、调节骨骼肌张力、维持生命活动等功能。

 考点提示

脑干的功能。

（二）小脑

1. 小脑的位置与外形 小脑（cerebellum）位于颅后窝内，在延髓和脑桥的背侧与脑干相连。小脑与脑干之间的腔隙为第四脑室。小脑中间缩细的部分为**小脑蚓**，两侧膨大的部分为**小脑半球**（图9-13，图9-14）。小脑上面平坦，下面靠近小脑蚓的小脑半球形成椭圆形隆起，称为**小脑扁桃体**（tonsil of cerebellum）。小脑扁桃体紧靠枕骨大孔，其腹侧邻近延髓。当颅内病变（脑炎、肿瘤或出血）引起颅内压增高时，小脑扁桃体可被挤入枕骨大孔内，从而压迫延髓，危及生命，临床上称为小脑扁桃体疝或枕骨大孔疝。

2. 小脑的内部结构 小脑表层的灰质，称为**小脑皮质**；皮质深面的白质，称为**小脑髓质**。小脑髓质内有数对灰质核团，称为**小脑核**，其中最大的小脑核是**齿状核**，其内侧有球状核和栓状核，在第四脑室顶上方中线两侧为顶核（图9-15）。

图 9-13 小脑上面　　　　　　　　　图 9-14 小脑下面

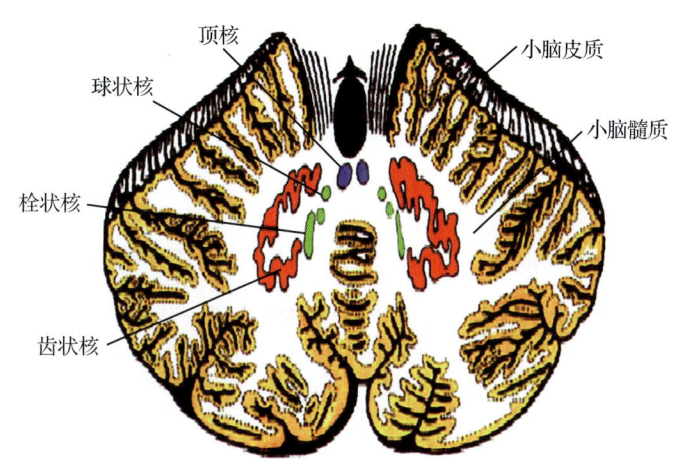

图 9-15 小脑内部结构

3. 小脑的功能　小脑主要接受大脑、脑干和脊髓的有关运动信息，传出纤维主要与运动中枢有关，因此小脑是一个重要的运动调节中枢。小脑的主要功能是维持身体平衡、调节肌张力和协调骨骼肌的随意运动。

当小脑损伤时，可出现平衡失调、站立不稳或醉酒步态；肌张力降低，肢体随意运动不协调，指鼻试验动作不准确等，临床上称为共济失调。

（三）间脑

间脑（diencephalon）位于中脑与端脑之间，大部分被大脑半球掩盖，仅腹侧面小部分露出于脑底。在结构上，间脑包括背侧丘脑、下丘脑、后丘脑、上丘脑和底丘脑五部分（图9-10，图9-11）。间脑内的腔隙为第三脑室。

1. 背侧丘脑（dorsal thalamus）　简称丘脑，位于间脑的背侧份，由一对大的椭圆形灰质团块借**丘脑间黏合**连接而成。其前端为丘脑前结节，后端为丘脑枕。背侧丘脑被一"Y"形的**内髓板**分为前核群、内侧核群和外侧核群三部分。外侧核群可分为背侧部和腹侧部，腹侧部核群又分为腹前核、腹中间核和腹后核，其中腹后核又分为腹后内侧核和腹后外侧核（图9-16）。

背侧丘脑是感觉传导通路的中继站，是全身躯体浅感觉和深感觉传导通路第三级神经元胞体的所在处。背侧丘脑腹后外侧核接受内侧丘系和脊髓丘系的感觉冲动，腹后内侧核接受三叉丘系的感觉冲动。背侧丘脑腹后核发出纤维组成丘脑皮质束（丘脑中央辐射），上传到大脑皮质的躯体感觉区。背侧丘脑也是一个复杂的分析器，为皮质下感觉中枢，一般认为痛觉在背侧丘脑即开始产生。

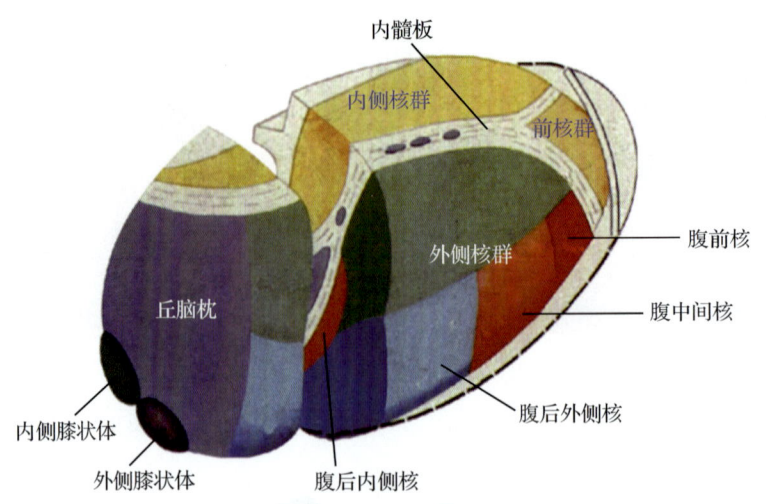

图 9-16 背侧丘脑冠状切面示意图

背侧丘脑损伤常见的症状是对侧半身感觉丧失、过敏或伴有剧烈的自发性疼痛。

2. **下丘脑**（hypothalamus） 位于背侧丘脑前下方，构成第三脑室的下壁和侧壁下部。在脑底面，可见下丘脑主要包括视交叉、灰结节、漏斗和乳头体等（图 9-10）。视交叉前连视神经，向后延为视束，视交叉后方是灰结节，灰结节向前下方延续为漏斗，漏斗下端连垂体，灰结节后方的一对圆形隆起为乳头体。下丘脑的结构较为复杂，内有多个神经内分泌核团，其中重要的有位于视交叉上方的**视上核**和第三脑室侧壁内的**室旁核**（图 9-17）。

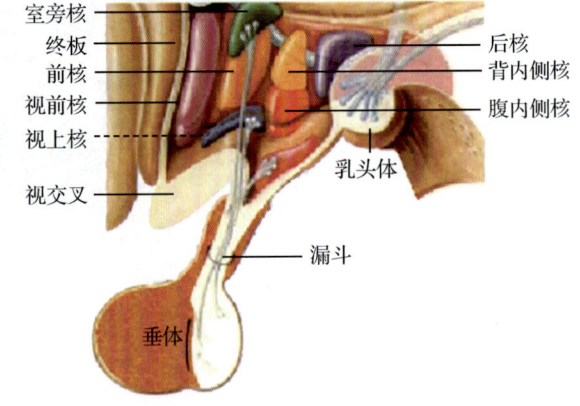

图 9-17 下丘脑主要核团

视上核分泌抗利尿激素，室旁核分泌催产素。视上核和室旁核分泌的激素随各自神经元的轴突，经漏斗直接输送到神经垂体，由神经垂体释放入血液。

下丘脑是神经内分泌活动中心，通过与垂体的密切联系，将神经调节与体液调节融为一体，调节机体的内分泌活动；下丘脑也是皮质下内脏活动的高级中枢，能将内脏活动与其他生理活动联系起来，对机体摄食、体温、水和电解质平衡、内脏活动、内分泌活动及情绪等进行调节。下丘脑损伤常会引起尿崩症、体温调节紊乱、睡眠紊乱和情绪改变等。

3. **后丘脑**（metathalamus） 是位于背侧丘脑后端外下方的一对隆起，位于内侧的为**内侧膝状体**，位于外侧的为**外侧膝状体**（图 9-16）。内侧膝状体是听觉传导通路的中继站，接受听觉传导通路的纤维，发出纤维组成听辐射至大脑皮质的听区；外侧膝状体是视觉传导通路的中继站，接受视束的传入纤维，发出纤维组成视辐射至大脑皮质的视区。

4. **第三脑室**（third ventricle） 是位于两侧背侧丘脑与下丘脑之间的矢状位裂隙（图 9-8），前借左、右室间孔通侧脑室，后经中脑水管通第四脑室，顶为第三脑室脉络丛，产生脑脊液。

 考点提示

间脑的组成。

(四)端脑

端脑(telencephalon)又称大脑,是脑的最发达部分。端脑被矢状位的**大脑纵裂**分为左、右 2 个大脑半球,两大脑半球在近底部处借胼胝体相连接。两大脑半球后部与小脑之间的横行裂隙,称为**大脑横裂**(图 9-8,图 9-9)。

1. 大脑半球的外形与分叶

(1)**大脑半球的外形**:每侧大脑半球分为上外侧面、内侧面和下面。大脑半球表面凹凸不平,凹陷处形成**大脑沟**,沟与沟之间的隆起,称为**大脑回**。大脑半球表面有 3 条较为恒定的叶间沟(图 9-18,图 9-19)。①**外侧沟**:较深,于大脑半球上外侧面,自前下行向后上;②**中央沟**:于大脑半球上缘中点稍后方,向前下斜行于大脑半球上外侧面,几乎达外侧沟,上端延伸至大脑半球内侧面;③**顶枕沟**:位于大脑半球内侧面后部,胼胝体稍后方,从距状沟起,自前下向后上并略延伸至大脑半球上外侧面。

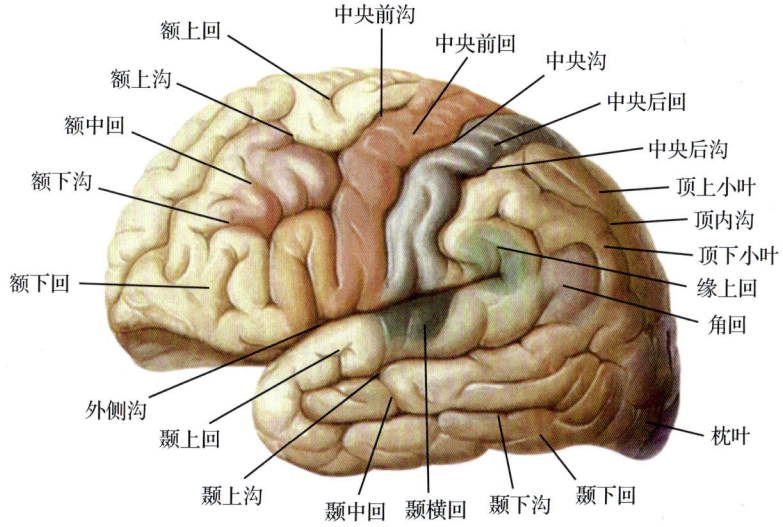

图 9-18 大脑半球上外侧面

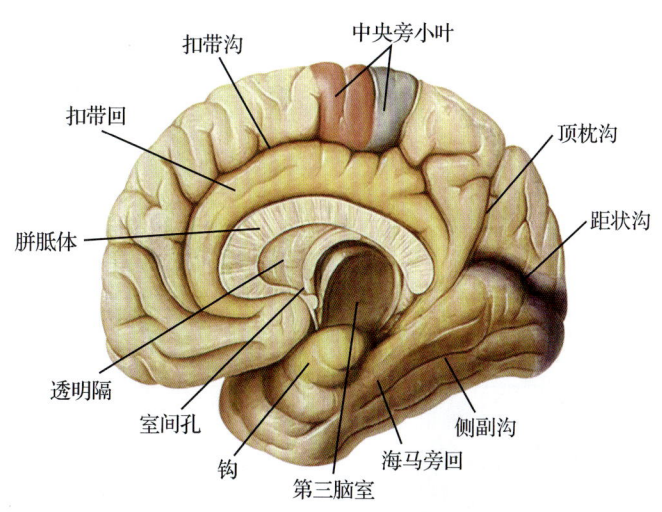

图 9-19 大脑半球内侧面

(2)**大脑半球的分叶**:每侧大脑半球借 3 条叶间沟分为 5 个叶(图 9-18):中央沟以前,外侧沟上方的部分为**额叶**;外侧沟以下的部分为**颞叶**;顶枕沟后下方的部分为**枕叶**;中央沟后方,外侧沟上方与枕叶以前的部分为**顶叶**;埋藏于外侧沟深面,被额、顶、颞叶所掩盖的部分为岛叶（图9-20）。

（3）大脑半球的主要沟、回

1）上外侧面：①额叶：中央沟前方与之平行的为**中央前沟**，两沟之间的脑回，称为**中央前回**。自中央前沟向前分出两条近似水平的沟，分别称为**额上沟**和**额下沟**。此两沟将中央前沟以前的额叶分为**额上回**、**额中回**和**额下回**。②顶叶：中央沟后方有与之平行的**中央后沟**，两沟之间的脑回，称为**中央后回**。中央后回以后的顶叶被一条与半球上缘平行的**顶内沟**分为顶上小叶和顶下小叶。顶下小叶包括围绕外侧沟末端的**缘上回**和围绕颞上沟末端的**角回**。③颞叶：外侧沟下方有与之平行的**颞上沟**和**颞下沟**，将颞叶分为**颞上回**、**颞中回**和**颞下回**（图9-18）。在颞上回后部，外侧沟下壁处有数条横行的脑回，称为**颞横回**（transverse temporal gyrus）。

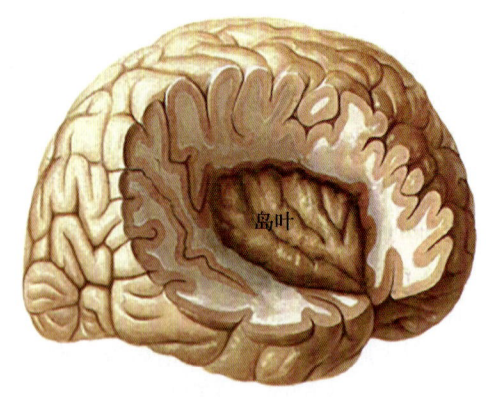

图9-20 岛叶

2）内侧面：大脑半球内侧面有前后方向略呈弓形走行的**胼胝体**（图9-19）。在胼胝体背面有**胼胝体沟**，上方有与之平行的**扣带回**。扣带回上方中央，有由中央前、后回延伸到内侧面的部分，称为**中央旁小叶**（paracentral lobule）。自胼胝体后端，顶枕沟前下，有一弓形伸向枕叶的**距状沟**（calcarine sulcus）。

3）下面：额叶下面有纵行的**嗅束**，其前端膨大为**嗅球**，与嗅神经相连。在距状沟前下方，有自枕叶向前伸向颞叶的**侧副沟**，侧副沟内侧为**海马旁回**，其前端弯曲形成**钩**（图9-9，图9-19）。

（4）**侧脑室**（lateral ventricle）：位于大脑半球内，左、右各一，分为四部：**中央部**位于顶叶内，向前伸入额叶形成**前角**，向后伸入枕叶形成**后角**，向前下伸入颞叶形成**下角**（图9-8）。

2. 大脑半球的内部结构　大脑半球表面为**大脑皮质**，大脑皮质深面为**大脑髓质**。在大脑半球的基底部，髓质内埋有灰质团块，称为**基底核**。大脑半球内的腔隙，称为**侧脑室**。

（1）大脑皮质的功能定位：大脑皮质是神经系统的最高级中枢。人体各部的感觉冲动传至大脑皮质，经大脑皮质整合，或产生特定的意识性感觉，或产生一定的冲动。随着大脑皮质的发育和分化，不同的皮质区具有不同的功能，将这些具有一定功能的皮质区，称为大脑皮质的功能定位（图9-21，图9-22）。

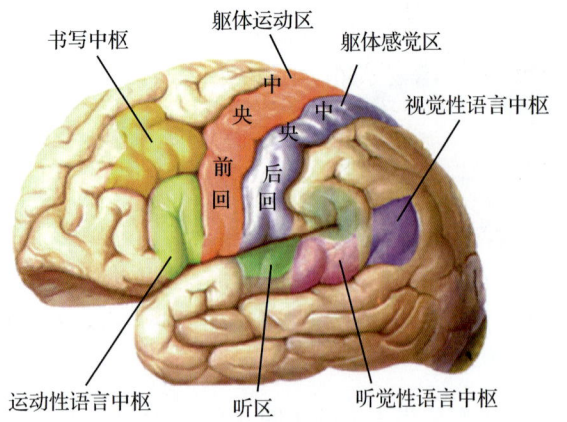

图9-21　大脑皮质功能区（上外侧面）

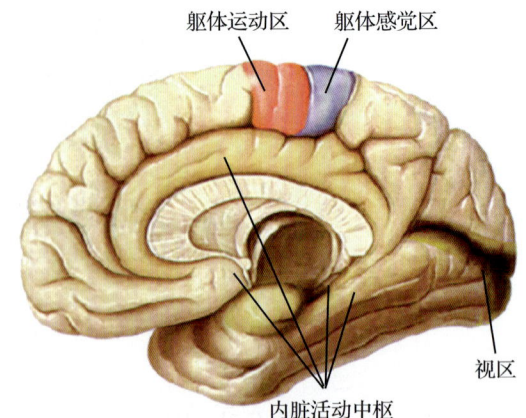

图9-22　大脑皮质功能区（内侧面）

1）躯体运动区：位于中央前回和中央旁小叶前部。其主要功能是管理对侧半身骨骼肌的随意运动。

身体各部在躯体运动区的投射特点如图9-23所示。①倒置人形：但头面部是正立的。即中央旁小叶前部和中央前回上部支配下肢肌的运动，中央前回中部支配上肢肌和躯干肌的运动，中央前回下部支配头面部肌的运动。②左、右交叉：即一侧大脑半球的躯体运动区管理对侧半身的骨骼肌运动，但一些与联合运动有关的肌则受双侧运动区的支配。③身体各部在大脑皮质投射区的大小与各部形体大小无关，而取决于运动的灵活性和复杂程度。如拇指的投射区大于躯干或大腿的投射区。

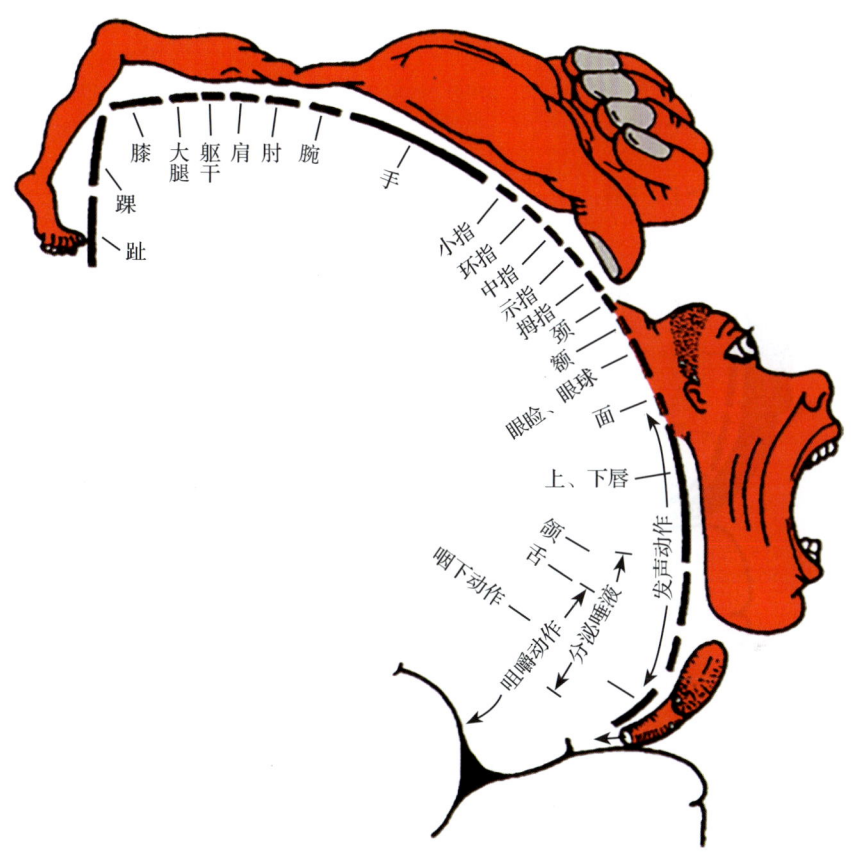

图9-23　人体各部在躯体运动区的投影

一侧躯体运动区某一局部损伤，可引起对侧半身相应部位的骨骼肌运动障碍。

2）躯体感觉区：位于中央后回和中央旁小叶后部。其主要功能是接受对侧半身的浅感觉和深感觉冲动。

身体各部在躯体感觉区的投射特点如图9-24所示。①倒置人形：但头面部是正立的。即自中央旁小叶后部开始依次是下肢、躯干、上肢和头面部的投射区；②左、右交叉：即一侧半身浅感觉和深感觉冲动投射到对侧大脑半球的躯体感觉区；③身体各部在大脑皮质投射区的大小与各部形体大小无关，而取决于感觉的灵敏性。

一侧躯体感觉区某一局部损伤，可引起对侧半身相应部位的感觉障碍。

3）视区：位于枕叶内侧面距状沟两侧的皮质。一侧视区接受同侧视网膜颞侧半和对侧视网膜鼻侧半的视觉冲动。一侧视区损伤，可引起双眼视野对侧同向性偏盲。

4）听区：位于颞横回。每侧听区接受来自双耳的听觉冲动。因此，一侧听区受损不会引起全聋。

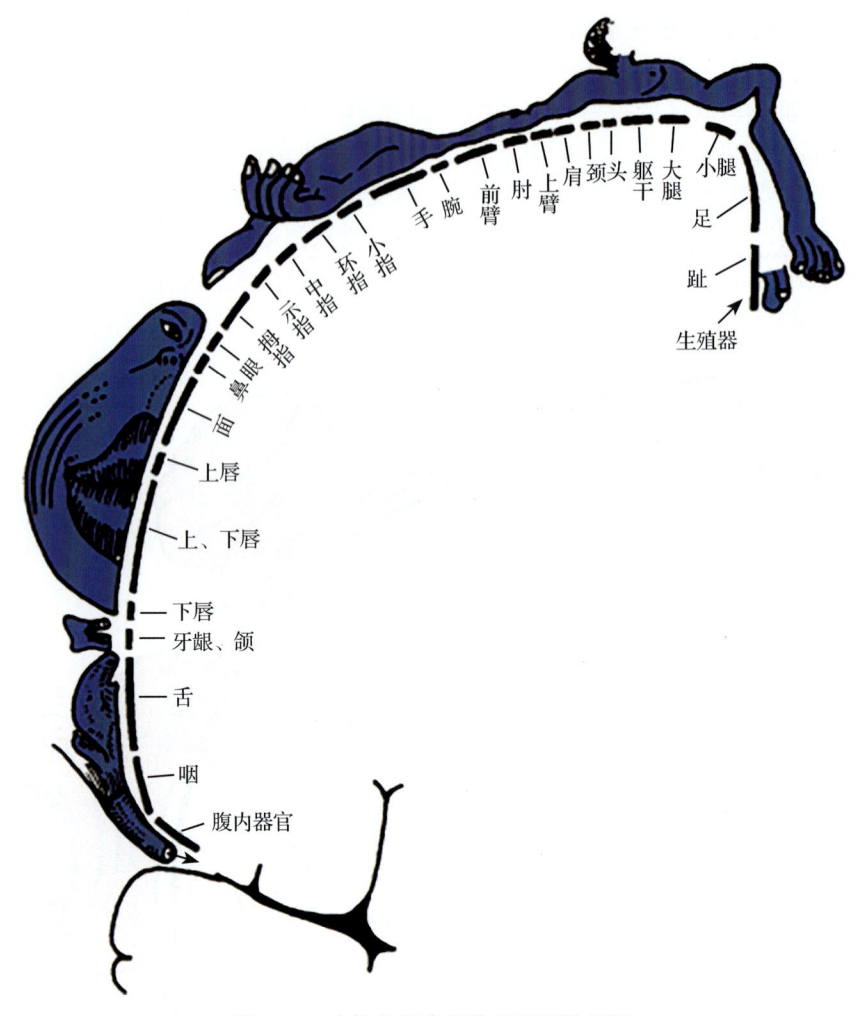

图 9-24 人体各部在躯体感觉区的投影

5) **语言功能区**：语言功能是人类在社会实践活动中逐渐形成的，为人类大脑皮质所特有。所谓语言功能，是指能理解他人说的话或写、印出来的文字，并能用口语或文字表达自己的思维活动。凡不是由听觉、视觉和骨骼肌障碍引起的语言功能障碍，均称为失语症。

语言功能区多存在于左侧大脑半球（图 9-21）。主要有：①**运动性语言中枢**（说话中枢）：位于额下回后部，若此区受损，患者喉肌等虽未瘫痪，但丧失了说话能力，不能说出有意义的语言，临床上称为运动性失语症；②**书写中枢**：位于额中回后部，若此区受损，患者手的运动正常，但丧失了书写文字符号的能力，称为失写症；③**视觉性语言中枢**（阅读中枢）：位于角回，若此区受损，患者无视觉障碍，但不能阅读文字，也不能理解文意，称为失读症（字盲）；④**听觉性语言中枢**（听话中枢）：位于颞上回后部，若此区受损，患者听觉无障碍，能听到别人的讲话，但不能理解其意义，称为感觉性失语症（字聋）。

 考点提示

大脑皮质各功能区的位置及功能。

（2）**基底核**：是埋藏于大脑底部髓质内的灰质核团，包括尾状核、豆状核和杏仁体等（图 9-25，图 9-26）。

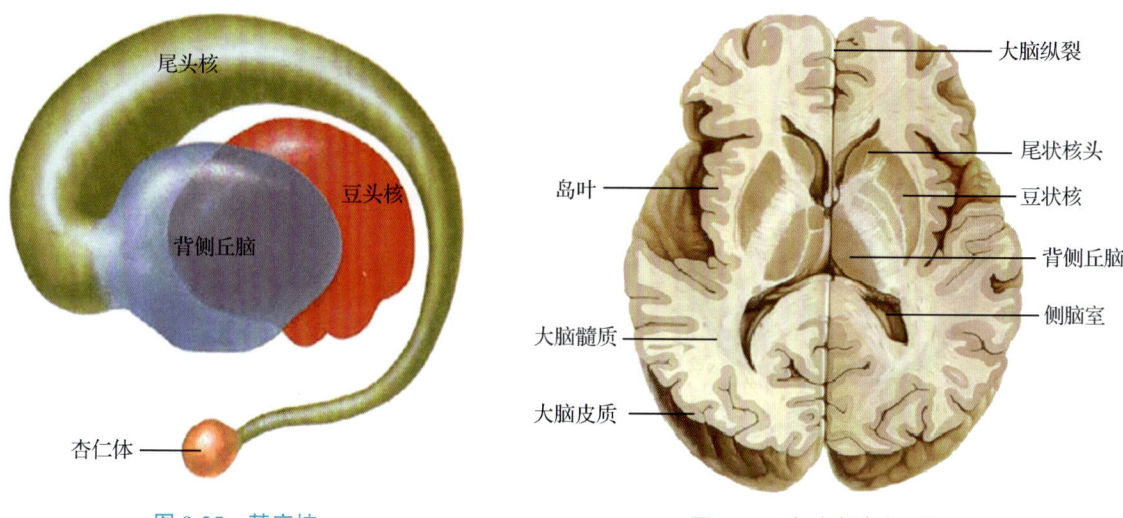

图 9-25　基底核　　　　　图 9-26　大脑半球水平切面

1）**尾状核**（caudate nucleus）：弯曲如弓状，围绕在豆状核与背侧丘脑的上方，分为头、体、尾三部分。尾端与杏仁体相连。

2）**豆状核**（lentiform nucleus）：位于背侧丘脑外侧，岛叶深部。豆状核在水平切面上呈三角形，被穿行于其中的纤维分为三部分，外侧部最大，称为**壳**；内侧两部分为**苍白球**。

在种系发生上，苍白球较古老，称为**旧纹状体**；豆状核的壳和尾状核发生较晚，称为**新纹状体**。尾状核与豆状核合称为**纹状体**（corpus striatum）。纹状体是锥体外系的重要组成部分，主要功能是维持骨骼肌张力，协调骨骼肌运动。

3）**杏仁体**（amygdaloid body）：连于尾状核的尾端，属边缘系统，与调节内脏活动、内分泌活动和行为等有关。

基底核主要参与调节肌张力和协调随意运动。临床上，基底核损伤引起的运动障碍有两类：一类是运动过多而肌张力减退症候群，如亨廷顿病；另一类是运动过少而肌张力亢进症候群，如帕金森病。

（3）**大脑髓质**：位于大脑皮质深面，由大量神经纤维组成。这些神经纤维可分为以下 3 种。

1）**联络纤维**：是联系同侧大脑半球皮质的脑叶与脑叶，或脑回与脑回之间的纤维束。

2）**连合纤维**：是连接左、右大脑半球皮质的纤维束，主要有胼胝体。**胼胝体**（corpus callosum）位于大脑纵裂底部，由联系左、右大脑半球的纤维构成（图 9-19）。在正中矢状面上，其前部弯曲呈钩状，后部弯向后下。在经胼胝体作的水平切面上，其纤维在大脑半球内向左、右、前、后放射，连接两侧额叶、顶叶、颞叶和枕叶。

3）**投射纤维**：是联系大脑皮质与皮质下结构之间的上行纤维束和下行纤维束，这些纤维束大部分经过内囊。

内囊（internal capsule）位于背侧丘脑、尾状核与豆状核之间，由上行的感觉纤维束和下行的运动纤维束构成（图 9-26，图 9-27）。在大脑半球水平切面上，双侧内囊略呈"><"形。内囊可分为三部分：位于尾状核与豆状核之间的为**内囊前肢**；位于豆状核与背侧丘脑之间的为**内囊后肢**；前、后肢相交处为**内囊膝**。经内囊膝的投射纤维有皮质核束；经内囊后肢的投射纤维主要有皮质脊髓束、丘脑皮质束（丘脑中央辐射）、视辐射和听辐射等。

内囊是上行纤维束和下行纤维束密集而成的白质区，当内囊发生病变时，可导致严重后果。一侧内囊损伤时，可引起对侧半身骨骼肌的随意运动障碍（皮质脊髓束和皮质核束受损）、对侧半身浅感觉和深感觉障碍（丘脑皮质束受损）以及双眼对侧半视野同向性偏盲（视辐射受

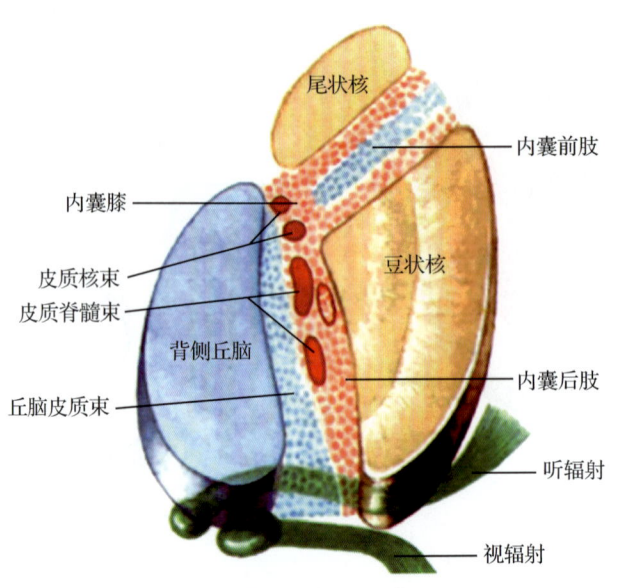

图9-27 右侧内囊水平切面示意图

损），即临床所谓的三偏综合征。

边缘系统（limbic system）由边缘叶及其与之密切联系的皮质下结构（如杏仁体、下丘脑和背侧丘脑前核群）共同组成。边缘系统的功能与内脏活动、情绪和记忆等有关，故又称"内脏脑"。

知识链接

三偏综合征

内囊的血液供应来自大脑中动脉发出的豆纹动脉。大脑中动脉血流量大，而豆纹动脉呈直角分出，管腔纤细，管内压力较高，极易破裂出血，所以内囊是脑出血的好发部位。一旦这个部位损伤（如出血或栓塞），患者可能出现对侧偏身感觉丧失（丘脑皮质束受损）、对侧偏瘫（皮质脊髓束和皮质核束受损）以及双眼对侧半视野同向偏盲（视辐射受损）的"三偏"症状。

第三节 脑和脊髓的被膜、血管与脑脊液及其循环

一、脑和脊髓的被膜

脑和脊髓外面包有3层被膜，由外向内依次为硬膜、蛛网膜和软膜（图9-28，图9-29），具有保护、支持脑和脊髓的作用。

（一）硬膜

硬膜是一层坚韧的致密结缔组织膜，其包被脊髓的部分为硬脊膜；包被脑的部分为硬脑膜。

1. 硬脊膜（spinal dura mater） 上端附于枕骨大孔周缘，并与硬脑膜相续，下端自第2骶椎平面以下包裹终丝，末端附于尾骨背面。

硬脊膜与椎管内面骨膜之间的间隙，称为**硬膜外隙**（epidural space）。硬膜外隙内为负压，含有疏松结缔组织、脂肪、淋巴管、静脉丛和脊神经根等（图9-29）。硬膜外隙不与颅内相通。临床上，将麻醉药物注入硬膜外隙内，以阻滞脊神经根的神经传导，称为硬膜外麻醉。

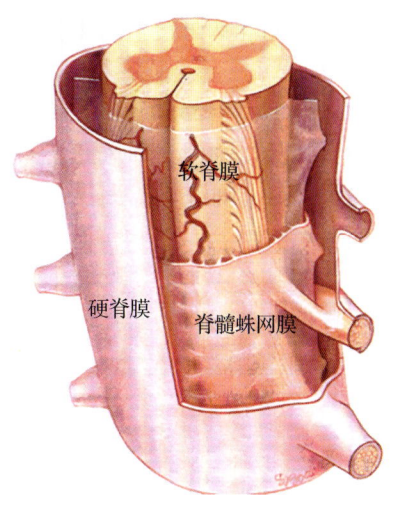

图 9-28 脊髓被膜

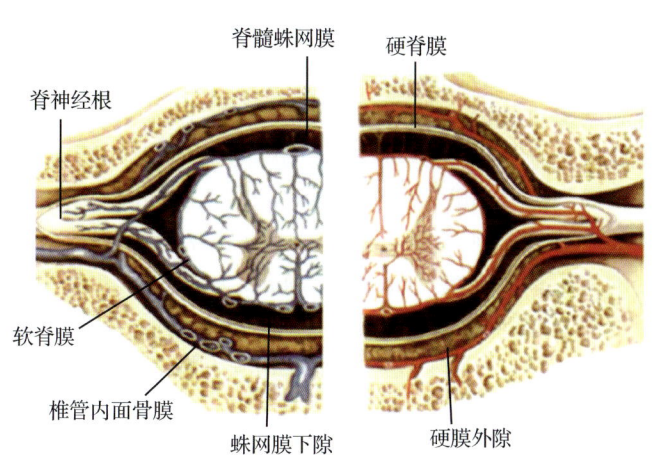

图 9-29 脊髓被膜（横切面）

2. **硬脑膜**（cerebral dura mater） 包裹于脑外面，由颅骨内面的骨膜与硬脑膜融合而成，两层之间有丰富的血管和神经，无硬膜外隙（图 9-30）。硬脑膜与颅底骨连接紧密，当颅底骨折时，易将硬脑膜与脑蛛网膜同时撕裂，导致脑脊液外漏；硬脑膜与颅顶骨之间连接疏松，故颅顶骨折时，可因硬脑膜血管破裂，形成硬膜外血肿。

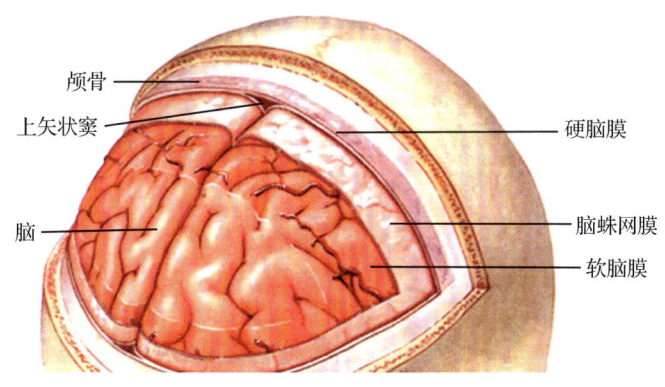

图 9-30 脑的被膜

知识链接

硬膜外血肿

硬膜外血肿是位于颅骨内板与硬脑膜之间的血肿，约占外伤性颅内血肿的 30%，其中大部分属于急性血肿，其次为亚急性，慢性较少。硬膜外血肿的形成与颅骨损伤有密切关系，90% 的硬膜外血肿与颅骨线形骨折有关，其中较为常见的是翼点处骨折出血。硬膜外血肿会压迫脑组织，严重者形成脑疝而危及生命。

硬脑膜内层在某些部位折叠形成板状结构，称为**硬脑膜隔**，伸入大脑的某些裂隙内，对脑有固定和承托作用。主要的硬脑膜隔如下。**大脑镰**（cerebral falx）形似镰刀状，呈矢状位，伸入大脑纵裂内，下缘游离于胼胝体上方，前端附着于鸡冠，后端连于小脑幕上面的正中线上；**小脑幕**（tentorium of cerebellum）形似幕帐，呈水平位，伸入大脑横裂内。其后外侧缘附着于枕骨的横窦沟和颞骨上缘，前内缘游离形成**小脑幕切迹**。小脑幕切迹前方邻中脑，上方两侧邻海马旁回和钩。当小脑幕上方发生颅内病变引起颅内压增高时，海马旁回和钩可被挤入小脑幕切迹内，压迫中脑的大脑脚和动眼神经根，临床上称为小脑幕切迹疝。

硬脑膜在某些部位内、外两层分离，内面衬以内皮细胞，形成特殊的颅内静脉管道，称为**硬脑膜窦**（sinus of dura mater）（图9-31）。窦壁无平滑肌，不易收缩，故受损时止血困难，易形成颅内血肿。主要的硬脑膜窦有：位于大脑镰上缘的**上矢状窦**；位于大脑镰下缘的**下矢状窦**；**横窦**位于小脑幕后缘（横窦沟内），其外侧端向前续**乙状窦**（乙状窦沟内），乙状窦向前下经颈静脉孔续颈内静脉；位于大脑镰与小脑幕结合处的**直窦**；位于上矢状窦、直窦和横窦汇合处的**窦汇**；**海绵窦**（cavernous sinus）位于蝶骨体两侧。海绵窦内有颈内动脉、动眼神经、滑车神经、展神经、三叉神经的眼神经和上颌神经通过。海绵窦向前借眼静脉与面静脉相交通，因此面部感染可经上述途径蔓延到颅内海绵窦，引起颅内感染。

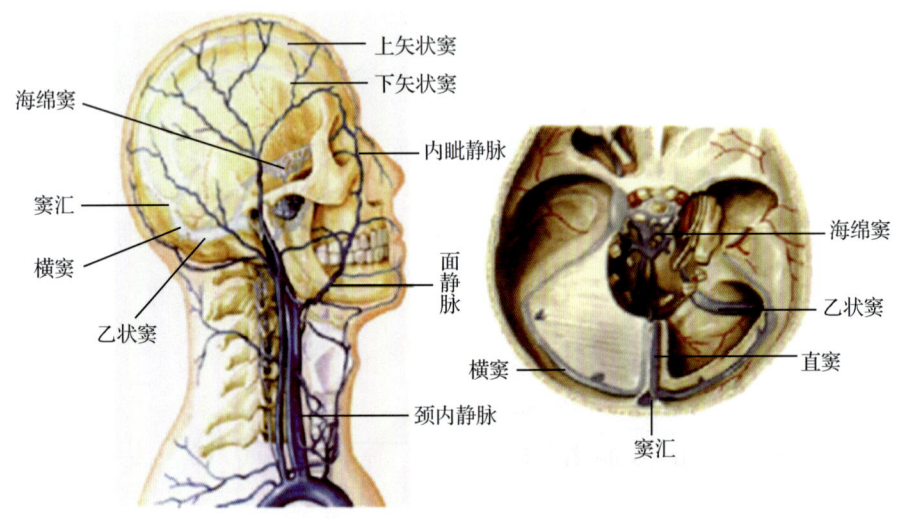

图 9-31　硬脑膜窦

（二）蛛网膜

蛛网膜（arachnoid mater）位于硬膜深面，跨越脊髓和脑的沟裂，包括脊髓蛛网膜和脑蛛网膜。蛛网膜由纤细的结缔组织构成，薄而透明，无血管和神经。

蛛网膜与软膜之间的间隙，称为**蛛网膜下隙**（subarachnoid space），其内充满脑脊液。脊髓蛛网膜下隙与脑蛛网膜下隙相连通（图9-29，图9-32）。蛛网膜下隙在某些部位扩大，称为

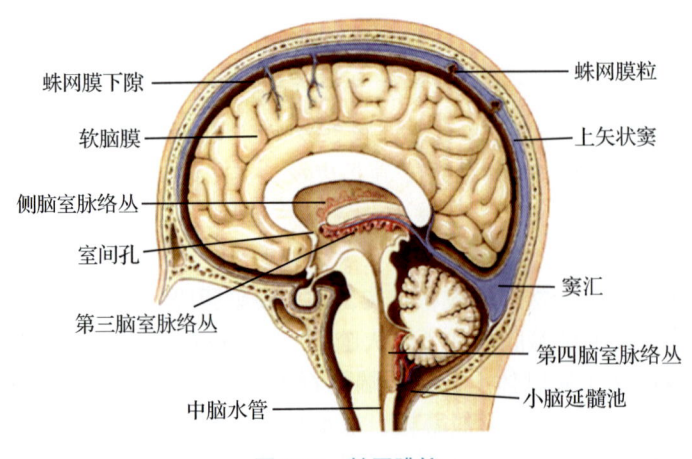

图 9-32　蛛网膜粒

蛛网膜下池，主要有小脑延髓池和终池。蛛网膜下隙在小脑与延髓之间的扩大，称为**小脑延髓池**；蛛网膜下隙在脊髓末端与第 2 骶椎水平之间的扩大，称为**终池**。临床上可经枕骨大孔处进针行小脑延髓池穿刺，抽取脑脊液。终池内无脊髓，而只有马尾、终丝和脑脊液。脑蛛网膜在上矢状窦附近形成许多细小突起，突入上矢状窦内，称为**蛛网膜粒**（arachnoid granulations）。蛛网膜下隙内的脑脊液经过蛛网膜粒渗入上矢状窦，进入血液。

知识链接

脊椎麻醉和硬膜外麻醉

脊椎麻醉俗称腰麻，也称为蛛网膜下隙阻滞，是将局麻药注入蛛网膜下隙，以阻滞脊神经根内的信息传递。此隙内有脊神经根和脑脊液，所以给药量较少，阻滞部位在麻醉平面以下，也就是通常所说的下半身麻醉，麻醉平面以下的感觉、运动均被阻滞。

硬膜外麻醉是将局麻药注入硬膜外隙，以阻滞脊神经根内的信息传递，使其支配区域产生暂时麻痹。此隙内含疏松结缔组织、血管、淋巴管和脊神经根等，阻滞范围为节段性，可根据给药的间隙阻滞某一个或某几个脊髓节段支配平面内的感觉和运动神经。

（三）软膜

软膜薄而富含血管，紧贴于脊髓和脑的表面，并延伸至脊髓和脑的沟、裂内。包裹于脊髓表面的为软脊膜，包裹于脑表面的为软脑膜。

1. **软脊膜**（spinal pia mater）　于脊髓下端变细为终丝。软脊膜在脊髓两侧，脊神经前、后根之间形成**齿状韧带**。该韧带尖端附着于硬脊膜，可作为椎管内手术的标志。

2. **软脑膜**（cerebral pia mater）　薄而透明，血管在脑室附近反复分支形成毛细血管丛，并连同其表面的软脑膜与室管膜上皮一起突入脑室，形成**脉络丛**（图 9-32），产生脑脊液。

考点提示

脑和脊髓的被膜。

二、脑和脊髓的血管

（一）脑的血管

1. **脑的动脉**　来源于颈内动脉和椎动脉（图 9-33）。以顶枕沟为界，大脑半球前 2/3 和部分间脑由颈内动脉供血；大脑半球后 1/3、小脑、脑干和部分间脑由椎动脉供血。故临床上将脑的动脉分为**颈内动脉系**和**椎 - 基底动脉系**。它们均发出皮质支和中央支。皮质支较短，供应大脑皮质和大脑髓质的浅层；中央支细长，供应大脑髓质的深层、间脑、基底核和内囊等结构。

（1）**颈内动脉**：起自颈总动脉，经颈动脉管入颅内。其主要分支包括大脑前动脉、大脑中动脉和后交通动脉。

1）**大脑前动脉**（anterior cerebral artery）：自颈内动脉发出后进入大脑纵裂内，沿胼胝体背侧向后走行（图 9-33，图 9-35）。皮质支分布于大脑半球顶枕沟以前的内侧面和上外侧面的上部；中央支进入脑实质，分布于尾状核、豆状核和内囊等。左、右大脑前动脉在发出不远处有**前交通动脉**相连。

2）**大脑中动脉**（middle cerebral artery）：是颈内动脉的直接延续，沿大脑外侧沟向后上行。

皮质支分布于大脑半球上外侧面的大部分；中央支（**豆纹动脉**）垂直向上进入脑实质，分布于尾状核、豆状核和内囊等处（图 9-34，图 9-35）。临床上，高血压脑动脉硬化的患者，分布于内囊的中央动脉容易破裂出血，因此有"易出血动脉"之称。

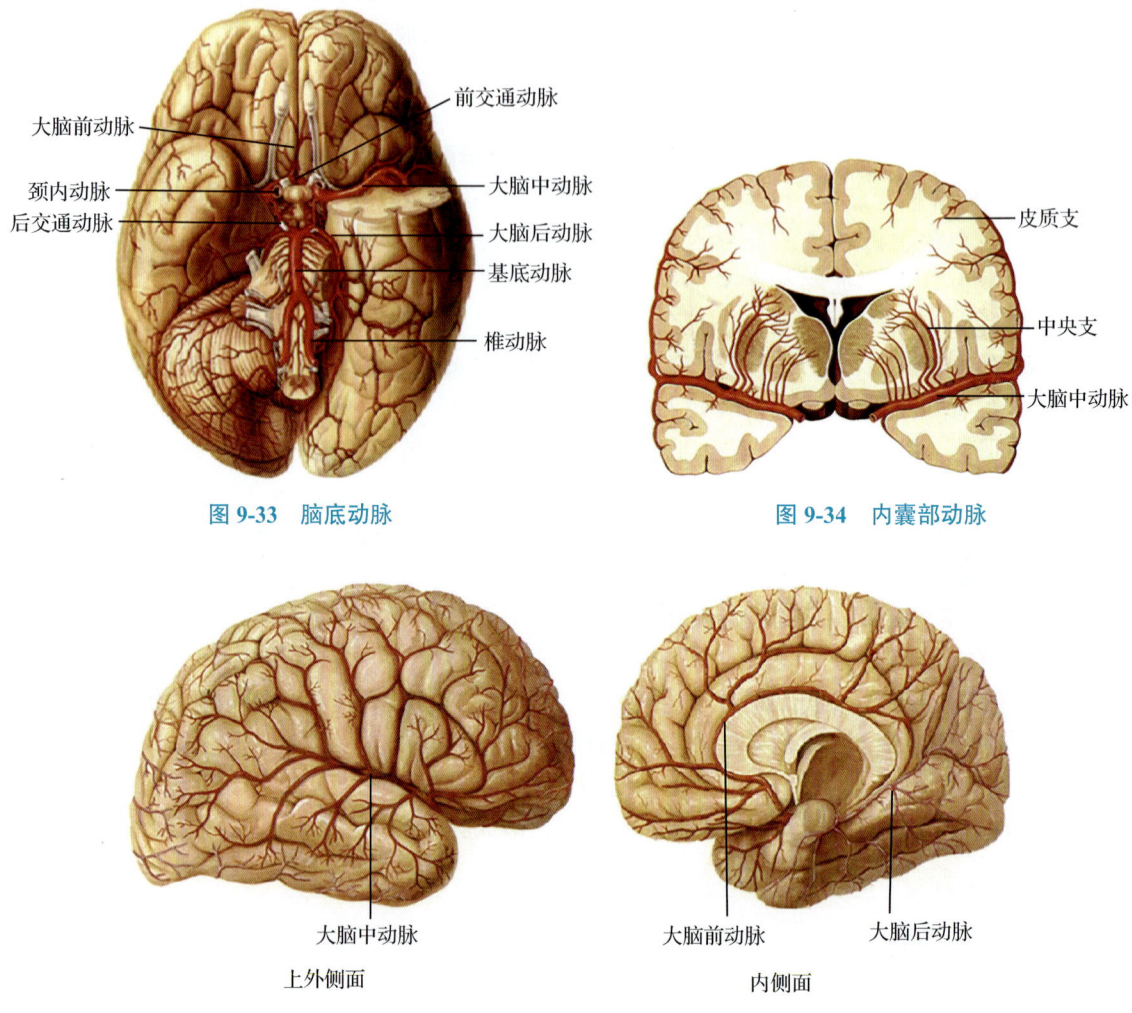

图 9-33　脑底动脉

图 9-34　内囊部动脉

图 9-35　大脑前、中、后动脉在大脑半球表面的分布区

3）**后交通动脉**（posterior communicating artery）：自颈内动脉发出后，向后与大脑后动脉吻合（图 9-33）。

（2）**椎动脉**：起自锁骨下动脉，上穿第 6 颈椎～第 1 颈椎横突孔，经枕骨大孔入颅内，在脑桥下缘，左、右椎动脉合成一条**基底动脉**（图 9-33）。基底动脉沿脑桥基底沟上行至脑桥上缘，分为左、右大脑后动脉。椎动脉和基底动脉沿途发出分支分布于脊髓、小脑和脑干等处。

大脑后动脉（posterior cerebral artery）是基底动脉的终支，绕大脑脚向背侧行向颞叶下面和枕叶内侧面。皮质支分布于大脑半球颞叶的内侧面、下面和枕叶；中央支分布于下丘脑等处（图 9-36）。

（3）**大脑动脉环**（cerebral arterial circle）：是在脑底面，由前交通动脉、两侧的大脑前动脉、颈内动脉、后交通动脉和大脑后动脉，围绕视交叉、灰结节和乳头体周围形成的环形结构，又称 Willis 环（图 9-37）。大脑动脉环将颈内动脉系与椎 - 基底动脉系联系起来，也将左、右大脑半球的动脉联系起来，对保证大脑的血液供应起重要作用。当某一动脉血流减少或阻塞时，通过大脑动脉环的调节，血液重新分配，补偿缺血部分，维持脑的正常血液供应。

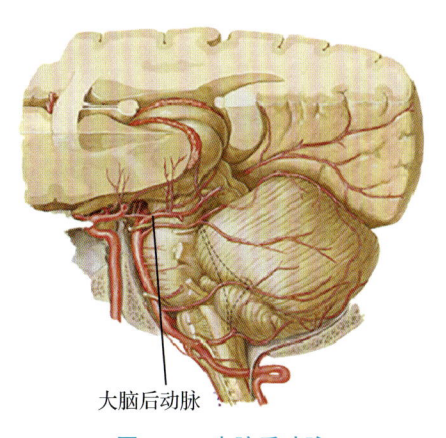

图 9-36　大脑后动脉

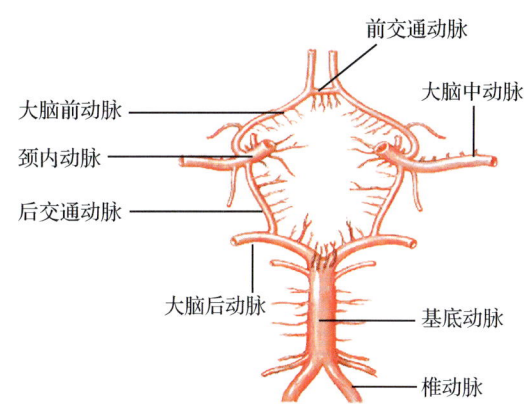

图 9-37　大脑动脉环

2. **脑的静脉**　不与动脉伴行，可分为浅、深两组。浅静脉位于脑表面，收集皮质和皮质下髓质浅部的静脉血；深静脉收集大脑髓质深部的静脉血。两组静脉均注入附近的硬脑膜窦，最终汇入颈内静脉（图 9-31）。

（二）脊髓的血管

1. **脊髓的动脉**　血液供应有 2 个来源：一个是椎动脉发出的脊髓前动脉和脊髓后动脉；另一个是肋间后动脉、肋下动脉和腰动脉发出的脊髓支（图 9-38）。

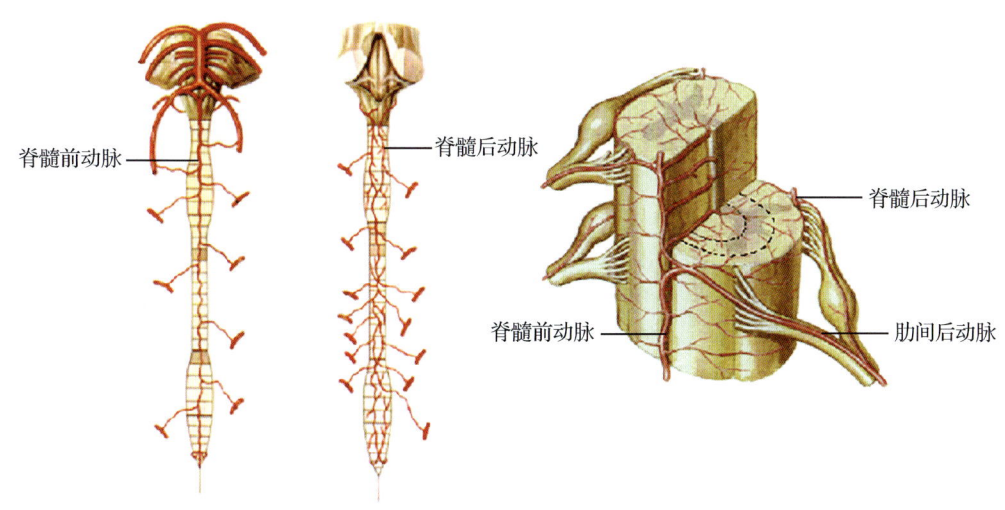

图 9-38　脊髓的动脉

椎动脉入颅后发出**脊髓前动脉**和**脊髓后动脉**。脊髓前动脉由起始处的 2 条合为 1 条，沿脊髓前正中裂下行至脊髓末端；2 条脊髓后动脉沿脊髓后外侧沟下行至脊髓末端。

肋间后动脉、肋下动脉和腰动脉发出的脊髓支进入椎管，与脊髓前、后动脉吻合，在脊髓表面形成血管网，由血管网发出分支营养脊髓。

2. **脊髓的静脉**　与动脉伴行，大部分注入硬膜外隙内的椎静脉丛（图 9-39）。

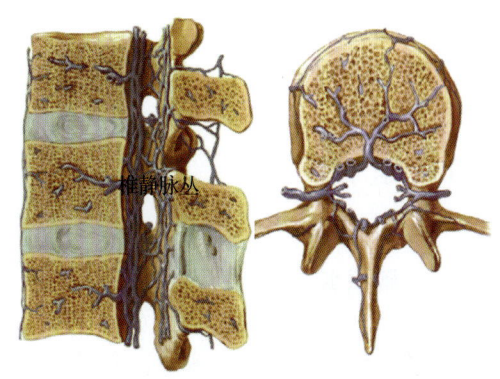

图 9-39　脊髓的静脉

三、脑脊液及其循环

脑脊液（cerebral spinal fluid，CSF）是无色透明的液体，充满于脑室、蛛网膜下隙和脊髓的中央管内，成人总量约 150 ml。脑脊液内含有葡萄糖、无机盐、少量蛋白质、维生素、酶、神经递质和少量淋巴细胞等。正常脑脊液的成分较恒定，中枢神经系统的某些疾病可引起脑脊液成分的改变，因此，临床上检查脑脊液有助于某些疾病的诊断。

脑脊液由各脑室脉络丛产生，处于不断产生、循环和回流的相对平衡状态。其循环途径是：侧脑室脉络丛产生脑脊液，经室间孔流入第三脑室，汇同第三脑室脉络丛产生的脑脊液，经中脑水管流入第四脑室，汇同第四脑室脉络丛产生的脑脊液，经第四脑室正中孔和左、右外侧孔流入蛛网膜下隙。最后经蛛网膜粒渗入上矢状窦，归入静脉（图 9-40）。

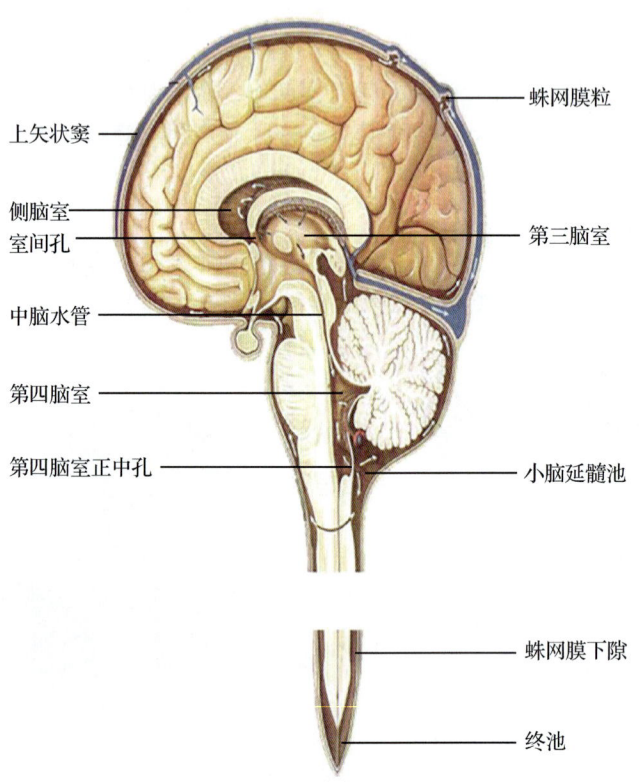

图 9-40　脑脊液的循环途径

脑脊液可缓冲振荡，对脑和脊髓具有保护作用；脑脊液运送营养物质，并带走脑和脊髓的代谢产物；脑脊液有维持正常颅内压的作用。

如脑脊液循环受阻，可引起脑积水或颅内压升高，使脑组织受压移位，甚至形成脑疝而危及生命。

> **知识链接**
>
> ### 脑积水
>
> **脑积水**是由于颅脑疾病导致脑脊液分泌过多和（或）循环、吸收障碍而使脑脊液含量增加，脑室系统扩大和（或）蛛网膜下隙扩大的一种病症。其典型症状为头痛、呕吐、视物模糊和视神经盘水肿，偶伴复视、眩晕及癫痫发作。脑积水患者的神经功能障碍与脑积水的严重程度呈正相关，应积极诊治。

> **考点提示**
>
> 脑脊液的产生及循环途径。

在中枢神经系统内，毛细血管与脑组织之间具有一层有选择性通透作用的结构，称为**血－脑屏障**（blood-brain barrier，BBB）。血－脑屏障的结构基础是脑和脊髓毛细血管内皮及其基膜与神经胶质细胞突起形成的胶质膜。血－脑屏障具有选择性通透作用，能阻止有害物质进入脑组织，维持脑细胞内环境相对稳定。如血－脑屏障损伤（如缺血、缺氧、炎症、外伤或血管疾病），其通透性发生改变，可使脑和脊髓的神经细胞受到各种致病因素的影响。临床上，治疗脑部疾病选用药物时，必须考虑其通过血－脑屏障的能力，以达到预期的疗效。

第四节　周围神经系统

周围神经系统通常按照脊神经、脑神经和内脏神经三部分来叙述。

脊神经和脑神经含有4种纤维成分。①**躯体运动纤维**：支配全身骨骼肌的运动；②**躯体感觉纤维**：分布于皮肤、肌、腱和关节，以及口腔、鼻腔黏膜、视器和前庭蜗器等处；③**内脏运动纤维**：支配心肌和平滑肌的运动，控制腺体的分泌活动；④**内脏感觉纤维**：分布于内脏、心血管和腺体等处。

一、脊神经

脊神经与脊髓相连，共31对，包括颈神经8对、胸神经12对、腰神经5对、骶神经5对和尾神经1对。

每对脊神经均由前根和后根在椎间孔处合并而成（图9-41），后根在椎间孔附近有一膨大的脊神经节，内含假单极神经元的胞体。脊神经前根含有躯体运动纤维和内脏运动纤维，为运动根；后根含有躯体感觉纤维和内脏感觉纤维，为感觉根。每对脊神经既有运动纤维，又有感觉纤维，所以每对脊神经都是混合性的。

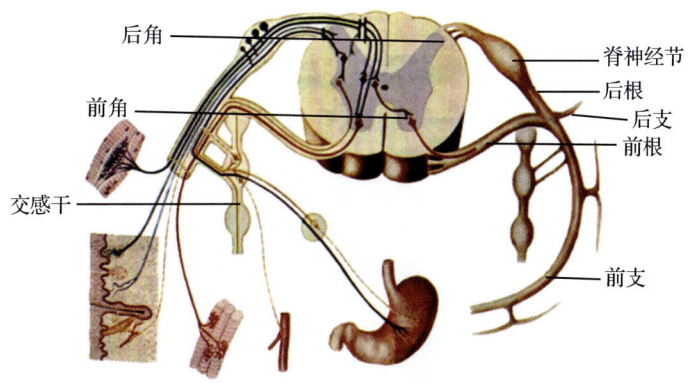

图 9-41　脊神经的组成及分支

脊神经干很短，出椎间孔后立即分为前支和后支。①**后支**：较细小，经相邻椎骨的横突之间或骶后孔向后走行，主要分布于项、背、腰、骶部的皮肤和深层肌；②**前支**：粗大，主要分布于颈、胸、腹、四肢的肌和皮肤。除第2～11对胸神经前支外，其余脊神经前支分别交织成**脊神经丛**，分别是颈丛、臂丛、腰丛和骶丛。

(一) 颈丛

1. 颈丛的组成与位置　颈丛 (cervical plexus) 由第1～4颈神经前支组成 (图9-42)，位于颈侧部胸锁乳突肌上部的深面。

2. 颈丛的分支　颈丛主要发出分布于颈部皮肤的皮支、支配颈部深层肌的肌支和膈神经。

（1）**皮支**：主要有枕小神经、耳大神经、颈横神经和锁骨上神经。颈丛皮支自胸锁乳突肌后缘中点附近穿出浅筋膜，呈放射状分布于枕部、耳部、颈前区和肩部皮肤 (图9-43)。

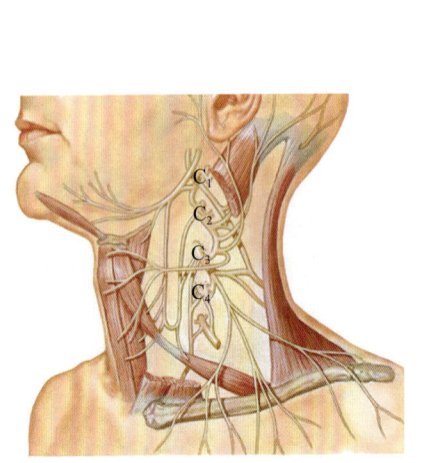

图9-42　颈丛的组成

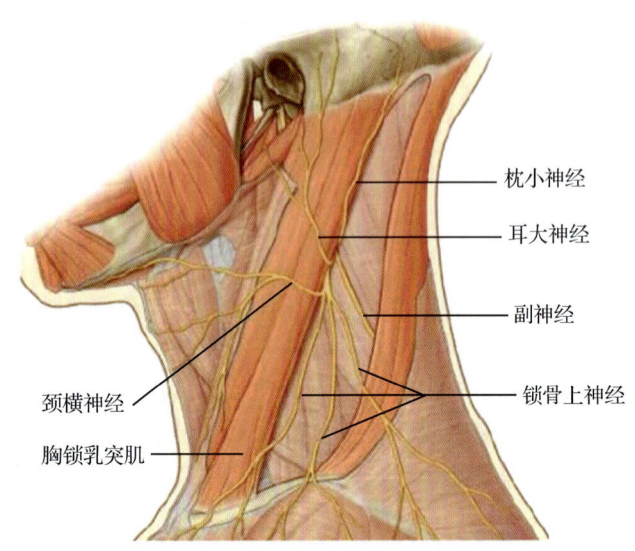

图9-43　颈丛皮支

颈丛皮支在胸锁乳突肌后缘中点浅出处比较集中，临床上做颈部表浅手术时，常在此作颈丛局部阻滞麻醉。

（2）**肌支**：细小，主要支配颈深肌群和舌骨下肌群。

（3）**膈神经** (phrenic nerve)：属混合性，为颈丛最重要的分支。自颈丛发出后沿前斜角肌表面下行，经锁骨下动脉与锁骨下静脉之间入胸腔，在纵隔胸膜与心包之间，经肺根前方下行至膈。膈神经的运动纤维支配膈肌，感觉纤维分布至胸膜、心包和膈下面中央部的腹膜。一般认为，右侧膈神经的感觉纤维还分布至肝和胆囊表面的腹膜 (图9-44)。

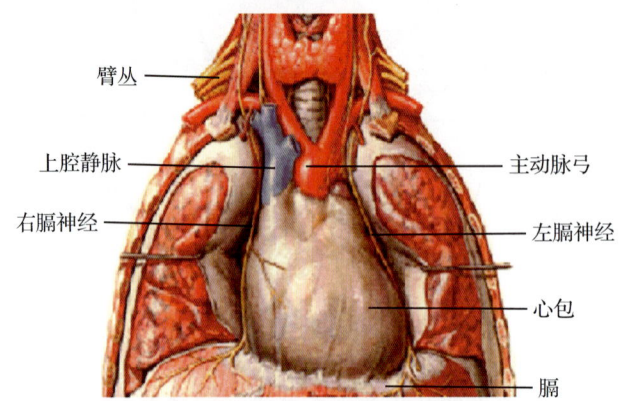

图9-44　膈神经

当膈神经受刺激时，可导致膈肌痉挛性收缩，产生呃逆。一侧膈神经损伤可导致同侧半膈肌瘫痪，引起呼吸困难。

(二) 臂丛

1. **臂丛的组成与位置** 臂丛（brachial plexus）由第5~8颈神经前支和第1胸神经前支的大部分组成（图9-45）。自斜角肌间隙穿出，向外行于锁骨下动脉后上方，经锁骨后方进入腋窝，围绕腋动脉排列。

臂丛各分支在锁骨中点后方比较集中，位置表浅，临床上常在此处作臂丛阻滞麻醉。

2. **臂丛的分支**

（1）**肌皮神经**（musculocutaneous nerve）：自臂丛发出后，向外下斜穿喙肱肌，在肱二头肌与肱肌之间下行，沿途发出肌支支配这三块肌，在肘关节稍上方外侧穿出深筋膜，移行为**前臂外侧皮神经**，分布于前臂外侧皮肤（图9-46）。

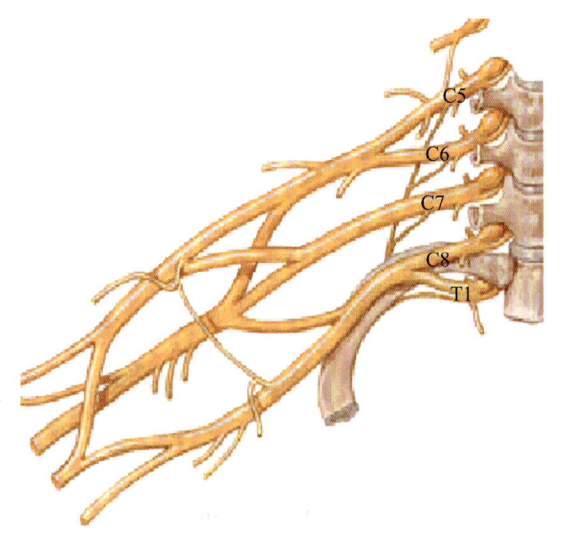

图 9-45 臂丛的组成

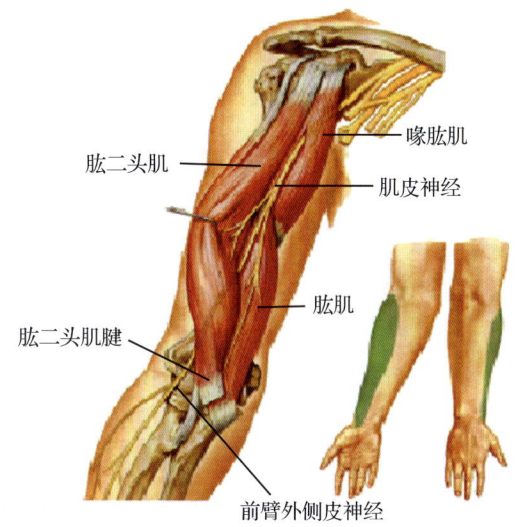

图 9-46 肌皮神经

（2）**尺神经**（ulnar nerve）：沿肱二头肌内侧沟伴肱动脉下行，至臂中部离开肱动脉向后下，经肱骨内上髁后方的尺神经沟至前臂，在尺侧腕屈肌深面伴尺动脉尺侧下行，经腕前部豌豆骨桡侧入手掌（图9-47）。尺神经在臂部无分支，在前臂发出肌支支配前臂肌前群尺侧的小部分，在手掌支配小鱼际和中间群的大部分；皮支分布于手掌尺侧半和尺侧1个半指掌面，以及手背尺侧半和尺侧2个半指背面的皮肤。

尺神经在肱骨内上髁后方的尺神经沟处紧贴骨面，位置表浅，易受损伤。损伤后主要表现为屈腕力减弱，小鱼际萎缩平坦，拇指不能内收等，表现为爪形手畸形（图9-47）；感觉障碍以手掌尺侧缘和小指最为明显。

（3）**正中神经**（median nerve）：沿肱二头肌内侧沟伴肱动脉下行至肘窝。从肘窝向下穿旋前圆肌，继而在前臂中线于指浅屈肌、指深屈肌之间下行，经腕管入手掌（图9-47）。正中神经在臂部无分支，在肘部和前臂发出肌支支配前臂肌前群桡侧的大部分，在手掌支配鱼际和中间群的小部分；皮支分布于手掌桡侧半和桡侧3个半指掌面的皮肤。

正中神经损伤多发生在前臂和腕部。损伤后

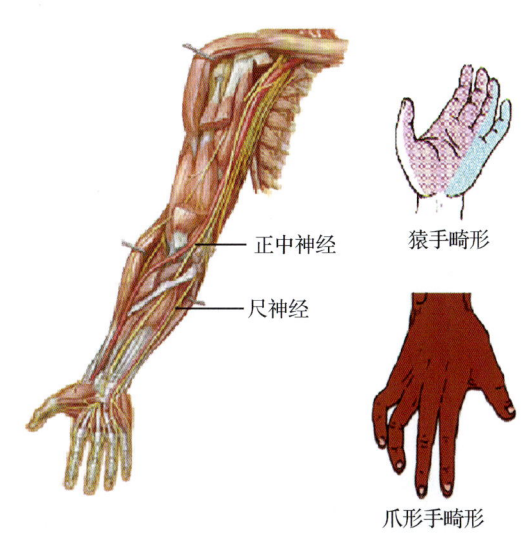

图 9-47 尺神经和正中神经及其损伤后的表现

表现为前臂不能旋前，屈腕力减弱，拇指不能对掌，因鱼际萎缩，而手掌平坦，类似猿手畸形（图9-47）；感觉障碍以拇指、示指和中指远节皮肤最为明显。

（4）**桡神经**（radial nerve）：为臂丛最粗大的神经。经肱三头肌深面紧贴肱骨体中部后面，沿桡神经沟旋向外下，至肱骨外上髁前方分为浅、深2支（图9-48，图9-50）。**桡神经浅支**为皮支，伴桡动脉下行，在前臂中、下1/3交界处转向背侧，并下行至手背；**桡神经深支**为肌支，穿至前臂肌后群浅、深两层之间下行达腕关节背面。桡神经肌支支配臂肌及前臂肌后群；皮支分布于臂及前臂后面，手背桡侧半和桡侧2个半指背面的皮肤（图9-49）。

桡神经在桡神经沟内紧贴肱骨的骨面，故肱骨中段骨折易损伤桡神经。损伤后表现为前臂伸肌瘫痪，不能伸腕，呈垂腕状态（图9-48），不能伸指，拇指不能外展，前臂旋后功能减弱；感觉障碍以手背第1、2掌骨间隙"虎口区"背面的皮肤最为明显。

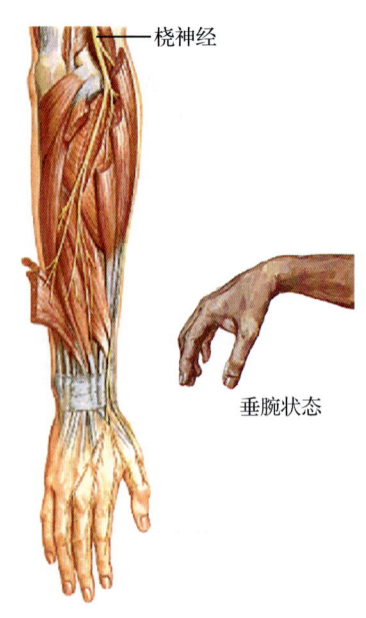

图9-48 桡神经及其损伤后的表现

（5）**腋神经**（axillary nerve）：绕肱骨外科颈行向后外，至三角肌深面（图9-50）。腋神经肌支支配三角肌；皮支分布于肩关节、肩部和臂外上部的皮肤。

肱骨外科颈骨折时易伤及腋神经。损伤后主要表现为三角肌瘫痪，肩关节不能外展，肩部失去圆隆状而形成方肩畸形；三角肌区皮肤感觉障碍。

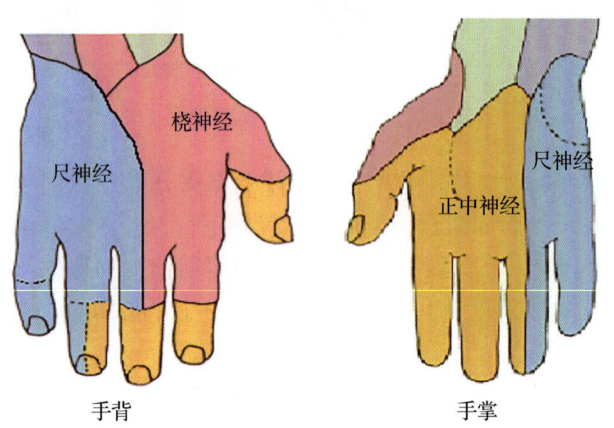

图9-49 手部皮肤的神经分布

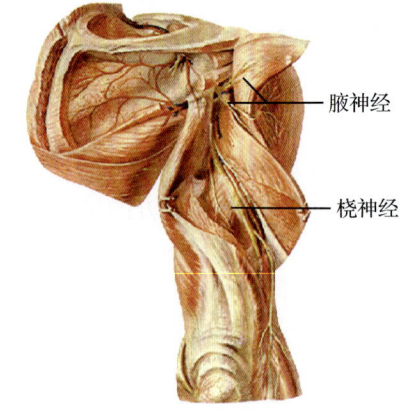

图9-50 腋神经

 考点提示

臂丛的位置及分支。

（三）胸神经前支

胸神经前支共12对，除第1对和第12对胸神经前支的部分纤维分别参与臂丛和腰丛的组成外，其余均不形成丛（图9-51）。第1~11对胸神经前支各自位于相应的肋间隙内，称为**肋间神经**（intercostal nerve）。第12对胸神经前支位于第12肋下方，称为**肋下神经**（subcostal nerve）。肋间神经在肋间内、外肌之间，与肋间血管伴行。上六对肋间神经到达胸骨外侧缘穿至皮下，下五对肋间神经和肋下神经至肋弓处走向前下，行于腹内斜肌与腹横肌之间，进入腹直肌鞘内，在白线附近穿至皮下。肋间神经和肋下神经的肌支支配肋间肌和腹肌前外侧群；皮支分布于胸、腹壁皮肤，以及壁胸膜和壁腹膜。

胸神经前支在胸、腹壁皮肤的分布有明显的节段性，由上向下按顺序依次呈环带状分布：如第 2 胸神经前支分布于胸骨角平面，第 4 胸神经前支分布于乳头平面，第 6 胸神经前支分布于剑突平面，第 8 胸神经前支分布于肋弓平面，第 10 胸神经前支分布于脐平面，第 12 胸神经前支分布于脐与耻骨联合连线的中点平面。

临床上，可根据胸神经前支的分布区来确定麻醉平面。当脊髓损伤时，可根据躯干皮肤感觉障碍的平面推断脊髓损伤的节段。

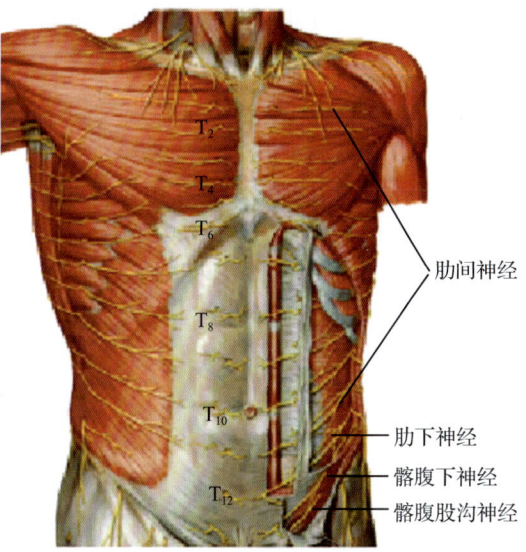

图 9-51　胸神经前支

（四）腰丛

1. 腰丛的组成与位置　腰丛（lumbar plexus）由第 12 胸神经前支的一部分、第 1～3 腰神经前支和第 4 腰神经前支的一部分共同组成。腰丛位于腰大肌深面、腰椎横突前方（图 9-52，图 9-53）。

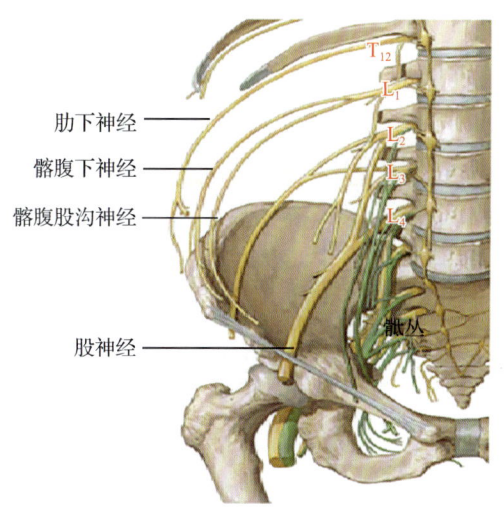

图 9-52　腰丛的组成

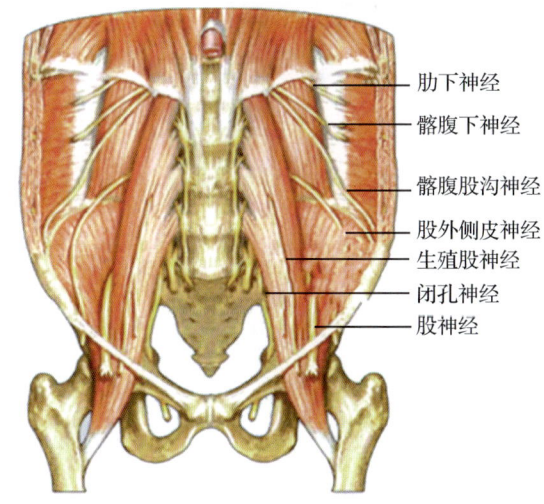

图 9-53　腰丛分支

2. 腰丛的分支　主要如下（图 9-51，图 9-53）。

（1）**髂腹下神经**（iliohypogastric nerve）：在髂嵴上方进入腹内斜肌与腹横肌之间至腹前壁，在腹股沟管浅环上方穿腹外斜肌腱膜至皮下。其肌支支配腹壁肌；皮支分布于臀外侧区、腹股沟区和下腹部的皮肤。

（2）**髂腹股沟神经**（ilioinguinal nerve）：在髂腹下神经下方，与其平行走行。进入腹股沟管内伴精索或子宫圆韧带出腹股沟管浅环。其肌支支配下腹部肌；皮支分布于腹股沟部和阴囊或大阴唇的皮肤。

髂腹下神经和髂腹股沟神经是腹股沟部的主要神经，在做腹股沟疝修补术时，应注意避免损伤。

（3）**闭孔神经**（obturator nerve）：自腰大肌内侧缘穿出，沿小骨盆侧壁行向前下，穿闭孔至大腿内侧部。其肌支支配大腿肌内侧群；皮支分布于大腿内侧面皮肤。骨盆骨折时易损伤闭孔神经，主要表现为大腿肌内侧群瘫痪；大腿内侧面的皮肤感觉障碍。

（4）**股神经**（femoral nerve）：为腰丛最大的分支。自腰大肌外侧缘穿出后，在腰大肌与髂肌之间下行，经腹股沟韧带深面、股动脉外侧入股三角内，分为数支（图9-54）。股神经的肌支支配大腿肌前群；皮支除分布于大腿前面和膝关节前面的皮肤外，还发出最长的皮支，称为**隐神经**。隐神经在膝关节内侧浅出至皮下，伴大隐静脉沿小腿内侧下行至足内侧缘，分布于小腿内侧面和足内侧缘的皮肤。

如股神经损伤，大腿肌前群瘫痪，膝关节不能伸，膝反射消失；大腿前面、小腿内侧面和足内侧缘的皮肤感觉障碍。

（五）骶丛

1. 骶丛的组成与位置　骶丛（sacral plexus）由第4腰神经前支的一部分、第5腰神经前支，以及全部骶、尾神经前支组成。骶丛位于盆腔内，在骶骨和梨状肌的前面（图9-52，图9-55）。

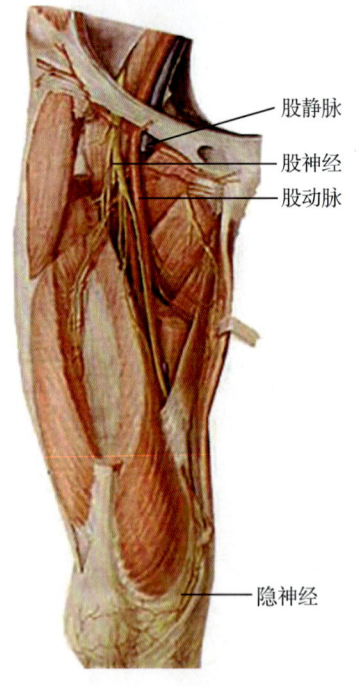

图9-54　股神经

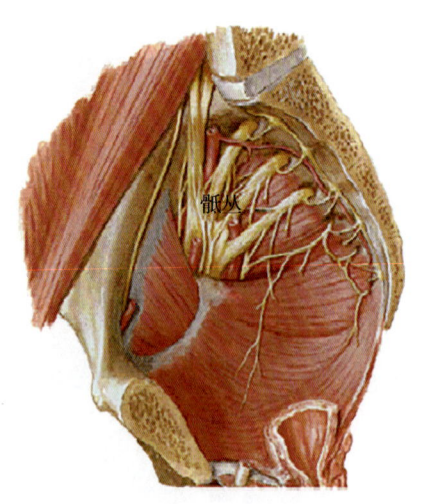

图9-55　骶丛的组成

2. 骶丛的分支　主要如图9-56所示。

（1）**臀上神经**（superior gluteal nerve）：伴臀上动、静脉经梨状肌上孔出盆腔，支配臀中、小肌。

（2）**臀下神经**（inferior gluteal nerve）：伴臀下动、静脉经梨状肌下孔出盆腔，支配臀大肌。

（3）**阴部神经**（pudendal nerve）：伴阴部内动、静脉出梨状肌下孔，绕坐骨棘穿坐骨小孔入坐骨直肠窝，分布于会阴部及外生殖器的肌和皮肤（图9-56，图9-57）。

（4）**坐骨神经**（sciatic nerve）：是全身最粗大的神经，经梨状肌下孔出盆腔后，在臀大肌深面，经坐骨结节与股骨大转子之间的中点下行至大腿后面，分支分布于大腿肌后群。主干继续下行，至腘窝上角附近分为胫神经和腓总神经（图9-56，图9-58）。自坐骨结节与股骨大转子之间的中点稍内侧到股骨内、外侧髁之间的中点作一连线的上2/3段，即为坐骨神经干的体表投影。

1）**胫神经**（tibial nerve）：为坐骨神经干的直接延续。沿腘窝中线向下，在小腿三头肌深面伴胫后动脉下行，经内踝后方至足底，分为足底内侧神经和足底外侧神经。胫神经肌支支配小腿肌后群和足底肌；皮支分布于小腿后面和足底的皮肤（图9-59）。

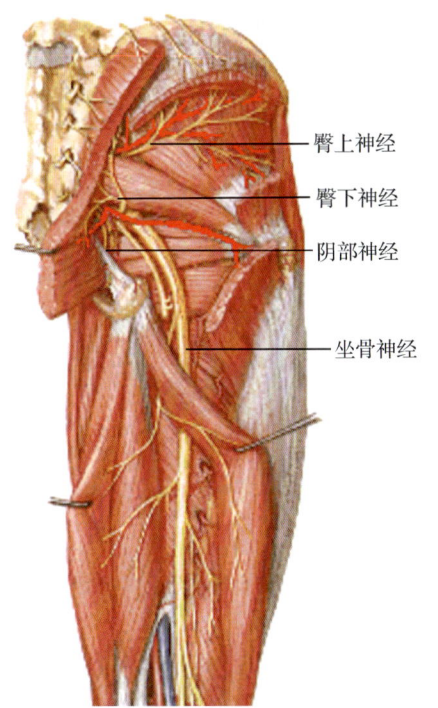

图 9-56 臀部的神经

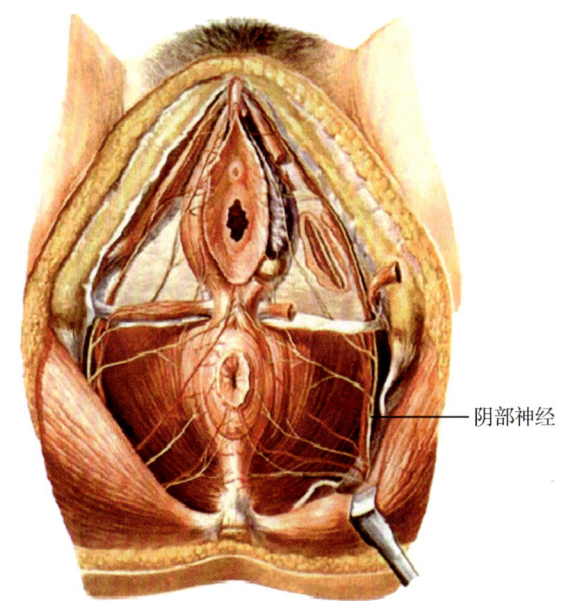

图 9-57 阴部神经

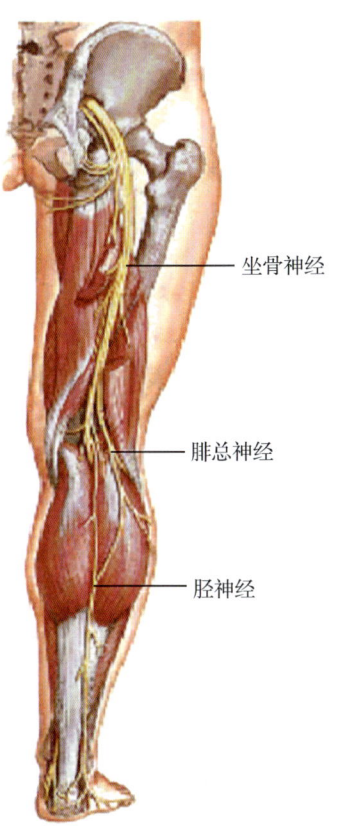

图 9-58 下肢后面的神经

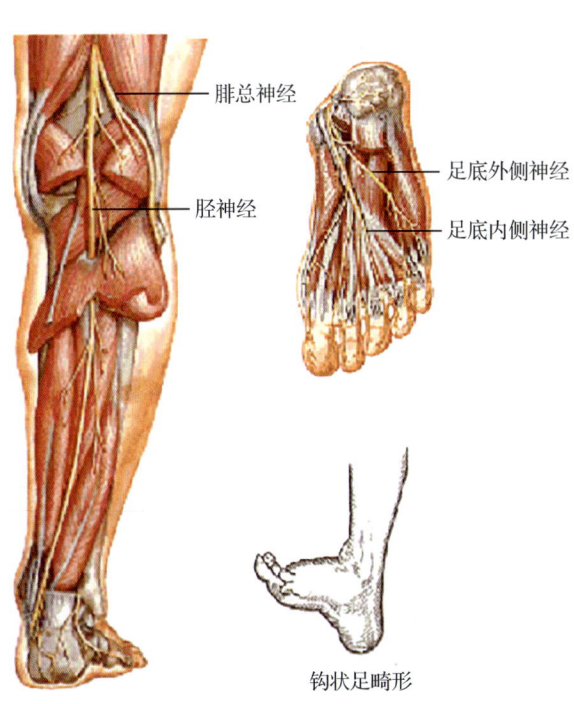

图 9-59 小腿后面及足底的神经

胫神经损伤主要表现为足不能跖屈（屈），趾不能屈，内翻力弱。由于小腿肌前群和外侧群的牵拉，致使足呈背屈（伸）和外翻位，出现钩状足畸形；感觉障碍以足底皮肤最为明显。

2）腓总神经（common peroneal nerve）：自坐骨神经发出后，沿腘窝上外侧缘向外下方斜行，绕腓骨颈至小腿前面，分为腓浅神经和腓深神经（图9-60）。①**腓浅神经**：在小腿肌外侧群之间下行，于小腿中、下1/3交界处浅出至皮下。沿途发出肌支支配小腿肌外侧群；皮支分布于小腿外侧面下部、足背和第2~5趾背面的皮肤。②**腓深神经**：在小腿肌前群之间伴胫前动脉下行，发出肌支支配小腿肌前群和足背肌；皮支分布于第1、2趾背面的皮肤。

腓总神经在腓骨头下外方位置表浅，易受损伤，主要表现为足不能背屈（伸），趾不能伸，足下垂并内翻，形成马蹄内翻足畸形，行走时呈跨阈步态；小腿前外侧面和足背的皮肤感觉障碍。

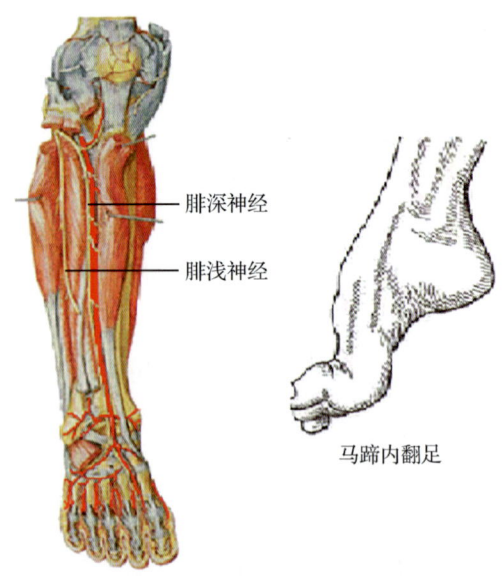

图 9-60　小腿前外侧及足背的神经

 考点提示

骶丛的分支。

二、脑神经

脑神经与脑相连，共12对，通常按与脑相连的顺序编码，用罗马数字表示。其排列顺序和名称分别是：Ⅰ嗅神经、Ⅱ视神经、Ⅲ动眼神经、Ⅳ滑车神经、Ⅴ三叉神经、Ⅵ展神经、Ⅶ面神经、Ⅷ前庭蜗神经、Ⅸ舌咽神经、Ⅹ迷走神经、Ⅺ副神经、Ⅻ舌下神经（图9-61）。

按所含纤维成分，脑神经可分为3类。①感觉性神经：第Ⅰ、Ⅱ、Ⅷ对脑神经；②运动性神经：第Ⅲ、Ⅳ、Ⅵ、Ⅺ、Ⅻ对脑神经；③混合性神经：第Ⅴ、Ⅶ、Ⅸ、Ⅹ对脑神经。脑神经的内脏运动纤维属副交感成分，仅存于第Ⅲ、Ⅶ、Ⅸ、Ⅹ对脑神经中。

含有感觉纤维的脑神经与脊神经后根相似，一般都有**脑神经节**，这些神经节一般位于所属脑神经穿越颅底的裂、孔附近。

（一）嗅神经

嗅神经（olfactory nerve）为感觉性神经，由鼻腔黏膜嗅区嗅细胞的轴突组成。其树突分布于鼻腔嗅黏膜上皮，嗅细胞的轴突集成15~20条嗅丝，组成嗅神经，穿筛孔入颅，止于嗅球（图9-62），传导嗅觉冲动。

当颅前窝骨折累及筛孔时，可伤及嗅神经，导致嗅觉障碍。

（二）视神经

视神经（optic nerve）为感觉性神经，由视网膜节细胞的轴突组成。视网膜节细胞的轴突在视网膜后部视神经盘处集中，然后穿出巩膜构成视神经。视神经自眼球向后内行，经视神经管入颅内，连于视交叉。向后延续为视束，主要终于外侧膝状体（图9-63），传导视觉冲动。

（三）动眼神经

动眼神经（oculomotor nerve）为运动性神经，由动眼神经核发出的躯体运动纤维和动眼神

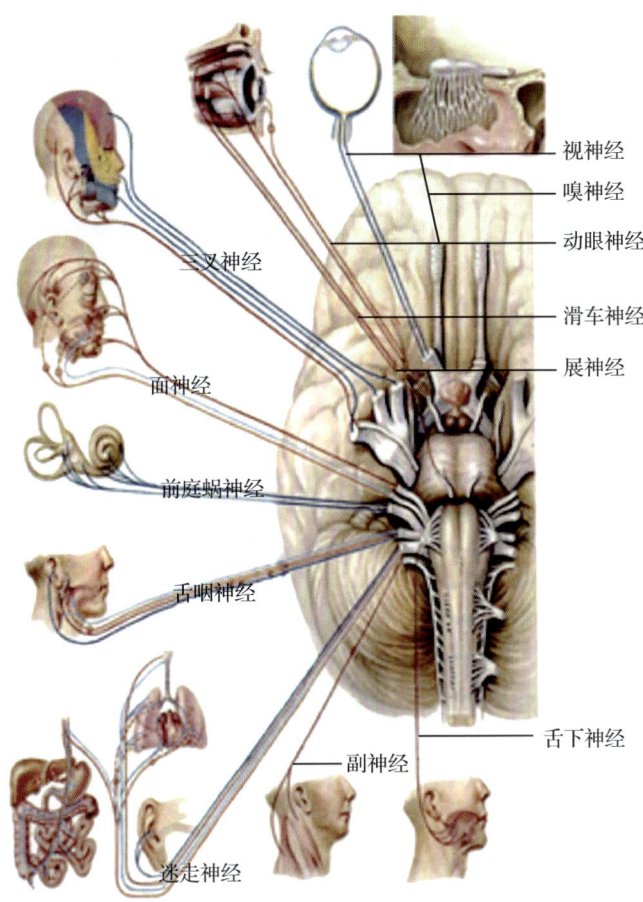

图 9-61 脑神经概况

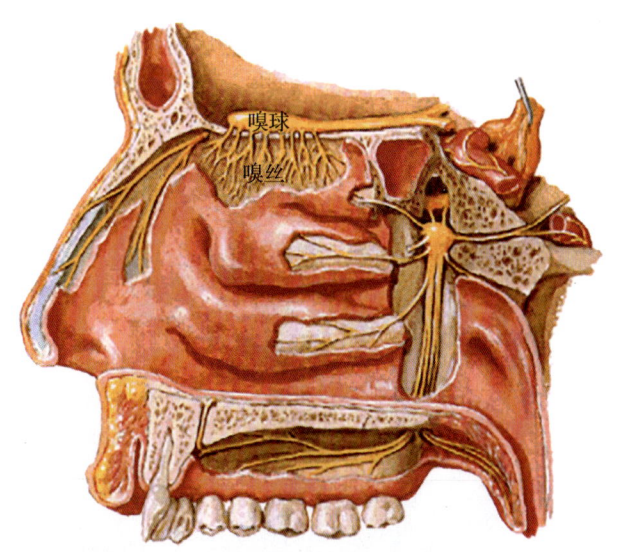

图 9-62 嗅神经

经副核发出的内脏运动（副交感）纤维组成。自脚间窝出脑，向前穿过海绵窦，经眶上裂入眶（图 9-63）。动眼神经的躯体运动纤维支配提上睑肌、上直肌、下直肌、内直肌和下斜肌；副交感纤维换元后分布于瞳孔括约肌和睫状肌，参与瞳孔对光反射和眼的调节反射。

一侧动眼神经损伤，可导致提上睑肌、上直肌、下直肌、内直肌、下斜肌和瞳孔括约肌、

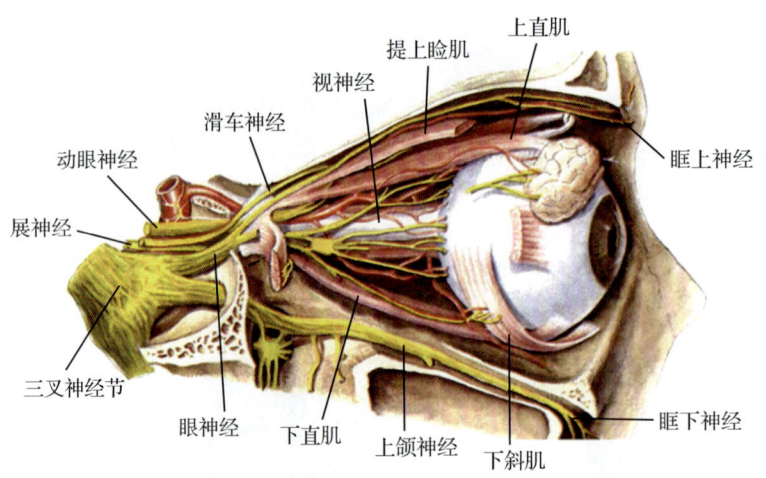

图 9-63 眶内的神经分布（右侧眼眶外侧面）

睫状肌瘫痪。主要表现为患侧上睑下垂，眼球不能向内侧、上方和下方运动，眼球向外斜视；瞳孔对光反射消失等。

（四）滑车神经

滑车神经（trochlear nerve）为运动性神经，由滑车神经核发出的躯体运动纤维组成。自中脑背侧的下丘下方出脑，绕过大脑脚外侧向前，穿海绵窦外侧壁，向前经眶上裂入眶（图9-63），支配上斜肌。

如滑车神经损伤，患眼不能向外下方斜视。

（五）三叉神经

三叉神经（trigeminal nerve）与脑桥相连，属混合性神经，在颞骨岩部前面膨大形成三叉神经节，节内假单极神经元的中枢突终于脑干内的三叉神经感觉核群，周围突组成眼神经、上颌神经和下颌神经的大部分。来自脑桥内三叉神经运动核发出的运动纤维参与组成下颌神经（图9-64）。

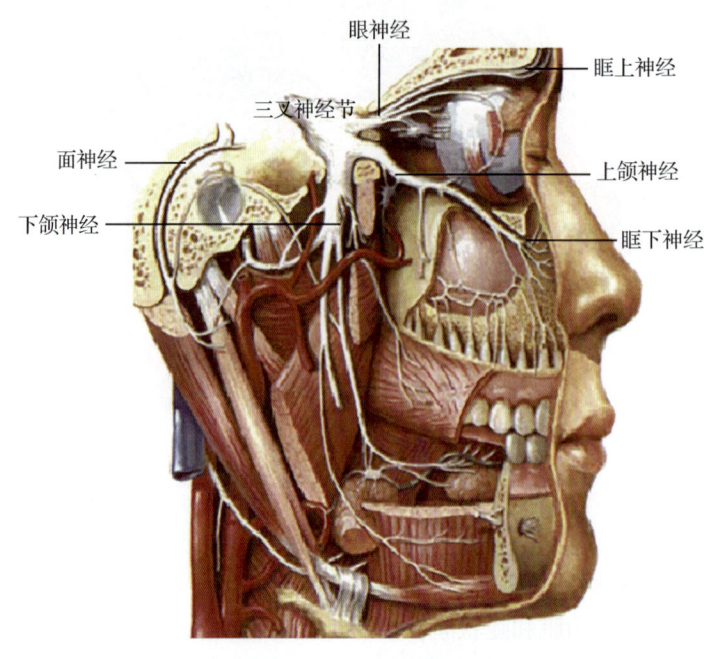

图 9-64 三叉神经

1. **眼神经**（ophthalmic nerve） 为感觉性神经，经眶上裂入眶。其中一个分支经眶上切迹或眶上孔出眶，称为**眶上神经**。眼神经分布于硬脑膜、眼球、泪腺、结膜和部分鼻黏膜，以及睑裂以上皮肤等。

2. **上颌神经**（maxillary nerve） 为感觉性神经，经圆孔出颅，穿眶下裂入眶，延续为**眶下神经**，出眶下孔至面部。上颌神经分布于口腔和鼻腔黏膜、上颌牙及牙龈，以及睑裂与口裂之间的皮肤。

3. **下颌神经**（mandibular nerve） 是三叉神经中最大的一支，为混合性神经，经卵圆孔出颅后分为耳颞神经、舌神经和下牙槽神经等分支。感觉纤维主要分布于下颌牙及牙龈、颊部和舌前2/3的黏膜，以及耳颞部和口裂以下的面部皮肤；运动纤维支配咀嚼肌的运动。

三叉神经在头面部皮肤的分布范围（图9-65）：眼神经分布于额部、上睑和鼻背的皮肤；上颌神经分布于睑裂与口裂之间的皮肤；下颌神经分布于耳颞部和口裂以下的面部皮肤。

一侧三叉神经损伤，主要表现为患侧头面部皮肤和鼻腔、口腔黏膜的一般感觉丧失、角膜反射消失；患侧咀嚼肌瘫痪，张口时下颌偏向患侧。

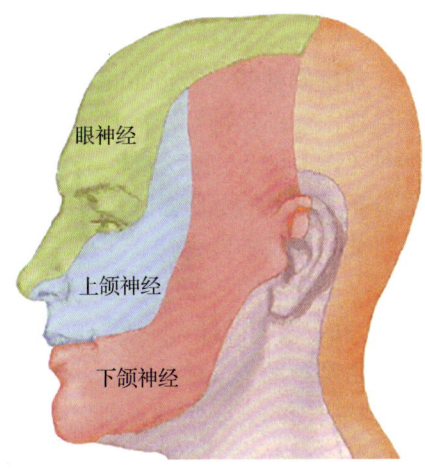

图 9-65 三叉神经皮支分布区

（六）展神经

展神经（abducent nerve）为运动性神经，由展神经核发出的躯体运动纤维组成。自延髓脑桥沟中线两侧出脑，前行穿海绵窦，经眶上裂入眶（图9-63），支配外直肌。

展神经损伤，患眼外直肌瘫痪，表现为患侧眼球不能转向外侧，呈现内斜视。

（七）面神经

面神经（facial nerve）为混合性神经，含有面神经核发出的躯体运动纤维、上泌涎核发出的内脏运动（副交感）纤维和终止于孤束核的内脏感觉纤维。面神经在延髓脑桥沟内展神经的外侧出脑，经内耳门入内耳道，穿内耳道底进入面神经管，从茎乳孔出颅后，向前穿入腮腺实质，在腮腺内分为数支到达面部（图9-66）。

面神经的内脏运动纤维和内脏感觉纤维在面神经管内自面神经分出（图9-67）。内脏运动纤维支配泪腺、下颌下腺和舌下腺的分泌活动；内脏感觉纤维分布于舌前2/3的味蕾，感受味觉；躯体运动纤维组成面神经的主干，入腮腺后分为数支并交织成丛，在腮腺前缘发出颞支、

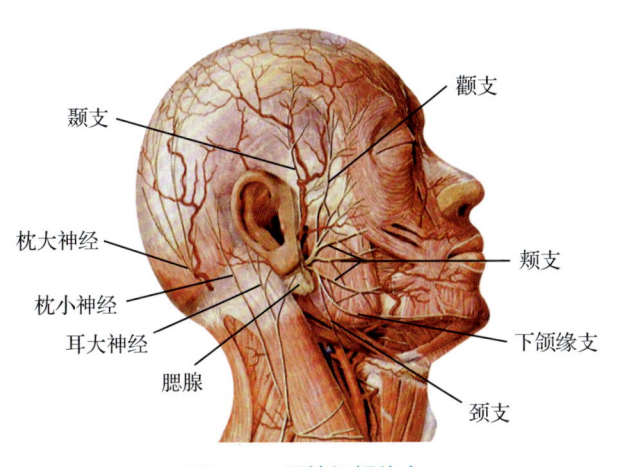

图 9-66 面神经颅外支

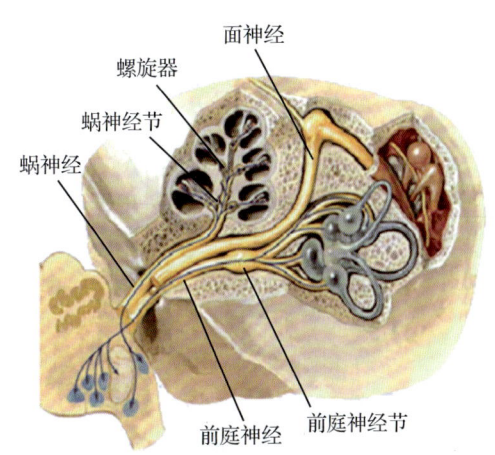

图 9-67 前庭蜗神经

颧支、颊支、下颌缘支和颈支，呈放射状走向颞部、颧部、颊部、下颌骨下缘和颈部，支配面肌和颈阔肌。

面神经损伤是常见病。根据面神经的行程，因受损部位不同，可出现不同的临床表现。①面神经管外损伤：主要是患侧半面肌瘫痪，表现为患侧额纹消失、不能闭眼皱眉、鼻唇沟变浅、口角歪向健侧和不能鼓腮，以及说话时唾液自口角流出等；②面神经管内损伤：除上述症状外，还可出现听觉过敏、角膜干燥、舌前 2/3 味觉障碍和唾液分泌障碍等。

（八）前庭蜗神经

前庭蜗神经（vestibulocochlear nerve）又称位听神经，为感觉性神经，由前庭神经和蜗神经组成。前庭蜗神经经内耳道穿内耳门入颅，连于延髓脑桥沟外侧部，终于前庭神经核和蜗神经核（图 9-67）。前庭神经分布于内耳的壶腹嵴、椭圆囊斑和球囊斑，传导平衡觉冲动；蜗神经分布于内耳的螺旋器，传导听觉冲动。

如前庭蜗神经损伤，主要表现为患侧耳聋和平衡觉功能障碍。如前庭神经受刺激，可出现眩晕、眼球震颤、恶心和呕吐等。

（九）舌咽神经

舌咽神经（glossopharyngeal nerve）为混合性神经，含有由疑核发出的躯体运动纤维、下泌涎核发出的内脏运动（副交感）纤维、止于三叉神经感觉核群的躯体感觉纤维、止于孤束核的内脏感觉纤维。舌咽神经于延髓后外侧沟上部离脑后，经颈静脉孔出颅，下行至颈内动、静脉之间，继而弓形向前入舌（图 9-68）。

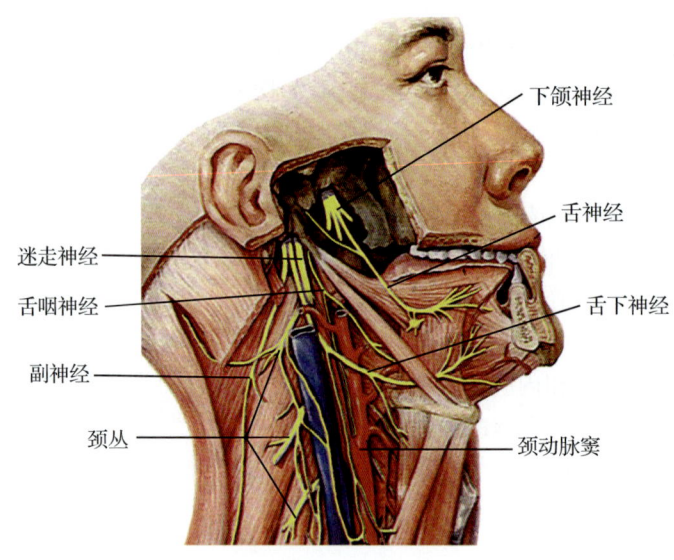

图 9-68　颈部神经

舌咽神经的躯体运动纤维支配咽肌；内脏运动纤维支配腮腺的分泌活动；躯体感觉纤维分布于耳后皮肤；内脏感觉纤维分布于咽和中耳等处的黏膜，以及舌后 1/3 的黏膜和味蕾，司一般感觉和味觉。此外，内脏感觉纤维还形成 1～2 条**颈动脉窦支**，分布于颈动脉窦和颈动脉小球，将动脉血压的变化，以及氧分压和二氧化碳分压变化的刺激传入脑，反射性地调节血压和呼吸。

如一侧舌咽神经损伤，表现为患侧咽肌无力，吞咽困难；舌后 1/3 黏膜的味觉和一般感觉丧失，舌根和咽峡区黏膜感觉障碍；腮腺分泌障碍。

（十）迷走神经

迷走神经（vagus nerve）为混合性神经，含有自疑核发出的躯体运动纤维、迷走神经背核发出的内脏运动（副交感）纤维、止于三叉神经感觉核群的躯体感觉纤维和止于孤束核的内脏感觉纤维。迷走神经是脑神经中行程最长、分布范围最广的神经。从延髓后外侧沟、舌咽神经根下方离脑后，经颈静脉孔出颅入颈部。在颈部，迷走神经在颈内动脉和颈总动脉与颈内静脉之间的后方下行，经胸廓上口入胸腔。左迷走神经经左肺根后方下行至食管前面，形成**食管前丛**，并在食管下端延续为**迷走神经前干**，经食管裂孔入腹腔，分布于胃前壁、肝、胆囊和肝外胆道；右迷走神经经右肺根后方下行至食管后面，形成**食管后丛**，并向下延续为**迷走神经后干**，经食管裂孔入腹腔，分布于胃后壁、肝、胰、脾、肾、肾上腺，以及结肠左曲以上的消化管（图9-69）。

迷走神经的躯体运动纤维支配咽喉肌；内脏运动纤维主要分布于颈部、胸部和腹部器官（只到结肠左曲以上的消化管），支配平滑肌、心肌和腺体的活动；躯体感觉纤维分布于硬脑膜、耳郭和外耳道皮肤；内脏感觉纤维分布于颈部、胸部和腹部器官，管理一般内脏感觉。

迷走神经主干损伤后，内脏活动障碍表现为心动过速、恶心、呕吐和呼吸深而慢，甚至窒息等症状；由于咽喉感觉障碍和喉肌瘫痪，可出现吞咽困难、软腭瘫痪、发音困难和声音嘶哑等。

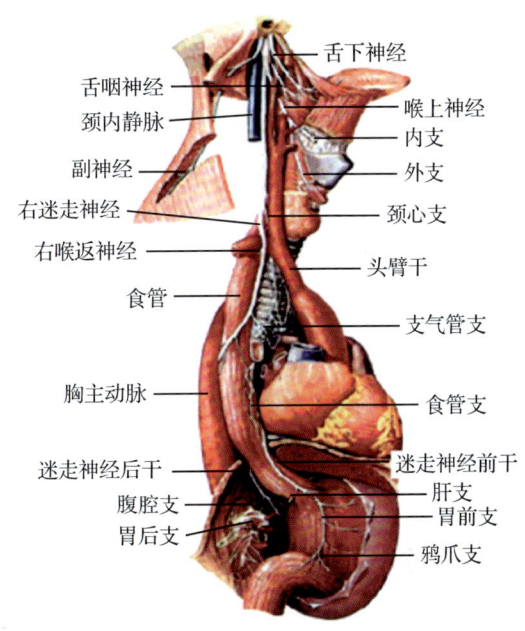

图 9-69　迷走神经

迷走神经沿途发出许多分支，其中重要的分支如图9-69，图9-70所示。

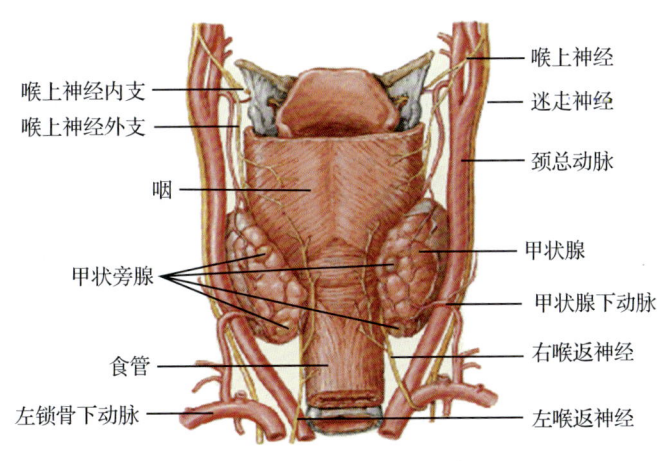

图 9-70　喉上神经和喉返神经

1. 喉上神经（superior laryngeal nerve）　在颈静脉孔下方由迷走神经发出，沿颈内动脉内侧下行，分为内、外两支，分布于声门裂以上的喉黏膜和环甲肌。

2. 喉返神经（recurrent laryngeal nerve）　是迷走神经在胸部的分支。左、右喉返神经的起点和行程不同。左喉返神经起点稍低，在左迷走神经干跨越主动脉弓的前方时发出，向后勾绕主动脉弓，返回颈部；右喉返神经在右迷走神经干行经右锁骨下动脉的前方时发出，向后勾绕右锁骨下动脉，返回颈部。分布于声门裂以下的喉黏膜，以及除环甲肌以外的所有喉肌。

喉返神经在颈部与甲状腺下动脉交叉，故甲状腺手术时应注意避免损伤。若一侧喉返神经损伤，可导致声音嘶哑；若两侧喉返神经同时损伤，可引起失音和呼吸困难，甚至窒息。

3. 胃前支和肝支 是迷走神经前干的2个终支。**胃前支**沿胃小弯向右，分布于胃前壁，其终支以"鸦爪"形分支分布于胃幽门部的前壁；**肝支**向右行于小网膜内，参与构成肝丛，随肝固有动脉分支分布于肝和胆囊等处。

4. 胃后支和腹腔支 是迷走神经后干的2个终支。**胃后支**沿胃小弯向右，分布于胃后壁，其终支也以"鸦爪"形分支分布于胃幽门部的后壁；**腹腔支**向右行于腹腔干附近，与交感神经分支共同构成腹腔丛，随腹腔干、肠系膜上动脉和肾动脉等分支分布于肝、胆囊、胰、脾、肾，以及结肠左曲以上的消化管。

（十一）副神经

副神经（accessory nerve）为运动性神经，由疑核和副神经核发出的躯体运动纤维组成。在延髓后外侧沟、迷走神经根下方离脑后，经颈静脉孔出颅，在颈内动、静脉之间行向后下，支配胸锁乳突肌和斜方肌（图9-68）。

当副神经损伤时，由于胸锁乳突肌瘫痪，使头不能向同侧倾斜，面部不能转向对侧；由于斜方肌瘫痪，出现患侧肩下垂，耸肩无力。

（十二）舌下神经

舌下神经（hypoglossal nerve）为运动性神经，由舌下神经核发出的躯体运动纤维组成（图9-68）。自延髓前外侧沟离脑后，经舌下神经管出颅，在颈内动脉与颈外动脉之间下行，至下颌角处行向前，进入舌内，支配舌内肌和大部分舌外肌。

如一侧舌下神经损伤，患侧舌肌瘫痪，伸舌时舌尖偏向患侧。

考点提示

脑神经的名称及分布。

三、内脏神经

内脏神经主要分布于内脏、心血管和腺体。内脏神经分为内脏运动神经和内脏感觉神经。内脏运动神经支配平滑肌、心肌和腺体的分泌活动，其功能一般不受意识支配，故又称自主神经；又因为它主要调控动物和植物共有的物质代谢活动，而不支配动物所特有的骨骼肌运动，所以也称为植物神经。内脏感觉神经将内脏和心血管等处感受器的感觉传入各级中枢，到达大脑皮质。内脏感觉神经传来的信息经中枢整合后，通过内脏运动神经调节内脏、心血管和腺体等活动。

（一）内脏运动神经

内脏运动神经与躯体运动神经相比较有以下特点。①支配的对象不同：躯体运动神经支配骨骼肌，受意识控制，内脏运动神经支配平滑肌、心肌和腺体，在一定程度上不受意识控制。②神经元数目不同：躯体运动神经自低级中枢到其支配的骨骼肌只有1级神经元，内脏运动神经自低级中枢到其支配的器官，必须在周围部的内脏神经节更换神经元，即需要2级神经元才能到其支配器官。第1级神经元称为**节前神经元**，胞体位于脑干或脊髓内，其轴突称为节前纤维。第2级神经元称为**节后神经元**，胞体位于内脏神经节内，其轴突称为节后纤维。③纤维成分不同：躯体运动神经只有1种纤维成分，内脏运动神经有交感和副交感2种纤维成分，形成多数器官同时接受交感神经和副交感神经的双重支配现象。④分布形式不同：躯体运动神经以神经干的形式分布，内脏运动神经的节后纤维多沿血管或攀附于内脏器官形成内脏神经丛，再由丛分支到所支配的器官。

内脏运动神经根据其功能特点分为交感神经和副交感神经。

1. **交感神经**（sympathetic nerve） 包括中枢部和周围部（图 9-71）。

（1）**中枢部**：位于 $T_1 \sim L_3$ 节段的灰质侧角内。侧角内的神经元即节前神经元，其轴突即交感神经的节前纤维。

（2）**周围部**：包括交感神经节、交感干和交感神经纤维等。

1）**交感神经节**：依其所在位置分为椎旁节和椎前节。神经节内的神经元即节后神经元，其轴突即交感神经的节后纤维。

椎旁节又称为交感干神经节，位于脊柱两侧，每侧有 19～24 对。其中颈节 2～3 对，胸节 10～12 对，腰节 4～5 对，骶节 2～3 对，尾节 1 个，又名**奇神经节**；椎前节位于脊柱前方，主要有腹腔神经节、主动脉肾神经节、肠系膜上神经节和肠系膜下神经节，分别位于同名动脉根部附近。

2）**交感干**（sympathetic trunk）：由每侧的交感干神经节借节间支相互连结而成。交感干呈串珠状，左、右各一，位于脊柱两旁，上起颅底，下至尾骨前方两干合并于奇神经节。

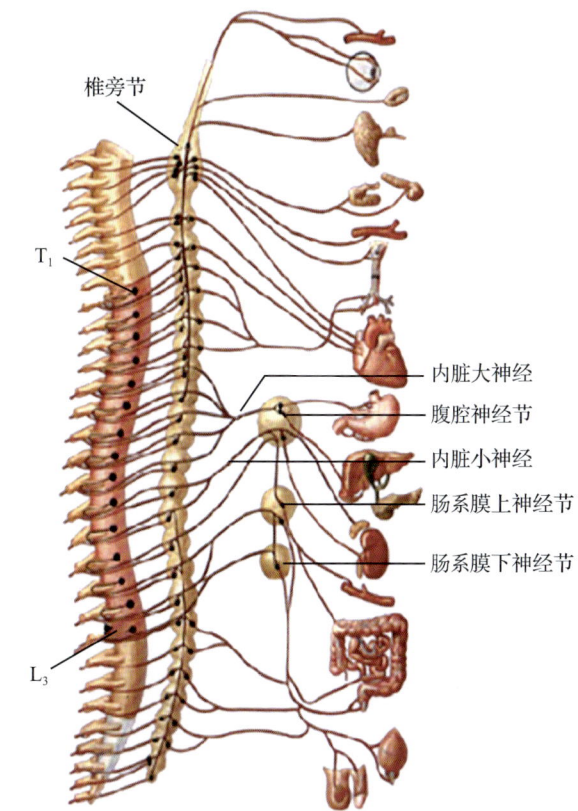

图 9-71 交感神经概况示意图

3）**交感神经纤维**：脊髓侧角发出的节前纤维，随脊神经前根走行，出椎间孔后离开脊神经，进入交感干后有 3 种去向：①终于相应的椎旁节；②在交感干内上升或下降，终于上方或下方的椎旁节；③穿过椎旁节，终于椎前节。

交感神经节发出的节后纤维也有 3 种去向：①返回脊神经，随脊神经分支分布于血管、汗腺和竖毛肌等；②攀附于动脉表面形成神经丛，随动脉分支分布于所支配的器官；③由交感神经节发出后直接到达所支配的器官。

4）**交感神经的分布概况**：① $T_{1\sim5}$ 侧角发出的节前纤维，在椎旁节更换神经元后，节后纤维分布于头颈、胸腔器官和上肢的血管、汗腺、竖毛肌等；② $T_{5\sim12}$ 侧角发出的节前纤维，在椎旁节或椎前节更换神经元后，节后纤维分布于肝、胆囊、胰、脾、肾等腹腔实质性器官和结肠左曲以上的消化管；③ $L_{1\sim3}$ 侧角发出的节前纤维，在椎旁节或椎前节更换神经元后，节后纤维分布于结肠左曲以下的消化管和盆腔器官，以及下肢的血管、汗腺、竖毛肌等。

2. **副交感神经**（parasympathetic nerve） 也包括中枢部和周围部（图 9-72）。

（1）**中枢部**：位于脑干的副交感神经核和 $S_{2\sim4}$ 的骶副交感核，这些核内的神经元即节前神经元，其轴突即副交感神经的节前纤维。

（2）**周围部**：包括副交感神经节和副交感神经纤维。

1）**副交感神经节**：多位于所支配的器官附近或器官内，分别称为**器官旁节**和**器官内节**。神经节内的神经元即节后神经元，其轴突即副交感神经的节后纤维。

位于颅部的器官旁节较大，肉眼可见，有睫状神经节、翼腭神经节、下颌下神经节和耳神经节等。其余部位的副交感神经节和器官内节较小，在显微镜下才能看清。

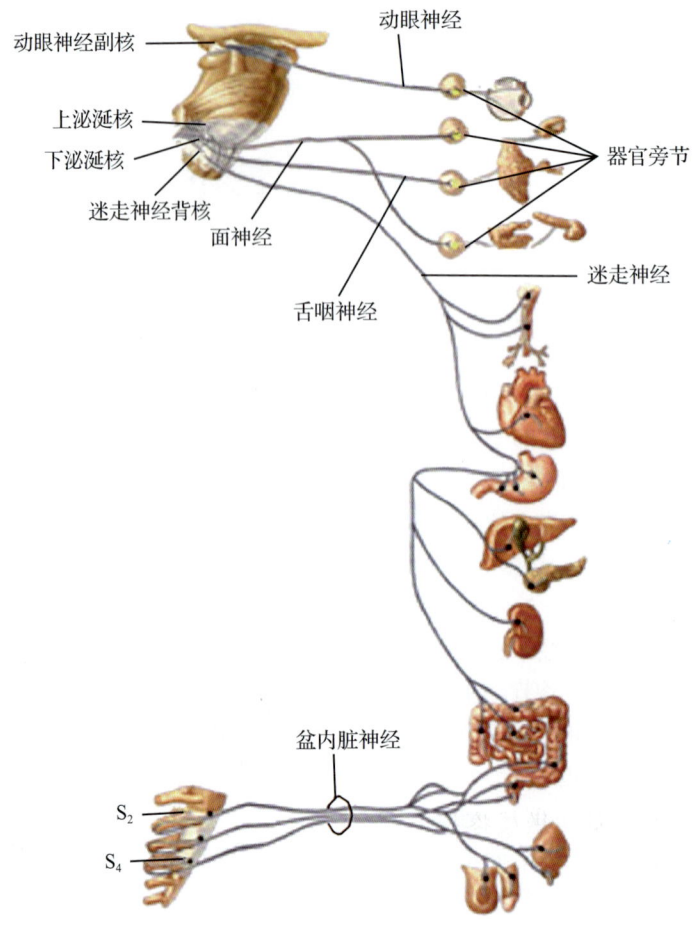

图 9-72 副交感神经概况示意图

2）副交感神经纤维

颅部副交感神经：脑干内副交感神经核发出的副交感神经节前纤维，分别随第Ⅲ、Ⅶ、Ⅸ、Ⅹ对脑神经走行，至相应脑神经所支配的器官附近或器官内的副交感神经节更换神经元，其节后纤维分别分布于所支配的器官。中脑动眼神经副核发出的节前纤维，随动眼神经走行，至睫状神经节更换神经元，节后纤维支配瞳孔括约肌和睫状肌；脑桥上泌涎核发出的节前纤维，随面神经走行，一部分在翼腭神经节更换神经元，节后纤维支配泪腺、鼻腔和腭黏膜的腺体，另一部分在下颌下神经节更换神经元，节后纤维支配下颌下腺和舌下腺的分泌；延髓下泌涎核发出的节前纤维，随舌咽神经走行，至耳神经节更换神经元，节后纤维支配腮腺的分泌；延髓迷走神经背核发出的节前纤维，随迷走神经走行，至相应的器官内节更换神经元，节后纤维分布于颈部、胸部和腹部器官（结肠左曲以上的消化管），支配平滑肌、心肌和腺体的分泌活动。

骶部副交感神经：$S_{2\sim4}$骶副交感核发出的节前纤维，随第2~4对骶神经前支出骶前孔后，离开骶神经，组成**盆内脏神经**，至所支配器官的器官旁节或器官内节更换神经元，其节后纤维支配结肠左曲以下的消化管、盆腔器官和外生殖器等。

3. 交感神经与副交感神经的区别　交感神经和副交感神经都是内脏运动神经，常支配同一个内脏器官，形成对内脏器官的双重神经支配。但二者在来源、形态结构、分布范围和对所支配器官的主要作用上又有区别（表9-2）。

表 9-2 交感神经与副交感神经的区别

项目	交感神经	副交感神经
低级中枢	$T_1 \sim L_3$ 灰质侧角	脑干副交感神经核，$S_{2\sim 4}$ 的骶副交感核
周围神经节	椎旁节和椎前节	器官旁节和器官内节
节前、节后纤维	节前纤维短，节后纤维长	节前纤维长，节后纤维短
分布范围	广泛，全身血管、内脏、平滑肌、心肌、腺体、竖毛肌和瞳孔开大肌等	局限（大部分血管、肾上腺髓质、汗腺、竖毛肌处无分布）

（二）内脏感觉神经

内脏感觉神经元的胞体位于脊神经节或脑神经节内，其周围突随交感神经或副交感神经分布到内脏器官和心血管等处，中枢突进入脊髓或脑干。内脏感觉神经接受内脏器官的各种刺激，转变为神经冲动后传至中枢，产生内脏感觉。

内脏感觉神经与躯体感觉神经的形态基本相似，但有如下特点：①内脏器官的一般活动不引起感觉，较强烈的活动才引起感觉；②内脏器官对切割、冷热和烧灼等刺激不敏感，而对牵拉、膨胀、平滑肌痉挛、化学刺激、缺血和炎症等刺激敏感；③内脏感觉的传入途径比较分散，即一个脏器的感觉冲动可经几条脊神经后根传入脊髓的几个节段，因而一条脊神经可含有来自几个脏器的感觉纤维，故内脏痛往往是弥散的，且定位模糊。

牵涉痛是指某些内脏器官发生病变时，常在体表的一定区域产生感觉过敏或疼痛的现象。牵涉痛可发生在患病内脏器官附近的皮肤，也可发生在与患病内脏器官相距较远的皮肤。如心绞痛时，常在左胸前区或左臂内侧皮肤感到疼痛；肝和胆囊病变时，常在右肩部皮肤感到疼痛（图 9-73）。关于牵涉痛发生的原因，一般认为是传导患病内脏的感觉纤维和被牵涉区皮肤的躯体感觉纤维都进入同一个脊髓节段，因此从患病内脏传来的冲动可以扩散到邻近的躯体感觉神经元，从而产生牵涉痛。熟悉器官病变时牵涉痛的发生部位，对诊断内脏器官的疾病有一定的临床意义。

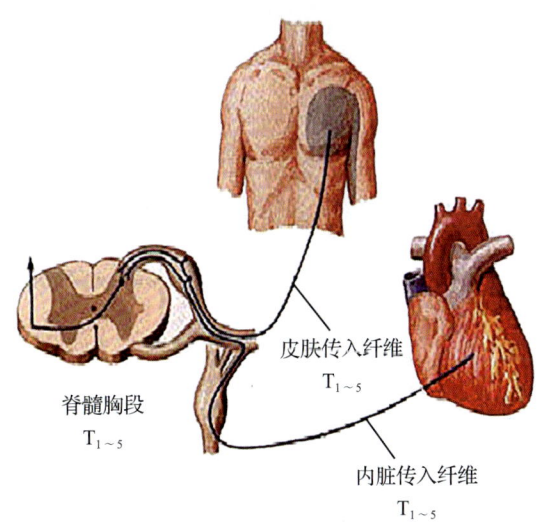

图 9-73 心绞痛时产生牵涉痛示意图

第五节 神经系统的传导通路

神经系统的传导通路是指高级神经中枢与感受器或效应器之间传导神经冲动的通路，是由若干级神经元连接而成的神经元链。由感受器将神经冲动经传入神经和各级中枢至大脑皮质的神经传导通路，称为**感觉传导通路**，又称为上行传导通路；将大脑皮质发出的神经冲动，经皮质下的各级中枢和传出神经至效应器的神经传导通路，称为**运动传导通路**，又称为下行传导通路。

一、感觉（上行）传导通路

感觉传导通路包括深感觉、浅感觉和视觉等传导通路。**深感觉**即本体感觉，是指肌、腱和关节等的位置觉、运动觉及振动觉；**浅感觉**是指全身皮肤和鼻腔黏膜等处的痛觉、温度觉、粗触觉及压觉；**精细触觉**是指皮肤两点之间的距离辨别觉和物体纹理觉等。

（一）躯干及四肢的本体感觉与皮肤精细触觉传导通路

躯干及四肢本体感觉与皮肤精细触觉传导通路由3级神经元组成（图9-74）。

第1级神经元胞体位于**脊神经节**内，其周围突随脊神经分布于躯干和四肢的肌、腱及关节等处的本体感受器和皮肤的精细触觉感受器，中枢突经脊神经后根进入脊髓后索上行，组成薄束和楔束，分别止于延髓的薄束核和楔束核。

第2级神经元胞体位于**薄束核和楔束核**内，此两核发出纤维向前绕过延髓中央灰质腹侧后左、右交叉，称为内侧丘系交叉。交叉后的纤维在延髓中线两侧上行，称为内侧丘系，经脑桥和中脑止于背侧丘脑腹后外侧核。

第3级神经元胞体位于背侧丘脑**腹后外侧核**内，其发出的投射纤维为丘脑皮质束（丘脑中央辐射），经内囊后肢投射到大脑皮质中央后回上2/3和中央旁小叶后部的皮质。

（二）躯干及四肢皮肤的痛觉、温度觉、粗触觉及压觉传导通路

躯干及四肢皮肤痛觉、温度觉、粗触觉及压觉传导通路也由3级神经元组成（图9-75）。

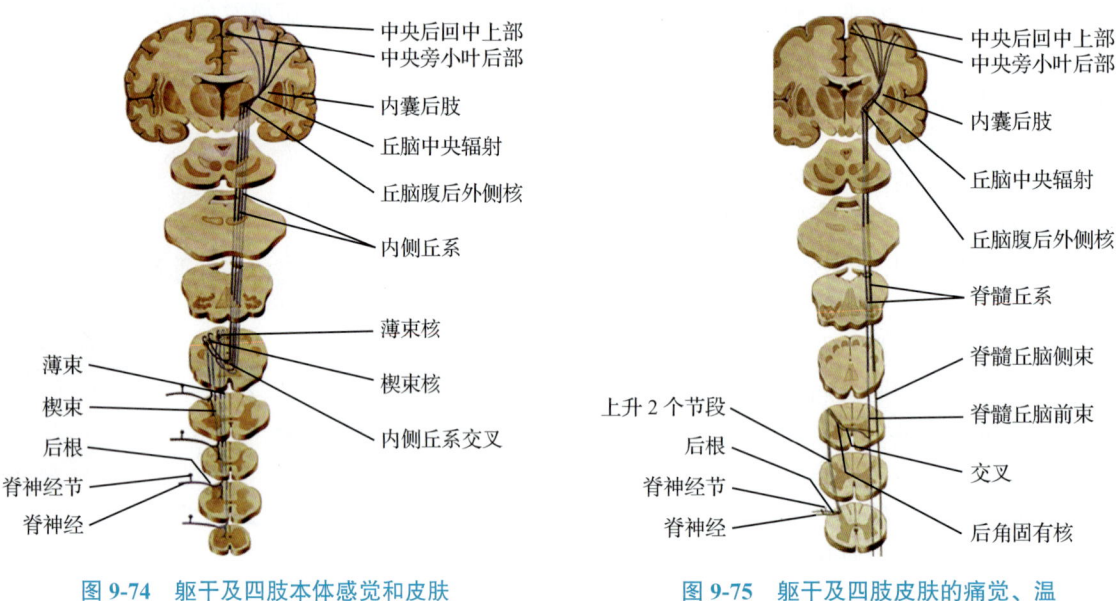

图 9-74 躯干及四肢本体感觉和皮肤精细触觉传导通路

图 9-75 躯干及四肢皮肤的痛觉、温度觉、粗触觉和压觉传导通路

第1级神经元胞体位于**脊神经节**内，其周围突随脊神经分布于躯干和四肢皮肤的痛觉、温度觉、粗触觉及压觉感受器，中枢突经脊神经后根进入脊髓，止于脊髓灰质后角固有核。

第2级神经元胞体位于脊髓灰质**后角固有核**内，其发出的纤维上升1~2个脊髓节段后，经中央管前方交叉到对侧形成脊髓丘脑束，沿脊髓外侧索和前索上行，经延髓、脑桥和中脑止于背侧丘脑腹后外侧核。

第3级神经元胞体位于背侧丘脑**腹后外侧核**内，其发出的投射纤维为丘脑皮质束（丘脑中央辐射），经内囊后肢投射到大脑皮质中央后回上2/3和中央旁小叶后部的皮质。

（三）头面部皮肤的痛觉、温度觉、粗触觉及压觉传导通路

头面部皮肤的痛觉、温度觉、粗触觉及压觉冲动主要由三叉神经传入，该传导通路由3级神经元组成（图9-76）。

第1级神经元胞体位于**三叉神经节**内，其周围突构成三叉神经的感觉支，分布于头面

部皮肤和黏膜的感受器，中枢突经三叉神经根进入脑桥，止于三叉神经脑桥核和脊束核。

第2级神经元胞体位于**三叉神经脑桥核**和**脊束核**内，其发出的纤维交叉至对侧形成三叉丘系，上行至背侧丘脑腹后内侧核。

第3级神经元胞体位于背侧丘脑**腹后内侧核**内，其发出的投射纤维为丘脑皮质束（丘脑中央辐射），经内囊后肢投射至中央后回下1/3的皮质。

（四）视觉传导通路与瞳孔对光反射通路

1. **视觉传导通路** 由3级神经元组成（图9-77）。

第1级神经元为视网膜的**双极细胞**，分别与视细胞和节细胞形成突触。

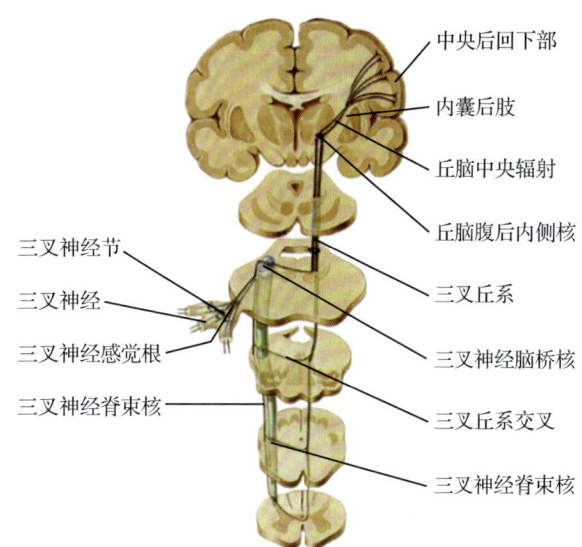

图 9-76 头面部皮肤痛觉、温度觉、粗触觉和压觉传导通路

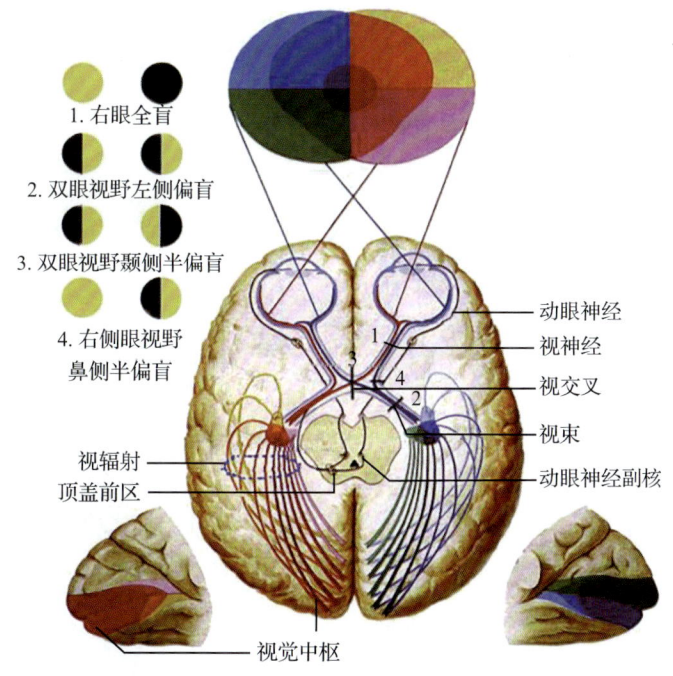

图 9-77 视觉传导通路和瞳孔对光反射通路

第2级神经元为视网膜的**节细胞**，其轴突在视神经盘处集聚成视神经，穿视神经管入颅腔，经视交叉后组成视束，绕过大脑脚终止于外侧膝状体。来自两眼视网膜鼻侧半的纤维相互交叉，而来自两眼视网膜颞侧半的纤维不交叉。因此，每侧视束含有来自同侧眼视网膜颞侧半和对侧眼视网膜鼻侧半的纤维。

第3级神经元胞体位于**外侧膝状体**内，其发出的投射纤维组成视辐射，经内囊后肢投射到大脑内侧面距状沟附近的皮质。

当眼球固定不动向前平视时，所能看到的空间范围，称为**视野**。

视觉传导通路不同部位损伤，临床症状不同：①一侧视神经损伤，引起患眼全盲；②视交叉中部（交叉纤维）损伤（如垂体瘤压迫），将造成双眼视野颞侧半偏盲；③一侧视交叉外部（未交叉纤维）损伤，可引起患侧眼视野鼻侧半偏盲；④一侧视束、外侧膝状体、视辐射或视区损伤，则引起双眼对侧半视野同向性偏盲（患眼视野鼻侧半偏盲和健眼视野颞侧半偏盲）。

2. **瞳孔对光反射通路** 光照一侧瞳孔，引起两眼瞳孔缩小的反应，称为**瞳孔对光反射**。光照一侧缩小的反应，称为直接对光反射；未照射侧缩小的反应，称为间接对光反射。

瞳孔对光反射通路如下（图9-77）：视网膜→视神经→视交叉→两侧视束→上丘臂→两侧顶盖前区→两侧动眼神经副核→动眼神经→睫状神经节→节后纤维→瞳孔括约肌收缩→两侧瞳孔缩小。

瞳孔对光反射通路损伤后的表现：①一侧动眼神经损伤，患侧眼的直接、间接对光反射消失；②一侧视神经损伤，光照患侧眼时，双侧瞳孔不能缩小；光照健侧眼时，双侧瞳孔均能缩小。

二、运动（下行）传导通路

大脑皮质对躯体运动的调节是通过锥体系和锥体外系来实现的。

（一）锥体系

锥体系（pyramidal system）主要管理骨骼肌的随意运动，由上、下两级神经元组成。上运动神经元是指位于大脑皮质的锥体细胞，胞体位于中央前回和中央旁小叶前部；下运动神经元是指脑神经躯体运动核和脊髓灰质前角运动神经元。锥体系包括皮质核束和皮质脊髓束两部分。

1. **皮质核束** 由中央前回下1/3大脑皮质的锥体细胞轴突聚合而成，下行经内囊膝至脑干，大部分纤维终止于双侧脑神经躯体运动核，再由这些核发出纤维支配双侧眼球外肌，以及眼裂以上面肌、咀嚼肌、咽喉肌、胸锁乳突肌和斜方肌等。小部分纤维终止于对侧脑神经躯体运动核（面神经核下部和舌下神经核），支配对侧眼裂以下面肌和舌肌（图9-78）。

如一侧皮质核束损伤，出现对侧眼裂以下面肌和舌肌瘫痪，表现为对侧鼻唇沟变浅或消失，口角歪向患侧，伸舌时舌尖偏向健侧。如一侧面神经损伤，则出现该侧面肌全部瘫痪，除上述症状外，还表现为患侧额纹

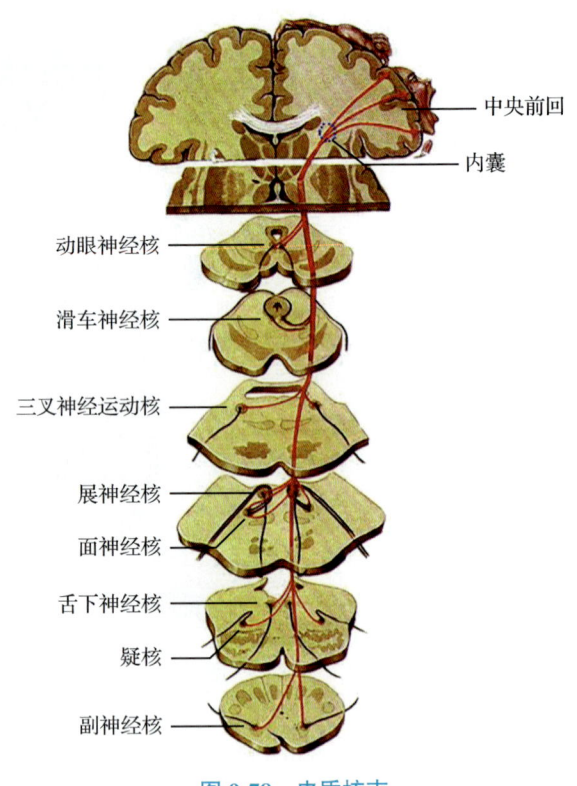

图9-78 皮质核束

消失、不能皱眉、不能闭眼。如一侧舌下神经损伤，则出现患侧舌肌全部瘫痪，伸舌时舌尖偏向患侧（图9-79，图9-80）。

2. **皮质脊髓束** 由大脑皮质中央前回上2/3和中央旁小叶前部皮质的锥体细胞轴突集聚而成，下行经内囊后肢、中脑大脑脚和脑桥至延髓腹侧形成锥体。在锥体下部，大部分纤维左、右交叉形成锥体交叉，交叉后的纤维形成皮质脊髓侧束，沿对侧脊髓外侧索下行，沿途陆续终

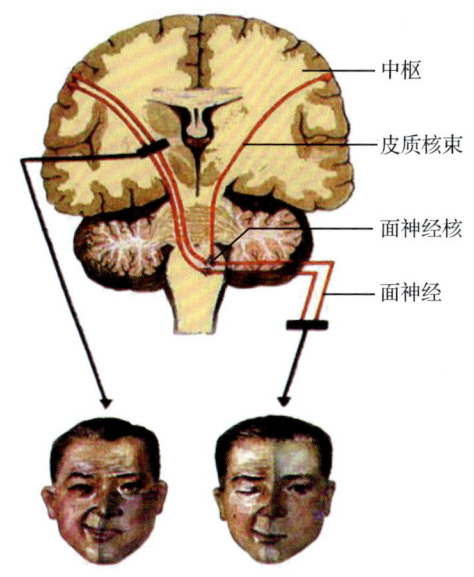
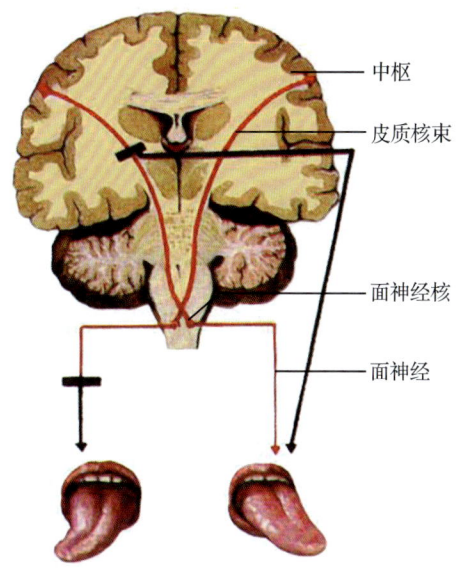

图 9-79　面神经核上瘫和核下瘫　　　　　　　图 9-80　舌下神经核上瘫和核下瘫

止于同侧脊髓灰质前角运动神经元，支配四肢肌；小部分未交叉的纤维形成皮质脊髓前束，终止于双侧脊髓灰质前角运动神经元，支配双侧躯干肌（图 9-81）。

所以躯干肌是受双侧大脑皮质支配的，一侧皮质脊髓束损伤，主要引起对侧肢体瘫痪，而躯干肌的运动不受影响。

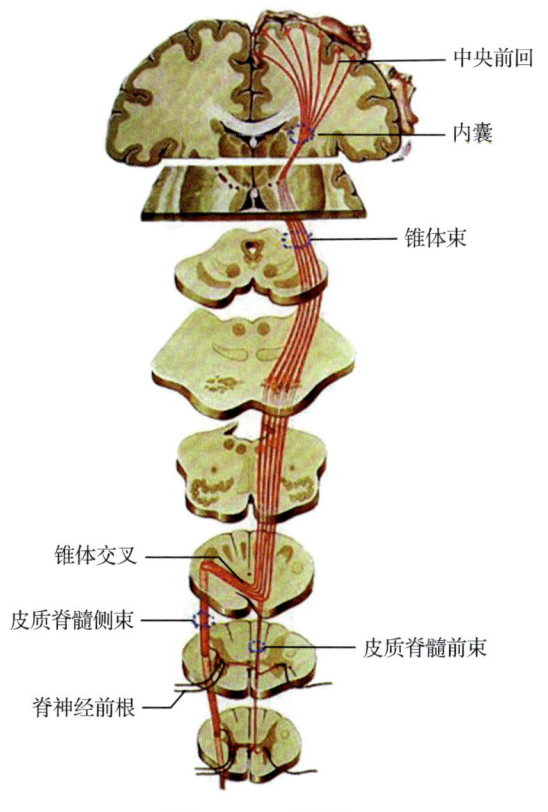

图 9-81　皮质脊髓束

知识链接

核上瘫与核下瘫

锥体系任何部位损伤都可能引起随意运动障碍，表现为肢体瘫痪。上运动神经元损伤引起的肢体瘫痪，称为**核上瘫**，又称为硬瘫，其表现为：一侧损伤，对侧眼裂以下表情肌和舌肌瘫痪，表现为对侧鼻唇沟变浅或消失、不能鼓腮、流涎、舌尖偏向对侧和口角歪向同侧。骨骼肌不萎缩，肌张力增高，出现病理反射。

下运动神经元损伤引起的肢体瘫痪，称为**核下瘫**，又称为软瘫，其表现为：除核上瘫的症状外，还有额纹消失、不能皱眉、不能闭眼。骨骼肌张力降低，随意运动障碍，肌萎缩，无病理反射（图9-79，图9-80）。

（二）锥体外系

锥体外系（extrapyramidal system）是指锥体系以外影响和控制躯体运动的传导通路。锥体外系结构十分复杂，在种系发生上较古老。随着大脑皮质和锥体系的发生和发展，锥体外系逐渐处于从属和协调锥体系完成运动功能的地位。锥体外系的主要功能是调节肌张力和肌群运动、维持和调整体态姿势以及习惯性动作等。

知识链接

表9-3 上、下运动神经元损伤后的临床表现

临床表现	上运动神经元损伤	下运动神经元损伤
瘫痪范围	常较广泛	常较局限
瘫痪特点	痉挛性瘫（硬瘫、中枢性瘫）	弛缓性瘫（软瘫、周围性瘫）
肌张力	增高	减低
深反射	亢进	消失
浅反射	减弱或消失	消失
腱反射	亢进	减弱或消失
病理反射	有	无
肌萎缩	早期无，晚期为失用性萎缩	早期即有萎缩

思政园地

发明"糖丸"，消灭中国小儿麻痹症的开拓者——顾方舟

顾方舟是我国组织培养口服活疫苗的开拓者之一，为消灭脊髓灰质炎的伟大工程做出了重要贡献。顾方舟于1958年受命远赴云南昆明筹建中国医学科学院医学生物学研究所。1960年成功研制出首批脊髓灰质炎活疫苗，1962年又牵头研制成功糖丸减毒活疫苗。自此，我国脊髓灰质炎年平均发病率大幅度下降，使数十万名儿童免于致残。2000年10月，世界卫生组织证实中国本土脊髓灰质炎野病毒的传播已被阻断，成为无脊髓灰质炎国家。

（骆秋宏　张争辉）

自 测 题

一、单项选择题

1. 中枢神经系统内，形态和功能相似的神经元胞体聚集形成的团块状结构称为
   A. 灰质　　　　　　　　B. 白质　　　　　　　　C. 神经核
   D. 神经节　　　　　　　E. 网状结构

2. 成人脊髓下端平对
   A. 第 12 胸椎下缘　　　B. 第 1 腰椎下缘　　　C. 第 2 腰椎下缘
   D. 第 3 腰椎下缘　　　 E. 第 4 腰椎下缘

3. 脊髓白质内的下行纤维束是
   A. 薄束　　　　　　　　B. 楔束　　　　　　　　C. 脊髓丘脑前束
   D. 脊髓丘脑侧束　　　　E. 皮质脊髓侧束

4. 临床上腰椎穿刺术常选择的部位是
   A. 第 1、2 腰椎棘突间　　　　　　　B. 第 2、3 腰椎棘突间
   C. 第 5 腰椎与骶椎棘突间　　　　　D. 第 12 胸椎与第 1 腰椎棘突间
   E. 第 3、4 或 4、5 腰椎棘突间

5. 脑干的组成从上向下分别是
   A. 中脑、脑桥、延髓　　　　　　　B. 延髓、中脑、脑桥
   C. 中脑、延髓、脑桥　　　　　　　D. 脑桥、延髓、中脑
   E. 脑桥、中脑、延髓

6. 从脑干背面出脑的神经是
   A. 动眼神经　　　　　　B. 滑车神经　　　　　　C. 三叉神经
   D. 展神经　　　　　　　E. 舌下神经

7. 下丘脑的组成不包括的是
   A. 视交叉　　　　　　　B. 乳头体　　　　　　　C. 灰结节
   D. 内侧膝状体　　　　　E. 漏斗

8. 属于小脑内部的神经核是
   A. 齿状核　　　　　　　B. 视上核　　　　　　　C. 室旁核
   D. 杏仁体　　　　　　　E. 薄束核

9. 端脑的分叶，不包括的是
   A. 额叶　　　　　　　　B. 顶叶　　　　　　　　C. 枕叶
   D. 颞叶　　　　　　　　E. 边缘叶

10. 组成纹状体的是
    A. 豆状核和尾状核　　　B. 豆状核和杏仁体　　　C. 杏仁体和尾状核
    D. 豆状核和屏状核　　　E. 尾状核和齿状核

11. 连接左、右两侧大脑半球的纤维，主要是
    A. 胼胝体　　　　　　　B. 联络纤维　　　　　　C. 投射纤维
    D. 内侧丘系　　　　　　E. 锥体交叉

12. 躯体运动区位于
    A. 中央前回和中央旁小叶后部　　　　B. 中央后回和中央旁小叶前部

C. 中央前回和中央旁小叶前部 D. 中央前回
E. 中央后回

13. 视区位于
   A. 距状沟两侧的大脑皮质 B. 角回
   C. 中央前回和中央旁小叶前部 D. 颞横回
   E. 额中回

14. 产生脑脊液的结构是
   A. 蛛网膜 B. 脉络丛 C. 神经元
   D. 神经胶质 E. 侧脑室

15. 脑和脊髓周围3层被膜由内向外分别是
   A. 软膜、蛛网膜和硬膜 B. 硬膜、蛛网膜和软膜
   C. 蛛网膜、硬膜和软膜 D. 硬膜、软膜和蛛网膜
   E. 软膜、硬膜和蛛网膜

16. 供应大脑半球上外侧面的主要动脉是
   A. 大脑前动脉 B. 大脑中动脉 C. 大脑后动脉
   D. 基底动脉 E. 前交通动脉

17. 肱骨内上髁骨折易损伤的神经是
   A. 正中神经 B. 尺神经 C. 桡神经
   D. 腋神经 E. 肌皮神经

18. 支配面肌的神经是
   A. 三叉神经 B. 面神经 C. 舌咽神经
   D. 迷走神经 E. 副神经

19. 某患者，男性，25岁，因车祸致左上肢肱骨中段骨折，同时出现左手垂腕症状，可能损伤的神经是
   A. 腋神经 B. 正中神经 C. 尺神经
   D. 桡神经 E. 肌皮神经

20. 支配膈的神经发自
   A. 颈丛 B. 臂丛 C. 胸神经前支
   D. 腰丛 E. 骶丛

21. 出现钩状足畸形，可能损伤的神经是
   A. 胫神经 B. 股神经 C. 腓总神经
   D. 坐骨神经 E. 腓深神经

22. 接受舌前2/3味觉的神经是
   A. 舌神经 B. 舌下神经 C. 舌咽神经
   D. 面神经 E. 下颌神经

23. 支配股四头肌的神经是
   A. 股神经 B. 闭孔神经 C. 胫神经
   D. 阴部神经 E. 坐骨神经

24. 交感神经节不包括的是
   A. 椎旁节 B. 肠系膜上神经节 C. 肠系膜下神经节
   D. 腹腔神经节 E. 器官旁节

25. 关于内脏运动神经的说法，正确的是
    A. 内脏运动神经的低级中枢位于脊髓内
    B. 支配骨骼肌、心肌和平滑肌
    C. 在脑神经和脊神经内都有内脏运动神经纤维
    D. 交感神经支配心肌和平滑肌、副交感神经支配腺体
    E. 体内大多数器官受交感神经和副交感神经的双重支配

二、名词解释

1. 灰质 2. 网状结构 3. 纹状体 4. 内囊 5. 硬膜外隙 6. 蛛网膜下隙

三、简答题

1. 脊髓半横断损伤可能损伤哪些主要结构，出现哪些临床症状？
2. 说出大脑皮质主要功能区的位置及功能。
3. 简述脑脊液的产生结构、循环途径及临床意义。
4. 绘制脑干腹侧面和背侧面的彩图。

第十章数字资源

第十章 内分泌系统

学习目标

1. 说出内分泌系统的组成；甲状腺、肾上腺和垂体的形态、位置及微细结构。
2. 能在光镜下辨认甲状腺、肾上腺和垂体的微细结构；运用内分泌系统的相关知识，分析常见内分泌系统疾病的发病基础。
3. 通过内分泌系统相关知识的学习，引导学生培养坚强的意志力，勇于面对，做一个"爱党、爱国、爱人民，仁医、仁心、仁术"的医学工作者。

案例 10-1

患者，女性，35岁，因颈前部肿块，伴怕热、多食10天来医院就诊。患者自诉10天前洗漱时发现颈前部有一无痛性肿块，近来怕热、多汗、心悸。食量明显增加，易饥饿，脾气暴躁，体重下降约5 kg，睡眠差。体格检查：偏瘦体形，颈前部可见一蝶形肿物，可随吞咽上下移动，质地中等，无结节，表面可闻及血管杂音，闭眼向前平伸双手时双上肢有细微震颤。B超提示：甲状腺肿大，质地均匀、无结节。血液检查：T_3、T_4升高。临床诊断：甲状腺功能亢进症。

问题与思考：
1. 内分泌系统由哪些器官组成？
2. 甲状腺分泌的激素有哪些，各有何功能？

内分泌系统（endocrine system）包括内分泌腺和分散在其他器官组织中的内分泌细胞团两部分。内分泌腺是指形态结构上独立存在、肉眼可见、能分泌激素的腺体。因无导管，故又称无管腺，如甲状腺、甲状旁腺、肾上腺、垂体、胸腺和松果体（图 10-1）；内分泌细胞团即内分泌组织，如胰腺的胰岛、睾丸间质细胞、卵巢的卵泡细胞和黄体；另外，还有一些分散在消化管和呼吸道黏膜的内分泌细胞等。

内分泌细胞的分泌物，称为**激素**。激素直接进入血液或淋巴，随血液循环运送至全身各部，调节人体的新陈代谢、生长发育和生殖等功能。一种激素一般只作用于某种特定的器官或细胞，对某种激素产生特定效应的器官或细胞，分别称为该激素的**靶器官**或**靶细胞**。激素与靶器官或靶细胞膜上的特异性受体结合后产生特定的生理效应，改变靶器官或靶细胞的功能活动，维持机体内环境的相对稳定和协调功能。

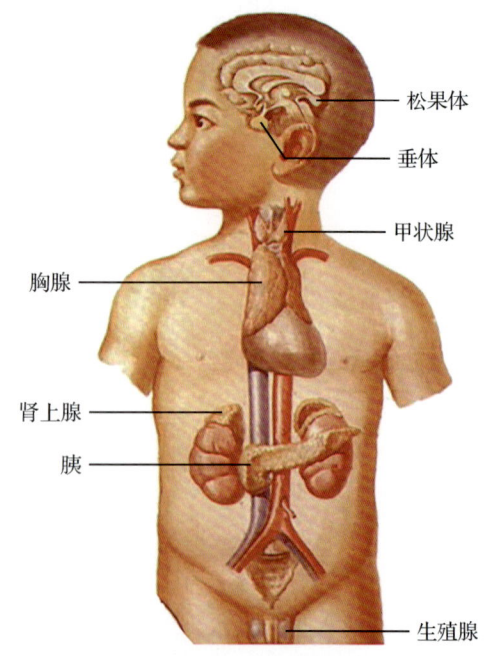

图 10-1 内分泌系统概况

依据激素发挥作用的距离远近，其分泌方式如下。①**内分泌**：即激素分泌后进入血液循环，由血液运输到远处作用于特定的靶器官或靶细胞，又称远距分泌。体内大部分激素分泌属于此类；②**旁分泌**：指激素分泌后直接作用于邻近的靶细胞；③**自分泌**：是少数内分泌细胞分泌激素时，激素直接作用于自身受体的情形。

第一节　甲　状　腺

一、甲状腺的形态与位置

甲状腺（thyroid gland）略呈"H"形，分为左、右两侧叶和中间的甲状腺峡。有些人有从甲状腺峡向上伸出的锥状叶（图10-2）。

甲状腺位于颈前部，左、右侧叶贴于喉下部和气管上部的两侧，甲状腺峡多位于第2～4气管软骨环的前方。临床上行气管切开术时，应避开甲状腺峡。甲状腺借结缔组织固定于喉软骨，故吞咽时，甲状腺可随喉上、下移动。

甲状腺左、右侧叶的后外方与颈部血管相邻，内侧面与喉和气管、咽和食管以及喉返神经等相邻，故甲状腺肿大时，可压迫上述结构，导致呼吸、吞咽困难和声音嘶哑等症状。

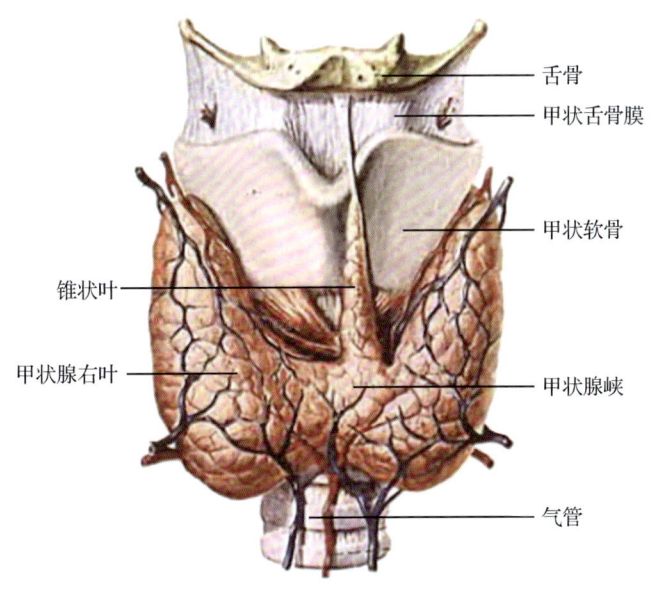

图 10-2　甲状腺的位置与形态

二、甲状腺的微细结构

甲状腺表面有一层结缔组织被膜，被膜伸入腺实质将其分成许多小叶，每个小叶内有20～40个甲状腺滤泡和滤泡旁细胞（图10-3）。滤泡之间分布有疏松结缔组织，并有丰富的有孔毛细血管。

1. **甲状腺滤泡**（thyroid follicle）　大小不一，呈球形、椭圆形或不规则形。滤泡由单层立方上皮围成，细胞核呈圆形，一个，位于细胞中央，胞质呈弱嗜碱性。滤泡腔内充满均质状的胶质，在苏木精-伊红染色标本中呈嗜酸性的红色。滤泡上皮细胞的形态可变，在功能活跃时增高呈高柱状，功能低下时则变矮呈扁平状。

甲状腺滤泡上皮细胞可合成与分泌**甲状腺激素**（thyroid hormone），包括四碘甲腺原氨酸

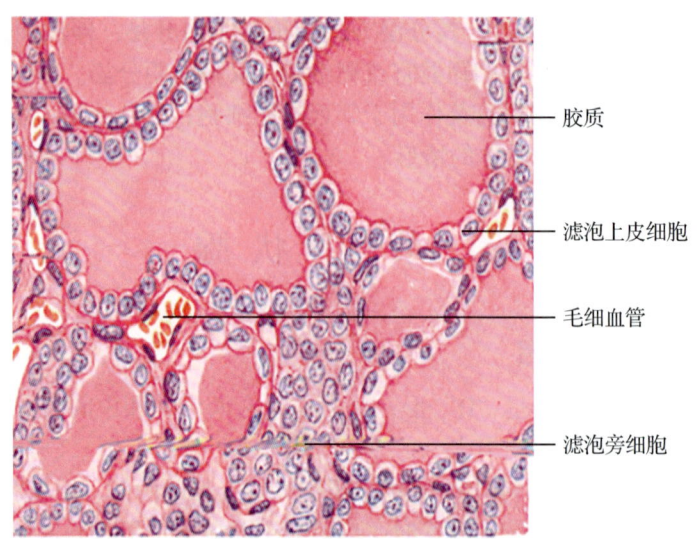

图 10-3　甲状腺的微细结构

（T_4）和三碘甲腺原氨酸（T_3）。甲状腺激素的主要功能是促进机体的新陈代谢、提高神经系统的兴奋性、促进机体的生长发育。尤其对婴幼儿骨骼和中枢神经系统的发育十分重要。

在儿童时期，如甲状腺功能低下，表现为身体矮小、智力低下等，称为呆小症。成人甲状腺功能低下，可导致新陈代谢率降低、毛发稀少、精神呆滞、发生黏液性水肿等；甲状腺功能亢进时，新陈代谢率增高，可导致突眼性甲状腺肿，患者常有心搏加速、神经过敏、体重减轻和眼球突出等症状。甲状腺激素的合成需要碘，如果缺碘，可导致甲状腺激素合成的原料不足，长期缺碘，可导致甲状腺组织过度增生和肥大，形成单纯性甲状腺肿。

2. 滤泡旁细胞（parafollicular cell）　位于滤泡之间或滤泡上皮细胞之间，细胞体积较大，呈卵圆形，胞质在苏木精-伊红染色标本中着色较浅，镀银染色时，胞质内显示有大量黑色嗜银颗粒。滤泡旁细胞能分泌**降钙素**（calcitonin）。降钙素可抑制破骨细胞的活动，减少溶骨过程，并抑制胃肠道和肾小管重吸收钙离子，使血钙浓度降低。

 考点提示

甲状腺的微细结构。

第二节　甲状旁腺

甲状旁腺（parathyroid gland）为棕黄色的扁椭圆形小体，大小似黄豆（图10-4）。甲状旁腺通常有上、下2对，分别位于甲状腺侧叶后缘，有时埋入甲状腺实质内。上一对甲状旁腺多位于甲状腺侧叶后面的上、中1/3交界处，下一对甲状旁腺常位于甲状腺下动脉附近。

甲状旁腺表面包裹有薄层结缔组织被膜，腺细胞通常排列成条索状或团状，间有少量结缔组织和丰富的毛细血管。甲状旁腺组织中主要有主细胞和嗜酸性细胞（图10-5）。

1. 主细胞（chief cell）　数量较多，细胞体积较小，呈圆形或多边形，细胞核呈圆形，位于细胞中央，胞质在苏木精-伊红染色标本中着色浅。主细胞分泌**甲状旁腺激素**（parathyroid hormone，PTH）。甲状旁腺激素可促进骨细胞和破骨细胞溶骨，并促进肠道增加钙的吸收，从而升高血钙，与降钙素一起维持人体血钙浓度的稳定。

第十章　内分泌系统

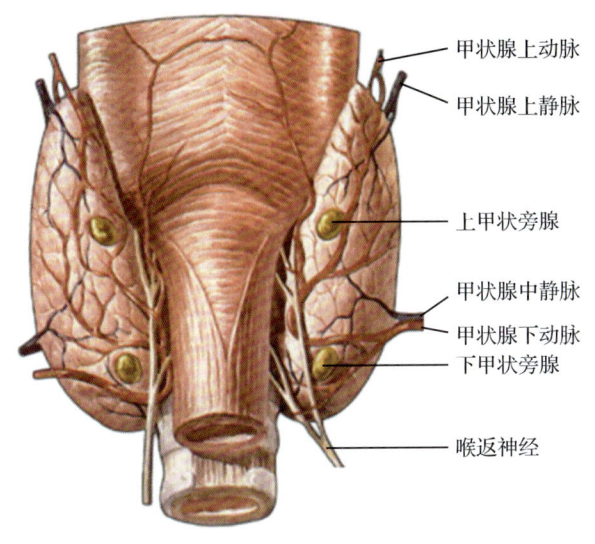

图 10-4　甲状旁腺的形态与位置

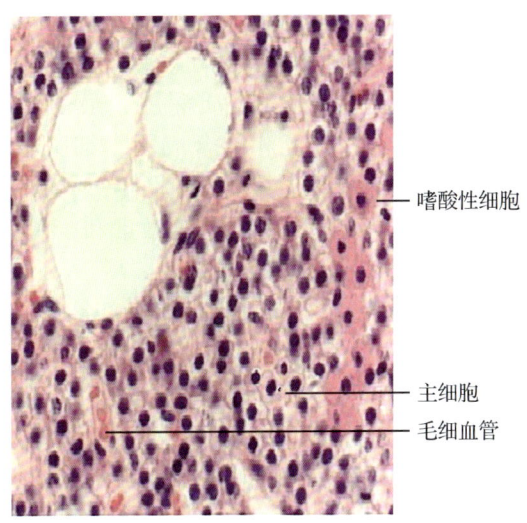

图 10-5　甲状旁腺的微细结构

2. **嗜酸性细胞**　数量较少，常单个或成群散在分布于主细胞之间。细胞呈多边形，体积较大，细胞核较小，染色深，胞质内有大量的嗜酸性颗粒。目前嗜酸性细胞的功能尚不明确。

第三节　肾　上　腺

一、肾上腺的形态与位置

肾上腺（suprarenal gland）左、右各一，呈黄色，左侧近似半月形，右侧呈三角形（图 10-6）。

肾上腺位于腹膜后、两肾的内上方，与肾共同包裹于肾筋膜和肾脂肪囊内。

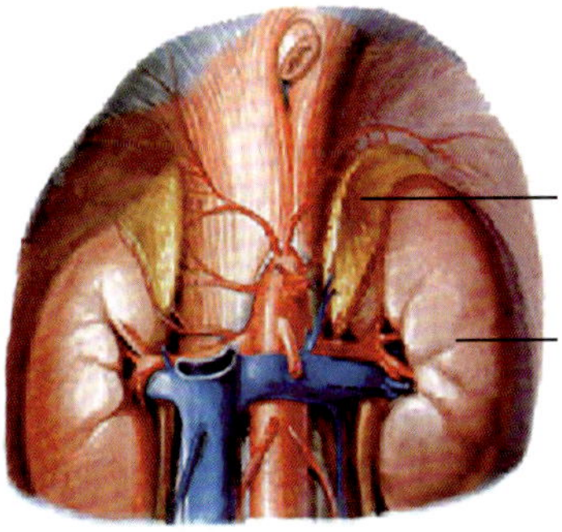

二、肾上腺的微细结构

肾上腺表面包有结缔组织被膜，少量结缔组织伸入腺实质内。肾上腺实质由周围的皮质和中央的髓质两部分构成（图 10-7）。

图 10-6　肾上腺的位置与形态

（一）皮质

肾上腺皮质占肾上腺总体积的 80%～90%，由皮质细胞、毛细血管和少量结缔组织构成。依据皮质细胞的形态与排列特征，由浅入深可分为球状带、束状带和网状带（图 10-7）。

1. **球状带**　位于被膜下方，较薄。腺细胞排列成球形或椭圆形，细胞较小，细胞核小，染色深，胞质较少，呈弱嗜酸性，含少量脂滴。球状带细胞分泌**盐皮质激素**（mineralocorticoid），主要是醛固酮。醛固酮能促进肾远曲小管和集合管重吸收水和 Na^+、排出 K^+，即保钠、保水和排钾。对维持体内钠、钾的含量和循环血量相对稳定有很重要的作用。

2. **束状带**　是皮质最厚的部分，位于球状带深面。腺细胞排列成条索状，索间有毛细血管和结缔组织。细胞体积较大，呈多边形，细胞核较大，着色深，呈圆形，胞质含较多脂滴。束状带细胞分泌**糖皮质激素**（glucocorticoid），主要是皮质醇。糖皮质激素可促进蛋白质和脂肪分解并转变成糖，还有抑制免疫应答和抗炎等作用。肾上腺皮质功能亢进或长期大量使用糖皮质激素，可引发库欣综合征，呈现脂肪的向心性分布，临床描绘为满月脸和水牛背。

3. 网状带 位于皮质深层，最薄。腺细胞常排列成短条索状并互相吻合成网。细胞较小，细胞核小，染色深，胞质呈弱嗜酸性，并含有较多脂褐素。网状带细胞主要分泌雄激素和少量雌激素。

（二）髓质

肾上腺髓质位于肾上腺中央部、皮质网状带的深面，主要由排列成索状的**髓质细胞**构成，间有毛细血管和少量结缔组织。细胞体积较大，呈圆形或多边形，细胞核大而圆，染色较浅，胞质经铬盐染色后可见含有黄褐色的嗜铬颗粒，故又称为**嗜铬细胞**（chromaffin cell）。

髓质细胞可分泌肾上腺素和去甲肾上腺素，均属于儿茶酚胺类物质。**肾上腺素**（adrenaline）主要作用于心肌，使心率加快，心肌和骨骼肌血管扩张，血压升高；**去甲肾上腺素**（noradrenaline）主要作用于血管平滑肌，引起血管广泛收缩，血压升高。

 考点提示

肾上腺的微细结构。

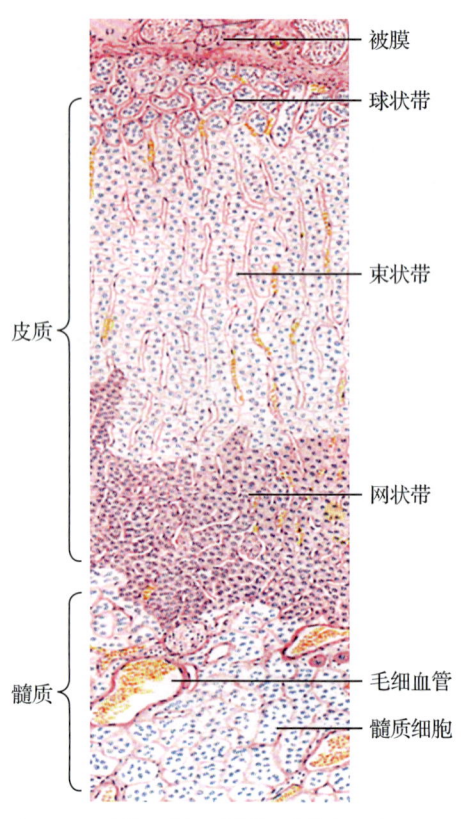

图 10-7 肾上腺的微细结构

第四节 垂 体

垂体（hypophysis）是人体最复杂的内分泌腺，其分泌的激素不仅影响骨骼和软组织的发育，还可调节其他内分泌腺和内分泌组织的功能活动。

一、垂体的位置

垂体位于颅中窝蝶骨体背侧的垂体窝内，通过漏斗连接于下丘脑。垂体外面包被有硬脑膜（图 10-1）。

二、垂体的形态与分部

垂体呈圆形，色灰红，约黄豆大小，重 0.35～0.7 g，女性略大于男性，妊娠期更明显。垂体分为前部的腺垂体和后部的神经垂体两部分（图 10-8）。腺垂体包括远侧部、结节部和中间部。神经垂体包括神经部和漏斗。通常将远侧部和结节部称为**垂体前叶**（anterior lobe），中间部和神经部称为**垂体后叶**（posterior lobe）。

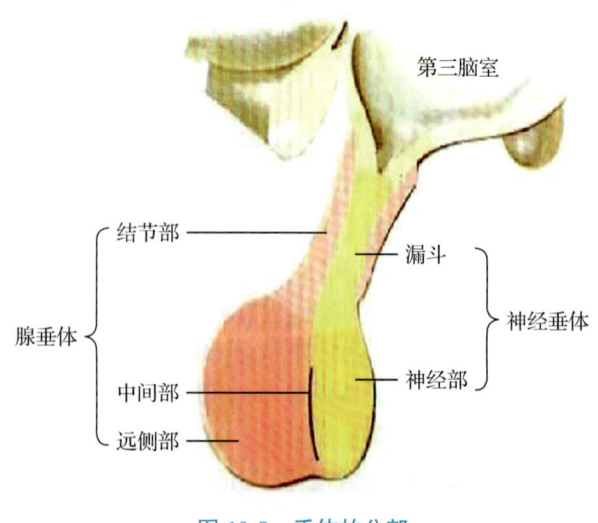

图 10-8 垂体的分部

三、垂体的微细结构

(一) 腺垂体

腺垂体（adenohypophysis）是垂体的主要部分。细胞排列成团状或索状，少数围成小滤泡状，细胞之间有丰富的窦状毛细血管和少量结缔组织。经苏木精-伊红染色后，依据细胞染色不同可分为嗜酸性细胞、嗜碱性细胞和嫌色细胞（图10-9）。

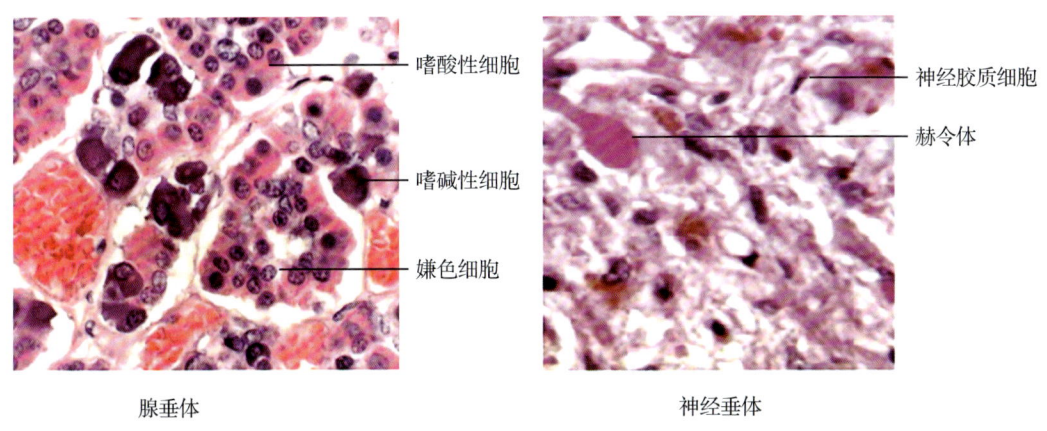

图10-9 垂体的微细结构

1. **嗜酸性细胞** 数量较多，边界清楚，呈圆形、卵圆形或三角形。胞质内含有较粗大的嗜酸性颗粒。嗜酸性细胞分泌生长激素和催乳素。**生长激素**（growth hormone，GH）能促进机体的生长与代谢，尤其是对骨骼的生长影响更明显。在幼年时期，如生长激素分泌不足，可出现侏儒症。如分泌过多，则可引起巨人症，身材较常人明显高大。成人生长激素分泌过多，可导致肢端肥大症；**催乳素**（prolactin，PRL）能促进乳腺发育，在妊娠晚期和哺乳期能促进乳汁分泌。

2. **嗜碱性细胞** 数量较少，细胞轮廓清楚，呈圆形、卵圆形或多边形。胞质内含有嗜碱性颗粒。嗜碱性细胞分泌促甲状腺激素、促肾上腺皮质激素和促性腺激素。**促甲状腺激素**（thyroid stimulating hormone，TSH）能促进甲状腺滤泡增生和甲状腺激素的合成与释放；**促肾上腺皮质激素**（adrenocorticotropic hormone，ACTH）能促进肾上腺皮质束状带细胞分泌糖皮质激素。**促性腺激素**包括：①**卵泡刺激素**（follicle stimulating hormone，FSH）：在女性可促进卵泡发育，在男性可促进精子生成；②**黄体生成素**（luteinizing hormone，LH）：在女性可促进黄体形成，在男性则称为间质细胞刺激素，能促进睾丸间质细胞分泌雄激素。

3. **嫌色细胞** 数量最多，体积小，目前认为其可能是嗜酸性细胞和嗜碱性细胞的前体或脱颗粒状态。

(二) 神经垂体

神经垂体（neurohypophysis）主要由无髓神经纤维和神经胶质细胞组成，含有丰富的血窦（图10-9）。下丘脑视上核和室旁核的神经内分泌细胞合成和分泌的抗利尿激素和催产素，经无髓神经纤维运送到神经垂体暂存，需要时则由此释放入毛细血管中发挥作用。

1. **抗利尿激素**（antidiuretic hormone，ADH） 能促进肾远曲小管和集合管对水的重吸收，使尿量减少。抗利尿激素若超过生理剂量时，能使小动脉平滑肌收缩，血压升高，故也称为**加压素**（vasopressin，VP）。如下丘脑或垂体后叶病变，抗利尿激素分泌不足，可出现尿崩症，每日尿量可达几升甚至十几升。

2. **催产素**（oxytocin，OT） 又称缩宫素，可引起妊娠子宫平滑肌收缩，加速分娩过程，还可促进乳汁分泌。

> **考点提示**
>
> 垂体的微细结构。

第五节 松 果 体

松果体（pineal body）为一椭圆形小体，形似松果，呈灰红色，位于背侧丘脑的后上方，以细柄连于第三脑室顶后部（图10-1）。松果体在儿童时期较发达，一般在 7 岁以后开始退化，成年后部分钙化形成钙斑，可在 X 线片上看到。临床上可作为颅脑 X 线片定位的标志。

松果体主要由松果体细胞、神经胶质细胞和无髓神经纤维等构成。松果体细胞能合成和分泌**褪黑素**（melatonin）。褪黑素的合成和分泌与外界光照的昼夜节律性变化有关。一般认为褪黑素可抑制幼年时期腺垂体促性腺激素的分泌，从而间接影响生殖腺的功能活动，故在 7 岁以前的儿童性别差异并不明显。若松果体早期受损（如松果体瘤），则可出现性早熟或生殖器官发育过度。此外，褪黑素还具有抗紧张、抗高血压、抗衰老、抗肿瘤、降低血糖、增强免疫力和促进睡眠等作用。

（骆小利　许明珠）

自 测 题

一、单项选择题

1. 关于甲状腺的描述，错误的是
   A. 左、右侧叶位于喉和气管上部侧面
   B. 甲状腺峡位于第 6 气管软骨环前方
   C. 甲状腺峡有时向上伸出一锥状叶
   D. 甲状腺可随吞咽上下移动
   E. 小儿甲状腺激素分泌不足易引起呆小症
2. 下列内分泌腺分泌的激素不足，易引起血钙下降的是
   A. 肾上腺　　　　　　B. 垂体　　　　　　C. 松果体
   D. 甲状腺　　　　　　E. 甲状旁腺
3. 垂体细胞属于
   A. 神经元　　　　　　B. 神经胶质细胞　　　C. 嫌色细胞
   D. 神经内分泌细胞　　E. 嗜酸性细胞
4. 呆小症是由于
   A. 儿童时期甲状旁腺激素分泌不足　　B. 成人期甲状腺激素分泌不足
   C. 儿童时期生长激素分泌不足　　　　D. 儿童时期甲状腺激素分泌不足
   E. 成人期生长激素分泌不足

5. 碘缺乏可引起肿大的是
   A. 甲状旁腺　　　　　B. 松果体　　　　　　C. 甲状腺
   D. 肾上腺　　　　　　E. 垂体
6. 骺软骨消失后，生长激素分泌过多会引起
   A. 巨人症　　　　　　B. 侏儒症　　　　　　C. 艾迪生病
   D. 黏液性水肿　　　　E. 肢端肥大症
7. 松果体分泌的褪黑素不足时，易产生
   A. 性早熟　　　　　　B. 呆小症　　　　　　C. 钙代谢失常
   D. 糖尿病　　　　　　E. 侏儒症
8. 属于内分泌腺的是
   A. 甲状腺　　　　　　B. 肝　　　　　　　　C. 前列腺
   D. 心　　　　　　　　E. 肠腺
9. 能分泌甲状腺激素的是
   A. 甲状旁腺的主细胞　　B. 甲状腺滤泡上皮细胞　　C. 滤泡旁细胞
   D. 甲状腺滤泡腔的胶质　E. 甲状旁腺的嗜酸性细胞
10. 关于肾上腺皮质网状带的叙述，正确的是
    A. 位于皮质的中层　　　　　　　B. 细胞呈团状排列
    C. 细胞呈高柱状　　　　　　　　D. 细胞分泌雄激素和少量雌激素
    E. 位于皮质的浅层

第十一章数字资源

第十一章 人体胚胎早期发育

学习目标

1. 说出人体胚胎发育的分期；受精的概念、部位、条件及意义；卵裂与胚泡形成；植入的概念、部位、时间及条件，蜕膜的分部。
2. 描述胎膜的组成，胎盘的构造及功能，胎盘屏障的组成及作用；单卵双胎和双卵双胎的特点；胎儿心血管系统的特点及出生后的变化；先天畸形的发生原因。
3. 运用人体胚胎早期发育的相关知识进行优生优育的科普宣传。
4. 通过人体胚胎早期发育相关知识的学习，树立优生优育的思想观念；感受生命的来之不易以及母爱的伟大。

案例 11-1

患者，女性，30 岁。结婚 6 年，4 年前异位妊娠 1 次，行保留两侧输卵管的手术治疗。异位妊娠后不孕，平素月经规律，基础体温呈双相型。其配偶精液检查正常。子宫输卵管造影检查：提示子宫造影显影良好，双侧输卵管伞端粘连不通，并积水扩张。临床诊断：双侧输卵管堵塞，不孕。

问题与思考：
1. 受精的部位在何处？
2. 受精的条件有哪些？
3. 植入的部位和条件有哪些？

人体胚胎学（human embryology）是研究人体出生前发生发育过程及其规律的科学，研究内容包括生殖细胞的发育与成熟、受精、胚体形成、胚胎与母体的关系以及先天畸形等。

人胚胎在母体内发育是一个连续而复杂的过程，历时 38 周（约 266 天），分为 2 个时期。①**胚期**：从受精卵形成到第 8 周末，此期器官原基建立，胚体初具人形；②**胎期**：从第 9 周初至出生，此期胎儿逐渐长大，各器官的结构与功能逐渐完善。此外，常将第 28 周胎儿至出生后第 4 周的新生儿发育阶段，称为**围生期**（perinatal stage）。

第一节 生殖细胞的发育与成熟

生殖细胞又称配子，包括精子和卵子，在发生过程中经过两次减数分裂形成单倍体。染色体数目为 23 条，其中 22 条是常染色体，1 条是性染色体。

一、精子的发育与成熟

精子在睾丸生精小管内产生。经历精原细胞、初级精母细胞、次级精母细胞、精子细胞和精子 5 个阶段。初级精母细胞进行两次连续的减数分裂，形成精子细胞，染色体数和 DNA 含量比正常体细胞减少一半，精子细胞经过复杂的形态变化，形成蝌蚪状的精子，染色体核型为 23,X 或 23,Y（图 11-1）。

精子在附睾中进一步成熟，并获得运动能力，但仍无受精能力。这是由于精液内的糖蛋白包裹精子头部，抑制精子释放顶体酶。当精子经过女性子宫和输卵管时，其内的酶可降解包裹精子头部的糖蛋白，使精子获得受精的能力，此过程称为**精子获能（capacitation of spermatozoon）**。精子在女性生殖管道内的受精能力大约可维持 24 小时。

二、卵子的发育与成熟

卵子在卵巢内发生、发育，初级卵母细胞于排卵前完成第一次减数分裂，排卵时排出的为次级卵母细胞，处于第二次减数分裂中期，在输卵管壶腹部受精时完成第二次减数分裂，形成成熟的卵细胞，染色体核型为 23,X。若未受精，则在排卵后 12～24 小时退化（图 11-2）。

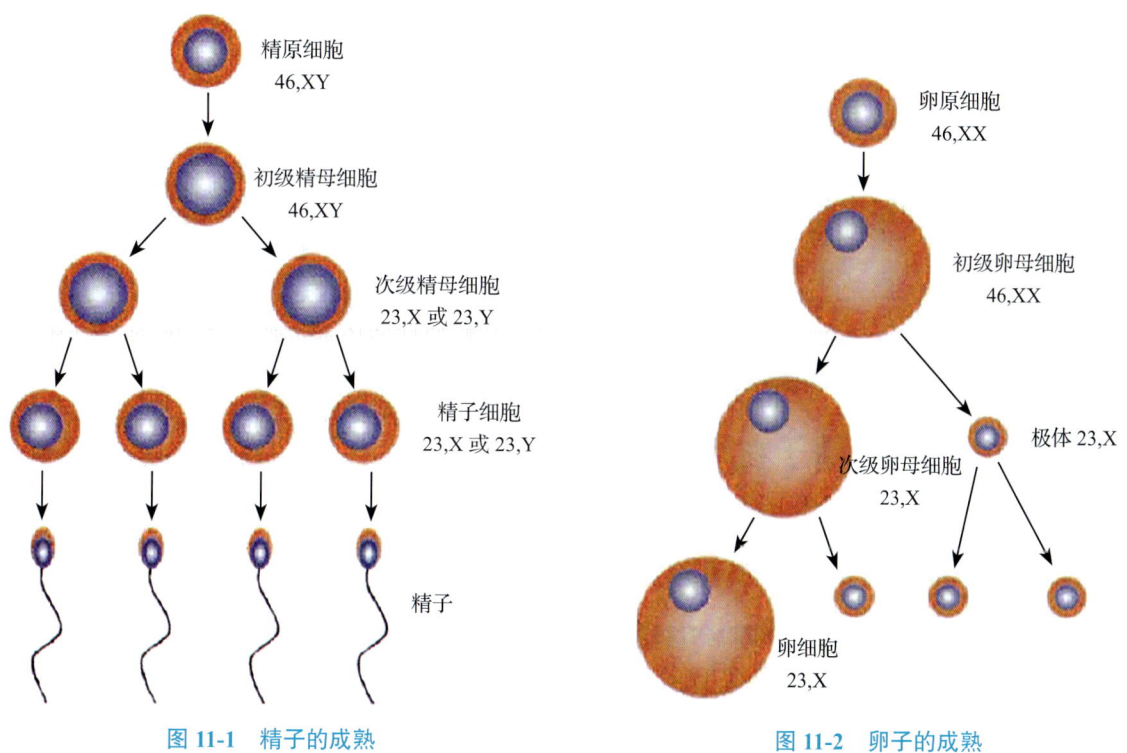

图 11-1　精子的成熟　　　　　　　　图 11-2　卵子的成熟

第二节　受　精

受精（fertilization）是成熟获能的精子与卵子相互融合形成受精卵的过程。受精的部位多位于输卵管壶腹部。受精一般发生在排卵后 12～24 小时。

一、受精的过程

当获能后的精子与卵细胞周围的放射冠接触时，精子释放顶体酶，溶解放射冠细胞之间的基质，并穿越放射冠，这一过程称为**顶体反应（acrosomal reaction）**。当精子与透明带接触时，在顶体酶的作用下，精子穿越透明带与卵细胞膜接触并融合，引发卵细胞内的溶解产物进入透明带，使透明带结构发生变化，从而阻止其余精子进入，这一变化过程称为**透明带**

反应（zona reaction）。透明带反应可保证正常的单精子受精。精子进入，激发卵细胞完成第二次减数分裂，形成一个成熟的卵细胞，该卵细胞的核称为雌原核，精子进入卵细胞后，头部的细胞核膨大，称为雄原核。两原核移至卵细胞中央，相互靠近，核膜消失，染色体相互融合，形成二倍体的受精卵，又称合子（图11-3）。

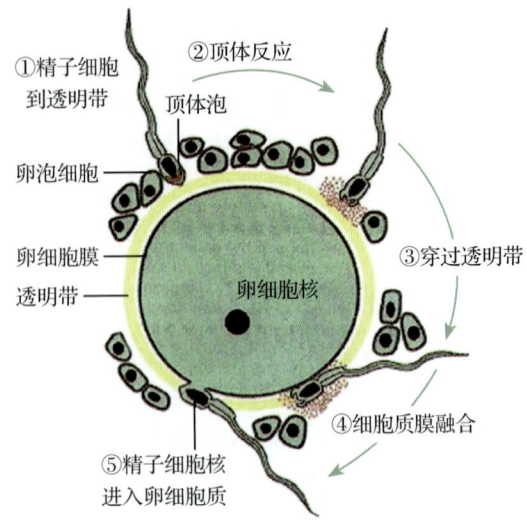

图11-3 精子顶体反应与受精示意图

二、受精的条件

（1）发育正常的精子与卵子在限定时间内相遇是受精的基本条件。受精一般发生在排卵后12~24小时。其余时间，即使二者相遇，也失去了受精能力。

（2）精子的数目和活动能力是保证受精的重要条件。正常成年男子每次射精量为2~5 ml，含精子3亿~5亿个。如果每毫升精液中精子数少于500万个，或其中发育异常的精子超过20%，或精子的活动能力明显减弱，则受精的可能性就小。

（3）男性及女性生殖器官发育正常、生殖管道畅通也是受精的必备条件。

同时卵细胞发育正常，处于第二次减数分裂的中期；孕激素和雌激素水平正常也是受精的条件。

受精是一个复杂的过程，受精成功与否受诸多因素的影响，研究这些影响因素可为临床实施避孕和优生优育提供理论依据。如用药物干扰精子或卵子的发育与成熟；采用避孕工具（子宫帽和避孕套）或手术结扎等，阻止精子与卵子相遇；在子宫内放置节育器使局部发生非细菌性炎症反应，从而吞噬精子或毒害胚胎而终止妊娠。

三、受精的意义

（1）受精标志着新生命的开始。受精激活了代谢缓慢的卵子，使之形成一个代谢旺盛且富有强大生命力的受精卵，从而启动了胚胎发育。

（2）恢复细胞染色体为二倍体核型，保持物种的稳定性。受精使单倍体的生殖细胞合成二倍体的受精卵，继承了父母双方的遗传物质并重新组合，使新个体既具有亲代的遗传性，又具有不同于亲代的特异性。

（3）受精决定性别。带有Y染色体的精子与卵子结合发育成为男性胎儿，带有X染色体的精子与卵子结合则发育成为女性胎儿。

> **知识链接**
>
> **胎龄计算**
>
> 计算胎龄的方法通常有2种。①月经龄：从孕妇末次月经的第1天起，至胎儿娩出止，共约40周，临床常用此方法推算预产期。推算方法是按末次月经的第1日算起，月份减3或加9，日数加7。但实际分娩日与推算的预产期可能会相差1~2周。②受精龄：从受精日至胎儿娩出，共计约38周，为实际胎龄期，这是胚胎学者常用于推算胚胎发育情况的方法。

> **考点提示**
>
> 受精的概念、部位、条件和意义。

第三节 卵裂与胚泡形成

一、卵裂

受精卵早期进行的有丝分裂，称为**卵裂**（cleavage）。卵裂产生的子细胞，称为**卵裂球**。卵裂时，卵裂球数目虽不断增多，但细胞体积却越来越小。受精卵一边进行卵裂，一边沿输卵管向子宫腔方向运行。至受精第 3 天时，卵裂球数目达到 16 个左右，细胞排列紧密，实心，形似桑葚，称为**桑葚胚**（morula）。桑葚胚已进入子宫腔（图 11-4）。

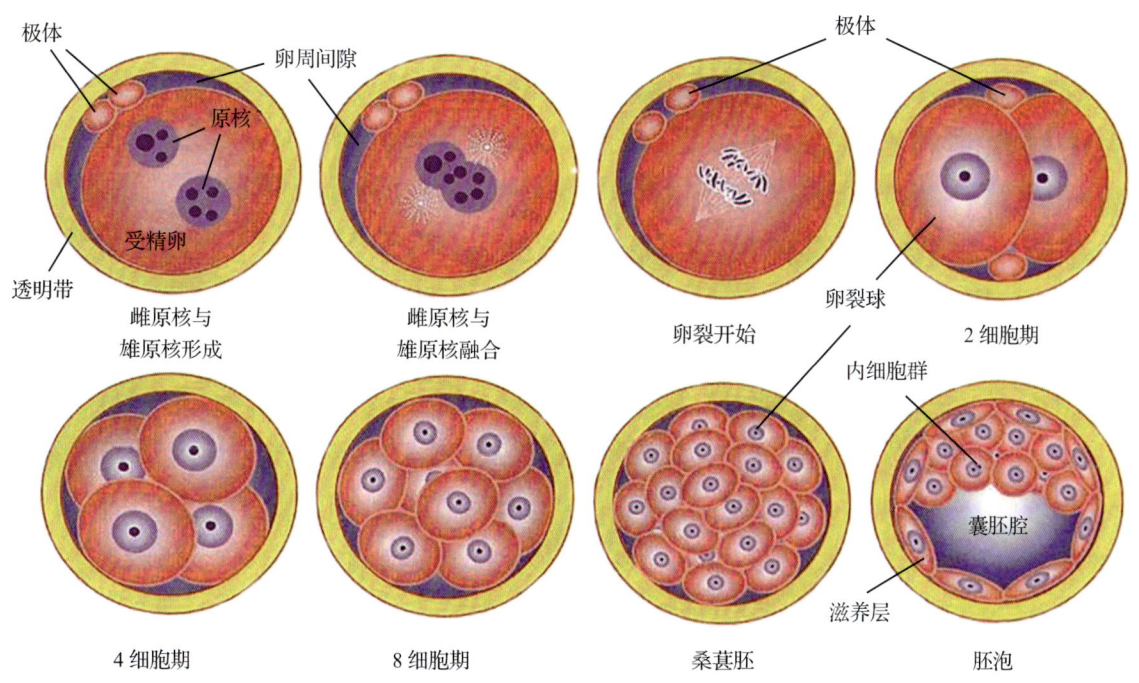

图 11-4 卵裂与胚泡形成

二、胚泡形成

桑葚胚进入子宫腔并继续分裂和分化，当卵裂球数量达到 100 个左右时，细胞间开始出现一些小腔，而后逐渐融合成一个大腔，称为**胚泡腔**。其内充满液体，使整个胚呈泡状，故称为**胚泡**（blastocyst）。构成胚泡壁的一层扁平细胞，称为**滋养层**（trophoblast），由单层细胞构成，将来发育成胎儿的附属结构；在胚泡腔一端的细胞团，称为**内细胞群**（inner cell mass），将来发育为胚体。覆盖在内细胞群外面的滋养层，称为**极端滋养层**。胚泡形成后，其周围的透明带逐渐消失，胚泡逐渐与子宫内膜相互接触，开始植入（图 11-5）。

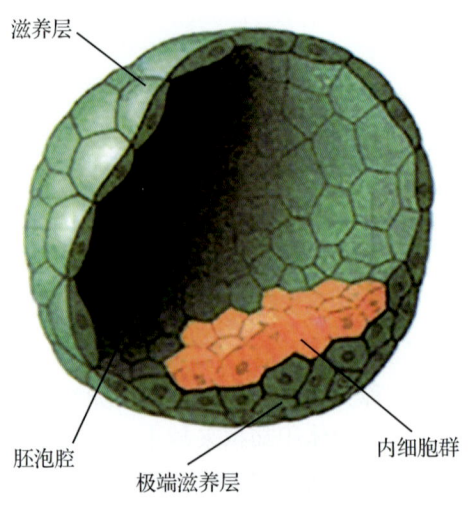

图 11-5 胚泡结构模式图

知识链接

胚胎干细胞

胚胎干细胞是从胚泡的内细胞群或胎儿原始生殖细胞中分离提取的具有发育全能性的干细胞。胚胎干细胞具有无限增殖、自我更新和多向分化的特性,无论在体内或体外环境,都可被诱导分化为几乎所有的细胞类型。目前,胚胎干细胞成为早期胚胎发生、组织分化和基因表达调控等发育生物学基础研究的理想模型和工具,也是进行动物胚胎工程开发和用于治疗各种疾病、修复受损组织和器官的重要途径,具有广泛的应用前景。在进行基础研究和临床应用时,需符合伦理要求。

第四节　植入与蜕膜

一、植入

胚泡逐渐埋入子宫内膜的过程,称为**植入**(implantation),临床上又称为着床。植入开始于受精后第 5～6 天,到第 11～12 天完成(图 11-6,图 11-7)。

1. **植入的过程**　胚泡植入时,极端滋养层首先贴附于子宫内膜表面,并分泌溶解酶溶解消化子宫内膜,随之胚泡逐渐陷入子宫内膜功能层。当胚泡全部进入子宫内膜后,子宫内膜缺口由子宫内膜上皮修复,植入结束。植入时的子宫内膜正处于分泌晚期,营养和血液供应均很丰富。

2. **植入的部位**　胚泡植入的部位是将来形成胎盘的部位。常见的植入部位是子宫底和子宫体上部。如胚泡植入在子宫颈近子宫口处并在此形成胎盘,称为**前置胎盘**,分娩时会引起大出血或分娩困难。胚泡在子宫以外的部位植入,称为**异位妊娠**(宫外孕),最常见于输卵管壶腹部,也可见于子宫阔韧带、卵巢表面和肠系膜等处。异位妊娠的胚胎大都早期死亡并被吸收,少数胚胎发育到较大后破裂,引起大出血,危及母体生命。

第十一章 人体胚胎早期发育

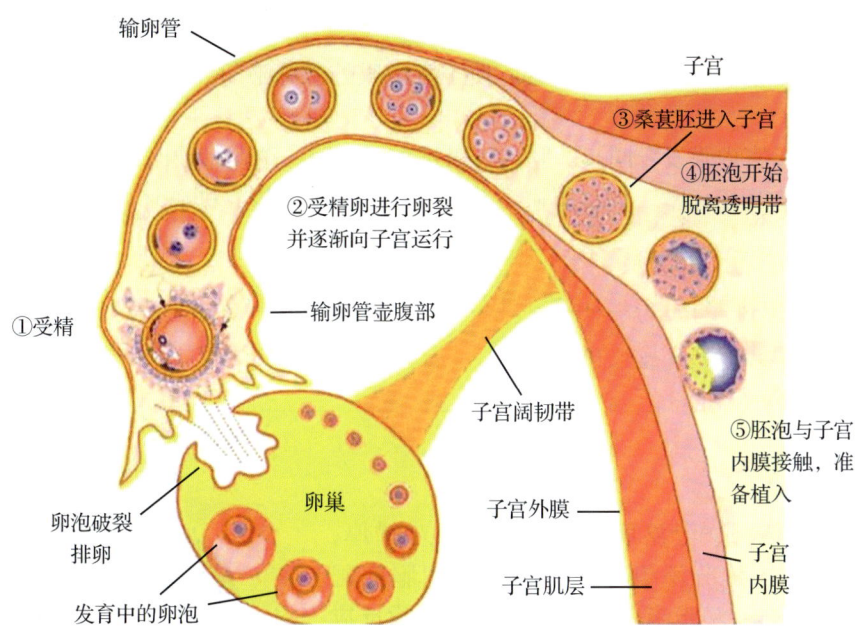

图 11-6 排卵、受精、卵裂和植入示意图

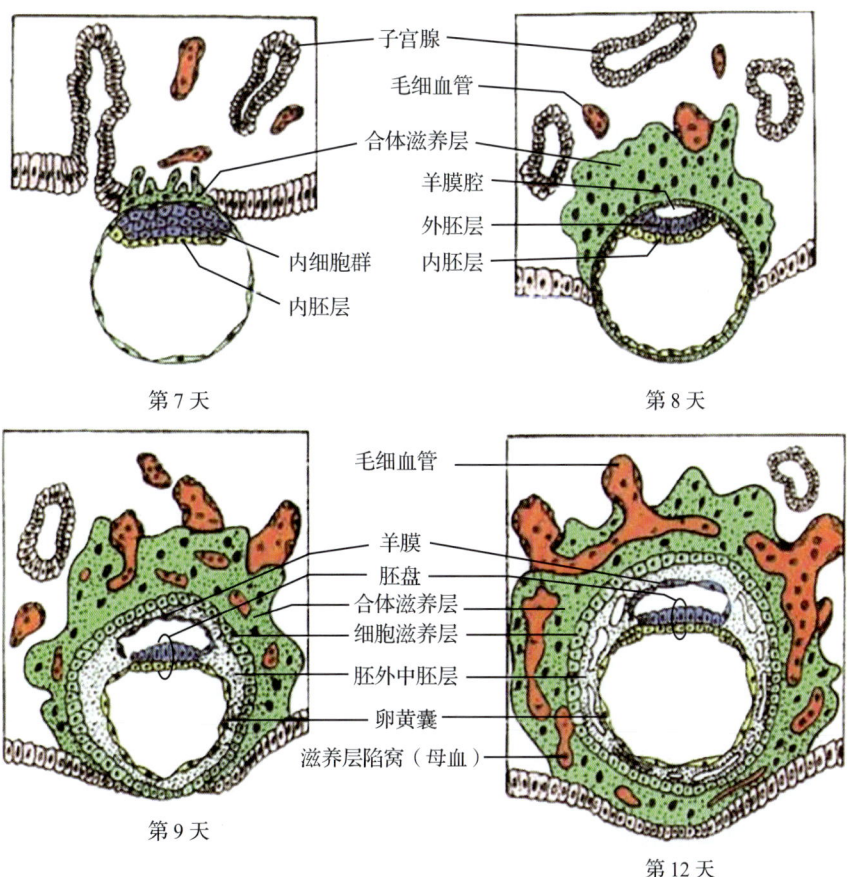

图 11-7 植入过程示意图

3. 植入的条件

（1）母体雌激素和孕激素分泌正常，使子宫内膜处于分泌期，以便为胚泡植入创造适宜的内环境。

（2）胚泡与子宫内膜发育同步。胚泡准时进入子宫腔，透明带及时溶解消失。

（3）子宫腔内环境正常。如口服避孕药或宫腔放置节育器，即破坏了子宫内环境，干扰植入，达到避孕目的。

> 考点提示
>
> 植入的概念、部位和条件。

二、蜕膜

在植入的刺激下，分泌期子宫内膜进一步增厚，血供更加丰富，腺体分泌更加旺盛，基质细胞变肥大并含有丰富的糖原和脂滴，这些变化称为**蜕膜反应**（decidual response）。胚泡植入后的子宫内膜功能层，称为**蜕膜**（decidua）。

按蜕膜与胚泡的关系，将蜕膜分为三部分（图 11-8）。①**基蜕膜**：是位于胚深面的部分，将来参与胎盘的形成；②**包蜕膜**：是覆盖在胚宫腔侧的部分；③**壁蜕膜**：其余部分的蜕膜。壁蜕膜与包蜕膜之间为子宫腔。包蜕膜随着胚胎长大而向壁蜕膜靠近，至第 3 个月与壁蜕膜相贴，子宫腔消失。

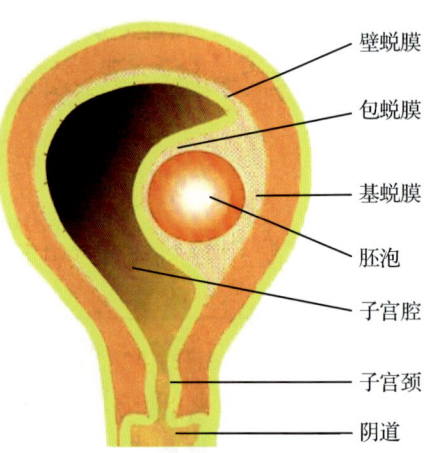

图 11-8　胚泡与子宫蜕膜关系示意图

> **知识链接**
>
> #### 试管婴儿
>
> **试管婴儿**并不是真正在试管里长大的婴儿，而是从母体卵巢内取出几个卵子，在实验室里与男方的精子结合，形成桑葚胚或胚泡，然后转移到子宫内继续妊娠。所以，试管婴儿可以简单地理解为由实验室的试管代替了输卵管的功能。尽管体外受精最初用于治疗由输卵管阻塞引起的不孕症，现已发现体外受精对由于子宫内膜异位症、精子数目或形态异常引起的不孕症，甚至原因不明的不孕症都有所帮助。

第五节　三胚层的形成与分化

一、三胚层的形成

1. **内胚层**和**外胚层的形成**（第 2 周）　在胚泡植入的同时，胚泡的内细胞群增殖分化成 2 层细胞：靠近胚泡腔的一层，称为**内胚层**。内胚层与极端滋养层之间的一层，称为**外胚层**。内胚层与外胚层紧密相贴，形成一个圆盘状结构，称为**二胚层胚盘**（图 11-9）。胚盘是形成胎儿的原基。

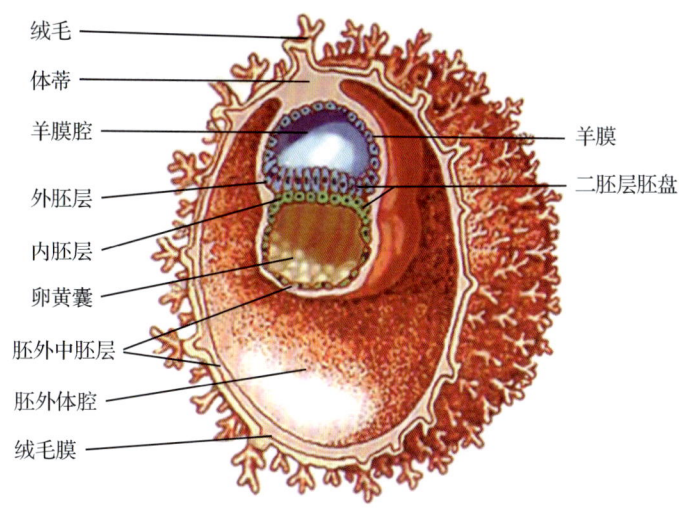

图 11-9　第 3 周初胚剖面

在内、外胚层形成的同时，外胚层细胞增生，在细胞间出现腔隙并逐渐扩大，于是外胚层被分隔成两层细胞，靠近滋养层内面的一层细胞形成**羊膜**；与内胚层相贴的仍为外胚层。两层细胞的边缘相延续，环绕形成**羊膜腔**（amniotic cavity），腔中充满羊水。内胚层周边的细胞向腹侧生长、延伸，形成一个单层扁平细胞围成的囊，称为**卵黄囊**。

2. **中胚层的形成**（第 3 周）　胚胎第 3 周初，外胚层细胞增殖并向胚盘中轴线一端迁移，聚集形成一细胞索，称为**原条**。胚盘形成原条的一端为尾端；另一端为头端。原条头端增厚，形成**原结**（图 11-10）。原结细胞增生并沿原条向头侧迁入内、外胚层之间形成一细胞索，称为**脊索**。在原条形成的同时，原条细胞向深部迁移进入内、外胚层之间，并在内、外胚层之间形成一个新的细胞层，即**中胚层**。此时的胚盘已有内、中、外 3 个胚层。由于脊索和中胚层向头端生长速度较快，因而胚盘逐渐由圆形变成梨形，其头侧部较宽大，尾侧部较狭小（图 11-11）。

原条和脊索为胚胎早期的中轴结构。原条随着中胚层的形成而消失；脊索以后退变为椎间盘中央的髓核。

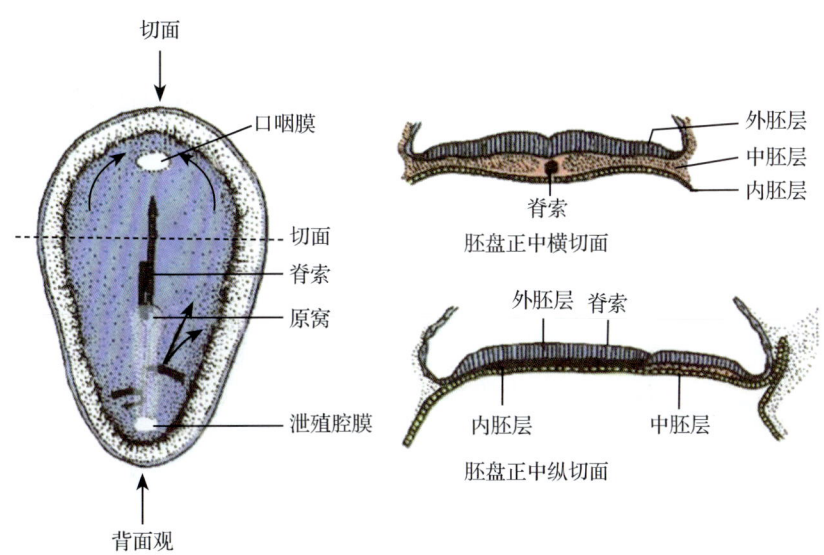

图 11-10　第 16 天胚盘模式图

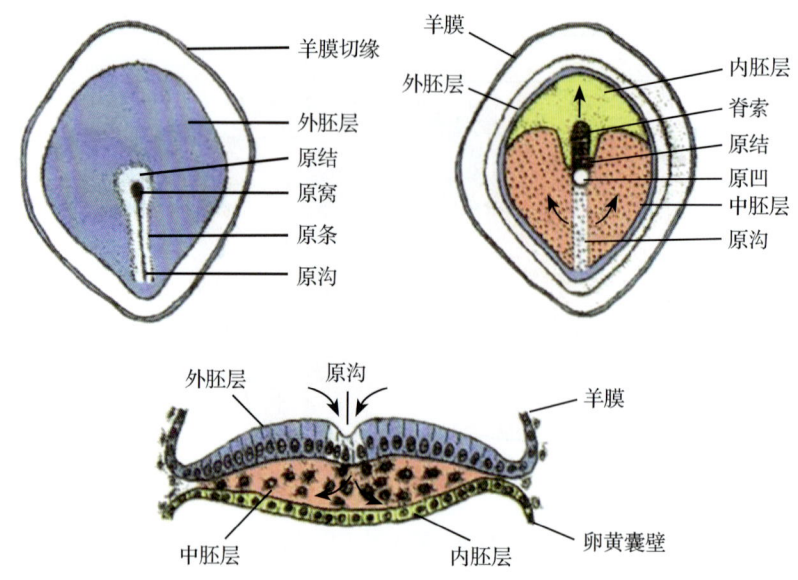

图 11-11　第 18 天胚盘模式图

二、三胚层的分化

在胚胎发育过程中，结构和功能相同或相近的细胞，通过分裂增殖，形成结构和功能不同的细胞，称为**分化**。三胚层细胞经过增殖和分化，形成了人体的各种细胞和组织。

1. 外胚层的分化　在脊索的诱导下，与脊索相对的外胚层细胞分裂增生呈板状，称为**神经板**（图 11-12，图 11-13）。神经板沿中线凹陷形成**神经沟**。神经板两侧缘呈纵行隆起，称为**神经褶**。神经沟逐渐加深，而两侧神经褶则逐渐向正中线靠拢并首先在神经沟中段愈合成为神经管。将来神经管头侧部分逐渐膨大发育成脑；尾侧部分保持管状，演变成脊髓。外胚层的其余部分演变成皮肤的表皮及其附属结构等。

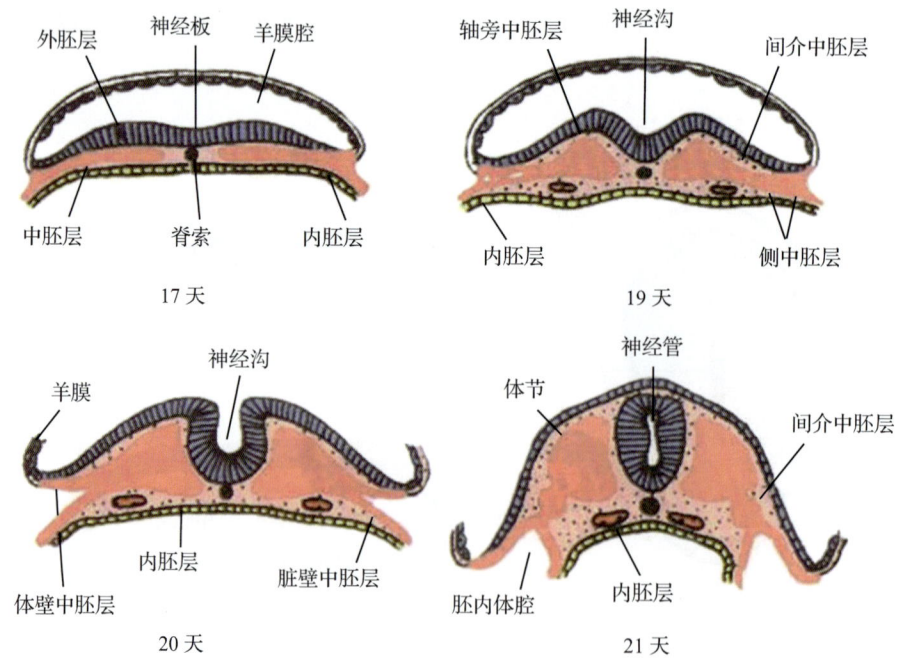

图 11-12　中胚层的早期分化及神经管形成

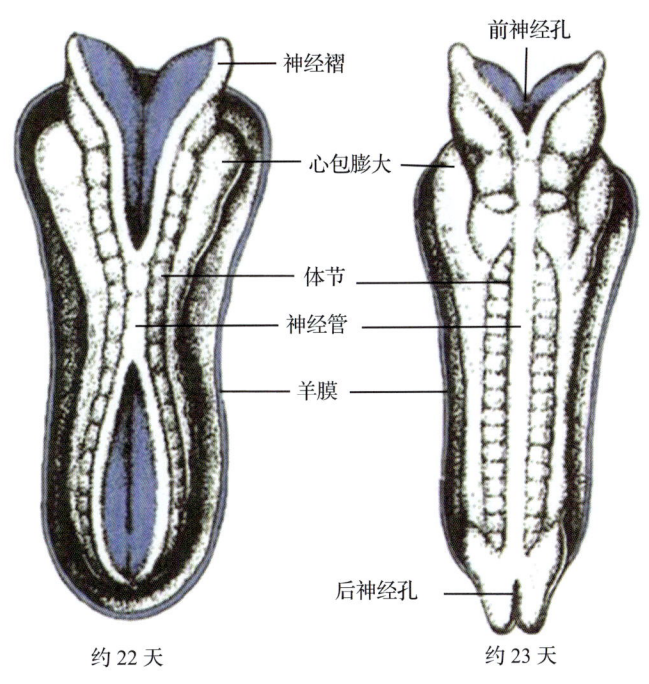

图 11-13 神经管形成立体模式图

2. **中胚层的分化** 靠近神经管两侧的中胚层增长、变厚，形成节段状的**体节**，将来分化成椎骨、骨骼肌和皮肤的真皮。体节外侧的中胚层，称为**间介中胚层**，分化形成泌尿生殖系统的器官。间介中胚层外侧的中胚层，称为**侧中胚层**。在侧中胚层内形成的腔隙，称为**胚内体腔**，将来形成心包腔、胸膜腔和腹膜腔（图11-13）。

3. **内胚层的分化** 在胚体形成的同时，内胚层逐渐卷折成长圆筒状，称为**原始消化管**，也称原肠。与内胚层相连的卵黄囊被卷至胚体外，通过卵黄蒂与原肠相通。卵黄蒂也称卵黄管，随着胚胎发育逐渐变细。原肠头段为前肠，有口咽膜封闭；尾段为后肠，有泄殖腔膜封闭；与卵黄囊相通的中段为中肠。原始消化管将主要分化为消化系统和呼吸系统器官的上皮组织。

第六节 胎膜与胎盘

一、胎膜

胎膜（fetal membrane）包括绒毛膜、羊膜、卵黄囊、尿囊和脐带（图11-14），是受精卵分裂分化所形成的胚体以外附属结构的统称，对胚胎起保护和营养等作用。

1. **绒毛膜**（chorion） 由滋养层和胚外中胚层发育而成（图11-14，图11-15）。胚胎第2周，滋养层细胞向周围生长，形成许多细小的突起，称为**绒毛**。随着胚胎发育，绒毛出现分支并逐渐增多，胚外中胚层进入绒毛中轴，并分化出血管，血管内含有胎儿的血液。

胚胎发育早期，绒毛膜表面的绒毛发育和分布均匀一致。随着胚胎发育，与包蜕膜相邻的绒毛营养缺乏而逐渐退化消失，这部分绒毛膜称为**平滑绒毛膜**；而与基蜕膜相邻的绒毛因血供丰富而发育旺盛，呈树枝状，这部分绒毛膜称为**丛密绒毛膜**，以后发育成胎盘的胎儿面。

绒毛膜的主要功能是从母体子宫吸收营养物质，供给胚胎生长发育，并排出胚胎的代谢产物。在绒毛膜的发育过程中，若血管未连通，胚胎可因缺乏营养而发育迟缓或死亡；如绒毛膜表面的滋养层细胞过度增生或绒毛中轴间质变性水肿，形成许多大小不等的水泡状结构，称为

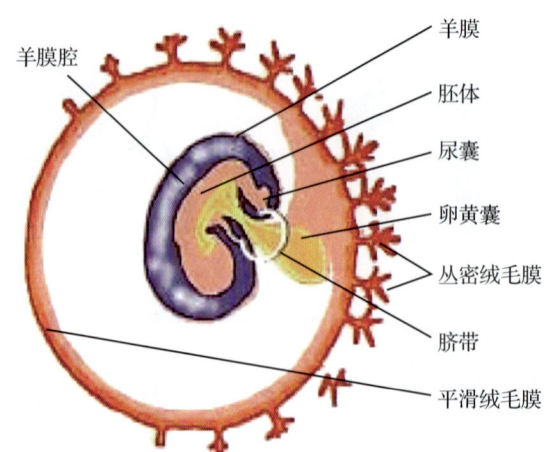

图 11-14　胎膜形成与变化示意图

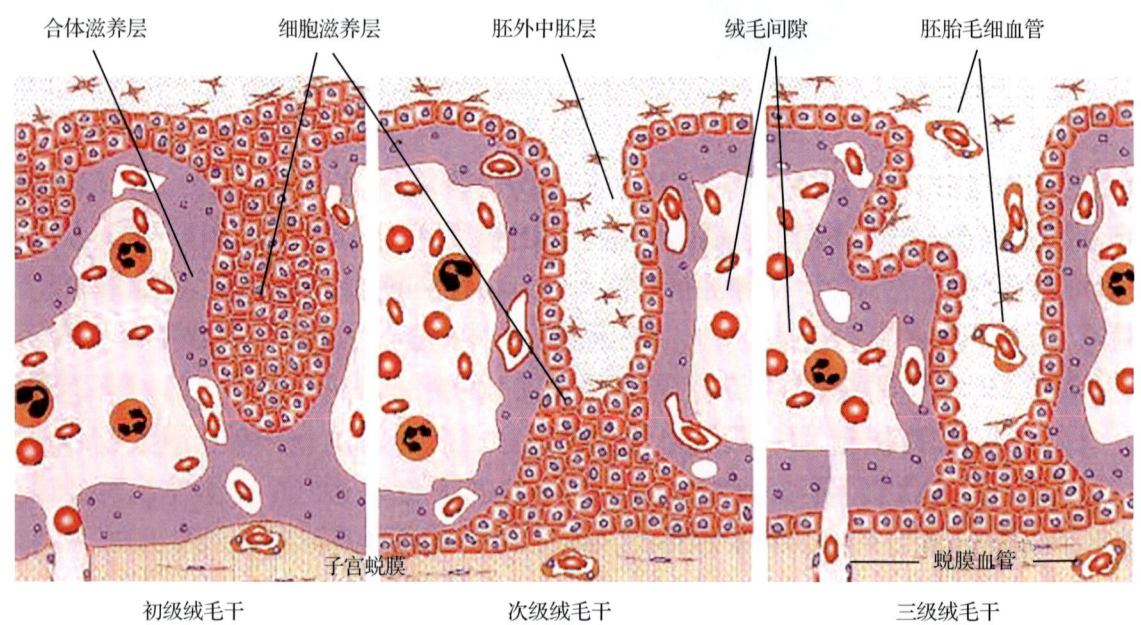

图 11-15　绒毛干分化发育模式图

葡萄胎。若滋养层细胞发生恶性变，则称为绒毛膜上皮癌。

2. 羊膜　为半透明薄膜，与外胚层一起围成**羊膜腔**（图 11-14），内含羊水。最初，羊膜腔位于胚盘背侧，随着胚盘向腹侧卷折，羊膜腔也随着胚盘向胚体腹侧扩展并包围于胚体周围，使胎儿完全游离于羊膜腔内。

羊水为淡黄色液体，由羊膜分泌而来，其内含有一些胎儿的排泄物。羊水不断产生，又不断被羊膜吸收和被胎儿吞饮，所以羊水是不断更新的。足月胎儿羊水含量为 1000～1500 ml。羊水能保护胎儿，缓冲外力对胎儿的振荡和挤压；防止胎儿与羊膜发生粘连；分娩时，羊水还有扩张子宫颈、冲洗和润滑产道的作用。

羊水量少于 500 ml 为羊水过少，常见于胎儿肾发育不全或尿道闭锁等；羊水量多于 2000 ml 为羊水过多，常见于消化管闭锁或无脑儿等。抽取羊水进行细胞学检查或检测羊水中某些物质的含量，可以早期诊断某些遗传性疾病或先天畸形。

3. 卵黄囊　位于原始消化管腹侧，当卵黄囊被包入脐带后，与原始消化管相连的部分逐渐变细，最终闭锁而逐渐退化。

4. **尿囊**　是从卵黄囊尾侧的内胚层向体蒂伸出的盲管，被脐带包裹，继而闭锁。

5. **脐带**（umbilical cord）　是连于胎儿脐部与胎盘胎儿面之间的一条圆索状结构，是胎儿与母体间进行物质交换的通道。其内有 2 条脐动脉和 1 条脐静脉（图 11-16）。**脐动脉**将胚胎的静脉血运送至胎盘绒毛内，在此与绒毛间隙内的母体血进行物质交换；**脐静脉**将绒毛内汇聚的动脉血送回胚胎。

胎儿出生时，脐带长 40～60 cm，直径 1.5～2 cm，脐带过短可影响胎儿娩出，或分娩时引起胎盘早期剥离而出血过多；脐带过长易缠绕胎儿四肢或颈部，可导致胎儿局部发育不良或窒息死亡。

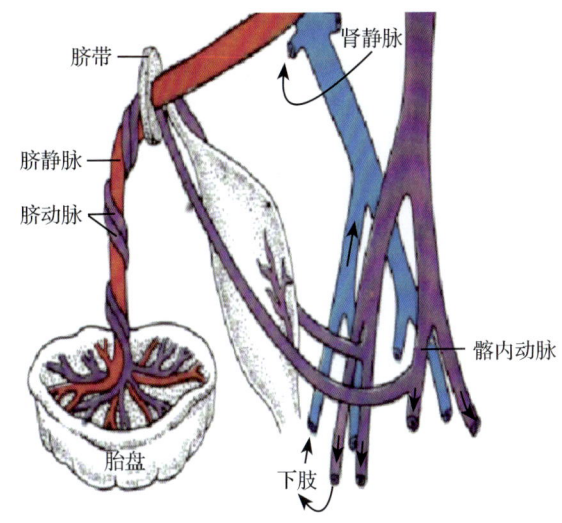

图 11-16　脐带与胎盘模式图

二、胎盘

胎盘（placenta）是由母体子宫基蜕膜与胎儿丛密绒毛膜共同构成的圆盘状结构（图 11-16），是胎儿与母体进行物质交换的重要结构，同时具有内分泌和屏障功能。足月娩出的胎盘重达 500 g，中央厚，边缘薄，直径为 15～20 cm，厚约 2.5 cm。

1. **胎盘的构造**　胎盘由胎儿面和母体面两部分构成。胎儿面光滑，表面覆盖有羊膜，脐带一般附着于近中央处，透过羊膜可见脐血管呈放射状分布在绒毛膜上；母体面粗糙，有不规则的浅沟将其分为 15～25 个微凸的小区，即胎盘小叶。胎盘小叶之间有由基蜕膜高起构成的**胎盘隔**（placental septum）。胎盘隔并不完全分隔绒毛间隙，故绒毛间隙互相通连（图 11-17）。

2. **胎盘的血液循环**　胎盘内有母体和胎儿 2 套独立的血液循环体系。母体血由子宫基蜕膜

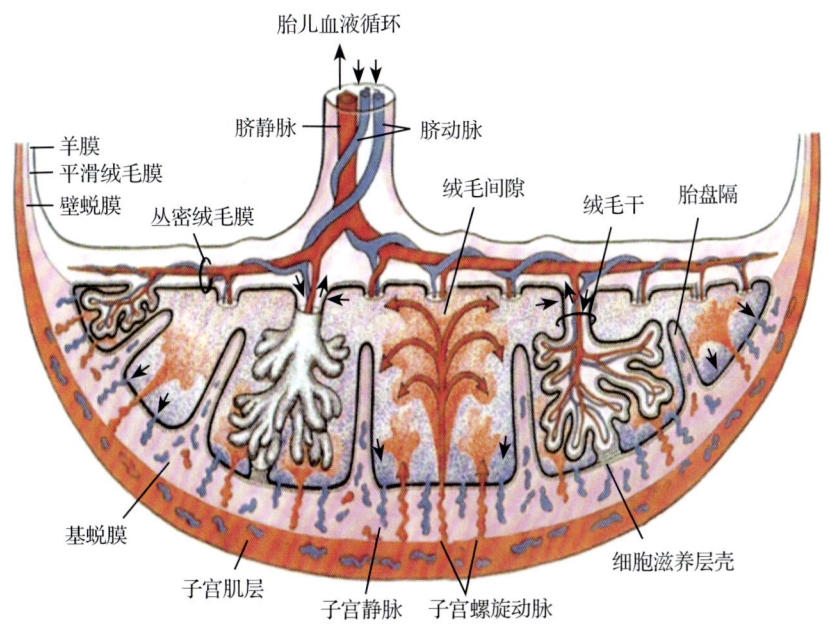

图 11-17　胎盘结构与血液循环模式图

中的螺旋动脉流入绒毛间隙，与绒毛内胎儿血进行物质交换后，再经基蜕膜中的小静脉流回子宫静脉。胎儿血经脐动脉进入胎盘，反复分支并形成绒毛内的毛细血管，汇成脐静脉回到胎儿体内。2套体系内的血液并不直接相通，之间隔以胎盘屏障，但可以进行物质交换。

3. **胎盘屏障**（placental barrier） 又称胎盘膜，是胎盘内母体和胎儿进行物质交换所通过的结构。早期胎盘屏障由合体滋养层、细胞滋养层及基膜、绒毛内结缔组织和绒毛内毛细血管基膜及内皮组成。第3个月以后，由于细胞滋养层逐渐退化，合体滋养层变薄，导致胎盘屏障变薄，就只有合体滋养层和毛细血管内皮以及二者之间的共同基膜3层，更有利于物质交换。

4. **胎盘的功能**

（1）**物质交换**：胎儿通过胎盘从母体吸收O_2和营养物质，并排出CO_2和其余代谢产物。

（2）**屏障作用**：胎盘屏障具有屏障作用，可以阻挡母体血中的大分子物质进入胎儿血液，保护胎儿。但此屏障的功能是有限的，某些药物、病毒和激素等可以透过胎盘屏障进入胎儿体内，影响胎儿发育，故孕妇需谨慎用药。

（3）**内分泌功能**：胎盘能分泌多种激素，对维持妊娠和胎儿的正常生长发育具有非常重要的作用。①**人绒毛膜促性腺激素**（human chorionic gonadotropin，HCG）：受精后第2周即可在孕妇尿液中测出，第8周达高峰，以后逐渐下降。该激素可促进黄体的生长发育，维持妊娠；抑制母体对胎儿和胎盘的免疫排异功能。临床上，此激素常作为诊断早期妊娠的指标之一；②**孕激素**和**雌激素**：于妊娠第4个月开始产生，以后逐渐增多，替代黄体功能，继续维持妊娠；③**人胎盘催乳素**（human placental lactogen，HPL）：有促进母体乳腺发育和胎儿生长发育的作用。

考点提示

胎盘的组成、羊水的作用、胎盘屏障的概念及功能。

第七节　胎儿血液循环

胎儿的肺尚未建立呼吸功能，其血液供应来自胎盘，故肺泡毛细血管床近2/3关闭。因此，胎儿出生后，由于呼吸及肺循环的建立，血流途径发生了重大改变。

一、胎儿心血管系统的结构特点

胎儿与外界的物质交换必须通过胎盘来进行，所以胎儿心血管系统的结构特点与成人不同（图11-18）。

（1）在房间隔右侧面尾侧部，左、右心房经卵圆孔相通。

（2）有1条连通肺动脉干与主动脉弓的动脉导管。

（3）有2条脐动脉，自髂总动脉发出，经胎儿脐部进入脐带。

（4）有1条脐静脉，经胎儿脐部进入其体内，入肝后，续为静脉导管，并有分支通肝血窦，其血液最终注入下腔静脉。

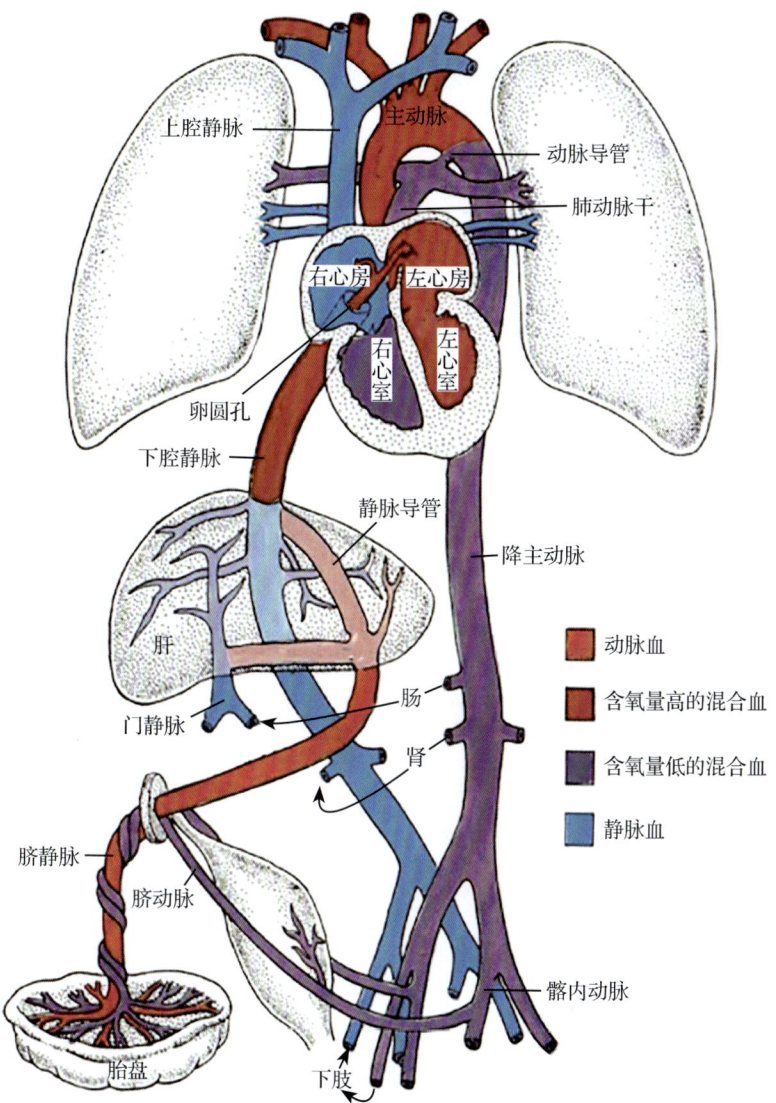

图 11-18 胎儿血液循环模式图

二、胎儿出生后心血管系统的变化

胎儿出生后,胎盘循环停止,肺开始呼吸,肺循环血流量增大,于是心血管系统发生以下变化。

(1)卵圆孔闭锁,并在房间隔右侧面形成卵圆窝。

(2)动脉导管逐渐闭锁,形成动脉韧带。如出生后半年动脉导管仍未闭锁,称为动脉导管未闭。

(3)脐动脉近侧段形成膀胱上动脉,远侧段闭锁。

(4)脐静脉和静脉导管分别闭锁形成肝圆韧带和静脉韧带。

新生儿心血管系统的结构经上述变化后,血液循环途径即与成人相同。

第八节　双胎、多胎与联体儿

一、双胎

双胎（twins）是一次分娩出两个胎儿的现象，又称孪生（图11-19）。

1. **单卵双胎**　由一个受精卵发育成两个胎儿，称为**单卵双胎**，又称真孪生。单卵双胎有以下3种形式：①由一个受精卵分裂形成两个胚泡，两个胚泡各发育成一个胎儿；②在一个胚泡内形成两个内细胞群，两个内细胞群各发育成一个胎儿；③形成两个原条，各自诱导发育成两个完整的胚胎。

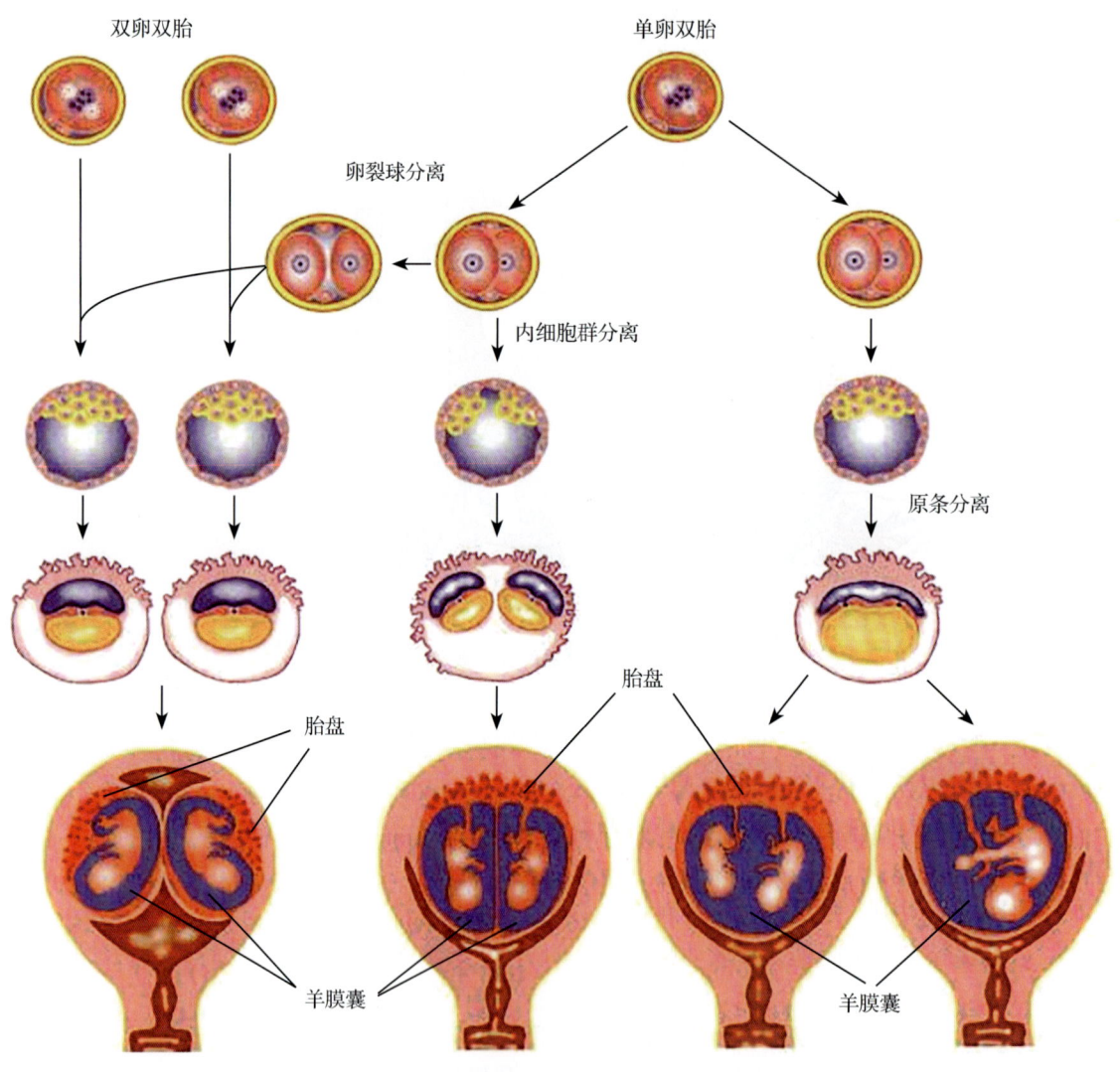

图 11-19　双胎形成

单卵双胎的两个胎儿，其遗传基因完全相同，性别相同，外貌相似，相互之间的器官移植不产生排斥反应。

2. **双卵双胎**　一次排出两个卵,两个卵均受精,分别发育成一个胎儿,称为**双卵双胎**,又称假孪生。双卵双胎的两个胎儿,性别相同或不同,相貌似一般的兄弟姐妹。

二、多胎

多胎是一次生出 3 个及 3 个以上的胎儿。多胎的原因可能是单卵性、多卵性或混合性的。

三、联体儿

联体儿(conjoined twins)多来自两个未完全分离的单卵双胎,可发生不同部位的联体,如头部连胎、胸腹部连胎、臀部连胎、寄生胎(图 11-20)。

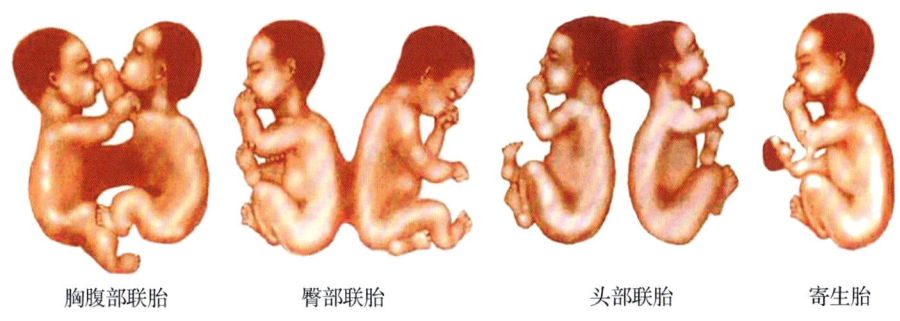

胸腹部联胎　　　　臀部联胎　　　　头部联胎　　　　寄生胎

图 11-20　联体双胎模式图

第九节　先天畸形

一、先天畸形的发生原因

先天畸形(congenital malformation)是因胚胎发育紊乱,导致胎儿在出生时即可见的形态结构异常。但有些内部结构或代谢异常要在出生后逐渐显现,故用"出生缺陷"描述更为准确。在整个胚胎发育过程中,胚胎在遗传因素或环境因素的刺激下都有可能导致发育异常,但多数情况下是遗传因素和环境因素共同作用的结果。

1. **遗传因素**　包括染色体畸变和基因突变,以染色体畸变引起者多见。如先天愚型就是由于 21 号染色体为三体所致(47,XY+21)。

2. **环境因素**　能引起出生缺陷的环境因素,统称为**致畸因子**(teratogenic agent)。主要有 5 类致畸因子。①**物理性致畸因子**:如各种射线、噪声、高温、机械性压迫和损伤;②**化学性致畸因子**:如杀虫剂、除草剂、工业"三废"和食品添加剂;③**致畸性药物**:如抗癌药、镇静药、抗癫痫药、某些抗生素类和激素;④**生物性致畸因子**:如风疹病毒、流感病毒、疱疹病毒、肝炎病毒和腮腺炎病毒;⑤**其他致畸因子**:如孕妇营养不良、微量元素缺乏和精神创伤。

二、致畸敏感期

胚胎在发育的第 3~8 周最容易受到致畸因子的作用发生畸形,这个阶段称为**致畸敏感期**。孕妇在此期应尽量避免与致畸因子接触。胚胎在发育过程中受到致畸因子作用后,是否发生畸形不仅决定于致畸因子的性质和胚胎的遗传特性,而且与胚胎受到致畸因子作用时所处的发育阶段有关。在受精后前 2 周,胚胎受到致畸因子作用较少发生畸形。因为此时期细胞分化程度较低,如果致畸作用强,胚胎即死亡;如果致畸作用弱,少数细胞死亡,多数细胞则代偿调整。受精后第3～8周，胚胎细胞增生分化活跃，人体外形及其内部许多器官系统原基正在发生，最容易受到致畸因子干扰而发生畸形。第9周后，进入胎儿期，此期致畸因子作用后多发生组织结构和功能方面的缺陷，一般不出现大器官的严重畸形。

> **思政园地**
>
> "神州试管婴儿之母"——张丽珠
>
> 张丽珠于1944年毕业于上海圣约翰大学医学院，获博士学位，并先后在海外从事博士后工作和学习。在海外，她拥有优越的生活环境和先进的工作条件。祖国的新生，共和国的建立使她下定决心回归祖国，历尽艰辛终于在1951年夏乘船从英国伦敦起航，向祖国进发。中途受到知名人士的宴请，许多亲朋好友恋惜她的才华和医术，劝她留在英国，她不为所动，英国留不住她，祖国才是她的目的地。回国后，张丽珠在母校上海圣约翰医学院妇产科任副教授，并在同仁医院任主任医师，后调至北京医学院（现北京大学医学部）第一医院，1958年参与第三医院的创建，历任该院妇产科主任、副教授、教授、博士生导师和国家重点学科学术带头人。张丽珠是我国著名医学家和现代生殖医学的开拓者和奠基人，也是我国首例试管婴儿的缔造者。她一生致力于妇产科学的研究和临床工作，为我国培养了大批的妇产科专业人才，给千千万万的不孕不育家庭带来希望，为无数家庭带来了福音，被誉为"神州试管婴儿之母"。

（骆小利　骆秋宏　陈开润）

自　测　题

一、单项选择题

1. 精子获能的部位是
   A. 生精小管 B. 副睾管 C. 睾丸输出小管
   D. 输精管 E. 女性生殖管道
2. 胚胎发育初具人形的时间是
   A. 第2周末 B. 第3周末 C. 第8周末
   D. 第9周末 E. 第12周末
3. 受精部位多位于
   A. 子宫 B. 卵巢 C. 输卵管峡
   D. 输卵管壶腹 E. 输卵管漏斗
4. 不属于胚泡结构的是
   A. 放射冠 B. 滋养层 C. 胚泡腔
   D. 胚泡液 E. 内细胞群
5. 前置胎盘是由于胚泡植入在
   A. 子宫后壁 B. 子宫以外的部分 C. 子宫前壁
   D. 子宫底部 E. 子宫颈近子宫口处
6. 退变为髓核的是
   A. 原条 B. 胚盘 C. 脊索

D. 胚内体腔　　　　　　E. 胚外中胚层
7. 脐带内胎儿与母体间进行物质交换的结构是
   A. 卵黄囊　　　　　　B. 尿囊　　　　　　C. 黏液性结缔组织
   D. 脐动脉和脐静脉　　E. 羊膜
8. 绒毛间隙内的血液是
   A. 母体和胎儿的混合血　　B. 母体的动脉血　　C. 母体的静脉血
   D. 胎儿的动脉血　　　　　E. 胎儿的静脉血
9. 临床诊断早期妊娠通常是测孕妇
   A. 尿中的孕激素　　　　　B. 血中的孕激素
   C. 血中的雌激素　　　　　D. 尿中的人绒毛膜促性腺激素
   E. 血中的绒毛膜促性腺激素
10. 母体血液中的营养物质早期进入胎儿血液依次通过
    A. 蜕膜、滋养层、结缔组织、绒毛内毛细血管内皮
    B. 绒毛内毛细血管内皮及基膜、结缔组织、滋养层
    C. 合体滋养层、细胞滋养层及基膜、结缔组织、毛细血管基膜及内皮
    D. 基膜、合体滋养层、细胞滋养层、结缔组织、毛细血管内皮及基膜
    E. 滋养层及基膜、结缔组织、毛细血管内皮及基膜、脐静脉

二、名词解释

1. 获能　2. 受精　3. 植入　4. 胎盘屏障

三、简答题

1. 简述受精的意义。
2. 简述植入的条件和常见部位。
3. 简述羊水的作用。

实验指导

实验一　普通光学显微镜的构造与使用

【实验目的】
1. 掌握普通光学显微镜的基本结构与操作方法。
2. 了解组织切片的制作过程及常用的染色方法。

【实验器材】
1. 学生用普通光学显微镜。
2. 上皮组织切片（苏木精-伊红染色）。
3. 上皮组织数字切片。

【实验内容与方法】

（一）普通光学显微镜的构造

1. **机械部分**　具有支持和调节光学部分的作用。主要有以下结构（图实验-1）。

（1）镜座：用于稳定和支持显微镜。

（2）镜臂：中部稍弯，供握持显微镜用。

（3）镜筒：有单镜筒和双镜筒两种，上端装有目镜。

（4）载物台：供放置标本的平台，中央有一圆形的通光孔，台上有推进器和压片夹。

（5）物镜转换器：是固定物镜并可旋转定位的圆盘，便于更换物镜，以改变显微镜的放大倍数。

（6）粗调节器和细调节器：可升降载物台，以调节物镜与切片之间的距离。粗调节器旋转1周，约可使载物台升降10 mm，多用于低倍镜的观察；细调节器旋转1周，约可使载物台升降0.1 mm，多用于高倍镜和油镜的观察。

（7）亮度调节器：调节光源的亮度。

（8）电源开关：不用时应关闭。

2. **光学部分**　主要结构如图实验-1。

（1）目镜：即接近眼的光学部件，位于镜筒上端，由接目镜和汇聚透镜组成。其作用是将物镜放大的实像进一步放大。放大倍数一般为5倍和10倍等，常用的为10倍。

（2）物镜：即面对被观察物成实像的光学部件，装在物镜转换器上，由许多片不同焦距的凹透镜和凸透镜组成。其作用是将观察的物体作第一次放大，放大率在10倍及以下的为低倍镜，40倍为高倍镜，100倍为油镜。

（3）聚光器：由聚光镜和光圈组成，其作用是将光线集中到所要观察的标本上，使光线射入物镜。一般聚光镜的聚光点设计在它上端透镜平面上方约1.25 mm处，以适应载玻片的标准厚度（1.11 ± 0.04 mm）。光圈开启大小和聚光器高低可控制照明光线的

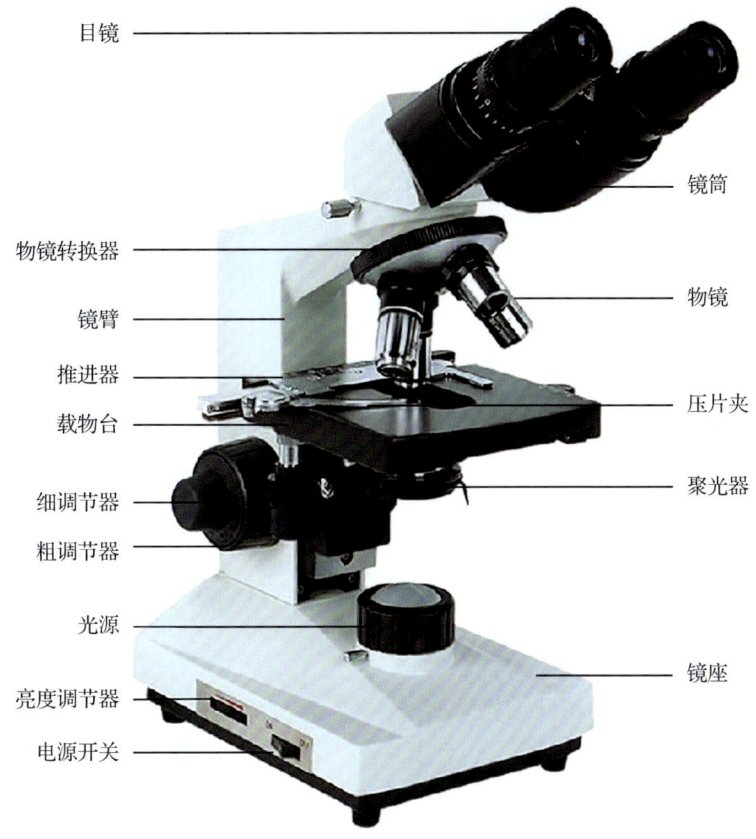

图实验-1 普通光学显微镜的构造

强弱。

（二）普通光学显微镜的使用方法

1. 对光　将低倍镜转于载物台正上方约 1 cm 处，并将聚光器置于载物台正下方约 1 cm 处，双眼对准目镜，打开电源开关，调整亮度至适宜强度即可。

2. 置片　置片之前，首先用肉眼观察标本的大致形状和染色情况，判断是实质器官还是空腔器官。而后识别标本的正、反面（有盖玻片的一面为正面），将标本正面向上平放于载物台上，用压片夹将切片固定，调节推进器移动切片，使标本移至载物台通光孔中央。

3. 调焦观察

（1）低倍镜观察：双手转动粗调节器，使载物台移至距物镜约 0.5 cm，双眼从目镜中观察，同时转动粗调节器，缓慢下降载物台至视野中物像清晰为止。观察组织切片的全貌、层次和位置关系。若是实质器官，应由表及里依次扫视全景，区分各个部位；若是空腔器官，观察顺序则为由内向外。

（2）高倍镜观察：在低倍镜视野中先将要用高倍镜观察的结构移到视野中央（因为高倍镜视野只能看到低倍视野的中央部分），将物镜转换器按顺时针方向旋转（转换为油镜时则按逆时针方向旋转），使高倍镜转至载物台正中位，略微转动细调节器至图像清晰为止，观察局部放大的重点内容，即特异性的组织结构和细胞。

（3）油镜观察：在组织学实验课中，只有血涂片需用油镜观察。使用油镜的操作步骤如下：①血涂片先用低倍镜和高倍镜观察，选一个红细胞均匀分散且白细胞较多的部位作为油镜观察的部位；②旋转物镜转换器将油镜转入光轴，从侧面观察，在油镜镜头的正下方将 1~2 滴镜油滴于血涂片上；③用肉眼从侧面观察，使油镜镜头刚好浸泡于镜油中，再从目镜中观察，同时调节细调节器（注意只允许调节细调节器），直至物像清晰为止。

4. 观察完毕　降低载物台，取下切片标本，关闭电源开关。清洁油镜镜头，先用一张拭镜纸拖去镜头上的油，再用一张滴有二甲苯的拭镜纸拖净镜头上的油。最后用一张拭镜纸拭净残余的二甲苯。清洁玻片标本，方法与清洁油镜镜头的方法相同。

（严蜀君）

实验二　基本组织

一、上皮组织

【实验目的】

1. 掌握各种被覆上皮的光镜结构特点。
2. 了解上皮组织游离面的特殊结构。

【实验器材】

1. 小肠切片（苏木精-伊红染色）。
2. 气管切片（苏木精-伊红染色）。
3. 食管切片（苏木精-伊红染色）。
4. 肠系膜铺片（硝酸银染色）照片。
5. 膀胱切片（苏木精-伊红染色）。
6. 上皮组织数字切片。

【实验内容与方法】

1. 光镜结构

（1）观察小肠切片（苏木精-伊红染色）。

1）肉眼观察：标本一侧或腔内面起伏不平，染成紫蓝色，此处有许多细小的突起，为小肠绒毛。

2）低倍镜观察：找到小肠绒毛，呈纵、横、斜切面，其表面覆有单层柱状上皮，大部分上皮细胞为柱状细胞，其中夹有空泡状的杯状细胞。

3）高倍镜观察：①柱状细胞：垂直切面呈高柱状，紧密排列成整齐的一层，细胞分界不清，细胞核呈椭圆形，位于细胞近基底部，其长轴与细胞长轴一致，胞质着红色，上皮游离面可见厚度均一、薄层红色的结构，即纹状缘。上皮与深面组织交界处为基膜位置，不易分辨。②杯状细胞：底部狭窄，含深染的细胞核，细胞核呈三角形或扁球形，顶部膨大，充满黏原颗粒，染为空泡状或蓝色。

（2）观察气管切片（苏木精-伊红染色）。

1）肉眼观察：标本中染成紫蓝色的一侧为腔面的黏膜。

2）低倍镜观察：黏膜表面覆盖有假复层纤毛柱状上皮。上皮细胞排列紧密，界限不清，细胞核染成紫蓝色，多数上皮细胞的胞质染成红色，杯状细胞的胞质呈空泡状。上皮基底面较整齐，但细胞核的位置高矮不一，形似复层。

3）高倍镜观察：假复层纤毛柱状上皮包括 4 种细胞。①柱状细胞：数量最多，顶部较宽达腔面，细胞核呈椭圆形，多位于细胞上部，排列在上皮浅面，胞质着粉红色，游离面可见规则排列的纤毛；②梭形细胞：夹于其他细胞之间，细胞核窄、呈椭圆形，居细胞中央；③锥形细胞：位于上皮深部，细胞核小，呈圆形，排列在上皮深面；④杯状细胞：顶端达上皮表面，细胞核呈三角形或半月形，排列在上皮中间。在上皮下明显见均质状粉红色基膜。

（3）观察食管切片（苏木精-伊红染色）。

1）肉眼观察：食管腔面不规则，被染成紫蓝色的部分为复层扁平上皮。

2）低倍镜观察：食管上皮为未角化的复层扁平上皮，细胞密集排列为多层，上皮与结缔组织连接处凹凸不平。

3）高倍镜观察：上皮浅层为数层扁平细胞，分界不清，胞质呈嗜酸性，染色较深，细胞核呈扁圆形，位于细胞中央；中层为多层多边形细胞，分界清楚，细胞核呈圆形或椭圆形，位于细胞中央；基底层是一层低柱状细胞，细胞核呈圆形，胞质呈强嗜碱性。

2. 示教

（1）单层扁平上皮：肠系膜铺片（硝酸银染色）图片。

（2）变移上皮：膀胱切片（苏木精-伊红染色）。

二、结缔组织

【实验目的】

1. 掌握疏松结缔组织中主要细胞和血细胞的光镜结构。
2. 了解致密结缔组织、脂肪组织、网状组织和软骨组织的光镜结构。

【实验器材】

1. 气管横切片（苏木精-伊红染色）。
2. 血涂片（瑞特染色）。
3. 长骨磨片（硝酸银染色）。
4. 活体注射染料的腹壁皮下疏松结缔组织铺片（特殊染色）。
5. 淋巴结切片（苏木精-伊红染色）图片。
6. 椎间盘切片（苏木精-伊红染色）。
7. 血涂片（煌焦油蓝染色）图片。
8. 耳郭切片（铁苏木精染色）。
9. 骨磨片（苏木精-伊红染色）。

【实验内容与方法】

1. 光镜结构

（1）观察疏松结缔组织铺片（特殊染色）。

1）肉眼观察：皮下疏松结缔组织铺片，厚薄不均。

2）低倍镜观察：纤维粗细不等，染成粉红色带状的是胶原纤维，染成紫蓝色细丝状的是弹性纤维。

3）高倍镜观察：选择较薄、细胞和纤维较分散的部位进行观察。①纤维：胶原纤维粗大，呈粉红色直行或波浪状的带状结构；弹性纤维较细，呈紫蓝色直行、弯曲或螺旋状的细丝；②细胞：成纤维细胞呈星形，多突起；胞质较丰富，呈弱嗜碱性，染成粉红色，细胞核较大，呈卵圆形，核仁明显；巨噬细胞呈圆形、椭圆形或不规则形，胞质丰富，细胞核小，呈圆形，着色较深；肥大细胞常成群分布，细胞较大，呈圆形或椭圆形，胞质中含均匀、粗大染成紫红色的颗粒，细胞核小，呈圆形或卵圆形。

（2）观察血涂片（瑞特染色）。

1）肉眼观察：血涂片呈红色均匀的薄膜状。有血膜面反光较差，为观察面。

2）低倍镜观察：大量无细胞核的红色小球为红细胞，其间的少数有蓝色细胞核的细胞为白细胞。

3）高倍镜观察：红细胞呈红色，无细胞核；白细胞有细胞核。凡细胞核呈圆形、卵圆形或马蹄形，而胞质中无特殊颗粒者，为无粒白细胞；凡细胞核呈分叶状或腊肠状，而胞质中有特殊颗粒者，为有粒白细胞。

4）油镜观察：①红细胞较小，呈双凹圆盘形，无细胞核，细胞中央染色浅，周围染色深。②中性粒细胞呈球形，细胞核为紫蓝色，呈弯曲杆状或分为2～5叶，胞质内有大量细小、分布均匀的浅紫红色中性颗粒。③嗜酸性粒细胞呈球形，细胞核呈紫蓝色，多分为2叶，胞质内充满粗大、分布均匀的橘红色嗜酸性颗粒。④嗜碱性粒细胞呈球形，数量极少，细胞核常呈"S"形或不规则形，染色浅，胞质中含有大小不等、分布不均的紫蓝色嗜碱性颗粒，颗粒常掩盖细胞核。⑤淋巴细胞呈球形或卵圆形，小淋巴细胞数量多，体积较小，与红细胞相近，细胞核呈球形，较大，一侧常有凹痕，染色质呈致密块状并深染，胞质少，呈天蓝色窄带环绕细胞核，胞质内可见少量细小的紫色嗜天青颗粒。⑥单核细胞细胞体积最大，呈圆形或卵圆形，细胞核呈卵圆形、肾形、马蹄形或不规则形，染色质呈丝网状，着色浅，胞质丰富，染成灰蓝色，内含少量细小的紫色嗜天青颗粒。⑦血小板常成群分布，单个呈星形或多角形，胞质呈浅蓝色或粉红色，含有少量细小的紫色血小板颗粒。

（3）观察气管横切片（苏木精-伊红染色）。

1）肉眼观察：标本中部染成浅蓝色的带状结构为透明软骨。

2）低倍镜观察：周边染成粉红色的薄层致密结缔组织为软骨膜，内部染成均质状、浅蓝色的为软骨基质，其中有单个或成群的软骨细胞。

3）高倍镜观察：近软骨膜的软骨细胞体积较小，呈扁圆形，单个分布，越向软骨中心，体积越大，呈圆形或椭圆形，2～8个成群分布，为同源细胞群。软骨细胞的细胞核小，呈圆形，核仁明显，胞质少，呈弱嗜碱性，可有空泡。软骨细胞所在的腔隙为软骨陷窝。

（4）观察长骨磨片（硝酸银染色）。

1）肉眼观察：标本凸的一面为外面，相对应的凹面为骨髓腔面，染成棕褐色。

2）低倍镜观察：在较暗的光线下从外向内观察，最外层为数层平行排列的外环骨板，骨髓腔表面的骨板为内环骨板，层数较少，不平整。介于内、外环骨板之间呈同心圆排列的结构为骨单位，由位于中轴的中央管（哈弗斯管）和周围呈同心圆排列的骨板（哈弗斯骨板）组成。骨单位之间的不规则骨板为间骨板。

3）高倍镜观察：骨板内或骨板间可见许多骨陷窝，由骨陷窝向各个方向伸出骨小管。

2. 示教

（1）浆细胞：淋巴结切片（苏木精-伊红染色）图片。

（2）纤维软骨：椎间盘切片（苏木精-伊红染色）。

（3）弹性软骨：耳郭切片（铁苏木精染色）。

（4）骨祖细胞、成骨细胞、骨细胞和破骨细胞：骨磨片（苏木精-伊红染色）。

（5）网织红细胞：血涂片（煌焦油蓝染色）图片。

三、肌组织

【实验目的】

1. 掌握骨骼肌、心肌和平滑肌的光镜结构特点。
2. 了解骨骼肌的电镜结构特点。

【实验器材】

1. 骨骼肌切片（苏木精-伊红染色）。
2. 心肌切片（苏木精-伊红染色）。
3. 膀胱切片（苏木精-伊红染色）。
4. 电镜照片（骨骼肌纤维和心肌纤维）。

【实验内容与方法】

1. 光镜观察

（1）观察骨骼肌切片（苏木精-伊红染色）

1）肉眼观察：标本中红色条状物为骨骼肌纵切面，呈团块者为横切面。

2）低倍镜观察：一条纵切的骨骼肌纤维有多个卵圆形的细胞核，染成紫蓝色，靠近肌膜，其长轴与肌纤维平行。肌纤维上有明暗相间（即嗜酸性染色深浅不同）的横纹。骨骼肌纤维的横切面大小不一，呈圆形或椭圆形的红色小块。

3）高倍镜观察：仔细观察纵切的肌纤维，在明带中间可见一细的暗线，为Z线。两Z线之间的一段肌原纤维为一个肌节。在暗带中尚可见一色浅区，为H带。横切的肌纤维细胞核多个，呈扁圆形，染成紫蓝色，位于细胞周边，肌浆内充满红色颗粒，为肌原纤维的横断面。

（2）观察心肌切片（苏木精-伊红染色）

1）肉眼观察：标本绝大部分呈红色，为心肌。

2）低倍镜观察：红色短带状结构，即纵切的心肌纤维，有分支彼此相连，细胞核呈卵圆形，1~2个，染色较浅，位于肌纤维中央。心肌纤维横切面呈红色圆形或不规则形的块状结构，大小不等。

3）高倍镜观察：将视野变暗，可见纵切的肌纤维有明暗相间的横纹，但远不及骨骼肌明显。在肌纤维及其分支处还可见与心肌纤维长轴相垂直的紫红色线状或阶梯状结构，即闰盘。横切的肌纤维有的可见圆形的细胞核，居中，细胞核周围的肌浆丰富，着浅红色。

（3）观察膀胱切片（苏木精-伊红染色）

1）肉眼观察：标本周围染成红色的一层为膀胱肌层。

2）低倍镜观察：呈块状的是横切的平滑肌；呈条状的是纵切的平滑肌。

3）高倍镜观察：纵切的平滑肌纤维呈梭形，细胞核呈棒状或椭圆形，染色较淡，单个，居中，胞质呈嗜酸性；横切平滑肌纤维大小不等，呈圆形或不规则多边形，细胞中央可见紫蓝色圆形的细胞核。

2. 电镜照片　示教骨骼肌纤维和心肌纤维的横小管、肌浆网、终池、三联体、二联体、明带、暗带、Z线、M线、H带、肌节、粗肌丝、细肌丝和闰盘等。

四、神经组织

【实验目的】

1. 掌握神经元和有髓神经纤维的光镜结构特点。

2. 熟悉化学突触的电镜结构特点。
3. 了解神经胶质细胞和神经末梢的光镜结构特点。

【实验器材】

1. 脊髓横切片（苏木精-伊红染色）。
2. 坐骨神经纵、横切片（苏木精-伊红染色）。
3. 脊髓（硝酸银染色）图片。
4. 神经元胞体表面的突触小体（硝酸银染色）图片。
5. 手指皮切片（苏木精-伊红染色）图片。
6. 肋间肌撕片（蚁酸-氯化金染色）图片。
7. 骨骼肌切片（苏木精-伊红染色）图片。

【实验内容与方法】

1. 光镜观察

（1）观察脊髓横切片（苏木精-伊红染色）。

1）肉眼观察：脊髓横切面标本呈椭圆形，中央染成深红色的"H"形区域为灰质，是神经元胞体聚集处。

2）低倍镜观察：在脊髓灰质前角，可见较大染成紫红色形态不规则的块状结构，为运动神经元胞体。在神经元周围分散有较多染成蓝色的神经胶质细胞的细胞核。

3）高倍镜观察：①神经元胞体较大，呈不规则形。中央有一个大而圆的细胞核，核膜清楚，常染色质多，着色浅，核仁大而圆，胞质呈浅红色，内见许多大小不等、分布均匀呈深紫蓝色的斑块结构，为尼氏体；②树突：可切到一至多个树突根部，由胞体伸出时较粗，逐渐变细，内含尼氏体；③轴突：胞体发出轴突的部位呈圆锥形，称为轴丘，染色浅，内无尼氏体，从轴丘发出的突起为轴突。

（2）观察坐骨神经纵、横切片（苏木精-伊红染色）

1）肉眼观察：长条状者为坐骨神经纵切面，圆形者为横切面。

2）低倍镜观察：纵切的坐骨神经纤维呈条索状，数量多，平行排列。横切的神经外包有神经外膜；在神经内包括多个圆形的神经束，分别包有致密结缔组织构成的神经束膜；每一神经束又由大量神经纤维组成，在神经纤维之间有少量疏松结缔组织构成神经内膜。

3）高倍镜观察：①坐骨神经纵切面，轴突位于有髓神经纤维的中轴，细长，染成蓝色；髓鞘位于轴突周围，呈节段性粉红色网状结构，两段髓鞘之间的缩窄处为郎飞结，相邻两个郎飞结之间的一段神经纤维，称为结间体；神经膜包在髓鞘外周，由施万细胞的细胞膜和基膜构成，呈粉红色线状。神经膜内侧施万细胞的细胞核呈椭圆形，染成紫蓝色。②坐骨神经横切面，呈圆形，粗细不等，中央的紫蓝色小点为轴突，围绕轴突呈放射状的细网状结构为髓鞘，最外面为神经膜。

2. 示教

（1）神经原纤维：脊髓（硝酸银染色）图片。
（2）突触：神经元胞体表面的突触小体（硝酸银染色）图片。
（3）触觉小体和环层小体：手指皮切片（苏木精-伊红染色）图片。
（4）运动终板：肋间肌撕片（蚁酸-氯化金染色）图片。
（5）肌梭：骨骼肌切片（苏木精-伊红染色）图片。

（严蜀君）

实验三 运动系统

一、骨

【实验目的】

1. 掌握骨的形态和构造，胸骨、肩胛骨、锁骨、肱骨、桡骨、尺骨、髋骨、股骨、胫骨和腓骨的形态结构。
2. 熟悉椎骨的一般形态，各部椎骨的形态特征，肋骨的形态。
3. 了解脑颅骨和面颅骨的名称和位置，颅各面的形态结构。

【实验器材】

1. 全身骨架标本。
2. 示骨膜、骨质和骨髓湿标本。
3. 脱钙骨和煅烧骨标本。
4. 股骨、跟骨和顶骨的剖面标本。
5. 全身各骨标本。
6. 手骨和足骨串联标本。
7. 躯干骨标本。
8. 整颅标本、颅的水平切面和正中矢状切面标本、鼻旁窦和新生儿颅标本。
9. 人工智能 3D 数字人系统。

【实验内容与方法】

1. 骨概述

（1）骨的形态：在人体骨架标本上辨认长骨、短骨、扁骨和不规则骨，观察它们的形态特点和分布。

（2）骨的构造：取股骨、跟骨及顶骨的纵切面标本，观察骨膜、骨密质、骨松质、骨髓、骨干、骺和关节面。

（3）骨的化学成分和物理性质：取脱钙骨和煅烧骨标本，理解骨的化学成分和物理性质。

2. 躯干骨

（1）椎骨：在胸椎上观察椎体、椎弓、椎弓板、椎弓根、椎孔、横突、棘突、上关节突和下关节突，然后观察椎管和椎间孔的位置。

（2）选取寰椎、枢椎、一般颈椎和腰椎，结合胸椎，进一步观察和比较它们各自的形态特征。

（3）骶骨：取骶骨标本，确认骶骨的前、后面，观察骶前孔、骶后孔、骶管、骶管裂孔和骶角。

（4）胸骨：在胸骨标本上辨认胸骨柄、胸骨体、剑突、颈静脉切迹和胸骨角等标志。

（5）肋骨：在肋骨标本上辨认肋头和肋沟。

（6）在活体上触摸第 7 颈椎棘突、骶角、颈静脉切迹、胸骨角、第 2～12 肋、肋弓和剑突等骨性标志。

3. 上肢骨

（1）在人体骨架标本上观察上肢各骨的位置及连结关系。

（2）锁骨：取锁骨标本，观察锁骨的形态、胸骨端和肩峰端。

（3）肩胛骨：取肩胛骨标本，观察肩胛下窝、肩胛冈、冈上窝、冈下窝、肩峰、喙突、关节盂、肩胛骨下角和肩胛骨上角。

（4）肱骨：取肱骨标本，观察肱骨头、肱骨大结节和小结节、外科颈、三角肌粗隆、桡神经沟、肱骨滑车和肱骨小头、肱骨内上髁和外上髁、尺神经沟和鹰嘴窝。

（5）尺骨：取尺骨标本，观察鹰嘴、滑车切迹、桡切迹、尺骨头和尺骨茎突。

（6）桡骨：取桡骨标本，观察桡骨头、环状关节面、桡骨粗隆、尺切迹、桡骨茎突和腕关节面。

（7）手骨：取手骨串联标本，观察腕骨的名称及排列、掌骨和指骨的形态。

（8）在活体上触摸锁骨全长、肩胛冈、肩峰、肱骨大结节、肱骨内上髁和外上髁、尺骨鹰嘴、尺神经沟、尺骨茎突和桡骨茎突等骨性标志。

4. 下肢骨

（1）在人体骨架标本上观察下肢各骨的位置及连结关系。

（2）髋骨：取髋骨标本，观察髋臼和闭孔的位置，确认髋骨的侧别和方位，区分髂骨、耻骨和坐骨在髋骨中的位置，然后观察髂嵴、髂结节、髂前上棘和髂后上棘、髂窝、弓状线、耻骨梳、耻骨联合面、耻骨结节、坐骨结节、坐骨棘、坐骨大切迹和坐骨小切迹。

（3）股骨：取股骨标本，观察股骨头、股骨颈、股骨大转子和小转子、臀肌粗隆、股骨内侧髁和外侧髁。

（4）胫骨：取胫骨标本，观察胫骨内侧髁和外侧髁、胫骨粗隆、胫骨前缘和内踝。

（5）腓骨：取腓骨标本，观察腓骨头和外踝。

（6）足骨：取足骨串联标本，观察跗骨、跖骨和趾骨的位置及其排列关系。

（7）在活体上触摸髂嵴、髂结节、髂前上棘和髂后上棘、耻骨结节、坐骨结节、股骨大转子、股骨内侧髁和外侧髁、髌骨、胫骨粗隆、腓骨头、内踝和外踝等骨性标志。

5. 颅骨

（1）颅的组成：取整颅标本和分离颅骨标本，说出脑颅骨和面颅骨的名称和位置。

（2）下颌骨：取下颌骨标本，观察下颌体、下颌支、冠突和髁突、下颌头、下颌角、下颌孔和颏孔。

（3）颅的侧面观：取整颅标本，侧面观察，可见外耳门、颧弓、乳突、颞窝和翼点。

（4）颅的上面观：取整颅标本，从上面观察冠状缝、矢状缝和人字缝。

（5）取颅底骨标本，作颅底内面观和颅底外面观。

1）颅底内面观：可见颅前窝、颅中窝和颅后窝。颅前窝观察筛板和筛孔；颅中窝观察垂体窝、视神经管、眶上裂、圆孔、卵圆孔和棘孔；颅后窝观察枕骨大孔、舌下神经管、枕内隆凸、横窦沟、乙状窦沟和颈静脉孔。

2）颅底外面观：高低不平，可分前、后两部。前部观察上颌骨的牙槽突、骨腭和鼻后孔；后部观察枕骨大孔、枕髁、颈静脉孔、颈动脉管外口、茎突、茎乳孔、下颌窝、关节结节和枕外隆凸。

（6）颅的前面观：取整颅标本，前面观察，主要为眶和骨性鼻腔。

1）眶：呈四面锥体形，有一尖、一底和四壁。观察视神经管、眶上缘和眶下缘、眶上孔和眶下孔、泪囊窝、眶上裂和眶下裂。

2）骨性鼻腔：位于面颅中央，被骨性鼻中隔分为左、右两腔。观察骨性鼻中隔、梨状孔和鼻后孔；取颅骨正中矢状切面标本，观察上、中、下鼻甲和上、中、下鼻道。

3）骨性鼻旁窦：取鼻旁窦标本，观察额窦、蝶窦、上颌窦和筛窦的位置。

（7）新生儿颅骨的特征：取新生儿颅标本，观察前囟和后囟。
（8）在活体上触摸枕外隆凸、乳突、眶上缘和眶下缘、颧弓、下颌角和舌骨等骨性标志。

二、骨连结

【实验目的】

1. 掌握关节的基本结构，胸廓的组成，肩关节、肘关节和桡腕关节、髋关节、膝关节和距小腿关节的组成、结构特点及运动形式。
2. 熟悉脊柱的组成、椎骨间的连结、脊柱的整体观和运动。
3. 了解骨盆的组成、分部和性别差异。

【实验器材】

1. 脊柱标本和椎骨连结的标本。
2. 肩关节、肘关节和桡腕关节标本（未切开和切开关节囊两种）。
3. 男、女性骨盆标本。
4. 髋关节、膝关节和距小腿关节标本（未切开和切开关节囊两种）。
5. 手骨间连结标本。
6. 足骨间连结标本。
7. 颞下颌关节标本。
8. 人工智能3D数字人系统。

【实验内容与方法】

1. 关节的基本结构和辅助结构　取关节囊已切开的肩关节和膝关节标本，观察关节的基本结构及韧带、关节盘和半月板等辅助结构。
2. 躯干骨的连结
（1）椎骨的连结：取脊柱腰段切除1~2个椎弓和切除1~2个椎体的标本及脊柱腰段正中矢状切面标本，观察椎间盘的位置和组成，前纵韧带、后纵韧带、棘上韧带、棘间韧带和黄韧带的位置及其韧带之间的邻接关系，关节突关节的位置。
（2）脊柱的整体观：从前面观察椎体大小的变化，从后面观察椎骨棘突的排列方向，从侧面观察脊柱的四个生理弯曲的部位和方向，以及椎间孔的位置。
（3）胸廓：取人体骨架标本，观察胸廓的组成及各肋前、后端的连结关系。
3. 上肢骨的连结
（1）肩关节：取肩关节标本，观察肩关节的组成和结构特点。
（2）肘关节：取横行切开关节囊的肘关节标本和肘关节矢状切面标本，观察肘关节的组成和结构特点。结合活体，验证肘关节在做屈和伸运动时，肱骨内上髁和外上髁与尺骨鹰嘴三点的位置关系。
（3）桡腕关节：取桡腕关节的冠状切开标本，观察其组成。
4. 下肢骨的连结
（1）骨盆：取男、女性骨盆标本或模型，观察骶髂关节的组成、骶结节韧带和骶棘韧带、坐骨大孔和坐骨小孔的围成、耻骨联合的位置，观察骨盆的组成，大、小骨盆的分界，骨盆腔的形状，男、女性骨盆的形态差异。
（2）髋关节：取关节囊已环形切开的髋关节标本，观察髋关节的组成和结构特点。
（3）膝关节：取关节囊已切开的膝关节标本，观察膝关节的组成、髌韧带的位置、前交叉韧带和后交叉韧带的位置、内侧半月板和外侧半月板的形态及位置。

（4）距小腿关节：取足关节标本，观察距小腿关节的组成，足弓的形态。

5. 颞下颌关节　取切开关节囊的颞下颌关节标本，观察颞下颌关节的组成、结构特点和关节盘的形态。

三、骨骼肌

【实验目的】

1. 掌握骨骼肌的形态分类及构造；膈的位置、孔裂名称和作用；胸锁乳突肌、胸大肌、三角肌、肱二头肌、肱三头肌、臀大肌、缝匠肌、股四头肌和小腿三头肌的位置、起止和作用。
2. 熟悉斜方肌、背阔肌、竖脊肌、股二头肌、半腱肌和半膜肌的位置、起止和作用。
3. 了解头肌、颈深肌群、前臂肌和手肌、小腿肌前群和外侧群的名称、位置和作用。

【实验器材】

1. 全尸解剖标本。
2. 躯干肌标本。
3. 膈标本。
4. 腹壁横切面标本或模型。
5. 会阴解剖模型。
6. 上肢肌和下肢肌标本。
7. 大腿横切面标本。
8. 面肌和咀嚼肌标本或模型。
9. 人工智能3D数字人系统。

【实验内容与方法】

1. 肌概述

（1）肌的形态和构造：在全尸解剖标本上观察长肌、短肌、扁肌和轮匝肌的形态，区分肌腹、肌腱和腱膜。

（2）肌的辅助装置：在大腿横切面标本上观察浅筋膜和深筋膜，在示教标本上观察滑膜囊和腱鞘。

2. 躯干肌　取全尸解剖标本和躯干肌标本，按实验目的观察以下各肌的位置和起止点。

（1）背肌：斜方肌、背阔肌和竖脊肌。

（2）胸肌：胸大肌、胸小肌、前锯肌、肋间外肌和肋间内肌。

（3）膈：位置、形态、孔裂名称及经过的结构。

（4）腹肌：腹直肌、腹外斜肌、腹内斜肌和腹横肌，腹直肌鞘、白线和腹股沟管等。

3. 上肢肌　取上肢肌标本，结合全尸解剖标本和全身肌肉模型，按实验目的观察以下各肌的位置和起止点。

（1）肩肌：三角肌、肩胛下肌、冈上肌和冈下肌、小圆肌和大圆肌等。

（2）上臂肌：肱二头肌、肱肌和肱三头肌。

（3）前臂肌

1）前群：肱桡肌、旋前圆肌、桡侧腕屈肌、掌长肌、指浅屈肌和尺侧腕屈肌；拇长屈肌、指深屈肌和旋前方肌。

2）后群：桡侧腕长伸肌、桡侧腕短伸肌、指伸肌、小指伸肌和尺侧腕伸肌；旋后肌、拇长展肌、拇短伸肌、拇长伸肌和示指伸肌。

（4）手肌：外侧群、内侧群和中间群。

4. 下肢肌　取下肢肌标本，结合全尸解剖标本和全身肌肉模型，按实验目的观察以下各肌的位置和起止点。

（1）髋肌：髂腰肌、臀大肌、臀中肌、臀小肌和梨状肌。

（2）大腿肌

1）前群：股四头肌和缝匠肌。

2）内侧群：耻骨肌、长收肌、股薄肌、短收肌和大收肌。

3）后群：股二头肌、半腱肌和半膜肌。

（3）小腿肌

1）前群：胫骨前肌、趾长伸肌和䞈长伸肌。

2）外侧群：腓骨长肌和腓骨短肌。

3）后群：小腿三头肌、趾长屈肌、胫骨后肌和䞈长屈肌。

5. 头颈肌

（1）头肌：取面肌和咀嚼肌标本及模型，按实验目的观察口轮匝肌、眼轮匝肌、枕额肌、颊肌、咬肌和颞肌。

（2）颈肌：颈阔肌、胸锁乳突肌；舌骨上肌群和舌骨下肌群；前、中、后斜角肌和斜角肌间隙。

6. 在活体上确认胸锁乳突肌、胸大肌、腹直肌、三角肌、肱二头肌及肌腱、肱三头肌及肌腱、前臂肌前群和后群长肌腱、手肌内侧群和外侧群、臀大肌、股四头肌和髌韧带、小腿三头肌和跟腱、枕额肌和咬肌等的位置。

（严蜀君）

实验四　消化系统的大体结构

【实验目的】

1. 掌握消化系统的组成；口腔的交通和分部，舌和牙的形态与构造。咽的位置、分部与交通，食管三处生理性狭窄的位置，胃的形态、分部和位置，十二指肠的分部及各部的结构，大肠的分部，阑尾的位置及其根部的体表投影，直肠的弯曲，肛管的形态结构；肝的形态、位置和体表投影，胆囊的位置、形态及胆囊底的体表投影，输胆管道的组成。

2. 熟悉咽峡的组成，腮腺、下颌下腺和舌下腺的位置及腮腺管的开口，胰的位置和形态，壁腹膜、脏腹膜和腹膜腔的概念。

3. 了解腹膜与腹、盆腔器官的关系；肠系膜、大网膜、小网膜、网膜囊和腹膜陷凹的位置。

【实验器材】

1. 消化系统概观模型。

2. 人体半身模型。

3. 头颈部正中矢状切面标本或模型。

4. 舌和牙标本及模型。

5. 唾液腺标本。

6. 咽腔（咽后壁切开）标本。
7. 消化管各段离体标本和模型。
8. 胸、腹前壁切开的胸腔、腹腔和盆腔标本。
9. 男、女性盆腔矢状切面标本（示直肠、肛管的形态结构）和模型。
10. 胰和十二指肠标本及模型。
11. 回盲部切开标本。
12. 离体肝和胰标本及模型。
13. 胆囊及输胆管道标本和模型。
14. 腹膜标本和模型。
15. 人工智能 3D 数字人系统。

【实验内容与方法】

1. 概述

（1）消化系统的组成：取消化系统概观标本，观察消化系统的组成及上、下消化道的范围，注意消化管各段的连续关系。

（2）在活体或人体半身模型上指出胸部的标志线和腹部分区。

2. 消化管

（1）口腔：取头颈部正中矢状切面标本和模型，唾液腺标本，结合活体观察。

1）口腔的交通和分部：①口唇和颊：观察口裂、口角、人中和鼻唇沟；②腭：观察硬腭、软腭、腭垂、腭舌弓、腭咽弓和咽峡。

2）口腔的分部：观察口腔分为口腔前庭和固有口腔两部分及两者的交通关系。

3）口腔内的结构：①舌：观察舌尖、舌体、舌根、舌系带、舌下阜、舌下襞、丝状乳头、菌状乳头和轮廓乳头；②牙：观察牙冠、牙根、牙颈、牙髓及牙式。

4）观察腮腺、腮腺导管、下颌下腺、舌下腺的位置，结合活体观察其导管的开口部位。

（2）咽：取头颈部正中矢状切面标本和模型、咽腔（咽后壁切开）标本，观察咽的位置、分部和交通；咽各部的结构、咽鼓管咽口、咽隐窝、腭扁桃体和梨状隐窝等。

（3）食管：取离体食管标本和胸、腹壁切开的胸腔、腹腔标本，观察食管的位置、分部和三处生理性狭窄。

（4）胃：取腹壁切开的腹腔标本和离体胃标本，观察胃的位置和毗邻；胃的形态和分部：胃前壁和胃后壁、贲门和幽门、胃小弯和胃大弯、角切迹、贲门部、胃底、胃体和幽门部（幽门管和幽门窦）。

（5）小肠：取腹壁切开的腹腔标本、胰十二指肠标本，观察小肠的位置和分部；十二指肠的形态、位置和分部，确认十二指肠大乳头、十二指肠空肠曲、十二指肠悬韧带的位置；空肠和回肠的位置。

（6）大肠：取腹壁切开的腹腔标本、回盲部切开标本、盆腔矢状切面标本，观察大肠的分部，盲肠和结肠的形态特征：结肠带、结肠袋和肠脂垂。盲肠、回盲瓣和阑尾的位置，结合活体确认阑尾根部的体表投影。结肠分为升结肠、横结肠、降结肠和乙状结肠四部分及各部的位置。直肠的位置和弯曲。肛柱、肛瓣、肛窦、齿状线的形态，肛门内括约肌和外括约肌的位置。

3. 消化腺

（1）肝：取腹前壁切开的腹腔标本、离体肝标本、人体半身模型和肝模型，观察肝的形态，观察肝前缘和后缘、膈面和脏面、肝门及其结构、右纵沟和左纵沟、肝右叶、肝左叶、方叶、尾状叶；观察肝的位置，结合活体确定肝的体表投影。

（2）胆囊和输胆管道：取肝的离体标本和模型、胆囊及输胆管道标本和模型，观察胆囊的位置和形态，胆囊底、胆囊体、胆囊颈和胆囊管，结合活体确定胆囊底的体表投影。输胆管道的组成，肝左管和肝右管、肝总管、胆总管、肝胰壶腹和十二指肠大乳头。

（3）胰：取胰的离体标本和模型、胰十二指肠标本和模型，观察胰的位置和形态，胰头、胰体和胰尾、胰管及其开口部位。

4. 腹膜

（1）取腹膜标本或模型、腹前壁切开的腹腔标本，观察脏腹膜、壁腹膜的配布和腹膜腔的形成、腹膜与器官的关系、网膜囊的位置。

（2）取腹前壁切开的腹腔标本，观察及辨认肠系膜、大网膜、小网膜、横结肠系膜、乙状结肠系膜和阑尾系膜的位置。

（3）取男、女性骨盆腔正中矢状切面标本和模型，观察确认直肠膀胱陷凹、膀胱子宫陷凹和直肠子宫陷凹的位置。

（严蜀君）

实验五　消化系统的微细结构

【实验目的】

1. 掌握胃壁、小肠壁和肝的微细结构。
2. 熟悉消化管的一般结构，胰的微细结构。
3. 了解食管壁的微细结构特点。

【实验器材】

1. 食管横切片（苏木精-伊红染色）。
2. 胃底切片（苏木精-伊红染色）。
3. 空肠和回肠横切片（苏木精-伊红染色）。
4. 结肠切片（苏木精-伊红染色）。
5. 肝切片（苏木精-伊红染色）。
6. 胰切片（苏木精-伊红染色）。
7. 消化系统数字切片。

【实验内容与方法】

1. 光镜观察

（1）食管横切片（苏木精-伊红染色）

1）肉眼观察：管腔不规则，管壁分为4层。近腔面染成紫蓝色的部分为黏膜，向外染成浅红色的部分为黏膜下层，染成红色的为肌层，外膜不易看出。

2）低倍镜观察：从腔面逐渐向外，边看边移动切片，分清管壁4层结构。①黏膜层：在管壁的最内层。表面为未角化的复层扁平上皮，固有层由疏松结缔组织构成，黏膜肌层较厚，为纵行平滑肌束，在切片上呈横断面。②黏膜下层：染色稍浅，为疏松结缔组织，内含较大的血管和食管腺。③肌层：分为内环、外纵两层。注意区分肌组织的性质。④外膜：为纤维膜，由疏松结缔组织构成。

（2）胃底切片（苏木精-伊红染色）

1）肉眼观察：表面不光滑并染成紫蓝色的部分为黏膜，深部染成红色的部分依次是黏膜下层和肌层，外膜不明显。

2）低倍镜观察：分辨胃壁的4层结构，重点观察胃黏膜。①黏膜：上皮为单层柱状上皮。固有层内含有大量胃底腺，腺体主要由染成蓝色的主细胞和染成红色的壁细胞构成。黏膜肌层由薄层平滑肌纤维组成。②黏膜下层：染色较浅，为疏松结缔组织，内有血管和神经。③肌层：较厚，由平滑肌构成，部分标本可见内斜、中环、外纵三层平滑肌纤维排列。④外膜：为浆膜，由一层很薄的结缔组织和间皮构成。

3）高倍镜观察：选一外形完整的纵切胃底腺，移至视野中央，换高倍镜观察。主要观察胃底腺的结构，辨认主细胞和壁细胞。①主细胞：数量较多，细胞呈柱状，细胞核呈圆形，位于细胞基底部，胞质呈嗜碱性，染成淡蓝色。②壁细胞：细胞较大，呈圆形或锥体形，细胞核呈圆形，位于细胞中央，胞质呈嗜酸性，染成红色。

（3）空肠横切片（苏木精-伊红染色）

1）肉眼观察：染成淡紫红色凹凸不平的部分是黏膜，由此向外依次是黏膜下层、肌层和外膜。

2）低倍镜观察：首先辨认黏膜、黏膜下层、肌层和外膜4层结构，选一肠绒毛比较完整的部位观察。①黏膜：小肠表面有许多指状突起为肠绒毛，由上皮和固有层构成。上皮为单层柱状上皮，夹有杯状细胞。固有层形成绒毛的中轴，由结缔组织构成，内有中央乳糜管、毛细血管、散在的平滑肌和淋巴组织。绒毛的基部有肠腺，肠腺主要由吸收细胞和杯形细胞等组成。黏膜肌层为平滑肌，染色稍红。②黏膜下层：为疏松结缔组织，内含小血管、神经和淋巴管等。③肌层：为排列较整齐的内环、外纵2层平滑肌构成。④外膜：为浆膜。

3）高倍镜观察：选择一个典型的肠绒毛进一步观察，辨认上皮、固有层、杯状细胞、中央乳糜管、毛细血管和平滑肌。

（4）肝切片（苏木精-伊红染色）

1）低倍镜观察：可见切片一侧为被膜，其余为肝实质和间质。肝实质被结缔组织分隔成许多肝小叶。观察时，先找到中央静脉，在中央静脉周围呈放射状排列的是肝细胞索（肝板）。肝细胞索之间的不规则腔隙为肝血窦。相邻的几个肝小叶之间的区域为门管区，结缔组织内含有小叶间动脉、小叶间静脉和小叶间胆管等。

2）高倍镜观察：选择典型的肝小叶和门管区观察。①肝小叶：中央静脉是肝小叶中央的腔隙，管壁不完整，与肝血窦相通，有的腔内可见红细胞。肝细胞索由肝细胞构成，呈索条状。肝细胞呈多边形，胞体较大。胞质呈嗜酸性。细胞核呈圆形，位于细胞中央，核仁明显。肝血窦为肝索之间的不规则腔隙。窦壁为单层扁平细胞（内皮），与肝细胞紧贴；窦内有时可见肝巨噬细胞，细胞不规则，染成粉红色。②肝门管区：首先用低倍镜找到此区，再用高倍镜观察，可见有3种管腔。小叶间动脉管腔小而较圆，管壁厚，由数层平滑肌构成，染成红色。小叶间静脉管腔大而不规则，管壁薄，染色较浅。小叶间胆管的管腔小，管壁由单层立方上皮构成，细胞核呈圆形，排列整齐，染成紫蓝色。

2. 示教

（1）回肠黏膜和集合淋巴滤泡（回肠横切片，苏木精-伊红染色）。

（2）结肠黏膜（结肠切片，苏木精-伊红染色）。

（3）胰腺腺泡和胰岛（胰切片，苏木精-伊红染色）。

（4）中央乳糜管（空肠切片，苏木精-伊红染色）。

（5）胆小管（肝切片，银染）。

3. 绘图

（1）绘制空肠横切片图（苏木精-伊红染色）：注明黏膜、黏膜下层、肌层和外膜。

（2）绘制肠绒毛高倍镜下图：注明上皮、固有层、杯形细胞、中央乳糜管和毛细血管。

（3）绘制肝小叶和门管区高倍镜图：注明中央静脉、肝索、肝血窦、小叶间动脉、小叶间静脉和小叶间胆管。

（严蜀君）

实验六　呼吸系统的大体结构

【实验目的】

1. 掌握呼吸系统的组成，鼻旁窦的位置和开口，气管的位置，左、右主支气管的形态特点；肺的形态、位置及体表投影；壁胸膜的分部和肋膈隐窝。

2. 了解鼻腔的分部及各部的形态结构，喉的位置及组成，喉腔的形态和分部；肺段支气管及支气管肺段；胸膜和胸膜腔，纵隔的境界和分部。

【实验器材】

1. 呼吸系统概观标本。
2. 头、颈部正中矢状切面标本。
3. 鼻旁窦标本。
4. 喉软骨及其连结标本。
5. 喉腔正中矢状切面标本。
6. 喉连气管和支气管树标本。
7. 离体左、右肺标本和模型。
8. 胸腔解剖标本。
9. 纵隔标本。
10. 人工智能3D数字人系统。

【实验内容与方法】

1. 呼吸道

（1）在呼吸系统概观标本上观察鼻、咽、喉、气管、支气管和肺的位置、形态及其相互关系。

（2）结合标本，在活体上互相观察外鼻的形态。在头颈部矢状切面标本上观察鼻腔的分部、鼻中隔、鼻腔外侧壁的结构；在鼻旁窦标本上观察额窦、蝶窦、上颌窦和筛窦的位置及其开口。

（3）在头颈部正中矢状切面标本上观察喉的位置及其与咽、气管的连通情况；在喉软骨标本上观察喉软骨及其连结，在活体上触摸甲状软骨、喉结和环状软骨。在喉腔正中矢状切面标本上观察喉黏膜形成的结构及喉腔的分部。

（4）在喉连气管和支气管树标本上观察气管与主支气管的形态构造及其相互关系；比较左、右主支气管的特点。

2. 肺

（1）在胸腔解剖标本上观察肺的位置，在游离肺标本和模型上辨认肺的形态结构（肺尖、肺底、肋面、纵隔面、前缘、后缘和下缘、肺门和肺根）。

（2）结合标本，在活体上画出肺前缘和下缘的体表投影。

3. 胸膜与纵隔

（1）在胸腔解剖标本上观察胸膜的分部、胸膜腔及肋膈隐窝；用手探查壁胸膜各部及肋膈隐窝。

（2）在纵隔标本上观察纵隔的境界、分部及主要结构。

（严蜀君）

实验七 呼吸系统的微细结构

【实验目的】

1. 掌握肺导气部和呼吸部的组成，肺泡的微细结构，气血屏障的组成。
2. 了解气管和主支气管的光镜结构特点。

【实验器材】

1. 气管切片（苏木精-伊红染色）。
2. 肺切片（苏木精-伊红染色）。
3. 肺数字切片。

【实验内容与方法】

1. 气管横断切片（苏木精-伊红染色）

（1）肉眼观察：切片中呈淡蓝色的为气管软骨。

（2）低倍镜观察：气管壁由内向外分为三层。内表面淡紫红色的一层为黏膜的假复层纤毛柱状上皮，其下为固有层；在固有层与透明软骨之间的部分，为由疏松结缔组织组成的黏膜下层；透明软骨和疏松结缔组织组成外膜。

（3）高倍镜观察：观察三层结构。

1）黏膜：假复层纤毛柱状上皮游离面的纤毛清晰可见，柱状细胞间夹有杯状细胞，基膜较明显；由细密结缔组织构成的固有层中有弥散淋巴组织，可见混合腺导管的断面。

2）黏膜下层：在疏松结缔组织中含有混合性腺、血管及神经等。

3）外膜：软骨环缺口处可见平滑肌纤维束。

2. 肺切片（苏木精-伊红染色）

（1）肉眼观察：切片呈海绵状。

（2）低倍镜观察：辨认小支气管、细支气管、终末细支气管、呼吸性细支气管、肺泡管、肺泡囊和肺泡。

（3）高倍镜观察：观察肺的光镜结构。

1）小支气管：管腔大，假复层纤毛柱状上皮中尚夹有少量杯状细胞。黏膜下层中含有少量腺体。外膜中有散在的透明软骨片和不完整的平滑肌束。

2）细支气管：管腔较小，为假复层或单层纤毛柱状上皮，杯状细胞和腺体很少或消失，软骨片基本消失，平滑肌相对增多，形成完整的环行肌层。

3）终末细支气管：管腔更小，为单层柱状上皮，杯状细胞、腺体及软骨片完全消失；形成环形的平滑肌层。在肺内结缔组织中可见肺动脉的分支，注意与终末性细支气管的区别。

4）呼吸性细支气管：管壁不完整，有少量肺泡开口，为单层柱状或单层立方上皮，上皮外仅有少量平滑肌和结缔组织。

5）肺泡管：管腔由多个肺泡开口和少量支气管壁围成，在管壁的相邻肺泡开口之间呈结节状膨大。

6）肺泡囊：囊腔仅由多个肺泡共同开口围成，在囊壁的相邻肺泡开口之间无结节状膨大。

7）肺泡：呈半环形或环形的薄壁囊泡，肺泡上皮不易分辨两种类型的细胞，相邻肺泡上皮之间为薄的肺泡隔，肺泡隔内可见体积较大、不规则的巨噬细胞，还有许多毛细血管的断面。

（严蜀君）

实验八　泌尿系统的大体结构

【实验目的】

1. 掌握泌尿系统的组成，肾的形态和位置，肾的被膜和剖面结构，输尿管的行程和三处生理性狭窄的部位，膀胱的形态和位置、膀胱三角的构成。
2. 熟悉女性尿道的特点和开口位置。
3. 了解膀胱的毗邻。

【实验器材】

1. 男、女性泌尿生殖系统概观标本和模型。
2. 离体肾及肾剖面标本和模型。
3. 腹膜后间隙器官标本。
4. 离体膀胱标本。
5. 男、女性骨盆正中矢状切面标本和模型。
6. 人体半身模型。
7. 人工智能3D数字人系统。

【实验内容与方法】

1. 泌尿系统的组成　取男、女性泌尿生殖系统概观标本和模型，观察泌尿系统的组成及各器官的连续关系。
2. 肾　取腹膜后间隙的器官标本、离体肾及肾的剖面标本和模型、人体半身模型，观察肾的位置和形态，注意观察肾门的位置，辨认出入肾门的肾动脉、肾静脉和肾盂等结构；注意观察纤维囊、脂肪囊和肾筋膜；观察肾皮质和肾髓质的位置，肾锥体、肾乳头、肾柱的形态。注意观察肾窦内肾小盏、肾大盏和肾盂三者的关系。
3. 输尿管　取腹膜后间隙的器官标本，观察输尿管的行程和三处生理性狭窄的部位。
4. 膀胱　取男、女性骨盆正中矢状切面标本、离体膀胱标本，观察膀胱的形态、位置及其毗邻，注意观察膀胱三角的位置。
5. 女性尿道　取女性骨盆正中矢状切面标本，观察女性尿道的位置、形态特点及开口部位，注意尿道外口与阴道口的位置关系。

（严蜀君）

实验九　泌尿系统的微细结构

【实验目的】

1. 掌握肾的微细结构，肾单位的组成，滤过屏障的结构。
2. 了解膀胱壁的构造。

【实验材料】

1. 肾切片（苏木精-伊红染色）。
2. 膀胱切片（苏木精-伊红染色）。
3. 肾的数字切片。

【实验内容与方法】

1. 光镜观察　肾切片（苏木精-伊红染色）。

（1）肉眼观察：浅层染色较深的部分是肾皮质，深层染色较浅的部分是肾髓质。

（2）低倍镜观察：区分肾皮质和肾髓质。肾皮质内散在的红色圆球形结构是肾小体的切面，在肾小体周围的管腔是近端小管曲部和远端小管曲部的切面；肾皮质深面是肾髓质，其内充满近端小管直部、细段、远端小管直部和集合管的切面。

（3）高倍镜观察：重点观察肾小体、近端小管曲部、细段、远端小管曲部。①肾小体：由血管球和肾小囊两部分构成。血管球是一团盘曲成球状的毛细血管，染成红色。肾小囊脏层与血管球紧贴而不易分清；肾小囊壁层是单层扁平上皮；两层囊壁之间的透亮腔隙是肾小囊腔。②近端小管曲部：管腔很小，管壁上皮细胞呈锥体形，细胞界限常不清，胞质呈红色。③细段：管壁薄，由单层扁平上皮构成，胞质染成淡红色。④远端小管曲部：管腔相对较大，管壁上皮为单层立方上皮，胞质染成浅红色。

2. 示教

（1）膀胱切片（苏木精-伊红染色）。
（2）致密斑（肾切片，苏木精-伊红染色）。
（3）球旁细胞（肾切片，苏木精-伊红染色）。

3. 绘图　绘制高倍镜下肾皮质主要结构图，注明血管球、肾小囊壁层、肾小囊腔、近端小管曲部和远端小管曲部。

（严蜀君）

实验十　生殖系统的大体结构

【实验目的】

1. 掌握男、女性生殖系统的组成；睾丸的位置，输精管的分部，男性尿道的分部、狭窄和弯曲；卵巢的位置，输卵管的位置和分部。子宫的形态、位置和分部。阴道的位置及毗邻，阴道穹的形成及毗邻，阴道口及尿道外口的位置。
2. 熟悉阴茎的位置、形态、分部及构造，精囊、前列腺和尿道球腺的位置。
3. 了解乳房的形态和结构，会阴的构成。

【实验器材】

1. 男、女性盆腔正中矢状切面标本。
2. 阴茎解剖标本及横切面标本。
3. 女性内生殖器解剖标本。
4. 女阴标本。
5. 女性乳房解剖标本。
6. 男、女性会阴肌标本。
7. 人工智能 3D 数字人系统。

【实验内容和方法】

1. 男性生殖系统　取男性生殖系统全貌标本和男性盆腔正中矢状切面标本观察。

（1）观察睾丸和附睾的位置及形态。

（2）观察睾丸鞘膜脏、壁两层以及鞘膜腔的位置。

（3）观察输精管的起始和行程，辨识精索的位置及构成。

（4）观察精囊、前列腺和尿道球腺的位置及形态。

（5）观察阴茎的外形及构造，三条海绵体的位置关系，尿道外口的位置。查看阴茎包皮及包皮系带的位置，观察阴囊的构造及内容。

（6）观察男性尿道的分部、两个弯曲和三个狭窄的形态及位置。

2. 女性生殖系统　取女性盆腔标本、内生殖器解剖标本和盆腔矢状切面标本观察。

（1）观察卵巢的位置及与子宫阔韧带的关系。

（2）在子宫阔韧带上缘寻认输卵管，观察其分部及各部的形态特征。

（3）观察子宫的位置以及与膀胱、阴道和直肠的位置关系，子宫的形态和分部，子宫腔和子宫颈管的形态，子宫各韧带的位置。

（4）观察阴道的位置及毗邻，查看阴道穹的构成及阴道穹后部与直肠子宫陷凹的位置关系。

（5）观察阴阜、大阴唇、小阴唇、阴道前庭和阴蒂的位置及形态，注意阴道口与尿道外口的位置关系。

（6）观察乳头、乳晕、输乳管的排列方向，乳房悬韧带的形态特点。

（7）观察会阴的范围，区分尿生殖区和肛区及其通过的结构，观察狭义会阴的位置。

（严蜀君）

实验十一　生殖系统的微细结构

【实验目的】

1. 掌握睾丸和卵巢的微细结构，各级生精细胞的特点，各级卵泡的组成。
2. 熟悉子宫的微细结构，子宫内膜与卵巢激素周期性变化的关系。

【实验材料】

1. 睾丸切片（苏木精 - 伊红染色）。
2. 精液涂片（苏木精 - 伊红染色）。
3. 卵巢切片（苏木精 - 伊红染色）。

4. 子宫切片（内膜为增生期和分泌期，苏木精-伊红染色）。
4. 睾丸和卵巢数字切片。

【实验内容与方法】

1. 睾丸

（1）肉眼观察：表面红色带为白膜，深部为睾丸实质。

（2）低倍镜观察：睾丸实质内的生精小管被切成许多断面，各断面之间的结缔组织为睾丸间质。

（3）高倍镜观察

1）生精小管：壁厚腔小。管壁由多层细胞构成，其周围的红色细线为基膜。精原细胞位于基膜上，细胞呈圆形，细胞核呈圆形，着色较深。精原细胞的管腔侧依次分布有初级精母细胞和次级精母细胞。前者体积最大，细胞核也最大，核内常可见到粗大的染色体；后者外形略小，由于其存在的时间较短，故在切片中不易见到。最内层是精子细胞，成群分布，体积最小，细胞核呈圆形，着色较深。精子位于生精小管的管腔内，头呈点状，染色极深；尾多被切断。支持细胞散在于生精细胞之间，从基膜伸达管腔面，其细胞轮廓不清，细胞核呈卵圆形，核仁明显。

2）间质细胞：多成群分布于睾丸间质内。细胞较大，呈圆形或多边形，胞质呈淡红色，细胞核大，呈圆形，着色较浅。

2. 卵巢

（1）低倍镜观察：卵巢皮质内有许多不同发育阶段的卵泡。卵巢髓质可见疏松结缔组织及血管等。

（2）高倍镜观察：主要观察卵巢皮质。

1）原始卵泡：位于卵巢皮质浅层。其中央有一个大而圆的初级卵母细胞，染色较浅；包绕在其周围的一层扁平细胞，即卵泡细胞。

2）生长卵泡：处于不同发育阶段的生长卵泡，其大小和形态结构并不完全相同，但都具有以下一个、数个或全部特点：①卵泡和初级卵母细胞的体积均较大；②初级卵母细胞周围有嗜酸性的透明带；③卵泡细胞呈立方形，可排成单层或多层；④卵泡细胞之间有大小不一的卵泡腔；⑤透明带周围出现放射冠；⑥卵泡周围的结缔组织形成卵泡膜。

3）成熟卵泡：其结构与晚期的生长卵泡相似，但体积更大，并向卵巢表面凸出。这种卵泡因取材不易，很难见到。

3. 子宫（子宫内膜为增生期）

（1）肉眼观察：染成紫蓝色的部分为子宫内膜，染成粉红色的部分为子宫肌层。

（2）低倍镜观察：由子宫内膜向子宫外膜逐层观察。

1）内膜：浅层为单层柱状上皮，染成淡紫色。上皮深面为固有层，由结构较致密的结缔组织构成，其内可见由单层柱状上皮构成的子宫腺和许多小血管。

2）肌层：最厚，由内环、外纵两层平滑肌构成。

3）外膜：浅层为间皮，深层为结缔组织。

4. 示教 精液涂片（苏丹黑染色）和子宫切片（分泌期）。

（严蜀君）

实验十二　循环系统的大体结构

一、心

【实验目的】

1. 掌握心血管系统的组成，心的位置、外形和心腔结构，冠状动脉的起始、行程、主要分支及分布，心的体表投影。
2. 熟悉心传导系的组成，心包的分部及心包腔的组成。

【实验器材】

1. 人体骨架标本。
2. 切开心包的胸部标本。
3. 心离体标本。
4. 心腔切开标本。
5. 心的血管标本。
6. 心放大模型。
7. 人工智能系统。

【实验内容与方法】

1. 在切开心包的胸部标本上确定心的位置及其毗邻关系。
2. 在离体心标本和放大心模型上观察心的外形，辨认心尖、心底，心的三缘和四条沟。
3. 在心腔切开标本和放大心模型上辨认心腔的结构。①右心房：右心耳、上腔静脉口、下腔静脉口和冠状窦口、右房室口和卵圆窝；②右心室：三尖瓣、腱索和乳头肌、肺动脉口和肺动脉瓣；③左心房：左心耳、肺静脉口和左房室口；④左心室：二尖瓣、腱索和乳头肌、主动脉口和主动脉瓣；⑤辨认房间隔和室间隔以及室间隔的膜部和肌部。
4. 在心腔切开标本上观察心内膜、心肌膜和心外膜，并比较心房壁和心室壁以及左心室壁和右心室壁的厚度。
5. 利用人体骨架标本和离体心标本演示和确定心的体表投影。
6. 在心的血管标本和放大心模型上观察左冠状动脉和右冠状动脉的起始、走行、分支及分布，观察心的静脉和冠状窦。
7. 在切开心包的胸部标本上示教纤维心包、浆膜心包和心包腔。

二、动脉

【实验目的】

1. 掌握主动脉的起止、行程和分部；颈总动脉的起始，颈动脉窦和颈动脉小球的位置，颈外动脉的主要分支，颈内动脉、椎动脉、锁骨下动脉、腋动脉、肱动脉、桡动脉、尺动脉、髂外动脉、股动脉、腘动脉、胫前动脉和胫后动脉的行程。
2. 熟悉肺动脉和肺静脉的起止，动脉韧带的位置。
3. 了解腹腔干的分支及主要分布，肠系膜上动脉和肠系膜下动脉的分布。

【实验器材】

1. 人体骨架标本。
2. 心离体标本。
3. 头颈部和躯干动脉标本。
4. 头颈部和上肢动脉标本。
5. 盆部和下肢动脉标本。
6. 头颈部动脉模型。
7. 盆部血管模型。
8. 全身血管模型。
9. 人工智能3D数字人系统。

【实验内容与方法】

1. 在切开心包的胸部标本上观察，辨认肺动脉干及分支、肺静脉和动脉韧带。
2. 在头颈部和躯干动脉标本上观察主动脉的起止、行程和分段，辨认主动脉弓的三大分支。
3. 在头颈部和上肢的动脉标本以及头颈动脉模型上观察，辨认颈总动脉、颈内动脉、颈外动脉、甲状腺上动脉、面动脉、上颌动脉、颞浅动脉、锁骨下动脉、椎动脉、腋动脉、肱动脉、桡动脉、尺动脉、颈动脉窦、掌浅弓和掌深弓。
4. 在头颈部和躯干动脉标本上观察腹腔干、胃左动脉、肝总动脉、肝固有动脉、脾动脉、肠系膜上动脉、肠系膜下动脉、肾动脉、腰动脉、睾丸（卵巢）动脉和肋间后动脉。
5. 在盆部和下肢的动脉、神经标本以及盆部血管模型上观察，辨认髂总动脉、髂内动脉、髂外动脉、子宫动脉、股动脉、腘动脉、胫前动脉、胫后动脉和足背动脉。
6. 结合标本，在活体上触摸面动脉、颞浅动脉、锁骨下动脉、肱动脉、桡动脉、股动脉和足背动脉的搏动，找出压迫止血点，确认测量血压的听诊部位以及切脉部位。

三、静脉

【实验目的】

1. 掌握颈外静脉、头静脉、贵要静脉、肘正中静脉、大隐静脉和小隐静脉的起止和行程。
2. 熟悉上腔静脉、头臂静脉、颈内静脉、锁骨下静脉、下腔静脉、髂总静脉、髂内静脉和髂外静脉的收集范围。
3. 了肝门静脉的组成及主要属支，肝门静脉与上、下腔静脉的吻合部位。

【实验器材】

1. 全身静脉标本。
2. 离体肝标本。
3. 人工智能3D数字人系统。

【实验内容与方法】

1. 在全身静脉标本上观察及辨认上腔静脉、头臂静脉、锁骨下静脉、颈内静脉、颈外静脉、静脉角、奇静脉；下腔静脉、肾静脉、睾丸（卵巢）静脉、髂总静脉、髂外静脉和髂内静脉、肝门静脉及主要属支和肝静脉。
2. 结合活体辨认头静脉、贵要静脉、肘正中静脉、手背静脉网、大隐静脉、小隐静脉和足背静脉弓。

四、淋巴系统

【实验目的】

1. 掌握淋巴导管的起止、行程、收纳范围及注入部位，脾的形态和位置。
2. 熟悉全身主要淋巴结群的位置。
3. 了解胸腺的形态和位置。

【实验器材】

1. 头颈、躯干淋巴标本。
2. 离体脾标本和模型。
3. 小儿胸腺标本。
4. 人工智能 3D 数字人系统。

【实验内容与方法】

1. 在头颈、躯干淋巴标本上观察胸导管的起止、走行及乳糜池，右淋巴导管的组成和全身主要淋巴结群。
2. 利用头颈及躯干淋巴标本、离体脾标本、人体骨架标本观察脾的形态和位置。
3. 利用小儿胸腺标本观察胸腺的形态和位置。

（严蜀君）

实验十三　循环系统的微细结构

【实验目的】

1. 掌握中动脉壁和淋巴结的微细结构。
2. 了解心壁和脾的微细结构。

【实验器材】

1. 心切片（苏木精 - 伊红染色）。
2. 中动脉和中静脉切片（苏木精 - 伊红染色）。
3. 淋巴结切片（苏木精 - 伊红染色）。
4. 脾切片（苏木精 - 伊红染色）。

【实验内容与方法】

1. 观察心切片（苏木精 - 伊红染色）

（1）肉眼观察：标本为长条形，上、下两缘分别是心内膜及心外膜（或反之），两层之间为特厚的心肌膜。

（2）低倍镜下观察：心壁分为心内膜、心肌膜及心外膜三层。切片一端边缘平整，染色浅淡的为心内膜；另一端边缘凹凸不平，上皮下有许多脂肪组织与血管的为心外膜。心内膜与心外膜之间很厚的为心肌膜，可见心肌呈纵、横、斜的不同断面。

（3）高倍镜下观察

1）心内膜：①内皮细胞呈扁平状，细胞核呈扁圆形，染色较淡，胞质不明显；②内皮下层为薄层结缔组织；③心内膜下层为疏松结缔组织，含有小血管和神经。有的部位结缔组织中还含有心传导系的细胞。

2）心肌膜：由心肌纤维构成，可见纵、横、斜各种断面，在纵断面上可见闰盘。

3）心外膜：由外表面的间皮和薄层结缔组织构成，含有血管和神经纤维。

2. 观察中动脉和中静脉组织切片（苏木精-伊红染色）

（1）肉眼观察：切片中有两个血管横断面。管壁厚、腔小而圆的是动脉，管壁薄、腔大而不规则的是静脉。

（2）低倍镜下观察：中动脉和中静脉管壁由内向外分三层，即内膜、中膜和外膜。

1）中动脉：①内膜很薄，最外层有呈亮红色波纹状的内弹性膜，是内膜与中膜的分界标志；②中膜较厚，红色，主要由数十层环形平滑肌组成；③外膜由结缔组织构成。

2）中静脉：管壁薄，三层分界不明显，内弹性膜不明显，环形平滑肌层数少。

（3）高倍镜下观察中动脉。

1）内膜：很薄，最内层为内皮，内皮细胞染色深，并突向管腔；内皮下层为极薄的结缔组织，很薄，不易分辨；内皮下层的最外侧一层粉红色呈波浪状折光性强的亮带为内弹性膜。

2）中膜：由数十层环形平滑肌纤维组成。肌纤维之间有胶原纤维和弹性纤维。

3）外膜：为疏松结缔组织，含有胶原纤维和营养小血管的断面。与中膜相连处为外弹性膜，呈波浪状，着浅红色。

3. 观察淋巴结组织切片（苏木精-伊红染色）

（1）肉眼观察：淋巴结的纵切面为椭圆形，周围染色深的是皮质，中央染色浅的是髓质。

（2）低倍镜观察：淋巴结表面是薄层结缔组织，染成淡红色。淋巴结一侧凹陷是淋巴结门，可能看到输出淋巴管；另一侧隆凸，可能看到输入淋巴管。实质分为周围染色深的皮质和中央染色浅的髓质。实质内看到的淡红色条索状或块状结构是小梁。

1）皮质：位于被膜深面，由浅层皮质、副皮质区和皮质淋巴窦组成。①浅层皮质：含淋巴小结及小结之间的弥散淋巴组织。淋巴小结是淋巴细胞密集构成的球形结构，淋巴小结中央染色较浅的区域为生发中心；②副皮质区：位于浅层皮质深面，为较大片的弥散淋巴组织，主要含T细胞；③皮质淋巴窦：位于被膜下和小梁周围，染色浅淡明亮。

2）髓质：位于皮质深面，由髓索和髓窦组成。①髓索：呈紫红色条索状或块状，相互连接成网；②髓窦：位于髓索之间或髓索与小梁之间，染色浅淡明亮。

（3）高倍镜观察

1）淋巴小结的生发中心，色较浅，由大、中型淋巴细胞构成；淋巴小结的边缘色较深，由小淋巴细胞构成。

2）髓窦的窦壁由扁平内皮细胞构成，不易区分。窦腔内充满星状的内皮细胞，内皮细胞的突起互相连接成网，网眼内有少量淋巴细胞和巨噬细胞。

4. 观察脾的组织切片（苏木精-伊红染色）

（1）肉眼观察：标本呈不规则椭圆形，边缘染成红色的部分为被膜，在实质中可见散在的深蓝色圆形或椭圆形小体，即脾的白髓；染成淡红色部分是红髓。

（2）低倍镜下观察

1）被膜和小梁：被膜较厚，小梁呈索状或块状，呈粉红色。

2）白髓：是散在的染成深蓝色的条索状和球状结构。

3）红髓：是染色较浅的红色部分。

（3）高倍镜下观察

1）被膜和小梁：被膜的结缔组织中含有弹性纤维和结缔组织。被膜的表面覆盖间皮。实质中有小梁的各种断面，有的断面可见血管。

2）白髓：在脾小结的一侧，中央动脉周围包绕一厚层的弥散淋巴组织，呈长筒状或圆圈状，是动脉周围淋巴鞘。脾小结常位于动脉周围淋巴鞘的一侧，染色浅区为生发中心。

3）红髓：脾索由淋巴组织构成，呈不规则条索状；脾血窦为位于脾索与脾索之间的不规则腔隙，其内含有许多血细胞。

（严蜀君）

实验十四　感　觉　器

一、眼

【实验目的】

1. 掌握眼的组成，眼球壁的层次，各层次的分部和形态结构；眼球内容物的组成、形态及位置；眼屈光系统的组成；眼球外肌的名称和作用。
2. 熟悉结膜的分部及其位置。
3. 了解泪器的组成。

【实验器材】

1. 眼球标本和模型。
2. 新鲜猪或牛眼球标本。
3. 泪器的解剖标本和模型。
4. 眼球外肌的解剖标本和模型。
5. 人工智能 3D 数字人系统。

【实验内容与方法】

1. 在活体上确认角膜、巩膜、虹膜、瞳孔和眼球前房等结构。
2. 在眼睑标本和活体上观察上睑缘和下睑缘、内眦和外眦、睫毛。
3. 在结膜标本和活体上观察睑结膜和球结膜、结膜上穹和结膜下穹。
4. 取泪器解剖标本和模型，观察泪腺的位置。在上、下睑缘近内眦处观察泪点；在泪囊窝内观察泪囊的形态及其与上、下泪小管和鼻泪管的关系。
5. 取眼球标本，观察其外形及视神经的附着部位。
6. 取眼球冠状切面标本和模型，观察眼球壁由外向内分为三层，即纤维膜、血管膜和视网膜。
7. 取眼球冠状切面标本观察，充满于眼球内的透明胶状物为玻璃体。移去玻璃体，可见晶状体，用镊子轻提晶状体，可见其与睫状体的睫状突之间有纤细的睫状小带。角膜与晶状体之间的间隙为眼房，被虹膜分为眼球前房和眼球后房。
8. 将眼球做矢状切面，观察眼球前房、后房、晶状体和玻璃体，辨认眼球壁的三层结构。
9. 取眼球外肌解剖标本和模型，观察各眼球外肌的位置及肌束方向。

二、耳

【实验目的】

1. 掌握耳的组成。
2. 熟悉乳突窦、乳突小房和咽鼓管的位置及连通关系，鼓膜的位置和形态，听觉感受器和位置觉感受器的位置，鼓室的六壁及其主要结构和毗邻，听小骨的名称及连结。
3. 了解外耳的组成及外耳道的形态，骨迷路和膜迷路各部的形态。

【实验器材】

1. 耳解剖标本。
2. 颞骨锯开标本。
3. 听小骨标本。
4. 耳模型。
5. 颞骨与鼓室模型。
6. 听小骨模型。
7. 内耳模型。
8. 人工智能3D数字人系统。

【实验内容与方法】

1. 外耳　取耳的模型和解剖标本，结合活体观察耳郭的形态，外耳道的分部和弯曲，鼓膜的位置、形态、分部及其与外耳道之间的位置关系。
2. 中耳　取颞骨锯开标本，结合颅骨标本、耳的模型和解剖标本观察，中耳各部的位置，鼓室的位置和鼓室的6个壁，听小骨的组成及连结关系，乳突小房和咽鼓管的位置及连通关系等。
3. 内耳　取耳的解剖标本和内耳模型，观察颞骨中内耳的位置，骨迷路和膜迷路的位置关系，骨迷路的骨半规管、前庭和耳蜗，膜迷路的膜半规管、椭圆囊和球囊、蜗管以及椭圆囊斑和球囊斑、耳蜗的位置。

三、皮肤

【实验目的】

1. 熟悉皮肤各层次结构的组成和特点。
2. 了解皮肤的附属结构。

【实验器材】

1. 人皮肤模型。
2. 人头皮切片（苏木精-伊红染色）。
3. 手指皮肤切片（苏木精-伊红染色）。

【实验内容与方法】

1. 取皮肤模型观察，区分表皮、真皮和皮下组织，表皮五层细胞的排列，毛囊和毛乳头的形态，竖毛肌的位置，皮脂腺的位置和开口部位，汗腺的位置和开口部位等。
2. 手指皮肤切片（苏木精-伊红染色）
（1）肉眼观察：染色较深的区域为表皮，表皮下方为真皮和皮下组织。

（2）低倍镜观察：①表皮为角化的复层扁平上皮，角质层较厚；②真皮为致密结缔组织，可分为乳头层和网状层；③皮下组织位于真皮深面，主要由疏松结缔组织和脂肪组织构成。

（3）高倍镜观察

1）表皮分为5层。①基底层：为一层立方形或矮柱状细胞，细胞核呈圆形或椭圆形。②棘细胞层：位于基底层浅面，由4～10层多边形的细胞组成。胞体较大，向四周伸出许多细短的棘状突起。③颗粒层：位于棘层浅面，由3～5层梭形细胞组成。细胞核已趋退化，胞质内可见许多嗜碱性的透明角质颗粒。④透明层：位于颗粒层浅面，由2～3层扁平细胞组成。细胞核和细胞器均已退化消失，细胞界限不清，呈嗜酸性透明均质状。⑤角质层：是表皮的最外层，由多层扁平的角质细胞组成。角质细胞界限不清，无细胞核和细胞器，是干硬的死细胞，胞质内充满均质状嗜酸性的角蛋白。浅层角质细胞连接松散，脱落后形成皮屑。

2）真皮：为致密结缔组织，分为乳头层和网状层。①乳头层：结缔组织凸入表皮基底部呈乳头状隆起，是真皮乳头。乳头层内含丰富的毛细血管，可见椭圆形触觉小体。②网状层：位于乳头层深面，由致密结缔组织构成。粗大的胶原纤维束交织成网，并含有许多弹性纤维。可见较大的血管、淋巴管，还可见汗腺断面和环层小体等结构。

3. 人头皮切片（苏木精-伊红染色）

（1）肉眼观察：表皮薄，呈紫蓝色，其深部的真皮染成红色，可见管状毛囊。

（2）低倍镜观察：①表皮为角化的复层扁平上皮，较薄；②真皮乳头层不明显，可见皮脂腺、汗腺和毛根、毛囊、毛乳头。

（3）高倍镜观察：①表皮基底层、棘层和角质层明显，颗粒层较薄，无透明层。②真皮内可见许多纵切、斜切、横切的毛囊断面，中间有毛根，其末端有毛球和毛乳头。毛根外层由复层扁平上皮包绕，与表皮相连。③皮脂腺位于毛囊一侧，呈空泡状。皮脂腺下方的斜行平滑肌束为竖毛肌。④真皮深面或皮下组织内有成团状的汗腺。

（严蜀君）

实验十五　神经系统

一、中枢神经系统

【实验目的】

1. 掌握神经系统的组成；脊髓的位置和外形，脑的位置、分部及各部的结构，大脑皮质功能区的位置。背侧丘脑、基底核、内囊、脑和脊髓三层被膜的位置关系、硬膜外隙和蛛网膜下隙。
2. 熟悉脑和脊髓的动脉及主要分支，大脑动脉环的组成。
3. 了解脑和脊髓的静脉。

【实验器材】

1. 脊髓标本和模型。
2. 脑外形、脑血管标本和模型。
3. 脑水平面、矢状面标本和模型。
4. 脑干和间脑标本和模型。
5. 脑和脊髓的被膜标本和模型。

6. 小脑标本和模型、小脑水平切面标本。
7. 人工智能 3D 数字人系统。

【实验内容与方法】

1. 脊髓
（1）在打开椎管的标本上观察脊髓的位置、颈膨大、腰骶膨大和脊髓圆锥。
（2）利用离体脊髓标本观察前正中裂、后正中沟、前外侧沟和后外侧沟及脊神经前根与后根。
（3）在脊髓横切面标本上识别脊髓中央管和白质，灰质的前角、后角及侧角。

2. 脑
（1）在整脑和脑正中矢状切面标本或模型上，区分端脑、间脑、中脑、脑桥、延髓和小脑。
（2）在脑干的标本或模型上观察

1）腹侧面：识别延髓前正中裂、锥体和橄榄以及与延髓相连的四对脑神经根（舌咽神经根、迷走神经根、副神经根及舌下神经根）；脑桥基底沟和延髓脑桥沟以及与脑桥相连的四对脑神经根（三叉神经根、展神经根、面神经根及前庭蜗神经根）；中脑大脑脚和脚间窝以及动眼神经根。

2）脑干背侧：识别薄束结节和楔束结节、菱形窝、上丘和下丘以及滑车神经根。

（3）在 3D 数字人系统上观察脑干的内部结构。脑神经核、主要传导通路的中继核和脑干内的主要纤维束。

（4）在间脑标本或模型上区分背侧丘脑、下丘脑和后丘脑及第三脑室的位置。识别下丘脑的组成（视交叉、灰结节、乳头体、漏斗和垂体）。识别后丘脑组成（内侧膝状体和外侧膝状体）。

（5）在小脑标本上观察小脑蚓和小脑半球及小脑扁桃体；在小脑水平切面上辨认小脑皮质、髓质及齿状核。

（6）在整脑标本或模型上辨认大脑纵裂、大脑横裂和胼胝体。

1）在大脑半球标本上识别端脑的三个面：上外侧面、内侧面和下面；主要叶间沟（外侧沟、中央沟和顶枕沟）；大脑半球分叶（额叶、顶叶、颞叶、枕叶和岛叶）。

2）大脑半球的主要沟、回

上外侧面：①额叶：中央前沟、中央前回、额上沟和额下沟、额上回、额中回和额下回；②顶叶：中央后沟、中央后回、缘上回和角回；③颞叶：颞上沟和颞下沟、颞上回、颞中回、颞下回和颞横回。

内侧面：胼胝体、扣带回、中央旁小叶、海马旁回及钩、距状沟。

底面：嗅球和嗅束。

3）大脑半球的内部结构：①利用大脑半球标本或模型确定各皮质功能区的位置；②利用脑水平面标本观察基底核、内囊及侧脑室。

3. 脑和脊髓的被膜
（1）利用脑和脊髓被膜标本及相关模型，观察及辨认硬膜、蛛网膜与软膜。确认硬膜外隙和蛛网膜下隙的位置。
（2）观察硬脑膜形成的结构：大脑镰和小脑幕、上矢状窦（其内有蛛网膜粒）、下矢状窦、直窦、窦汇、横窦和乙状窦。

4. 脑和脊髓的血管
（1）在脑的血管标本或模型上，观察及辨认大脑中动脉、大脑前动脉和大脑后动脉、前交通动脉、后交通动脉及大脑动脉环。大脑中动脉中央支的分布。

（2）在脊髓的血管标本上观察脊髓前动脉和脊髓后动脉。

二、周围神经系统

【实验目的】

1. 掌握各脊神经丛的组成、位置及主要分支分布。
2. 熟悉 12 对脑神经的连脑部位、走行及分布。
3. 了解内脏神经。

【实验器材】

1. 脊神经丛及主要脊神经标本和模型。
2. 脑神经标本和模型。
3. 内脏神经标本和模型。
4. 人工智能 3D 数字人系统。

【实验内容与方法】

1. 利用脊神经丛标本辨认颈丛、臂丛、腰丛与骶丛。
2. 利用脊神经标本辨认膈神经、正中神经、尺神经、桡神经、腋神经和肌皮神经、肋间神经和肋下神经、髂腹下神经和髂腹股沟神经、股神经、闭孔神经、臀上神经、臀下神经、阴部内神经、坐骨神经、胫神经和腓总神经。
3. 利用脑神经标本辨认嗅神经、视神经、动眼神经、滑车神经、三叉神经、展神经、面神经、前庭蜗神经、舌咽神经、迷走神经、副神经和舌下神经。
4. 利用内脏神经标本和模型辨认交感干、腹腔神经节、肠系膜上神经节、肠系膜下神经节、灰交通支和白交通支。

（严蜀君）

实验十六　内分泌系统的大体结构

【实验目的】

1. 掌握甲状腺、肾上腺和垂体的形态及位置。
2. 熟悉甲状旁腺的形态和位置。
3. 了解松果体的位置。

【实验器材】

1. 颈部解剖标本。
2. 离体喉、气管和甲状腺标本。
3. 腹膜后间隙器官标本。
4. 头部正中矢状切面标本。
5. 颅底标本。
6. 小儿胸腺标本（童尸）。
7. 甲状腺、肾上腺、垂体模型。
8. 间脑、脑干标本和模型。

【实验内容与方法】

1. 甲状腺　取颈部解剖标本，离体喉、气管和甲状腺标本，观察甲状腺的形态（左叶、右叶、甲状腺峡和锥状叶）及位置。
2. 甲状旁腺　取离体喉、气管和甲状腺标本，在甲状腺左、右叶后缘寻认甲状旁腺，注意甲状旁腺的形态、数量以及与甲状腺的关系。
3. 肾上腺　取腹膜后间隙器官标本，观察肾上腺的位置和形态。
4. 垂体　取头部正中矢状切面标本，结合颅底标本，观察垂体的位置、形态以及与视交叉的毗邻关系。
5. 胸腺　取小儿胸腺标本（童尸），观察胸腺的位置和形态。
6. 松果体　取头部正中矢状切面标本，间脑、脑干标本和模型，观察松果体的位置和形态。

（严蜀君）

实验十七　内分泌系统的微细结构

【实验目的】

1. 掌握甲状腺、肾上腺的微细结构。
2. 熟悉腺垂体的微细结构。

【实验器材】

1. 甲状腺切片（苏木精-伊红染色）。
2. 肾上腺切片（苏木精-伊红染色）。
3. 垂体切片（苏木精-伊红染色）。

【实验内容与方法】

1. 光镜观察　甲状腺和肾上腺切片。

（1）甲状腺切片（苏木精-伊红染色）

1）低倍镜观察：可见许多大小不等的甲状腺滤泡切面，滤泡腔内充满染成红色的胶状物质。滤泡之间为结缔组织。

2）高倍镜观察：滤泡壁由单层立方形上皮细胞构成，细胞核呈圆形，位于细胞中央。在滤泡上皮细胞之间或滤泡之间的结缔组织内，观察滤泡旁细胞，其数量较少，体积较大，呈卵圆形，细胞染色浅，细胞核呈圆形。

（2）肾上腺切片（苏木精-伊红染色）

1）低倍镜观察：表面为结缔组织构成的被膜，染成红色。被膜的深面为实质，分为浅表的皮质和深部的髓质。观察皮质，由浅入深依次分为球状带、束状带和网状带。

2）高倍镜观察：①肾上腺皮质：球状带位于皮质浅层，较薄，细胞呈矮柱状，排列成球状团块；束状带位于球状带深面，最厚，细胞呈立方形或多边形，排列成索状；网状带位于皮质内层，较薄，细胞呈多边形，排列成索，相互连接成网。②肾上腺髓质：位于肾上腺中央部，染成紫蓝色，主要由髓质细胞构成。髓质细胞体积较大，呈多边形。

2. 示教　垂体切片（苏木精-伊红染色）。
3. 绘图　绘制低倍镜下肾上腺切片图（苏木精-伊红染色），注明肾上腺皮质的球状带、束状带、网状带和肾上腺髓质。

（严蜀君）

实验十八　人体胚胎早期发育

【实验目的】

1. 掌握受精和卵裂的过程，胚泡的结构特点，胎盘的形态结构。
2. 熟悉蜕膜的分部及各部的位置。
3. 了解三胚层的形成及早期分化。

【实验器材】

1. 卵裂及桑葚胚模型。
2. 胚泡模型。
3. 妊娠子宫剖面模型。
4. 蜕膜模型。
5. 胚盘模型。
6. 神经管形成模型。
7. 体节形成模型。
8. 三胚层形成系列模型。
9. 第2～7周的胚胎标本和模型。
10. 胎盘标本。

【实验内容与方法】

1. 卵裂　取卵裂和桑葚胚模型，观察卵裂球和桑葚胚的形态。
2. 胚泡　取胚泡模型，观察胚泡滋养层、胚泡腔和内细胞群的位置。
3. 蜕膜　取妊娠子宫剖面模型、蜕膜模型，观察子宫内膜与胚胎的关系。胚泡深部的蜕膜为基蜕膜；包在胚泡表面的蜕膜为包蜕膜；胚泡植入处以外的蜕膜为壁蜕膜。
4. 三胚层的形成与分化　取三胚层和第2～7周胚胎标本和模型观察。

（1）内胚层和外胚层：大约受精后第2周，内细胞群分化成两层细胞，面向胚泡腔的一层细胞是内胚层；内胚层与极端滋养层之间的一层细胞是外胚层。内胚层与外胚层紧密相贴，构成胚盘。

（2）羊膜腔和卵黄囊：外胚层与滋养层之间的空隙是羊膜腔。内胚层腹侧的小囊是卵黄囊。

（3）胚外中胚层和胚外体腔：在内、外胚层形成的同时，滋养层细胞不断分裂增生，由一层变成两层，外层细胞界限不清，称为合体滋养层；内层细胞界限清晰，称为细胞滋养层。细胞滋养层不断增生，并向胚泡腔内增生出许多星状细胞，填充在胚泡腔内，是胚外中胚层。胚外中胚层中形成的腔隙为胚外体腔。

（4）中胚层：胚胎第3周初，在胚盘尾端的中轴线上，外胚层细胞增生形成一条纵行的细胞索，为原条。原条细胞不断增生，并向腹侧内陷在内、外胚层之间，向左、右及头、尾方向伸展，形成新的细胞层，为中胚层。于是，胚盘由两层演变成具有三个胚层的胚盘。

5. 胎膜和胎盘

（1）绒毛膜：由滋养层和胚外中胚层构成，外表面的突起为绒毛。

（2）羊膜：由滋养层和胚外中胚层构成，包裹脐带和胎盘。羊膜所围成的腔，为羊膜腔。

（3）脐带：是连接胚胎与胎盘之间的圆索状结构。脐带内有 2 条脐动脉和 1 条脐静脉。

（4）胎盘：由胎儿的丛密绒毛膜与母体子宫的基蜕膜共同构成。胎盘呈圆盘状，一面光滑，覆有羊膜，为胎盘的胎儿面，中央连有脐带；另一面粗糙不平，为胎盘的母体面。

（严蜀君）

附录　护理应用解剖学简介

护理应用解剖学是在系统解剖学、局部解剖学和断层解剖学的基础上发展起来的一门新兴学科。其特点是将解剖学相关知识与护理专业的相关内容有机地结合起来，研究器官的形态结构、位置及其毗邻关系，并阐述护理操作的定位、局部层次结构与操作关系以及操作的注意事项。将解剖学知识与临床具体应用结合起来，提高了学生的学习兴趣和教学效果。使学生的基础理论知识和临床应用技能都得到了提高，为提高操作的准确性和成功率奠定了基础。本章仅就常用的护理应用解剖学知识作介绍。

一、注射技术的应用解剖

（一）皮内注射

1. 目的　皮内注射是将药物注入表皮与真皮之间的注射技术，可用于药物过敏试验、抗毒血清测敏试验以及卡介苗接种等。

2. 应用解剖学基础　皮肤由表皮和真皮构成，覆盖于人体的表面，具有重要的保护作用。皮肤内含有丰富的感觉神经末梢，能感受多种理化刺激，并参与体温调节和排泄代谢产物。表皮位于皮肤浅层，厚 0.07～0.12 mm，各处厚薄不一。表皮内一般无血管，但有丰富的感觉神经末梢，以疼痛刺激最为敏感。表皮由浅入深依次分为角质层、透明层、颗粒层、棘细胞层和基底层 5 层。真皮由致密结缔组织构成，位于表皮深层，厚 1～2 mm。真皮按其结构特点，分为乳头层和网状层。乳头层较薄，因向表皮底部凸出，形成许多嵴状或乳头状隆起而得名。乳头层内有丰富的血管、游离神经末梢和触觉小体；网状层较厚，位于乳头层深面，二者之间无明显分界。网状层内含有较多的血管、淋巴管和神经。真皮中含有粗大的胶原纤维和弹性纤维，二者交织成网，使真皮具有弹性和韧性。

3. 操作的解剖学要点

（1）部位选择：用于药物过敏试验或抗毒血清测敏试验时，常选择在前臂前面下端内侧或外侧，接种卡介苗时多选择在三角肌外下缘处。

（2）体姿参考：患者取坐位或仰卧位，操作者站在患者对面。

（3）穿经结构：注射针头由浅入深斜行穿过表皮各层至表皮与真皮乳头层之间。

（4）进针要点与失误防范：左手绷紧皮肤，右手持注射器，针尖斜面朝上，与皮肤呈 10°～15°刺入皮内，待针尖斜面全部进入皮内后放平注射器，针头在皮内时可从皮肤表面透视到针尖斜面，如不能看见，则提示穿刺过深。进针时，注意掌握刺入的角度和深度，如刺入过浅，易形成皮肤划痕且不能注入药物。皮肤内含有丰富的感觉神经末梢，故皮内注射时疼痛明显，应熟练操作，以减少失误和缩短注射时间。

（二）皮下注射

1. 目的　皮下注射是将药液注入皮下组织内，可用于胰岛素和肾上腺素等的注射。

2. 应用解剖学基础　皮下组织即浅筋膜，由位于皮肤与深筋膜之间的疏松结缔组织和脂肪组织构成。皮下组织内含有丰富的血管、神经、淋巴管及纤维成分。皮下组织的厚度随年龄、性别和部位不同而有差别，如腹部皮下组织厚度可达 3 cm，而眼睑等处因不含脂肪，皮下组织较薄。

3. 操作的解剖学要点

（1）部位选择：注射点选择在臂外侧三角肌下缘中区处，也可在前臂外侧、腹壁、背部及股外侧部等处。因这些部位皮下组织较疏松，便于注射。

（2）体姿参考：患者取坐位或仰卧位。

（3）穿经结构：注射针头依次穿过表皮、真皮达皮下组织。

（4）进针要点与失误防范：术者用左手绷紧注射部位皮肤，右手持注射器，针头斜面朝上，使针与皮肤呈30°～40°斜行刺入皮下组织，进针深度一般为针梗的2/3。皮下注射应注意以下几点：①由于皮肤内含有丰富的感觉神经末梢，为减少疼痛，进针和拔针时动作应迅速；②浅筋膜内含有较大的浅静脉，为防止药液直接注入血管，进针后应回抽无回血后方可注入药物；③注射不宜过浅，以免将药液注入皮内。

（三）肌内注射

肌内注射是临床上常用的注射技术。凡不宜口服的药物或患者不能口服时，可采用肌内注射给药。

1. 臀大肌注射术

（1）应用解剖学基础

1）臀大肌：为臀肌中最厚且表浅的肌，近似四方形，几乎占据整个臀部皮下。起于髂前上棘至尾骨尖之间的深层结构，肌纤维向外下止于髂胫束和股骨后面的臀肌粗隆。小儿此肌不发达。

2）臀大肌筋膜：该筋膜为臀区的固有筋膜，向深面发出许多纤维隔，使臀大肌与筋膜牢固结合。

3）臀部的血管和神经：①臀下动脉、臀下静脉和臀下神经：通过梨状肌下孔出盆腔，三者相互伴行，分布于臀大肌等处，各主干穿出梨状肌下孔处的体表投影为髂后上棘至坐骨结节连线的中点处；②臀上动脉、臀上静脉和臀上神经：通过梨状肌上孔出盆腔，主要分布于臀中肌和臀小肌等处，三者出梨状肌上孔的体表投影为髂后上棘至股骨大转子尖连线的上、中1/3段交界处；③阴部内动脉、阴部内静脉和阴部内神经：通过梨状肌下孔出盆腔，再绕坐骨棘，经坐骨小孔至会阴部，阴部内静脉位于阴部内动脉的内侧；④坐骨神经：为全身最粗大的神经，起始部宽约2 cm，经梨状肌下孔穿出盆腔至臀大肌中部深面，约在坐骨结节与股骨大转子连线的中点处下降至股后部。

4）臀区皮肤和浅筋膜：臀区皮肤较厚，浅筋膜内含有大量脂肪组织，故该区浅筋膜较厚，中年女性此处厚度可达2～4 cm。

（2）操作的解剖学要点

1）部位选择：臀大肌注射区的定位方法有2种。①十字法：从臀裂顶点向外划一水平线，再经髂嵴最高点向下作一垂线，其外上1/4为注射区；②连线法：将髂前上棘至骶尾结合处作一连线，将此连线分为三等份，其外上1/3为注射区。

2）体姿参考：患者多取侧卧位，下方的腿微弯曲，上方的腿自然伸直；或取俯卧位，足尖相对，足跟分开；也可取坐位。

3）穿经层次：注射针头依次穿过皮肤、浅筋膜、臀肌筋膜至臀大肌。

4）进针要点与失误防范：选准注射部位，术者左手绷紧注射区皮肤，右手持注射器，使针头与皮肤垂直，快速刺入2.5～3.0 cm即达臀大肌。注射时应注意以下几点：①用十字法或连线法选准注射区，注射点处应无炎症、硬结及压痛。用十字法选区时，因臀外上1/4区的内下角靠近臀下动脉、臀下静脉、臀下神经及坐骨神经，故注射时应避开此区的内下角。为避免损伤坐骨神经，进针时针尖勿向内下倾斜。②因臀大肌发达，在肌肉紧张时易发生折针，预防的方法是在肌肉松弛的情况下快速进针，针梗应垂直刺入，不可在肌内改变方向或撬动。针梗的 1/3 应保留在体外，以防针梗从根部焊接处折断。如果折断，应保持局部和肢体不动，迅速用止血钳夹住断端取出。③注射的深度因人而异，因臀区皮下组织较厚，成人臀大肌注射时针梗不应短于 4.5 cm，如注射过浅，针尖达不到肌肉时，易引起皮下硬结或疼痛。④婴幼儿臀区较小，肌肉不发达，不宜作臀肌注射。⑤进针后，应回抽活塞无回血方可注射。

2. 臀中肌和臀小肌注射术

（1）应用解剖学基础

1）臀中肌：呈扇形，前上部位于皮下，后下部被臀大肌覆盖，前缘为阔筋膜张肌，下缘为梨状肌。肌纤维起于髂嵴背面，止于股骨大转子。

2）臀小肌：位于臀中肌深面，其形态、起止和功能以及血管、神经分布都与臀中肌相同，故可将此肌视为臀中肌的一部分。

3）臀上血管：臀上动脉为臀中肌和臀小肌的供血动脉，起自髂内动脉后干，至臀部后即分为浅、深 2 支。浅支至臀大肌深面，营养该肌，深支位于臀中肌深部，分为上、下 2 支，上支沿臀小肌上缘行进，与旋髂深动脉和旋股外侧动脉的升支吻合，下支在臀中肌与臀小肌之间向外行进，分支营养该二肌。在髂结节下方，臀上动脉的深上支与深下支相距约 5.9 cm。臀上静脉与臀上动脉伴行注入髂内静脉。

（2）操作的解剖学要点

1）部位选择：臀中肌和臀小肌注射部位的选择方法有 2 种。①髂前上棘后三角区：术者将示指指尖置于髂前上棘（由后向前，右侧用左手，左侧用右手），中指尽量与示指分开，中指尖紧按髂嵴下缘，此时，示指、中指及髂嵴围成的三角区为注射区；②髂前上棘后下 3 横指处。

2）体姿参考：患者取侧卧位或俯卧位。

3）穿经结构：注射针头依次穿过皮肤、浅筋膜、臀肌筋膜至臀中肌或臀小肌。

4）进针要点与失误防范：进针技术及失误防范基本同臀大肌注射术。注射深度略小于臀大肌注射术，此注射区皮下脂肪较薄，成人约 0.8 cm，臀中肌和臀小肌平均厚度约 2.5 cm，进针时不宜过深，以免针尖触及骨面。

3. 三角肌注射术

（1）应用解剖学基础

1）三角肌：呈三角形，底朝上，起自锁骨外侧 1/3、肩峰和肩胛冈及肩胛筋膜，整块肌从前、外、后三方包绕肩关节，止于三角肌粗隆。

2）三角肌的血管和神经：前外侧部由胸肩峰动脉的三角肌支分布，后部由旋肩胛动脉的分支分布，旋肱后动脉经四边孔至三角肌，为三角肌的主要分支。腋神经自臂丛后束分出，与旋肱后动脉伴行至三角肌。

3）三角肌的分区：以 2 条水平线和 2 条垂线将三角肌分为 9 个区域。

4）三角肌区皮肤：较厚，皮下组织较薄。

（2）操作的解剖学要点

1）部位选择：三角肌九区法中的中间区为注射区。

2）体姿参考：患者取坐位。

3）进针层次：注射针头依次经过皮肤、浅筋膜和深筋膜至三角肌。

4）进针要点与失误防范：进针技术同臀大肌注射术。作三角肌注射时，应注意以下几点：①三角肌不发达者不宜在此作肌内注射，以免刺至骨面，造成折针，必要时可提捏起三角肌斜刺进针；②三角肌区注射时，针尖勿向前内斜刺，以免伤及近腋窝内的血管和神经；③三角肌后区注射时，针头切勿向后下偏斜，以免损伤桡神经。

二、穿刺技术的应用解剖

（一）浅静脉穿刺术

1. 目的　主要用于采血、输血、输液和注射药物等。

2. 应用解剖学基础　浅静脉位于皮下组织内，又称皮下静脉。浅静脉的位置表浅，透过皮肤易于看见。浅静脉无动脉伴行，数量较多，多吻合成静脉网。浅静脉有静脉瓣，以四肢居多，下肢多于上肢。静脉管壁薄，平滑肌和弹性纤维较少，收缩性和弹性较差，故当血容量明显减少时，静脉管壁可发生塌陷。其内血流缓慢，尤以近心端受到压迫或压力增高时更明显，且常出现静脉充盈。

（1）头颈部的静脉

1）头皮静脉：位于颅外皮下组织内，数量多，在额部和颞区相互交通呈网状，表浅易见。静脉管壁被头皮内纤维隔固定，不易滑动，且头皮静脉没有瓣膜，正、逆方向都能穿刺，只要操作方便即可，故特别适合于婴幼儿穿刺，也可用于成人。头皮的主要静脉如下。①颞浅静脉：起于颅顶及颞区软组织，在颞筋膜浅面，颧弓根部稍上方汇合成前、后2支。前支与眶上静脉交通，后支与枕静脉和耳后静脉吻合，且有交通支与颅顶导静脉相通。前、后支于颧弓根部汇合成颞浅静脉，下行至腮腺深面注入下颌后静脉。②滑车上静脉：起自冠状缝处的小静脉，沿额部浅层下行，与眶上静脉末端汇合，构成内眦静脉。③眶上静脉：自额结节处起始，斜向内下走行，于内眦处构成内眦静脉。

2）颈外静脉：为颈部最粗大的浅静脉，收集颅外大部分静脉血和部分面部深层结构的静脉血。颈外静脉由前、后根组成，前根为下颌后静脉的后支，后根由枕静脉与耳后静脉汇合而成，两根于下颌角处汇合，沿胸锁乳突肌浅面斜向后下，至该肌后缘、锁骨中点上方约2.5 cm处穿过颈部固有筋膜注入锁骨下静脉或静脉角。此静脉在锁骨中点上方2.5～5.0 cm处有一对瓣膜，瓣膜下方常扩大形成静脉窦。颈外静脉的体表投影相当于同侧下颌角与锁骨中点的连线。由于颈外静脉仅被皮肤、浅筋膜和颈阔肌覆盖，位置表浅，管径较大，常被选作小儿穿刺抽血的静脉，尤其小儿啼哭或压迫该静脉近心端时，静脉怒张更加明显，易于穿刺。颈部皮肤移动性大，不易固定，通常颈外静脉不作为穿刺输液的血管。

（2）上肢的浅静脉：上肢常用作穿刺的浅静脉主要有手背浅静脉和前臂浅静脉。手背浅静脉较为发达，数量多，相互吻合成静脉网，手背静脉网桡侧向上延续为头静脉，尺侧汇合成贵要静脉。头静脉起始后向上绕过前臂桡侧缘至前臂前面，于肘窝稍下方发出肘正中静脉后，沿肱二头肌外侧沟上行，至三角肌胸大肌间沟穿过深筋膜，注入腋静脉或锁骨下静脉。贵要静脉沿前臂尺侧上行，于肘窝下方转向前面，接收肘正中静脉后，沿肱二头肌内侧沟上行至臂中部，穿深筋膜注入肱静脉或腋静脉。肘正中静脉在肘部连接头静脉与贵要静脉。前臂正中静脉起于手掌静脉丛，沿前臂前面上行，沿途接受一些属支，并通过交通支与头静脉和贵要静脉相连，末端注入肘正中静脉，如无肘正中静脉，则末端分为2支，分别注入贵要静脉和头静脉。

（3）下肢的浅静脉：下肢常用作穿刺的浅静脉主要有足背静脉和大隐静脉的起始段。足背浅静脉多构成静脉弓或网。足背静脉弓的外侧端延续为小隐静脉，经外踝后方转至跟腱的后面上行，注入腘静脉。内侧端延续为大隐静脉，该静脉经内踝前方约1 cm处沿小腿内侧上行，于腹股沟韧带中点下方内侧3～4 cm处穿隐静脉裂孔注入股静脉。

3. 操作的解剖学要点

（1）部位选择：根据年龄及病情可选择不同部位的静脉进行穿刺。婴幼儿多选用头皮静脉或颈外静脉，其次选用手背静脉网或足背静脉弓。成人常选用手背静脉网或足背静脉弓。

（2）穿经层次：虽选用的静脉部位不同，但穿刺针头穿过的层次基本相同，即皮肤、皮下组织和静脉壁。因年龄不同，静脉壁的厚薄、弹性及硬度有所不同。

（3）进针要点与失误防范：如选择四肢静脉穿刺，通常在欲穿刺部位的近心端扎紧束带，使静脉充盈，便于穿刺。穿刺时固定好皮肤和静脉，针尖斜面朝上，与皮肤呈15°～30°，在静脉表面或侧方刺入皮下，再沿静脉近心方向潜行后刺入静脉，见回血后再顺静脉进针少许，将针头放平并固定，进行抽血或注入药物时要固定好静脉，尤其是老年患者，血管弹性较差，易于滑动，不可用力过猛，以免穿透静脉。如需长期静脉给药，穿刺部位应先从小静脉开始，逐渐向近心端选择穿刺部位，以增加血管的使用次数。如果为一次性抽血检查，则可选择易于穿刺的肘正中静脉。穿刺部位应尽可能避开关节，以利于针头的固定。四肢浅静脉瓣膜较多，穿刺部位应避开瓣膜。颈外静脉穿刺时应让患儿取仰卧位，两臂贴附身旁，枕头垫于肩下，头偏向穿刺部位对侧，并尽量后仰，充分显露穿刺部位，以便穿刺时使穿刺针与静脉平行，通常在该静脉的上、中1/3段交界处刺入。由于头皮静脉被固定在皮下组织的纤维隔内，管壁回缩力差，故穿刺完毕后要压迫局部，以免出血形成皮下血肿。

（二）深静脉穿刺术（股静脉穿刺术）

1. 目的　外周浅静脉穿刺困难，但需采集血液标本或需静脉输液、用药者，心导管检查或婴幼儿静脉采血等。

2. 应用解剖学基础　股静脉为下肢的静脉主干，其上段位于股三角内，股三角的上界为腹股沟韧带，外侧界为缝匠肌内侧缘，内侧界为长收肌内侧缘，前壁为阔筋膜，后壁凹陷，由髂腰肌和耻骨肌及其筋膜所组成。股三角自外向内依次是股神经、股动脉、股静脉和股管。

3. 操作的解剖学要点

（1）部位选择：穿刺点选在髂前上棘与耻骨结节连线的中、内1/3交界处下方2～3 cm，股动脉搏动内侧0.5～1.0 cm处。

（2）体姿参考：患者取仰卧位，膝关节微屈，臀部稍垫高，髋关节伸直并稍外展外旋。

（3）穿经层次：穿刺针头依次经过皮肤、浅筋膜、阔筋膜、股鞘和股静脉。

（4）进针要点与失误防范：在腹股沟韧带中点稍下方摸到股动脉搏动，其内侧即为股静脉，左手固定股静脉，穿刺针垂直进入或与皮肤呈30°～40°刺入。要注意刺入的方向和深度，以免刺入股动脉或穿透股静脉。边穿刺，边回抽，如无回血，慢慢回退针头，稍改变进针方向及深度。穿刺点不可过低，以免穿透大隐静脉根部。

三、插管技术的应用解剖

（一）胃插管术

1. 目的　胃插管术多用于洗胃、鼻饲或放置三腔二囊管抽取胃液等。洗胃是将胃管由口腔或鼻腔，经咽、食管插入胃内，利用重力和虹吸作用原理，使用适量的液体进行胃腔冲洗，常用于外科胃部手术前减少手术区污染、口服毒物中毒抢救和胃肠减压、肝硬化食管静脉丛破裂出血放置三腔二囊管压迫止血等。根据患者的病情和病因不同，洗胃术可分为洗胃器灌注洗胃法和胃管冲吸洗胃法。前者将胃管经口腔插入胃中，后者则经鼻腔插管入胃内。鼻饲法则是将胃管由鼻腔入路插入胃内以供给食物或药物，是维持患者营养和治疗的一种重要方法。经鼻腔入路患者不出现张口疲劳，也不刺激反射敏感的腭垂（悬雍垂），可减少恶心感，临床上较常用。放置三腔二囊管则是肝硬化食管静脉丛破裂出血时，由鼻腔入路插入胃内以压迫止血、给饮食或药物、抽取胃液等。

2. 应用解剖学基础

（1）口腔：以上、下牙弓为界将口腔分为前方的口腔前庭和后方的固有口腔两部分。当上、下颌牙咬合时，口腔前庭可借第二磨牙或第三磨牙后方的间隙与固有口腔相通，当患者牙关紧闭时可经此间隙插入胃管。固有口腔上壁为硬腭和软腭，下壁为口底和舌，前界和两侧界为上、下牙弓，后界为咽峡。

（2）鼻腔：插胃管时，胃管通过总鼻道。总鼻道的形态受下鼻甲及鼻中隔形态的影响而改变，如鼻中隔偏曲，可使一侧鼻腔狭窄。

（3）咽：为一前后略扁的漏斗状肌性管道，是呼吸道和消化管的共同通道。咽上端附于颅底，下端于第6颈椎体下缘平面与食管相接，全长约12 cm。咽后壁和两侧壁主要由三对咽缩肌围成，咽前壁不完整，分别与鼻腔、口腔和喉腔相通，因而咽腔相应地分为鼻咽、口咽和喉咽三部分。

（4）食管：为前后略扁的肌性管道，上端在第6颈椎体下缘平面起于咽，下端约在第11胸椎体左侧连于胃，全长约25 cm。食管沿脊柱前面下行，依其所在部位分为颈部、胸部和腹部三段：颈部长约5 cm，居于颈椎体与气管之间；胸部长18～20 cm，前面有气管、左主支气管和心包。主动脉胸部上段居于食管左侧，至胸腔下部渐向右移位，食管于胸主动脉左前方穿过膈的食管裂孔，移行为食管腹部；腹部最短，长1～2 cm，于膈下方连于胃的贲门。食管全长有三处生理性狭窄：第一狭窄位于食管起始处，内径约1.3 cm，距上中切牙约15 cm；第二狭窄位于食管与左主支气管相交处，距上中切牙约25 cm；第三狭窄在食管穿过膈处，距上中切牙约40 cm，深吸气时膈收缩，使之更为狭窄。这三处狭窄常是食管损伤、炎症和肿瘤的好发部位，异物也易于在此滞留。在插管时应记住三处狭窄距上中切牙的距离。

（5）胃：是消化管的膨大部分，具有容纳食物、分泌胃液和进行初步消化食物的功能。成人胃的容量为1000～2000 ml，儿童胃的容量在1周岁时约为300 ml，3岁时可达600 ml。胃分为两壁、两缘和两口。上缘较短且凹陷，称为胃小弯，该弯最低处成角状，称为角切迹。下缘凸而长，称为胃大弯。胃的入口为贲门，出口为幽门，与十二指肠相连。胃可分为四部：即贲门附近的部分为贲门部；自贲门向左上方膨出的部分为胃底；胃的中间广大部分为胃体；近于幽门的部分为幽门部。幽门部中紧接幽门而呈管状的部分为幽门管，幽门管左侧稍膨大的部分为幽门窦。

3. 操作的解剖学要点

（1）体姿参考：患者取侧卧位、半卧位或仰卧位。

（2）插管长度：成人一般插入45～55 cm，婴幼儿插入14～18 cm。相当于患者鼻尖经耳垂到剑突的长度。

（3）操作要点与失误防范：①对意识不清或不合作的患者经口腔插管时，首先用开口器将口张开，然后用舌钳将舌牵出，将胃管插入胃内后，放置牙钳固定于口旁。②经鼻腔插管时，其方向应先稍上，而后平行向后下，使胃管经鼻前庭沿总鼻道下壁靠内侧滑行。注意鼻中隔前下部的易出血区，避免损伤其黏膜。同时注意插管侧鼻孔有无狭窄和息肉等。当胃管进入鼻道6～7 cm时，立即向后下推进，避免刺激咽后壁的感受器而引起恶心。③当胃管进入咽部时，嘱患者作吞咽动作，以免胃管进入喉内，吞咽时，喉前移，使食管上口张开，有利于导管插入食管。若患者发生呛咳，提示导管误入喉内，应立即退出。④食管起始部至贲门处细而直，导管不易弯曲，可以快速通过，至50 cm标记处即达胃内。⑤鉴别导管是否在胃内，可将导管放入水中看有无气泡冒出，如无，则导管已进入胃内。⑥拔管时，要将导管开口处折叠，捏紧，快速拔出，以防管内存留的液体在导管拔至喉咽部时流入喉腔。

（二）灌肠

1. 目的　灌肠是将一定容量的液体经肛门逆行灌入大肠，以促使排便、解除便秘、减轻腹胀和清洁肠道。采用结肠透析或借助肠黏膜的吸收作用也可治疗某些疾病。根据不同的诊疗目的，导管插入的深度不同，一般插入直肠或乙状结肠。

2. 应用解剖学基础　大肠为消化管的下段，起自右髂窝内的回肠，下端终于肛门，全长约 1.5 m，可分为盲肠、结肠、直肠和肛管四部分。大肠的主要功能是吸收水分，也能吸收无机盐和葡萄糖，另外大肠也可形成、储存和排出粪便。

（1）盲肠：为大肠的起始段，长 6～8 cm，多位于右髂窝内，内侧接回肠，向上续于升结肠。回肠与盲肠交界处，回肠末端的环行肌突入盲肠内，表面覆盖黏膜，形成上、下两个唇样的皱襞，称为回盲瓣。临床上通常将回肠末端、盲肠和阑尾合称为回盲部。由于此部恰是回肠与结肠的连接处，两者的连接角接近 90°，肠套叠常发生于此处。

（2）结肠：呈方框形围绕于空、回肠周围，分为升结肠、横结肠、降结肠和乙状结肠四部分。升结肠位于腹腔右腰区，为盲肠的延续，上至肝右叶下方，向左弯曲形成结肠右曲，移行为横结肠。升结肠长 12～20 cm，为腹膜间位器官，其后面借疏松结缔组织与腹后壁相贴，位置较为固定。横结肠起自结肠右曲，横于腹腔中部，自右向左行至脾前下面弯成锐角，形成结肠左曲，向下接降结肠。横结肠长约 50 cm，为腹膜内位器官，其后方借横结肠系膜附于腹后壁，是结肠较活动的部分。当胃充盈时，横结肠除结肠左曲和结肠右曲较为固定外，中间部分下垂，甚至可降至盆腔。降结肠自结肠左曲开始，向下至左髂嵴水平续为乙状结肠，长约 25 cm。乙状结肠沿左髂窝经髂腰肌前面降入盆腔，至第 3 骶椎上缘平面续为直肠，全长 40～45 cm。乙状结肠呈"乙"字形弯曲，有较长的系膜，活动性较大。

（3）直肠：于第 3 骶椎水平上续乙状结肠，向下穿过盆膈延续为肛管，全长约 12 cm。直肠在矢状面上有两个弯曲：上部的弯曲沿骶骨前面的曲度凸向后，称为直肠骶曲；下部的弯曲绕尾骨尖前方凸向前，称为会阴曲。直肠在冠状位上也有向左右侧凸的弯曲，但不甚恒定。直肠下份管腔显著增大，称为直肠壶腹。直肠腔内面黏膜形成 2～3 个直肠横襞，呈半月形，其中上直肠横襞位于乙状结肠移行部的左侧壁上，距肛门约 13 cm。中直肠横襞最大，位置较恒定，位于直肠右前壁，距肛门 7～10 cm，相当于直肠前面腹膜反折线的高度。下直肠横襞位置最不恒定，多位于直肠的左后壁，距肛门约 8 cm。

（4）肛管：成人肛管长 3～4 cm，上接直肠，向前下绕尾骨尖前方开口于肛门。肛管内面有 6～10 条纵行的黏膜皱襞，称为肛柱。连接相邻肛柱下端之间的半月形皱襞，称为肛瓣。肛瓣与相邻两个肛柱下端围成的小隐窝，称为肛窦。相邻肛柱基部和肛瓣边缘的连线，称为齿状线（肛皮线），是皮肤与黏膜的移行处。肛管黏膜和皮下静脉可因血流不畅、淤滞而曲张形成痔。发生于齿状线以上者，称为内痔；发生于齿状线以下者，则称为外痔；跨越齿状线者，称为混合痔。直肠的环形平滑肌在肛管上 3/4 处增厚，形成肛门内括约肌，此肌属平滑肌，只能协助排便而无明显括约肛门的作用。肛门内括约肌外周有肛门外括约肌，属于骨骼肌，环绕于肛管周围，分为深部、浅部和皮下部三部分，有随意括约肛门的作用。肛门内、外括约肌，直肠下部的纵行肌，连同肛提肌的部分肌束，在直肠下端围绕肛管和直肠共同形成肛直肠环，此环在括约肛管和控制排便方面有重要作用。

3. 操作的解剖学要点

（1）患者体位：清洁灌肠的目的是清除下段结肠中滞留的粪便，以解除便秘或减轻腹胀，应采取左侧卧位，用重力作用将液体灌入肠内。结肠灌洗应取右侧卧位，使乙状结肠和降结肠在上方，有利于全程结肠内容物的清除。

（2）插管深度：清洁灌肠时，插入肛门 10～12 cm；保留灌肠时，应插入 15～20 cm，至直肠以上部位；作治疗灌肠时，根据病变部位不同，插入深度可达 30 cm 以上。

（3）失误防范：插管前应嘱患者排尿。插管应沿直肠弯曲缓慢插入直肠。插管时，勿用强力，以免损伤直肠黏膜，特别是直肠横襞。如遇阻力，可稍停片刻，待肛门括约肌松弛或将插管稍后退改变方向再继续插入。

（三）导尿术

1. 目的　导尿术是在无菌操作原则下，将导尿管经尿道插入膀胱，导出尿液进行泌尿系统疾病的辅助诊断或治疗，也可用于排尿困难者。

2. 应用解剖学基础

（1）男性尿道的解剖学特点：成人男性尿道长 16～22 cm，管径平均为 5～7 mm。尿道全长可分为前列腺部、膜部和海绵体部。穿过前列腺的部分为前列腺部，此部长约 2.5 cm，该部管腔中段膨大，是男性尿道管径较粗的部分。一些老年患者因前列腺肥大压迫尿道，造成该段狭窄而导致排尿困难。尿道穿过尿生殖膈的部分为膜部，长约 1.2 cm，该部被尿道括约肌环绕，管径最为狭窄。纵贯尿道海绵体的部分为海绵体部，长约 15 cm，是尿道最长的一段，此部后端膨大为尿道球部，前端至阴茎头处扩大为舟状窝。临床上将尿道前列腺部和膜部合称为后尿道，海绵体部称为前尿道。膜部与海绵体部相接处管壁最薄，尤其是前壁，只有结缔组织包绕，此处极易损伤。男性尿道的管径粗细不均匀，有三处狭窄，即尿道内口、尿道膜部和尿道外口。尿道结石常易嵌顿在这些狭窄部位。男性尿道有两个弯曲：即耻骨前弯和耻骨下弯。其中将阴茎向前上提拉时，耻骨前弯消失变直，整个尿道形成一个凹向上的大弯曲，此即临床上通过尿道内插入导尿管时所采取的措施。

（2）女性尿道的解剖学特点：女性尿道长 3～5 cm，直径 6～9 mm，易于扩张。自尿道内口向前下穿过尿生殖膈，开口于阴道前庭阴道口的前上方，在阴蒂后下方约 2.5 cm 处。女性尿道较男性尿道短、宽且无弯曲，易引起逆行性尿路感染。

3. 操作的解剖学要点

（1）体位选择：患者取仰卧位，两腿分开。

（2）操作技术

1）男性患者导尿：将阴茎向上提起，使其与腹壁间成 60°，尿道耻骨前弯消失变直，将导尿管自尿道外口插入约 20 cm，见有尿液流出，再继续插入 2 cm，切勿插入过深，以免导尿管盘曲。

2）女性患者导尿：分开大、小阴唇，仔细观察尿道外口，将导尿管自尿道外口插入尿道约 4 cm，见有尿液流出，再插入少许。

（3）失误防范：插入导尿管时手法要轻柔，以免损伤尿道黏膜。尤其对男性患者导尿，需轻柔、缓慢插管，使导尿管顺尿道的耻骨下弯方向滑行。导尿管自尿道外口插入 7～8 cm 时，相当于尿道海绵体部的中段，由于这一部位的黏膜上有尿道球腺开口，开口处形成许多大小不等的尿道陷窝，如果导尿管前端顶住陷窝则出现阻力，这时可轻轻转动导尿管，便可顺利通过。当导尿管进入尿道膜部或尿道内口处时，因刺激而使尿道括约肌痉挛导致进管困难，此时切勿强行插入，可稍等待片刻，嘱患者深呼吸，使会阴部肌肉放松，再缓慢插入。女性尿道外口较小，经产妇和老年女性因会阴部肌肉松弛尿道回缩，使尿道外口变异，初次操作者常可因尿道外口辨认不清而误将导尿管插入阴道。女性尿道较短，导尿管容易脱出，有些患者需将导尿管较长时间保留在膀胱内不拔出，也应妥善固定。

四、急救技术的应用解剖

（一）人工呼吸

1. 目的　人工呼吸是用人工方法维持和恢复肺通气的复苏技术，以抢救失去自主呼吸功能的患者。

2. 应用解剖学基础　肺通气是指肺与外界环境之间的气体交换过程。实现肺通气的器官包括呼吸道、肺泡、胸廓、呼吸机等。

（1）呼吸道和肺泡：通常将呼吸道分为上呼吸道和下呼吸道。鼻、咽、喉为上呼吸道；气管和各级支气管为下呼吸道。从气管到肺泡囊共有23级分支，气管为0级，主支气管为第1级，最后一级为肺泡囊。随着呼吸道的不断分支，气道的数量越来越多，管径越来越小，管壁越来越薄，总面积越来越大。0~16级的呼吸道因管壁较厚，不具备气体交换功能，称为导气部；17~19级呼吸道已开始具有气体交换作用；20~22级呼吸道为肺泡管，最后是肺泡囊，这些呼吸道的壁有肺泡开口，为气体交换的场所，称为呼吸部。人体两肺共有约3亿个肺泡，总面积约为70 m^2。

（2）胸廓：由12个胸椎、12对肋和1块胸骨连接而成，呈扁圆锥形，上窄下宽，其横径比前后径大。有上、下两口。上口呈肾形，由第1胸椎体、两侧的第1肋和胸骨柄上缘共同围成，为颈部与胸腔的通道。下口大而不规整，由第12胸椎体、两侧的第12肋、第11肋前端、肋弓和剑突围成，有膈封闭。胸廓是呼吸运动的主要装置。吸气时，肋上举，胸骨前移，增大胸廓的前后径和左右径，胸腔容积增大，肺也随之增大；呼气时，肋与胸骨恢复原位，胸腔容积变小，肺也随之缩小。

（3）呼吸肌：为呼吸运动有关的肌，主要有肋间肌和膈。肋间肌位于肋间隙内，分为肋间外肌和肋间内肌。肋间外肌起自上位肋下缘，肌纤维由后上斜向前下，止于下位肋上缘，收缩时，肋被上提并外翻，使胸廓扩大，助吸气；肋间内肌位于肋间外肌深面，起自下位肋上缘，肌纤维斜向前上方，止于上位肋下缘，收缩时，肋下降，使胸廓复原，助呼气。膈位于胸、腹腔之间，凸向上呈穹窿状，膈为主要的呼吸肌，收缩时，膈穹窿下降，胸腔容积增大，助吸气；松弛时，膈穹窿上升，胸腔容积变小，助呼气。除肋间肌和膈参与呼吸运动外，当用力深吸气时，还有前斜角肌、中斜角肌、后斜角肌、胸锁乳突肌、前锯肌和胸大肌等参加活动；深呼气时腹肌也参加活动。

3. 操作的解剖学要点

（1）人工呼吸和患者体位：①口对口人工呼吸：患者取仰卧位，头后仰，托起下颌，将空气吹入患者口中到肺内，再利用肺的自动回缩，将气体排出；②举臂压胸法：患者取仰卧位，头偏向一侧。举臂使胸廓被动扩大，形成吸气；屈臂压胸，胸廓缩小，形成呼气；③仰卧或俯卧压胸法：患者取仰卧位或俯卧位，术者借助身体重力挤压胸部，将肺内气体驱出，再放松压力，使胸廓复原，空气随之吸入，完成被动呼吸运动。

（2）失误防范：①行口对口吹气时，左手应轻按甲状软骨，借以压迫食管，以防止空气进入胃内，胃胀气严重时，可放入胃减压管；②术者右手应捏住患者鼻孔，以防鼻漏气；③口对口呼吸法在吹气时，使患者上胸部轻度膨起即可，尤其对小儿吹气不可过多，以防肺泡破裂；④操作宜有节奏，压力不可过猛，以防胸骨骨折；⑤患者头部应尽量后仰，托起下颌，以免舌后坠造成呼吸道梗阻。

（二）胸外心脏按压

1. 目的　胸外心脏按压主要是通过有节奏地将心脏挤压于胸骨与脊柱之间，使血液从左、右心室射出，放松时胸骨及两侧肋借助回缩弹性而恢复原来的位置，此时胸腔负压增加，静脉血向心回流，心充盈。如此反复按压以推动血液循环，借助此机械刺激使心脏恢复自动节律。胸外心脏按压适用于各种创伤、电击、溺水、窒息、心脏病或药物过敏而引起的心搏骤停。此项技术是抢救心搏骤停患者的一项基本技术。

2. 应用解剖学基础

（1）胸廓：由12个胸椎、12对肋和1块胸骨借它们之间的连接装置共同组成。这种解剖学构造使胸廓具有一定的弹性和活动性，允许在外力作用下向后有一定幅度的移位而抵至心前壁，从而挤压心脏，这是胸外心脏按压最基本的结构基础。

（2）心的体表投影：心的位置因年龄、性别、体型、体位、膈运动及本身搏动等诸多因素的影响而发生变化。不同体型的膈平面与心的位置相关，粗短体型的膈平面较高，心呈垂直位。从婴儿至成人的发育过程中，由圆桶状高位胸逐渐变为成人胸，心的体表投影也略有改变。心边界的体表投影可依下述4个点及其弧形连线来确定。左上点：在左侧第2肋软骨下缘，距胸骨左缘约1.2 cm；右上点：在右侧第3肋软骨上缘，距胸骨右缘约1 cm；右下点：在右侧第6胸肋关节处；左下点：在左侧第5肋间隙，距前正中线7～9 cm（或距锁骨中线内侧1～2 cm）处，即心尖搏动处。左、右上点连线为心上界，左、右下点连线为心下界。左上、下点微凸向左侧的弧线为心左界，右上、下点微凸向右的弧线为心右界。此外，由左侧第3胸肋关节与右侧第6胸肋关节的连线，标志心房与心室的分界线。

3. 操作的解剖学要点

（1）体位选择：患者仰卧于硬板床或平地上。若为软床，应在患者背后垫一木板，以免按压时患者身体随压力向下，造成无效按压。

（2）按压部位：正确的按压部位应在两乳头连线与胸骨的交界部分。

（3）操作要点：术者立于患者一侧，以一手掌近侧部放于患者两乳头连线与胸骨的交界部分，伸直手指与肋骨平行，另一手掌压在该手背上，前臂与患者胸骨垂直，以上半身前倾之力，将胸骨、肋向脊柱方向作有节奏的冲击式按压。每次胸骨下陷程度以胸廓大小而定，一般成人每次按压使胸骨下陷5～6 cm，随即放松，以利于心舒张。按压次数以每分钟100～120次为宜。在按压的同时必须配合人工呼吸，二者之比约为30∶2，直至心搏恢复。在按压期间，应严密观察患者，如肤色转为红润、瞳孔缩小、自主呼吸恢复、可摸到大动脉搏动或伤口出血，则表示按压有效。若摸到心搏、脉搏或测到血压，说明心已恢复搏动，即可停止按压。

（4）失误防范

1）按压部位要准确：胸外心脏按压的部位一定要在两乳头连线与胸骨的交界部分。

2）按压力量要适度：按压力量以既保证效果，又防止并发症的出现为前提。力量过大或过猛会发生肋骨骨折，其中第5～7肋最易发生骨折，甚至造成气胸、心包出血、心挫伤或破裂等；若力量过轻，则达不到目的。按压时还必须力量均匀，使心脏像正常收缩和舒张一样，血液循环达到连续性和有效性。

3）按压的同时必须进行人工呼吸：心搏骤停的患者往往都伴有呼吸骤停，因此对心搏和呼吸都已骤停的患者必须施行心肺复苏。

4）掌握适应证：不是所有的心搏骤停患者都能使用胸外心脏按压。如老年人、多发性骨折、胸壁开放性损伤、胸廓畸形、肋骨骨折或心脏压塞。

5）患者必须仰卧于硬板床上：进行胸外心脏按压时，若在野外，则患者必须平卧于地面；若在医院，患者不能卧软床，必须在背后垫一木板，才能将心脏挤压于胸骨与脊柱之间，而产生有效的按压，达到抢救目的。

五、体位的应用解剖

体位是指患者在床上休息的体姿，可直接影响患者的健康和疾病的转归。正确的体位符合人体解剖和生理要求，既可提高患者的生活自理能力，促进疾病的痊愈和康复，避免或减少并发症，又有利于诊断、治疗及其护理措施的实施。

（一）去枕平卧位

1. 适应证　主要适用于：①查体患者；②硬膜外麻醉或腰椎穿刺术后患者，以避免颅内压降低；③全身麻醉术后尚未清醒的患者，以防止分泌物流入气管内；④休克患者，有利于脑部血液循环。

2. 姿势要点　患者取去枕平卧位，保持正常解剖学姿势，根据需要手放于躯干侧面或置于腹部。昏迷患者可将头偏向一侧，以利于唾液流出，避免舌后坠所致呼吸不畅。根据需要可采取屈膝平卧位，如检查腹部。

3. 解剖学意义　去枕平卧位时肌肉、关节较为松弛，患者早期颇感舒适，但这种姿势保持时间不宜过长。对肥胖患者来说，由于腹部大量脂肪堆积，连同腹腔器官拥至上腹部，推举膈，因而影响患者的呼吸。对于肺及心脏病患者，平卧位可加重呼吸困难，甚至会促成冠心病急性发作。

4. 注意事项　长期卧床的患者，平卧位易导致下列骨性突起受压：枕外隆凸、第7颈椎棘突、肩胛冈、尺骨鹰嘴、上部和中部胸椎棘突、骶正中嵴及跟骨结节。应经常变换卧位及按摩局部，以预防压疮。平卧位易受压的神经为尺神经，该神经从肱骨内上髁后方的尺神经沟通过，当肘关节伸直时，神经被拉紧，正好进入尺神经沟内，不易受压。当肘关节屈曲成90°或小于90°时，尺神经由沟中逸出，肘部贴于床面极易受压，应予注意。

(二) 侧卧位

1. 适应证　侧卧位包括左侧卧位和右侧卧位，适用于胸部、肾及输尿管手术、腰椎穿刺术及硬膜外麻醉、洗胃、肛门直肠检查及灌肠等患者。

2. 姿势要点　患者取侧卧位时，头一侧贴枕，肩部贴床，同侧上肢屈肘置于枕上，另一侧上肢随意放置。下方下肢伸直，上方下肢屈曲；或两下肢屈曲，在膝部垫一软枕。也可根据需要改变侧卧位姿势，如腰椎穿刺时，应尽可能使脊柱腰段前屈，以增宽腰椎棘突及椎板间的间隙，利于穿刺。

3. 解剖学意义　吞服毒物需插管洗胃的患者应取左侧卧位。因为中等充盈的胃约3/4位于左季肋区，左侧卧位可使胃的位置和形态相对恒定。正常情况下，胃贲门在平第11胸椎体左侧与食管相连，幽门平第1腰椎体右侧与十二指肠相续，由于胃出口较入口低，故侧卧位时应将床尾和患者臀部各垫高约10 cm，使胃底和胃体的位置低于幽门，以延缓或减少胃内毒物向十二指肠内排放。灌肠时，采用不同的侧卧位以达到不同的目的：患者取左侧卧位时，乙状结肠和降结肠在下方，这样灌肠液进入直肠后由于重力作用可使液体顺利内流。右侧卧位时，乙状结肠和降结肠在上方，升结肠在下方，这种卧位有利于灌肠液与结肠全程接触。胸腔积液患者要采用患侧卧位，这样可使健侧肺功能补偿患侧肺功能障碍所导致的供气不足。

4. 注意事项　长期保持侧卧位可使下方的肩峰、髂嵴、股骨大转子、腓骨头、外踝及上方足的内踝受压，应垫软枕或适当变换卧位。

(三) 俯卧位

1. 适应证　适用于躯干背侧查体或手术患者、溺水者或某些疾病的特殊体位（如肠系膜上血管压迫十二指肠水平部所致的肠梗阻患者）。

2. 姿势要点　患者取俯卧位，头转向一侧，双臂屈曲置于头侧或双手垫在肩下，小腿下垫一软枕。

3. 解剖学意义　俯卧位是人类本能的需要，胸、腹腔器官可得到有效的保护，患者有安全感与舒适感。患者在饱食后不宜立即俯卧，以免体重对胃的压迫。严重呼吸困难的肺心病患者，俯卧位会加重呼吸困难。对于无严重呼吸困难的肺心病患者，采取俯卧位颇感舒适，其原因可能是俯卧位减少了心室对心房（尤其是左心房）的压迫，有利于肺部血液返回左心房。俯卧位对肠系膜上血管压迫所致的肠梗阻具有良好的治疗作用。肠系膜上血管恰在十二指肠水平部前方经过，如其张力过大，可压迫十二指肠水平部形成急性肠梗阻，目前无特殊治疗方法，选用俯卧位是缓解症状的主要方法之一。俯卧位受压较重的骨性结构有肋弓与剑突（老年人的剑突有骨化倾向）、胸骨角、耻骨联合、髂前上棘及髌骨等。

4. 注意事项　采取俯卧位后，如患者有突然不适或呼吸困难，应立即调整体位。对于肠系膜上血管压迫所致的急性肠梗阻，采用俯卧位症状缓解后不宜立即起床活动，应逐渐转为左侧卧位、平卧屈膝位，然后下床活动。

（四）半卧位

1. 适应证　主要适用于：①腹部手术后患者，以减轻切口缝合处的张力，利于炎性渗出物向盆腔引流；②腹膜腔感染患者，有利于脓液引流，防止并发症发生；③轻度呼吸困难患者，利用重力作用使膈下降，扩大胸腔容量，以缓解症状；④肺叶切除术后的患者，有利于呼吸，引流通畅；⑤急性心力衰竭患者半卧位并两腿下垂，使下半身回流至右心房的血量减少，从而减轻右心负担。

2. 姿势要点　半卧位既是一种自由卧位，又是一种治疗体位。它以髋关节为轴心，患者在半卧位的基础上，抬高床头30°（低坡卧位）至45°（高坡卧位），躯干背面紧靠支架，膝关节屈曲呈15°~30°（膝下垫枕或摇起膝部支架），两肘自由屈曲，肘下各垫一软枕。由于半卧位支撑点较多，患者体重被分散，重心较低，所以这种卧位比较稳定，肌肉和关节放松，患者感到省力、舒适。

3. 解剖学意义　半卧位的适用范围较大，不同病情采用这一卧位所涉及的器官不同。胃、空肠和回肠、横结肠及乙状结肠都有较长的系膜，肝和脾也有韧带悬吊，当半卧位时，由于重力作用及器官本身质地较软等因素，上述器官均有不同程度的下垂。这些器官和膈的下降，扩大了胸腔的容量，减轻了对心和肺的压迫，对于缓解呼吸困难患者的症状非常有利。半卧位有利于腹膜腔内液体的引流。

（五）坐位

1. 适应证　①疾病康复期患者；②极度呼吸困难患者；③胸膜腔和腹膜腔穿刺患者。

2. 姿势要点　患者坐于凳上，或摇起靠背支架，患者靠于背架上，也可将棉被靠于患者背部。

3. 解剖学意义　坐位只适用于疾病恢复而体力又能支持的患者，这种姿势自然而舒适。身体重力落于臀部和坐骨结节处，腰部加垫软枕会使患者感觉更加舒适。坐于凳上，双下肢着地而不要悬垂。坐于床上时，双下肢屈膝盘坐，患者才感到舒适，若伸直下肢，会增加腰部负荷。盘坐时间过长易压迫坐骨神经而使下肢麻木不适。

4. 注意事项　长期卧床患者坐起时宜缓慢，不宜时间过长，猛然坐起会使患者头晕目眩，或导致晕厥。若有下肢血液循环不良，可加垫脚踏板稍微垫高。随时观察患者的面色、呼吸和脉搏等情况。

（六）膝胸卧位

1. 适应证　适用于肛门、直肠及乙状结肠镜的检查、前列腺检查、胎位矫正及子宫后倾后屈位的矫正等。

2. 姿势要点　患者膝部与胸部贴于床面，并尽量接近，俯跪状，膝关节屈呈90°，臀部高抬，面部偏向一侧，两臂置于头侧。

3. 解剖学意义　膝胸卧位是极不舒适的体位，腹腔器官下坠的重力拥抵膈，限制了腹式呼吸，而胸部又贴于床面，患者处于呼吸困难的状态之中。膈上举时，心也受到压迫而移位。

4. 注意事项　有严重心肺疾病的人不宜采取这种体位，即使平时无明显心肺异常症状的患者，选用该体位后，一旦有不适感，应立即停止，改为半卧位，待呼吸与脉搏恢复正常后，再让患者活动。当胸部抵贴床面时，双臂要支撑躯干，切勿使重力落到颈部和头部，以免导致颈椎损伤。这种体位不宜维持过久。

(七)头低足高位

1. 适应证　适用于调整麻醉平面、体位引流或某些手术的特殊需要体位(如咽后壁脓肿切开引流)。股骨干骨折患者接受持续牵引治疗时采用此体位,以利于上半身体重所产生的反牵引力作对抗牵引,达到治疗目的。
2. 姿势要点　患者头置于枕上,平卧,垫高床尾即成此体位。其足高度依需要而定。
3. 解剖学意义　颅脑损伤患者禁用头低足高位。较严重的心肺疾病患者应慎用,因为腹部器官直抵膈而影响心肺的活动。
4. 注意事项　头顶于床栏处,用软枕垫住,以免头部直抵床栏而受压损伤。在手术台上采用此姿势,要防止滑动落地。

(八)截石位

1. 适应证　适用于肛门直肠检查与手术、产妇分娩、妇产科手术和膀胱及前列腺手术等。
2. 姿势要点　患者仰卧于床上,髋关节与膝关节均屈曲成90°,两侧小腿悬于腿托架上,两大腿分开(即髋关节外展45°左右),臀部靠近床沿。
3. 解剖学意义　可以充分暴露肛门及外阴部。若为加强截石位,两大腿向腹部屈曲,则对腹部部分器官产生压迫,令患者感到不适。
4. 注意事项　腿托架要加厚棉垫,以免压迫腓总神经而导致麻痹。勿使髋关节过度外展,以免发生脱位或骨折等意外。

六、神经反射的应用解剖

护理诊断程序的正确实施需要护理工作者更多地掌握多学科的基础知识和基本技能,其中掌握神经反射的基本知识对疾病的护理诊断无疑具有重要的意义。神经反射是指机体在神经系统参与下对内、外界环境刺激所产生的反应,其生理意义在于维持机体内环境的相对稳定和使机体适应外环境的各种变化。

反射的分类方法有多种,以反射建立的时间早晚,可将其分为条件反射和非条件反射;以感受器的位置,可分为浅反射和深反射;按效应器的位置,可分为躯体反射和内脏反射;按反射的性质,可分为生理性反射和病理性反射;按中枢所在部位,可分为脊髓反射和脑干反射等。

反射的解剖学基础是反射弧。简单的反射弧只由感觉和运动两级神经元构成,但一般都有三级或三级以上神经元构成。由5个环节组成,即感受器、传入神经、中枢、传出神经和效应器。反射过程按以下程序进行:①某一刺激被特异的感受器所接受,感受器将刺激转化为神经冲动;②冲动经传入神经传向中枢;③通过中枢的活动产生兴奋;④中枢的兴奋通过传出神经到达效应器,使效应器发生相应的活动。在自然条件下,任何反射都要经过完整的反射弧才能实现,如果其中任何一个环节中断,反射就不能完成。

神经系统病变所致的反射异常主要有3种:①反射减弱或丧失;②反射活跃或亢进;③病理反射。人体的状况(正常或异常)每时每刻都不同程度地通过神经反射反映出来,因此,熟悉各种反射的意义及反射弧的组成,可在一定程度上对疾病的发展及预后做出判断。反射是否异常,两侧反射是否对称,检查方法和患者姿势是否正确等都要注意,还要考虑患者局部和全身因素,外界环境的影响,以便做出正确的判断。

(一)瞳孔对光反射

用强光突然照射瞳孔时,出现两侧瞳孔缩小(缩瞳),光线突然减弱或移开,瞳孔立即散大(散瞳),瞳孔随光照强度变化而出现缩瞳和散瞳的现象,称为瞳孔对光反射。瞳孔对光反射的意义在于使眼睛尽快地适应光线的变化。被照侧瞳孔缩小称为直接对光反射,另一侧瞳孔缩小称为间接对光反射或互感对光反射。

1. 应用解剖学基础　瞳孔位于虹膜中央，其前方为角膜，后方为晶状体。虹膜内有两种平滑肌，其中围绕瞳孔呈环形排列的为瞳孔括约肌，呈放射状排列的为瞳孔开大肌，分别受副交感神经和交感神经支配，使瞳孔缩小与开大，以调节进入眼内的光线量。正常成人瞳孔直径约 4 mm，其变化范围为 1.5～7 mm，最大直径与最小直径使进入眼内的光线量相差 30 倍左右。

瞳孔对光反射的感受器为视网膜。视网膜的感光细胞有视锥细胞和视杆细胞。感光细胞与双极细胞构成突触，双极细胞又与节细胞构成突触。节细胞的轴突构成视神经，经视交叉、双侧视束和双侧上丘臂到达中脑背部的双侧顶盖前区。顶盖前区为瞳孔对光反射中枢。由顶盖前区发出的纤维，一部分终止于同侧的动眼神经副核，另一部分则越过中线至对侧的动眼神经副核。动眼神经副核发出的节前纤维随动眼神经入眶，与睫状神经节内的节后神经元构成突触。睫状神经节发出的节后纤维经睫状短神经分布于瞳孔括约肌。当光线照射视网膜的感光细胞时，感光细胞将光刺激转化为神经冲动，经双极细胞、节细胞、视神经、视交叉、双侧视束、双侧上丘臂、双侧顶盖前区、双侧动眼神经副核、双侧动眼神经、双侧睫状神经节、双侧睫状神经、双侧瞳孔括约肌，该肌收缩瞳孔缩小。由于视神经在视交叉处有部分纤维交叉和顶盖前区发出的纤维终止于两侧的动眼神经副核，所以光照一侧瞳孔时能引起两侧瞳孔缩小。

2. 反射异常在护理诊断中的意义　正确的瞳孔对光反射检查方法是：用聚光较强的手电筒对准视轴照射，同时观察两侧瞳孔的变化，比较是否有异常。人在觉醒状态下瞳孔的直径随周围光线的强弱、注视物体的远近、情绪紧张与否以及恐惧、疼痛等而改变。正常足月儿即有瞳孔对光反射，但其瞳孔较小，对光反应较弱。婴幼儿的瞳孔对光反射呈动摇性，即强光照射时瞳孔缩小，但不论照射持续与否，瞳孔却又随即散大，在检查时要认真鉴别，同时还要注意瞳孔本身有无畸形。临床上，若瞳孔直径小于 2 mm，则定为瞳孔缩小；若瞳孔直径大于 5 mm，即定为瞳孔散大。以上所述瞳孔大小改变并非瞳孔对光反射的反射弧病变所致。下面着重分析反射弧病变造成的瞳孔对光反射改变。

（1）视网膜和视神经病变：当光照病侧瞳孔时，其直接对光反射和健侧的间接对光反射均消失。这是光刺激不能使视网膜产生神经冲动或产生的冲动不能传至反射中枢的结果。当光照健侧眼时，直接对光反射和患侧间接对光反射均存在。

（2）顶盖前区病变：此区如有肿瘤、外伤及脑疝等病变时，两侧瞳孔对光反射均消失。由于瞳孔调节反射的反射弧不经过顶盖前区，故调节反射仍存在。瞳孔变化的这种特点称为对光反射与调节反射分离，这种分离现象是诊断顶盖前区病变的依据之一。

（3）动眼神经损伤：动眼神经损伤破坏了瞳孔对光反射的传出通路。由于传入通路仍然完好，所以光照患侧眼时，直接对光反射消失，而健侧眼的间接对光反射存在。当光照健侧眼时，直接对光反射存在，患侧眼的间接对光反射消失。总之，无论光照哪侧眼，患侧眼的瞳孔均无反应。

（4）其他：如脑室出血或催眠药物中毒可使瞳孔缩小，昏迷或阿托品类药物中毒可使瞳孔散大。

（二）呕吐反射

当舌根、咽部、胃及小肠等处受到机械性或化学性刺激时，先出现恶心、流涎、呼吸急迫或心搏加快，继而胃内容物及一部分小肠内容物通过食管和咽逆流出口腔，这种现象称为呕吐反射。呕吐反射是一种常见的保护性反射，通过反射活动排出胃内刺激性物质及毒物。

1. 应用解剖学基础　呕吐反射的感受器位于舌根、咽部、胃及小肠等处。传入神经为舌咽神经和迷走神经的感觉纤维。呕吐中枢位于延髓外侧网状结构内，与迷走神经背核、疑核、脊髓前角运动神经元及交感神经元之间有广泛的联系。传出神经为迷走神经的副交感纤维、交感神经、膈神经及支配腹肌的神经。效应器位于胃、十二指肠、膈及腹肌等处。当上述感受器受到刺激时，兴奋沿舌咽神经或迷走神经的传入纤维传至呕吐中枢。呕吐中枢同呼吸中枢、心血管中枢及自主神经之间均有密切联系，以协调这些邻近结构的活动，从而产生复杂的反应。呕吐中枢首先兴奋交感神经和副交感神经，出现恶心、流涎、呼吸急迫或心搏快而不规律现象，继而深吸气，声门紧闭。随后，胃和食管下端舒张，膈和腹肌剧烈收缩，挤压胃内容物通过食管和咽经口腔吐出。呕吐时，十二指肠和空肠上段的运动也相当剧烈，蠕动加速并可转为痉挛。由于胃舒张而十二指肠收缩，平时的压力差倒转，使十二指肠内容物倒流入胃，所以呕吐物中常混有胆汁及小肠液。强烈的震动和旋转头部，或因脑膜炎等引起的颅内压增高，均可直接刺激呕吐中枢而引起呕吐，且呕吐反射更为强烈，出现喷射样呕吐。呕吐反射也可因视觉和内耳前庭的病变而引起。在呕吐中枢附近有一个特殊的化学感受区，某些中枢性催吐药可直接刺激该感受区，通过它与呕吐中枢之间的联系达到催吐目的。

2. 反射异常在护理诊断中的意义　呕吐反射对人体具有双重意义。一方面，它可把胃内有害物质排出体外，因此可把该反射看作一种具有保护意义的防御反射。但另一方面，呕吐对人体也有不利的一面，如频繁剧烈的呕吐，可影响进食，并使大量的消化液丢失，造成体内水、电解质平衡紊乱。在临床上，为了达到治疗目的，可利用机械性或药物作用促进或中止呕吐。

（严蜀君）

主要参考文献

［1］董博，孟繁伟．正常人体结构［M］．北京：北京大学医学出版社，2019．
［2］王亚平，周雪．组织学与胚胎学［M］．3版．北京：科学出版社，2021．
［3］廖华．系统解剖学［M］．4版．北京：高等教育出版社，2018．
［4］高英茂，柏树令．人体解剖与组织胚胎学词典［M］．北京：人民卫生出版社，2019．
［5］郭家松．人体解剖与组织胚胎学［M］．5版．北京：科学出版社，2023．
［6］谭毅．人体解剖学与组织胚胎学［M］．3版．北京：科学出版社，2021．
［7］陈地龙，赵永．人体解剖学与组织胚胎学［M］．3版．北京：北京大学医学出版社，2020．
［8］吴建清，徐冶．人体解剖学与组织胚胎学［M］．8版．北京：人民卫生出版社，2018．
［9］张露清．人体解剖学理论与实验学习指导［M］．3版．北京：科学出版社，2019．

中英文专业词汇索引

B

白细胞（white blood cell，WBC） 22
白线（linea alba） 72
白质（white matter） 217
半奇静脉（hemiazygos vein） 185
半腱肌（semmitendinosus） 79
半膜肌（semimembranosus） 79
背侧丘脑（dorsal thalamus） 225
背阔肌（latissimus dorsi） 69
被覆上皮（covering epithelium） 8
鼻（nose） 116
鼻旁窦（paranasal sinus） 52，117
鼻前庭（nasal vestibule） 116
鼻腔（nasal cavity） 116
鼻咽（nasopharynx） 92
鼻中隔（nasal septum） 117
比目鱼肌（soleus） 79
闭孔动脉（obturator artery） 181
闭孔神经（obturator nerve） 243
壁细胞（parietal cell） 97
臂丛（brachial plexus） 241
边缘系统（limbic system） 232
扁骨（flat bone） 40
变移上皮（transitional epithelium） 11
表皮（epidermis） 210
髌骨（patella） 60
玻璃体（vitreous body） 204
薄束（fasciculus gracilis） 220
不规则骨（irregular bone） 41

C

侧角（lateral horn） 220
侧脑室（lateral ventricle） 228
肠系膜（mesentery） 111
肠系膜上动脉（superior mesenteric artery） 179
肠系膜下动脉（inferior mesenteric artery） 179
成骨细胞（osteoblast） 19
成熟卵泡（mature follicle） 151
成纤维细胞（fibroblast） 14
尺动脉（ulnar artery） 177
尺骨（ulna） 56
尺神经（ulnar nerve） 241
齿状线（dentate line） 101
耻骨（pubis） 59
耻骨下角（subpubic angle） 62
初级精母细胞（primary spermatocyte） 146
初级卵泡（primary follicle） 150
触觉小体（tactile corpuscle） 35
垂体（hypophysis） 268
垂体后叶（posterior lobe） 268
垂体前叶（anterior lobe） 268
次级精母细胞（secondary spermatocyte） 146
次级卵泡（secondary follicle） 151
促甲状腺激素（thyroid stimulating hormone，TSH） 269
促肾上腺皮质激素（adrenocorticotropic hormone，ACTH） 269
催产素（oxytocin，OT） 270
催乳素（prolactin，PRL） 269
长骨（long bone） 40

D

大肠（large intestine） 99
大脑动脉环（cerebral arterial circle） 236
大脑后动脉（posterior cerebral artery） 236
大脑镰（cerebral falx） 233
大脑前动脉（anterior cerebral artery） 235
大脑中动脉（middle cerebral artery） 235

大网膜（greater omentum）109
大阴唇（greater lip of pudendum）156
大隐静脉（great saphenous vein）186
单层扁平上皮（simple squamous epithelium）9
单层立方上皮（simple cuboidal epithelium）10
单层柱状上皮（simple columnar epithelium）10
单核吞噬细胞系统（mononuclear phagocyte system）196
单核细胞（monocyte）23
胆囊（gallbladder）105
胆小管（biliary ductuli）104
胆总管（common bile duct）106
骶丛（sacral plexus）244
骶骨（sacrum）45
骶管裂孔（sacral hiatus）45
骶角（sacral horn）45
第三脑室（third ventricle）226
第四脑室（fourth ventricle）223
顶体反应（acrosomal reaction）273
动脉（artery）162
动眼神经（oculomotor nerve）246
豆状核（lentiform nucleus）231
窦房结（sinuatrial node）169
窦周隙（perisinusoidal space）104
窦状毛细血管（sinusoid capillary）173
端脑（telencephalon）227
短骨（short bone）40
断层解剖学（sectional anatomy）1
多级神经元（multipolar neuron）30

E

腭（palate）88
耳郭（auricle）206
耳蜗（cochlea）208
二尖瓣（mitral valve）167
二尖瓣复合体（mitral complex）167

F

反射（reflex）216
反射弧（reflex arc）216
房间隔（interatrial septum）168
房室结（atrioventricular node）169
房室束（atrioventricular bundle）169
房水（aqueous humor）203
肥大细胞（mast cell）15
腓肠肌（gastrocnemius）79
腓骨（fibula）60
腓总神经（common peroneal nerve）246
肺（lung）121
肺动脉瓣（pulmonary valve）167
肺动脉干（pulmonary trunk）173
肺动脉口（orifice of pulmonary trunk）167
肺根（root of lung）121
肺门（hilum of lung）121
肺泡（pulmonary alveolus）123
肺泡隔（alveolar septum）124
肺泡管（alveolar duct）123
肺泡孔（alveolar pore）124
肺泡囊（alveolar sac）123
肺小叶（pulmonary lobule）123
肺循环（pulmonary circulation）163
缝匠肌（sartorius）78
缝隙连接（gap junction）13
附睾（epididymis）146
复层扁平上皮（stratified squamous epithelium）11
副半奇静脉（accessory hemiazygos vein）185
副交感神经（parasympathetic nerve）253
副神经（accessory nerve）252
腹股沟管（inguinal canal）73
腹股沟浅淋巴结（superficial inguinal lymph node）194
腹股沟三角（inguinal triangle）73
腹横肌（transversus abdominis）72
腹膜（peritoneum）108
腹膜腔（peritoneal cavity）108
腹内斜肌（obliquus internus abdominis）72
腹腔（abdominal cavity）109
腹腔干（coeliac trunk）177
腹外斜肌（obliquus externus abdominis）72
腹直肌（rectus abdominis）72
腹直肌鞘（sheath of rectus abdominis）72
腹主动脉（abdominal aorta）177

G

肝（liver） 102
肝板（hepatic plate） 104
肝蒂（hepatic pedicle） 102
肝固有动脉（proper hepatic artery） 178
肝静脉（hepatic vein） 187
肝门（porta hepatis） 102
肝门管区（portal area） 105
肝门静脉（hepatic portal vein） 187
肝十二指肠韧带（hepatoduodenal ligament） 110
肝小叶（hepatic lobule） 104
肝血窦（hepatic sinusoid） 104
肝总动脉（common hepatic artery） 178
感觉器官（sensory organ） 200
感觉神经末梢（sensory nerve ending） 35
感觉神经元（sensory neuron） 30
感受器（receptor） 200
肛管（anal canal） 101
睾丸（testis） 144
睾丸动脉（testicular artery） 177
睾丸间质细胞（interstitial cell of testis） 146
睾丸静脉（testicular vein） 187
膈（diaphragm） 70
膈神经（phrenic nerve） 240
肱动脉（brachial artery） 176
肱二头肌（biceps brachii） 75
肱骨（humerus） 55
肱三头肌（triceps brachii） 75
巩膜（sclera） 202
巩膜静脉窦（scleral venous sinus） 202
股动脉（femoral artery） 181
股二头肌（biceps femoris） 78
股骨（femur） 59
股静脉（femoral vein） 186
股三角（femoral triangle） 80
股神经（femoral nerve） 244
股四头肌（quadriceps femoris） 78
骨（bone） 19
骨半规管（bony semicircular canals） 208
骨单位（osteon） 20
骨骼（skeleton） 39
骨骼肌（skeletal muscle） 24
骨基质（bone matrix） 19
骨连结（articulation） 42
骨密质（compact bone） 20
骨膜（periosteum） 41
骨盆（pelvis） 61
骨松质（spongy bone） 20
骨髓（bone marrow） 42
骨细胞（osteocyte） 19
骨质（bone substance） 41
骨组织（osseous tissue） 19
骨祖细胞（osteoprogenitor cell） 19
鼓膜（tympanic membrane） 207
鼓室（tympanic cavity） 207
固有鼻腔（nasal cavity proper） 116
固有结缔组织（connective tissue proper） 14
关节（joint） 42
关节唇（articular labrum） 43
关节面（articular surface） 42
关节囊（articular capsule） 43
关节盘（articular disc） 43
关节腔（articular cavity） 43
冠状动脉（coronary artery） 169
冠状窦（coronary sinus） 170
冠状沟（coronary sulcus） 165
贵要静脉（basilic vein） 185
腘动脉（popliteal artery） 181
腘窝（popliteal fossa） 80

H

哈弗斯系统（Haversian system） 20
海绵窦（cavernous sinus） 234
汗腺（sweat gland） 213
横突孔（transverse foramen） 44
横小管（transverse tubule） 25
红细胞（red blood cell，RBC） 21
虹膜（iris） 202
喉（larynx） 117
喉返神经（recurrent laryngeal nerve） 251
喉前庭（laryngeal vestibule） 119
喉腔（laryngeal cavity） 118
喉上神经（superior laryngeal nerve） 251

喉咽（laryngopharynx）93
喉中间腔（intermedial cavity of larynx）119
后交通动脉（posterior communicating artery）236
后角（posterior horn）220
后丘脑（metathalamus）226
后室间沟（posterior interventricular groove）165
呼吸系统（respiratory system）115
呼吸性细支气管（respiratory bronchiole）123
滑车神经（trochlear nerve）248
滑膜关节（synovial joint）42
滑膜囊（synovial bursa）67
踝关节（ankle joint）63
踝管（ankle tube）80
环层小体（lamellar corpuscle）35
环状软骨（cricoid cartilage）118
黄斑（macula lutea）202
黄体（corpus luteum）151
黄体生成素（luteinizing hormone，LH）269
灰质（gray matter）217
回肠（ileum）98
回肠动脉（ileal artery）179
回结肠动脉（ileocolic artery）179
回盲瓣（ileocecal valve）100
会厌（epiglottis）118
会厌软骨（epiglottic cartilage）118
会阴（perineum）157

J

肌浆网（sarcoplasmic reticulum）25
肌节（sarcomere）24
肌皮神经（musculocutaneous nerve）241
肌梭（muscle spindle）36
肌纤维（muscle fiber）24
肌原纤维（myofibril）25
肌组织（muscle tissue）24
基本组织（fundamental tissue）8
基底层（stratum basale）211
基膜（basement membrane）14
棘细胞层（stratum spinosum）211
集合管（collecting duct）137
脊神经（spinal nerve）216
脊髓（spinal cord）215

脊髓丘脑束（spinothalamic tract）220
脊髓丘系（spinal lemniscus）224
脊柱（vertebral column）46
加压素（vasopressin，VP）269
颊（cheek）88
甲（nail）213
甲状旁腺（parathyroid gland）266
甲状旁腺激素（parathyroid hormone，PTH）266
甲状软骨（thyroid cartilage）117
甲状腺（thyroid gland）265
甲状腺激素（thyroid hormone）265
甲状腺滤泡（thyroid follicle）265
甲状腺上动脉（superior thyroid artery）175
假单极神经元（pseudounipolar neuron）30
假复层纤毛柱状上皮（pseudostratified ciliated columnar epithelium）10
间充质（mesenchyme）14
间脑（diencephalon）225
间皮（mesothelium）9
肩关节（shoulder joint）56
肩胛骨（scapula）54
腱鞘（tendinous sheath）67
浆细胞（plasma cell）15
降钙素（calcitonin）266
交感干（sympathetic trunk）253
交感神经（sympathetic nerve）253
胶原纤维（collagenous fiber）16
角膜（cornea）201
角质层（stratum corneum）211
结肠（colon）100
结缔组织（connective tissue）14
结膜（conjunctiva）205
睫状体（ciliary body）202
界线（terminal line）62
筋膜（fascia）66
紧密连接（tight junction）13
近端小管（proximal tubule）136
晶状体（lens）203
精囊（seminal vesicle）146
精索（spermatic cord）146
精原细胞（spermatogonium）146
精子（spermatozoon）146

精子获能（capacitation of spermatozoon） 273
精子细胞（spermatid） 146
颈丛（cervical plexus） 240
颈阔肌（platysma） 68
颈内动脉（internal carotid artery） 175
颈内静脉（internal jugular vein） 183
颈黏液细胞（neck mucous cell） 97
颈外动脉（external carotid artery） 175
颈外静脉（external jugular vein） 184
颈椎（cervical vertebrae） 44
颈总动脉（common carotid artery） 174
胫骨（tibia） 60
胫后动脉（posterior tibial artery） 182
胫前动脉（anterior tibial artery） 182
胫神经（tibial nerve） 244
静脉（vein） 162
静脉瓣（venous valve） 183
局部解剖学（regional anatomy） 1
巨噬细胞（macrophage） 15
距状沟（calcarine sulcus） 228
奇静脉（azygos vein） 185

K

抗利尿激素（antidiuretic hormone，ADH） 269
颏舌肌（genioglossus） 91
颗粒层（stratum granulosum） 211
空肠（jejunum） 98
空肠动脉（jejunal artery） 179
口唇（oral lip） 88
口腔（oral cavity） 88
口咽（oropharynx） 93
库普弗细胞（Kupffer cell） 104
髋骨（hip bone） 58
髋关节（hip joint） 62
眶（orbit） 51

L

阑尾（vermiform appendix） 100
郎飞结（Ranvier node） 34
肋（rib） 45
肋膈隐窝（costodiaphragmatic recess） 126
肋弓（costal arch） 48
肋骨（costal bone） 45

肋间后动脉（posterior intercostal artery） 177
肋间内肌（intercostales interni） 70
肋间神经（intercostal nerve） 242
肋间外肌（intercostales externi） 70
肋间隙（intercostal space） 48
肋软骨（costal cartilage） 46
肋下动脉（subcostal artery） 177
肋下神经（subcostal nerve） 242
泪道（lacrimal passage） 205
泪腺（lacrimal gland） 205
梨状肌（piriformis） 77
连续毛细血管（continuous capillary） 173
联体儿（conjoined twins） 287
临床解剖学（clinical anatomy） 1
淋巴导管（lymphatic duct） 190
淋巴干（lymphatic trunk） 190
淋巴管（lymphatic vessel） 190
淋巴结（lymph node） 191
淋巴系统（lymphatic system） 189
淋巴细胞（lymphocyte） 23
卵巢（ovary） 150
卵巢动脉（ovarian artery） 177
卵裂（cleavage） 275
卵泡刺激素（follicle stimulating hormone，FSH） 269
卵圆窝（fossa ovalis） 165
滤过屏障（filtration barrier） 136
滤泡旁细胞（parafollicular cell） 266

M

脉管系统（vascular system） 161
脉络膜（choroid） 202
盲肠（caecum） 100
毛细淋巴管（lymphatic capillary） 190
毛细血管（capillary） 162
迷走神经（vagus nerve） 250
泌尿系统（urinary system） 131
面动脉（facial artery） 175
面静脉（facial vein） 184
面神经（facial nerve） 249
膜半规管（semicircular ducts） 209

N

男性尿道（male urethra） 148

脑（brain）215

脑干（brain stem）222

脑脊液（cerebral spinal fluid，CSF）238

脑桥（pons）222

脑神经（cranial nerve）216

内侧丘系（medial lemniscus）224

内分泌系统（endocrine system）264

内分泌腺（endocrine gland）12

内囊（internal capsule）231

内皮（endothelium）9

内细胞群（inner cell mass）275

内脏（viscera）2

内脏神经（visceral nerve）216

尼氏体（Nissl body）29

尿道（urethra）140

尿道海绵体部（cavernous part of urethra）149

尿道膜部（membranous part of urethra）148

尿道球腺（bulbourethral gland）147

尿生殖膈（urogenital diaphragm）74

颞横回（transverse temporal gyrus）228

颞浅动脉（superficial temporal artery）175

颞下颌关节（temporomandibular joint）53

女阴（pudendum）156

P

帕内特细胞（Paneth cell）99

排卵（ovulation）151

膀胱（urinary bladder）138

膀胱三角（trigone of bladder）140

膀胱上动脉（superior vesical artery）180

膀胱下动脉（inferior vesical artery）180

膀胱子宫陷凹（vesicouterine pouch）112

胚泡（blastocyst）275

胚胎学（embryology）1

盆膈（pelvic diaphragm）73

皮肤（skin）210

皮脂腺（sebaceous gland）213

皮质核束（corticonuclear tract）224

皮质脊髓束（corticospinal tract）220

脾（spleen）194

脾动脉（splenic artery）178

胼胝体（corpus callosum）231

平滑肌（smooth muscle）27

破骨细胞（osteoclast）19

Q

脐带（umbilical cord）283

气管（trachea）119

气-血屏障（air-blood barrier）124

器官（organ）2

髂腹股沟神经（ilioinguinal nerve）243

髂腹下神经（iliohypogastric nerve）243

髂骨（ilium）59

髂内动脉（internal iliac artery）180

髂内静脉（internal iliac vein）186

髂外动脉（external iliac artery）181

髂外静脉（external iliac vein）186

髂腰肌（iliopsoas）77

髂总动脉（common iliac artery）180

髂总静脉（common iliac vein）186

前角（anterior horn）219

前锯肌（serratus anterior）70

前列腺（prostate）146

前列腺部（prostatic part）148

前室间沟（anterior interventricular groove）165

前庭（vestibule）208

前庭大腺（greater vestibular gland）156

前庭裂（rima vestibuli）118

前庭球（bulb of vestibule）156

前庭蜗器（vestibulocochlear organ）206

前庭蜗神经（vestibulocochlear nerve）250

浅筋膜（superficial fascia）66

桥粒（desmosome）13

鞘膜腔（vaginal cavity）145

球旁复合体（juxtaglomerular complex）137

球旁细胞（juxtaglomerular cell）137

球外系膜细胞（extraglomerular mesangial cell）137

去甲肾上腺素（noradrenaline）268

R

桡动脉（radial artery）176

桡骨（radius）55

桡神经（radial nerve）242

人绒毛膜促性腺激素（human chorionic gonadotropin，HCG）284

中英文专业词汇索引

人胎盘催乳素（human placental lactogen，HPL） 284
人体解剖学（human anatomy） 1
人体胚胎学（human embryology） 272
韧带（ligament） 43
绒毛膜（chorion） 281
乳房（breast） 156
乳糜池（cisterna chyli） 191
乳头层（papillary layer） 212
软骨（cartilage） 17
软骨基质（cartilage matrix） 18
软骨膜（perichondrium） 18
软骨细胞（chondrocyte） 17
软骨组织（cartilage tissue） 17
软脊膜（spinal pia mater） 235
软脑膜（cerebral pia mater） 235
闰盘（intercalated disc） 26

S

腮腺（parotid gland） 91
三叉丘系（trigeminal lemniscus） 224
三叉神经（trigeminal nerve） 248
三尖瓣（tricuspid valve） 166
三尖瓣复合体（tricuspid complex） 167
三角肌（deltoid） 74
桑葚胚（morula） 275
上颌动脉（maxillary artery） 175
上颌神经（maxillary nerve） 249
上皮组织（epithelial tissue） 8
上腔静脉（superior vena cava） 183
杓状软骨（arytenoid cartilage） 118
少突胶质细胞（oligodendrocyte） 32
舌（tongue） 90
舌下神经（hypoglossal nerve） 252
舌下腺（sublingual gland） 91
舌咽神经（glossopharyngeal nerve） 250
射精管（ejaculatory duct） 146
深筋膜（deep fascia） 66
神经（nerve） 217
神经垂体（neurohypophysis） 269
神经递质（neurotransmitter） 29
神经核（nucleus） 217
神经胶质细胞（neuroglial cell） 28

神经节（ganglion） 217
神经末梢（nerve ending） 35
神经系统（nervous system） 215
神经纤维（nerve fiber） 34
神经元（neuron） 28
神经原纤维（neurofibril） 29
神经组织（nervous tissue） 28
肾（kidney） 132
肾单位（nephron） 134
肾蒂（renal pedicle） 132
肾动脉（renal artery） 177
肾窦（renal sinus） 132
肾筋膜（renal fascia） 134
肾静脉（renal vein） 187
肾门（renal hilum） 132
肾区（renal region） 133
肾上腺（suprarenal gland） 267
肾上腺素（adrenaline） 268
肾上腺中动脉（middle suprarenal artery） 177
肾小管（renal tubule） 136
肾小囊（renal capsule） 136
肾小体（renal corpuscle） 134
升主动脉（ascending aorta） 174
生精细胞（spermatogenic cell） 145
生精小管（seminiferous tubule） 145
生长激素（growth hormone，GH） 269
生殖系统（reproductive system） 143
声门裂（fissure of glottis） 118
声门下腔（infraglottic cavity） 119
施万细胞（Schwann cell） 33
十二指肠（duodenum） 97
食管（esophagus） 93
视器（visual organ） 201
视神经（optic nerve） 246
视神经盘（optic disc） 202
室管膜细胞（ependymal cell） 33
室间隔（interventricular septum） 169
嗜铬细胞（chromaffin cell） 268
嗜碱性粒细胞（basophilic granulocyte） 23
嗜酸性粒细胞（eosinophilic granulocyte） 23
受精（fertilization） 273
疏松结缔组织（loose connective tissue） 14

输精管（ductus deferens）146
输卵管（uterine tube）152
输尿管（ureter）138
输尿管间襞（interureteric fold）140
树突（dendrite）30
竖脊肌（erector spinae）69
双极神经元（bipolar neuron）30
双胎（twins）286
松果体（pineal body）270
苏木精-伊红染色（hematoxylin-eosin staining）5
髓鞘（myelin sheath）34
锁骨（clavicle）54
锁骨下动脉（subclavian artery）176
锁骨下静脉（subclavian vein）184

T

弹性软骨（elastic cartilage）18
弹性纤维（elastic fiber）16
胎膜（fetal membrane）281
胎盘（placenta）283
胎盘隔（placental septum）283
胎盘屏障（placental barrier）284
糖皮质激素（glucocorticoid）267
体循环（systemic circulation）163
同源细胞群（isogenous group）17
瞳孔（pupil）202
头臂干（brachiocephalic trunk）174
头臂静脉（brachiocephalic vein）183
头静脉（cephalic vein）185
透明层（stratum lucidum）211
透明带反应（zona reaction）273
透明软骨（hyaline cartilage）18
突触（synapse）31
蜕膜（decidua）278
蜕膜反应（decidual response）278
褪黑素（melatonin）270
臀大肌（gluteus maximus）77
臀上动脉（superior gluteal artery）181
臀上神经（superior gluteal nerve）244
臀下动脉（inferior gluteal artery）181
臀下神经（inferior gluteal nerve）244
臀小肌（gluteus minimus）77
臀中肌（gluteus medius）77
唾液腺（salivary gland）91

W

外鼻（external nose）116
外耳道（external acoustic meatus）206
外分泌腺（exocrine gland）12
腕关节（wrist joint）58
腕管（carpal canal）77
网膜（omentum）109
网膜孔（omental foramen）110
网膜囊（omental bursa）110
网织红细胞（reticulocyte）22
网状层（reticular layer）212
网状结构（reticular formation）217
网状纤维（reticular fiber）16
网状组织（reticular tissue）17
微动脉（arteriole）171
微静脉（venule）172
微绒毛（microvillus）13
尾骨（coccyx）45
尾状核（caudate nucleus）231
卫星细胞（satellite cell）33
胃（stomach）94
胃底腺（fundic gland）96
胃十二指肠动脉（gastroduodenal artery）178
胃左动脉（left gastric artery）178
纹状体（corpus striatum）231
蜗管（cochlear duct）209

X

膝关节（knee joint）63
系统（system）2
系统解剖学（systematic anatomy）1
细胞（cell）2
细段（thin segment）136
细支气管（bronchiole）123
下颌骨（mandible）49
下颌角（angle of mandible）50
下颌神经（mandibular nerve）249
下颌下淋巴结（submandibular lymph node）192
下颌下腺（submandibular gland）91

下腔静脉（inferior vena cava） 185
下丘脑（hypothalamus） 226
先天畸形（congenital malformation） 287
纤毛（cilium） 13
纤维囊（fibrous capsule） 133
纤维软骨（fibrocartilage） 19
纤维束（fasciculus tract） 217
纤维细胞（fibrocyte） 15
陷凹（pouch） 112
腺（gland） 12
腺垂体（adenohypophysis） 269
腺上皮（glandular epithelium） 12
消化管（digestive canal） 87
消化系统（digestive system） 84
消化腺（digestive gland） 102
小肠（small intestine） 97
小胶质细胞（microglia） 33
小脑（cerebellum） 224
小脑扁桃体（tonsil of cerebellum） 224
小脑幕（tentorium of cerebellum） 233
小腿三头肌（triceps surae） 79
小网膜（lesser omentum） 110
小阴唇（lesser lip of pudendum） 156
小隐静脉（small saphenous vein） 186
楔束（fasciculus cuneatus） 220
斜方肌（trapezius） 69
斜角肌间隙（scalenus interspace） 68
心（heart） 162
心包（pericardium） 170
心包腔（pericardial cavity） 171
心传导系（conduction system of heart） 169
心肌（cardiac muscle） 26
心血管系统（cardiovascular system） 162
星形胶质细胞（astrocyte） 32
杏仁体（amygdaloid body） 231
胸大肌（pectoralis major） 70
胸导管（thoracic duct） 191
胸骨（sternum） 46
胸骨角（sternal angle） 46
胸廓（thoracic cage） 48
胸廓内动脉（interal thoracic artery） 176
胸膜（pleura） 125

胸膜腔（pleural cavity） 126
胸膜隐窝（pleural recess） 126
胸腔（chest cavity） 126
胸锁乳突肌（sternocleidomastoid muscle） 68
胸腺（thymus） 195
胸小肌（pectoralis minor） 70
胸腰筋膜（thoracolumbar fascia） 70
胸主动脉（thoracic aorta） 177
胸椎（thoracic vertebrae） 44
嗅神经（olfactory nerve） 246
血窦（sinusoid） 173
血管球（glomerulus） 136
血红蛋白（hemoglobin，Hb） 22
血浆（plasma） 20
血-脑屏障（blood-brain barrier，BBB） 239
血清（serum） 21
血细胞（blood cell） 21
血小板（blood platelet，PLT） 23
血-胸腺屏障（blood-thymus barrier） 196
血液（blood） 20
血液循环（blood circulation） 163
循环系统（circulatory system） 161

Y

牙（teeth） 89
咽（pharynx） 92
咽鼓管（auditory tube） 207
咽峡（isthmus of fauces） 88
延髓（medulla oblongata） 222
盐皮质激素（mineralocorticoid） 267
眼睑（eyelids） 204
眼球（eyeball） 201
眼神经（ophthalmic nerve） 249
羊膜腔（amniotic cavity） 279
腰丛（lumbar plexus） 243
腰椎（lumbar vertebrae） 44
腋动脉（axillary artery） 176
腋淋巴结（axillary lymph node） 192
腋神经（axillary nerve） 242
腋窝（axillary fossa） 77
胰（pancreas） 106
胰岛（pancreas islet） 108

胰岛素（insulin）108
胰高血糖素（glucagon）108
乙状结肠动脉（sigmoid artery）179
翼点（pterion）50
阴部内动脉（internal pudendal artery）181
阴部神经（pudendal nerve）244
阴道（vagina）155
阴道前庭（vaginal vestibule）156
阴蒂（clitoris）156
阴阜（mons pubis）156
阴茎（penis）147
阴茎包皮（prepuce of penis）148
阴囊（scrotum）147
硬脊膜（spinal dura mater）232
硬膜外隙（epidural space）232
硬脑膜（cerebral dura mater）233
硬脑膜窦（sinus of dura mater）234
有孔毛细血管（fenestrated capillary）173
右房室口（right atrioventricular orifice）165
右结肠动脉（right colic artery）179
右淋巴导管（right lymphatic duct）191
右心耳（right auricle）165
右心房（right atrium）165
右心室（right ventricle）166
原始卵泡（primordial follicle）150
远端小管（distal tubule）137
月经周期（menstrual cycle）154
运动神经末梢（motor nerve ending）36
运动神经元（motor neuron）30
运动系统（locomotor system）39
运动终板（motor end plate）36

Z

造血干细胞（hemopoietic stem cell，HSC）24
展神经（abducent nerve）249
掌浅弓（superficial palmar arch）177
掌深弓（deep palmar arch）177
真皮（dermis）212
正常人体结构（normal human structure）1
正中神经（median nerve）241
支持细胞（sustentacular cell）146
支气管（bronchi）120

支气管肺段（bronchopulmonary segment）122
支气管树（bronchial tree）122
脂肪囊（fatty renal capsule）134
脂肪细胞（fat cell）15
脂肪组织（adipose tissue）16
直肠（rectum）101
直肠膀胱陷凹（rectovesical pouch）112
直肠上动脉（superior rectal artery）179
直肠下动脉（inferior rectal artery）181
直肠子宫陷凹（rectouterine pouch）112
植入（implantation）276
质膜内褶（plasma membrane infolding）14
致畸因子（teratogenic agent）287
致密斑（macula densa）137
致密结缔组织（dense connective tissue）16
中间连接（intermediate junction）13
中间神经元（interneuron）30
中结肠动脉（middle colic artery）179
中脑（midbrain）222
中枢神经系统（central nervous system）215
中性粒细胞（neutrophilic granulocyte）22
中央静脉（central vein）104
中央旁小叶（paracentral lobule）228
终末细支气管（terminal bronchiole）123
周围神经系统（peripheral nervous system）215
轴突（axon）30
肘关节（elbow joint）57
肘窝（cubital fossa）77
肘正中静脉（median cubital vein）185
蛛网膜（arachnoid mater）234
蛛网膜粒（arachnoid granulations）235
蛛网膜下隙（subarachnoid space）234
主动脉（aorta）174
主动脉瓣（aortic valve）167
主动脉弓（aortic arch）174
主动脉口（aortic orifice）167
主细胞（chief cell）96，266
主支气管（principal bronchus）120
椎动脉（vertebral artery）176
椎骨（vertebrae）43
椎管（vertebral canal）43
椎间孔（intervertebral foramen）44

椎间盘（intervertebral disc） 46
椎孔（vertebral foramen） 43
锥体外系（extrapyramidal system） 260
锥体系（pyramidal system） 258
滋养层（trophoblast） 275
子宫（uterus） 152
子宫骶韧带（uterosacral ligament） 154
子宫动脉（uterine artery） 181
子宫阔韧带（broad ligament of uterus） 153
子宫圆韧带（round ligament of uterus） 153
子宫主韧带（cardinal ligament of uterus） 154
籽骨（sesamoid bone） 41

纵隔（mediastinum） 127
足背动脉（dorsal artery of foot） 182
足弓（arch of foot） 64
组织（tissue） 2
组织学（histology） 1
左结肠动脉（left colic artery） 179
左心耳（left auricle） 167
左心房（left atrium） 167
左心室（left ventricle） 167
坐骨（ischium） 59
坐骨神经（sciatic nerve） 244